LIÇÕES PROPEDÊUTICAS
DE FILOSOFIA DO DIREITO

LIÇÕES PROPEDÊUTICAS
DE FILOSOFIA DO DIREITO

Javier Hervada

Tradução
ELZA MARIA GASPAROTTO

Revisão técnica
GILBERTO CALLADO DE OLIVEIRA

wmf **martinsfontes**

SÃO PAULO 2008

Esta obra foi publicada originalmente em espanhol com o título
LECCIONES PROPEDÉUTICAS DE FILOSOFÍA DEL DERECHO
por Ediciones Universidad de Navarra, S.A.
Copyright © 1992, Javier Hervada.
Copyright © 2008, Livraria Martins Fontes Editora Ltda.,
São Paulo, para a presente edição.

1ª edição 2008

Tradução
ELZA MARIA GASPAROTTO

Revisão técnica
Gilberto Callado de Oliveira
Acompanhamento editorial
Luzia Aparecida dos Santos
Preparação do original
Renato da Rocha Carlos
Revisões gráficas
Maria Regina Ribeiro Machado
Letícia Braun
Dinarte Zorzanelli da Silva
Produção gráfica
Geraldo Alves
Paginação/Fotolitos
Studio 3 Desenvolvimento Editorial

Dados Internacionais de Catalogação na Publicação (CIP)
(Câmara Brasileira do Livro, SP, Brasil)

Hervada, Javier
  Lições propedêuticas de filosofia do direito / Javier Hervada ; tradução Elza Maria Gasparotto ; revisão técnica Gilberto Callado de Oliveira. – São Paulo : WMF Martins Fontes, 2008.

  Título original: Lecciones propedéuticas de filosofía del derecho.
  Bibliografia.
  ISBN 978-85-7827-005-6

  1. Direito – Filosofia 2. Jurisprudência I. Oliveira, Gilberto Callado de. II. Título.

07-10406   CDU-340.12

Índices para catálogo sistemático:
1. Direito : Filosofia 340.12
2. Filosofia do direito 340.12

Todos os direitos desta edição reservados à
Livraria Martins Fontes Editora Ltda.
Rua Conselheiro Ramalho, 330 01325-000 São Paulo SP Brasil
Tel. (11) 3241.3677 Fax (11) 3101.1042
e-mail: info@martinsfontes.com.br http://www.wmfmartinsfontes.com.br

ÍNDICE

Introdução XV
Prólogo XXIII
Nota à presente edição XXV

LIÇÃO I
A FILOSOFIA

1. Introdução 1
2. A filosofia em suas origens 2
3. Descrição da filosofia 4
4. A filosofia como sabedoria 6
5. A filosofia como ciência 7
6. Filosofia e experiência 9
7. Filosofia especulativa e filosofia prática 10
   Bibliografia 11

LIÇÃO II
A FILOSOFIA DO DIREITO

1. Introdução 13
2. A descrição da filosofia do direito pelos autores 14
3. Descrição da disciplina 19
4. A origem do nome e a formação da disciplina 20
5. Filosofia do direito e ciência do direito natural 28
6. A perspectiva formal da filosofia do direito 31
7. Dimensão especulativa e dimensão prática da filosofia do direito 34
8. Função e sentido da filosofia do direito 36
9. Filosofia do direito e experiência jurídica 37
   Bibliografia 38

LIÇÃO III
QUESTÕES PRELIMINARES

1. Introdução 41
2. A medida do conhecimento 41
3. O ser e o dever-ser 44
4. Bem e valor 47
   Bibliografia 49

LIÇÃO IV
O OFÍCIO DE JURISTA

1. Introdução 51
2. O ofício de jurista 52
3. Um esclarecimento preliminar 54
4. Necessidade social que o ofício de jurista satisfaz ... 56
5. O ofício de jurista como um saber prudente 57
6. Conseqüências 59
7. Função social do jurista 60
8. Pressupostos sociais do ofício de jurista 60
   Bibliografia 62

Lição V
A JUSTIÇA

1. Introdução 63
2. A ordem justa 64
3. A virtude da justiça 65
4. A definição comum da justiça 66
5. Críticas à definição comum 79
6. A justiça no pensamento jurídico moderno 85
7. Caracterização da justiça 95
8. O centro de interesse: a ação justa 101
9. A fórmula da ação justa 101
   a) *Sentido do verbo dar* 101
   b) *A expressão: a cada um* 104
   c) *Significado de o seu* 106
10. A ação justa como ato secundário 108
11. A justiça geral e a justiça particular em relação à arte do jurista 110
    Bibliografia 112

LIÇÃO VI
O DIREITO

1. O conceito de direito 115
2. Etimologia e definição nominal de direito 117
   a) *Introdução* 117
   b) *Etimologia de "ius"* 118
   c) *Etimologia da palavra direito* 121
   d) *Origens indo-européias* 123
   e) *Definição nominal de direito* 123
3. As várias acepções da palavra direito 124
4. O direito em sentido próprio e primário 132
5. A definição de direito 136
6. O direito objeto da justiça 137
7. O direito como devido. A obrigatoriedade 138
8. O título 140
9. A medida 141
10. O direito como o justo 142
11. O direito como o igual 144
    a) *A igualdade em geral* 144
    b) *A igualdade fundamentadora* 144
    c) *A igualdade no justo legal* 146
    d) *A igualdade no justo corretivo-comutativo* 147
    e) *A igualdade no justo distributivo* 150
12. "Externidade" 154
13. Alteridade ou intersubjetividade 157
14. O direito como relação 158
15. O fundamento do direito 160
16. Obrigação necessária e coatividade 161
17. Direito e direito subjetivo 163
18. A relação jurídica 168
19. O sistema jurídico como sistema de deveres 169
20. O eqüitativo e a eqüidade 171
    Bibliografia 172

LIÇÃO VII
A LESÃO DO DIREITO: A INJUSTIÇA E O INJUSTO

1. Introdução 173
2. A injustiça 174
3. Equívocos sobre a injustiça 175

4. O objeto da injustiça	177
5. O ato injusto	177
6. A fórmula do ato injusto	180
a) Lesar	180
b) O direito	181
c) De uma pessoa	182
7. O injusto ou lesão do direito	182
8. Regras de discernimento da lesão do direito	183
9. O injusto como o desigual	185
a) A desproporção fundamental	185
b) Tipos do injusto	186
c) O injusto legal	186
d) O injusto distributivo	187
e) O injusto comutativo	188
10. Os requisitos do ato injusto	188
11. Os autores do ato injusto	191
12. A cooperação para o ato injusto	195
13. Situações e estruturas injustas	197
14. A reparação da lesão do direito	201
a) Da reparação em geral	201
b) A reparação da justiça legal	202
c) A reparação da justiça comutativa	203
d) A reparação da justiça distributiva	204
15. Reparação e responsabilidade	205
16. O direito injusto	207
Bibliografia	208

LIÇÃO VIII
A NORMA JURÍDICA

1. Questão terminológica prévia	209
2. A perspectiva específica do tratado da norma	214
3. A norma e o direito	216
4. Funções da norma	218
5. Uma conseqüência metodológica	219
6. A definição da norma jurídica	220
7. Natureza da norma jurídica	221
8. A índole jurídica da norma	226
9. Doutrinas sobre a função da razão e da vontade na constituição da norma	227
a) Proposição	227
b) Posições doutrinais	228

10. Razão e vontade na gênese da norma 236
    a) A racionalidade como regra do agir 237
    b) A função de ordenar 238
    c) O ato de império 240
    d) O caráter vinculativo da norma 241
    e) A causa da norma como ato jurídico 243
    f) Vontade e razão na norma jurídica 243
11. A racionalidade da norma 245
12. A racionalidade prática 248
13. A caracterização filosófica da norma 249
14. A norma irracional 250
15. A norma injusta 254
16. O autor da norma 256
17. Os momentos do direito 258
18. A lei 258
    a) Noção 258
    b) Estrutura da sociedade 259
    c) Funções 259
    d) Índole social 261
    e) Finalidade 261
    f) Sujeito capaz de receber leis 262
    g) O legislador 263
    h) A marca de generalidade 264
    i) Promulgação 265
    j) A linguagem da lei 265
    k) A obrigatoriedade da lei 267
    l) Lei e coação 268
    m) Validade e eficácia da lei 270
19. A norma singular 271
20. O costume 273
    a) Introdução 273
    b) Noção 274
    c) Força obrigatória 274
    d) Intencionalidade jurídica 275
    e) Comunidade capaz de introduzir costumes 276
    f) Formalização 276
    g) Relação com a lei 277
    h) Racionalidade 277
    i) Costume e democracia 278
21. O pacto ou lei acordada 278
    a) Tratados internacionais 278
    b) O convênio social 279
    c) O pacto e a lei 279

22. A sentença judicial 279
23. Os atos jurídicos da iniciativa privada 280
24. O ordenamento jurídico ou sistema de direito 282
25. Moral e direito (breves anotações) 284
    a) *Introdução* 284
    b) *Natureza das coisas e natureza das ciências* 284
    c) *A realidade moral* 285
    d) *As ciências da realidade moral* 286
    e) *Lei e comportamento moral* 289
    Bibliografia 290

LIÇÃO IX
A PESSOA

1. Premissas 291
2. A palavra pessoa em suas origens 292
3. A pessoa em sentido primário: o ser que é pessoa 296
4. A pessoa, ser racional 300
5. A incomunicabilidade da pessoa 302
6. A comunicação pessoal 305
7. A dignidade da pessoa 307
8. A liberdade 312
9. O dever-ser 315
10. A socialidade da pessoa humana 317
11. A juridicidade 318
12. A pessoa em sentido jurídico 319
    Bibliografia 323

LIÇÃO X
O DIREITO NATURAL

§ 1. OBJETIVIDADE, HISTORICIDADE E RELATIVIDADE DA REALIDADE JURÍDICA 325
1. Premissas 325
2. A juridicidade inerente à pessoa 326
3. Natureza e história 328
4. Natureza e pessoa 330
5. Relação entre natureza e história 332
6. O objetivo e o relativo na realidade jurídica 334
7. Conclusão 336

§ 2. A DOUTRINA CLÁSSICA 336
   1. Introdução.. 336
   2. Aristóteles.. 337
   3. Os juristas romanos 338
   4. A passagem para a Idade Média.. 343
   5. A expressão "direito positivo" 344
   6. Tomás de Aquino.. 345
      a) Introdução... 345
      b) A adequada divisão do direito 345
      c) O direito natural 346
      d) A lei natural... 347
   7. Conclusão 349

§ 3. O NÚCLEO NATURAL DO DIREITO... 349
   1. Introdução.. 350
   2. O direito natural: sistema ou núcleo? 352
   3. Pessoa e direito natural... 355
   4. Componentes do direito natural.. 357
   5. Os direitos naturais 360
   6. Os deveres naturais.. 363
   7. As relações jurídicas naturais 366
   8. As normas naturais 366
   9. O direito natural como direito comum ou universal 369
  10. Razão natural e direito natural... 370
  11. Conclusão 373
      Bibliografia 373

Lição XI
IMANÊNCIA E TRANSCENDÊNCIA NO DIREITO

1. Introdução.. 375
2. O pensamento mítico 376
3. O pensamento filosófico antigo.. 377
4. O ensinamento bíblico 379
5. Santo Agostinho.. 381
6. Os juristas medievais e a Escolástica... 384
7. Tomás de Aquino.. 385
    a) Explicação prévia 385
    b) Existência da lei eterna 391
    c) Natureza 392
    d) Universalidade da lei eterna 394
    e) A lei eterna e as leis humanas 395

8. O objetivismo extremado 396
9. A Escola espanhola do Direito Natural 397
10. O imanentismo de Hugo Grócio 398
11. O imanentismo na Escola moderna de Direito Natural 399
12. O imanentismo contemporâneo 402
13. O fundamento último do direito 403
    a) Premissas 403
    b) A lei natural 404
    c) Os direitos naturais 405
    d) A lei positiva 406
    Bibliografia 407

LIÇÃO XII
O CONHECIMENTO JURÍDICO

1. Preliminares 409
2. A realidade jurídica e seu conhecimento 409
3. O aspecto formal do conhecimento jurídico 411
4. Os níveis do conhecimento jurídico 412
5. A autonomia e a conexão dos níveis do conhecimento jurídico 414
6. A ciência jurídica 415
    a) Em geral 415
    b) Características 417
7. O nível prudencial 419
    Bibliografia 421

LIÇÃO XIII
LINHAS GERAIS DO MÉTODO
DA CIÊNCIA JURÍDICA

1. Proposição 423
2. Exegese e construção do sistema 425
3. O pensamento científico 426
4. A abstração na técnica legislativa e na ciência jurídica 427
5. Os conceitos jurídicos 429
6. Hipóteses e teorias 431
7. Os tipos jurídicos 432
8. A redução simplificadora 434
9. Equiparações formais e ficções jurídicas 435

10. Formalismo e divulgação	435
11. A linguagem jurídica	437
12. Princípios básicos para a interpretação da norma	438
Bibliografia	440
Índice de autores	443

INTRODUÇÃO

As influentes propostas filosóficas para o problema jurídico, desenvolvidas a partir do final do século XVIII, vêm do indisfarçável espírito humano desse século das luzes. Da ditadura científica de Augusto Comte ao socialismo coletivista de Marx, quase todas as idéias sobre o direito concentraram-se exclusivamente em um sistema jurídico sem Deus, de modo que a ordem posta, sob um progresso fatal e contínuo, é a única ordem possível, assim como o direito posto esgota toda a juridicidade da pessoa humana. Direito posto pelo homem – entenda-se –, com suas potências superiores voltadas a estabelecer uma contínua e indefinida fluência de normas reguladoras das múltiplas relações sociais.

O positivismo foi a proposta filosófica mais saliente. Tomou roupagens distintas, para melhor adaptar-se à evolução histórica de seus princípios, ora assumindo um jusnaturalismo de cariz racionalista, ora arrostando o próprio jusnaturalismo em seu fundamento metafísico, ora ainda dando ao jusnaturalismo uma feição meramente historicista. E, assim, de suas proposições sobre o direito como uma visão rematada e geométrica da realidade, ou como puro fato social ou histórico, relativizou-se a realidade jurídica: não há critérios objetivos nem fatores permanentes de moralidade e de juridicidade; tudo é histórico e relativo; o direito não pode existir para além da efusão positiva da liberdade humana.

Nessa questão tão absorvente quanto grave, poucos filósofos, como Javier Hervada, tiveram o denodo de projetar uma luz intensa sobre os incontáveis desvios e contradições multisseculares que contribuíram decisivamente para o espírito materialista de nossa época atual. Enquanto as vogas teóricas do positivismo arremetiam contra a realidade do direito para satisfazer o prurido da aventura intelectual, esse insigne pensador manteve-se fiel à idéia central do realismo jurídico clássico, em seus três marcos históricos fundamentais: Aristóteles, os juristas romanos e Santo Tomás de Aquino. "O positivismo – diz ele – é uma fraude da ciência jurídica – e da filosofia do direito –, uma distorção do pensamento jurídico, cuja origem é Kant e cujas raízes são o abandono da metafísica e o imanentismo tão presentes em certas correntes culturais e filosóficas dos últimos dois séculos."[1]

---

1. J. HERVADA, *Lições propedêuticas de filosofia do direito*, p. 350.

Canonista de escol, Javier Hervada estudou a ciência canônica como porta-voz da concepção clássica do direito natural, e foi buscar na filosofia tomista seu fundamento último. Sua doutrina não se limita a afirmar a existência de direitos naturais e de algumas normas ou princípios de lei natural; atinge algo mais profundo, para examinar um problema filosófico fundamental sobre a realidade jurídica: há nela direitos *dados* por estatuto da ordem do ser humano e *postos* pelo homem e pela sociedade. Para esse insigne pensador o direito natural é a base, a cláusula-limite e o princípio informador de todo o ordenamento jurídico. Em todas as suas obras mantém a mesma ortodoxia jusnaturalista clássica, não para enfrentar outras teorias ou filosofias contrapostas, mas para exprimir que o direito natural é próprio do homem historicamente existente e necessário para resolver situações jurídicas concretas. No prólogo de sua *História da ciência do direito natural*, adverte insistentemente, pela lógica invencível da filosofia realista, que "o direito natural é o direito real e concreto, que surge de coisas existentes, as quais correspondem ao homem real e concreto diante dos demais homens reais e concretos, em virtude de sua condição de ser humano"[2].

Antes de escrever seus livros mais importantes – *Introdução crítica ao direito natural* (1981), *Lições propedêuticas de filosofia do direito* (1992) e *O que é o direito? A moderna resposta do realismo jurídico* (2002) –, Hervada demorou a compreender em toda a sua extensão o realismo jurídico clássico."Pareciam-lhe fórmulas vazias cujo sentido não conseguia captar."[3] Quando seu pensamento julgou ser o realismo a verdadeira doutrina,"não teve a menor dúvida de haver descoberto a melhor explicação conhecida do direito e da ciência jurídica"[4]. A partir daí sentiu a necessidade de escrever um amplo sistema teórico sobre o realismo jurídico. Contavam-se, então, poucos os filósofos do direito que sustentavam a doutrina de Santo Tomás de Aquino. Alguns dedicavam-se à crítica do positivismo então reinante; outros a interpretar, a seu modo, o realismo tomista, quase sempre influenciados por combinações ideológicas não muito ortodoxas. As obras de Villey, Pizzorni, Graneris, Olgiatti, por exemplo, não reproduziam em sua totalidade os importantes elementos teóricos que a filosofia jurídica de Santo Tomás continha. No Brasil, José Pedro Galvão de Souza e Alceu Amoroso Lima deram-lhe uma interpretação normativista. Faltava, por isso, agrupar todos os elementos teóricos em um *corpus* doutrinário.

Em 1981, quando se dilatavam nas cátedras as mazelas do positivismo normativista pós-moderno, veio a lume a *Introdução crítica ao direito natural*. Nela Hervada se ergueu altaneiro para defender a dignidade da pessoa humana e seu núcleo natural de juridicidade, e para proclamar com a força de sua inteligência as aberrantes conseqüências em recusarem os jusfilósofos os critérios objetivos do direito,

---

2. J. HERVADA, *Historia de la Ciencia del Derecho Natural*, Pamplona, Eunsa, 1987, p. 15.
3. J. HERVADA, *Lições...*, Prólogo, p. XXIII.
4. Ibid.

de modo que na ausência de um núcleo natural de juridicidade, por meio do qual a realidade jurídica em parte é natural e contém direitos e deveres inerentes à dignidade da pessoa humana, esses mesmos direitos passam a depender simplesmente de avaliações subjetivas e estão sujeitos à prepotência do homem. "Basta que o contexto social considere que determinados seres humanos podem ser marginalizados e privados da vida ou da liberdade (escravidão) e sobre isso exista consenso, para que as leis que legalizam as correspondentes condutas ou estruturas da realidade social conforme essas avaliações sejam legítimas."[5] Não há outra via para desvelar essa linha divisória entre a legitimidade e a ilegitimidade, entre a ação justa e a ação injusta do poder e dos grupos sociais, senão a via do realismo jurídico.

Aquele ensaio não esgotara evidentemente toda a trama conceitual do realismo. Nele estavam esboçados, mediante estudo sistematizado, os conceitos básicos, as idéias fundamentais. O núcleo conceitual de que partiu Hervada para edificar seu pensamento foi o da justiça, e por meio dele chegou à concepção realista do direito. A multiplicidade de sentidos que a justiça havia recebido nas últimas décadas provocara certo perigo em esvaziar-lhe o significado e assim torná-la inútil como baliza real e objetiva da arte do direito. Mas ele foi buscar a noção exata de Justiça – quando em Roma os juristas *ius redigere in artem* –, uma noção "invariada ao longo dos séculos, e sobre a qual se assenta a concepção do direito como a arte do justo: dar a cada um o seu"[6].

O campo de ação estava preparado para outros encadeamentos teóricos. Uma parte especial da ciência jusnaturalista foi publicada em 1989 sob o título *Quatro lições de direito natural*, em que se analisam os elementos intrínsecos e extrínsecos dos atos humanos e o matrimônio. Faltava, ainda, um sistema filosófico haurido na mesma perspectiva realista. Publicaram-se, então, em 1992, as *Lições propedêuticas de filosofia do direito*, nas quais o notável professor da Universidade de Navarra expõe com o vigor de seu pensamento toda a trama conceitual que envolve o direito, a lei e a justiça, além de, como arremate teórico, discorrer sobre as linhas gerais do conhecimento jurídico e as regras metodológicas da ciência jurídica. Viria, depois, em 2002, com traços lingüísticos marcadamente práticos, *O que é o direito? A moderna resposta do realismo jurídico*, uma síntese de todo o seu pensamento realista.

Avesso a conclusões especulativas e teóricas, seu conceito de direito corresponde a um fato de experiência de fácil constatação: as coisas estão atribuídas a sujeitos distintos, estão repartidas[7]. Daí se compreende a fórmula da justiça, de dar a cada um o seu (*ius suum cuique tribuere*), em que *seu* e *direito* são termos equivalentes. Diferentemente do estatuto ideológico que lhe dá o pensamento jurídico moderno, a fórmula nada tem de utópica, imprecisa ou vazia de conteúdo, porque a justiça segue o direito, segue aquela coisa que, estando atribuída a um sujeito, seu

---

5. J. HERVADA, *Lições...*, p. 334.
6. J. HERVADA, *Introducción Crítica al Derecho Natural*, 4.ª ed., Pamplona, Eunsa, p. 12.
7. J. HERVADA, *Introducción...*, p. 23.

titular, é devida a ele, em virtude de uma dívida em sentido estrito[8]. Importantes conseqüências lógicas são retiradas desse princípio. O direito, embora marcado pelas circunstâncias históricas, invariavelmente possui quatro características básicas, quatro aspectos identificadores que o fazem objeto da justiça, quais sejam: o débito, a igualdade, a alteridade e a exterioridade.

Quanto ao primeiro aspecto, Hervada encontra no realismo tomista uma identificação formal entre o direito e o débito: *Unicuique debetur quod suum est*[9]. O direito é a coisa que *deve* dar-se. O *debitum* tem caráter vinculante, porque expressa a obrigatoriedade do direito; "nasce da *suidade* da coisa, de sua atribuição ao titular como sua"[10]. A coisa (justa), por estar atribuída ao seu titular, aparece como *devida*. "O direito é o que, por estar atribuído, é o devido."[11] Há portanto uma condição apropriadora da pessoa humana, um domínio próprio que exclui a interferência dos demais membros da sociedade, gerando a necessidade – a obrigação – de respeito a essa situação, ou de restabelecê-la em caso de interferência. O elo de ligação com a justiça revela o segundo elemento identificador, a *alteridade* (de *alter*, outro), que reside justamente no dever de não-interferência dos demais membros da sociedade. O devido está ordenado a outro numa relação de justiça que supõe ao menos duas pessoas: o titular do direito e o titular do correlativo dever de justiça. Também há na relação de alteridade uma adequação objetiva, um ajuste, uma *igualdade*, porque o direito é exatamente o devido, nem mais nem menos. Nessa nota característica da igualdade, as *Lições propedêuticas* seguem também as pegadas do Aquinate: *Ius est quod adaequatum vel commensuratum alteri*[12]. A coisa justa identifica-se formalmente com o igual, porque nas relações de justiça o que é devido deve ser igual ao que é dado. "Essa medida do direito é chamada tradicionalmente de *igualdade*, de modo que o direito é o igual."[13] Nem sempre essa igualdade pode ser considerada aritmética, porque muitas vezes não se igualam somente coisas, mas também pessoas, como ocorre na igualdade proporcional. Daí a séria advertência de que "a igualdade da justiça não é a igualdade a que aspiram os políticos igualitários [...] É a que está contida na fórmula: dar a cada um o seu. A todos se trata igual porque a todos se dá o que lhes corresponde"[14]. Por fim, sendo objeto das relações intersubjetivas, o direito há de ter necessariamente uma dimensão de comunicação e de intercomunicação, formando a singular característica de *externidade*. "Coisa

---

8. J. HERVADA, *Lições...*, p. 136.
9. "A cada um é devido o que lhe pertence" (Santo Tomás de Aquino, *Summa Theologica*, I, 21, 1 ad 3).
10. J. HERVADA, *Lições...*, p. 140.
11. J. HERVADA, *Lições...*, p. 139.
12. "O direito é o que, por natureza, é adequado e proporcionado a outra coisa" (Santo Tomás de Aquino, *Summa Theologica*, II-II, 57, 3).
13. J. HERVADA, *Lições...*, p. 144.
14. J. HERVADA, *Que es el derecho? La moderna respuesta del realismo jurídico*, Pamplona, Eunsa, 2002, p. 44 (trad. bras.: *O que é o Direito? A moderna resposta do realismo jurídico*, São Paulo, Martins Fontes, 2006).

externa quer dizer coisa captável pelos demais, comunicável, o que leva a supor que essa realidade sai da esfera de intimidade da pessoa, esta sim incomunicável."[15]

Em importante estudo sobre a distinção entre *ius* e *lex*, o jusfilósofo realista rejeita, com sólidos argumentos metafísicos e históricos, a noção normativista do direito, afirmando que "tal postura é produto de uma inadequada evolução da ciência jurídica"[16]. Ele mesmo confessou-se "educado na ciência jurídica normativista"[17], até que, depois de "uns vinte anos"[18], alcançou o profundo sentido do realismo jurídico. O sentido próprio e primário do direito não é a lei, mas a coisa justa, o objeto da justiça, que cabe ao jurista identificar e declarar (*ius dicere*)."Afirmar que a lei é o direito em sentido próprio quer dizer que a arte do direito é a *ars legum*. Mas isso significa, antes de tudo, a arte de fazer leis"[19], o que levaria à confusa hipótese de enlear metodologicamente a filosofia do direito com a filosofia política, a ciência jurídica com a ciência política. Como também se transformaria a função específica dos juristas em mera feição de aplicar a lei. Há evidentemente uma noção obrigacional comum no direito e na lei, embora com sentidos diferentes, porque dar a cada um o seu e obedecer às leis resume-se a dar a cada um o seu, pois com a obediência à lei é dado à sociedade o que cabe a ela em relação com o cidadão[20]. A lei é a regra do direito, ou, segundo a fórmula científica de Santo Tomás de Aquino, a lei é a *ratio iuris*, o estatuto do direito (*lex statuit ius*)[21]. Os modelos paradigmáticos da lei são os de *causa* e *medida* do direito. A lei é causa do direito porque atribui certas coisas a determinados sujeitos. Também é medida do direito porque estabelece limites, condições de exercício, sistemas de garantias etc.[22] Mas a lei não esgota todo o direito, já que deve reconhecer, como mínimo de juridicidade natural, a condição de sujeito de direito de todo o homem.

Em suas *Lições* Javier Hervada não deixou de enfrentar a questão-chave da filosofia jurídica: "O direito é uma obra cultural do homem ou é uma realidade cultural?" Com um argumento sutil e de uma lógica invencível, Hervada sustenta que nenhum fato cultural poderia existir sem a base de um dado natural. Assim são os diversos idiomas que se baseiam na capacidade natural de comunicação entre os homens, ou as diferentes organizações político-sociais justificadas pela condição de o homem ser naturalmente político. No universo jurídico, igualmente o direito positivo não seria possível sem uma base natural.

Essa questão conduz ao superior problema da imanência e da transcendência do direito, isto é, se o direito é uma realidade imanente ao homem ou transcende o humano para encontrar no divino seu fundamento último e radical.

---

15. J. HERVADA, *Lições...*, p. 155.
16. J. HERVADA, *Lições...*, p. 133.
17. J. HERVADA, *Lições...*, Prólogo, p. XXIII.
18. *Ibid.*
19. J. HERVADA, *Lições...*, p. 133.
20. J. HERVADA, *Lições...*, p. 376.
21. V. Santo Tomás de Aquino, *Summa Theologica*, I-II, q. 105, a. 2 ad 3.
22. J. HERVADA, *¿Qué es el Derecho?*

A inquietação do espírito contemporâneo, generalizado na cultura ocidental, tem recusado o acesso de nossa razão ao fundamento teológico do direito natural. É o imanentismo epistemológico, de origem kantiana. Também há uma ruptura ontológica do *debitum* do direito e do *imperium* da lei com o fundamento divino. A força obrigacional não estaria em Deus mas no próprio direito e na própria lei. É o imanentismo ontológico haurido nas filosofias atéias ou agnósticas.

Ao denunciar esses sistemas e fórmulas heterodoxos para refutar seus erros, Hervada afirma categoricamente que o homem não é seu próprio direito nem possui domínio independente sobre si. Sua perfeição ou intensidade de ser, que corresponde à natureza humana, possui uma dimensão espiritual, e nessa condição eleva-se à condição de algo absoluto, não imanente ou ilimitado, mas participativo. "O homem tem o ser por participação; é uma participação criada do Ser subsistente."[23] Participação de liberdade, certamente, porque "na ordem das relações pessoais com Deus a personalidade do homem está delicadamente respeitada e, por isso, a esfera dessas relações pessoais do homem com Deus baseia-se na livre abertura do homem a Deus"[24].

A liberdade envolve o tormentoso problema do conceito jurídico de pessoa e da dignidade humana, como fundamento mediato de todo o direito. A pessoa humana possui um elevado estatuto ontológico, uma intensidade de ser que a torna *digna*. Há nela uma juridicidade que é própria de sua dignidade, um núcleo jurídico da ordem do dever ser, isto é, o movimento do homem em direção à plenitude ontológica de seu ser. Sem negar-lhe a dimensão histórica, com a qual forma uma unidade, a natureza humana revela a existência de um núcleo de realidade jurídica inerente à pessoa, como expressão conatural da ordem do dever-ser que pertence a sua ordem de ser[25]. Não é algo absoluto e imanente, que vem determinado fundamentalmente pela autonomia moral de sua consciência, mas a expressão de um domínio radical que caracteriza o homem como ser subsistente em uma natureza espiritual.

A dignidade é raiz constitutiva, fundamento de todo o direito. O sentido jurídico de dignidade indica que a pessoa humana, em virtude de sua superioridade ontológica de possuir-se a si mesma, possui também coisas suas, possui direitos que lhe são devidos. Esses direitos são coisas verdadeiramente atribuídas e devidas a ela em razão de sua própria natureza, do inerente domínio sobre o seu próprio ser e sobre o mundo circundante, que lhe possibilita ser naturalmente titular de direitos. Mas essa titularidade tem procedência divina, porque "os direitos naturais correspondem, então, à sabedoria e à vontade de Deus e fazem parte do plano divino sobre a ordem e a harmonia fundamentais da sociedade humana"[26]. O senho-

---

23. J. HERVADA, *Lições*..., p. 309.
24. J. HERVADA, *Introducción*..., p. 65.
25. J. HERVADA, *Lições*..., pp. 327-8.
26. J. HERVADA, *Lições*..., p. 405.

rio do direito, pelo homem, é reflexo do senhorio de Deus e tem seu último fundamento na razão e na vontade de Deus. Enquanto é medida e regra, origem e sustentação dos seres criados, Deus é a lei eterna, e Nele existe o exemplar imperativo da lei natural. Nada há de incompatível entre o sobrenatural e a natureza humana, que mantém íntegras suas exigências de ordem (lei) e de justiça (direito)."Se Deus criou as criaturas, tirou-as do nada, o que implica que não há nada nelas que não seja de procedência divina (daí o princípio de que a criatura, por si mesma, é apenas o nada). Constitui um esquecimento dessa verdade fundamental pensar em uma lei que flua da natureza humana, sem que Deus tenha posto nela a exigência ou a imperatividade."[27]

Javier Hervada é o filósofo do direito natural, que discorre sobre os diferentes hábitos mentais (dianoéticos) da realidade jurídica. Ele mesmo considerou a ciência do direito natural e a filosofia do direito disciplinas de natureza diversa, cada uma dedicando-se ao estudo do direito conforme seu próprio estatuto epistemológico. Em determinado tópico de seu repertório especulativo, a filosofia do direito há de tratar do tema do direito natural, mas o faz *filosoficamente*. Diversamente, a ciência do direito natural é uma especialidade da ciência jurídica, porque se limita a estudar o direito natural como um direito vivo, como uma parte do direito vigente[28]. São diferentes profundidades de conhecimento, diferentes perspectivas que percorrem o universo jurídico em todos os seus níveis: a decisão prática (prudencial) dos juristas e sua compilação (casuística) jurisprudencial; a análise doutrinária (científica) dos condicionamentos próximos e aparentes; o estudo (filosófico) dos caracteres naturais, da essência e dos fundamentos e, no último patamar cognoscitivo, o acesso metafísico ao tema da relação entre o direito e Deus.

Neste livro, o leitor encontrará todos os componentes teóricos de uma filosofia do direito realista e, por certo, fará escrupuloso confronto com o positivismo ideológico, tão afeiçoado à modernidade. Das premissas propostas por este, o mundo prático do direito toma feição distinta da tradição jusnaturalista, com seus princípios deontológicos fincados no plano imediato e movediço da vontade humana. Dos valores perenes daquela, o direito adquire a natural forma de sobrelevar a dignidade humana e de conduzir-se, através da razão, ao plano de Deus.

Pamplona, 15 de março de 2007.
GILBERTO CALLADO DE OLIVEIRA
Doutor em Direito pela Universidade de Navarra,
procurador de Justiça em Santa Catarina
e Professor da Universidade do Vale do Itajaí – Univali.

---

27. J. HERVADA, *Lições...*, p. 404.
28. J. HERVADA, *Lições...*, p. 31.

PRÓLOGO

Este não é um livro para filósofos do Direito, e muito menos para filósofos. Seus destinatários são meus alunos da Faculdade de Direito, que cursam a disciplina de Filosofia do Direito, em dois bimestres, no último ano do curso. Com a mentalidade jurídica já formada e com os esquemas metodológicos próprios da ciência do Direito, eles têm especial dificuldade, salvo uma pequena minoria, para estudar e entender uma disciplina filosófica. Por isso redigi este livro, para tentar tornar compreensíveis a eles os fundamentos últimos da ciência jurídica e do direito, evitando na medida do possível uma linguagem e alguns esquemas filosóficos que – segundo comprova minha experiência (outros professores talvez tenham experiência diferente) –, embora habituais entre os filósofos do direito, parecem de difícil compreensão para os alunos. Respeitando evidentemente outras opiniões, acho que a atual massificação da Universidade impõe essas tarefas.

Além disso, o livro que o atencioso leitor tem nas mãos destina-se a um objetivo bem concreto e determinado: apresentar um sistema de filosofia do direito na perspectiva do realismo jurídico clássico. Não é, então, um livro que entra em polêmicas – o autor as evita por princípio –, nem que tem por finalidade mostrar o variado panorama das diversas correntes da filosofia jurídica de nosso tempo, embora certamente se refira a elas e as considere devidamente.

O autor entende que o positivismo normativista – com suas variantes formalistas e sociologistas – é uma etapa mórbida da ciência jurídica em fase de superação; e é insensível às ciladas do pós-positivismo, que em sua opinião mais agrava do que cura a doença. Pelo contrário, o autor está convencido da necessidade de voltar ao pensamento jurídico clássico, a Aristóteles, aos juristas romanos e a Tomás de Aquino. E, é claro, à metafísica. Justamente ao pensamento pelo qual a modernidade mostrou um profundo e visceral desdém, acompanhado – é preciso dizer tudo – de uma não menos profunda ignorância sobre ele.

Educado em uma ciência jurídica normativista, o autor conheceu precocemente o realismo jurídico clássico, mas por causa de sua educação não o avaliou nem o entendeu durante muito tempo. Considerava que eram fórmulas vazias cujo sentido não conseguia captar. Demorou uns vinte anos para compreender; porém, desde que isso aconteceu, não teve a menor dúvida de ter descoberto a melhor explicação conhecida do direito e da ciência jurídica. Talvez a definitiva? Não garante tanto. Tomara que o futuro nos ofereça uma melhor e mais perfeita filosofia jurídica, um pensamento jurídico mais completo e mais esclarecedor. No entanto, enquanto isso não ocorre, o realismo jurídico clássico possui algumas virtualidades que nenhuma outra filosofia jurídica provou ter. O rápido esquecimento em que caíram, uma após outra, as demais correntes é uma boa prova disso. Quem é hoje genuinamente kantiano, ou fiel hegeliano, ou puro seguidor da filosofia dos valores, ou marxista ortodoxo, só para dar alguns exemplos? Sem dúvida, restam muitos vestígios e influências – às vezes evidentes – dessas correntes, mas os sistemas puros foram ou estão sendo desmantelados. Esse não é o caso do realismo jurídico clássico, que conta com uma história de mais de vinte séculos, apesar de, às vezes, alguns de seus pretensos seguidores o terem desfigurado até torná-lo irreconhecível.

Com o propósito de divulgar e de repristinar em sua pureza o realismo jurídico clássico, defrontando-o com os problemas atuais e em diálogo – sempre que possível – com outras correntes, com esse propósito foram escritas estas páginas. Nelas procurou-se principalmente a clareza, embora isso nem sempre tenha sido equivalente à facilidade.

O próprio título mostra a origem universitária deste livro, e são as necessidades da docência universitária que justificam seu conteúdo, a proporção de suas partes e o ritmo da exposição. A conveniência de não interromper a linha do discurso das lições explica que não tenham sido feitas mais referências a autores e obras que mereceriam um comentário: na bibliografia que aparece no final de cada capítulo podem se encontrar compensadas muitas dessas omissões obrigatórias.

Pamplona, 2 de maio de 1989.

NOTA À PRESENTE EDIÇÃO

Por necessidades docentes, este livro foi publicado parcialmente em três edições anteriores com o subtítulo de "Volumen I. Teoría de la justicia y el derecho". A presente edição é, então, a primeira do livro completo. Embora o autor entenda que a metodologia jurídica não é propriamente parte da filosofia do direito, acrescentou um último capítulo com algumas breves e sucintas observações metodológicas, por razões docentes.

Pamplona, 25 de março de 1992.

Lição I
A filosofia

SUMÁRIO: 1. Introdução. 2. A filosofia em suas origens. 3. Descrição da filosofia. 4. A filosofia como sabedoria. 5. A filosofia como ciência. 6. Filosofia e experiência. 7. Filosofia especulativa e filosofia prática.

1. INTRODUÇÃO. *a*) Ao desenvolver um curso sobre uma disciplina qualquer, são prolegômenos obrigatórios descrever a disciplina e mostrar em que consiste. Defini-la e delimitá-la, ressaltar seu estatuto epistemológico e assinalar os caracteres que a diferenciam de outras disciplinas são tarefas imprescindíveis para se situar, desde o primeiro momento, na sintonia mental correta para compreendê-la.

O que é a filosofia do direito? Essa é, sem dúvida, a primeira pergunta que surge espontaneamente e com toda legitimidade no próprio início do estudo da disciplina. As duas primeiras lições destinam-se, então, a respondê-la. Nelas deveremos explicar em que consiste nossa disciplina e qual é sua utilidade e serventia para o jurista, justificando assim a conveniência de seu estudo.

b) A filosofia do direito é assim denominada por ser o saber filosófico cujo objeto é o direito. É a especulação filosófica sobre o direito. Portanto, a primeira coisa que devemos fazer é expor o que é a filosofia: a que tipo de saber pertence a especulação filosófica.

Não se esconde de ninguém a dificuldade que implica dar uma noção da filosofia[1], e há ainda filósofos que, céticos ante a possibilidade de resolver tão difícil problema, alertam que se trata de uma questão sem solução definida[2].

---

1. Por enquanto a filosofia pertence ao gênero das realidades primárias e mais simples – extremamente universais – que não admitem uma definição propriamente dita ou definição essencial. Tal definição deve ser feita pelo gênero próximo e pela diferença específica, e nesse tipo de realidades muito universais não ocorre nem um nem outra. Por isso, a filosofia admite apenas uma definição descritiva ou descrição. Por outro lado, a pergunta *O que é a filosofia?* é ela própria uma interpelação filosófica; assim, cada sistema filosófico pode valer como uma resposta a essa interpelação e também ao que a filosofia representa para a vida humana.

2. Ver J. FERRATER, *Diccionario de Filosofía*, II, Madrid, 1986, verbete *Filosofía*. Nesse verbete pode ser encontrada uma série de definições da filosofia, desde a Antiguidade até nossos dias.

Esse ceticismo é um tanto exagerado, por mais que as razões alegadas não deixem de ser plausíveis. No entanto, a dificuldade existe e isso nos obriga a nos limitarmos a dar uma visão descritiva da filosofia meio aproximada, mas suficientemente identificadora a ponto de oferecer uma descrição da filosofia do direito que permita reconhecê-la e compreendê-la.

2. A FILOSOFIA EM SUAS ORIGENS. *a*) Por uma tendência natural de sua inteligência, o homem não se conforma em fazer coisas nem em conhecer a realidade de modo superficial. Tende a indagar as razões de sua atuação, mesmo as mais profundas, e o ser das coisas, mesmo o mais íntimo. Não resta dúvida de que o homem – muitas vezes de modo confuso, provisório e inconsciente – almeja conhecer a si mesmo e conhecer o mundo em que está imerso, com o desejo de atingir aquele saber fundamental que dê coerência a seu agir, aquele saber básico que forneça o sentido último de sua vida e lhe ofereça a mais plena explicação da realidade que o cerca. A tendência existe, por mais que não tenham faltado nem faltem atitudes céticas, agnósticas ou reducionistas, perante as perguntas mais fundamentais que o ser das coisas e a vida humana propõem. Essa tendência ao saber radical e último é a origem da filosofia.

b) É muito adequado falar de tendência no tocante à filosofia, porque ela se apresenta mais como tensão em direção à sabedoria do que como sabedoria obtida. É conatural ao filósofo a atitude insatisfeita, que não sossega com conhecimentos parciais e avança até procurar abranger todos os seres e penetrar em seu núcleo mais íntimo de inteligibilidade. No entanto, essa meta que é o saber absoluto ou sabedoria em seu mais alto sentido é realmente acessível à razão humana ou é uma utopia? Um filósofo espanhol situa a filosofia entre a utopia e a realidade: tende à sabedoria, porém reconhece suas limitações e se considera não tanto possuidora da sabedoria mas investigadora e estudiosa dela. É uma atitude cheia de realismo.

Perante esse alto sentido da sabedoria, explica-se a atitude dos pensadores gregos ao adotar o nome de filósofos (não sábios, mas estudiosos da sabedoria) e de filosofia (amor e aspiração pela sabedoria) para indicar a si mesmos e a seus saberes. E sobre isso assim dizia Aristóteles: "Pode-se avaliar com razão que a posse da sabedoria é algo mais que humano. De fato, a natureza humana está escravizada em tantos aspectos, que, segundo Simônides, apenas Deus pode gozar desse privilégio."[3] O mesmo pensamento Heráclides do Ponto atribuiu a Pitágoras, conforme conta Diógenes Laércio: "Nenhum dos homens é sábio, apenas Deus."[4]

c) Tanto em nossa língua como na grega, sabedoria é todo saber eminente, todo conhecimento profundo das ciências, letras e artes. E julgam-se sábios os que gozam de tais saberes.

---

3. *Metaphysica*, 1, 2, ed. W. Jaeger, SCBO, Oxonii, 1969.
4. *Vitae Philosophorum*, 1, 12, ed. H. S. Long. SCBO, Oxonii, 1964.

A FILOSOFIA

De maneira não muito diferente, na antiga Grécia chamava-se sábio ou *sophós* (também *sophistés*) – de novo o testemunho é de Diógenes Laércio[5] – a quem professava a sabedoria, *sophía*, e tinha chegado ao máximo de sua perfeição, de acordo com os parâmetros da época. Os mais célebres e arquetípicos, entre os mais antigos, são os sete sábios da Grécia.

Em comparação com os sábios, dos quais se supunha que tinham alcançado a sabedoria, surgiu a denominação de filósofo, *philósophos*, como o amante da sabedoria, o que considera a si mesmo estudioso dela, sem ainda tê-la atingido. É postura modesta. É a atitude atribuída a Pitágoras, que desde a Antiguidade é tido por isso como o primeiro que usou tal designação, embora a crítica moderna não deixasse de lançar algumas perguntas nesse sentido. A tradição foi transmitida por Heráclides do Ponto[6], Cícero[7] e Jâmblico[8], assim como vários outros autores. Em síntese, conta-se que Pitágoras foi a Fliunte e ali debateu de modo douto e profuso com Leonte, príncipe dos Fliásios. Leonte ficou admirado de seu talento e eloqüência e perguntou-lhe que arte professava. Pitágoras respondeu que não sabia nenhuma ciência, mas que era filósofo. Admirado da novidade do nome, Leonte perguntou a ele quem eram os filósofos, ao que Pitágoras respondeu: os estudiosos da sabedoria[9]. Essa denominação, escreveu Agostinho de Hipona, agradou tanto às gerações seguintes, que qualquer um que sobressaía no conhecimento da sabedoria era designado daí por diante com o nome de filósofo[10]. A atitude de modéstia, tradicionalmente atribuída a Pitágoras ao usar a designação de filósofo, é descrita no fim da Antiguidade pelo próprio Agostinho: "A Escola itálica teve por fundador Pitágoras, do qual se conta que inventou o nome de filosofia. Pois, dado que no princípio eram chamados sábios os que se distinguiam entre os demais em certo modo de vida louvável, por isso, tendo sido perguntado sobre sua profissão, respondeu que era filósofo, isto é, estudioso ou amante da sabedoria, pois julgou muito arrogante considerar-se sábio."[11] Por conseqüência, a sabedoria passou a ser chamada filosofia: de *philía*, amor, e *sophía*, sabedoria.

d) Por conseguinte, filosofia e sabedoria foram a mesma coisa em suas origens, como observa Tomás de Aquino.[12]

---

5. Loc. cit.
6. Cf. DIÓGENES LAÉRCIO, op. cit., 1, 12 e 8,8. A obra de Heráclides foi perdida.
7. *Tusculanae disputationes*, V, 3, 7-9, ed. M. Pohlenz, Bibliotheca Teubneriana, Stutgardiae, 1965.
8. *De vita Pythagorae*, XII, ed. L. Kuster, Amsterolodami, 1707.
9. Ver A.-H. CHROUST, *Some Reflections on the Origin of the Term "Philosopher"* em "New Scholasticism" XXXVIII, 1964, pp. 434 ss.
10. *De Trinitate*, XIV, 1, ed. W. J. Mountain, C Ch, Turnholti, 1968.
11. *De Civitate Dei*, VIII, 2, ed. E. Hoffmann, CSEL, reimpr. New York, 1962.
12. "Há que se notar que antes se usava o nome de sabedoria e agora o de filosofia, porém os dois significam a mesma coisa. Pois os antigos que se dedicavam ao estudo da sabedoria eram chamados de sofistas, isto é, sábios; mas Pitágoras, tendo sido questionado sobre sua profissão, não quis se denominar sábio, como seus antecessores, por considerar isso presunçoso, e assim denominou-se filósofo, isto é, amante da sabedoria. E por isso o nome de sábio mudou para o de filósofo, e o de sabedoria para filosofia." In: *I Metaph*. lect. 3. n. 56.

Visto que sabedoria e filosofia foram, até a Idade Média, a mesma coisa, a filosofia não era uma ciência unitária, e sim o conjunto universal de saberes que abrangia alguns conhecimentos universais, unidos pelo anseio de saber do filósofo. Por isso Platão escreveu que os verdadeiros filósofos são "os que gostam de contemplar a verdade", por isso se diz do filósofo "que ama a sabedoria, não em parte, mas toda e por inteiro"[13]. Essa universalidade é característica do filósofo: não há realidade que escape a seu interesse nem a seu olhar. Daí que a filosofia ou sabedoria abrangesse a universalidade dos saberes conhecidos: metafísica, física, matemática, astronomia, ética, política etc. Porém, essa universalidade esteve unida – e isto é o mais típico do filósofo – à intenção de conhecer todo ente em profundidade, em suas causas e princípios, inclusive os mais radicais e últimos[14].

Conhecer as coisas em suas causas ou princípios, em seu caráter radical e último (primeiras causas e primeiros princípios), foi – e continua sendo – a característica propriamente formadora da filosofia. Daí que a mais alta filosofia – a mais alta sabedoria – seja a metafísica, que, como diz Aristóteles, estuda o ente enquanto ente[15].

3. DESCRIÇÃO DA FILOSOFIA. *a*) Se a universalidade do saber filosófico, enquanto tem por objeto toda a realidade, é característica permanente da filosofia, a universalidade de saberes não foi. Pela evolução e desenvolvimento das ciências, que, com origens no século XIV, ocorreu sobretudo a partir do século XVII, efetuou-se a distinção entre filosofia e ciência em sentido estrito, sendo denominadas ciências por excelência as ciências particulares, exatas e experimentais. Assim a física, a astronomia, a matemática e outras constituíram-se em ciências autônomas não-filosóficas, e nasceram a política, a sociologia, a psicologia etc., empíricas, diferentes dos respectivos ramos da filosofia[16].

---

13. *Res Publica*, V, 19 e 20, 475 b e e, ed. I. Burnet, SCBO, Oxonii, 1962.
14. Isso é evidenciado por algumas palavras de Arquitas de Tarento: "O homem nasceu e está naturalmente preparado para considerar as razões de todas as coisas e da própria sabedoria, e por isso seu ofício é comparar e considerar a sabedoria de todas as coisas que existem... A sabedoria não versa sobre algum determinado gênero de coisas, mas categoricamente sobre a série completa das coisas; nem deve também se deter na primeira explicação de cada um dos seres, mas investigar os princípios comuns de todos eles. E é assim que a sabedoria trata de todas as coisas, como o olhar de todos os objetos que surgem sob a visão. Logo o que em geral é atribuído a todas as coisas é o que a sabedoria deve conhecer e considerar; e por isso a sabedoria investiga os princípios de todas as coisas... Por isso, quem é capaz de resolver em um mesmo e único princípio todos os gêneros de todas as coisas, e compô-los e conjugá-los ordenadamente, esse me parece o mais sábio e o mais verdadeiro dos homens, e me parece além disso que encontrou um observatório conveniente para fitar, a partir dele, Deus e todas as coisas, colocadas com apropriada distribuição e ordem em seus respectivos lugares, e que se apropriou de um caminho régio por onde possa progredir com passo seguro e concluir o percurso relacionando os princípios com os fins e entendendo que Deus é o princípio, o meio e o fim de todas as coisas que são feitas com retidão e justiça." *Fragmenta ex libro de Sapientia*, §§ 3-5, em "Fragmenta Philosophorum Graecorum", ed. G. A. Mullach, I, Parisiis, 1875.
15. Por conseqüência, a negação da metafísica representa fechar-se ao conhecimento mais profundo da realidade. Frases como a atribuída a Axel Hägerström, *delenda est metaphysica*, não podem ser consideradas felizes.
16. Não faltou, no entanto, quem continuasse identificando a filosofia com a árvore do saber. Ver S. RAMÍREZ, *El concepto de filosofía*, Madrid, 1954.

A FILOSOFIA

A distinção entre ciência e filosofia não se realizou por matérias – a filosofia tem por objeto toda a realidade –, mas sobretudo por causa do respectivo estatuto epistemológico. As ciências observam e estudam aspectos parciais da realidade – ciências particulares –, e de acordo com suas causas e princípios imediatos, bem como conforme seus condicionamentos aparentes. A ciência foi configurada como um saber fenomênico[17] (*fenômeno*: o que é observável e verificável) e positivo[18].

O que pode, então, ser chamado de filosofia, depois da autonomia das ciências? A filosofia é o saber metacientífico, aquele que vai além das ciências particulares e das causas e princípios imediatos. Em outras palavras, a filosofia é a busca de uma explicação da realidade além da ciência, isto é, em seu caráter radical e último, no sentido de que não é possível ir mais longe no conhecimento das coisas. Isso significa que a filosofia busca a explicação última e definitiva de todo o real[19].

Até onde pode chegar essa explicação última e até que ponto pode ser definitiva representam um problema filosófico de fundamental importância, no qual não é o caso entrar agora. O que interessa destacar aqui é que qualquer sistema filosófico, seja como for que responda a essas questões, chega a uma revelação do real, a algumas causas e a alguns princípios que serão considerados os últimos acessíveis, porque se entenderá que não é possível que nosso conhecimento chegue mais longe, ou por falta desse – além estará o incognoscível – ou porque não existe nada ulterior[20].

b) Segundo o que foi dito, podemos descrever a filosofia como *o conhecimento racional de todas as coisas pelas causas últimas e pelos princípios supremos*[21]. Ou também como *o estudo da realidade que tende a conhecê-la em suas últimas causas e em seu mais íntimo ser*.

A filosofia assim descrita não constitui uma disciplina única, mas um conjunto de disciplinas (metafísica, gnosiologia, filosofia da natureza, antropologia, lógica etc.),

---

17. Uma tentativa de sistema filosófico baseado nos fenômenos é constituída pela fenomenologia husserliana. Cf. E. HUSSERL, *La filosofía como ciencia estricta*, 2.ª ed. castelhana, Buenos Aires, 1969. Ver J. S. PEREIRA, *E. Husserl: La filosofía como ciencia rigurosa*, Madrid, 1979.
18. Sobre a positividade, ver X. ZUBIRI, *Cinco lecciones de filosofía*, Madrid, 1963, pp. 139 ss.
19. Cf. R. JOLIVET, *Tratado de filosofía* I, ed. castelhana, Buenos Aires, 1960, p. 11.
20. Nesse sentido, ver estas palavras de Verneaux: "Tal definição da filosofia nos parece válida para todas as filosofias. Não resta dúvida da existência de grandes divergências sobre a natureza dos princípios que elas propõem; para algumas, por exemplo a de Marx, é a Matéria; para outras, como a de Hegel, é o Espírito; e para outras ainda, a Sabedoria (Espinosa) etc. Mas pouco importa aqui que uma filosofia seja materialista, idealista ou panteísta, já que sempre tende a explicar o universo por suas causas supremas. Talvez o único sistema de pensamento excluído por essa definição seja o ceticismo, que faz a sabedoria consistir na dúvida em relação a todas as coisas. Porém, dado que indica as razões do duvidar e visto que as reduz a alguns capítulos principais, também caberia admitir que o ceticismo busca as razões últimas das coisas." *Curso de filosofía tomista. Introducción general y Lógica*, ed. castelhana, Barcelona, 1968, p. 15.
21. Um esclarecimento terminológico. As causas e princípios últimos e supremos são chamados com freqüência causas e princípios *primeiros*. Dá na mesma, e tudo depende do ponto de vista adotado. Quando se parte da experiência, tais causas e princípios aparecem como últimos e supremos. Quando se adota o ponto de vista genético, são primeiros.

às quais a descrição dada é aplicável analogamente. Todas são, no entanto, verdadeiramente filosóficas, às quais podem ser aplicadas as descrições oferecidas, embora não de modo unívoco.

c) A filosofia proporciona ao homem – no que for racionalmente possível – a explicação mais íntima do mundo, dá a ele o sistema de valores em que fundamenta sua conduta e lhe mostra o fim supremo e o sentido último da vida humana. O conhecimento filosófico é, então, no plano da razão, o saber mais importante e decisivo para o homem, do qual depende sua atitude fundamental perante a vida e a orientação mais radical de seu agir. Nesse sentido, a filosofia é *sabedoria*[22].

4. A FILOSOFIA COMO SABEDORIA. *a*) Dizer que a filosofia é sabedoria equivale a afirmar que é o saber mais alto e supremo, e, por conseguinte, que tem uma função crítica e fundamentadora em relação às ciências particulares. Cabe à filosofia a função de oferecer uma crítica racional, metódica e sistemática de toda atividade humana e, portanto, das ciências. Ao mesmo tempo, oferece a essas – e a toda atividade humana – os fundamentos teóricos e práticos para seu desenvolvimento.

b) Essa função é mais imediata e evidente nas ciências do homem, porque todas elas implicam diversos postulados filosóficos sobre a natureza do homem e os fins que são próprios dele. As conclusões das ciências do homem nem sempre são independentes dos postulados filosóficos, mas muitas vezes os supõem. Trata-se de pressupostos filosóficos implícitos, que determinam a orientação e algumas vezes as conclusões das ciências humanas. Por exemplo, a interpretação da história pode estar muito condicionada pela formação filosófica do historiador, como é o caso dos hegelianos e marxistas. Esse fato, bastante conhecido, levou diversos autores a tentar construir ciências puras, independentes de toda implicação filosófica. Exemplo bem conhecido em direito é a teoria pura de Kelsen. Porém, tais tentativas contêm um sofisma, porque essas mesmas posturas não são propriamente científicas, mas filosóficas, pensáveis apenas de acordo com alguns pressupostos ontológicos e gnosiológicos, de modo que os postulados filosóficos nos quais cada um desses autores se baseia são evidentes e bem conhecidos. O próprio marxismo, que pretende ser ciência e não filosofia (a filosofia é uma alienação, afirma), entrou, com toda razão, na história do pensamento filosófico. O que é a teoria pura de Kelsen senão uma corrente de filosofia jurídica?

c) No que concerne às ciências da natureza, embora essas gozem de maior autonomia, a filosofia tem a mesma função crítica e fundamentadora, porque essas ciências baseiam-se, nos níveis mais altos, em postulados que não podem justificar nem criticar adequadamente, estabelecendo algumas vezes hipóteses e teorias que

---

22. Sobre a noção de sabedoria, ver J. MARITAIN, *Ciencia y filosofía*, ed. castelhana, Madrid, 1958, cap. 1.

têm relação direta com postulados filosóficos (p. ex., o determinismo universal, a evolução, a origem do mundo etc.); incidem, então, em problemas filosóficos que as ciências como tais não podem resolver, porque escapam a seu método e a seu estatuto epistemológico. Por exemplo, não podem ser tiradas conclusões éticas da biologia, nem a física pode demonstrar a condição criada ou incriada do universo.

d) A comunicação conatural entre filosofia e ciências é fruto da unidade do real e, por conseguinte, da unidade do conhecer. O conhecimento científico e o conhecimento filosófico não são duas formas estanques do conhecer, porque não há compartimentos estanques no que é real. A realidade é una, com dimensões empíricas e dimensões metaempíricas, sem que se possa falar de "fronteiras" entre as duas dimensões. O metaempírico é imanente ao empírico, não como uma coisa submetida a outra coisa, mas como co-princípio do ser[23]. Portanto, a unidade do real acompanha a unidade do conhecer, sem misturas, porém sem rupturas.

5. A FILOSOFIA COMO CIÊNCIA. *a*) A palavra ciência pode ser interpretada em dois sentidos: em sentido próprio ou clássico e em sentido restrito ou moderno. Já dissemos que, em sentido restrito ou moderno, a ciência caracteriza-se, além do que é próprio da ciência em sentido clássico – saber pelas causas –, por ser um conhecimento fenomênico e positivo. A partir dessa perspectiva, distingue-se ciência de sabedoria, ciência de filosofia; a filosofia não é ciência, mas saber metacientífico[24].

Por outro lado, a filosofia é ciência no sentido clássico da palavra. Nesse sentido clássico ou próprio, a ciência é definida como *o conhecimento pelas causas* e caracteriza-se por chegar a conhecimentos certos[25], gerais, metódicos (obtidos por um método rigoroso) e sistemáticos, isto é, relacionados e unidos entre si por princípios, conceitos gerais e teorias.

A filosofia é, como dissemos, o conhecimento pelas causas últimas e pelos princípios supremos, possui um método rigoroso e reduz seus conhecimentos a sistema; é, então, ciência em seu sentido clássico, a ciência do caráter radical e último da realidade[26]. Representa o último acabamento do saber e, por isso mesmo, é como a uni-

---

23. Cf. R. JOLIVET, op. cit., pp. 22 ss.
24. Não faltam, no entanto, os que negaram a própria possibilidade do conhecimento metacientífico, como é o caso do positivismo de Comte e todas as suas derivações, que, por conseguinte, negam a especificidade da filosofia e a reduzem a ser uma síntese do saber científico. No campo do direito, a chamada "Teoria geral do direito" ou *Allgemeine Rechtslehre* deve sua origem a isso. Para Comte, ver J. J. SANGUINETI, *Augusto Comte: Curso de filosofia positiva*, Madrid, 1977. Nesse sentido, a postura mais radical é a do marxismo, que rejeita toda filosofia. No entanto, como já evidenciamos, essas posturas não são originalmente científicas, pois trata-se de conclusões às quais o método científico não pode chegar; são, propriamente falando, princípios e conclusões filosóficas e, portanto, metacientíficas.
25. Negam – sem que se possa considerar aceitável – que a ciência possa chegar a alguma certeza, autores como Popper. Para esse pensador, ver M. ARTIGAS, *Karl Popper: Búsqueda sin término*, Madrid, 1979.
26. "Encontrar as causas é, na realidade, a grande tarefa dos filósofos, e o conhecimento com o qual se ocupam não é um conhecimento simplesmente provável, como o que fornecem os oradores em seus discursos; é um conhecimento capaz de incitar a inteligência, como o que os geômetras nos fornecem com suas de-

dade do saber universal. Podemos dizer que a filosofia é a ciência das ciências, como saber último e radical e à medida que fundamenta as demais ciências.

b) O caráter científico da filosofia precisa ser entendido de modo congruente com a especificidade própria desse tipo de saber, que é diferente das outras ciências. A filosofia é verdadeira ciência, de acordo com as exigências de método, de raciocínio e de acesso à inteligibilidade do real, que corresponde a seu estatuto epistemológico, que não é igual ao das outras ciências. Por isso não frutificaram as tentativas de construir o sistema filosófico de acordo com o modelo de uma ciência particular. Por exemplo, Descartes inspirou-se em um modelo matemático, pretendendo deduzir todos os conhecimentos a partir de idéias claras e distintas, isto é, de evidências incontestáveis[27]. A física de Newton foi considerada modelo por Kant[28], e, de época mais recente, cabe indicar a tentativa de Husserl com seu método fenomenológico[29] e a dos neopositivistas do Círculo de Viena, que reduziram a filosofia à análise lógica da linguagem[30]. As tentativas multiplicaram-se nos últimos anos com nomes tão conhecidos como os de Gadamer (hermenêutica existencial) e Habermas (neomarxista)[31]. Tais tentativas não prosperaram nem têm possibilidade de prosperar porque – além da crítica de fundo que merecem – reduzem arbitrariamente

---

monstrações. Mas o que é um conhecimento certo pelas causas? É o que se chama uma ciência. A filosofia é uma ciência." J. MARITAIN, *Introducción a la filosofía*, ed. castelhana, Buenos Aires, 1965, p. 82.

A natureza científica da filosofia é implicitamente negada pelas doutrinas que, por causa de uma preocupação de racionalidade, tendem a fazer da filosofia uma pura construção lógica, independente da experiência, como é o caso do idealismo em geral. Para outros – Schopenhauer, Schleiermarcher etc. –, a filosofia seria um saber místico, uma espécie de crença irracional baseada nas intuições do coração. Nessa mesma negação caíram os fideístas e tradicionalistas, como De Bonald e Lammenais, ao identificar a filosofia não com um saber adquirido pela razão natural, mas com um conhecimento incluído na fé e transmitido pela tradição.

Nenhuma dessas teses é sustentável, se partimos de dois postulados: por um lado, a racionalidade da filosofia, sua natureza de conhecimento obtido pela razão, o que implica a capacidade de nossa razão de ter acesso à inteligibilidade do ser. Por outro lado, essas teses não são sustentáveis se percebemos que a filosofia conhece *o real*, que é saber sobre a realidade, ou, em outros termos, que implica um acesso ao ser em sua própria existência. Como escreveu Jolivet (op. cit., p. 13), "a filosofia está em primeiro lugar e essencialmente direcionada para a existência, porque tende a descobrir, em cada domínio do ser, as condições mais gerais ou absolutas da existência. As essências que se esforça para captar e definir, nos três graus da abstração que precisamos distinguir, são para o filósofo apenas um caminho para começar a tornar inteligíveis as existências, isto é, a própria realidade. Os princípios e as causas para ele são sempre, por definição, captados no plano do ser considerado no sentido da atualidade absoluta, em função da qual se torna possível explicar o que é, como essências realmente existentes. Por isso, é justo dizer que a filosofia é, por excelência, *a ciência do real*". Cf. É. GILSON, *El ser y los filósofos*, Pamplona, 1979.

27. Ver C. CARDONA, *René Descartes: Discurso del método*, Madri, 1978. Especialmente interessante, nesse caso, é a obra de É. GILSON, *La unidad de la experiencia*, ed. castelhana, Madrid, 1973.

28. Ver R. VERNEAUX, *Immanuel Kant: Crítica de la razón pura*, Madrid, 1978.

29. Ver J. S. PEREIRA, op. cit.

30. Para essa corrente, ver F. COPLESTON, *Filosofía contemporánea*, ed. castelhana, Barcelona, 1959; F. INCIARTE, *El reto del positivismo lógico*, Madrid, 1974.

31. No campo do direito surgiu a "Teoria do Direito" ou *Rechtstheorie*, que reduz a filosofia do direito à análise da linguagem dos juristas. Ver G. ROBLES, *Introducción a la Teoría del Derecho*, Madrid, 1988; C. S. NINO, *Introducción al análisis del Derecho*, Barcelona, 1984.

o problema filosófico – que abrange todo o universo do real – a algum aspecto parcial. A filosofia é ciência de acordo com sua própria índole, não segundo o modelo das outras ciências.

6. FILOSOFIA E EXPERIÊNCIA. *a*) Visto que a filosofia tende aos princípios supremos e últimos do real, tem uma tendência a ultrapassar a experiência, pois esses princípios são metaempíricos e só acessíveis à razão. Não faltaram certamente correntes empiristas e sensistas, que reduzem todo conhecimento à experiência[32]; porém, se observarmos que essa redução não é experimental mas racional – metaempírica –, pois nenhuma ciência empírica está em condições de propiciar tal dedução, devemos concluir que a filosofia supera a experiência[33]. Nem pode ser de outro modo, pois os princípios primeiros e as causas primeiras são, por definição, metaempíricos, visto que os princípios e causas empíricos são os princípios imediatos e segundos, isto é, os próprios das ciências, e já foi dito que a filosofia é um conhecer metacientífico. Para negar isso, é preciso negar a filosofia, conclusão a que alguns autores – como Comte – chegaram; só que, como foi assinalado, essa negação já é uma proposição filosófica.

b) Porém, o conhecimento filosófico não está desligado da experiência sensível. A tentativa idealista de uma construção filosófica separada da experiência não é aceitável pelo que tem de ruptura da unidade do real. O ser é uno – a unidade é um transcendental do ser –, e, portanto, nos seres de nosso universo a dimensão empírica e a metaempírica não constituem dois mundos – o do espírito e o da natureza – separados e estanques, mas um único mundo: o do real existente. Nessa unidade, o metaempírico está implicado no empírico, pois a dimensão empírica e a metaempírica são dimensões imanentes à mesma realidade. Por sua vez, a unidade do ser humano, como ser cognoscitivo, implica a unidade do processo natural de conhecimento dos sentidos ao intelecto, do sensível ao inteligível; por isso, até as substâncias espirituais só são acessíveis ao conhecimento humano por sua marca ou vestígio na experiência.

Em suma, o metaempírico não é diretamente acessível a nós, a não ser pela experiência sensível. Nada chega a nosso conhecimento a não ser por meio dos sentidos. Portanto, a filosofia parte da experiência sensível – do conhecimento experimental – do real e nela se fundamenta. Logo, a filosofia depende, inclusive em seus domínios mais imateriais, dos sentidos como primeiras condições do saber. No princípio da filosofia há uma experiência sensível. Por isso, o princípio do ato de filosofar é a observação.

---

32. Uma exposição dessas correntes pode ser vista em F. COPLESTON, *Historia de la filosofía,* ed. castelhana, v. V ss., Barcelona, 1975-78.

33. Para uma primeira aproximação ao tema do conhecimento humano, ver A. LLANO, *Gnoseología,* Pamplona, 1984. Um desenvolvimento bem completo pode ser visto em L. POLO, *Curso de Teoría del Conocimiento,* 3 v., Pamplona, 1987, 1985 e 1988.

c) No entanto, a filosofia não fica só na experiência, que não é senão uma condição do saber filosófico. A partir dessa experiência, a filosofia penetra no metaempírico, pois nela está contida a inteligibilidade do real. A filosofia parte da experiência para captar, nessa mesma experiência, as causas e os princípios que constituem seu objeto próprio, que é inteligível e não sensível.

É bom notar que a filosofia conhece não de fora ou sem depender da experiência, mas a partir da experiência. Porém, nessa própria experiência e desde o momento em que existe, estão implicados dados não-sensíveis, ou seja, o que é inteligível do real, a saber, os esquemas mais gerais ou categorias do mundo dos fenômenos e os primeiros princípios do ser, que é ao que chega o saber filosófico. Todo o conhecimento filosófico, então, começa pela experiência sensível; no entanto, o que a inteligência procura encontrar por meio dessa experiência é o inteligível. Por conseguinte, até o mais elevado objeto do saber filosófico – Deus e seus atributos – está incluído primeiro na experiência, a título de exigência inteligível do real apreendido pelos sentidos[34].

7. FILOSOFIA ESPECULATIVA E FILOSOFIA PRÁTICA. *a)* A filosofia divide-se em filosofia *especulativa* e filosofia *prática*. A primeira tem por objeto o conhecimento do ser e os princípios do conhecimento. Em primeiro lugar, a filosofia especulativa tenta mostrar a mais íntima realidade das coisas, o que são em última instância os entes e qual é seu sentido, assim como suas causas últimas. Trata-se – como dissemos – de um conhecimento dos entes que vai além do conhecimento científico. Assim, por exemplo, estuda e analisa o animal como ser e como vivente, além do que alcançam a biologia, a fisiologia etc.; se essas – por exemplo – chegam à geração como causa próxima e imediata do animal, a filosofia analisa se há uma causa superior.

Por outro lado, a filosofia especulativa estuda o conhecimento, tenta conhecer o modo de conhecimento. Pertence, então, à filosofia especulativa a gnosiologia ou teoria do conhecimento; investiga, em suma, como participam nossos sentidos e nossa razão na obtenção do saber e em que grau se pode chamar nosso conhecimento de saber.

O que distingue a filosofia especulativa é que termina no puro conhecer. É pura contemplação. Não se orienta, então, para a ação – para o agir ou para o fazer – e sim para o exclusivo saber.

b) Caracteriza a filosofia prática sua orientação para a ação, para o agir e para o fazer. Busca os princípios fundamentais que regem a ação humana, a sabedoria no agir. É a sabedoria prática e leva ao agir sabiamente.

A filosofia prática – além da arte ou técnica – tem por objeto a conduta humana, nem tanto como fato descritível (o que é próprio da ciência empírica), mas como

---

34. Cf. R. JOLIVET, op. cit., pp. 19 ss.

dever-ser (ética). O que é próprio à filosofia prática consiste em que o homem saiba agir e viver de modo que atinja sua perfeição pessoal, sua realização como pessoa. Seu objeto é o agir correto e o bem viver do homem. Seu conceito fundamental não é o de ser, como ocorre com a filosofia especulativa, mas o de bem ou valor e, conseqüentemente, o de virtude. Temas centrais da filosofia prática são os da liberdade e da lei, assim como o do dever.

Bibliografia

M. ARTIGAS, *Introducción a la filosofía*, Pamplona, 1987; W. BRUGGER, *Diccionario de Filosofía*, 7.ª ed., Barcelona, 1972; W. DILTHEY, *La esencia de la filosofía*, ed. castelhana, Buenos Aires, 1944; J. FERRATER, *Diccionario de Filosofía*, II, Madrid, 1986 [trad. bras. *Dicionário de filosofia*, São Paulo, Martins Fontes, 3.ª ed., 1998]; J. GAOS, *Orígenes de la filosofía y de su historia*, México, 1960; É. GILSON, *La unidad de la experiencia filosófica*, ed. castelhana, Madrid, 1973; A. GONZÁLEZ ÁLVAREZ, *Introducción a la filosofía*, Madrid, 1953; M. HEIDEGGER, *¿Qué es filosofía?*, 2.ª ed. castelhana, Madrid, 1980; E. HUSSERL, *La filosofía como ciencia estricta*, 2.ª ed. castelhana, Buenos Aires, 1969; K. JASPERS, *Einführung in die Philosophie*, Berlim, 1962; R. JOLIVET, *Tratado de filosofía*, ed. castelhana, I, Buenos Aires, 1960; A. LALANDE, *Vocabulario técnico y crítico de la filosofía*, ed. castelhana, Buenos Aires, 1953 [trad. bras. *Vocabulário técnico e crítico da filosofia*, São Paulo, Martins Fontes, 3.ª ed., 1999]; J. MARÍAS, *Introducción a la filosofía*, Madrid, 1947; J. MARITAIN, *Ciencia y filosofía*, ed. castelhana, Madrid, 1958; id., *Introducción a la filosofía*, ed. castelhana, Buenos Aires, 1965; A. MILLÁN PUELLES, *Fundamentos de filosofía*, 10.ª ed., Madrid, 1978; id., *Léxico filosófico*, Madrid, 1984; J. PIEPER, *Defensa de la filosofía*, ed. castelhana, Barcelona, 1973; S. RAMÍREZ, *El concepto de filosofía*, Madrid, 1954; M. SCHELER, *La esencia de la filosofía y la condición moral del conocer filosófico*, ed. castelhana, Buenos Aires, 1958; R.VERNEAUX, *Curso de filosofía tomista. Introducción general y Lógica*, ed. castelhana, Barcelona, 1968.

Lição II
A filosofia do direito

SUMÁRIO: 1. Introdução. 2. A descrição da filosofia do direito pelos autores. 3. Descrição da disciplina. 4. A origem do nome e a formação da disciplina. 5. Filosofia do direito e ciência do direito natural. 6. A perspectiva formal da filosofia do direito. 7. Dimensão especulativa e dimensão prática da filosofia do direito. 8. Função e sentido da filosofia do direito. 9. Filosofia do direito e experiência jurídica.

1. INTRODUÇÃO. Uma vez exposto em que consiste – em termos gerais – o saber filosófico, precisamos ver agora quais são os traços que configuram a filosofia do direito. E inicialmente devemos estabelecer o tema de sua definição.

"Toda tentativa de definir a filosofia do direito é uma inútil perda de tempo." Assim escrevia Bobbio em certa ocasião[1] e não sem razão de seu ponto de vista. Porque se o que se pretende é encontrar o traço definidor do que tem em comum tudo o que foi escrito sob o rótulo de filosofia do direito – como parece sugerir o referido autor –, sem dúvida tal tentativa seria inútil; pois foram intitulados de filosofia do direito, junto com estudos propriamente filosóficos, outros que começam negando a possibilidade do conhecimento filosófico ou que, pertencendo ao nível mais abstrato e geral da ciência jurídica, como é o caso da teoria geral do direito, não são próprios do nível filosófico[2]. Tentar unificar em uma definição saberes de índole tão diversa não representa nenhuma utilidade, nem é coerente com as regras de uma boa definição. Porém, essa circunstância, longe de levar à desistência de descrever a filosofia do direito, propõe o contrário, pois em qualquer ciência é fundamental sua caracterização e sua distinção em relação às outras.

---

1. *Nature et fonction de la philisophie du droit*, em "Archives de Philosophie du Droit", VII, 1962, p. 1.
2. De Villey são estas palavras: "Nada garante sequer que esses cursos e essas obras chamadas de 'Filosofia do Direito' sejam, na realidade, estudos e obras de filosofia." *Compendio de Filosofía del Derecho* I, ed. castelhana, Pamplona, 1979, p. 22. Um exemplo da mencionada falta de clareza pode ser observado no livro de VV.AA., *Problemi di teoria del diritto*, a cura di R. Guastini, Bologna, 1980, que se apresenta indistintamente como um curso de teoria geral do direito ou de filosofia jurídica. Isso não é coisa só de nossos dias. Mayer, no princípio do século, já dizia do livro de J. Kohler, *Lehrbuch der Rechtsphilosophie*, 1.ª ed. de 1909, que nem era um *Lehrbuch* (tratado), nem era de *Rechtsphilosophie* (filosofia do direito), pois era de direito comparado. Cf. M. E. MAYER, *Filosofia del Derecho*, ed. castelhana, Barcelona, 1937, p. 26.

Considerar como da filosofia do direito o que pertence a outras disciplinas só gera confusões.

2. A DESCRIÇÃO DA FILOSOFIA DO DIREITO PELOS AUTORES. *a*) Um fenômeno facilmente observável é a resistência dos tratadistas a definir filosofia jurídica. Embora em muitos deles possam ser encontrados amplos comentários e disquisições sobre a disciplina e seu objeto[3], a definição costuma estar ausente, sem que faltem aqueles que omitem a referência à própria disciplina[4].

Talvez isso aconteça porque poucas disciplinas necessitam menos de uma definição do que a filosofia do direito, pois seu nome é praticamente a descrição mais elementar e ao mesmo tempo mais exata dela. Uma vez descrito o saber filosófico, nossa disciplina quase não necessita de maiores definições que seu próprio nome: é o saber filosófico sobre a realidade jurídica, é a filosofia aplicada ao direito, é a filosofia do direito[5]. Não é estranho que isso ocorra, pois a denominação da discipli-

---

3. Ver, por p. ex, L. LEGAZ, *Filosofía del Derecho*, 3.ª ed., Barcelona, 1972, pp. 7 ss.; H. HENKEL, *Introducción a la Filosofía del Derecho*, ed. castelhana, Madrid, 1968, pp. 11 ss.; M.VILLEY, op. cit., pp. 19 ss.; E. GARCÍA MAYNEZ, *Filosofía del Derecho*, 2.ª ed., México, 1977, pp. 15 ss.; G. PECES-BARBA, *Introducción a la Filosofía del Derecho*, Madrid, 1983; E. DÍAZ, *Sociología y Filosofía del Derecho*, 2.ª ed., reimpr., Madrid, 1984, pp. 235 ss.; G. RADBRUCH, *Introducción a la Filosofía del Derecho*, 4.ª ed. castelhana, Madrid, 1974, pp. 23 ss.; id., *Filosofía del Derecho*, ed. castelhana, Madrid, 1933, pp. 7 ss.; id., *Rechtsphilosophie*, Stuttgart, 1956, pp. 97 ss.; L. RECASENS SICHES, *Tratado general de Filosofía del Derecho*, 8.ª ed., México, 1983, pp. 1 ss.; M. REALE, *Filosofia do Direito*, 4.ª ed., São Paulo, 1965, pp. 5 ss.; J. CORTS GRAU, *Curso de derecho natural*, 4.ª ed., Madrid, 1970, pp. 37 ss.; R. MARCIC, *Rechtsphilosophie. Eine Einführung*, Freiburg im Breisgau, 1969, pp. 39 ss.; H. RYFFEL, *Rechts -und Staat Philosophie*, Darmstadt, 1969, pp. 17 ss.; P. PIOVANI, *Linee di una filosofia del diritto*, 3.ª ed., Padova, 1968, pp. 7 ss.; R. PRECIADO, *Lecciones de Filosofia del Derecho*, 8.ª ed., México, 1976, pp. 11 ss.; E. FECHNER, *Rechtsphilosophie. Soziologie und Metaphysik des Rechts*, Tübingen, 1956, pp. 1 ss.; W. FRIEDMANN, *Legal Theory*, 5.ª ed., London, 1967, pp. 3 ss.; W. SAUER, *Einführung in die Rechtsphilosophie*, Berlin, 1954, pp. 1 ss.; S. COTTA, *El Derecho en la existencia humana*, ed. castelhana, Pamplona, 1987, pp. 13 ss.; A. FERNÁNDEZ GALIANO, *Derecho Natural. Introducción filosófica al Derecho*, 5.ª ed., Madrid, 1986, pp. 41 ss.; J. F. LORCA NAVARRETE, *Introducción al Derecho. Fundamentos filosóficos*, Madrid, 1987; N. LÓPEZ CALERA, *Filosofía del Derecho*, Granada, 1985, pp. 13 ss.; L. RODRÍGUEZ-ARIAS, *Filosofía y Filosofía del Derecho*, Bogotá, 1985; V. CATHREIN, *Filosofía del Derecho. El derecho natural y el positivo*, 2.ª ed. castelhana, Madrid, 1926, pp. 11 ss.; E. PATTARO, *Filosofía del Derecho. Derecho. Ciencia jurídica*, ed. castelhana, Madrid, 1980, pp. 13 ss.; H. COING, *Fundamentos de Filosofía del Derecho*, ed. castelhana, Barcelona, 1976, pp. 17 ss.; K. BRINKMANN, *Lehrbuch der Rechtsphilosophie* I, Bonn, 1960; V. KUBES, *Grundfragen der Philosophie des Rechts*, Wien, 1977; M. P. GOLDING, *Philosophy of Law*, Englewood Cliffs, N. J., 1975; TH. SCHRAMM, *Einführung in die Rechtsphilosophie*, Köln, 1978; A. DE ASÍS, *Manual de Derecho Natural* I, Granada, 1963, pp. 3 ss.; F. BATTAGLIA, *Curso de Filosofia del Derecho*, ed. castelhana, I, Madrid, 1951, pp. 7 ss.; E. GALÁN, *Concepto y misión de la Filosofía jurídica*, Madrid, 1944; J. BALLESTEROS, *Sobre el sentido del Derecho. Introducción a la filosofía jurídica*, Madrid, 1984; N. BOBBIO, *Teoria della scienza giuridica*, Torino, 1950; R. POUND, *Introducción a la filosofía del derecho*, ed. castelhana, Buenos Aires, 1972.

4. P. ex., L. LOMBARDI VALLAURI, *Corso di filosofia del diritto* Padova, 1981; F. D'AGOSTINO, *Frammenti di filosofia del diritto*, Catania, 1984; V. CASTBERG, *La philosophie du droit*, ed. francesa, Paris, 1970; R. ZIPPELIUS, *Rechtsphilosophie*, München, 1982.

5. Isso explica a aparente tautologia na qual pode parecer que alguns autores incorrem. Assim escreve DelVecchio:"Come chiaramente appare dal nome, la Filosofia del diritto è quel ramo della Filosofia che concerne al diritto." *Lezioni di filosofia del diritto*, 9.ª ed., Milano, 1953, p. 1. Ou ainda Pizzorni:"La risposta più elementare, per non dire banale, alla domanda cosa è la *Filosofia del diritto*, è che è la *Filosofia che studia il dirit-*

na, consolidada no âmbito germânico, além de aparecer como um nome ou título, aparece como a designação genérica no nível filosófico, ou como a descrição elementar de uma possível disciplina[6], ou como explicação do novo conteúdo que era dado a uma ciência, o *Naturrecht* ou ciência do direito natural, que tinha se transformado na ciência filosófica do direito pela evolução que sofreu a partir da filosofia crítica kantiana[7]. O próprio nome, filosofia do direito, é uma sucinta descrição e explicação da disciplina.

Há saberes e ciências cujo nome, sendo significativo, necessita de uma explicação. Esse é o caso da filosofia. O nome sozinho – amor à sabedoria –, sendo muito expressivo, não define nem descreve a filosofia. Cabe dizer o mesmo de outras ciências, como a economia ou a fisiologia. Há, por outro lado, disciplinas cujo nome é uma breve e elementar descrição dela, como, em uma Escola de Arquitetura, a disciplina "Cálculo de estruturas". Existem outras, enfim, que necessitam da descrição de um dos termos do nome, sem que se precise – para a compreensão do que é a disciplina – da explicação do resto; por exemplo, história da Espanha. Interessa nesse caso ter definido a história, o que basta para compreender o que seja a história da Espanha. Pertence a esse terceiro grupo a filosofia do direito. Para compreendê-la e identificá-la é importante – decisivo – definir a filosofia, identificando-a; porém, uma vez feito isso, não é preciso de modo necessário e imprescindível chegar a uma definição própria da filosofia do direito, pois a denominação é suficientemente descritiva.

Isso ressalta que – em nossa opinião, conscientes de que há quem pense de modo diferente – a descrição da filosofia do direito não é outra coisa que uma aplicação da descrição da filosofia ao caso concreto da filosofia do direito. É a mesma definição – a definição de filosofia –, estabelecendo como objeto particular o direito. É dessa forma que deve ser construída, em nossa opinião, a definição da filosofia do direito.

b) Essa é a estrutura que apresentam algumas das escassas definições da disciplina, dadas pelos autores. Mayer, por exemplo, após descrever a filosofia como a aspiração a conhecer a realidade como totalidade homogênea, definiu filosofia do direito como "a aspiração a obter uma representação total e unitária do direito"[8].

---

to." *Filosofia del diritto*, 2ª ed., Roma, 1982, p. 14. Por sua vez, Opocher escreve: "Per quanto, infatti, sia ben facile definire questa disciplina come la filosofia che pone a suo oggetto il diritto, la tautologicità di una simile definizione appare subito evidente." Verbete *Filosofia del diritto*, em "Enciclopedia del diritto", XVII, p. 517.

6. Ver F. J. CHOPIUS, *De vera philosophia iuris* 1650; G. W. LEIBNIZ, *Nova methodus discendae docendaeque Jurisprudentiae*, Frankfurt, 1667, em "Sämtliche Schriften und Briefe. Philosophische Schriften", I, Berlin, 1971, pp. 259 ss.

7. Ver F. GONZÁLEZ VICÉN, *La filosofía del Derecho como concepto histórico* em "Estudios de Filosofía del Derecho", La Laguna, 1979, pp. 207, ss.; F. CARPINTERO, *Naturrecht y Rechtsphilosophie. Los inicios del positivismo jurídico en Alemania* em "Anuario de Filosofía del Derecho", Nueva Época, III, 1986, pp. 343 ss.

8. *Filosofía del Derecho*, cit., p. 15.

Nesse caso, embora a estrutura da definição seja correta, a própria definição não parece boa, já que a filosofia não se esgota na representação mental – conceitos e idéias –, tendo também por objeto os primeiros princípios do ser e do conhecer, e, no caso da filosofia prática, os da ação. Mayer partiu de um conceito da filosofia restrito demais.

A definição de Bender pode ser considerada mais apropriada: "A filosofia do direito é o conhecimento do direito por suas causas últimas e universais"[9], aplicação ao direito da definição mais clássica da filosofia.

Por sua vez, Del Vecchio afirma que a filosofia é o estudo do universal e, também, dos primeiros princípios, porque corresponde a esses o caráter de universalidade; conseqüentemente: "A filosofia do direito – escreve – é a disciplina que define o direito em sua universalidade lógica, investiga as origens e os caracteres gerais de seu desenvolvimento histórico, e o avalia de acordo com o ideal de justiça tomado da pura razão."[10] Essa definição, além de estar identificada demais com um sistema filosófico particular – de influência kantiana –, não parece responder a toda a abrangência temática da filosofia do direito.

c) Outros autores, em contrapartida, não associam a noção de filosofia do direito à definição de filosofia, embora exista sem dúvida uma relação implícita entre tal noção e o sistema filosófico professado pelo autor. Entre essas definições de filosofia do direito, cabe citar duas da primitiva escola kantiana, quando a disciplina ainda não tinha recebido sua atual denominação. Para Heydenreich: "é o tratado (*commentar*) sobre a determinação da própria consciência de cada homem pela liberdade exterior, e da identidade dessa consciência em todos os demais"[11]. Mais identificada ainda com Kant é a descrição de Gros: "a ciência daquilo que é determinado pela razão prática como legislação da liberdade exterior"[12]. Ambas as definições perderam importância ao ser superada a concepção kantiana do *Naturrecht*[13].

Interessante, por seu autor, é a descrição dada por Hegel, sustentável apenas dentro de seu sistema filosófico; a filosofia do direito – uma parte da filosofia[14] – "tem por objeto a Idéia do Direito, ou seja, o conceito do Direito e sua realização"[15].

---

9. *Philosophia Iuris*, 2ª ed., Roma, 1955, p. 2.
10. *Lezioni...*, cit., p. 4.
11. *Metapolistische Prolegomena für das naturliche Staatrecht*, Leipzig, 1795, p. 32.
12. *Lehrbuch der philosophischen Rechtswissenschaft oder des Naturrechts*, Tübingen, 1802, § 43.
13. Essas duas definições identificam-se com a concepção kantiana do direito natural, mas podem ser incluídas entre as descrições primitivas da filosofia do direito, porque correspondem à época em que a ciência do direito natural do século XVIII tinha se transformado na filosofia jurídica.
14. *Grundlinien der Philosophie des Rechts*, Berlim, 1821, *Einleitung*, § 2.
15. Op. cit., *Einleitung*, § 1.

Entre as definições mais antigas, também cabe citar a de Ahrens, segundo o qual a filosofia jurídica, que é um ramo da filosofia geral, "é a ciência que expõe os princípios fundamentais do direito, concebidos pela razão e baseados na natureza do homem, considerada em si mesma e em suas relações com a ordem universal das coisas"[16]. Essa noção é ainda muito dependente da antiga concepção da filosofia do direito como ciência do direito natural e de evidente inspiração krausista, que – além disso – é facilmente criticável[17].

De clara influência neokantista é a definição de Stammler: "Entendemos por Filosofia do Direito aquelas doutrinas gerais que podem ser proclamadas dentro do campo jurídico com um alcance absoluto."[18] Sobre essa definição pode-se dizer, no mínimo, que infringe a primeira regra de uma boa definição: que a definição seja mais clara que o definido, infração aliás não rara, tratando-se de um autor de inspiração kantiana. Para Stammler, há, em relação ao jurídico, duas noções absolutas – idéias ou formas puras –, a de direito e a de justiça, e por isso a missão da filosofia do direito seria demonstrar em que consistem ambas; pode-se dizer que, para Stammler, a filosofia do direito estuda o *direito justo*. Redução excessiva do âmbito e do objeto de nossa disciplina.

Com um cerne de idéias opostas às kantianas, Cesarini Sforza escreve: "Pode-se, então, definir a filosofia do direito como aquela parte da filosofia que estuda a experiência jurídica, em sua universalidade, como ato de vida."[19] Com universalidade, o autor quer dizer todo o conjunto do fenômeno jurídico, por oposição a algumas de suas partes ou aspectos; e com a expressão "ato de vida" refere-se à ligação entre direito e vida. A definição é correta, embora pareça excessiva a referência à universalidade (pois está contida na noção de filosofia) e a alusão ao ato de vida (já que isso é inerente à experiência jurídica).

Para Vanni, é a ciência dos primeiros princípios do direito: "A filosofia do direito é a ciência que, enquanto integra as ciências jurídicas na unidade de seus princípios mais gerais, reúne ao mesmo tempo o direito à ordem universal, em cuja relação explica sua formação histórica na sociedade humana e averigua do ponto de vista ético suas exigências racionais."[20] Essa definição mais obscurece que esclarece o que é a disciplina, pelo uso ambíguo da palavra "princípio".

Filomusi Guelfi, sob evidente influência hegeliana, a define como "a ciência da suprema razão do direito, a ciência da absoluta idéia do direito"[21]. Por sua vez, Bartolomei, seguidor da filosofia dos valores, entende que a filosofia do direito equiva-

---

16. *Curso de Derecho Natural o de Filosofía del Derecho*, 4.ª ed. castelhana, Madrid, 1889, p. 1.
17. Não menos apropriada é a descrição do também krausista, F. GINER DE LOS RÍOS, *Principios de Derecho Natural*, Madrid, 1916, p. 9: a filosofia do direito é a ciência que considera o direito como permanente, isto é, em si, prescindindo das mudanças desse, que são tema de sua história.
18. *Tratado de Filosofía del Derecho*, ed. castelhana, México, 1980, p. 1.
19. *Filosofia del diritto*, 3.ª ed., Milano, 1958, p. 3.
20. *Lezioni di filosofia del diritto*, 4.ª ed., Bologna, 1920, p. 19.
21. *Corso di filosofia del diritto*, 5.ª ed., Roma, 1915, p. 14.

le à doutrina da justiça²², o que reduz a filosofia do direito a uma de suas partes. E, por fim, para López de Oñate, "a filosofia do direito é a filosofia enquanto estuda a experiência jurídica em sua totalidade e em sua complexidade, enquadrando-a no sistema da realidade de acordo com seu significado ideal"²³.

Entre os autores espanhóis, cabe citar a descrição de Mendizábal: "O conhecimento racional e sistemático dos sumos princípios normativos que regem a conduta moral do homem e das coletividades humanas, enquanto tendem para a realização do bem individual com subordinação ao bem social."²⁴ Donde se confunde a filosofia do direito com a ética social. Pode-se considerar muito precisa e adequada a definição que decorre destas palavras de Hurtado: "A filosofia do direito tem por objeto o conhecimento da realidade jurídica em sua universalidade por seus princípios e causas supremas."²⁵ Também é correta e aceitável a definição dada por Sancho Izquierdo: "aquela parte da Filosofia que investiga as últimas verdades do fenômeno jurídico"²⁶. Em contrapartida, a de Ruiz Giménez não diferencia filosofia do direito de ética social: "A Filosofia jurídica é o saber supremo e total, obtido à luz natural da razão, sobre a ordem dos atos humanos em relação ao bem comum ou fim social."²⁷

d) J. M. Martínez Doral²⁸ dedicou boa parte de um longo estudo à definição da filosofia do direito. Partindo de que a filosofia do direito é filosofia e, portanto, não cabe dar uma definição essencial dela, propõe a definição descritiva da disciplina em três passos. Em uma primeira aproximação, a filosofia do direito poderia ser definida como "a pretensão de transcender a experiência jurídica imediata, em busca dos princípios fundamentais que a justificam"²⁹. Em uma segunda aproximação, definindo-a pelas causas extrínsecas, entende que a filosofia do direito "é a pergunta pela realidade do jurídico, no horizonte da totalidade do que existe"³⁰; pois a filosofia tem por causa o espírito, que se destina a conhecer a totalidade do real. Finalmente, após afirmar que a filosofia do direito tem por objeto a conduta humana pelo prisma da juridicidade, dá a seguinte definição quase-essencial de filosofia do direito: "Filosofia do direito é a ciência que tem por objeto a proposição das exigências normativas, que regulam a convivência externa dos homens."³¹ Com isso, o

---

22. *Lezioni di filosofia del diritto*, 6ª ed., Napoli, 1937, p. 35.
23. *Filosofía del Derecho*, ed. castelhana, I, Buenos Aires, 1961, p. 35.
24. *Tratado de Derecho Natural*, 7ª ed., I, Madrid, 1928, p. 28. De tudo o que diz, parece deduzir-se que, para esse autor, a filosofia do direito é a mesma coisa que a filosofia do direito natural.
25. Verbete *Filosofía del Derecho* em "Nueva Enciclopedia Jurídica Seix", IX, p. 805.
26. Verbete *Filosofía del Derecho* em "Gran Enciclopedia Rialp", VII, p. 459.
27. *Introducción a la Filosofía jurídica*, 2ª ed., Madrid, 1960, p. 190.
28. *La racionalidad práctica de la filosofía del derecho* em "Persona y Derecho", 19, 1988, pp. 131 ss.
29. Op. cit., p. 195.
30. Op. cit., p. 207.
31. Op. cit., p. 216.

autor destaca que, no seu entender, a filosofia do direito, embora especulativa pelo modo de conhecer, é prática por seu fim[32].

De acordo com a definição dada, os temas fundamentais da disciplina vêm a ser três: o direito (o *problema lógico*, que tem por objeto a definição do direito), a justiça (o *problema axiológico*, que averigua a fundamentação mais radical do jurídico) e a teoria do saber jurídico (o *problema gnosiológico*, que procura construir uma teoria sobre o tipo particular de conhecimento que é o saber acerca do direito)[33].

3. DESCRIÇÃO DA DISCIPLINA. *a*) Entrando já no que a nosso ver pode ser uma definição de filosofia do direito, a primeira coisa que se deve salientar é que tipo de definição convém à nossa disciplina. Cabe uma definição essencial ou trata-se antes de uma descrição? Pois bem, não parece que a filosofia do direito admita uma definição essencial. Dado que a filosofia do direito é filosofia, o que foi dito a propósito dessa é aplicável. A filosofia não admite uma definição essencial pelas razões expostas no momento oportuno, por isso a definição de filosofia do direito – aplicação da definição de filosofia ao direito como objeto dela – também não pode ser desse tipo. Portanto, trata-se de uma definição descritiva ou descrição.

b) De acordo com tudo o que foi exposto, pode-se dizer que se entende por filosofia do direito *o conhecimento da realidade jurídica em suas causas últimas e em seu mais íntimo ser*.

A ciência jurídica nos revela a realidade jurídica tal como se encontra positivada e formalizada. Por meio dela, conhecemos então a realidade jurídica em suas causas próximas e imediatas e como nos aparece de acordo com as fontes positivas: legislação, jurisprudência dos tribunais, contratos etc. Por sua própria índole, a ciência jurídica não penetra nas causas últimas nem na mais íntima essência da realidade jurídica. Não responde às mais elevadas e profundas questões sobre o ser do direito e de suas causas últimas, nem sobre os princípios supremos da ordem jurídica. Trata-se, por conseqüência, de um conhecimento insuficiente e radicalmente insatisfatório. Junto com o conhecimento científico, cabe o saber filosófico da realidade jurídica. Esse conhecimento filosófico é o que constitui a filosofia do direito.

c) Como saber filosófico que é, a filosofia do direito é o conhecimento metacientífico desse. É um conhecimento superior e mais profundo que o conhecimento científico. Quando se entende que esse conhecimento metacientífico – além do fenomênico e positivo – não é possível ou é de duvidosa confiabilidade, como al-

---

32. Compreende-se essa posição quando se considera que, para Martínez Doral, o direito é norma e o nível filosófico é o nível supremo da estrutura do conhecimento jurídico, a qual abrange, junto com o referido nível filosófico, o nível científico – fenomênico e positivo – e o nível prudencial, três níveis autônomos, mas interdependentes. Ver J. M. MARTÍNEZ DORAL, *La estructura del conocimiento jurídico*, Pamplona, 1963.
33. Op. cit., pp. 216 ss.

guns afirmam, embora de modo impróprio – porque essa negação já é filosófica ou metacientífica –, a conclusão coerente é negar a filosofia do direito, porém não é aceitável atribuir-lhe estudos e obras que não ultrapassam o nível fenomênico e positivo, como muitos trabalhos de metodologia, análise da linguagem, teoria geral etc. Para esses tipos de trabalho surgiram algumas disciplinas científicas, como a metodologia jurídica[34], a teoria geral do direito (*Allgemeine Rechtslehre*)[35] e, mais recentemente, a teoria do direito (*Rechtstheorie*)[36]. Uma ilegítima transmutação da natureza da filosofia do direito representa outra coisa.

4. A ORIGEM DO NOME E A FORMAÇÃO DA DISCIPLINA. *a*) O pensamento filosófico sobre o direito surgiu com a filosofia grega, na qual já encontramos disquisições sobre o direito e a justiça – p. ex., em Platão e Aristóteles –, cuja importância e às vezes validade não diminuíram até hoje. A outra grande corrente filosófica, a Escolástica, que é posterior à Idade Média e está em parte do período Moderno, também contém observações e pensamentos sobre o direito e a justiça, que tiveram grande repercussão na filosofia do direito. Entre os escolásticos, Tomás de Aquino apresentou um sistema bastante completo da disciplina, embora fragmentado em diferentes partes de sua obra, que tem seguidores até hoje. Nesse sentido, o ato de filosofar sobre o direito é observado desde as origens da filosofia e ao longo de toda a história dela. No entanto, toda essa filosofia sobre o direito está dentro de obras, tratados e comentários de cunho variado, sem que até o século XIX aparecessem tratados específicos sob o rótulo de filosofia do direito. E esse termo ainda não é utilizado até o século XVII – pelo menos, atualmente, não se sabe de seu uso –, afora muito esporadicamente, de modo que até o século XIX não obtém legitimação. Como aparece o nome e como surge a filosofia do direito como ramo autônomo da filosofia?

---

34. Ver, p. ex., K. LARENZ, *Metodología de la Ciencia del Derecho*, ed. castelhana, Barcelona, 1966; A. HERNÁNDEZ GIL, *Metodología de la Ciencia del Derecho*, 3 v., Madrid, 1971-1973; J. VALLET DE GOYTISOLO, *Metodología jurídica*, Madrid, 1988.

35. Não há uma concepção unitária da teoria geral. Sobre ela, ver, p. ex., J. DABIN, *Teoría general del Derecho*, ed. castelhana, Madrid, 1955; C. DU PASQUIER, *Introduction à la théorie générale et à la philosophie du Droit*, 3.ª ed., Neuchâtel, 1948; H. NAWIASKY, *Teoría general del Derecho*, ed. castelhana, Madrid, 1962; R. SORIANO, *Compendio de Teoría General del Derecho*, Barcelona, 1986; R. J. VERNENGO, *Curso de teoría general del Derecho*, Buenos Aires, 1972; F. CARNELUTTI, *Teoría general del Derecho*, ed. castelhana, Madrid, 1955; J. HAESAERT, *Théorie générale du droit*, Bruxelas, 1948; P. ROUBIER, *Théorie générale du droit*, 2.ª ed., Paris, 1951.

36. Para a teoria do direito – cuja denominação engloba concepções diferentes sobre ela –, ver VV.AA., *Rechtstheorie. Beiträge zur Grundlagendiskussion*, Frankfurt, 1971; VV.AA., *Rechtstheorie als Grundlagenwissenschaft der Rechtswissenschaft*, n.º monográfico do "Jahrbuch für Rechtssoziologie und Rechtstheorie", II, 1972; G. ROBLES, *Introducción a la Teoría del Derecho*, cit.; E. PATTARO, *Elementos para una teoría del derecho*, ed. castelhana, Madrid, 1985; VV.AA., *Rechtstheorie. Ansätze zu einem kritischen Rechtsverständnis*, Karlsruhe, 1971; VV.AA., *Einführung in Rechtsphilosophie und Rechtstheorie der Gegenwart*, Heidelberg, 1985; K. ADOMEIT, *Rechtstheorie für Studenten*, Heidelberg-Hamburg, 1979; J. FINCH, *Introducción a la teoría del derecho*, ed. castelhana, Barcelona, 1977; M. VAN HOECKE, *What is Legal Theory?*, ed. inglesa, Leuven, 1985.

b) Entre os tratadistas de filosofia do direito que mencionaram essas questões – relativamente poucos – está difundida uma espécie de sentença comum, que poderia ser resumida assim: até o século XIX, o nome clássico da disciplina seria "ciência do direito natural" – *iuris naturalis scientia* – e seus cultores não teriam atingido outro tema além do direito natural; seus tratados seriam tratados de direito natural: *Ius naturae* ou *Naturrecht*. Com o advento da negação do direito natural e o repúdio do racionalismo – a Escola histórica e o incipiente positivismo jurídico –, esses tratados teriam se transformado em disquisições filosóficas sobre o direito positivo e teriam mudado o nome clássico anterior dessa ciência para o de filosofia do direito (*Rechtsphilosophie*)[37].

Embora haja nessa sentença comum certos indícios de verdade, em geral não corresponde aos fatos históricos, pois cai em um grave erro: confundir o ocorrido desde a segunda metade do século XVII até fins do século XVIII, durante o florescimento da Escola moderna do Direito Natural, com a história anterior de mais de vinte séculos. Até o surgimento do jusnaturalismo moderno, propriamente até Pufendorf (1632-1694), não há em sentido estrito manuais ou tratados de direito natural – embora possam ser indicados alguns antecedentes –, nem se falou da *scientia iuris naturalis* como uma disciplina autônoma[38]. Por outro lado, foi próprio dos tratados de "Direito Natural" da Escola moderna não estudar outro tema além do direito natural – coisa lógica, se eram tratados dessa disciplina –, mas não dos autores anteriores. Por exemplo, Tomás de Aquino tratou da lei e do direito em geral, da lei e do direito naturais e da lei e do direito positivos; nem o tratado da lei natural nem o do direito natural ocupam espaço especial ou atenção particular em suas obras, que, além disso, não são de filosofia, mas de teologia; e na óptica da teologia moral – não da *iuris naturalis scientia* – tratou de questões particulares do direito e da justiça. Convém dizer a mesma coisa dos tratados *de iustitia et iure* ou *de legibus* da Escolástica espanhola, o mais parecido com o que depois seriam os tratados de filosofia do direito; todos esses autores tratam de forma sensata da noção de direito e de lei, do direito natural e do direito positivo, isto é, fizeram filosofia do direito; as questões particulares do direito e da justiça foram tratadas de acordo com a teologia moral.

Para a época anterior ao jusnaturalismo moderno, não convém falar de uma disciplina chamada "Direito Natural", nem o que foi feito pelos autores pode ser denominado "ciência do direito natural". Fizeram filosofia jurídica, sem que apare-

---

37. Ver, p. ex., M. E. MAYER, op. cit., pp. 26 ss.; G. DEL VECCHIO, op. cit., pp. 5 ss. Em oposição, ver L. BENDER, op. cit., pp. 2 ss.

38. Podem ser consultados os manuais e tratados de história da filosofia do direito ou do direito natural. Por exemplo, G. FASSÒ, *Historia de la filosofía del derecho*, 3 v., ed. castelhana, Madrid, 1980-81; A. TRUYOL, *Historia de la Filosofía del Derecho y del Estado*, 2 v., Madrid, 1982; J. HERVADA, *Historia de la Ciencia del Derecho Natural*, Pamplona, 1987.

Como precedentes da denominação podem ser indicadas as obras de J. Oldendorp (*Iuris naturalis, gentium et civilis isagoge*, 1539), N. Hemming (*De lege naturae apodictica methodus*, 1562), e J. Selden (*De iure naturale et gentium iuxta disciplinam Ebraeorum*, 1640). Foi mencionado também um manuscrito de Vázquez de Menchaca (s. XVI), intitulado *De vero iure naturali*, perdido e nunca publicado.

ça o nome de filosofia do direito até o século XVII, e sem que se constituísse uma disciplina autônoma.

c) Muito mais baseada nas fontes é a opinião defendida por González Vicén[39], sem deixar de cair em algum dos tópicos da sentença comum que acaba de ser exposta[40]. Para esse autor, a filosofia do direito seria um conceito histórico, isto é, não válido para toda a história do ato de filosofar sobre o direito, mas apenas para as orientações da filosofia jurídica apoiadas em uma concepção histórica e positivista do direito, diante da orientação jusnaturalista baseada na metafísica. De tudo isso, conclui-se que seria preciso distinguir entre a ciência do direito natural e a filosofia do direito; nesse sentido, a história da filosofia do direito começaria propriamente no final do século XVIII e princípio do século XIX e abrangeria apenas as concepções positivistas, ficando fora as jusnaturalistas. Uma concepção tão restrita da filosofia do direito quase não teve repercussão[41], e é comum começar a história da disciplina com os filósofos gregos. Porém, o ponto principal é que a tese central desse autor não encontra sólido respaldo nas provas históricas que ele apresenta para defendê-la, como demonstrou Carpintero[42]. Se entendermos por filosofia do direito o ato de filosofar sobre a realidade jurídica, encontraremos tal atividade ao longo de toda a história.

d) Os primeiros tratados que receberam o nome de filosofia do direito apareceram, entre o ocaso do século XVIII e a primeira metade do século XIX, no âmbito universitário e científico de língua alemã, que é onde antes se propagaram e se desenvolveram a filosofia transcendental ou crítica de Kant, as primeiras manifestações do positivismo e a Escola histórica, origens da nova denominação. Porém, podem ser assinalados alguns antecedentes. Em meados do século XVII foi publicada a obra latina de F. J. Chopius, cujo título era *Da verdadeira filosofia do direito*[43], e a expressão *philosophia iuris* aparece em Gebhard[44] e Schilter[45].

---

39. *La filosofía del Derecho como concepto histórico*, cit.
40. Por exemplo, atribuir à concepção clássica do direito natural traços da teoria do direito natural própria do jusnaturalismo moderno. P. ex.: "O Direito natural imutável, situado acima ou além da história, é, na realidade, o único Direito." Atribuir essa idéia a Aristóteles, aos juristas romanos, a Tomás de Aquino ou à Escolástica espanhola é um erro, que não resiste ao mínimo confronto com os textos. No entanto, coisas assim – possíveis apenas por desconhecimento direto dos jusnaturalistas clássicos – se repetem com insistência digna de causa melhor entre os críticos modernos do direito natural. Quanto a o direito natural ser o "único direito", isso não é atribuível sequer ao jusnaturalismo moderno.
41. Divulgam a tese de González Vicén, em diferentes graus, L. LEGAZ, op. cit., p. 28; E. DÍAZ, op. cit., pp. 260 ss. e 286.
42. *Naturrechts y Rechtsphilosophie*, cit.
43. *De vera philosophia iuris*, 1650. Segundo alguns autores, a expressão *philosophia iuris* teria sido usada por Cícero, embora não indiquem onde. Não há vestígios de tal uso nos bem-conceituados vocabulários de Merguet. Cf. H. MERGUET, *Lexikon zu den philosophischen Schriften Cicero's*, verbetes *ius* e *philosophia*; e os mesmos verbetes do *Lexikon zu den Reden des Cicero*.
44. Em seu *Tractatus philosophico iuridico*.
45. Em sua obra *Praxis analiticae*.

Ainda no século XVII, Leibniz falou de filosofia do direito (*philosophia Iuris*) como uma disciplina a ser lecionada no ensino do direito ou jurisprudência[46]. Fica claro que é disciplina diferente da do *Ius Naturale*[47], mas fica menos óbvio qual é seu conteúdo, embora pareça se referir a noções, princípios e outros elementos filosóficos envolvidos na ciência do direito ou jurisprudência e convenientes para a formação dos juristas (ética legal, metafísica do direito, lógica, dialética, física etc.)[48].

e) A expressão "filosofia do direito" – em alemão, *Philosophie des Rechts* ou mais usualmente *Rechtsphilosophie* – obedeceu a uma mudança de orientação doutrinal da disciplina "Direito Natural" – *Ius Naturae* ou *Naturrecht* – e, portanto, de seus manuais e tratados, produzida na Alemanha a partir do final do século XVIII. Foi uma evolução terminológica que aconteceu na fala alemã – que nessa época substituiu definitivamente o latim como língua universitária ou culta na referida nação –, com base nas importantes mudanças de pensamento filosófico. Indo ao ponto-chave, o que ocorreu foi o advento e a generalização da tese que negava que o direito natural fosse verdadeiro direito, quer admitindo que o direito natural é outra coisa (kantianos), quer negando pura e simplesmente – também contra a postura kantiana – que existia o direito natural (Hugo, Klein, Stephani, Thibaut e a Escola histórica). Tendo sido substancialmente alterado o substrato filosófico – e com ele o modo de entender a disciplina –, os professores e tratadistas da cadeira universitária de "Direito Natural" buscaram de diversas formas mostrar a nova orientação da disciplina, mediante subtítulos e, finalmente, mudando a denominação tanto dos cursos que davam como dos tratados e manuais, terminando por impor-se o nome de "filosofia do direito"[49]. Para entender a mudança produzida, é conveniente referir-se à situação anterior.

f) Um dos principais traços da teoria clássica do direito natural – que vai de Aristóteles, dos juristas romanos e de Tomás de Aquino à Escola espanhola do Di-

---

46. *Nova methodus discendae docendaeque Jurisprudentiae*, cit., p. 364. Nas anotações para a segunda edição dessa obra, também fala de: "Philologia et philosophia Legum illustretur ex autoribus principiorum juris, exemplis ubique adhibitis", ed. cit., II, p. 32. Na *philologia Juris* – à qual remete sua menção da *philosophia Juris* – integra: a gramática, a didática, a retórica, a história, a ética e a política legais, a lógica, a metafísica do direito e a física legal (*Nova methodus...*, ed. cit., pp. 324 ss.). Igualmente escreve em loc. ult. cit., p. 329: "Philologiam ac Philosophiam Legum absolvimus tamquam Interpretationis praeliminaria."
47. A *Philosophia Iuris* aparece com o número 11 e os *Juris Naturalis Elementa demonstrative tradita*, com o número 24.
48. Cf. sua obra *Specimen quaestionum philosophicarum ex Jure collectarum*, Leipzig, 1664, ed. cit., I, pp. 73 ss.
49. Daí nasce o erro dos autores mencionados, que afirmam que, antes do aparecimento da expressão "filosofia do direito", a disciplina sempre foi chamada direito natural e tinha o direito natural como tema. Isso é verdade para a Alemanha da segunda metade do século XVII e do século XVIII, cujas universidades contavam com cátedras de "Direito Natural", ocupadas por professores imbuídos do jusnaturalismo moderno (Escola moderna do Direito Natural). Mas trata-se de uma situação histórica concreta, que ocorreu em parte em outros países europeus, não extensível às épocas anteriores.

reito natural, com seguidores ainda em nossos dias – é ter o direito natural como uma parte do direito vigente: verdadeiro direito, então, e um tipo ou classe de direito. Como parte do direito vigente, o estudo de seus princípios e regras coube aos juristas – à ciência do direito – e, por isso, aparecia entremeado com o direito positivo nas obras desses[50]. Do mesmo modo, os moralistas estavam interessados no direito natural, que também aparece em suas obras entremeado com dados bíblicos e de direito positivo.

A partir do século XVI, com o humanismo jurídico e por causa das condições sociais e políticas da época, aumentou o interesse pelo direito natural, no qual se acreditou encontrar, por um lado, o sistema de relações com os povos não-cristãos (principalmente as Índias) e, por outro lado, a solução para superar as guerras religiosas. Surgiram assim obras jurídicas nas quais o direito natural adquiriu grande relevância. Esse é o caso do espanhol Fernando Vázquez de Menchaca (1512-69)[51] e do holandês Hugo Grócio (1583-1654), que, além disso, deu início à concepção imanentista do direito natural[52]. As obras desses autores foram obras de jurisprudência, no estilo do humanismo jurídico[53] – sem ser manuais de direito natural –, nas quais o *ius naturale* continuou sendo entendido como verdadeiro direito.

A situação mudou em parte com o aparecimento do chamado "jusnaturalismo" ou jusnaturalismo moderno, também conhecido como Escola moderna do Direito Natural. De um lado, os filósofos e pensadores políticos (Hobbes, Locke, Espinosa etc.) trataram do direito natural e o utilizaram para suas construções filosófico-políticas. De outro lado, a partir de 1661, em Heidelberg, foram criadas cátedras universitárias de "Direito Natural", com a conseqüente produção – abundante – de tratados e manuais *de iure naturae et gentium*, que ocuparam parte do século XVII e todo o século XVIII. Mas o que era esse direito natural e quem eram os jusnaturalistas?

Alguns desses jusnaturalistas eram juristas (p. ex., Heineccio), outros eram filósofos (p. ex., Wolff). Foi dado à disciplina, com certa freqüência, o clássico nome da ciência do direito, jurisprudência, e falou-se de *jurisprudentia divina* ou *jurisprudentia naturalis*; mas a *iuris naturalis scientia* era verdadeira jurisprudência ou ciência do direito? Foi nos autores anteriores, a partir dos juristas romanos, os quais construíram um direito natural alegável perante os Tribunais e fator de interpreta-

---

50. Para certificar-se disso – que é fato conhecido –, basta dar uma olhada na compilação justiniana e nas obras dos glosadores, dos comentadores, dos juristas do humanismo jurídico e dos juristas posteriores até fins do século XVII. E dos canonistas, desde as origens, com Graciano, até nossos dias. Sobre isso pode-se ver J. HERVADA, *Historia de la Ciencia del Derecho Natural*, cit., pp. 74 ss., 111 ss., 119 ss., 185 ss., 196 ss., 278 s., 294 s. e 327.

51. Ver, sobre esse autor, F. CARPINTERO, *Del derecho natural medieval al derecho natural moderno: Fernando Vázquez de Menchaca*, Salamanca, 1977.

52. Para uma primeira aproximação ao pensamento desse autor, pode-se ver J. HERVADA, *Historia de la Ciencia del Derecho Natural*, cit., pp. 262 ss.; id., *Lo nuevo y lo viejo en la hipótesis "etiamsi daremus" de Grócio*, em "Escritos de Derecho Natural", Pamplona, 1986, pp. 399 ss.

53. Cf. F. CARPINTERO, *"Mos italicus", "mos gallicus" y el Humanismo renacentista. Una contribución a la metodología jurídica*, em "Ius Commune", VI, 1977, pp. 108 ss.

ção do direito e da busca da solução justa ou de direito; é visto continuamente na compilação justiniana, na obra dos juristas europeus e na prática dos Tribunais. Isso não é precisamente o que fizeram os jusnaturalistas modernos. Sua tarefa não consistiu propriamente em determinar o direito natural como alegável perante os Tribunais de seu tempo e utilizável nas soluções de direito para a prática jurídica. O que buscaram foi um *sistema de direito* de acordo com a razão, deduzido dela, que em muitas tinha tendência reformista em relação ao direito estabelecido. Surgiu assim a idéia – ausente na época anterior – da existência de *dois sistemas jurídicos*: o natural e o positivo. Para as coordenadas do século XVIII, isso supunha um direito racional, obtido à luz da razão[54], oposto até certo ponto ao direito tradicional. Era implicitamente uma tendência *revolucionária*, que em política levou à queda do Antigo Regime e em direito, às importantes inovações do período da Codificação.

g) O sistema de direito natural moderno se revelou deduzido pela razão, a partir da natureza do homem: lei natural, direitos e deveres naturais eram deduzidos racionalmente, partindo dos princípios supremos inerentes ao traço fundamental da natureza humana, que segundo cada escola ou autor constituía a base do sistema: a sociabilidade, a fragilidade do homem no estado natural, a liberdade natural. Dos três cabeças da escola – Punfendorf, Thomasio e Wolff –, este último foi quem levou ao extremo o racionalismo, que, em grau variável, é comum a eles. Para Wolff, o sistema de direito natural era um conjunto de regras lógicas, deduzidas – com exclusão de todo elemento indutivo ou empírico – por uma série contínua de raciocínios. Kant formou-se nessa concepção wolffiana, utilizando como manual de explicações universitárias o livro de Achenwall, discípulo de Wolff.

Não há dúvida de que esse direito natural era considerado realmente existente e, portanto, vigente. Mas tal sistema era considerado genuíno direito? E a operação racional dedutiva era avaliada como verdadeira e genuína jurisprudência? Tais perguntas não estão formuladas com essa clareza pelos autores; porém, implicitamente – e em certos aspectos de modo explícito – eles deram resposta a elas. Há autores para os quais a resposta afirmativa parece estar no modo como tratam o direito natural. Mas não se deve esquecer que dois dos maiores representantes do jusnaturalismo moderno, Hobbes e Thomasio, deram uma resposta negativa: a lei natural não é direito, mas moral[55]. E, junto com eles, muitos outros autores[56]. Ana-

---

54. Por isso o direito natural também foi chamado de direito racional ou da razão, manifestando-se inclusive no título de algumas obras, como, p. ex., a de A. F. GLAFEY, *Vollständige Geschichte des Rechst der Vernunft*, Leipzig, 1739, reprod. Aalen, 1965.
55. Cf. J. HERVADA, *Historia...*, cit., pp. 275 ss. e 285.
56. Por aí se observa com quanta cautela é preciso aceitar as afirmações dos críticos do direito natural, como a atribuição ao jusnaturalismo moderno da idéia de que o direito natural não só é direito, como "o" direito, com menosprezo e quase esquecimento do direito positivo: o direito natural seria o único verdadeiro direito. Tal afirmação não é encontrada nos autores, nem deixa de ser verdade justamente o contrário em Hobbes, Thomasio e seus discípulos.

logamente, a *scientia iuris naturalis* não era entendida como jurisprudência, mas como filosofia moral.

h) A transformação definitiva da *jurisprudentia naturalis* em filosofia foi produzida por Kant. Em 1783, quando o filósofo alemão ainda não tinha publicado os textos em que desenvolveu sua tese sobre o direito, um autor conhecedor da filosofia transcendental ou crítica, I. A. H. Ulrich, publicou um manual de direito natural, com o expressivo título de "Filosofia do justo ou do direito natural social e das gentes", no qual escrevia que o direito natural é filosofia[57].

Como aconteceu essa transformação? Vimos que Wolff – autor em cuja filosofia Kant se baseou e que abandonou ao despertar de seu "sonho dogmático" – tinha entendido o direito natural como um sistema de deduções lógicas, obtidas por raciocínio, excluído todo elemento empírico. Pois bem, na filosofia crítica de Kant elementos racionais desse tipo eram interpretados como formas puras *a priori* da razão prática, vazias de toda procedência empírica: as regras de direito natural foram substituídas pelos princípios *a priori*. O direito natural já não era entendido como direito, mas como formas e princípios *a priori* do direito; o sistema de regras e direitos naturais devia ser substituído pelo estudo de tais formas e princípios: a idéia de direito, a idéia de justiça e os princípios *a priori* da legislação. Por analogia, o conhecimento do direito natural assim entendido não é jurisprudência, mas filosofia.

O direito natural ficou completamente transformado. Provisoriamente, em Kant e na escola kantiana primitiva, a terminologia foi conservada, mas nem o direito natural era compreendido como até então, nem a disciplina podia manter seu conteúdo. Por conseguinte, o "Direito Natural" ou *Naturrecht* era, na realidade, uma disciplina nova.

É preciso acrescentar a isso que os vislumbres de positivismo encontrados em Hobbes e em Thomasio originaram-se na negação do direito natural – não aceito nem sequer sob a forma transformada da filosofia kantiana – em uma série de autores, entre os quais Hugo foi o primeiro. O que podia ser o *Naturrecht* nessa perspectiva positivista? A resposta coincidiu nisso com a kantiana: filosofia do direito. E, como se entendia que não há outro direito além do direito positivo, a filosofia do direito devia ser filosofia do direito positivo, *Philosophie des positiven Rechts*; Hugo denominou assim seu tratado de direito natural[58], publicado em 1799. Anos depois, A. F. J. Thibaut utilizou uma expressão semelhante: filosofia da lei positiva[59]. Essa denominação não fez sucesso, por ser então obsoleto, em língua alemã, falar de direito positivo.

---

57. *Initia philosophiae iusti seu Iuris Naturae Socialis et Gentium*, Ienae, 1783, p. 5: "*Ius Naturae* non ex voluntariis hominum institutis limitem moralem externum Coactionis metitur, sed est *philosophia de limite morali externo vis et coactionis.*"

58. *Lehrbuch des Naturrechts, als einer Philosophie des positiven Rechts*, Berlin, 1799.

59. *Ueber den Einfluss der Philosophie auf die Auslegung der positiven Gesetze*, em "Versuche über einzelne Theile des Theorie des Rechts", Jena, 1817. Cit. por F. CARPINTERO, *Naturrecht y Rechtsphilosophie*, cit., p. 355.

Portanto, para kantianos e positivistas – e também para os autores da Escola histórica –, o *Naturrecht* era filosofia sobre o direito. Por isso, acrescentaram ao título de *Naturrecht*, que seus cursos universitários e manuais continuavam mantendo, algum adjetivo ou um subtítulo que mostrasse a nova orientação. Entre esses[60], dois acabaram se impondo: *Philosophie des Rechts* e *Rechtsphilosophie*; os dois significam a mesma coisa: filosofia do direito ou filosofia jurídica.

A expressão *Philosophie des Rechts*, sem alusão ao *Naturrecht*, apareceu em 1793 em um documento oficial[61] e em 1800 já no título de uma obra, *Aphorismen zur Philosophie des Rechts*, de W. T. Krug, editada em Jena. Também foi usada por Stahl[62], por Hegel[63] e por mais alguns autores[64], mas caiu em desuso, não sem alguma exceção

---

60. Em alguns casos, complementou-se o título de "Direito Natural" com fórmulas que indicavam a nova orientação. Assim: "Direito Natural científico", CH. G. SHAUMANN, *Wissenschaftliches Naturrecht*, Halle, 1792; "Direito Natural deduzido do conceito de direito", L. CHR. HOFBAUER, *Naturrecht aus dem Begriffe des Rechts entwickelt*, Halle, 1793; "Direito Natural segundo princípios críticos", K. H. HEYDENREICH, *System des Naturrechts nach kritischen Prinzipien*, Leipzig, 1794; "Direito Natural puro", TH. A. H. SCHMALZ, *Das reine Naturrecht*, Königsberg, 1795, reprod. Aalen, 1969. Não faltou a denominação "Direito da razão", C. VON ROTTECK, *Lehrbuch des Vernunftrechts und der Staatswissenschatfen*, 4 v., Stuttgart, 1840, reprod. Aalen, 1964.

A busca de uma nova denominação para a disciplina foi mais freqüente. Kant usou a expressão "teoria do direito" (*Rechtslehre*), que alguns acolheram (G. C. W. DEDEKIND, *Grundlinien der Rechtslehre*, Hildesheim, 1798; L. BENAVID, *Versuch einer Rechtslehre*, Berlin, 1802), porém prevaleceram outras denominações. Como: "ciência fundamental do direito", FR. CHR. WEISE, *Die Grundwissenschaft des Rechts*, Mannheim, 1804; "teoria filosófica do direito", J. FRIES, *Philosophische Rechtslehre und kritik aller positiven, Gesetzgebung*, Jena, 1803; A. WENDT, *Grundzüge der philosophischen Rechtslehre*; W. T. KRUG, *Dikäologie oder philosophische Rechtslehre*, Königsberg, 1817; L. H. JAKOB, *Philosophische Rechtslehre oder Naturrecht*, Halle, 1795; FR. BOUTERWECK, *Abriss der philosophischen Rechtslehre*, Göttingen, 1798; "ciência natural do direito", E. F. KLEIN, *Grundzätze der natürlichen Rechtswissenschaft nebst einer Geschichte derselben*, Halle, 1797; A. THOMAS, *Lehrbuch der natürlichen Rechtswissenschaft*, Leipzig, 1803; W. T. KRUG, *Naturrechtliche Abhandlungen oder Beiträge zur natürlichen Rechtswissenschaft*, Leipzig, 1811; "ciência do direito", H. STEPHANI, *Grundlinien der Rechtswissenschaft oder des sogennanten Naturrechts*, Erlangen, 1797; H. R. STÖCKHARDT, *Die Wissenschaft des Rechts und des Naturrechts*, Leipzig, 1825; H. E. SIGWART, *Die Wissenschaft des Rechts*, Tübingen, 1828; G. N. SCHNABEL, *Die Wissenschaft des Rechts (Naturrecht)*, Wien, 1842; "teoria geral do direito", G. L. REINER, *Allgemeine Rechtslehre nach Kant*, Landshut, 1801; "ciência filosófica do direito", J. A. BRÜCKNER, *Essay sur la nature et l'origine des droits, ou Déduction des principes de la science philosophique du Droit*, Leipzig, 1810; K. H. GROS, *Lehrbuch der philosophischen Rechtswissenschaft oder des Naturrechts*, Tübingen, 1802; "fundamentos filosóficos do ideal do direito", K. CHR. F. KRAUSE, *Grundlage des Naturrechts oder philosophischer Grundriss des Ideals des Rechts*, Jena, 1803; "teoria pura do direito", G. E. A. MEHMEL, *Die reine Rechtslehre*, Erlangen, 1815; e "metafísica do direito", E. F. W. GERSTÄCKER, *Metaphysik des Rechts*, Leipzig, 1802; G.S.A., *Grundlegung zur Metaphysik der Rechte oder der positiven Gesetzgebund*, Züllichau, 1796.

61. Em carta do Grande Chanceler Von Cramer ao Ministro da Justiça da Prússia, Von Danckelmann, de 8 de novembro do referido ano. Cit. por F. GONZÁLEZ VICÉN, op. cit., pp. 247 ss.

62. *Die Philosophie des Rechts*, Tübingen, 1830.

63. *Naturrecht und Staatswissenschaft im Grundisse. Zum Gebrauch für seine Vorlesungen. Grundlinien der Philosophie des Rechts*, Berlin, 1821. Hegel é uma amostra da falta de firmeza da terminologia, pois, além da denominação citada, usa outras duas no decorrer de sua obra: ciência filosófica do direito (*die philosophische Rechtswissenschaft*) e ciência do direito (*die Rechtswissenschaf*); cf. Einleitung, §§ 1 e 2. O mesmo ocorre com Schmalz e outros autores.

64. P. ex., CHR. WEISS, *Lehrbuch der Philosophie des Rechts*, Leipzig, 1804; K. CHR. F. KRAUSE, *Vorlesungen über Naturrecht oder Philosophie des Rechts und des Staates*, Leipzig, 1826; H. AHRENS, *Naturrecht oder Philosophie des Rechts*, 2 v., Wien, 1850, 6.ª ed., Wien, 1870, reprod. Aalen, 1968 (Ahrens também utiliza o termo

moderna[65]. O termo que prevaleceu foi *Rechtsphilosophie*; utilizado por Schmalz, Droste-Hülshoff, Baumbach, Warnkönig, Michelet, Knapp, Lasson, Bergbohm[66] e outros, acabou se generalizando. Da Alemanha passou para os demais países a denominação correspondente a cada língua[67]; na Espanha: filosofia do direito.

i) Como dissemos, com a denominação mudou o conteúdo; foi precisamente a mudança de conteúdo que provocou a mudança do nome. Esse conteúdo varia de acordo com o sistema filosófico que é ponto de partida de cada autor. Mas com freqüência – embora com nuances diferentes – o conteúdo da filosofia do direito costuma ser considerado composto pelas seguintes questões: conceito ou idéia de direito (*problema ontológico*), princípios de avaliação ou que devem informar a legislação em decorrência da justiça (*problema ético*) e conhecimento jurídico (*problema gnosiológico*). Contudo, há os que ampliam e os que reduzem esse conteúdo.

5. FILOSOFIA DO DIREITO E CIÊNCIA DO DIREITO NATURAL. *a*) A passagem da *iuris naturalis scientia* – ou ciência do direito natural – para a filosofia do direito decorreu, conforme se observou, da negação do direito natural como verdadeiro direito vigente, substituído pelas formas e princípios *a priori* do direito – com o que ficava claro que só se entendia como direito vigente o direito positivo –, ou por outro tipo de disquisições filosóficas sobre o direito (o direito positivo). O kantismo, o positivismo incipiente e a Escola histórica produziram um rápido e brusco final do jusnaturalismo moderno. Porém, não acabaram com a corrente escolástica, que no século XIX passou por um importante ressurgimento – o neo-escolasticismo –, inclusive em nossos dias, nem com a afirmação do direito natural defendida por muitos autores de diferentes correntes. Se os tratados de direito natural de concepção racionalista desapareceram totalmente, surgiram outros de diversas correntes – embora particularmente da neo-escolástica –, em alguns casos por razões doutrinais e científicas e em outros, além disso, por necessidades docentes, como é o caso da Espanha, onde durante o último século e meio as faculdades de Direito contaram em diferentes épocas com uma cátedra de "Direito Natural" ou similar, junto com outra de "Filosofia do Direito", mesmo que com diversas transformações.

Rechtsphilosophie tanto no subtítulo do vol. 1 como ao longo da obra); mais tardio é J. BINDER, *Philosophie des Rechts*, Berlin, 1925, reprod. Aalen, 1967, que igualmente usou o vocábulo *Rechtsphilosophie* ao longo do livro (ver, p. ex., p. 1).

65. P. ex., a obra citada de V. KUBES, *Grundfragen der Philosophie des Rechts*, publicada em 1977.

66. TH. A. H. SCHMALZ, *Handbuch der Rechtsphilosophie*, Halle, 1807; C. A. DROSTE-HÜLSHOFF, *Lehrbuch des Naturrechts oder der Rechtsphilosophie*, Bonn, 1823; C. J. A. BAUMBACH, *Einleitung in das Naturrecht als eine volksthümliche Rechtsphilosophie besonders für Deutschlands bürgerliches Recht*, Leipzig, 1823; L. A. WARNKÖNIG, *Rechtsphilosophie als Naturlehre des Rechts*, Freiburg im Bresgau, 1839; C. L. MICHELET, *Des Vernunfrechts. II. Naturrecht oder Rechts-Philosophie als die praktische Philosophie*, 2 v., Berlin, 1866; L. KNAPP, *System der Rechtsphilosophie*, Erlangen, 1857; A. LASSON, *System der Rechtsphilosophie*, Berlin, 1882; K. BERGBOHM, *Jurisprudenz und Rechtsphilosophie*, Leipzig, 1892, reprod. Glashütten im Taunus, 1973.

67. Alguns detalhes históricos dessa generalização podem ser vistos em F. GONZÁLEZ VICÉN, op. cit., p. 252.

O que foi e o que é essa *iuris naturalis scientia* e como foi entendida sua relação com a filosofia do direito? Já vimos o que aconteceu com o jusnaturalismo moderno; vejamos o que ocorreu posteriormente.

b) Nas mais antigas exposições da ciência do direito natural do século XIX, seja de modo expresso, seja implicitamente, a *iuris naturalis scientia* foi entendida como sinônimo de ética ou filosofia moral, sem referência à filosofia do direito. São tratados de ética, embora às vezes insistam de modo especial na ética social[68]. Isso não representa nenhuma novidade, pois muitos tratados dos jusnaturalistas modernos eram assim e outros tantos, dos compostos por autores kantianos, também eram de modo equivalente. A diferença consiste em que os referidos tratados são de tendência neo-escolástica.

c) Em outros autores, a ciência do direito natural aparece mais como ciência jurídica[69], de modo explícito em alguns, e implícito em outros[70]. Esses tratadistas também não se referem à filosofia do direito.

d) Houve igualmente os que consideraram a ciência do direito natural como ética social e, ao mesmo tempo, filosofia do direito, pois, na opinião deles, essa última é uma parte da citada ética. É o caso de Messner, em seu conceituado tratado *Das Naturrecht*, que compreende a ética da sociedade, do Estado e econômica[71].

e) Um núcleo de autores entendeu que ciência do direito natural e filosofia do direito são duas denominações possíveis da mesma disciplina. Essa posição é observada em autores do século XIX ou início do século XX[72] e em tratadistas mais próximos de nós[73].

---

68. Ver TH. MEYER, *Institutiones Juris Naturalis seu Philosophiae Moralis Universae*, I, Friburgi Brisgoviae, 1885; A. M. BENSA, *Juris Naturalis Universi Summa (Juris Naturalis seu Philosophiae Moralis Summa)*, I, Parisiis, 1855; L. TAPARELLI, *Ensayo teórico de Derecho Natural apoyado en los hechos*, 2.ª ed. castelhana, I, Madrid, 1884; TH. JOUFFROY, *Cours de Droit Naturel*, 4.ª ed., I, Paris, 1866; A. VALENSIN, *Traité de Droit Naturel*, I, Paris, 1922.
69. Ver G. AUDISIO, *Iuris Naturae et Gentium privati et pubblici Fundamenta*, Beneventi, 1854; T. ROTHE, *Traité de droit naturel théorique et appliqué*, I, Paris, 1885; J. LECLERCQ, *Leçons de droit naturel*, I, *Le fondement du droit et de la société*, 3.ª ed., Namur, 1948.
70. O mais claro é Leclercq, que distingue a moral social do direito natural. Esse último é "la science juridique des principes naturels qui servent de fondement à ce qu'on apelle d'habitud *le droit*, et qui, en opposition au droit naturel, doit être dénommé droit positif". Op. cit., p. 49.
71. *Das Naturrecht. Handbuch der Gesellschaftsethik, Staatsethik und Wirtschaftsethik*, 4.ª ed., Innsbruck, 1960. Há uma versão castelhana: *Ética social, política y económica a la luz del derecho natural*, Madrid, 1967, cf. pp. 13 e 241.
72. Ver J. PRISCO, *Filosofía del derecho fundada en la ética*, 2.ª ed. castelhana, Madrid, 1886, p. 88 (a definição de filosofia do direito dada na página 87 coincide com a definição de ciência do direito natural); J. M. ORTI LARA, *Introducción al estudio del derecho y principios de derecho natural*, Madrid, 1874, pp. 24 ss.; L. MENDIZÁBAL, *Tratado de Derecho Natural*, 7.ª ed., I, Madrid, 1928, p. 27. Para esse último autor, a coincidência é aproximada.
73. Ver J. CORTS GRAU, *Curso de Derecho Natural*, cit.; A. DE ASÍS, *Manual de Derecho Natural*, I, Granada, 1963, pp. 3 ss.

f) Entre os jusnaturalistas mais recentes prevalece a tese de que a ciência do direito natural não é outra coisa que uma parte da filosofia do direito: aquela que se ocupa da teoria do direito natural e do estudo dos direitos naturais[74], sem faltar, entre eles, os que a consideram metafísica do direito[75].

g) Em nossa opinião, a ciência do direito natural e a filosofia do direito devem ser consideradas disciplinas de natureza diversa e, portanto, como duas ciências diferentes[76]. É verdade que a filosofia do direito tem de tratar do tema do direito natural, porém deve tratar dele filosoficamente, de acordo com seu próprio estatuto epistemológico. E não vemos razão suficiente para que esse tratamento do direito natural pela filosofia do direito tenha de ser considerado disciplina autônoma, nem para que receba um nome especial.

Em contrapartida, dado que o direito natural é uma parte do direito vigente, cabe uma especialidade da ciência jurídica cujo objeto seja o estudo do direito natural e o sistema de direitos naturais enquanto direito vivo: a ciência do direito natural. Aqui o estudo do direito natural e dos direitos naturais não tem de ser feito no nível filosófico, mas no nível de ciência jurídica: um estudo do direito natural como direito vigente, feito por juristas, conforme o método jurídico. É preciso, então, distinguir entre o estudo científico do direito natural e o estudo filosófico dele. Esse segundo estudo cabe à filosofia do direito, enquanto o primeiro é próprio da ciência do direito natural. Isso é o que a ciência do direito natural pretendia ser em sua origem, embora logo tenha se desenvolvido – de modo alterado – como a ética.

Chamar ciência do direito natural à filosofia do direito, como se fossem a mesma disciplina, decorre de uma dupla confusão. Por um lado, provém de uma adulteração da ciência do direito natural, confundida com a filosofia moral, como já ocorreu na época do jusnaturalismo moderno. Por outro lado, provém da confusão entre a matéria da ciência do direito natural e a típica da filosofia jurídica, como aconteceu no começo do século XIX. No que se refere à filosofia do direito, o direito natural é apenas um tópico ou parte dela, que tem um objeto mais amplo, pois estuda o direito, o direito natural e o direito positivo, além de outros temas, como a justiça, a gnosiologia jurídica e os princípios da legislação. O direito natural não é o único tema da filosofia do direito, mas um deles. Em contrapartida, toda essa temática da filosofia do direito é alheia à ciência do direito natural, que se limita ao *ius naturae* e se divide em duas partes: uma teoria geral do direito natural e o sistema dos direitos naturais.

---

74. Ver J. RUIZ GIMÉNEZ, *Introducción a la Filosofía jurídica*, cit., p. 169; E. GALÁN, *Concepto y misión de la Filosofía jurídica*, cit., p. 132; A. FERNÁNDEZ-GALIANO, *Derecho Natural*, cit., p. 60; P. BELDA, *Derecho Natural*, Madrid, 1974, p. 6; J. M. RODRÍGUEZ PANIAGUA, *Lecciones de Derecho Natural como Introducción al Derecho*, 2ª ed., Madrid, 1985, p. 7.

75. F. PUY, *Lecciones de Derecho Natural, I, Introducción a la ciencia del derecho natural*, Barcelona, 1974, pp. 63 ss.

76. Cf. J. HERVADA, *Introducción crítica al Derecho Natural*, 6ª ed., Pamplona, 1990, pp. 189 ss.

Mas, além da matéria, o que distingue – sobretudo – a ciência do direito natural da filosofia do direito é, como foi dito, o estatuto epistemológico ou nível de conhecimento: a primeira transita no nível científico; a segunda, no nível filosófico. Portanto, a ciência do direito natural não é uma parte ou ramo da filosofia jurídica, mas uma especialidade da ciência jurídica.

Na realidade, a confusão entre ciência do direito natural e filosofia do direito só tem algum sentido na escola kantiana mais ortodoxa, pela transformação que faz das regras e princípios do direito natural em formas puras *a priori*, e mesmo assim isso seria válido apenas ao entender o direito natural à maneira de Wolff. Superados o sistema wolffiano e o sistema kantiano, deve ficar claramente estabelecida a distinção entre filosofia do direito e ciência do direito natural.

h) Sobretudo desde o pensamento aristotélico-tomista, no qual o direito natural é verdadeiro direito vigente, confundir a ciência do direito natural com a filosofia do direito ou reduzir a primeira à filosofia moral é completamente inaceitável. Se o direito natural é direito vigente, seu estudo principal cabe à ciência do direito vigente, que é a ciência jurídica. Tudo isso sem prejuízo do pensamento filosófico sobre o direito e, por conseguinte, sobre o direito natural. Mas entender que a ciência do direito natural não é ciência jurídica, e sim ética ou simplesmente uma das partes da filosofia – uma vez feita a distinção entre esta e a ciência –, não é correto. E atribuir isso à mente de Tomás de Aquino é um erro. O neo-escolasticismo foi, nesse ponto, uma distorção do tomismo.

6. A PERSPECTIVA FORMAL DA FILOSOFIA DO DIREITO. *a*) Como já foi informado em momento oportuno, a filosofia não constitui uma disciplina unitária, mas um conhecimento que se divide em uma série de disciplinas ou ciências filosóficas, às quais se aplica analogamente sua definição. Isso sugere uma questão no que se refere à filosofia do direito: está claro que essa disciplina é uma parte da filosofia, mas de que modo é parte, como se relaciona com a filosofia geral?

Três são as respostas possíveis: 1.ª) a filosofia do direito confunde-se com uma das ciências filosóficas tradicionalmente aceitas (p. ex., a ética), ou é uma parte dela (p. ex., ética social). 2.ª) Dado que o estudo filosófico do direito afeta várias ciências filosóficas (metafísica, teoria do conhecimento etc.), na realidade a filosofia do direito é uma disciplina formada pela soma dos materiais provenientes do que é exposto sobre o direito pelas diferentes ciências filosóficas. Nesse caso, seria uma disciplina formada em função do objeto material – conjunto de saberes unidos por causa do tema ou objeto material –, sem objeto formal próprio. E, dado que as ciências se formam e se especificam por seu objeto formal ou perspectiva formal de consideração, a filosofia do direito não seria uma ciência em sentido estrito, mas uma soma de ciências ou saberes, unidos em virtude do tema estudado. 3.ª) A filosofia do direito é uma ciência filosófica específica, diferente das demais ciências filosóficas ou ramos da filosofia, em cujo caso tem uma perspectiva formal – objeto formal – própria e distinta das específicas de outras ciências filosóficas – o que determina a questão de saber qual é essa perspectiva formal da filosofia do direito.

As respostas que os autores deram à pergunta formulada, mais implícitas que explícitas, foram, além de poucas – pois muitos são os autores que omitem a questão –, divergentes e com freqüência um tanto ambíguas.

b) Desde que de início se começou a falar de ciência filosófica do direito ou filosofia do direito, não faltou quem, sem esclarecer muito, entendesse a filosofia jurídica como filosofia prática[77]; era uma postura lógica, quando a filosofia do direito era ainda a disciplina "Direito Natural" em termos kantianos. Posição bem diferente foi a de quem falou da filosofia jurídica como metafísica do direito[78], pois a metafísica pertence à filosofia especulativa; nessa mesma linha, é preciso situar os que apresentaram como objeto da filosofia do direito a idéia de direito ou os conceitos de direito e de justiça (Hegel, Stammler etc.).

c) Como vimos, uma série de autores entendeu a filosofia do direito como uma parte da ética, particularmente da ética social, tanto incorporando como não[79] a filosofia do direito com a ciência do direito natural. É óbvio que para tais autores a filosofia do direito é ética ou filosofia moral e, portanto, filosofia prática.

d) Del Vecchio, por sua vez, defendeu que a filosofia do direito é filosofia prática, porém decompôs a filosofia prática em filosofia moral e filosofia jurídica, distinguindo assim as duas disciplinas[80]. Essa classificação em filosofia prática não parece muito coerente com o fato de incluir – como faz o autor – na filosofia do direito a investigação lógica (conceito universal de direito, de sujeito de direito, de relação jurídica etc.) e a investigação fenomenológica ou histórica, que são especulativas.

e) Um fato que pode ser facilmente comprovado é que na divisão da filosofia feita por muitos filósofos não é habitual encontrar a menção à filosofia do direito, a qual omitem; pelo que tem de excepcional e solução singular, cabe mencionar a divisão apresentada pelo filósofo J. J. Rodríguez Rosado, que distingue filosofia natural, filosofia racional, filosofia moral e filosofia cultural, essa última subdividida em filosofia da arte ou estética e filosofia da técnica, na qual inclui a filosofia do direito[81].

---

77. Ver, p. ex., a obra citada de C. L. Michelet.
78. Ver, p. ex., o livro citado de E. F. W. Gerstäcker.
79. Entre esses últimos, ver A. F. UTZ, *Ética social*, II, *Filosofía del derecho*, ed. castelhana, Barcelona, 1965.
80. Cf. *Lezioni...*, cit., pp. 1 ss.
81. Verbete *Filosofía*, I, *Concepto y división*, em "Gran Enciclopedia Rialp", X, p. 165.

f) As teses vistas até agora fazem da filosofia do direito um ramo da filosofia, quer incorporado com outro (ética ou metafísica), quer autônomo. Outras, bem mais extensas, dividem a disciplina em várias indagações temáticas, envolvem diversas ciências filosóficas. Uma enumeração freqüente abrange três: a metafísica (de acordo com alguns) ou a ontologia (segundo outros) jurídica, a axiologia (a estimativa também) jurídica e a teoria do conhecimento jurídico ou teoria da ciência do direito[82]. Se esse conteúdo – ou similar – for aceito para a filosofia do direito, ficará pendente se essa disciplina é considerada a soma ou conjunção de vários saberes filosóficos, unidos pelo objeto material estudado (a realidade jurídica), sem uma formalidade própria[83], ou se, pelo contrário, tem um objeto formal que unifica esses saberes em uma ciência filosófica específica.

g) Em nossa opinião, o estudo filosófico da experiência jurídica requer a aplicação de uma variedade de saberes filosóficos à realidade jurídica. Por um lado, a filosofia do direito se pergunta o que é o direito e o que é a lei, quais são suas causas últimas, o que é a justiça, como se divide o direito (e com isso propõe a si mesma a questão do direito natural), que relação existe entre justiça e direito etc., questões essas que são *ontológicas* e, mais precisamente, metafísicas, a nosso ver.

Além disso, cabe à filosofia do direito tratar de uma série de problemas gnosiológicos – teoria do conhecimento e da razão –, que superam o estatuto epistemológico da ciência jurídica. Aqui já não estamos perante temas de ontologia ou metafísica, e sim ante questões de gnosiologia e de lógica, que são outros ramos da filosofia. Por outro lado, não se pode esquecer que é próprio da filosofia jurídica analisar e expor os princípios jurídicos supremos e últimos da legislação. E isso é filosofia da conduta humana.

Isso posto, esse conjunto de saberes de tipo filosófico está harmonicamente ligado, formando uma unidade, pois trata-se de diferentes saberes, todos eles orientados para o que constitui o núcleo central da filosofia do direito: o ato de conhecer filosoficamente a experiência jurídica.

A essa unidade de tema ou objeto material corresponde uma unidade de perspectiva formal de consideração ou objeto formal, que torne a filosofia do direito uma disciplina ou ciência filosófica específica, diferente das outras? A pergunta é fundamental, pois, como foi dito, as ciências se distinguem, se formam e se especificam pela perspectiva formal de consideração, pelo objeto formal.

h) O que caracteriza formalmente a filosofia do direito é que é *jurídica*, ou seja, estuda a realidade enquanto jurídica, ou, dito de modo mais esquemático, que es-

---

82. Ver, p. ex., E. DÍAZ, op. cit., pp. 253 ss.
83. Tal é a tese de Dworkin. Cf. R. M. DWORKIN, ed., *La Filosofía del Derecho*, ed. castelhana, México, 1980, p. 7. Nega que a filosofia do direito seja um âmbito de investigação sistematicamente delimitado, A. ROSS, *Sobre el derecho y la justicia*, 2.ª ed. castelhana, Buenos Aires, 1963, p. 26; por isso entende que não se deve falar de filosofia do direito, mas de problemas jurisfilosóficos.

tuda o direito *enquanto direito* – não enquanto fator político ou ético[84] – e, por isso, é um ramo específico da filosofia, diferente por conseqüência da filosofia política e da filosofia moral ou ética. O direito, além de outras maneiras que não vêm ao caso, pode ser estudado como fenômeno político-social (instrumento e limite do poder, elemento do Estado) e em relação à ética (teoria moral da justiça e condutas eticamente justas); em um caso é objeto da filosofia política, em outro é da filosofia moral. Nenhuma dessas perspectivas é própria da filosofia do direito, que se distingue por sua perspectiva jurídica. Dizer perspectiva jurídica quer dizer *a perspectiva do jurista* (que se distingue do político e do moralista). Quem é o jurista? O jurista é o que trata do direito na perspectiva de seu cumprimento ou satisfação. Essa é a perspectiva da filosofia jurídica. A filosofia do direito é a ciência filosófica do direito enquanto direito, a filosofia sobre a realidade jurídica na perspectiva do ofício de jurista. Quando se filosofa sobre a realidade jurídica em uma perspectiva jurídica (enquanto objeto do ofício de jurista), a filosofia se torna jurídica, isto é, filosofia do direito. A filosofia do direito é filosofia *jurídica*.

Os saberes filosóficos requeridos pela filosofia do direito são múltiplos, mas há uma unidade formal: a perspectiva jurídica. Isso permite que a filosofia do direito se torne uma ciência filosófica unitária.

Isso evidencia quão importante é para a filosofia do direito manter-se rigorosamente nos termos dessa formalidade, sem inclinar-se para a filosofia política ou para a filosofia moral, as duas eternas tentações do filósofo do direito[85].

7. DIMENSÃO ESPECULATIVA E DIMENSÃO PRÁTICA DA FILOSOFIA DO DIREITO. *a*) A realidade jurídica é, sobretudo, uma práxis: a realização do direito (do ponto de vista da norma, seu cumprimento). Por isso, a ciência do direito é

---

84. A expressão "direito enquanto direito" poderá parecer uma redundância, se o leitor se deixar levar por uma confusão existente sobre o direito: direito seria apenas um nome ou denominação da norma ou lei. Além de direito e lei serem coisas diferentes, é preciso considerar que o termo "direito" não é nome da coisa em si – seja qual for a realidade ou realidades em que se aplica a palavra em sentido próprio ou análogo –, mas da coisa *de acordo com certa formalidade*; o termo direito designa uma materialidade de acordo com uma formalidade. Assim, a norma é lei para a ética e para a política; propriamente falando, só é direito na perspectiva do jurista. Por isso, as realidades às quais se aplica a palavra direito – como veremos: a coisa justa, a lei e a faculdade moral de fazer ou exigir – têm dois nomes (p. ex., lei e direito), um que designa a coisa em si e outro, o de direito, que a designa de acordo com a formalidade jurídica. Direito é palavra que contém em si a referência a uma formalidade. Por isso, dizer que a filosofia do direito estuda o direito enquanto direito contém a referência a uma formalidade: precisamente aquela em cuja virtude uma realidade recebe o nome de direito. Essa formalidade é a perspectiva do jurista.

85. Por isso não se pode considerar correta a derivação para a ética que se observa agora em uma série de filósofos do direito, por influência – sobretudo – da doutrina ética anglo-saxônica; a filosofia jurídica não deve ser confundida com a filosofia moral. Curiosa coincidência é a que está sendo produzida – nesse ponto – entre neocontratualistas, analíticos e antimetafísicos e a neo-escolástica: a confusão entre ética e filosofia do direito. A filosofia do direito também não é a filosofia do Estado, como pretenderam alguns, atribuindo-lhe questões e temas próprios da filosofia política. Misturar a filosofia do direito com a filosofia política ou a filosofia moral destrói sua especificidade.

ciência da conduta humana, cujo núcleo central é a ação jurídica ou ato de dar satisfação ao direito; em outras palavras, é a conduta que cumpre e satisfaz o direito. Essa conduta ou atuação requer um saber imediatamente prático ou ciência da ação humana, que é a arte do direito ou jurisprudência. Nessa mesma linha do saber jurídico orientado diretamente para a realização do direito, cabe um "momento científico-sistemático" ou ciência do direito em sentido estrito; esse conhecimento é geral e com certo grau de abstração (a dogmática jurídica), porém está diretamente direcionado para a realização do direito, embora não seja prático de imediato: é um saber especulativamente prático. Exemplificando, a arte do direito ou jurisprudência é a arte do juiz; a ciência do direito é o saber próprio do jurista acadêmico (p. ex., o que compõe um tratado). Arte do direito e ciência jurídica são dois níveis do "saber jurídico" ou ciência jurídica em sentido amplo; os dois estão intimamente ligados, porque são dois graus do saber jurídico ou ciência da realização do direito, ciência da prática jurídica.

Com relação a isso, cabe perguntar: a filosofia do direito é um *terceiro nível* dessa ciência da realização do direito, ou é uma reflexão sobre a realidade jurídica, dentro da qual está essa ciência prática?

b) Alguns autores[86] afirmaram expressamente que a filosofia do direito é um nível do conhecimento jurídico, entendido no sentido indicado, com o que a filosofia do direito seria uma ciência especulativa, por seu modo de conhecer, e prática, por sua finalidade ou intencionalidade. De acordo com isso, filosofia do direito, ciência jurídica e arte do direito seriam três níveis do conhecimento jurídico ou ciência da prática jurídica. Ou seja, três níveis da ciência do jurista.

c) Entendemos que o saber filosófico do direito é um saber filosófico, necessário – não apenas útil – para o jurista, porém não pertence a essa ciência do jurista. É ciência de filósofo, não ciência do jurista. Não é um nível da ciência do jurista, e sim saber filosófico sobre a ciência e o fazer do jurista.

A ciência do jurista ou ciência jurídica em sentido amplo é, em si mesma, uma ciência que parte do direito enquanto positivado e formalizado, isto é, estuda e aplica o direito conforme é encontrado nas fontes e canais de positivação e formalização. Portanto, encontra sua capacidade intrínseca nas causas e princípios próximos e imediatos; não inclui em si um nível filosófico que componha uma parte intrínseca própria.

d) A filosofia do direito não é um nível do conhecimento jurídico ou ciência do jurista, mas sim uma ciência filosófica autônoma. Isso nos leva a considerar a filo-

---

86. Ver J. M. MARTÍNEZ DORAL, *La estructura del conocimiento jurídico*, cit.; J. FERRER ARELLANO, *La gnoseología del Derecho y el tema de la relación jurídica*, em "Ius Canonicum", II, 1962, pp. 167 ss.; id., *Filosofía de las relaciones jurídicas*, Madrid, 1963, Introdução gnosiológica.

sofia jurídica como ciência especulativa. O que quer dizer que a missão da filosofia do direito consiste em *conhecer* – por suas causas últimas e em seu íntimo ser – a realidade jurídica, porém não tem a missão de *construí-la* ou *realizá-la*. Estuda o direito, mas não o realiza.

Porém, isso não significa que não tenha uma tendência crítica e avaliativa, e, portanto, que não se oriente para a melhoria e transformação da realidade jurídica. O saber teórico e o saber prático não se distinguem pelo desinteresse do primeiro pela práxis. O que os distingue é que o saber prático é conhecimento do agir e do fazer e o saber teórico é conhecimento dos pressupostos, do fundamento e do sentido da ação, por isso critica, avalia, fundamenta e dá sentido a essa. Desse modo, o saber teórico é extremamente útil para o saber prático. A matemática, saber exemplarmente especulativo, é uma clara expressão da utilidade do especulativo para a prática.

Precisamente porque a filosofia do direito conhece a realidade jurídica em seu caráter radical e último, proporciona à ciência jurídica seus fundamentos últimos e seus supremos princípios e é capaz de exercer uma função crítica e avaliativa da ciência do jurista. Nesse sentido, a filosofia do direito tem uma inestimável dimensão prática.

8. FUNÇÃO E SENTIDO DA FILOSOFIA DO DIREITO. *a*) A autonomia e a capacidade das ciências fenomênicas e positivas são relativas, como se evidenciou ao falar da filosofia em geral. O que em momento oportuno foi dito sobre a relação entre filosofia e ciência é aplicável à relação entre filosofia do direito e ciência do jurista.

A filosofia do direito tem em relação à ciência do direito uma função fundamentadora e uma função avaliativa e crítica. Em primeiro lugar, uma função fundamentadora. A filosofia do direito fornece à ciência do jurista os conhecimentos metacientíficos básicos e fundamentais, que ela não é capaz de obter por seu estatuto epistemológico, mas que lhe são necessários para conhecer corretamente a realidade jurídica. Se é possível falar de uma relativa capacidade da ciência jurídica para atingir sua finalidade, não é menos verdade sua radical incapacidade para oferecer a si mesma o conhecimento da realidade última do fato jurídico; nesse sentido, há uma dependência da ciência do jurista em relação aos fundamentos filosóficos da realidade jurídica, que é o que fornecem a filosofia do direito e, em última instância, as demais ciências filosóficas.

Em segundo lugar, a filosofia do direito critica e avalia o fato jurídico tal como aparece em suas fontes de positivação e formalização. Como conhecimento superior, que atinge os princípios supremos e o mais íntimo ser da realidade jurídica, a filosofia do direito é capaz de julgar e avaliar determinada ordem jurídica, conforme sua correção ou incorreção, de acordo com as exigências mais fundamentais do ser da pessoa humana e da vida social.

b) Então, a filosofia do direito é o complemento necessário da ciência jurídica, de modo que o estudo do direito fica incompleto se não alcança o nível filosófico. Por isso, embora resumidamente, os juristas – até o aparecimento do positivismo – costumavam começar seus tratados com alguns princípios elementares de filosofia jurídica: noção de direito, noção de justiça, definição da ciência do direito, divisão entre direito natural e positivo, noção de lei etc. É o que vemos no início do Digesto e das Instituições de Justiniano e em todos os comentários do *Corpus Juris Civilis*.

É lógico que seja assim, porque a ciência jurídica depende do sistema filosófico. A filosofia do direito fornece ao jurista a explicação última da realidade jurídica, seu mais profundo sentido e sua mais alta orientação. E, portanto, nenhum sistema científico está desligado nem é independente de algum sistema filosófico. Tanto a interpretação do direito como a forma de desenvolver a função de jurista dependem da filosofia.

c) Para alguns juristas, pode parecer que não é assim. Para eles basta – dizem – saber as leis e aplicá-las. Porém essa atitude é ilusória. Tal atitude já pressupõe uma filosofia do direito: o positivismo legalista[87]. Assim como todo homem tem uma filosofia, embora rudimentar e vulgar (ou seja, não cientificamente estruturada), todo jurista também atua com alguns rudimentos filosóficos, às vezes com conteúdos pouco coerentes entre si. A pretensão de estar livre da filosofia jurídica é uma pretensão inútil. São muitas as decisões jurídicas que dependem de algumas suposições filosóficas. Por exemplo, o direito penal não é compreensível senão partir de que o homem é livre; os contratos supõem que o homem tem uma capacidade de compromisso etc.

d) Não é uma situação desejável que o jurista se limite a alguns rudimentos filosóficos implícitos. Para exercer com competência, com senso e com conhecimento de causa seu ofício, é necessário que o jurista alcance em um grau aceitável o saber filosófico, deve conhecer com certa profundidade a filosofia do direito. Isso significa nada menos que refletir sobre o próprio ofício de jurista, sua natureza, seu objeto, seu estatuto epistemológico; como também supõe refletir sobre a natureza e finalidade das leis, cuja interpretação é parte primordial de seu ofício.

O saber filosófico do direito enriquece o ofício do jurista. Dá a ele profundidade, ilumina-o com luzes novas, dá a ele maior perspicácia, fornece-lhe um conhecimento mais completo das soluções de direito e permite que fuja de falsas soluções baseadas em preconceitos implícitos e às vezes inconscientes.

9. FILOSOFIA DO DIREITO E EXPERIÊNCIA JURÍDICA. Visto que a filosofia do direito chega às causas últimas e aos princípios supremos da realidade jurídica,

---

87. Ver, nesse sentido, C. J. FRIEDRICH, *La filosofía del Derecho*, ed. castelhana, México, 1964, pp. 13 ss.; H. CAIRNS, *Legal Philosophy from Plato to Hegel*, Baltimore, 1949, p. IX.

é um conhecimento racional metaempírico que vai além da experiência jurídica. Porém, como já se destacou ao tratar da filosofia e da experiência, o saber filosófico parte da experiência, dos dados empíricos, e, por conseguinte, a filosofia jurídica toma como ponto de partida necessário a experiência jurídica. Não é um sistema forjado pela razão sobre formas *a priori*, nem um produto da razão livre de contaminação com a experiência. Não se constrói sobre idéias puras ou ideais do direito e da justiça, nem tem por objeto tais idéias ou ideais. Parte da realidade jurídica conhecida como experiência e daí chega a conceitos e princípios metaempíricos contidos na realidade jurídica, como dimensão metaempírica própria. A filosofia do direito é construída sobre realidades e atinge o metaempírico do real.

A filosofia do direito não tem por objeto *ideais*, mas *realidades*. Certamente trata-se de realidades com dimensões que transcendem a experiência; porque a realidade não é só o empírico mas tudo o que alcança parte da experiência: a experiência jurídica. Daí que a filosofia do direito deve partir de alguns fatos: a vida do foro, a repartição das coisas, a legislação vigente etc. Por isso, para uma correta elaboração de um sistema de filosofia jurídica é fundamental a correta detecção dos fatos objeto de observação, ou, o que é a mesma coisa, a correta delimitação do objeto material: sobre qual parcela da vida social filosofa a filosofia do direito (a práxis jurídica ou realização e cumprimento do direito).

Naturalmente, na investigação filosófica elaboram-se conceitos, captam-se princípios e se estabelecem relações, que são produtos da razão, mas todos eles têm seu fundamento real e são expressão da realidade. Assim, o conceito de direito ou a noção de justiça, longe de ser formas puras *a priori*, são conceitos e noções *a posteriori*, que não expressam nenhum ideal, mas o universal realizado no real particular e abstraído desse.

A filosofia do direito não é uma construção racional desvinculada da experiência, e sim filosofia da experiência jurídica.

Bibliografia

VV.AA., *Qu'est-ce que la Philosophie du droit*, n.º monográfico de "Archives de Philosophie du Droit", VII, 1962; VV.AA., *La Filosofía del Derecho en España*, n.º monográfico dos "Anales de la Cátedra Francisco Suárez", XV, 1975; VV.AA., *Filosofia e scienza del diritto*, a cura di R. Orecchia, Milano, 1956; F. CARPINTERO, *Naturrecht y Rechtsphilosophie. Los inicios del positivismo jurídico en Alemania*, em "Anuario de Filosofía del Derecho", Nueva Época, III, 1986, pp. 343 ss.; H. COING, *Fundamentos de Filosofía del Derecho*, ed. castelhana, Barcelona, 1976; S. COTTA, *El Derecho en la existencia humana*, ed. castelhana, Pamplona, 1987; G. DEL VECCHIO, verbete *Filosofia del diritto*, em "Novissimo Digesto Italiano", VII, pp. 334 ss.; E. GALÁN, *Concepto y misión de la Filosofía jurídica*, Madrid, 1944; F. GONZÁLEZ VICÉN, *La filosofía del Derecho como concepto histórico*, em "Estudios de Filosofía del Derecho", La Laguna, 1979, pp. 207 ss.; M. HURTADO, verbete *Filosofía del Derecho*, em "Nueva Enciclopedia Jurídica Seix", IX, pp. 805 ss.; A. KAUFMANN, *Sentido actual de la filosofía del derecho*, em

"Anales de la Cátedra Francisco Suárez", XII, 1972, pp. 8 ss.; L. LEGAZ, *Filosofía del Derecho*, 3.ª ed., Barcelona, 1972; J. M. MARTÍNEZ DORAL, *La racionalidad práctica de la filosofía del derecho*, em "Persona y Derecho", 19, 1988, pp. 131 ss.; A. OLLERO, *Una filosofía jurídica posible*, em "Interpretación del derecho y positivismo legalista", Madrid, 1982, pp. 237 ss.; E. OPOCHER, verbete *Filosofia del diritto*, em "Enciclopedia del Diritto", XVII, pp. 517 ss.; P. PIOVANI, *La filosofia del diritto come scienza filosofica*, Milano, 1963; M. SANCHO IZQUIERDO, verbete *Filosofía del Derecho*, em "Gran Enciclopedia Rialp", VII, pp. 459 ss.; M. VILLEY, *Compendio de Filosofía del Derecho*, I, ed. castelhana, Pamplona, 1979.

Lição III
Questões preliminares

SUMÁRIO: 1. Introdução. 2. A medida do conhecimento. 3. O ser e o dever-ser. 4. Bem e valor.

1. INTRODUÇÃO. Antes de entrar na filosofia jurídica propriamente dita, é preciso tratar de alguns problemas teóricos prévios que estão relacionados com a configuração da disciplina, porque indicam a diretriz a seguir no estudo filosófico do direito. Daremos só uma visão geral, evitando uma exposição filosófica profunda. Cuida-se mais de enunciar algumas idéias de forma linear do que de desenvolver questões que tanto dividem os filósofos. Vamos tratar de três questões: a medida do conhecimento, a relação entre ser e dever-ser e o problema dos valores.

2. A MEDIDA DO CONHECIMENTO. *a*) Poderíamos chamar a primeira dessas questões de medida do conhecimento. Nossa capacidade de conhecer é limitada; porém, dentro de seus limites, até que profundidade do ser o intelecto humano é capaz de penetrar? Limita-se aos dados de nossos sentidos e a nossas experiências sensíveis, ou é capaz de penetrar além disso? Em outras palavras, a questão proposta pode ser enunciada assim: nosso entendimento é capaz do conhecimento metafísico?

Observe-se bem qual é o problema. Para esclarecê-lo, podemos distinguir entre extensão e profundidade de nosso conhecimento. Existe um conhecimento natural mais amplo do que o que provém dos sentidos e da experiência sensível? Conhecemos naturalmente coisas, seres e realidades de modo diretamente supra-sensível, isto é, de forma que o conhecimento não provenha inicialmente de nossos sentidos? Essa seria, por exemplo, a visão imediata de seres espirituais. A essas perguntas devemos responder que não. Todo nosso conhecimento natural parte dos sentidos; a experiência sensível é a porta de nosso conhecimento. Se há conhecimentos naturais que *parecem* totalmente supra-sensíveis, trata-se na realidade de aparências, por não serem bem conhecidos certos fenômenos naturais que afetam nossa sensibilidade. Por isso, se deparamos com conhecimentos que verdadeiramente e com certeza não têm seu princípio no conhecimento sensível, não se trata de fenômenos naturais, mas de acontecimentos preternaturais ou sobrenaturais. Nosso conhecimento *natural* começa sempre e em todos os casos pelos sentidos, isto é, pela experiência sensível. Dessa maneira, o homem não possui por natureza um conhecimento mais amplo do que o que tem seu princípio na experiência sensível.

Outro problema distinto – que é o proposto aqui – refere-se à profundidade do conhecimento. Visto que o conhecimento humano começa pelos sentidos, nosso conhecimento limita-se à experiência sensível ou vai além dela? Ou, o que dá na mesma, partindo da referida experiência, nosso entendimento é capaz de captar realidades não-sensíveis ou imateriais? O homem é capaz de um conhecimento que vai além dos fenômenos, das aparências sensíveis ou físicas, ou seja, é capaz de um conhecimento metafísico?

A resposta deve ser determinada não por um *a priori*, mas por uma análise de nosso conhecer. Para nosso propósito, basta mostrar que o conhecimento metafísico ocorre; sendo isso possível, é objeto da teoria do conhecimento. E dois são os dados que essa análise nos oferece para concluir que nosso entendimento alcança um núcleo de realidades metafísicas: por um lado, o conhecimento dos universais e, por outro, o conhecimento de realidades espirituais, como acontece com Deus.

b) Os universais são idéias, conceitos e enunciados que nossa mente elabora e que têm um valor universal, isto é, são declarados sem exceção sobre todos os entes que abrangem. Tal é, por exemplo, o conceito homem; tudo quanto se declara sobre esse conceito – animal racional – é declarado sobre todo homem sem exceção. É próprio dos universais não serem simples captações de fatos. Não é que nossa mente elabore os universais a partir da experiência universal. Pelo contrário, é típico de um universal que a mente humana chegue a ele a partir de uma experiência parcial. Nenhum homem é capaz de conhecer todos os homens sem exceção, os existentes, os que já existiram e os que existirão no futuro; cada homem conhece só uma parte da humanidade. No entanto, dessa experiência sensível parcial, a mente remonta ao conceito homem, atingindo um conhecimento – o que é o homem – que ultrapassa a experiência sensível. O universal contém em si um conhecimento supra-sensível, pois de uma experiência parcial chega a um conhecimento universal, alcança – conforme o exemplo proposto – verdades que podem ser declaradas com certeza sobre todo homem: p. ex., a dignidade da pessoa humana.

c) O empirismo – que reduz todo conhecimento humano à experiência sensível – afirma que não existem universais, e sim generalizações que nossa mente faz a partir de alguns dados parciais, porque para esses autores também não são reais as espécies ou os gêneros, mas apenas os indivíduos. De um dado parcial, a mente deduz um dado geral. Essa tese, porém, é contrária à evidência de nosso conhecimento. O que diferencia o universal do geral é que o primeiro ocorre sempre e sem exceção, enquanto o segundo indica o que acontece normalmente, o que é comum, mas admite exceções; o geral é o majoritário, enquanto o universal refere-se necessariamente à totalidade. Pois bem, nossa mente obtém conceitos e conclusões – conhecimentos – que não são simplesmente gerais, mas verdadeiramente universais.

Suponhamos a seguinte conclusão: as duas pernas do homem têm o mesmo comprimento. Sabemos, sem dúvida, que há homens que nascem com uma perna mais curta que a outra. Como reagimos ante esse fato? Se a primeira afirmação – as duas pernas têm o mesmo comprimento – fosse uma generalização, ante o fato de um homem com uma perna mais curta que a outra reagiríamos, pela boa lógica, como perante um fato simplesmente estatístico; a verdade seria esta: a generalidade dos homens tem as duas pernas iguais, e alguns homens as têm de comprimento desigual. Ambos os tipos de homens seriam igualmente normais, porque não existiria um critério em virtude do qual poderíamos dizer que a normalidade é que as duas pernas sejam iguais. De fato, para estabelecer um critério de normalidade, é preciso que tenhamos uma idéia de como o homem deve ser, deduzida do que todo homem exige para que sua constituição seja correta. Mas isso é uma conclusão universal, não geral; significa que formamos uma idéia do homem em virtude da qual, se um homem concreto se afasta em alguma coisa dessa idéia, podemos falar de uma falha, de uma anormalidade. E isso – é preciso repetir – não é uma conclusão geral, mas universal. No caso do homem com uma perna mais curta que a outra, não falamos de um simples fato estatístico, mas de uma falha, de uma anormalidade.

Lidamos naturalmente com universais. O raciocínio e o comportamento comuns dos homens pressupõem várias vezes o uso de universais, sem os quais nem esse comportamento, nem esse raciocínio seriam entendidos.

d) Dados os universais, cabe perguntar até que ponto são *reais*. Eles nos fornecem o conhecimento das coisas porque nos mostram uma realidade delas ou, pelo contrário, são meros predicados da razão, algo que nossa razão atribui às coisas, sem que esteja nas coisas? Naturalmente, o universal como tal é um ente da razão. O conceito homem, por exemplo, não tem realidade extramental enquanto conceito; está na mente de cada homem. Nisto consiste ser um conceito: é uma operação da razão. Porém, não é simplesmente uma operação da razão, e sim um *conhecimento*, ou seja, um reflexo da realidade. É como a imagem refletida em um espelho; a imagem não é o objeto refletido, entretanto o objeto refletido existe e por isso a imagem é *verdadeira*. O conceito homem não é cada homem, mas reflete uma realidade verdadeira de todo homem. O mesmo ocorre com os enunciados universais: o enunciado "as duas pernas do homem são iguais" enquanto enunciado está apenas na mente; porém, é o reflexo – o conhecimento – da realidade. Na realidade, a maioria dos homens tem as duas pernas iguais, por isso são normais, e a minoria que tem pernas desiguais é imperfeita; na origem da desigualdade do comprimento das pernas, a ciência descobrirá um processo patológico. Entendendo-se bem que a designação patológica é por si só metafísica, porque a normalidade – como vimos – não é revelada pela experiência sensível, mas pela universalização. Sem os universais, até as ciências experimentais são incapazes de determinar algo mais que puros fatos, iguais ou diferentes, constantes ou diferenciados.

O conhecimento por universais é um conhecimento da realidade; é, então, um conhecimento verdadeiro, quando a operação universalizadora foi correta.

e) Além dos universais, observa-se que nosso intelecto atinge conhecimentos metafísicos porque chega a conhecer, partindo da experiência sensível, entidades que escapam aos sentidos. É o que acontece com a existência de Deus. Seja qual for a via pela qual a razão chega a captar a existência do Ser Subsistente, começa por um fato da experiência, por meio do qual e por um raciocínio de índole metafísica – a impossibilidade de uma série infinita de causas – chega a captar a existência de um Ser de natureza espiritual não-sensível, dotado da característica de infinitude. Em todas as vias racionalmente demonstrativas da existência de Deus, há um salto do conhecimento empírico ou fenomênico para o metafísico: justamente quando da impossibilidade de uma série infinita de causas, chega-se à primeira causa[1].

f) O conhecimento metafísico faz parte do modo comum e corriqueiro de conhecer próprio do homem, cuja inteligência funciona metafisicamente de maneira constante, como mostra a mais simples análise da linguagem. Toda vez que utilizamos um conceito, estamos agindo metafisicamente; toda vez que estabelecemos a diferença entre o normal e o imperfeito – não entre o geral ou comum e o minoritário ou particular – acontece a mesma coisa etc., de modo que o conhecimento metafísico é algo conatural para nós. Por isso, quando no âmbito dos saberes cultos ocorre uma rejeição absoluta – não só metodológica como no caso das ciências fenomênicas – do conhecimento metafísico e uma redução consciente e voluntária ao conhecimento fenomênico ou empírico, é produzido um abandono incorreto de uma parte fundamental de nosso saber, que torna opaca uma dimensão essencial da realidade. Origina-se, assim, uma cegueira voluntária, que priva o homem do mais alto e profundo núcleo de inteligibilidade dos entes. A frase um tanto difundida de certo filósofo sueco, "delenda est metaphysica", expressa o inverso de uma atitude adequada e sábia perante o mundo e perante a vida. A humanidade pode viver sem Cartago, mas o homem não pode evitar a metafísica, pois prescindir dela – além de ser impossível – supõe que o mundo do espírito fique voluntariamente cego à suprema luz e vazio ao mais alto e profundo nível de conhecimento. Além disso, a própria rejeição da metafísica apresenta um caráter metafísico, visto que não se baseia nos puros fatos.

3. O SER E O DEVER-SER. *a*) A segunda das questões de que devemos tratar – conforme se mencionou em páginas anteriores – consiste na relação entre o ser

---

1. Ver, p. ex., J. GARCÍA LÓPEZ, *El conocimiento natural de Dios*, Murcia, 1955; A. L. GONZÁLEZ, *Teología natural*, Pamplona, 1985.

e o dever-ser. Essa questão chega a nós por meio de uma arraigada convicção que se observa em uma série de filósofos em geral e de filósofos do direito em particular; há um *hiatus* insuperável – dizem – entre o mundo do espírito ou mundo da cultura e o mundo da natureza; ou, ainda, entre a esfera do conhecimento e a do agir. Haveria, então, uma fissura intransponível entre o ser e o dever-ser, de modo que não seria possível o trânsito do ser para o dever-ser; do fato de alguma coisa ser não se pode passar a afirmar que deva ser, e, nesse sentido, de uma inclinação natural, por exemplo, não se pode deduzir um dever-ser, um dever ou lei natural. Tal trânsito constitui – afirmaram especialmente os filósofos analíticos – uma falácia, a falácia naturalista.

b) Abismo entre o mundo da natureza e o mundo do espírito, entre realidade natural e pensamento, entre ser e pensar? Digamos antes de mais nada que não pode existir, no homem, uma fissura insuperável entre natureza e pensamento, em virtude do princípio da unidade do ser. Como se sabe, um dos transcendentais do ser é a unidade: o ser é, por definição, uno; é impossível que não seja assim. Um ser dividido já não é um ser, mas dois ou múltiplos seres. Sendo o homem um ser composto de espírito e matéria, de natureza e espírito, de realidade natural e pensamento, é necessariamente uno em sua composição; nele há composição, mas não divisão – o que implica uma necessária *comunicação* (fruto da unidade) entre natureza e espírito, entre pensamento e realidade natural. Isso será percebido com maior facilidade quanto melhor se observar que o pensamento é operação e que toda operação é de um ente, do qual a operação é uma atualização, uma atuação. Portanto, se a operação é atualização do ser e o pensamento é operação, torna-se impensável a incomunicabilidade entre o ser e a operação. No ser do homem, e em virtude do princípio de unidade do ser, todas as suas dimensões se comunicam e se inter-relacionam; nele não há nem pode haver um abismo entre o mundo do espírito e o mundo da natureza. E, se no interior do homem não existe tal abismo, também não existe em relação ao mundo exterior, pois a comunicação é possível aí, se é no interior do homem. O mundo da natureza e o mundo do espírito não são dois mundos separados por um abismo, mas dois mundos que se comunicam. O mundo da natureza é um mundo *pensável*, verdadeiramente captável pelo pensamento e, até certo ponto, recriável por ele. O que é a estátua que o escultor tira do bloco de mármore senão uma projeção da recriação do pensamento para a massa amorfa de matéria? E, como isso seria possível sem um conhecimento – sem uma perspicácia apreensora – dessa matéria pelo pensamento, o que implica a *comunicação* entre o objeto e o pensamento?

A relação entre o mundo do espírito e o mundo da natureza, no que diz respeito ao homem, atinge seu ápice na relação entre pensamento e objeto, que é uma relação necessária. Portanto, ao suposto abismo é preciso opor a comunicação e, em último caso, a relação, que consegue ser relação necessária em determinado aspecto. Em suma, tudo o que foi dito antes sobre o conhecimento metafísico vale para a questão de que tratamos, pois se é possível o conhecimento metafísico é óbvio que natureza e espírito se comunicam.

Além disso, essa unidade do ser humano, dotado de natureza, propõe também a correlação entre natureza e finalidades do agir.

c) Considerando tudo o que acabamos de dizer, pode-se passar a expor se acaso cabe o trânsito do ser para o dever-ser e, em caso afirmativo, até que ponto e em que condições isso é possível. Esse trânsito pode ser analisado do ponto de vista lógico e do ponto de vista ontológico. De ambos os pontos de vista, é possível concluir que em tal trânsito pode-se cair em uma falácia: a falácia naturalista. Porém, há uma forma de trânsito que não é nenhuma falácia.

Vejamos, em primeiro lugar, o ponto de vista lógico. Do fato de que alguma coisa *é*, não se pode deduzir que *deve ser*, porque *é* vem a ser um presente e *dever ser* denota um futuro ser de alguma coisa que ainda não é. Se já é, não pode dever ser (que implica não ser ainda). Se é presente, não pode ainda não ser e por isso dever ser. Só por uma falácia pode-se passar logicamente do ser ao dever-ser.

Do ponto de vista ontológico, também pode ser falaz passar do ser ao dever-ser. De um fato, do que já é, não se pode deduzir que isso deve ser, ou seja, do fato não se pode passar para o direito: isto é assim, logo tem direito a ser assim, tal coisa é lei. Se esse trânsito dedutivo é feito, comete-se a falácia lógica e, além disso, comete-se uma falácia ontológica. O fato, o que acontece ou é, pode ser lícito ou ilícito, justo ou injusto; isso está implícito na própria noção de dever-ser, de direito, de lei. O que é pode não ter devido ser ou pode ter devido ser: do fato de ser não se pode deduzir que deve ser.

Nessa falácia, lógica e ontológica, incorreram ao longo da história todos os que elevaram uma situação de fato à categoria normativa de direito ou de lei. Essa era a falácia dos sofistas quando diziam que a lei natural é a dominação dos fortes sobre os fracos; assim sendo, o forte de fato domina o fraco, logo isso é o justo, o normativo, o que deve ser. Essa dedução é exemplo da falácia naturalista. Do mesmo modo, incorreram nessa falácia os autores que, de uma forma ou de outra, denominaram de direito ou lei natural a situação fáctica do domínio pela força, como é o caso de Hobbes, Espinosa e outros. É essa a falácia em que incorre o *sociologismo*: tal norma de conduta é a majoritária e comumente seguida, logo deve ser lei, é o que deve ser. Isso é misturar indevidamente o ser com o dever-ser. O ser não é normativo por sua freqüência ou seu caráter majoritário; se for normativo, só poderá ser por causa de sua própria entidade. Claro que para captar essa normatividade é preciso entender que o ser é algo mais que o mero fato[2].

d) Há, no entanto, um trânsito do ser para o dever-ser que não é falaz, nem lógica nem ontologicamente. Isso ocorre no âmbito do homem quando se compreen-

---

2. Cf. A. LLANO, *Metafísica y lenguaje*, Pamplona, 1985.

de que seu ser é dinâmico e perfectível, ou seja, que contém em si uma potencialidade de perfeição, de modo que o *esse* do homem se orienta para um *plenum esse*. Dado que o ser do homem está entitativamente imerso em um processo de *realização* no que se refere e alguns fins, cuja consecução o leva a um modo mais pleno e enriquecedor de ser, cabe o trânsito do ser para o dever-ser.

É propriamente nesse caso que é possível falar de dever-ser. O dever-ser não é uma forma *a priori*, sem realidade substantiva, mas uma exigência de ser, enraizada na ontologia do ser. O dever-ser nasce quando o ser aparece em estado de imperfeição inicial e clama – exige – por sua realização nos fins que o plenificam e aperfeiçoam. O dever-ser é a expressão do ser exigente: essa realização na plenitude deve ser.

Se o dever-ser é, por um lado, expressão do ser exigente, por outro lado, enquanto é dever-ser expressa não o presente, mas o futuro do ser; o que *ainda não é*, deve ser. O dever-ser está no ser como um futuro exigido. Logo, esse trânsito do ser para o dever-ser não incorre na falácia lógica. Não é o que *é* o que *deve ser*, mas sim *deve ser* o que, podendo ser, *ainda não é*. O dever-ser não é declarado sobre um presente, mas sobre um futuro; não há, então, falácia lógica.

Também não há falácia ontológica, pois não é o puro fato o que se eleva a dever-ser, sendo dever-ser uma possibilidade do ser humano que aparece como normativa, por exigência intrínseca do ser. E isso é possível porque pertence por definição à dignidade da pessoa humana. Que a pessoa humana seja digna, não por declaração extrínseca, mas por entidade intrínseca, não significa outra coisa senão um ser *normativo*, um ser que não pode ser tratado de qualquer modo, mas que deve ser tratado e deve se desenvolver de acordo com *o que é devido a ele*. E é devida a ele sua intrínseca e constitutiva entidade, que é dinâmica, porque o homem é um ser de fins, aos quais tende para realizar-se em plenitude.

Concluindo, há um trânsito do ser para o dever-ser que é legítimo.

4. BEM E VALOR. *a*) A dissociação entre o mundo do espírito e o mundo da natureza leva – entre outras possibilidades – à teoria dos valores relativos. Visto que, afirma-se, o natural é opaco ao espírito, esse é quem projeta suas próprias formas *a priori*, suas próprias construções sobre o ser. No âmbito da conduta humana – a moral no sentido genérico dessa palavra –, os critérios do dever-ser são, segundo uma ampla teoria, os *valores* ou estimativas de nosso espírito – fundamentalmente a consciência, descrita como sentimento moral – sobre as ações humanas (axiologia). Há condutas valiosas, isto é, que tornam real um valor: são as condutas corretas. Há, pelo contrário, condutas que contêm um desvalor: são as condutas incorretas, imorais, injustas. É bom notar que não contêm um desvalor porque são injustas, mas são injustas porque são avaliadas como desvalores. De fato, o valor é entendido propriamente como uma estimativa subjetiva, uma projeção do espírito sobre a conduta humana. Os valores não são entendidos como dimensões objetivas da realidade captadas pelo espírito, mas como projeções que o espírito huma-

no faz de suas criações. Por conseguinte, os valores são relativos e, como tais, variantes, por mais que alguns pensadores (p. ex., Hartmann e Scheler) insistam que há sentimentos objetivos. Considerando isso, uma conduta é correta ou incorreta não em si mesma, mas segundo a estimativa valorativa de nosso espírito. Assim se explicaria a mudança de avaliação que uma série de condutas sofreu em distintas épocas e em diferentes meios sociais; por exemplo, a escravidão em tempos passados.

Dada a relatividade dos valores e sua índole subjetiva, o sistema social de valores é determinado pela estimativa valorativa da maioria, sem que isso seja impedimento para adotar os meios apropriados para não lesar os direitos das minorias, por exemplo, mediante a objeção de consciência.

b) Dado que o relativismo axiológico – a teoria dos valores relativos – baseia-se na cisão entre o mundo do espírito e o mundo da natureza, não é uma teoria aceitável, uma vez determinado que essa cisão não corresponde à realidade humana. A teoria dos valores deve partir da índole valiosa da pessoa humana, em si e em relação a seus fins; deve partir, em suma, da dignidade ontológica da pessoa humana. Nessa perspectiva, os valores não são estimativas subjetivas, mas objetivas, pois não se trata de criações de nosso espírito, e sim de realidades próprias do ser humano e da vida social. Os valores humanos não são relativos, como não é relativo o ser da pessoa humana.

O valor contém em si uma estimativa, porém essa estimativa obedece a um valor objetivo do ser humano, que se apresenta como bem. E se o bem e o ser são a mesma coisa, pois a bondade é um transcendental do ser, o valor – que é uma forma de considerar a razão de bem do ser – é igualmente um transcendental. O valor e o ser são a mesma coisa. O valor é a estimativa do ser como bem, que obedece a uma dimensão objetiva e real do ser.

Quanto à pessoa humana e a seu desenvolvimento finalista, é preciso falar de valores objetivos em virtude da dignidade objetiva e real da pessoa humana. É preciso falar de *bondade essencial* e de *bens naturais* próprios dela.

A pessoa, por ser um ser de fins, se realiza nos valores. Tem um ser orientado para os valores, que indicam o limite entre o agir correto e o incorreto. Há um agir correto e um agir incorreto porque o homem tem alguns valores inerentes em relação aos quais se realiza ou se degrada, e, de acordo com isso, o agir é *bom* ou correto, ou *mau* ou incorreto.

Quando o homem se orienta para os valores – para o bem – e está marcado por essa orientação, é *virtuoso*; e em caso contrário, *vicioso*. A teoria dos valores ou axiologia como teoria da realização do homem no âmbito do dever-ser ou âmbito moral deve ser substituída pela *teoria das virtudes*[3], entendendo por virtude a atitude de abertura do homem para os valores inerentes a seu ser.

---

3. Ver A. MACINTYRE, *Tras la virtud*, ed. castelhana, Barcelona, 1987.

Bibliografia

ARISTÓTELES, *Metaphysica*, ed. W. Jaeger, SCBO, Oxonii, 1969; id., *Ethica Nicomachea*, ed. I. Bywater, SCBO, Oxonii, 1970; J. BALLESTEROS, *Sobre el sentido del Derecho. Introducción a la filosofía jurídica*, Madrid, 1984; F. CANALS, *Para una fundamentación de la metafísica*, Barcelona, 1968; G. CARCATERRA, *Il problema della fallacia naturalistica*, Milano, 1969; H. COING, *Fundamentos de Filosofía del Derecho*, ed. castelhana, Barcelona, 1976; S. COTTA, *El Derecho en la existencia humana*, ed. castelhana, Pamplona, 1987; O. N. DERISI, *Max Scheler: Ética material de los valores*, Madrid, 1979; J. DE FINANCE, *Conocimiento del ser*, ed. castelhana, Madrid, 1971; J. FINNIS, *Natural Law and Natural Rights*, Oxford, 1980; A. GONZÁLEZ ÁLVAREZ, *Tratado de metafísica, Ontología*, Madrid, 1961; N. HARTMANN, *Ethik*, Berlin, 1949; O. HÖFFE, *Derecho natural sin falacia naturalista: un programa jusfilosófico*, em "Estudios sobre teoría del derecho y la justicia", Barcelona, 1988, pp. 105 ss.; R. JOLIVET, *Tratado de filosofía*, ed. castelhana, III, *Metafísica*, Buenos Aires, 1957; A. LLANO, *Gnoseología*, Pamplona, 1984; A. MACINTYRE, *Tras la virtud*, ed. castelhana, Barcelona, 1987; C. I. MASSINI, *El derecho, los derechos humanos y el valor del derecho*, Buenos Aires, 1987; A. MILLÁN PUELLES, *Fundamentos de filosofía*, 10.ª ed., Madrid, 1978; L. POLO, *Curso de Teoría del Conocimiento*, 3 v., Pamplona, 1987, 1985 e 1988; J. M. RODRÍGUEZ PANIAGUA, *La ética de los valores como ética jurídica*, Madrid, 1972; M. SCHELER, *Ética*, ed. castelhana, 2 v., Madrid, 1941 e 1942; TOMÁS DE AQUINO, *In XII libros Metaphysicorum Aristotelis expositio*, Taurini, 1950.

Lição IV
O ofício de jurista

SUMÁRIO: 1. Introdução. 2. O ofício de jurista. 3. Um esclarecimento preliminar. 4. Necessidade social que o ofício de jurista satisfaz. 5. O ofício de jurista como um saber prudente. 6. Conseqüências. 7. Função social do jurista. 8. Pressupostos sociais do ofício de jurista.

1. INTRODUÇÃO. *a*) O primeiro passo para desenvolver um curso de filosofia do direito deve consistir em tomar consciência de qual vai ser a realidade estudada e o ponto de vista a partir do qual vai ser observada e considerada a realidade objeto de reflexão. E isso é de primordial importância por um motivo fundamental: porque a perspectiva pela qual temos acesso à inteligibilidade da realidade considerada condiciona todo o sistema científico.

Vamos nos deter por um momento nesse ponto. Sua relevância reside em um dado sobre nosso modo de conhecer: o homem não conhece as diferentes realidades mediante um único ato – de uma só vez –, nem pelos sentidos, nem pela inteligência. É preciso que aplique suas potências cognoscitivas ao objeto repetidamente e de diversas perspectivas. Vamos prestar atenção na vista. Conhecer *de visu* um objeto de modo completo supõe vê-lo a partir de diferentes pontos: por cima, por baixo, pelos lados, por dentro e por fora. Ocorre de modo semelhante com os outros sentidos, e acontece igualmente com a inteligência. A inteligibilidade de um objeto só é normalmente acessível para nós por meio de uma variedade de atos, o que implica considerar o objeto de diferentes perspectivas. O mais relevante é que cada perspectiva acarreta uma *formalidade*, uma forma de conceitualizar e definir; ou seja, um sistema de conceitos e definições. Por isso, as diferentes perspectivas distinguem as diferentes ciências. Daí a relevância de determinar a perspectiva a partir da qual vamos considerar filosoficamente a realidade jurídica. Dela depende o sistema de definições e conceitos que será elaborado e exposto, pois os conceitos e as definições nos mostrarão a realidade jurídica tal qual aparece a partir da perspectiva escolhida; portanto, não de modo total, mas de modo parcial. A partir de outras perspectivas, serão aclarados *outros aspectos* das realidades consideradas.

Isso não significa que cada perspectiva seja incapaz de alcançar a verdade, mas que a verdade alcançada é apenas parcial; por isso não se devem absolutizar os resultados obtidos. Esses não nos mostram toda a verdade da realidade, mas um aspecto dela. O erro dos cegos da fábula não estava na parte do elefante que apalparam – que nisso acertaram –, mas em confundir a parte com o todo do elefante.

b) Por conseguinte, no limiar de um curso de filosofia do direito, que traz consigo um sistema de conceitos e definições, a primeira coisa que se deve estabelecer é a realidade fundamental objeto de reflexão, que nos dará a perspectiva a partir da qual se observa e se analisa. Qual é essa realidade? O objeto da reflexão filosófica, nesse ramo da filosofia que chamamos filosofia do direito, é a vida jurídica, ou seja, a vida do foro, a dinâmica de satisfação do direito, de cumprimento e aplicação das leis. Tudo isso a partir da perspectiva do *ofício de jurista*; essa é, dizíamos, a perspectiva formal da disciplina.

Trata-se, de fato, de refletir filosoficamente sobre uma parcela da vida humana, sobre um setor da atividade dos homens. Não são realidades mais ou menos abstratas que constituem, nesse caso, o objeto da observação e do pensamento, e sim a realidade humana em um de seus setores. O "direito" sobre o qual devemos refletir não é uma idéia, uma abstração; é uma realidade dentro do tráfego da vida dos homens, um setor vital da humanidade: o mundo do direito.

O mundo do direito é o mundo dos juristas, de modo particular o mundo do foro, cujo centro é a atividade do juiz, que é o jurista por excelência. No âmbito da realidade humana, o mundo do direito é uma práxis que se desenvolve no seio das relações sociais. Não faltam os juristas acadêmicos, os especialistas em direito que o estudam no nível teórico; porém, esse mundo teórico não é o mundo do direito por excelência. Sem dúvida, essa atividade teórica é de grande importância e utilidade, mas é uma atividade subsidiária da práxis jurídica, cujo verdadeiro centro é a atividade forense e judiciária.

c) Sobre os juristas, seu ofício e sua linguagem, devemos refletir ao fazer filosofia do direito, e pela perspectiva do jurista temos de edificar o sistema. A filosofia jurídica orienta-se para os juristas, e, além disso, para sua utilidade e serviço, pois a finalidade dela é oferecer aos juristas um conhecimento de seu ofício e de seu sentido rico em profundidade.

Não vamos, por isso, analisar – pelo menos de modo principal – o mundo do direito a partir do fenômeno do poder, como uma ordem ou engenharia social produto do poder, perspectiva que cabe à filosofia política e social, por mais que essa perspectiva seja muito comum entre os filósofos do direito. Há nisso um equívoco. O direito é primordialmente um fenômeno próprio dos juristas – de seu mundo e de seu ofício – e só de forma derivada é um fenômeno político, que interessa à filosofia política e social. A mudança de perspectiva, apesar de muito comum, não parece convincente.

2. O OFÍCIO DE JURISTA. *a*) Em que consiste o ofício de jurista? Eis a primeira pergunta que devemos fazer a nós mesmos e responder. No mundo do direito,

observa-se uma variedade de ofícios, como os de juiz, advogado, doutrinador de órgãos oficiais, notário etc. Porém, dentro dessa variedade, que inclui aspectos diferentes de desenvolver a atividade jurídica, ser jurista permanece como elemento comum. Qual é esse elemento comum?

Jurista é palavra derivada do termo latino *ius*, que significa direito. Jurista vem de *ius*, como artista vem de arte. Jurista é quem se dedica ao *ius*, ao direito; concretamente, aquele que sabe discernir o direito e, portanto, diz o que é direito. E, para compreender mais precisamente o que é o direito ou *ius* e, por conseqüência, em que consiste ser jurista, nada nos parece melhor do que recorrer às páginas do *Corpus Iuris Civilis*, que encerram a autodefinição do jurista pelos que fizeram do direito uma arte ou ciência, ou seja, os juristas romanos.

Três são as palavras-chave que nos interessam: *ius*, *iustum* e *iustitia*. Etimologicamente, as outras duas procedem de *ius*, o que indica que se trata de três coisas intimamente relacionadas. De fato, de *ius*, que é o direito, vem *iustus*, adjetivo que aplicado ao homem designa o que cumpre o *ius*, o que cumpre o direito: o homem justo. *Iustum*, o justo, é o gênero neutro de *iustus* e indica o feito ou cumprido pelo homem justo: é, portanto, a mesma coisa que o *ius* ou direito. Por sua vez, *iustitia* é a virtude do homem justo, ou virtude de fazer o justo, ou seja, cumprir o direito, o que equivale a dizer que a justiça é a virtude que tem por objeto o *ius* ou direito.

b) No próprio início de suas páginas, o Digesto trata *de iustitia et iure*, do direito e da justiça, rubrica sob a qual nos dá as noções fundamentais sobre o direito e o ofício de jurista. O ofício de jurista é uma arte ou ciência prática: se em D. 1,1,1 Ulpiano define – com palavras de Celso – o ofício de jurista como uma arte, a *ars boni et aequi*, a arte do bom e do justo, em D. 1,1,10 o descreve, sob o nome de jurisprudência, como a *iusti atque iniusti scientia*, a ciência do justo e do injusto[1]. O ofício de jurista ou jurisprudência é a arte ou ciência do justo; pois é próprio do jurista cultivar a justiça ("iustitiam namque colimus"), saber sobre o correto e o justo ("et boni et aequi notitiam profitemur"), discernir o justo do injusto, o lícito do ilícito ("aequum ab iniquo separantes, licitum ab illicito discernentes"), como lemos em D. 1,1,1.

O ofício de jurista é uma arte ou ciência prática – pois *ars* ou arte não é outra coisa senão um conhecimento prático –, é um saber que implica discernir: o discernimento entre o justo e o injusto, o discernimento entre o direito e a lesão do direito. De modo que a primeira coisa que deve saber quem vai se dedicar ao direito é que direito deriva de justiça:"Iuri operam daturum prius nosse oportet, unde nomen iuris descendat. Est autem a iustitia appellatum"– são palavras de Ulpiano (D. 1,1,1)."Convém que aquele que vai se dedicar ao direito saiba primeiramente de onde deriva o nome de *ius* (direito). É chamado assim por derivar de justiça."O ju-

---

[1]. Cf. F. SENN, *Les origines de la notion de jurisprudence*, Paris, 1926; S. CRUZ, *Direito romano*, I, Coimbra, 1969, pp. 284 ss.

rista romano, com a derivação etimológica, aliás errada (pois a verdade é o contrário[2]), quis evidenciar – e é lição preciosa que o jurista não deve esquecer – a estreita relação entre direito e justiça: etimologicamente uma palavra deriva da outra, porque uma – a justiça – não é mais que a virtude de agir de acordo com o direito, de cumprir o direito. Por isso, direito é o justo, por essa razão a arte ou ciência do direito não é outra coisa senão a arte ou ciência do justo. Nisso está o âmago do ofício de jurista.

Naturalmente não se trata de saber por saber, mas de saber *para fazer*, para agir – ciência prática. E o que faz um jurista? O que faz o juiz, o advogado, o doutrinador...? O jurista diz, declara o direito: o juiz sentencia sobre de quem é o direito no caso concreto, o advogado alega o que entende ser o direito de seu cliente, o doutrinador manifesta o direito. Nisto consiste ser jurista: na *iuris dictio*, na declaração do direito, em discernir e pronunciar a sentença que contém o direito, o que é justo[3].

c) Jurista é, então, quem sabe o direito, quem tem o discernimento do justo *no caso concreto*, quem discerne o direito (*ius*) da lesão do direito (*iniuria*) dentro de algumas determinadas e particulares relações sociais. Onde um ofício requerer essa determinação do direito, ali haverá o ofício de jurista, ainda que seja apenas como função auxiliar[4]. O jurista por excelência é o juiz, cuja função central e principal é a de *proferir sentença*, dizer o direito. Porém, jurista é também o advogado, que diz o que, em sua opinião, é o direito de seu cliente. E de jurista é, ou tem uma dimensão de jurista, qualquer ofício ou profissão em que seja necessário estabelecer o direito em relação a algumas pessoas ou instituições.

3. UM ESCLARECIMENTO PRELIMINAR. *a)* Os juristas de nossa época – particularmente a partir de Kelsen – não estão acostumados a ver seu ofício descrito como arte ou ciência do justo, e até poderíamos dizer que essa descrição parece-lhes desmedida; para eles, basta entender seu ofício como discernimento entre o legal e o ilegal. A mesma coisa podemos dizer dos filósofos do direito, para muitos dos quais tal modo de descrever a arte do jurista seria ou inexato ou pretensioso[5] demais. Nesse sentido, ambos [os profissionais] estariam dispostos a concordar com o jurista romano em que eles, os juristas, atuam *licitum ab illicito discernentes*, mas vão dizer sem rodeios que escapa da alçada do jurista *iustitiam colere* – cultivar a justiça – e informar sobre o justo *aequum ab iniquo separantes*. Sem dúvida, entre a maioria dos juristas modernos – educados no positivismo – e os juristas romanos há o abismo que separa o positivismo da aceitação do direito natural. Porém, des-

---

2. Cf. M. SANCHO IZQUIERDO-J. HERVADA, *Compendio de Derecho Natural*, I, Pamplona 1980, pp. 20 ss.
3. Cf. M.VILLEY, *Compendio de Filosofía del Derecho*, I, cit., pp. 65 ss.
4. Ver J. HERVADA-J. A. MUÑOZ, *Derecho*, Pamplona, 1984, pp. 23 ss.
5. Entre esses últimos caberia incluir O. W. HOLMES, *The Path of the Law*, 173, cit. por J. FINCH, *Introducción a la teoría del derecho*, cit., p. 224.

de o princípio já devemos fazer constar o equívoco que pode se esconder por trás da recusa do jurista moderno a se sentir identificado com a descrição de Ulpiano.

Por enquanto, basta advertir que "o legal" é chamado, desde os antigos gregos, *o justo legal*, expressão que já em Aristóteles designa o legal segundo o direito positivo[6]. "O legal" é o justo... legal, o adequado à lei e, mais concretamente, o adequado à lei positiva. Portanto, "o legal" e "o justo" são, pelo menos no sentido indicado, rigorosamente sinônimos – como "o ilegal" é sinônimo de "o iníquo". São duas formas de dizer a mesma coisa.

b) É evidente que entre um jurista romano e muitos juristas modernos há uma série de coisas que os separa – normativismo ante o realismo, subjetivismo ante o objetivismo, positivismo ante o jusnaturalismo etc. –, e este não é o momento de entrar nelas. Referimo-nos à história do pensamento jurídico. O que nos interessa assinalar é que quando um jurista moderno rejeita a sinonímia entre o justo e o direito ou *ius*, tal como é estabelecida no Digesto, está lidando mentalmente com um conceito de justiça muito diferente daquele com que lidaram os juristas até o século XVIII e com o qual ainda lidam os seguidores do realismo jurídico clássico. A "justiça" que tantos juristas modernos têm na mente não é a mesma coisa que a justiça em sentido romano. Uma é a *justiça idealista* e a outra é a *justiça realista*.

c) A partir de Kant, houve uma virada no conceito de justiça. A justiça passou a ser entendida como uma forma *a priori* do direito, seja como idéia de direito (segundo alguns autores, que identificaram assim direito e justiça), seja como ideal do direito: em suma, a justiça como idéia ou ideal. Essa é a que chamamos justiça idealista, uma noção incorporada à filosofia de mesmo nome. Associou-se a isso o uso e abuso do termo "justiça" pela filosofia e pela práxis políticas: a justiça como ideal para o qual tender, o ideal de uma sociedade justa, de algumas estruturas sociais justas. Naturalmente que, entendendo-se a justiça assim, não resta dúvida de que atribuir o justo como objeto do ofício de jurista é pretensioso demais. E não só pretensioso em demasia, mas simplesmente falso. Não é função do jurista implantar um ideal de justiça nem estabelecer uma sociedade idealmente justa; isso é função dos políticos. Essa função cabe a eles, não aos juristas. Se alguns operários consideram injustos, por serem baixos, os salários que recebem – ajustados com a empresa por contrato ou por dissídio coletivo –, não é ao juiz que devem apelar, nem a quem apelam, devendo sim recorrer a meios políticos: greve, negociação etc. Estabelecer algumas estruturas sociais justas de acordo com um ideal de justiça cabe aos partidos políticos, não aos Colégios de Advogados, nem à Magistratura. É evidente. Se isso fosse a justiça de que fala Ulpiano, sem dúvida os juristas romanos teriam errado muito ao identificar o direito com o justo. Mais certo ainda: nunca te-

---

6. Cf. *Ethica Nicomachea*, V, 7, 1134 b, ed. I. Bywater, SCBO, Oxonii, 1962.

riam estabelecido a sinonímia; teria sido um erro grosseiro demais e, também, idealista demais para seu gênio realista e prático.

d) A justiça dos juristas romanos – a justiça em sentido clássico – é uma justiça realista. Não é uma idéia, nem um ideal – arraigado portanto no intelecto, na razão –, mas uma virtude da vontade. Essa é a clássica definição de Ulpiano, contida em D. 1,1,10: "Iustitia est constans et perpetua voluntas ius suum cuique tribuendi." A constante e perpétua vontade de dar a cada um seu direito. A justiça é uma qualidade da vontade consistente em um hábito – constância e perpetuidade –, algo totalmente alheio a ser idéia ou ideal. E o que quer a vontade justa? O que quer é dar a cada um seu direito. Não um ideal, mas o direito concreto e real de cada um, o que cabe às pessoas nas relações jurídicas: a parte da herança que compete a cada herdeiro de acordo com o testamento ou a lei, o preço estipulado em uma compra e venda, a coisa depositada que é preciso devolver, o salário ajustado etc. Ou seja, exatamente aquilo sobre o que determina um juiz, o que alega o advogado etc. O que muitos juristas modernos chamam "o legal", "o direito subjetivo", "o interesse juridicamente protegido" etc. é o que o jurista romano – sem esquecer as diferenças de pensamento mencionadas – denominou "o justo". A descrição romana do ofício de jurista – que aceitamos como correta – está longe de ser pretensiosa, porque a justiça da qual fala não é nenhum ideal social ou político, e sim a modesta justiça realista, a que faz com que proferir sentença seja designado "fazer justiça", que recorrer aos tribunais seja denominado "recorrer à Justiça" etc. É a justiça que consiste em algo tão prático e corriqueiro como dar a cada qual o que lhe pertence conforme um título determinado e particular.

e) Outro esclarecimento. Não faltam os que, atribuindo erroneamente ao realismo jurídico clássico algo próprio do idealismo, afirmam que, ao identificar o direito com o justo, o direito e a justiça são compreendidos como a mesma coisa, isto é, justiça e direito se identificam. Sobre isso é preciso responder que nem o direito nem a justiça são ideais, nem há tal identificação entre justiça e direito. A justiça é uma virtude, o direito é aquilo que é próprio de cada um; o direito não é a justiça, mas o objeto da justiça. Direito e justiça são coisas *toto coelo* distintas. Confundir e identificar a justiça com o justo é próprio do idealismo; em nenhum caso tal coisa pode ser atribuída ao realismo. Justiça e o justo são coisas realmente diferentes, e nenhuma é um ideal: o justo é o objeto da justiça, de modo que os dois se distinguem como a virtude e seu objeto.

4. NECESSIDADE SOCIAL QUE O OFÍCIO DE JURISTA SATISFAZ. Na descrição da justiça, o objeto dela está identificado como o direito de cada um: "ius suum cuique tribuendi". Esse objeto da justiça coincide com o objeto da ciência jurídica ou arte do direito, denominado o justo: *iusti scientia*. Aparecem, então, dois sinônimos, como destacamos: o direito de cada um e o justo são a mesma

coisa⁷. Em outro texto do Digesto há uma terceira expressão, também sinônima das duas anteriores: *suum*, o seu. Essa expressão está incluída em D. 1,1,10: "Iuris praecepta sunt haec: honeste vivere, alterum non laedere, suum cuique tribuere." Estes são os preceitos do direito, viver honestamente, não prejudicar o próximo, dar a cada um o seu. A expressão "ius suum cuique tribuendi" é substituída por "suum cuique tribuere". Dar a cada um seu direito é a mesma coisa que dar a cada um o seu. O seu é o direito de cada um. E isso é precisamente o justo.

Pode-se perceber novamente que o justo não é nenhum ideal; é exatamente a coisa concreta que, de uma forma ou de outra, pode ser classificada de sua em relação a um sujeito: a casa que se tem em propriedade ou locação, o cargo que alguém possui, as expectativas devidas em direito etc.

Isso ressalta a necessidade social que o ofício de jurista atende. Todo ofício tem uma utilidade, atende a uma necessidade social ou particular. O ofício de alfaiate atende à necessidade de vestir, o de professor, à necessidade da instrução e educação, o de político e governante, à necessidade de administrar a coisa pública etc. Sem uma necessidade, o ofício fica sem sentido e desaparece. Qual é a necessidade a que o ofício de jurista atende? As fórmulas romanas já transcritas respondem à pergunta. O ofício de jurista nasce no contexto das relações sociais diante da necessidade de que cada um tenha pacificamente em seu poder aquilo que lhe pertence, surge diante da necessidade de que cada qual tenha *o seu*. O ofício de jurista origina-se, então, no contexto de um fato: as coisas – as diferentes coisas que estão na esfera de domínio, apropriação e atribuição própria da pessoa humana – estão repartidas e atribuídas a diferentes sujeitos. Nem tudo é de todos. Pelo contrário, há uma infinidade de coisas que estão atribuídas aos diferentes sujeitos de acordo com formas muito diversas.

Pressupondo-se esse fenômeno de distribuição das coisas e a necessidade de que cada um possua de fato o seu, surge a necessidade de conhecer o que cabe a cada um. Por um lado, é preciso saber o que é atribuído a cada um e de que forma é feita essa atribuição: de quem é cada uma das coisas (quem é o proprietário, quem é o usufrutuário etc.) e na qualidade de que tem essas atribuições (na qualidade de arrendador, de pai de família etc.). Por outro lado, é necessário conhecer o que compete a cada titular (o que é próprio do usufrutuário, que funções cabem a cada cargo etc.). Todo esse conjunto de questões e problemas forma a problemática cuja solução pertence à arte do direito ou ciência jurídica. Responder a ela é ofício do jurista.

Disso se deduz que o ofício de jurista satisfaz uma necessidade fundamental da vida do homem em sociedade.

5. O OFÍCIO DE JURISTA COMO UM SABER PRUDENTE. *a*) Vimos a arte do direito ser denominada jurisprudência, o que é equivalente a considerar que saber

---

7. "Idem juristae nominant jus quod Aristoteles justum nominat." *Os juristas chamam de direito o que Aristóteles chama de o justo.* TOMÁS DE AQUINO, *In X libros Ethicorum expositio*, V, lect. XII, 1017.

discernir o direito é uma espécie ou tipo de prudência. Classificar a arte do direito de prudência está de acordo com sua qualidade de ciência prática. A prudência é de fato uma virtude intelectual ou dianoética, a virtude do correto agir moral, o que está relacionado com a justiça, que também é virtude moral. Isso salienta que a atividade jurídica depende de duas virtudes que são a base do ofício de jurista: a justiça e a prudência.

b) Dentro do agir humano, a razão e a vontade têm missões complementares. Cabe à vontade o querer a ação; é próprio da razão saber realizar corretamente a ação. Por isso, a prudência dá a regra da ação e é a que guia a força da vontade. O agir jurídico não é uma exceção. Se a ação jurídica ou ação justa consiste em dar a cada um o seu, seu direito, o qual é obra da justiça – baseada na vontade –, o saber agir corretamente – saber dar a cada um o seu no momento e prazo adequados – é próprio da prudência jurídica ou jurisprudência. Em suma, como no restante do atuar humano, a atividade jurídica requer *saber* e *querer*, saber dar a cada um o seu e querer dá-lo. Querer é próprio da vontade justa, saber é próprio da razão prudente. A atividade jurídica é obra do homem justo e prudente.

c) O jurista aparece relacionado à atividade jurídica como perito ou especialista, isto é, como possuidor de uma ciência ou capacidade de discernimento[8], não como titular da referida atividade. O jurista não é o homem que deve agir em justiça, o que deve dar ao outro o seu. Em um processo, por exemplo, os sujeitos da atividade jurídica, tanto o que deve dar ao outro o seu como o que reclama seu direito, são as partes. O juiz apenas sentencia, *diz* o que decididamente pertence às partes e o que cabe a cada uma fazer. Da mesma maneira, o advogado é o conselheiro das partes e o defensor de seus interesses, ele não é sujeito da atividade jurídica – da ação justa ou da ação de reclamar o direito –, limita-se a dizer e aconselhar a elas a conduta que considera correta; em todo caso, pode agir em seu nome, fazendo o que compete às partes, mas isso ultrapassa os limites estritos do ofício de jurista.

O jurista não é o sujeito da atividade jurídica, mas aparece relacionado a ela como o que sabe discernir o justo, descobrir o seu, dizer o direito de cada um. É o especialista, o perito ou prudente: o jurisprudente ou jurisperito, cuja atividade se desenvolve no âmbito do saber. É titular da prudência do direito.

d) A prudência do direito ou jurisprudência não é outra coisa senão a prudência do justo, pois direito, o justo e o seu são sinônimos, como vimos. Isso evidencia um dado importante. A perspectiva do jurista é a perspectiva da justiça, do justo;

---

8. "Jurisprudentia est virtus seu sapientia." *A jurisprudência é virtude ou sabedoria*. CUJACIO, *Recitationes solemnes in Titulum*, 1, lib. I, *Digestorum de Justitia et Jure*, Ad L. X. Justitia est constans, em *Operum tomus septimus*, Neapoli, 1722, col. 52.

em outras palavras, é a perspectiva da ação justa. Trata-se de dizer, de declarar o que se deve fazer para dar a cada um seu direito no caso concreto, na relação jurídica particular de que se trata.

A partir dessa perspectiva, deve-se elaborar o sistema de definições e conceitos próprio da ciência jurídica e da filosofia do direito. A perspectiva do poder não é a própria do jurista, nem a do filósofo do direito – por mais que sejam muitos os que façam assim –, por isso o conceito-chave ou central não é o de norma ou lei, como ocorre se é adotada uma perspectiva política (de organização da sociedade). O conceito central da ciência jurídica e da filosofia do direito é a de *ius* ou direito, entendido esse pela perspectiva da justiça, isto é, não como poder ou faculdade moral – muito menos como norma –, mas como o seu de cada um, a coisa que, em uma relação jurídica, deve ser dada a seu titular. É a conceituação lógica e correta pela perspectiva própria do jurista.

6. CONSEQÜÊNCIAS. *a*) A perspectiva a partir da qual se observa e estuda a realidade é o que distingue formalmente as ciências e dá o padrão para a construção e elaboração do sistema de conceitos e definições de cada uma delas. A perspectiva da ciência do direito e da filosofia jurídica é a perspectiva do ofício de jurista. E essa perspectiva, acabamos de ver, é a perspectiva da ação jurídica ou dar a cada um o seu.

Portanto, essa perspectiva não é a organização social, nem a engenharia social ou os fenômenos de poder. Por essas perspectivas – tão freqüentes entre juristas e filósofos do direito modernos –, o conceito fundamental é o de norma ou lei – ordem imposta pelo poder –, que se constitui assim como o conceito-chave do sistema jurídico e da filosofia do direito. Todo o sistema se apóia na norma e sua problemática: a interpretação, a validade, a legitimidade, a coatividade etc. Por sua vez, o direito é visto fundamentalmente como um fenômeno de poder, como um mandato que surge da vontade do legislador. O fenômeno jurídico apresenta-se assim como um sistema de normas vinculativo e coativo. Em todo caso, a realidade jurídica aparece como um setor da vida social orientado e avaliado pela norma.

Pela perspectiva do jurista, a norma continua sendo importante e a interpretação da lei não deixa de ser função muito relevante do jurista, porém o centro do sistema não é a lei, e sim o direito, coisa diferente da norma, pois é o seu de cada um, aquilo que, de várias formas, é atribuído aos diversos agentes sociais e deve ser dado a quem pertence.

b) Termos como *direito* e *jurídico* assumem desse modo um significado peculiar e próprio. O fenômeno jurídico é constituído pelo conjunto de realidades – a norma também – que têm relação com o direito entendido em sentido realista, em torno do qual oscila todo o sistema. Assim, por exemplo, a lei é parte do fenômeno jurídico, não por si mesma, mas por sua função em relação ao direito, visto que é causa e medida dele; e se recebe o nome de direito é em sentido derivado e por analogia de atribuição. Algo semelhante podemos dizer do direito subjetivo.

c) Se *direito* é aquilo que é atribuído a um sujeito, a perspectiva pela qual aparece diante do jurista é a de ser algo que deve ser dado; por isso, o direito aparecerá antes de mais nada como o devido. Por sua vez, *jurídico* é adjetivo que designa o relativo ao direito; isto é, designa as coisas que estão relacionadas com o direito, precisamente de acordo com essa relação. Jurídico não designa, então, o que compete à ordem social coativa, mas o que concerne ao *ius* ou direito. E assim, por exemplo, norma jurídica não é apenas a lei, e sim qualquer norma que seja causa ou medida do direito.

7. FUNÇÃO SOCIAL DO JURISTA. O ofício de jurista serve para remediar uma necessidade social. Declarar o direito insere-se no processo de estabelecimento da ordem social justa, entendendo com isso que cada pessoa tenha seu direito reconhecido e respeitado, de modo que esteja em pacífica posse e gozo do seu. Trata-se de implantar uma ordem social ou, melhor dizendo, uma dimensão da ordem própria da sociedade humana. Nesse sentido, a ciência do direito é uma ciência social, um saber sobre a organização das relações sociais.

O interesse do jurista não é o homem considerado em sua individualidade, não é a realização pessoal do homem ou busca de sua perfeição pessoal; não visa a harmonia interna da pessoa nem sua realização nas virtudes, tudo o que é pressuposto para a vida social, mas não a própria vida social. A harmonia que o jurista procura é a harmonia social, a própria das relações sociais e, concretamente, aquela que se alcança quando os membros da sociedade humana têm reconhecido e respeitado aquilo seu, o que pertence a eles.

A função do jurista é, então, uma função social, uma capacidade operativa quanto à socialidade humana, de modo que essa se estruture e se desenvolva conforme o direito.

Daí se deduz que o que é próprio do jurista enquanto tal não é a justiça em sua dimensão pessoal – a harmonia virtuosa da pessoa –, ou seja, a realização pessoal do homem como justo, e sim a obra da justiça, o resultado social ou harmonia social que é fruto da justiça. Nesse sentido, a ciência do direito tende aos resultados, é uma ciência de resultados sociais, que é o que está relacionado a sua finalidade.

8. PRESSUPOSTOS SOCIAIS DO OFÍCIO DE JURISTA. *a*) Vamos tratar agora de determinar qual é a realidade social fundamental da qual se origina o ofício de jurista; o que ocorre na vida social que faz surgir a necessidade da arte ou ciência do jurista.

O ofício de jurista, como especialista do direito, aparece no contexto de dar a cada um o seu. Porque existe a necessidade de dar a cada um o seu, e para satisfazê-la é preciso determinar o que é de cada um e de que modo e em que circunstâncias deve ser dado; por tudo isso nasce a arte do direito. Por conseguinte, são dois os pressupostos sociais do ofício de jurista: a existência de o seu e a necessidade de dá-lo. O primeiro indica que as coisas estão repartidas; o segundo, que estão ou podem estar em poder de outros[9].

A existência da distribuição das coisas é o primeiro pressuposto. De fato, se existe o seu – isto é, o meu, o teu, o seu –, é que nem tudo é de todos, nem nada é de ninguém. Se alguma dessas duas hipóteses acontecesse – tudo é de todos, nada é de ninguém –, não ocorreria o seu e, portanto, não existiria a necessidade de dá-lo. O fenômeno jurídico aparece em virtude da repartição das coisas. Onde há repartição, há coisas atribuídas, distribuídas, pois é a repartição o que atribui e distribui as coisas. E se há coisas atribuídas, repartidas, há o seu. Por isso, o fato social da repartição das coisas é o primeiro pressuposto do ofício de jurista. O jurista é o que sabe da repartição das coisas; não como reparti-las – que é ofício do político, entre outros –, mas como estão repartidas. Não é, de fato, a necessidade da repartição, de distribuir e atribuir as coisas o que gera o ofício de jurista, e sim a existência de o seu, isto é, a repartição já feita. O jurista é, então, o que conhece e discerne como estão repartidas as coisas.

b) Em princípio, cada um tem o seu, está em posse do que lhe pertence e, portanto, não é preciso que lhe seja dado. Por conseguinte, para que a necessidade de dar a cada um o seu intervenha, é preciso que a pacífica ocupação e posse do que a cada um pertence tenha interferência dos outros, isto é, que a coisa de um – sem deixar de ser sua – passe ou possa passar para o poder de outro. É nesse caso que aparece a necessidade de que seja dada – isto é, seja devolvida, entregue etc. – a coisa ao titular. Em outras palavras, é preciso que a coisa possa sair ou tenha saído da esfera de domínio e posse do titular e esteja em mãos alheias. Dada essa situação, é preciso dar ao titular o seu. Que as coisas estejam ou possam estar em poder de outro é o segundo pressuposto social do ofício de jurista.

c) Falando em termos gerais, duas são as causas para que as coisas de um titular estejam em poder de outro. Primeiramente, pelo fato das relações sociais entre os homens, que causa a permuta e transferência dos bens de uma para outra mão: por exemplo, o depósito, em cuja virtude o proprietário deposita um objeto em mãos de outra pessoa para sua custódia; ou o empréstimo, pelo qual uma coisa é deixada para uma pessoa por um tempo determinado etc. São múltiplas as formas pelas quais as coisas passam para o poder de pessoa diferente de seu titular, sem deixar de estar atribuídas a esse titular. De um modo ou de outro, em um momento ou em outro, a coisa deve ser devolvida, restituída, o que origina o dever de dar a cada um o seu.

A segunda causa das indicadas é a injustiça, isto é, a apoderação ou interferência injustas na pacífica ocupação e posse das coisas de cada um. O roubo, a retenção ilícita, as lesões, a desobediência ao poder legitimamente constituído etc. são

---

9. Ver J. HERVADA, *Introducción crítica al Derecho Natural*, cit., pp. 23 ss.

outros tantos exemplos do que foi dito. Em todos os casos é produzido um ataque ou interferência lesiva no direito, no seu de uma pessoa, gerando-se o dever de restituição, de restabelecimento da situação de direito (de dar ao lesado o seu).

Bibliografia

U. ÁLVARES, *La jurisprudencia romana en la hora presente*, Madrid, 1966; B. BIONDI, *Arte y ciencia del derecho*, ed. castelhana, Barcelona, 1953; id., *Scienza giuridica come arte del giusto*, en "Jus", I, 1950, pp. 145 ss.; A. D'ORS, *Una introducción al estudio del derecho*, Madrid, 1982; A. HERNÁNDEZ GIL, *El abogado y el razonamiento jurídico*, Madrid, 1975; id., *La ciencia jurídica y el problema de su transformación*, Madrid, 1977; J. HERVADA, *Introducción crítica al Derecho Natural*, 5.ª ed., Pamplona, 1988, pp. 15 ss.; J. HERVADA-J. A. MUÑOZ, *Derecho*, Pamplona, 1984, pp. 20 ss.; F. REINOSO, *Iuris Auctores (Reflexiones sobre la jurisprudencia romana y el jurista actual)*, em "Estudios de Derecho Romano en honor de Álvaro d'Ors", II, Pamplona, 1987, pp. 981 ss.; F. SENN, *Les origines de la notion de jurisprudence*, Paris, 1926; M. VILLEY, *Compendio de Filosofía del Derecho*, ed. castelhana, I, Pamplona, 1979, pp. 61 ss.

Lição V
A justiça

SUMÁRIO: 1. Introdução. 2. A ordem justa. 3. A virtude da justiça. 4. A definição comum da justiça. 5. Críticas à definição comum. 6. A justiça no pensamento jurídico moderno. 7. Caracterização da justiça. 8. O centro de interesse: a ação justa. 9. A fórmula da ação justa: *a) Sentido do verbo dar. b) A expressão: a cada um. c) Significado de o seu.* 10. A ação justa como ato secundário. 11. A justiça geral e a justiça particular em relação à arte do jurista.

1. INTRODUÇÃO. *a)* O ofício do jurista tem uma ligação íntima com a justiça. Está relacionado a saber ser justo. Certamente, o jurista não é confundido com o homem justo, com a pessoa que deve exercer a ação justa ou ação de dar ao outro o seu. O jurista não é o que tem de realizar a obra da justiça. Sem dúvida alguma, o jurista, para ser fiel a seu ofício e não corrompê-lo, precisa ser pessoalmente justo, no sentido de amante da justiça, pois do contrário dará ouvido à injustiça e substituirá a prudência do direito pela falsa prudência da injustiça; terá se corrompido. Tomás de Aquino dizia, com razão, que "a corrupção da justiça tem duas causas: a falsa prudência do sábio e a violência do poderoso"[1]. Porém, também é verdade que sua missão não é dar, ele pessoalmente, a cada um o seu. O que é próprio do jurista é indicar o que o homem deve fazer para ser justo, para dar a cada um o seu, ou seja, para fazer a obra da justiça. Sua missão é discernir e assinalar o seu de cada um para que seja dado a seu titular. Considerar essa peculiar e típica relação do jurista com a justiça é importante para perceber que a virtude específica do ofício de jurista não é a justiça, e sim a prudência. O jurista não é *o justo*, mas *o jurisprudente*. É próprio do jurista uma arte ou ciência prática.

No entanto, é igualmente verdade que o jurista é o prudente da justiça. Ou, dizendo com palavras que soam melhor aos ouvidos contemporâneos, o jurista é o técnico ou cientista da justiça. Portanto, é necessário analisar a justiça, não do ponto de vista da filosofia política ou da ética, mas da perspectiva do direito ou ponto de vista do jurista.

---

1. *Expositio in Librum Sancti Job*, cap. VIII, lect. 1; em *Opera omnia*, ed. S. E. Fretté, XVIII, Parisiis, 1876, p. 54.

b) Já dissemos que todo o sistema de filosofia do direito deve ser visto da perspectiva do jurista, porém nunca é demais insistir nisso ao entrar na análise da justiça, porque atualmente é muito freqüente transpor para a filosofia jurídica a idéia de justiça que a filosofia social e a retórica política costumam utilizar. Essa é uma idéia de justiça magnificada, se não em si mesma, pelo menos no que compete ao jurista. É necessário, então, certa desmitificação da justiça no que concerne ao jurista.

É óbvio que a justiça própria do jurista não é o equivalente a reforma social, progresso dos povos, desenvolvimento social, conscientização da classe trabalhadora etc., embora não caiba também duvidar de que, até certo ponto, tais fins podem orientar, como princípios interpretativos, alguns aspectos da função do jurista.

A justiça dos juristas não é "a sociedade justa ou solidária", tal como a entendem – evidentemente, cada qual a sua maneira – os políticos. É algo mais modesto, muito mais prático e tangível: a justiça do foro, que é a justiça do caso concreto. Mas em sua modéstia é a base da vida social e uma das mais altas virtudes humanas.

2. A ORDEM JUSTA. *a)* O ofício de jurista atende a uma necessidade social: que cada homem e cada instituição tenha o seu, aquilo que lhe pertence e cabe. E dado que a vida social é dinâmica e o seu de cada um pode estar em situação de interferência, gera-se um dinamismo orientado para estabelecer ou restabelecer a situação devida, que podemos descrever com uma fórmula de comprovada expressividade: dar a cada um o seu. Relacionado a esse dinamismo aparece, conforme vimos, o ofício de jurista.

Se podemos classificar de necessidade social o estabelecimento da situação devida – cada um ter o seu –, é porque essa situação constitui uma ordem ou harmonia – proporção – social em que cada coisa está na correta relação com seu titular, o que causa uma ordem ou harmonia na comunidade humana. Estamos diante da *ordem social justa* ou simplesmente *ordem justa*. Qualquer ruptura ou alteração dessa correta relação produz uma anomalia, uma desordem ou desarmonia sociais: a ordem injusta, a situação ou a estrutura injustas.

Se falamos de ordem e harmonia, classificamos a referida situação social de um bem, o que quer dizer que está de acordo com a pessoa humana. De fato, não se trata apenas de uma ordem *satisfatória*, que satisfaz determinados desejos ou estimativas dos homens, mas de uma ordem *necessária* para a pessoa e a sociedade. Essa harmonia é uma exigência da pessoa humana, por sua qualidade de ser que domina seu próprio ser e seu entorno, isto é, em sua qualidade de ser que tem coisas verdadeiramente suas. Quanto à sociedade, nada melhor que mencionar algumas conhecidas palavras de Dante: essa harmonia ou proporção *servata hominum servat societatem, et corrupta corrumpit*[2]; preservada conserva a sociedade dos homens, e corrompida a destrói.

---

2. *De Monarchia*, II, V.

Portanto, a harmonia ou ordem social que provém da correta relação das coisas com seus titulares – a ordem justa – não é um simples fato, pertencendo sim à categoria do dever-ser: deve ser dado a cada um o seu. O Digesto expressa isso sob a fórmula de *praeceptum iuris* ou norma primordial do direito, verdadeira *Grundnorm* ou norma fundamental da ordem jurídica. Na realidade, é o primeiro princípio da razão prática no que concerne à ordem da conduta jurídica.

Não se pode omitir que "deve ser dado a cada um o seu" é denominado *praeceptum iuris* (não *praeceptum iustitiae*), porque, de fato, o imperativo do dever é a expressão da obrigatoriedade do direito, de modo que essa harmonia ou proporção é dever-ser em razão do *debitum* inerente ao direito.

3. A VIRTUDE DA JUSTIÇA. *a*) Todo dever-ser implica um fato correspondente: o cumprimento do dever-ser, sua realização. Para isso se orienta a própria idéia de dever: o que se deve, se faz. Nesse cumprimento aparecem as virtudes, que não estão no nível do dever-ser, mas no de seu cumprimento. O homem não é virtuoso porque tem deveres, e sim porque os cumpre. As virtudes são hábitos – qualidades – das potências humanas, que propendem para o cumprimento do dever. Elas próprias não são juízos deontológicos – juízos de dever –, mas disposições do ser humano – qualidades – para agir de acordo com os juízos deontológicos. Portanto, não pertencem ao dever-ser (*Sollen*), e sim ao ser (*Sein*), embora relacionadas a um dever-ser[3].

Pois bem, visto que deve ser dado a cada um o seu e que isso constitui um bem social, a correta disposição do homem para cumprir com o dever-ser jurídico é uma virtude. E essa virtude é chamada justiça: a virtude da justiça. É a virtude cujo ato – a ação justa – consiste em dar a cada um o seu. É, portanto, a virtude do cumprimento e satisfação do direito.

Dado que a justiça está relacionada ao cumprimento de um dever-ser e seu próprio ato consiste em um realizar, é uma qualidade – hábito – da potência operativa do homem, isto é, da vontade humana. Consiste, então, na disposição habitual da vontade de querer dar a cada um o seu.

Como virtude da vontade, ou seja, como virtude operativa, a justiça está relacionada a um *dinamismo social*, relaciona-se à vida social. Qual dinamismo? Aquele, citado antes, no qual, ao ser dado a cada um o seu, é feita e construída a ordem social justa. A justiça é virtude dinâmica, que atua no *fieri* da ordem justa; é virtude da ação (se for o caso, da omissão).

b) Três coisas são, então, opostas à verdadeira concepção da justiça. Por um lado, entender a justiça como dever; a justiça, como virtude que é, pertence ao *Sein*, ao ser, pois é uma disposição entitativa da vontade. É virtude por relação com um *Sollen* ou dever-ser, a norma primordial do direito; porém ela mesma não é esse dever-ser, não é um juízo deontológico.

---

3. Sobre esse ponto, ver J. HERVADA, *Introducción crítica al Derecho Natural*, cit., pp. 32 ss.

Por outro lado, não se pode confundir a justiça com uma dimensão da realidade, com uma ordem ou harmonia; a justiça não é a ordem justa, mas a virtude de tender a estabelecer a ordem justa[4]. A ordem ou harmonia não é uma dimensão primigênia da justiça – que a projetaria no que sofreu a ação dela; a virtude é que é harmônica, porque seu objeto – o seu de cada um – é uma coisa proporcional, harmônica, pois na justiça – como logo se verá – a retidão não é dada primariamente pelo sujeito, e sim pelo objeto.

Por último e em terceiro lugar, a justiça não pertence ao intelecto: não é um juízo ou idéia. A justiça pertence à vontade e está relacionada ao querer. Não podem, então, ser consideradas adequadas as concepções que dão à justiça um estatuto intelectual, em vez de um estatuto volitivo.

4. A DEFINIÇÃO COMUM DA JUSTIÇA. *a*) Analisada em termos gerais a virtude da justiça, é preciso passar a fazer uma série de especificações sobre ela. E em primeiro lugar devemos nos ocupar de sua definição.

Embora ao longo da história tenham sida dadas várias definições da justiça, há uma que é a comum e praticamente universal. É, ao mesmo tempo, a mais simples, a mais antiga e também, com vantagem, a mais divulgada: justiça é a virtude de dar a cada um o seu, seu direito. Vamos tratar dessa definição nas páginas seguintes.

b) A compreensão da norma fundamental da ordem jurídica e a correspondente compreensão de que a disposição para dar a cada um o seu constitui um aspecto da ordem básica da pessoa humana são tão antigas quanto a humanidade; de fato, o *praeceptum iuris* de referência é uma aplicação imediata dos primeiros princípios da razão prática, de conhecimento universal portanto, e por conseqüência é universal o conhecimento da bondade ética da correspondente disposição para cumpri-lo. Porém, por outro lado, a elaboração da teoria das virtudes, sua divisão e sua denominação foram fruto de um processo cultural, no qual intervieram tanto a sabedoria popular como o pensamento filosófico. Portanto, o nome de justiça, sua identificação precisa – sua definição –, sua distinção de outras virtudes etc. sofreu certa evolução, que é exposta sucintamente a seguir.

c) Com o antecedente de *thémis*, a palavra grega que primeiro designou a justiça foi *díke*, que inicialmente significou tanto a ação judicial ou o processo como a sentença do juiz, para passar a denominar o direito e a justiça[5]. Enquanto o direito

---

4. Não faltam os que, distinguindo entre justiça-virtude ou justiça subjetiva e justiça-ordem ou justiça objetiva, chamam justiça (objetiva) à ordem justa. A justiça nesse caso seria, além de virtude, uma *proporção* ou dimensão da realidade social. Essa terminologia, que possui antigos precedentes e se baseia em um uso freqüente, tem o inconveniente de introduzir grandes confusões em matéria de justiça e de direito.

5. Também a regra e maneira de ser ou agir. Cf. A. BAILLY, *Dictionnaire grec-français*, ed. revisada por L. Séchan e P. Chantraine, Paris, 1950, p. 511; P. CHANTRAINE, *Dictionnaire étymologique de la langue grecque. Histoire des mots*, I, Paris, 1968, p. 283; H. STEPHANO, *Thesaurus graecae linguae*, III, Graz, 1954, cols. 1486 ss.; H. G. LIDDELL-R. SCOTT, *A Greek-English Lexicon*, Oxford, 1961, p. 430.

e a justiça constituem a medula da ordem social, *díke* foi usada pelos primeiros filósofos gregos – transpondo para o mundo em geral as categorias sociais[6] – para designar a ordem cósmica (Anaximandro, Heráclito), a ordem dos seres (Parmênides) e também a ordem social da *pólis*; no plano pessoal, essa ordem ou harmonia era a bondade moral[7]. Com isso, a *díke* ou justiça adquiriu um sentido objetivo, como a ordem ou harmonia, bem do mundo, bem da *pólis*, bem da pessoa. Assim, a *díke* vinha a ser ordem objetiva e virtude. Logo, entretanto, a virtude foi denominada por um derivado de *díkaios* – justo –, o termo *dikaiosýne*[8] (a virtude do justo), que acabou se impondo. *Dikaiosýne* representou a virtude da justiça da mesma forma que *díke*; ou seja, possuiu o sentido de virtude particular – o juiz que profere sentença conforme o direito, o comerciante que cobra o preço justo e não rouba na mercadoria etc. – e teve também um sentido geral e onicompreensivo, que, comum a outras línguas, não perdeu até hoje: a justiça como a soma de virtudes do homem, de modo que o homem justo equivale ao homem pleno de virtudes[9]. Compreende-se como foi possível realizar essa passagem do homem justo – no sentido particular de dar a cada um o seu – ao homem virtuoso porque ser justo sempre equivaleu a cumprir as leis, e a virtude é o cumprimento das leis morais. Assim, na antiga Israel, era justo o que cumpria o pacto com Deus expresso no conjunto de preceitos morais, rituais e jurídicos da Lei de Moisés[10].

A *dikaiosýne* ou justiça adquiriu, então, duplo sentido na linguagem, que até Aristóteles não seria evidenciado na teoria das virtudes: a justiça como uma virtude particular – o juiz justo, o comerciante justo, o governante justo – e a justiça como a virtude total. Antes de Aristóteles, essa duplicidade não causou dupla noção de justiça, mas as duas se entremearam.

d) O testemunho mais antigo da fórmula clássica da justiça é o de Simônides, conforme registra Platão[11], sem ser propriamente uma definição dela. O justo –

---

6. Ver A. TRUYOL, *Historia de la Filosofía del Derecho y del Estado*, I, 7.ª ed., Madrid, 1982, pp. 101 s.
7. Ver M. MOIX, *Díke. Nuevas perspectivas de la justicia clásica*, Madrid, 1968, pp. 17 ss.; W. JAEGER, "Paideia". *Los ideales de la cultura griega*, 3.ª ed. castellana, México, 1982; R. HIRZEL, *Themis, Díke und Verwandtes*, reimpr. Hildesheim, 1966.
8. Cf. H. G. LIDDELL-R. SCOTT, *A Greek-English Lexicon*, cit., p. 429; P. CHANTRAINE, *Dictionnaire étymologique...*, cit., p. 283; A. BAILLY, *Dictionnaire grec-français*, cit. p. 510; H. STEPHANO, *Thesaurus graecae linguae*, III, cit., col. 1478.
9. Está assim nos pitagóricos. Polo Lucano, por exemplo, escreveu: "Considero que a justiça entre os homens merece ser chamada mãe e ama-de-leite das demais virtudes, já que sem ela ninguém pode ser nem comedido, nem forte, nem prudente." *Libro de la Justicia*, MOIX, 26. Para Theages: "A justiça é certa conjunção das correspondentes partes da alma e virtude perfeita e suprema: na qual estão contidos todos os demais bens da alma, e sem a qual esses não podem ter existência." *Libro de la Virtud*, MOIX, 27.
10. Como exemplo, pode-se ver Lc 1,5-6: "Houve em tempos de Herodes, rei da Judéia, um sacerdote chamado Zacarias, da família de Abias; e sua mulher, descendente de Aarão, se chamava Isabel. Ambos eram justos perante Deus e seguiam irrepreensíveis todos os mandamentos e preceitos do Senhor."
11. Em PLATÃO, *Res Publica*, I, 6, 331 e, ed. J. Burnet, SCBO, Oxonii, 1967. Essa descrição não é encontrada nos textos de Simônides preservados.

disse, ao que tudo indica, o poeta grego – consiste em "dar a cada um o que lhe é devido (o que se deve a ele ou se tem em dívida)"[12]. A fórmula era bastante exata, pois, no que concerne à justiça, o seu que é preciso dar a cada pessoa é devido a ela; no entanto, Platão problematizou a fórmula e em certo sentido a deturpou[13]. O testemunho de Simônides é um dos mais antigos do conceito de justiça, mais exato que o de outros filósofos, como, por exemplo, o do Sócrates histórico, tal como nos transmitiu Xenofonte. Para Sócrates – em um diálogo com o sofista Hípias –, o justo é o legal, o respeito e obediência às leis, tanto as escritas como as não-escritas, isto é, tanto as leis humanas como as leis divinas. Sócrates, pelo menos nessa passagem, limitou excessivamente o justo a um tipo ou classe dele: o justo legal[14].

---

12. "– Dize, pois – solicitei eu –, tu que herdaste a discussão, o que é isso que Simônides disse, apropriadamente a teu ver, sobre a justiça?
– Que é justo – retrucou ele – dar a cada um o que lhe é devido; e ao dizer isso, me parece que falou bem."
A versão castelhana usada [pelo autor] é a de J. M. Pabón e M. Fernández Galiano, I, Madrid, 1949, p. 9.

13. Platão, que não se mostra aqui bom conhecedor da arte do direito, cria um problema artificial sobre a sentença de Simônides, a propósito da hipotética devolução do depósito ao depositante que o pede sem estar em seu perfeito juízo. Tão simples problema – mal resolvido por ele – torna-se complicado para ele e o faz dizer que Simônides "envolveu poeticamente em um enigma o que entendia por justiça" (332 b). Isso o leva a interpretar "o devido" por "o apropriado ou conveniente" (332 c), com o que distorce o sentido óbvio do termo "devido" ou "em dívida".
Na mesma linha de critério jurídico imperfeito, embora com grande acerto moral, Platão relaciona a fórmula de Simônides com a questão ética do tratamento para com os amigos e inimigos. Seria justo – conforme uma divulgada regra – fazer o bem aos amigos e o mal aos inimigos. Dessa regra são testemunhos, entre outros, Píndaro (*Píticas*, II, 83 ss.: "Ame eu a meu amigo; contra o inimigo me lançarei insidiosamente como lobo") e Ésquilo (*Coéforas*, 123: "é piedoso retribuir com males ao inimigo"). Contra essa divulgada prática, reage Platão: "Portanto, se alguém afirma que é justo o dar a cada um o devido e entende com isso que pelo homem justo se deve dano aos inimigos e benefício aos amigos, não foi sábio o que tal disse, pois não dizia a verdade; porque o fazer mal não se mostra para nós justo de nenhum modo" (335 e). Essa não é uma questão de justiça, por isso se percebe como Platão moraliza essa virtude, ampliando-a e, em certo sentido, deturpando-a.
Em Mt 5,43-44 trata-se dessa regra, também divulgada entre os judeus, no contexto ético que é próprio a ela e com uma evidente superioridade moral: "Ouvistes o que se disse: Amarás a teu próximo e odiarás teu inimigo. Porém, eu vos digo: Amai a vossos inimigos e rezai pelos que vos perseguem e caluniam." Na Idade Média ainda se encontram vestígios da regra pagã mencionada: "Pois a justiça é tripla: a justiça de Deus, a justiça do homem e a justiça do diabo, se é que se pode dizer que o diabo pode ter alguma justiça. A justiça de Deus consiste em devolver bem por mal; a justiça do homem é devolver bem por bem e mal por mal; a justiça do diabo é sempre devolver mal por bem." GODEFRIDO ADMONTENSE, *Homilia dominicalis LII*, em PL, 174, 350 s.

14. *Memorabilia*, IV, 4:
"– S. ... Eu digo que o justo é aquilo que é legal.
– H. Queres dizer, Sócrates, que aquilo que é legal também é justo?
– S. Sim.
[...]
– S. Por conseguinte, quem se adapta às leis é justo e quem as viola é injusto.
[...]
– S. Eu, pois, oh Hípias, declaro que o legal e o justo são uma mesma coisa.
[...]

e) Uma descrição singular da justiça, embora seja uma variação dentro da tradicional que acabamos de ver – a qual inverte –, é a proposta por Platão em *A República*. O grande filósofo grego reconhece a justiça como a virtude de dar a cada um o seu, pois a menciona[15] nitidamente, mas não fixa sua atenção nela. Sua idéia da justiça é a da harmonia da *pólis*, a ordem entre as partes ou classes de cidadãos – magistrados, guerreiros e produtores –, que se consegue quando cada um dos componentes da *pólis* se dedica a sua própria função[16]. Por sua vez, a virtude pessoal – à semelhança do que ocorre na *pólis* – é a harmonia do homem, quando cada uma das partes de sua alma – o irascível, o concupiscível e o racional – faz o seu

---

    – S. Conheces, Hípias, leis não escritas?
    – H. Sim, as que vigoram em todos os países e têm o mesmo objeto.
    – S. Poderias dizer que os homens as estabeleceram?
    – H. Como seria isso, se nem seria possível reunir todos, nem falam a mesma língua?
    – S. Quem supões, então, que promulgou essas leis?
    – H. Eu creio que os deuses impuseram essas leis aos homens.
    [...]
    – S. Assim, então, Hípias, agrada aos próprios deuses que o justo e o legal sejam uma mesma coisa."

15. *Res Publica*, IV, 10, 433 *e*:
"– Considera agora este outro e vê se opinas do mesmo modo: será aos governantes que atribuirás na cidade o julgar os processos?
– E não será?
– E ao julgar terão outra preocupação maior do que a de que ninguém possua o alheio nem seja privado do próprio?
– Não, a não ser essa.
– Pensando que isso é justo?
– Sim.
– E assim, a posse e a prática do que é próprio a cada um será reconhecida como justiça.
– Exatamente."
– A versão castelhana utilizada é a antes citada [pelo autor], II, Madri, 1949, p. 87.

16. *Res Publica*, IV, 10 e 11, 434 *b* e *c*:
"– Porém, pelo contrário, penso que, quando um artesão ou outro que sua índole destine a negócios privados, convencido por sua riqueza ou pelo número dos que o seguem ou por sua força ou por qualquer outra coisa semelhante, pretenda entrar na classe dos guerreiros, ou um dos guerreiros na dos conselheiros ou guardiães, sem ter mérito para isso, e assim trocar entre si seus instrumentos e honras, ou quando um único tente realizar ao mesmo tempo os ofícios de todos, então, creio, que tu também opinarás que semelhante troca e intromissão será prejudicial para a cidade.
– Totalmente.
– Portanto, a intromissão e troca mútua dessas três classes é o maior dano da cidade, e mais que nenhum outro poderia ser com plena razão qualificado de crime.
– Plenamente.
– E ao maior crime contra a própria cidade não irás qualificá-lo de injustiça?
– Há alguma dúvida?
– Isso é, então, injustiça. E, inversamente, diremos: a atuação no que é próprio das linhagens dos comerciantes, auxiliares e guardiães, quando cada uma faça o seu na cidade, não será justiça, ao contrário daquilo outro, e não tornará justa a própria cidade?
– Assim me parece e não de outra forma – disse ele."
Versão castelhana citada [pelo autor], pp. 87 ss.

próprio: o racional governa o irascível, e ambos submetem o concupiscível[17]; a justiça, então, não se refere à ação exterior do homem, mas à interior sobre si mesmo e às coisas que há nele[18]. Qual é, então, para Platão, a fórmula da justiça? É esta: "fazer cada um o seu"[19].

Essa fórmula, apesar da autoridade de seu autor, não teve seguidores; nem podia ter, porque a justiça em sentido próprio não é assim. Dizer que a justiça não se refere à ação exterior do homem, mas à interior sobre si mesmo, é justamente o contrário do que é próprio dela, o que mostra que Platão está descrevendo algo diferente da justiça em sentido próprio; está falando da ordem moral interior do homem: o equilíbrio virtuoso das potências e apetites. E não é disso que falamos quando nos referimos ao juiz justo ou ao comerciante justo. Quanto à ordem na sociedade, é claro também que a justiça platônica não expressa o que queremos dizer com uma sociedade ou algumas estruturas justas, nem com as condutas justas dos cidadãos. O juiz – p. ex. – não é justo porque se dedica a seu próprio ofício julgador, sem tentar formular leis, mas porque suas sentenças estão de acordo com o direito; nem um banqueiro é justo porque não interfere na política, mas porque não cobra juros excessivos. Platão parece não ter captado bem o mundo do direito, coisa, aliás, nada excepcional entre certos filósofos[20]. Além disso, pode-se observar nele uma certa confusão entre justiça e prudência.

f) Nesse caso, o reverso da medalha é representado por Aristóteles, de quem se disse com razão que, por suas investigações magistrais sobre o conceito do justo, estabeleceu as bases para toda a filosofia do direito[21], tendo definido de modo

---

17. *Res Publica*, IV, 16, 441 *c*-443 *b*.
18. *Res Publica*, IV, 17, 443 *d* e *e*:
    "– E na realidade a justiça parece ser algo assim, mas não no que se refere à ação exterior do homem, e sim na interior sobre si mesmo e nas coisas que há nele; quando este não deixa que nenhuma delas faça o que é próprio das demais, nem interfira nas atividades das outras linhagens que existem na alma, mas que, dispondo com retidão seus assuntos domésticos, se rege e ordena e se torna amigo de si mesmo e harmoniza seus três elementos...; e, depois de concatenar tudo isso e conseguir dessa variedade sua própria unidade, então é que, bem moderado e decidido, começa a agir assim disposto seja na aquisição de riquezas, seja no cuidado de seu corpo, seja na política, seja no que cabe a seus contratos privados, e em tudo isso julga e denomina justa e boa a ação que conserve e corrobore esse estado, e prudência, o conhecimento que a presida, e ação injusta, por outro lado, a que destrua essa disposição de coisas, e ignorância, a opinião que a governe.
    – É verdade pura, Sócrates, o que dizes – observou."
    – Versão castelhana citada [pelo autor], pp. 106 ss.
19. *Res Publica*, IV, 10, 433 *b*: "Isto, pois, amigo – disse –, parece que é de certa forma a justiça: o fazer cada um o seu." Nesse trecho, Platão propõe a fórmula, que corrobora nas páginas seguintes.
20. Sobre Platão, ver A. TRUYOL, *Historia de la Filosofía del Derecho y del Estado*, I, cit., pp. 141 ss.; G. FASSÒ, *Historia de la Filosofía del Derecho*, ed. castelhana, I, Madrid, 1980, pp. 49 ss.; P. FIREMAN, *Justice in Plato's Republic*, NewYork, 1957; J. M. RODRÍGUEZ PANIAGUA, *Historia del pensamiento jurídico*, 5.ª ed., Madrid, 1984, pp. 33 ss.; G. DEL VECCHIO, *La giustizia*, 6.ª ed., Roma, 1959, pp. 21 ss.; M. MOIX, op. cit., pp. 55 ss.
21. A. LASSON, *System der Rechtsphilosophie*, cit., p. 14.

excelente os conceitos de justiça e de direito[22]. O fato é que Aristóteles introduziu uma série de aspectos, especificações e distinções que deixaram extremamente delineada a concepção clássica da justiça. Os pontos principais que interessam em relação ao conceito de justiça e sua correspondente definição podem ser descritos como a seguir.

1º A justiça é uma virtude, e, como a virtude é uma qualidade que consiste em uma disposição ou hábito[23], a justiça é a disposição ou hábito de praticar o justo[24].

2º Distingue duas classes ou tipos de justiça: a justiça total e a justiça parcial. A primeira é a virtude de cumprir as leis (por isso foi chamada mais tarde justiça legal); e, dado que as leis comandam todas as virtudes – mais ou menos perfeitamente, conforme as leis sejam melhores ou piores –, a justiça total ou geral equivale à soma das virtudes. No começo, parece que Aristóteles aceita o que foi dito a respeito do assunto pelos autores anteriores, porém isso não é verdade, pois introduz uma importante especificação. A justiça total é a virtude geral ou soma de virtudes, mas não simplesmente, e sim enquanto se refere ao outro, isto é, não ao bem próprio, mas ao bem alheio, de modo que analisada absolutamente é virtude total e analisada enquanto se refere ao outro é justiça[25]. Fica, então, destacado um aspecto decisivamente caracterizador da justiça: a alteridade ou intersubjetividade ser virtude das relações sociais.

3º Junto com a justiça total ou geral, Aristóteles fala da justiça parcial, também chamada justiça particular. Essa não é a virtude total, perfeita ou soma de virtudes, mas uma parte da virtude total, ou seja, uma das virtudes[26], que consiste na justa distribuição de bens e no correto regulamento das formas de acordo, sejam voluntários (compra e venda, empréstimo, fiança, usufruto, depósito etc.), sejam involuntários por parte de quem acolhe o acordo (como é o caso dos crimes e delitos)[27]. Essa justiça parcial de Aristóteles é a justiça em sentido próprio e estrito, a justiça dos ju-

---

22. V. CATHREIN, Filosofía del Derecho. El derecho natural y el positivo, 2.ª ed. castelhana, Madrid, 1926, p. 42.

23. Cf. Ethica Nicomachea, II, 5 e 6, 1105 b-1106 a.

24. "Pois bem, vemos que todos estão de acordo em chamar justiça à disposição em virtude da qual os homens praticam o justo, agem justamente e querem o justo; e da mesma maneira em relação à injustiça: a disposição em virtude da qual agem injustamente e querem o injusto." Ethica Nicomachea, V, 1, 1129 a. A versão castelhana utilizada [pelo autor] é a de M. Araujo e J. Marías, 3.ª ed., Madrid, 1981, p. 70.

25. Ethica Nicomachea, V, 1, 1129 b e 1130 a. A justiça platônica como ordem das potências e apetites no interior do homem, é classificada de justiça em sentido metafórico, figurado; não é, então, verdadeira justiça. Op. cit., V, 11, 1138 b.

26. Cf. Ars Rhetorica, I, 9, 1366, ed. W. D. Ross, SCBO, Oxonii, 1959: "Partes da virtude são a justiça, valor, temperança, magnificência, magnanimidade, liberalidade, afabilidade, prudência, sabedoria." A versão castelhana utilizada [pelo autor] é a de A. Tovar, 3.ª ed., Madrid, 1985, p. 46.

27. Ethica Nicomachea, V, 2, 1130 b e 1131 a: "De modo que também é preciso falar da justiça parcial e da injustiça parcial, e da mesma maneira do justo e do injusto... Da justiça parcial e do justo de acordo com ela, uma espécie é a que se pratica nas distribuições de cargos, ou dinheiro ou qualquer outra coisa que se reparta... e outra espécie é a que regula ou corrige as formas de acordo. Essa última tem duas partes, pois algumas formas de acordo são voluntárias e outras involuntárias." Versão castelhana citada [pelo autor], pp. 37 s.

ristas, aquela que é uma das quatro virtudes cardeais[28], a que estamos estudando aqui.

4º. Distingue com clareza *justiça (dikaiosýne)* de *o justo (tò díkaion)*, sem confundir as duas coisas.

A justiça é a virtude ou hábito, enquanto o justo é aquilo que se realiza ou pratica pelo homem em função da virtude, ou seja, o objeto da justiça[29]. *Tò díkaion*, o justo, é o que os juristas romanos chamaram *ius* – direito – ao descrever a justiça[30]. O justo não tem, então, um sentido vago, intercambiável com justiça[31], mas um sentido preciso: o próprio de cada um, o seu[32]. É, assim, aquela coisa que a justiça dá ou atribui. Trata-se da coisa atribuída a um sujeito, a qual deve ser proporcionada a ele, de acordo com uma regra de proporção aritmética ou geométrica[33].

5º. Encontramos uma definição de justiça – justiça particular – em sua obra *Retórica*, onde escreve: "A justiça é a virtude pela qual cada um tem o próprio e conforme a lei, e a injustiça quando tem o alheio, não conforme a lei."[34] Essa definição, embora não perfeita, é suficientemente expressiva. O próprio é equivalente a o seu – o de si mesmo[35] –, por isso o efeito da justiça é entendido como ter cada um o seu. É claro, também, que Aristóteles define a justiça não por seu ato, mas por seu efeito, o que dá uma definição menos perfeita, embora exata. Se, além disso, relacionarmos essa definição com as primeiras linhas do livro V da *Ética nicomaquéia*, onde nosso autor escreve que se denomina justiça realizar o

---

28. A teoria das quatro virtudes principais ou cardeais – prudência, justiça, fortaleza e temperança – é muito antiga. É detectável em Platão (prudência, justiça, valor e temperança), e em Cícero a observamos definitivamente fixada: "Habet (virtus) igitur partes quattuor: prudentiam, iustitiam, fortitudinem, temperantiam." *De inventione*, II, 53, ed. E. Stroebel, Bibliotheca Teubneriana, Stutgardiae, 1965, p. 147.

29. Cf. *Ethica Nicomachea*, V, 1, 1129 *a*, trecho já citado.

30. Afirmam que *tò díkaion* seja o direito em Aristóteles, entre outros, M. VILLEY, *Compendio de Filosofía del Derecho*, I, cit., pp. 83 ss., que resumem vários estudos anteriores do autor; J.-P. SCHOUPPE, *Le réalisme juridique*, Bruxelas, 1987, pp. 13 s.; L. LACHANCE, *Le concept de droit selon Aristote et saint Thomas*, 2.ª ed., Ottawa-Montreal, 1948.

Na língua grega *tò díkaion* foi usado como sinônimo de direito por diversos autores. Cf. A. BAILLY, op. cit., p. 510; H. G. LIDDELL-R. SCOTT, op. cit., p. 429. Um exemplo pode ser Ésquilo, *Los siete contra Tebas*, 1073, ed. P. Mazon, col. "Les Belles Lettres", Paris, 1963, p. 147. Outro exemplo é Sófocles, *Filoctetes*, 1251, ed. A. Dain e P. Mazon, col. "Les Belles Lettres", Paris, 1960, p. 57. Contudo, as versões para as línguas vulgares não são semelhantes, pois algumas traduzem *tò díkaion* por justiça, o que é evidentemente versão livre, já que *tò díkaion* significa literalmente o justo. É mais uma mostra do vício – não atribuível aos autores clássicos, mas a seus tradutores – de confusão entre o justo e justiça, entre justiça e direito.

31. No entanto, quando se traduz ou expõe Aristóteles, está intensamente difundido intercambiar justiça e o justo, de modo que em vez de *tò díkaion* escreve-se justiça; o correto é dizer o justo ou direito. Isso tem importância porque se altera o pensamento aristotélico quando se diz que justiça equivale à igualdade ou que é proporção ou que se divide em justiça distributiva e corretiva, tudo o que Aristóteles prega sobre o justo. Acontece algo parecido com Dante, de quem se diz que em *Monarchia*, II, V, define a justiça como proporção, quando o que define é o direito: *ius*.

32. Cf. a definição de justiça de *Ars Rhetorica*, I, 9, 1366 *b*, que mais adiante transcrevemos.

33. Cf. *Ethica Nicomachea*, V, 3 e 4, 1131 *a*-1132 *a*.

34. *Ars Rhetorica*, I, 9, 1366 *b*. Versão castelhana citada [pelo autor], p. 46.

35. Sobre o termo *auton* que Aristóteles usa, ver A. BAILLY, op. cit., pp. 317 e 320.

justo – *tò díkaion* –, que é o direito, a definição aristotélica vem a ser um claro precedente da definição romana[36]: ter cada um seu direito (estar em pacífica posse e uso de seu direito), pois o próprio conforme à lei é o justo e o justo, é o direito de cada um[37].

g) Para Aristóteles, o justo particular pode ser distributivo e corretivo, conforme se refira às distribuições ou às formas de acordo; nesse sentido, descreve o primeiro – o justo distributivo – como o proporcional ou igual ao mérito (*axía*)[38], entendendo com isso o devido à pessoa segundo sua relação com o regime ou *politeía* da comunidade política, ou seja, segundo a própria condição de cidadão relativa à constituição ou regime da *pólis*[39]. A expressão usada por Aristóteles é *kat'axían* – segundo os méritos –, que se repete em *Ética nicomaquéia* e em *Política*[40]. Por causa dessas palavras de Aristóteles, alguns autores posteriores – tomando a parte pelo todo – definiram a justiça com essas expressões.

Em tal sentido, o peripatético Andrônico de Rodes descreveu a justiça como a virtude de repartir ou atribuir a cada um conforme seus méritos, descrição seguida por alguns filósofos estóicos como Espeusipo; essa definição foi explicada por Dídimo no sentido de ser igual a destinar ou dar "a cada um aquilo que cabe a ele"[41], tornando assim equivalentes – embora muito artificialmente – "segundo seus méritos" e "o próprio" ou "o seu".

h) Conhecida a influência da filosofia estóica em Cícero, não é de estranhar que o pensador romano definisse a justiça de ambos os modos: dar a cada um segundo seu mérito e dar a cada um o seu, sendo as duas definições equivalentes, de acordo com a equivalência estabelecida pelos estóicos gregos mencionados. Como também não é de estranhar que falasse indistintamente de *tribuere* e *distribuere*[42].

---

36. Cf. TOMÁS DE AQUINO, *Summa Theologica*, II-II, q. 58, a. 1.
37. Para Aristóteles, ver M. VILLEY, op. e loc. cits.; M. MOIX, op. cit., pp. 113 ss.; A. TRUYOL, op. cit., pp. 156 ss.; A. GOEDECKEMEYER, *Aristoteles' praktische Philosophie (Ethik und Politik)*, Leipzig, 1922; M. HAMBURGER, *Morals and Laws. The Growth of Aristotle's Legal Theory*, New Haven, 1951; L. LACHANCE, op. cit.; M. SALOMON, *Der Begriff der Gerechtigkeit bei Aristoteles*, Leiden, 1937; P. TRUDE, *Der Begriff der Gerechtigkeit in der aristotelischen Rechts -und Staatsphilosophie*, Berlin, 1955; G. FASSÒ, op. cit., pp. 59 ss.; G. DRAGO, *La giustizia e le giustizie. Lettura del libro V dell'Etica a Nicomaco*, Milano, 1963; W. F. R. HARDIE, *Aristotle's ethical Theory*, Oxford, 1968; J. M. RODRÍGUEZ PANIAGUA, op. cit., pp. 45 ss.; G. DEL VECCHIO, *La giustizia*, cit., pp. 27 ss.
38. Cf. *Ethica Nicomachea*, V, 3, 1130 *b*-1131 *a*. Observar que o mérito é título que se exige em justiça, um direito a algo, que é devido à pessoa.
39. Sobre *axía* em geral, ver H. G. LIDDELL- R. SCOTT, op. cit., p. 170; A. BAILLY, op. cit., pp. 194 ss. Pode significar valor, mérito, dignidade, condição social etc.
40. P. ex., *Ethica Nicomachea*, V, 3, 1131 *a* e *Política*, VII (V), 1, 1301 *b*, ed. W. D. Ross, SCBO, Oxonii, 1964.
41. Ver F. SENN, *De la justice et du droit*, Paris, 1927, pp. 19 s.; M. MOIX, op. cit., pp. 170 e 244.
42. Os textos ciceronianos mais significativos sobre a justiça são: *De inventione*, II, 53, 160, ed. cit., p. 148: "Iustitia est habitus animi, communi utilitate conservata, suam cuique tribuens dignitatem." *De officiis*, I, 14, ed. M. Testard, col. "Les Belles Lettres", Paris, 1965, I, p. 126. "... tum, ut pro dignitate cuique tribuatur; id enim est iustitiae fundamentum." *De natura deorum*, III, 15, ed. O. Plasberg-W. Ax, Bibliotheca Teubneriana, Stut-

Em todo caso, é preciso destacar que em Cícero aparece a expressão "dar a cada um o seu", que entrou definitivamente na noção comum da justiça.

i) A definição da justiça mais conhecida por sua simplicidade e grande precisão é a de Ulpiano, registrada em D. 1, 1, 10: "Iustitia est constans et perpetua voluntas ius suum cuique tribuendi."A justiça é a constante e perpétua vontade[43] de dar[44] a cada um seu direito. Se relacionarmos essa fórmula com os *iura praecepta* que constam a seguir, "ius suum cuique tribuendi" torna-se sinônimo de "suum cuique tribuere", dar a cada um o seu.

Com Ulpiano, a fórmula da justiça, além de ganhar em precisão, adquire sua mais perfeita dimensão jurídica, pois faz sobressair que o seu de cada um é seu direito. Isso estava contido em "o próprio" e "o justo" de Aristóteles, bem como no "mérito", que é algo devido em justiça; mas em Ulpiano torna-se explícito. A fórmula de Ulpiano, sobretudo, manifesta melhor que as precedentes um ponto essencial da teoria da justiça: a primazia do direito sobre a justiça, ou, em outros termos, que a justiça está em função do direito e não o contrário; a justiça pressupõe o direito. Se a justiça consiste em dar a cada um seu direito, é óbvio que para que ocorra a ação justa – a própria da justiça – é preciso que exista esse direito, em relação ao qual se é justo. Por isso Isidoro de Sevilha escreverá que "declara-se justo porque respeita os direitos e vive de acordo com a lei"[45].

j) A idéia de que a ação justa consiste em "suum cuique tribuere", dar a cada um o seu, foi difundida na literatura posterior de tendência cristã e se generalizou até nossos dias.

---

gardiae, 1961, p. 132: "Nam iustitia, quae suum cuique distribuit, quid pertinet ad deos." *De finibus bonorum et malorum*, V, 23, 65, ed. I. N. Madvig, Copenhague, 1876, reprod. Hildesheim, 1963, p. 722: "... quae animi affectio suum cuique tribuens... iustitia dicitur." Ibid., 67, ed. cit., p. 723: "... cernatur... iustitia in suo cuique tribuendo..."

Cícero traduz o mérito (*axía*) por *dignitas*, termo que nesse caso não deve ser traduzido por dignidade, mas pela referida palavra. Cf. AE. FORCELLINI, *Totius Latinitatis Lexicon*, II, Patavii, 1828, p. 107; CH. T. LEWIS-CH. SHORT, *A Latin Dictionary*, Oxford, 1958, p. 577; e a tradução de M. Testard para *De Officiis*, I, 14, citada.

43. A constância indica um hábito e, portanto, significa uma virtude. Perpétua obedece à idéia estóica de que as virtudes verdadeiras duram sempre. A palavra vontade designa aqui o ato da vontade, não a potência. Cf. TOMÁS DE AQUINO, *Summa Theologica*, II-II, q. 58, a. 1 ad 1. Nesse artigo, o ilustre teólogo comenta pulcramente a definição de Ulpiano.

44. *Tribuo* é aqui sinônimo de *do*, dar. Sobre a sinonímia dos dois verbos, cf. CH. T. LEWIS-CH. SHORT, *A Latin Dictionary*, cit., p. 1897; AE. FORCELLINI, *Totius Latinitatis Lexicon*, IV, Patavii, 1831, p. 527. "Dare ius", intercambiável com "tribuere", não é de todo incomum; encontramo-lo, por exemplo, no *Epitome Ulpiani*, 29, 7: "Item ingenuae trium liberorum iure honoratae eadem lex id ius dedit, quod ipsi patrono tribuit." Cf. *Die Epitome Ulpiani des Codex Vaticanus Reginae, 1128*, ed. F. Schulz, Bonn, 1926, p. 62. Pouco antes aparece a expressão "nihil iuris ex edicto datur", 29, 2, p. 61.

45. "Iustus dictus quia iura custodit et secundum legem vivit." *Etymologiarum sive originum libri*, XX, X, 124, ed. W. M. Lindsay, SCBO, I, Oxonii, 1962.

Entre os Santos Padres encontramos a fórmula divulgada, por exemplo, em Santo Ambrósio[46], em Santo Agostinho[47] e, mais adiante, em São Isidoro de Sevilha[48]. Porém, com eles – exceto São Isidoro que atribui a justiça ao foro[49] –, se produziu um fenômeno que, de uma forma ou de outra, chegou até Tomás de Aquino. Embora falem de justiça particular[50], à qual a fórmula se refere, neles se desvanece a nota de juridicidade – relações entre homens – para estender-se às relações com Deus e inclusive consigo mesmo. A justiça adquire assim um sentido extensivo que lembra a justiça geral[51], se desjurisdifica e se moraliza. Compreende-se, então, que alguns autores da alta Idade Média, como Alcuíno, mudassem a fórmula da justiça pela de "dar a cada coisa o que cabe a ela", com o que a justiça se esmaece inteiramente[52]. Além disso, em Alcuíno a justiça é antes de mais nada amor a Deus, tendo, portanto, o sentido de santidade[53].

Também apresenta algum aspecto diferencial, na época pré-tomista, a fórmula de Hugo de São Vítor, que substitui *tribuo* por *reddo*, mudança de palavra que não afeta seu significado[54].

---

46. *De officiis ministrorum*, I, 24, 115, em PL, 16, 62: "... secundo justitiam, quae suum cuique tribuit, alienum non vindicat, utilitatem propriam negligit, ut communem aequitatem custodiat".

47. *De Civitate Dei*, XIX, 21, em CSEL, 40/2, pp. 408 s.: "Iustitia porro ea virtus est, quae sua cuique distribuit." *Enarrationes in psalmos*, enarr. in ps. LXXXIII, n. 11, em CCh, series latina, 39, p. 1158: "Iustitia dicitur, qua sua cuique tribuimus, nemini quidquam debentes, sed omnes diligentes."

48. "Iustitia, quia recte iudicando sua cuique tribuit." *Etym.*, II, XXIV. A justiça aparece como uma das virtudes cardeais.

49. Observar que fala de "recte iudicando", de sentenças judiciais justas. Além disso, cf. *Etym.*, XVIII, XV (De foro).

50. A justiça aparece definida no contexto das quatro virtudes cardeais; cf. SANTO AMBRÓSIO, loc. cit., e SANTO AGOSTINHO, *Enarrationes in psalmos*, cit. Pelo contexto, também desse último, cf. *De Civitate Dei*, XIX, 21, cit.

51. Ver os seguintes textos de Santo Agostinho. *De Civitate Dei*, XIX, 21, ed. cit., p. 409: "Quae igitur iustitia est hominis, quae ipsum hominem Deo vero tollit et inmundis daemonibus sudit? Hocine est sua cuique distribuere? An qui fundum aufert eius, a quo emptus est, et tradit ei, qui nihil habet in eo iuris, iniustus est; et qui se ipsum aufert dominanti Deo, a quo factus est, et malignis servit spiritus iustus est?" *De Civitate Dei*, XIX, 4, em CSEL, 40/2, p. 376: "Quid iustitia, cuius munus est sua cuique tribuere (unde fit in ipso homine quidam iustus ordo naturae, ut anima subdatur Deo et animae caro, ac per hoc Deo et anima et caro), nonne demonstrat in eo se adhuc opere laborare potius quam in huius operis iam fine requiescere?"

52. F. A. ALCUÍNO, *Liber de virtutibus et vitiis*, 35, em PL, 101, 637: "Justitia est animi nobilitas, unicuique rei propriam tribuens dignitatem. In hac divinitatis cultus, et humanitatis jura, et justa judicia, et aequitas totius vitae conservatur."

53. "Nam quid est justius quam Deum diligere ejusque mandata custodire, per quem, dum non fuimus, creati sumus, dum perditi fuimus, recreati sumus, et a servitute diabolica liberati, qui nobis omnia bona quae habemus perdonavit?", loc. cit.; "... et justitia, qua Deus colitur, et amatur, et recte vivitur inter consocias animas". *De animae ratione liber*, III, em PL, 101, 640.

54. "Justitia est voluntas reddendi unicuique quod suum est." *Allegoriae in Novum Testamentum*, lib. VI, em PL, 175, 882. É duvidoso que essa obra seja de Hugo de São Vítor. *Reddo* tem aqui o significado de *dar*. Cf. D. 50, 16, 94: "Verbum 'reddendi' quamquam significatum habet retro dandi, recipit tamen et per se dandi significationem." Provém de uma passagem de Celso retirada de D. 31, 21. Sobre isso escreve Alciato: "Reddere quandoque capitur simpliciter pro dare." *De verborum significatione libri quattuor*, Lugduni, 1530, p. 160, col. 1, cap. *Verbum reddendi*. Em D. 1, 1, 11 aparecem as expressões "ius reddere" e "ius redditur". O mes-

k) O uso patrístico da justiça e o conseqüente ensinamento dos escritores eclesiásticos pré-escolásticos supunham uma concepção extensiva da justiça, que não expressava o que a justiça é e supõe para o mundo do direito. A volta à justiça dos juristas foi sobretudo obra de Tomás de Aquino. Na realidade, o Aquinate representa, no que concerne à justiça, uma volta aos juristas romanos, cuja definição abre seu tratado da justiça, e a Aristóteles, o qual segue fielmente ao longo do referido tratado. Porém, com essa volta, construía uma filosofia do direito perpétua, completamente na linha do grande renascimento da ciência jurídica européia que teve início com a Recepção: a primeira filosofia do direito de relevância depois da de Aristóteles, com a qual se harmoniza plenamente.

Para Tomás de Aquino, a justiça é uma virtude essencialmente *ad alterum*, refere-se sempre ao outro, visto que a justiça encerra igualdade e nada é igual a si mesmo, mas a outro. Portanto, a ordem interior do homem – a justiça segundo Platão, como vimos – só pode ser chamada justiça por metáfora[55].

Isso posto, distingue entre justiça geral e justiça particular. A primeira orienta-se para o bem comum e, como a orientação ao bem comum pertence à lei, é denominada justiça legal. Essa justiça, que conduz ao bem comum os atos das demais virtudes, é de acordo com sua essência uma virtude especial e apenas por sua virtualidade pode ser chamada geral[56]; não se identifica, então, em essência com toda virtude[57].

Além da justiça legal, há a justiça particular, que orienta o homem sobre as coisas que se referem a outra pessoa singular[58], cuja matéria são as ações e coisas exteriores, enquanto por elas um homem se coordena com outro[59]. Se a justiça legal mede as relações da pessoa com a comunidade (por isso orienta para o bem comum), a justiça particular regula as relações com a pessoa singular, quer se trate de

---

mo verbo *reddo* foi usado por TOMÁS DE AQUINO, *Summa Theologica*, II-II, q. 58, a. 1 incip. ("Utrum actus iustitiae sit reddere unicuique quod suum est") e ad 3: "Et eadem ratio est de hoc quod est reddere unicuique quod suum est." E com ele passou à Escolástica posterior.

55. *Summa Theologica*, II-II, q. 58, a. 2.
56. *Summa Theologica*, II-II, q. 58, a. 5.
57. *Summa Theologica*, II-II, q. 58, a. 6. Esse é o pensamento de Aristóteles? Assim afirma Tomás de Aquino: "desse modo se expressa o Filósofo". Que há uma coincidência substancial não resta dúvida, e inclusive caberia acrescentar que o referido pelo Aquinate se deduz do que escreve o Peripatético em *Ethica Nicomachea*, V, 1, 1130 a, ao afirmar que a soma das virtudes se distingue da justiça geral no que essa se refere ao outro, por isso a essência não é a mesma; no entanto, ao mesmo tempo, Aristóteles diz que a justiça geral não é uma parte da virtude, mas a virtude inteira. Aristóteles não é claro, apesar de ele próprio afirmar o contrário. Tomás de Aquino em obras anteriores à *Suma Teológica*, como seus comentários à *Ética nicomaquéia*, diz claramente que a justiça legal é a virtude integral ou virtude geral, o que não coincide totalmente com o que declara na *Suma*. Parece que há um processo de amadurecimento do pensamento do Aquinate nesse ponto.
58. *Summa Theologica*, II-II, q. 58, a. 7.
59. *Summa Theologica*, II-II, q. 58, a. 8.

relações entre a comunidade e o indivíduo (justiça distributiva), quer se trate de relações entre pessoas singulares (justiça comutativa)[60].

Quanto à descrição da justiça, Tomás de Aquino aceita a de Ulpiano, embora a submeta a certa especificação, o que o leva a apresentar uma definição mesclada, tecnicamente a mais perfeita dada até agora, apesar de não ser a mais conhecida nem a mais generalizada, a qual continua sendo a romana. O aspecto que Tomás de Aquino introduz é o seguinte: a fórmula ulpiana define a justiça por seu ato, pois a vontade perpétua e constante quer dizer o ato de vontade[61], dotado de firmeza pelo hábito no qual consiste a virtude; assim, é mais correto substituir o ato pelo hábito, já que se trata de definir uma virtude, que é um hábito. A definição tomista reformulada reza assim: "A justiça é o hábito segundo o qual alguém, com constante e perpétua vontade, dá a cada qual seu direito."[62]

Dessa definição tomista, cabe ressaltar que a justiça é considerada em função do direito. É a virtude de cumprir e realizar o direito, com o que se percebe a primazia do direito, que aparece como o objeto da justiça, como aquilo para cuja satisfação se orienta a ação justa. É, além disso, uma definição jurídica, própria de juristas, aquela que se adapta ao ofício de jurista e ao mundo do foro.

l) Pode-se dizer que com o Aquinate fecha-se o ciclo evolutivo da definição comum de justiça, pois não há mais variantes e até a época moderna, final do século XVIII com Kant, não há definições diferentes da justiça de certa relevância e influência[63]. Os comentários sobre a definição tomista foram muitos, como os da Es-

---

60. Cf. *Summa Theologica*, II-II, q. 61.
61. Cf. *Summa Theologica*, II-II, q. 58, a. 1 ad 1.
62. "Et si quis vellet in debitam formam definitionis reducere, posset sic dicere: quod iustitia est habitus secundum quem aliquis constanti et perpetua voluntate ius suum unicuique tribuit." *Summa Theologica*, II-II, q. 68, a. 1. Tomás de Aquino acrescenta que essa definição é quase igual à que se deduz das palavras de Aristóteles na *Ethica Nicomachea*, V, 5, 1134 *a*: "A justiça é o hábito ou virtude pelo qual se declara do justo que pratica deliberadamente o justo." O mais significativo dessas palavras do Aquinate é, no que aqui interessa, que o *ius* ou direito vem a ser o mesmo que o *tò díkaion* ou o justo.
63. Costuma-se citar uma conhecida definição de justiça de Dante no trecho já indicado, *De monarchia*, II, V; mas, como já vimos, Dante não define a justiça, mas o direito ou *ius*. Estas são suas palavras: "Quicunque praetera bonum rei publice intendit, finem iuris intendit. Quodque ita sequatur sic ostenditur: ius est realis et personalis hominis ad hominem proportio, que servata hominum servat societatem, et corrupta corrumpit." Em *Le opere di Dante*, texto crítico da Società Dantesta Italiana, Firenze, 1921, p. 376.

Também podem ser citadas algumas observações de Juan Buridán, que falou de uma dupla justiça: "A justiça é dupla: uma pertence ao senhor ou governante e a outra pertence ao súdito. A justiça que pertence ao governante é a virtude pela qual este se orienta para mandar e para organizar aquilo que pode ser proveitoso para os súditos ou para seu bem. A justiça própria do súdito é a virtude pela qual esse tende a obedecer ao preceito e à ordem do governante." *Questiones Johannis Buridani super decem libros Ethicorum*, lib. V, q. 2, fol. XCI (o exemplar utilizado [pelo autor] não tem referência do local e ano de edição).

É fácil observar que Buridán não entendeu bem a teoria aristotélica da justiça, pois de acordo com ela só o segundo tipo é justiça (reduzida à legal). Assim como Buridán descreve a justiça do senhor ou governante, confunde essa com o bom governo. No entanto, essa idéia invertida de justiça é detectável – em estilo moderno – em muitos autores do século XX. Nesse sentido, Buridán é um certo precedente.

cola espanhola do Direito Natural (Vitoria, Soto, Molina, Báñez etc.) e os dos neo-escolásticos modernos; porém, não fornecem inovações substanciais, e sim discussões detalhadas[64].

m) Nota-se que essa definição comum da justiça não procede de nenhuma teorização, nem é o que poderíamos chamar uma noção culta. É antes uma definição corriqueira, a simples expressão, com o mínimo de palavras possível, de um dado: as coisas estão distribuídas, é preciso dar a cada um o seu, e cumprir esse dever é uma virtude, a virtude de dar a cada um o seu. Trata-se de uma definição com palavras corriqueiras, salvo a variante "seu direito", se entendermos com isso um tecnicismo, que, aliás, é dos mais corriqueiros. Não é uma teorização, dizíamos, pois realmente limita-se à descrição de um fato: a existência de um hábito do homem – disposição constante e firme – relacionado a um dever ou preceito – dar a cada um o seu – que concerne a um fato social: a repartição de bens e encargos. Além disso, o fato de cada um ter o seu constitui um bem, uma parte da ordem social ou harmonia dentro da sociabilidade humana, por isso esse hábito é bom, o que é o mesmo que dizer que é uma virtude. Nada mais distante de ser uma teoria que essa descrição da justiça.

n) O que queremos dizer com isso é que a definição comum de justiça não é uma noção derivada de determinada corrente filosófica – nós a observamos na boca de aristotélicos, estóicos e escolásticos –, que encontre nela e em seus pressupostos explicação; não é a conclusão teórica de alguns princípios filosóficos. Nesse sentido, não é *uma teoria* sobre a justiça, junto com outras possíveis teorias. Seja qual for a noção de justiça considerada mais apta para um sistema de filosofia jurídica ou de filosofia política e social ou para uma ideologia política, sempre será verdadeiro, porque é puro fato que os homens têm – em maior ou menor grau – a constante e firme vontade de dar a cada um o seu (pelo menos em uma série de setores) e que isso sempre foi chamado – nunca teve outro nome – com a designação de justiça.

Essa fórmula da justiça pode ser substituída – nem é preciso dizer que, em nossa opinião, isso não se realizaria sem desacerto – por outra como princípio de uma teoria de filosofia jurídica ou política; porém, nesse caso, estaria sendo posta em seu lugar outra coisa, à qual também se daria o nome de justiça, junto com a qual sobreviveria a justiça de dar a cada um o seu.

Vamos supor que se entende que a justiça consiste no igualamento, de modo que se considera que uma sociedade é injusta se nela ocorrem diferenças. Isso posto, a repartição igualitária levaria cada qual a ter alguns bens de igual valor, porém a repartição continuaria existindo e com ela a necessidade de dar a cada um o seu. Ainda que nos situássemos na repartição no momento em que estivesse se reali-

---

64. Para um estudo completo da justiça em Tomás de Aquino e informações bibliográficas abundantes sobre seus comentadores, ver M. MOIX, op. cit., pp. 231 ss.

zando, deveria indicar-se o que é preciso dar a cada um para que tivesse a mesma coisa que os demais, e dar-lhe isso. Não resta dúvida de que sobreviveria a justiça de dar a cada um o seu.

A justiça de dar a cada um o seu é uma realidade, que só poderia desaparecer se fosse alcançada de fato uma sociedade totalmente coletivizada – tudo de todos ou nada de ninguém –, na qual, por não haver repartição de coisas – nem sequer de funções –, não existiria, nem em pequena proporção, o seu de cada um. Hipótese demasiado quimérica, porque a repartição é consubstancial ao ser humano: pelo menos na alimentação, na vestimenta e no trabalho existe necessariamente alguma repartição, inclusive nas sociedades mais coletivizadas.

A justiça de dar a cada um o seu é algo conatural ao homem, uma realidade inseparável de sua existência, que não é teoria, mas fato.

o) Também é um fato que o ofício de jurista relaciona-se direta e inseparavelmente com a justiça em seu sentido primeiro e comum. Já vimos isso. A atividade do jurista consiste em dizer e declarar o seu de cada um. Essa é a função primeira e vertebral do juiz ao proferir sentença e igualmente é a função de qualquer jurista como tal: dizer o que cabe a cada um na repartição de bens, encargos e funções. A relação entre o ofício de jurista e a justiça de dar a cada um o seu também não é uma teoria; é simplesmente um fato.

5. CRÍTICAS À DEFINIÇÃO COMUM. A noção comum da justiça foi objeto de algumas críticas, que vamos analisar a seguir.

a) Talvez a mais difundida seja a de seu pretenso caráter formal. Dizer "o seu" – afirma-se – é uma expressão formalista, que não indica nenhum conteúdo e, além disso, não oferece padrões para determinar o seu de cada um. Nesse sentido – conclui-se – é uma fórmula vazia[65]. Essa crítica origina-se de um duplo mal-entendido. Por um lado, as noções abstratas – entre elas as universais – são confundidas com os conceitos formais no estilo kantiano; por outro lado se esquece que "o seu" é sinônimo de "seu direito".

Pode-se dizer, pelo menos em certo sentido, que um conceito formal, como forma *a priori* não procedente da experiência, não tem conteúdo[66]; é puro ente de

---

65. Cf. G. DEL VECCHIO, *La giustizia*, cit., pp. 121 ss. e a bibliografia ali citada.

66. Contudo, seria preciso considerar as especificações de Stammler em seu *Tratado de Filosofía del Derecho*, cit., p. 248: "Não tem sentido objetar que essa noção de um método absoluto de juízo é uma noção *vazia*. Quem faz essa objeção não nos diz qual conceito tem *do conteúdo*. O *conteúdo* de uma noção é constituído pelas características que a distinguem de outras noções. E uma característica própria compreende, inevitavelmente, todo pensamento. É absurdo, então, conceber uma noção *carente de conteúdo*. Essa objeção só pode ser explicada por uma confusão do *conteúdo* em geral com os elementos *materiais concretos* que podem integrá-lo. Porém, existem noções que carecem de toda característica *materialmente condicionada* e cujo *conteúdo* consiste na representação permanente de um método unitário de ordem. Entre elas, está *a idéia do Direito*." Pode-se perceber que as formas puras *a priori*, como noções racionais alheias à experiência, não con-

razão que não expressa propriamente nenhum ente existente. Porém, uma noção abstrata – e concretamente um universal – não é uma forma *a priori*; pelo contrário, para elaborá-la a mente age *a posteriori*, partindo da experiência. Por isso, uma noção abstrata contém o real, que é a base do conceito; e um universal contém toda a realidade captada pela razão a partir da experiência particular. Quando se afirma, por exemplo, que o homem é um animal racional, homem é um conceito abstrato, mas contém todos e cada um dos homens reais existentes. Então, "o seu" é um conceito abstrato universal, que expressa toda coisa que pertence a alguém como sua. Não é formal, mas abstrato e *a posteriori*, por isso tem um conteúdo universal: tudo aquilo que se declara realmente como seu de um sujeito (seu relógio, sua honra, sua vida, seu automóvel, seu cargo etc.). "O seu" não é uma formalidade, mas a expressão abstrata de algumas realidades: todas as coisas que na realidade são suas de um sujeito.

Certamente, a fórmula não indica como determinar em cada caso concreto quais coisas pertencem a cada homem. Mas isso é lógico, pois essa determinação não pertence à justiça – que se orienta para a satisfação do direito –, e sim a um momento precedente: a constituição do direito, ou seja, a constituição de uma coisa como sua. E não é questão de vontade – à qual a justiça é inerente –, mas de razão, de ciência; não é coisa que pertença à justiça, e sim à prudência política ou à jurisprudência, à ciência do direito.

Por outro lado, "o seu" é sinônimo de "seu direito". E os direitos de cada um não são enteléquias nem formalidades, mas coisas reais existentes. O seu é tão preciso e concreto como o direito de cada um. Como se sabe que algo é seu de um sujeito? Do mesmo modo que se determina um direito: pelo título de aquisição ou posse do direito e pela medida desse direito, provados se for o caso mediante um processo. Por exemplo, como determinar que tal fazenda é sua em propriedade do sujeito A? Pelo título de aquisição: compra, herança, doação etc. Em qual extensão de terreno? A fixada pelos limites da fazenda. E se o título ou a medida apresentam problema resolve-se mediante um processo por sentença do juiz.

Em suma, a definição comum da justiça não é formal *a priori*, e sim abstrata *a posteriori*, e tem um conteúdo universal.

b) A fórmula clássica da justiça foi tachada de absurda por Kant, em uma alusão incidental a ela: "Se não podes evitar o anterior, entra com outros em uma sociedade na qual possa ser garantido a cada um o seu (*suum cuique tribue*). Se a última fórmula fosse traduzida por *dá a cada um o seu*, o resultado seria um absurdo, já que não se pode dar a ninguém o que já tem."[67] Schopenhauer usou argumen-

---

têm nenhuma realidade existente. Nesse sentido, embora só nele, são noções vazias de realidade. Uma noção abstrata *a posteriori* é algo bem diferente.

67. *Metafísica de las costumbres*, Introducción a la teoría del derecho, Apéndice, División de la teoría del derecho, A, em *I. Kant, Introduccíon de la teoría del derecho*, ed. de F. González Vicén, Madrid, 1954, p. 96.

tação parecida: "Outra prova do caráter negativo que, apesar da aparência, tem a justiça é a definição trivial 'Dar a cada qual o que cabe a ele'. Se isso é seu, não há necessidade de ser dado a ele. O sentido é, então: 'Não tomar de ninguém o seu.'"[68] Com isso, ambos os filósofos mostraram não ter compreendido o âmago da definição comum.

Como se destacou anteriormente, o pressuposto do ofício de jurista, que é o pressuposto social sobre o qual age a justiça, é a situação de interferência na qual pode ser encontrado o seu de um sujeito, seu direito. Não se trata de fazer que uma coisa passe ao domínio de um sujeito para que seja sua, mas de que, dado que essa coisa já é sua, o sujeito não sofra interferência em seu pacífico uso e gozo. Não se trata, então, de dar uma coisa a um sujeito para que se transforme em sua – não se trata de constituir o direito –, mas de devolver a ele essa coisa porque foi tirada dele, ou de respeitar o uso e gozo por seu titular. Esse segundo sentido (devolver, respeitar etc.) é o que tem o verbo *dar* ou *tribuo* na fórmula da justiça. Portanto, trata-se de dar o seu a quem de fato não o tem ou pode não tê-lo, embora o possua por direito. Se é seu, ele o tem, como diz Kant? Que o tem por direito é indubitável, mas se saiu ou pode sair de sua esfera de domínio de fato é óbvio que de fato não o tem ou pode não tê-lo, e então é preciso *que seja dado a ele* (seja devolvido a ele, respeitado, pois ambas as coisas se distinguem de dar). Kant se enganou em sua observação, Schopenhauer também.

c) A acusação de que a definição comum é uma inútil tautologia foi obra de Kelsen. Sobre isso, ele escreveu: "A fórmula de justiça mais comumente empregada é a célebre do *suum cuique*, norma que estabelece dar a cada um o que cabe a ele, ou seja, o que é devido a ele, aquilo que pode pretender, aquilo a que tem direito. É fácil descobrir qual é a questão decisiva para a aplicação dessa norma: o que for *o seu*, o que lhe é devido, esse direito, é algo que não está resolvido por essa norma. Visto que o devido a cada um é precisamente o que deve ser dado a ele, a fórmula do *suum cuique* vem a ser apenas uma inútil tautologia: deve-se dar a cada um o que lhe deve ser dado."[69]

Em parte essa interpretação incorreta da fórmula comum da justiça é resultado de sua consideração como formal *a priori* – de acordo com a mentalidade neokantiana de Kelsen –, como se pode ver pelo aparte "o que lhe é devido, esse direito, é algo que não está resolvido por essa norma". Como já dissemos, essa acusação é falsa, uma vez que a fórmula contém e se refere a todos os direitos concretos existentes. Mas o erro de Kelsen consiste sobretudo em dar uma fórmula tautológica à definição clássica, porque a altera essencialmente. A tautologia fica composta mudando o verbo "dar" – *tribuere* – por "deve-se dar", modificando substancialmente a fórmula. Essa expressa uma ação (que está relacionada ao ser,

---

68. *Fundamento de la moral*, § XVII, ed. castelhana, Valencia, s.f., p. 150.
69. *Justicia y derecho natural*, em H. KELSEN e outros, *Crítica del Derecho Natural*, ed. castelhana, Madrid, 1966, p. 43.

Sein), e Kelsen a transforma em um juízo deontológico (um *Sollen*), mudando sua natureza. Para Kelsen, a justiça é um valor que se expressa em uma norma: a norma da justiça[70]. Porém, essa não é a concepção clássica do *suum cuique tribuere*; para essa, a justiça é uma virtude que se relaciona com um dever – o *praeceptum iuris* do Digesto –, mas que não é ela própria uma norma ou dever (é um hábito da vontade). Enquanto o juízo de dever pertence à razão, a virtude da justiça é inerente à vontade. Dever e justiça são coisas heterogêneas. A justiça refere-se ao comportamento, não é uma norma, e sim uma virtude que se manifesta em atos, em condutas. Por isso, a fórmula da justiça não é "deve-se dar", mas "dar". Assim, "deve-se dar o que se deve dar" é tautológico; "dar o que se deve dar" não é, como não é "pagar uma dívida", "cumprir o dever" ou "devolver o roubado", que é o que quer dizer a fórmula.

Kelsen é quem cria a tautologia, alterando a verdadeira fórmula e transformando a justiça em norma. A crítica de Kelsen baseia-se em uma interpretação distorcida da fórmula clássica.

d) Kelsen também criticou essa concepção por entender que por meio dela pode-se justificar qualquer ordem jurídica positiva e, portanto, não serve para definir a justiça como valor absoluto, a partir do qual julgar como justo ou injusto uma ordem jurídica positiva. De fato, a noção comum – escreve – pressupõe a validade de uma ordem normativa – que em seu pensamento só pode ser positiva, pois nega o direito natural –, que estabeleça o seu de cada um, seu direito. E, já que é a ordem jurídica positiva que estabelece os deveres e os direitos, essa ordem pode ser justificada, sejam quais forem esses deveres e direitos. Nessa função conservadora – diz – consiste precisamente seu significado histórico[71]. Nesse caso também, o ilustre jurista, além de incorrer em um erro histórico, critica a fórmula partindo de uma inadequada compreensão dela.

---

70. "Este comportamento social do homem será justo quando estiver de acordo com uma norma que o estabelece; ou seja, que o instaura como dever. Será injusto, por outro lado, quando for contrário a uma norma que estabelece um determinado comportamento, que por causa disso adquiriu valor de justiça. A justiça de um homem é a justiça de seu comportamento social. E a justiça de seu comportamento social consiste em que está de acordo com uma norma que constitui o valor de justiça. Essa norma pode ser, então, denominada norma de justiça." Op. cit., p. 29.

71. Op. cit., p. 44. Ele repetiu conceitos semelhantes em outros textos. "Atribui-se a um dos sete sábios da Grécia a expressão segundo a qual a Justiça consiste em dar a cada um o que cabe a ele. Muitos pensadores, especialmente os filósofos do Direito, aceitaram essa definição. É fácil demonstrar que é uma fórmula vazia, porque a pergunta decisiva – o que pertence a cada qual – fica sem responder, e, portanto, a fórmula só pode ser aplicada desde que essa questão tenha sido previamente decidida por uma ordem sociolegal ou moral estabelecida pelo costume ou pelas leis, ou seja, pela moral ou pela lei positiva. A fórmula, então, pode ser usada para justificar qualquer ordem, seja capitalista, seja comunista, democrática ou autocrática, o que explica provavelmente sua aceitação, mas demonstra que não serve para definir a Justiça como valor absoluto, que difere dos valores meramente relativos garantidos pela lei ou pela moral positiva." *Qué es justicia*, ed. castelhana, Barcelona, 1982, p. 49. Não é preciso dizer que Simônides não foi um dos sete sábios da Grécia, mas um poeta.

Incorre em um erro histórico porque é falso que a concepção clássica tenha tido esse significado histórico que atribui a ele; não há nenhum dado histórico que assegure essa afirmação. Para que tivesse tido essa função histórica, teria sido preciso que a fórmula clássica tivesse nascido e se desenvolvido em um contexto positivista, mas o caso é que historicamente surgiu em um contexto jusnaturalista, e em tal contexto teve seu maior desenvolvimento. Nesse contexto, o justo natural funcionou como critério qualificador do direito positivo, e por meio dele se julgou a justiça ou injustiça do legislador positivo. Nesse mesmo contexto é que se teve por regra inconcussa que a lei injusta não é lei, o que não é de forma alguma conservador. Por sua própria índole, o positivismo extremo – cujo máximo expoente é Kelsen – é conservador, já que a partir dele o jurista carece de um critério avaliativo da lei positiva. E Kelsen foi quem mais rejeitou a justiça ou qualquer outro valor como integrante da ordem jurídica e da ciência jurídica, por meio de sua teoria pura do direito.

Kelsen captou adequadamente – melhor que certos seguidores da fórmula clássica – um aspecto fundamental dela: a justiça *sucede ao direito*, é antes o direito que a justiça, pois essa é o cumprimento e satisfação do direito. Porém, ele não entendeu suas implicações. Porque o que esse aspecto traz consigo da concepção clássica é que ser justo está relacionado a um direito realmente existente; ser justo é cumprir e satisfazer esse direito, ser injusto é infringir ou lesar esse direito. Portanto, a questão da justiça ou injustiça de uma ordem jurídica positiva só tem sentido em relação a alguns direitos preexistentes e não derrogados por ela: os direitos naturais. Se a lei positiva lesa um direito natural, é injusta; se respeita todos, é justa. O que ocorre se é negada a existência do direito natural? Que, então, a questão deixa de ter sentido. Não é que a lei positiva fique justificada – que seja justa –, mas que nem é justa nem injusta: a justiça não é algo que pode ser proposto em relação à lei positiva, pois a justiça visa ao cumprimento e à satisfação do direito, e baseia-se no pressuposto de que não há outro direito que o positivo. Por conseguinte, no caso do positivismo extremo, a concepção clássica da justiça não justifica a ordem jurídica, e também não a condena, porque nem uma coisa nem outra são questão de justiça. Não é verdade, então, que com tal fórmula se justifica qualquer ordem jurídica; é verdade, em compensação, que não pode ser feito um juízo de justiça ou injustiça sobre ela. Mas isso não é uma falha da definição comum, e sim do positivismo, que deixa sem solução o problema da justiça no direito. A justiça é o que é; se o positivismo chega a conclusões inaceitáveis, isso não se deve às fórmulas nas quais se expressa o que é a justiça, mas aos erros do positivismo.

A lógica do positivismo sobre o assunto é clara. Se só há direito positivo, sobre ele não se pode propor a questão da justiça. Essa lógica pode ser observada em algumas palavras de Alf Ross:"Tal como vimos, a idéia de justiça se resolve na exigência de que uma decisão seja o resultado da aplicação de uma regra geral. A justiça é a aplicação correta de uma norma, como coisa oposta à arbitrariedade. A justiça, por conseqüência, não pode ser um padrão jurídico-político ou um critério último para julgar uma norma. Afirmar que uma norma é injusta, como vimos, não é mais que a expressão emocional de uma reação desfavorável a ela. A declaração de que uma norma é injusta não contém nenhuma característica real, nenhuma referência a algum critério, nenhuma argumentação. A ideologia da justiça não tem, então, cabimento em um exame racional de valor das normas."[72] Acontece, no entanto, que essa lógica do positivismo quase não é aceita, porque contrasta muito abertamente com a consciência de que há leis positivas injustas e incorretas[73], que, pelo menos em casos extremos e por razões éticas, não devem ser obedecidas.

Porém, admitir uma lei positiva injusta ou incorreta supõe um critério de avaliação, superior e preexistente à norma, em relação ao qual pode ser feito um juízo de justiça ou incorreção. Esse critério é denominado justiça por muitos, substituindo por ela o direito natural; com o que alteram substancialmente o conceito de justiça. A justiça, em vez de ser virtude, passa a ser *critério* – algo próprio da razão –, ou o resultado de um acordo ou consenso social (com freqüência, ambas as coisas: o valor consensual ou presente na maioria). E, além disso, já não consiste em dar a cada um o seu, mas em outra coisa: a igualdade, a racionalidade, a felicidade, a democracia no momento legislador ou, simplesmente, um valor não-definível. Com isso, fazem desaparecer a justiça de "dar a cada um o seu", o que, como vimos, não é aceitável, pois tal justiça permanece sempre viva, pelo menos como a justiça do juiz e do cidadão que agem de acordo com o direito[74]. Esse critério ou valor preexistente à lei positiva são na realidade os direitos naturais do homem, não a justiça; enquanto isso não for admitido, a questão da justiça da lei positiva será questão não-resolvida.

e) Outras críticas de menor importância foram feitas à definição comum de justiça ou a algumas de suas variantes.

Sobre a de Ulpiano, por exemplo, foi escrito que transformar "o próprio de cada um" em "o direito de cada um" implica uma redução míope de "a cada um o seu", pois reduz a definição da justiça ao direito positivo e sanciona o mais desmedido positivismo[75]. Crítica – semelhante à kelseniana, já vista – que se estende também a Tomás de Aquino e aos que aceitam as definições ulpiana e tomista. Será preciso lembrar que Ulpiano admite o direito natural, e a mesma coisa acontece com Tomás de Aquino? Será necessário mencionar que o jusnaturalismo mais clássico e historicamente mais permanente e sempre redivivo é o dos juristas romanos e o

---

72. *Sobre el derecho y la justicia*, cit., pp. 272 ss.
73. Alguns autores, em vez de direito injusto, preferem falar de direito incorreto, como é o caso de H. HENKEL, op. cit., pp. 615 ss.
74. Naturalmente, sempre ficará pendente de resposta esta pergunta crucial: podem de verdade ser chamados justos o juiz ou o cidadão que aplicam uma lei injusta? É que a negação do direito natural deixa sem solução a questão da justiça e da lei injusta.
75. Ver, p. ex., J. LOIS, *La lucha por la Objetivación del Derecho*, Vigo, 1965, pp. 144 ss.

aristotélico-tomista? Quem pretendeu reduzir a fórmula clássica ao direito positivo não foi evidentemente Ulpiano, mas o moderno positivismo. A objeção não tem base.

Também foi escrito que definir a justiça como dar a cada um o seu supõe incorrer em uma petição de princípio: a justiça recorre ao direito como indicador do que é de cada um, e, por sua vez, o direito recorre à justiça para a mesma coisa[76]. Observa-se com facilidade que se entrecruzam aqui dois conceitos de justiça diferentes; por um lado, a concepção clássica ou comum, que efetivamente recorre ao direito como critério determinador de o seu, e, por outro lado, a idéia de justiça como critério avaliativo do direito positivo, na qual residiria o critério de determinação de o seu. Porém, as duas concepções são incompatíveis e a segunda (o direito recorre à justiça) é alheia à noção comum. Essa não comete – na mente de seus seguidores – nenhuma petição de princípio (não recorre à justiça como critério de determinação de o seu), que só aparece pela incorreta miscelânea de duas noções de justiça diferentes na mente de quem faz a crítica.

Não faltou quem censurasse a definição comum por ser uma fórmula individualista-egoísta da justiça[77]. Cabe responder a isso que, se o egoísmo consiste em buscar sem solidariedade o bem próprio, mal pode ser tachada de egoísta uma noção que entende a justiça como dar *ao outro* o seu e põe no *bem do outro* a nota característica da justiça. O egoísmo leva à injustiça, não à justiça. Pela mesma razão – a justiça nasce relacionada ao outro – não é individualista, o que chega a sua máxima expressão na justiça legal, que direciona a conduta da pessoa para o bem comum.

Finalmente, salientamos que foi dito que a definição comum implica uma concepção meramente negativa da justiça (não prejudicar, não reter indevidamente etc.)[78]. Esse não é o sentido da definição comum: cumprir as leis não é uma atitude negativa, como não é pagar uma dívida ou devolver um empréstimo. A finalidade da justiça, como vimos, é o bem do outro – o bem comum da comunidade na justiça legal e o bem do indivíduo na justiça particular –, e isso implica mais condutas positivas que negativas.

6. A JUSTIÇA NO PENSAMENTO JURÍDICO MODERNO. *a*) A definição comum é a descrição da justiça mais difundida, também atualmente, entre juristas e filósofos do direito, jusnaturalistas ou positivistas, das mais variadas correntes filosóficas. Porém, não faltam os que, de modo explícito ou implícito, apresentam al-

---

76. Ver J. LOIS, op. cit., p. 163.
77. Cf. L. STEIN, *Die soziale Frage im Lichte der Philosophie*, Stuttgart, 1897, p. 614. Cit. por M. MOIX, op. cit., p. 280.
78. "A *injustiça* ou o *injusto* consiste, portanto, em *causar dano* a outro; logo a noção de injustiça é *positiva* e a do justo, que vem depois, é *negativa* e se aplica apenas aos atos que podem ser realizados sem prejudicar os demais, sem fazer-lhes *injustiça*."A. SCHOPENHAUER, *Fundamento de la moral*, § XVII, ed. cit., p. 150. Essa concepção negativa da justiça é própria de uma série de epígonos da Escola moderna do Direito Natural; cf. F. CARPINTERO, *Una introducción a la ciencia jurídica*, Madrid, 1988, pp. 49 ss.

gumas noções de justiça que em maior ou menor grau se afastam da comum. Vamos tratar delas a seguir, não sem antes advertir de que não é tarefa fácil expor tais noções, porque poucas vezes se encontram autores que dão de modo explícito uma definição de justiça; geralmente, é preciso deduzi-la de seu sistema geral ou de afirmações mais ou menos incidentais.

b) Na passagem de Kant antes citada aparece a que, em sua opinião, seria a fórmula da justiça: garantir a cada um o seu. Assim se extrai de suas palavras: "Entra com outros em uma sociedade na qual a cada um possa ser garantido o seu." Kant limita-se a substituir "dar" por "garantir", eliminando assim – a seu ver – o resultado absurdo a que levaria o uso de dar. Com isso, o que Kant faz é reduzir o âmbito da justiça a um de seus aspectos: dar a cada um o seu implica garantir a cada um o seu. Redução sem fundamento, pois a justiça é mais ampla que a garantia do direito. Por exemplo, é justiça devolver o empréstimo ou cobrar o preço justo, e isso não é igual a garantir. Mesmo supondo que garantir a cada um o seu fosse o mais fundamental de uma ordem justa, essa não se limita aos sistemas de garantia.

c) Segundo Stammler, a justiça "é a orientação de uma determinada vontade jurídica no sentido de uma comunidade pura"[79], entendendo por comunidade pura "uma vinculação dos fins de diversos homens em que não retornem como noção determinante e suprema as simples aspirações subjetivas de um dos vinculados"[80]. Enfim, a tese de Stammler resume-se em que a justiça é uma articulação ideal dos fins humanos. A justiça assim entendida é a forma pura do ideal social, com o que se altera a própria essência da justiça, que não é forma pura, mas virtude. Além disso, confunde-se a justiça com a ordem social justa, e já dissemos que são coisas relacionadas, porém distintas.

d) Para Kelsen, a justiça é "a felicidade social, garantida por uma ordem social"[81]. No entanto, como a felicidade em seu sentido primigênio e absoluto é socialmente incompreensível, deve sofrer uma metamorfose para se adequar ao significado da justiça e para satisfazer as necessidades socialmente reconhecidas. Então, "a idéia de Justiça como princípio que garante a felicidade individual de todos transforma-se em uma ordem social que protege certos interesses socialmente reconhecidos pela maioria como dignos de proteção"[82].

---

79. *Tratado de Filosofía del Derecho*, cit., p. 248.
80. Op. cit., p. 246.
81. *Qué es justicia*, cit., p. 36: "Mas o que significa realmente dizer que uma ordem social é justa? Significa que essa ordem social regula a conduta dos homens de um modo satisfatório para todos, ou seja, que todos os homens encontram nela a felicidade. A busca da Justiça é a eterna busca da felicidade humana. É uma finalidade que o homem não pode encontrar por si mesmo e por isso a busca na sociedade. A Justiça é a felicidade social, garantida por uma ordem social."
82. Op. cit., p. 38.

Sobre tudo isso é preciso dizer que a idéia de que a justiça se orienta para a felicidade social não é nova. É encontrada em Aristóteles[83], com o que até certo ponto concorda Kelsen, apesar de sua pouca simpatia pela teoria aristotélica da justiça. Mas Aristóteles, com grande sabedoria, atribui essa finalidade à justiça geral ou legal, que é a que se orienta para o bem comum, pois de fato a satisfação de necessidades socialmente reconhecidas e a proteção de interesses reconhecidos socialmente são uma dimensão do bem comum. Se a idéia kelseniana da justiça fosse aceitável, iria se referir apenas a uma justiça, a justiça legal, deixando de fora o justo distributivo e o justo comutativo: p. ex., a justiça do juiz, a do contratante etc. Não é, portanto, uma definição correta[84].

e) Apesar de Rawls ser o autor da teoria da justiça mais extensa e mais bem construída – também a mais original e por isso a mais polêmica – de nosso dias[85], não dedicou sua atenção a definir a justiça. No entanto, embora de modo incidental, podemos encontrar sua noção de justiça – que ele considera usual – nestas palavras dele: "Concentrarei, então, a atenção no sentido usual de justiça, no qual essa consiste essencialmente na eliminação de distinções arbitrárias e no estabelecimento, dentro da estrutura de uma prática[86], de um equilíbrio adequado entre pretensões rivais."[87] Isso se refere, fundamentalmente, ao justo distributivo, pois limita-se à igualdade de consideração no esquema das instituições políticas e, mais em geral, no esquema de uma prática[88]. Deixa, portanto, de fora o justo legal e o

---

83. Ver, p. ex., *Ethica Nicomachea*, V, 1. 1129 b: "... de modo que, em certo sentido, chamamos justo ao que é de índole para produzir e preservar a felicidade e seus elementos para a comunidade política". Versão castelhana, cit., p. 71.
84. Uma análise atenta das palavras de Kelsen aqui transcritas alerta-nos para a falta de uma idéia clara e determinada da justiça, que é em suma a conclusão que o leitor tira de seus trabalhos sobre ela. Esse conceito oscilante e demasiado inexato se evidencia nas palavras que encerram o ensaio citado: "Verdadeiramente, não sei nem posso afirmar o que é a Justiça, a Justiça absoluta que a humanidade anseia alcançar. Só posso estar de acordo em que existe uma Justiça relativa, e posso afirmar o que é a Justiça para mim. Dado que a Ciência é minha profissão e, portanto, o mais importante em minha vida, a Justiça, para mim, ocorre naquela ordem social sob cuja proteção pode progredir a busca da verdade. *Minha* Justiça, em suma, é a da liberdade, a da paz; a Justiça da democracia, a da tolerância." Palavras sem dúvida brilhantes, mas que pouco têm a ver com a justiça, que é algo muito mais modesto e preciso: respeitar os direitos alheios, restabelecer a pessoa em seu direito quando esse foi violado, cumprir as leis e os acordos etc.
85. *Teoría de la justicia*, ed. castelhana, México, 1979.
86. Entende por "prática" (*practice*) toda forma de atividade especificada por um sistema de regras que define cargos, papéis, negócios, castigos, defesas e assim sucessivamente, e que dá a essa atividade a estrutura que tem. P. ex., os jogos e os rituais, os julgamentos e os discursos, os mercados e os sistemas de propriedade. Cf. J. RAWLS, *Two Concepts of Rules*, em PH. FOOT, ed., *Theories of Ethics*, Oxford, 1967, pp. 144 ss.
87. *Justicia como equidad. Materiales para una teoría de la justicia*, ed. castelhana, Madrid, 1986, p. 19.
88. Dworkin interpreta Rawls em termos de direito: "Portanto, podemos dizer que a justiça como eqüidade descansa na suposição de um direito natural de todos os homens e todas as mulheres à igualdade de consideração e respeito, um direito que possuem não em virtude de seu nascimento, suas características, méritos ou excelências, mas simplesmente como seres humanos com a capacidade de fazer planos e de aplicar justiça... O pressuposto mais básico de Rawls não é que os homens tenham direito a certas liberdades, que Locke ou Mill consideravam importantes, mas que têm direito a igual consideração e respeito no esquema

justo comutativo. Não é a primeira vez – vimos isso na Antiguidade – que se reduz a justiça ao justo distributivo. Porém, essa redução não é admissível, porque justiça também são a justiça legal e a comutativa. É preciso, no entanto, advertir que Rawls restringe sua teoria à justiça social, que é sobretudo justiça distributiva, por isso pode-se entender bem que sua noção de justiça se refere exclusivamente a essa última, sem entrar nas demais categorias. Mesmo assim, a justiça distributiva é mais do que diz Rawls, que parece restringir-se a uma concepção liberal da sociedade.

f) Uma certa oscilação na noção de justiça pode ser observada em Ross. Como já vimos, para esse autor a justiça "é a aplicação correta de uma norma". Trata-se da justiça legal e, portanto, a noção torna-se muito restrita, pois deixa de fora a justiça distributiva e a justiça comutativa. No entanto, depois de afirmar que a justiça não é padrão jurídico-político ou critério último para julgar uma norma, pergunta-se que papel desempenha a justiça na formação do direito positivo – e isso é incongruente com o referido anteriormente –, defendendo que a justiça equivale à racionalidade da norma (isto é, previsibilidade, regularidade)[89]. O que pode ser entendido como requisito para que a norma seja correta, mas não especificamente para que seja justa, pois o que Ross entende por racionalidade – que a norma seja previsível, no sentido de máxima independência possível diante das reações subjetivas do juiz – não é propriamente justiça, mas certeza e segurança. Ross confunde aqui o princípio de justiça com os princípios de certeza e de segurança.

g) Não faltaram os que, além de afirmar que a justiça é uma idéia, defendem que a idéia de justiça "é a idéia de uma ordem superior que deve reinar no mundo e que assegurará o triunfo dos interesses mais respeitáveis". Assim afirma Roubier[90]. Idéia *política* da justiça que pouco tem a ver com a justiça *jurídica*. O que dizer desse tipo de noções da justiça?

Em primeiro lugar, trata-se de uma noção *utópica* relacionada a uma ordem social futura, de modo que a injustiça se limitaria a ser o desajuste entre o presente real e o futuro ideal. Porém, isso não é a injustiça: o assassinato, o roubo, a negação dos direitos fundamentais da pessoa humana são uma desordem atual, por causa do devido atualmente ao homem, não pela carência de realização de um ideal. Por isso mesmo, a justiça refere-se a uma exigência atual do homem, ao que lhe é devido no momento presente, a seus direitos atuais. Não é a idéia do que deveria ser; refere-se a uma dimensão real e atual da sociedade humana.

---

das instituições políticas." *Los derechos en serio*, ed. castelhana, Barcelona, 1984, p. 274. A interpretação de Dworkin é em si mesma correta, pois, se respeitar essa igualdade é justiça, tal igualdade é um direito. E constitui certamente um direito natural. Outra coisa é que esse seja realmente o pensamento de Rawls.

89. Op. e loc. cits.
90. *Théorie générale du droit*, cit., p. 216.

Em segundo lugar, a justiça não se refere aos interesses mais respeitáveis, e sim a todos os interesses legítimos, ou, melhor dizendo, não é coisa de interesses – infringir um simples interesse não é injustiça –, mas de direitos e de todos os direitos.

Em terceiro lugar, e é decididamente o mais importante, a justiça não é uma idéia. Conceber a justiça como idéia ou ideal altera a essência da justiça, por isso origina uma noção distorcida. De fato, a idéia ou ideal é coisa do intelecto, com o que é dado à justiça um estatuto intelectual em vez de um estatuto volitivo. E isso não é a justiça. Não se diz que um homem é justo porque *conhece* corretamente a ordem social, e sim porque *age* corretamente em relação à lei e ao direito. Do mesmo modo e pela mesma razão, não dizemos que alguém é injusto porque conhece imperfeitamente a realidade jurídica e social, mas porque age contra a lei e contra o direito. O justo ou o injusto são as ações humanas. Falando da lei positiva, ela não é justa ou injusta por ser mais ou menos acertada. Se, por exemplo, uma lei geral de estradas prevê a construção de rodovias em vez de auto-estradas, pode ser que tal política não seja a correta ou adequada, mas não se pode dizer que a lei seja injusta. A lei positiva é justa e injusta se está de acordo ou não com uma norma superior ou com os direitos das pessoas; por exemplo, é injusta se viola a constituição ou os direitos legitimamente possuídos.

Além disso, é óbvio que, se a justiça é virtude, trata-se de uma disposição ou orientação da vontade, que é coisa muito diferente de um ideal.

h) A noção da justiça como um critério ideal é encontrada nos mais diversos autores. Assim, para Lumia, a justiça é o conjunto de critérios ideais que devem presidir a boa condução e o organizado desenvolvimento da ordem social ou coisa pública[91]; em outras palavras, a justiça é um valor. Radbruch também defende que o padrão da justiça é uma organização ideal da sociedade[92].

Perante esse tipo de noções da justiça – critério ideal da lei em relação à organização ideal da sociedade –, a primeira coisa que se percebe é que reduzem a justiça à lei – critério de avaliação da lei – e ao tema da lei justa ou injusta, sem abranger a justiça em relação às pessoas. Com isso, torna-se uma noção indevidamente restrita. A justiça é mais ampla; certamente é importante o tema da justiça do legislador, porém justiça é também o cumprimento das leis e o respeito e satisfação dos direitos da pessoa. Portanto, definições desse tipo ficam desautorizadas por sua parcialidade.

Em segundo lugar, alteram o conceito de justiça ao transformá-la em *critério* ou *exemplar*, dando-lhe um estatuto intelectivo, que não lhe é próprio. Na realidade, isso provém da transmutação kantiana do direito natural. A concepção clássica do direito natural tem-no como verdadeiro direito e, portanto, como ponto de referência da justiça da lei positiva. É justa a lei condizente com o direito natural e in-

---

91. *Principios de teoría e ideología del derecho*, ed. castelhana, 9.ª reimp., Madrid, 1986, p. 113.
92. *Filosofía del Derecho*, cit., p. 45.

justa a que o transgride. Essa tese está de acordo com a concepção comum da justiça como cumprimento e satisfação do direito. Kant trocou o direito natural pelas formas *a priori* do direito, algo que pertence ao intelecto; de onde se deduzia que a injustiça já não é contravenção do direito, mas desarmonia com uma forma *a priori*, que é o critério de justiça. A partir disso, a doutrina foi evoluindo, defendendo que esse fator intelectivo ou critério é a justiça (isto é, chamando justiça ao direito natural transmudado); daí que a justiça seja entendida como critério, confundindo a justiça com seu critério. Isso não é correto.

A justiça não é um critério, mas, de qualquer modo, seria a virtude de agir conforme esse critério. No que se refere à lei, a justiça consistiria na concordância ou congruência com esse critério.

Além disso, o critério da justiça não pode ser um ideal ou uma idéia. De fato, a injustiça não é a tensão ideal-realidade ou idéia-fato, mas uma agressão real a um direito concreto e existente, como é o não-cumprimento de uma norma concreta existente. A injustiça não lesa entes ideais, mas entes reais. Por isso mesmo, a justiça faz referência a um ente real.

Como já repetimos, o critério ou ponto de referência da justiça é o direito. No que se refere à lei positiva, tal critério é o direito natural, e, se não se aceita o direito natural, então – já vimos isso – a questão da lei justa ou injusta fica sem solução, porque desaparece o verdadeiro critério. O que não se pode fazer é chamar esse critério de justiça, porque então se distorce a noção de justiça, transformando-a indevidamente no que é seu critério ou ponto de referência: o direito.

i) Essa confusão indevida entre justiça e direito é encontrada naqueles autores para os quais a justiça é a idéia de direito, como diz Radbruch[93], ou uma parte integrante da idéia de direito, conforme afirma Henkel[94].

Afora a incongruência que implica o fato de esses autores não admitirem que o direito injusto não é direito – se a justiça é a idéia de direito ou parte dela, é óbvio que o direito injusto não torna real a noção de direito e, portanto, não é direito –, não é admissível a confusão entre justiça e direito que sua tese supõe. Como vimos, a justiça está relacionada ao agir e à capacidade operativa, não ao *Sollen* ou dever-ser. Uma coisa é o preceito, a norma, e outra coisa é a virtude. A justiça aparece na ordem secundária do cumprimento e satisfação do direito, não na ordem primária do direito constituído ou da constituição do direito. A justiça é concordância com o direito, não o próprio direito.

Além disso, a relação que existe entre justiça e direito é a própria da virtude e seu objeto. O direito é o objeto da justiça. Portanto, direito e justiça são coisas realmente diferentes. A acusação que às vezes se detecta em alguns autores, se-

---

93. Op. cit., p. 44.
94. Op. cit., p. 497.

gundo a qual o realismo jurídico clássico e o conseqüente jusnaturalismo – Aristóteles, os juristas romanos, Tomás de Aquino – identificam direito e justiça, não tem fundamento. É mais uma amostra da falta de verdadeiro conhecimento do que são a concepção clássica do direito e a noção comum da justiça, falha tão generalizada entre os autores modernos. Segundo a concepção clássica, o direito é o objeto da justiça e, portanto, justiça e direito se distinguem com distinção real. Quem confunde direito e justiça são os autores de inspiração idealista, como os citados.

j) Para alguns autores, entre eles os anteriormente mencionados, a justiça como idéia é um valor. Concretamente, tratar-se-ia de um valor absoluto[95] ou idéia de valor original[96], que se basearia, portanto, em si mesma e não derivaria de outro valor superior. Tratar-se-ia de um valor absoluto como a verdade, o bem ou a beleza, livrando-se por conseqüência de toda possível definição.

O valor, considerado idéia, percepção ou juízo estimativo[97], tem relação ou com o intelecto ou com o sentimento, enquanto a justiça refere-se à vontade, não no âmbito da estimativa, mas no da atuação ou capacidade operativa. A justiça é coisa diferente do valor. Supondo que seja correto falar de valores, a justiça estaria relacionada à atuação *de acordo com o valor*, porém não é o próprio valor. O valor seria algo próprio do direito, que é o valioso, o ente valioso, pois o valor é declarado sobre o direito; a razão de valor consiste no direito[98]. De acordo com isso, o valor absoluto, se existisse, seria o direito como idéia ou conceito universal. Isso nos coloca de novo perante o direito natural como critério de valor da lei positiva, e perante a justiça como o conceito transformado do direito natural.

Dizer que a justiça – em vez do direito – é um valor resulta da falsa identificação entre direito e justiça. O ente valioso é o direito, e o valor absoluto – em termos de filosofia dos valores – é o direito como idéia ou conceito universal.

Além disso, o paralelo entre a justiça e a bondade, a beleza e a verdade, ou seja, pôr no mesmo nível o justo e o bom, o belo ou o verdadeiro, não pode ser sustentado. Beleza, verdade e bondade são *transcendentais do ser*, isto é, razões do ser. O ser, ele próprio, é belo, verdadeiro e bom, de modo que não há distinção real entre o ser e o bem, a verdade e a beleza. A não-bondade, a não-verdade e a não-bele-

---

95. Igualmente, G. RADBRUCH, *Introducción a la Filosofía del Derecho*, cit., p. 31.
96. Cf. H. HENKEL, op. cit., p. 498.
97. Sobre os diferentes modos de entender os valores, ver J. FERRATER, op. cit., verbete *Valor*.
98. De fato, o valioso é o bem e, no campo do direito, o valioso são os bens atribuídos à pessoa como direito. Valiosa é a vida, a integridade física, os bens possuídos em propriedade etc. Do ponto de vista jurídico, o valioso é o bem enquanto atribuído, enquanto direito. Portanto, o valor é propriamente o direito. A justiça é valiosa – tem razão de bondade, é virtude – enquanto é cumprimento e satisfação do direito, ou seja, de modo participante. Portanto, a justiça não é o critério primeiro do valor, mas sim o direito, que é o primordialmente valioso.

za são por conseqüência não-ser, carência parcial do ser[99]. Pois bem, o justo não é um transcendental do ser: não há mais transcendentais que a beleza, a verdade e a bondade, além da unidade. Um transcendental refere-se ao ser e, portanto, a todo ser, o que não é próprio do justo, que se declara só de algumas coisas. Logo, o justo é outra coisa diferente, e não procede seu paralelo com os trancendentais do ser.

Se o justo parece comportar-se como um transcendental, é porque é a mesma coisa que o direito. Observamos isso em lições anteriores: o direito, o seu e o justo são a mesma e única coisa. O que chamamos o justo é o direito. Por isso um direito injusto é uma contradição nos termos. No entanto, podemos nos perguntar: não há uma dimensão ou aspecto do direito em cuja virtude se fale do justo? De fato, essa dimensão ou aspecto existe: é a igualdade. E a igualdade é o que pode constituir o aspecto valioso do direito. O direito é valioso porque é o igual. Sempre foi dito que a justiça contém em si a igualdade, embora nem sempre se tenha entendido bem de qual igualdade se trata. Por que a igualdade é valiosa? Porque a igualdade consiste na adequação da coisa constitutiva de direito em relação à pessoa: é o que lhe cabe, o adequado. E isso é valioso, é bom. Chegamos com isso ao que há de apropriado na concepção da justiça como valor absoluto. A igualdade é para o direito o transcendental "bondade". Porém, o valor não é a justiça; o valor é a igualdade como transcendental do direito[100].

k) Fundamentadas em pressupostos filósofos próximos do realismo filosófico, há outras definições de justiça, entre as quais vamos expor duas, por serem as mais significativas. O mexicano Preciado Hernández apresenta a seguinte definição: "A justiça é o critério ético que nos obriga a dar ao próximo o que lhe é devido de acordo com as exigências ontológicas de sua natureza, no que concerne a sua subsistência e aperfeiçoamento individual e social."[101] Observa-se claramente que se trata de uma concepção da justiça como critério, porém não em caráter idealista, e sim em caráter realista. Três observações fundamentais podem ser feitas para essa definição. Primeiramente, que a justiça não é um critério – algo próprio da razão –, mas uma virtude da vontade. Em segundo lugar, de acordo com essa definição, a justiça teria relação apenas com o direito natural – "exigências ontológicas de sua na-

---

99. Parcial, porque na realidade o negativo não pode ser total, pois necessariamente é inerente ao ser, e se há algum ser há alguma bondade, verdade e beleza. Sendo assim os transcendentais, é incongruente que os autores, que dão à justiça o sentido de um valor absoluto igual aos transcendentais do ser, possam admitir como válido o direito injusto.

100. Além disso, também não é aceitável, como pretende Henkel, que a justiça, por ser um valor absoluto, não seja definível, como não são definíveis a beleza, a bondade e a verdade. Além de a justiça não ser um valor, com o que diminui a razão alegada, não é correto que os transcendentais do ser não sejam definíveis. A verdade, por exemplo, é a adequação do intelecto à coisa conhecida, a bondade é a razão final do ser etc. Por esse motivo, mesmo que a justiça fosse um valor absoluto, nem por isso deixaria de ser perfeitamente definível.

101. *Lecciones de Filosofía del Derecho*, cit., p. 217.

tureza" –, ao qual se restringe a definição, e assim também tem relação com o direito positivo. Em terceiro lugar, a justiça não tem só entidade ética, mas também jurídica. Se fosse um critério, seria, além de ético, um critério jurídico. Como é virtude, devemos dizer que não só é virtude no plano ético, como também no plano jurídico, no sentido de se referir à ação justa como ação jurídica; tem, pois, transcendência jurídica.

l) Segundo Goldschmidt, a justiça seria o critério da repartição de bens. Ele entende que a justiça é realizada pela repartição de todos os objetos dignos dessa entre todos e cada um dos homens, por partidores autorizados segundo determinados critérios e em conformidade com certas formas[102]. De acordo com isso, afirma que a justiça é "o conjunto dos critérios que se referem à aptidão dos homens como partidores e recipiendários, aos objetos como repartíveis e à forma de repartição como adequada"[103]. O conjunto desses critérios contém o que comumente é denominado "lei natural"[104]. Goldschmidt relaciona essa noção de justiça à esfera da ciência jurídica, perspectiva a partir da qual sua definição é criticável. Três coisas fundamentais podem ser ditas. Em primeiro lugar, a transformação da virtude em critério não é aceitável pelas razões já expostas. A justiça refere-se à operação, não ao critério. Em segundo lugar, a repartição, tal como ele expõe, se fosse justiça, seria justiça distributiva, com o que se evidencia a insuficiência da definição. E em terceiro lugar Goldschmidt fala da repartição a ser feita, o que é próprio do domínio e do poder, não da justiça, que intervém em função da repartição estabelecida, como veremos mais adiante.

m) Foi dito também que a justiça – além de virtude – é uma idéia ou ideal, a idéia ou ideal de justiça, que, como a beleza, nunca se realiza totalmente nas ordens jurídicas realmente existentes. Isso ocasionaria a dimensão "dramática" da justiça, nunca inteiramente realizada[105].

Além de salientar que a comparação com a beleza não é acertada – a beleza é um transcendental do ser, e nem o justo nem a justiça são, com o que não cabe falar de graus de realização –, para responder a essa questão devemos lembrar o que é a ordem social justa: é a ordem ou harmonia que se produz na sociedade quando a cada qual é dado o seu, seu direito. É a harmonia que segue o respeito do direito. E isso não é um ideal, mas uma dimensão real da sociedade, como real e concreto é o direito. Se dar a cada um o seu é a justiça real, a harmonia ou ordem por ela produzidas é a ordem justa real. O oposto também é algo real: a injustiça. Não cabe estabelecer uma dialética entre justiça real e justiça ideal, mas entre justiça e injustiça. A justiça é sempre algo real, concreto e histórico.

---

102. *La ciencia de la justicia, Dikelogía,* Madrid, 1958, p. 9.
103. Op. cit., p. 107.
104. Op. cit., p. 9.
105. Cf. L. LEGAZ, *Filosofía del derecho,* cit., pp. 360 ss.

Se uma ordem jurídica histórica não cumpre todas as exigências de justiça, é uma ordem jurídica parcialmente injusta, porque há direitos que não são respeitados.

Talvez, quando se fala de uma justiça ideal ante a justiça real, se esteja pensando não em algumas injustiças propriamente ditas, mas em uma ordem melhor, em uma distribuição social mais perfeita dos bens e dos encargos. Em tal caso, isso não é uma questão de justiça, e sim de política ou de ação de cidadania (ideal político).

Não se pode esquecer que "o seu" não é nenhum ideal, é um bem concreto do qual um sujeito é titular. A justiça e a ordem justa são sempre reais e concretas: dar a cada um o seu e que cada qual esteja em pacífica ocupação e posse do seu. Ou isso está relacionado ao existente e, então, pode-se falar de justiça, ou há uma falha e, em tal suposição, estamos diante da injustiça. Contrapor justiça real (insuficiente e em condição de engano) a uma justiça ideal ou é uma confusão entre direito e ideal político, ou é um eufemismo para dizer que a ordem estabelecida é parcialmente injusta.

n) Por fim, vamos nos referir a uma série de opiniões que, sem entrar em definições da justiça, as subentendem.

Uma delas é a tese de que a justiça consiste na igualdade, isto é, na observância do critério de igualdade na ordem jurídica e social. Uma ordem social é justa quando vigora efetivamente o princípio de igualdade entre os homens. De acordo com isso, a fórmula da justiça seria "dar a todos a mesma coisa". Pode-se responder a isso com que, sem dúvida, a igualdade é uma característica do justo, isto é, do direito. E, à medida que a justiça cumpre e satisfaz o direito, cumpre e satisfaz a igualdade. Porém, a igualdade não é primariamente um aspecto da justiça, e sim um aspecto ou dimensão do direito. É típico e característico da justiça o cumprimento e a satisfação do direito, e só nesse sentido a justiça implica a igualdade. Nessa teoria também se confunde a justiça com o direito e se encobre o direito natural, trocando-o por uma objetivação da justiça, porque, se fosse verdade que a todos os homens é preciso dar a mesma coisa, isso seria por uma exigência de direito natural.

Há autores que, restringindo a justiça ao direito positivo (o tema da lei justa ou injusta), afirmam que a justiça consiste na elaboração democrática das leis. Uma lei é justa – ou um regime político é – se foi democraticamente estabelecida, e não é em caso contrário. Cabe opor duas coisas a esse tipo de opiniões. Primeiramente, que a justiça não se limita à questão da lei justa ou injusta, por isso a justiça tem de ser algo que abranja mais. Em segundo lugar, com essa opinião a questão da justiça da lei se reduz a um de seus aspectos, a justiça na forma (a democracia é forma de governo), mas não chega ao que é ainda mais importante: a justiça do conteúdo. Em suma, a forma democrática não garante a justiça do conteúdo da lei, como mostra a experiência: um parlamento pode elaborar leis injustas – pelos menos enquanto contrárias à constituição e também enquanto contrárias ao direito natural –, e uma lei contrária ao direito pode ser aprovada em referendo[106]. O que ocorre é que, para muitos desses autores, ao negar o direito natural, negam que a lei possa ser injusta por seu conteúdo, reduzindo a justiça a uma questão de forma, a que esteja democraticamente instituída. Porém, como dizíamos antes, é contrário à experiência mais elementar que a lei não possa ser injusta por seu conteúdo, pelo menos enquanto inconstitucional (lei injusta por ser contrária à justiça legal); além disso, é óbvio que com a instauração da democracia não desaparecem automaticamente todas as estruturas sociais injustas e que no regime democrático também são geradas novas injustiças.

o) De tudo o que foi visto, deduz-se a validade da definição comum de justiça, que é a única que está de acordo com o que é e representa a justiça em relação ao ofício de jurista e ao mundo do foro.

7. CARACTERIZAÇÃO DA JUSTIÇA. *a*) Uma vez que vimos a noção de justiça – a virtude de dar a cada um o seu, seu direito –, é o momento de expor suas características fundamentais. Porém, antes de mais nada, convém lembrar – mesmo com o risco de ser repetitivos – que devemos tratar da justiça na perspectiva do ofício de jurista, que é a perspectiva do mundo do foro. A *experiência jurídica*, que é o objeto fundamental da filosofia do direito, consiste na realização vital do direito. Estamos – em um de seus aspectos – no mundo do cumprimento das normas; a instituição ou promulgação das leis – o momento legislativo – não é algo próprio do ofício de jurista, e sim do político, que é quem faz as leis. O momento legislativo só interessa ao jurista enquanto, por meio delas, é preciso respeitar ou satisfazer o direito (p. ex., a congruência das leis ordinárias com a constituição, ou da lei positiva em geral com o direito natural). E estamos também – como outro dos aspectos da referida experiência jurídica – no mundo do respeito e satisfação dos direitos das pessoas e instituições. É precisamente em relação a esse mundo do foro e do jurista que aparece a justiça: dar a cada um seu direito, cumprir e satisfazer o direito. Nisso consiste a justiça como algo diretamente relacionado com o jurista.

b) Nessa perspectiva, dispostos a expor os caracteres fundamentais da justiça, a primeira coisa que se impõe é ressaltar o traço essencial dela. Esse traço essencial pode ser enunciado assim: *a justiça sucede ao direito*, ou, o que é a mesma coisa, *a justiça pressupõe o direito*. De fato, se a justiça consiste em dar a cada um seu direito, o próprio dela, aquilo que a constitui precisamente em justiça é que se refere ao cumprimento e satisfação do direito. Sem direito preexistente, não é possível a ação justa ou ato de dar a cada um seu direito, pois é óbvio – mais do que evidente –

---

106. Ver, nesse sentido, J. HERVADA, *Derecho natural, democracia y cultura*, em "Persona y Derecho", VI, 1979, pp. 193 ss.

que, se não existe o direito que é preciso satisfazer, fica impossível que ocorra o ato justo.

Podemos, então, falar de uma primazia do direito sobre a justiça. Primeiro é o direito, e em razão dele aparece a justiça. Em outras palavras, a justiça consiste na realização do direito, sendo portanto falsa a inversão de termos que supõe dizer que o direito é uma realização da justiça. Não estamos, pois, em um mundo de idéias ou ideais. A justiça refere-se sempre a direitos existentes, reais e concretos, a normas vigentes. Nesse sentido, não há distinção entre justiça ideal e justiça real. O ideal de justiça é o cumprimento e satisfação de todo direito, que é exatamente a justiça real; o contrário é a injustiça.

Do que foi dito se deduz que a justiça não se refere à constituição do direito – não é a virtude, a ordem ou o valor da constituição do direito –, mas pressupõe o direito constituído, em relação ao qual atua a justiça.

c) Qual é, então, o ponto de partida da justiça? O ponto de partida é a existência dos direitos e a situação de interferência da qual podem ser objeto. Se em vez de direito falarmos de o seu de cada um, das coisas suas, tal ponto de partida pode se expressar deste modo: as coisas estão repartidas e estão ou podem estar em poder de outro. É, em suma, o mesmo ponto de partida do ofício de jurista.

As coisas estão repartidas (o que equivale a dizer que os direitos estão constituídos e estabelecidos). De fato, para que se possa falar de "o seu" – o que é igual a o meu ou a o teu –, é preciso que as coisas estejam atribuídas a diferentes sujeitos. Quando tudo é de todos ou nada é de ninguém, não há o meu, o teu ou o seu. Portanto, se o pressuposto da justiça é que existe o seu, seu ponto de partida é que as coisas estejam repartidas. Do que se deduz que a justiça não é virtude da repartição das coisas, mas do respeito à repartição estabelecida.

Falamos de repartição em um sentido genérico, como atribuição das coisas a diferentes sujeitos. Observe-se que todo direito traz consigo uma atribuição e, nesse sentido, implica uma repartição. Quando se fala, por exemplo, do direito à vida, esse direito supõe uma exclusividade de atribuição jurídica da vida à pessoa, pois quer dizer que ninguém pode dispor da vida do outro; tal atribuição é óbvia no direito de propriedade, mas também é, de acordo com diferentes formas de atribuição, nos demais direitos. Acontece o mesmo com a justiça legal. A obrigação de obedecer à lei implica uma distinção de funções – legislador e súditos – e o direito da sociedade a que as normas sejam cumpridas.

As coisas estão ou podem estar em poder de outro. É o segundo aspecto do ponto de partida (o que equivale a que os direitos podem ser afetados). Tão óbvio quanto o anterior, nesse aspecto do ponto de partida consiste o âmago do que significa "dar" ou *tribuere*. A ação justa é gerada na hipótese de uma alteração ou potencial alteração na ocupação, no uso e gozo da coisa, uma interferência ou possível interferência na posse e gozo dos direitos. O ato da justiça respeita ou restabelece ao titular seu direito, respeita ou restabelece a ocupação, o uso e gozo da coisa que tem razão de direito. Dado que a justiça pressupõe o direito constituído, a ação de dar o seu – ou seu direito – pressupõe a existência de uma alteração, atual ou potencial, na devida relação de fato entre a coisa que é direito e seu titular, de modo que a razão de direito postula o respeito ou restabelecimento da situação devida[107].

d) Para restabelecer e manter a ordem social justa se requer, no que cabe aos homens, *querer* e *saber*. Por um lado, saber, conhecer quais são os direitos de cada um; e, por outro lado, é necessário querer. Pois bem, a justiça está relacionada ao querer. De fato, como já destacamos repetidamente, não chamamos justo ao que sabe de leis ou ao que conhece os direitos, mas ao que cumpre as leis e respeita e satisfaz os direitos. A justiça não pertence à ordem do saber, mas à ordem do querer; pertence ao apetite racional, que é a vontade. Nem pode ser de outro jeito, porque a justiça se relaciona ao agir, à ação justa, como princípio e motor dela. A justiça é, portanto, um hábito ou virtude da vontade.

Talvez não seja melhor dizer que a justiça é uma *emoção*, uma reação emotiva? Isso poderia ser deduzido do emotivismo ético, corrente de filosofia moral que entende as virtudes como reações emotivas. Em parte, Ross também defende isso, no trecho citado, quando afirma que falar de lei injusta é produto de uma emoção. Porém, isso não tem fundamento. As emoções são reações do apetite sensitivo – a sensibilidade –, e a ação justa – para a qual se direciona a justiça – é um ato de vontade; é óbvio que pagar uma dívida ou respeitar a vida ou bens alheios não é uma emoção, mas um ato voluntário. Porque a ação justa – e com ela a justiça – requer como pressuposto um conhecimento racional, visto que se fundamenta no conhecimento da lei e do direito, que é coisa da razão e não da sensação ou percepção pela sensibilidade. Isso posto, se o saber que o ato justo requer é racional, o que se move e realiza por ele é o apetite racional, isto é, a vontade. E, se a ação justa é um ato voluntário, o hábito correspondente, a justiça, é inerente à vontade. Logo, a justiça é um hábito da vontade[108].

---

107. Sobre o ponto de partida da justiça, pode-se ver J. HERVADA, *Introducción crítica al Derecho Natural*, cit., pp. 23 ss.

108. Ver, nesse sentido, as palavras de Tomás de Aquino, *Summa Theologica*, II-II, q. 58, a. 4: "Sujeito da virtude é aquela potência para cujo ato se orienta a virtude para retificá-lo. Porém, a justiça não se orienta para conduzir algum ato cognoscitivo, pois não somos chamados de justos porque conhecemos algo com retidão. E, portanto, o sujeito da justiça não é o entendimento ou a razão, que é potência cognoscitiva. Somos chamados de justos pelo fato de realizarmos algo com retidão; e, então, o princípio próximo do ato é a força do apetite, é necessário que a justiça esteja em uma faculdade do apetite, como em seu sujeito. Há, contudo, um duplo apetite, a saber: a vontade, que consiste na razão, e o apetite sensitivo, conseqüente à apreensão do sentido, o qual se divide em irascível e concupiscível, de acordo com o que foi exposto. Mas dar a cada um o seu não pode se originar do apetite sensitivo, porque a percepção sensitiva não se estende até poder considerar a relação de uma coisa com outra, pois isso é próprio da razão. Por isso, a justiça não pode consistir no irascível ou no concupiscível, e sim apenas na vontade; daí Aristóteles definir a justiça pelo ato da vontade, segundo o que foi dito."

Observa-se a mesma coisa considerando o oposto, que é a injustiça. É princípio elementar que o ato injusto é um ato voluntário. Só quando se é injusto mediante atos voluntários há injustiça formal. Portanto, se a injustiça é coisa da vontade, a justiça também é.

Outra coisa diferente é a percepção da injustiça, que é necessariamente um conhecimento racional, vir acompanhada às vezes de uma reação emotiva.

e) Visto que a justiça tende a dar a cada um o seu, e esse dar o seu é o certo, fica evidente que a retidão da justiça – o que a torna virtude – é justamente dar o seu. Nisso consiste a retidão própria da justiça. Então, a harmonia ou retidão objetiva da ação justa não reside tanto na intenção reta quanto na objetividade do dado. De fato, a finalidade da justiça é a ordem justa, pois a justiça é a virtude de construir essa ordem; mas trata-se de uma ordem objetiva, que se consegue quando cada um tem o seu; por conseqüência, o que mede a retidão ou harmonia da ação justa – e portanto da justiça – é a objetividade de dar precisamente o seu a cada um[109]. Daí que o problema principal da justiça consiste na determinação de "o seu" de cada um[110].

A justiça é a virtude da ordem justa e, portanto, da ordem social. Nesse sentido, é uma virtude com finalidade *social*. O que se quer dizer com isso? Fundamentalmente se quer dizer que, embora seja uma virtude pessoal, seu objetivo direto – e portanto a origem de seu caráter virtuoso – é a correta relação de cada pessoa ou instituição com o seu. O fim da ação da virtude da justiça não é a subjetividade do eu ou do outro, e sim a objetividade da ordem justa[111]. Se a justiça é virtude, é enquanto a ordem justa é um bem humano, ou seja, corresponde à ordem da pessoa humana e à ordem da sociedade, a qual é expansão natural de uma dimensão da pessoa humana; por conseqüência, a ordem justa pertence à esfera de realização – aperfeiçoamento pessoal – da pessoa. Do que foi dito conclui-se que a *intenciona-*

---

109. A esse respeito, vale o que escreve TOMÁS DE AQUINO, *Summa Theologica*, II-II, q. 58, a. 10 c. e ad 1: "De acordo com o exposto acima, as outras virtudes morais têm por objeto principalmente as paixões, cuja retificação não é considerada senão em relação ao próprio homem, de quem são as paixões, à medida que se irrita ou deseja como deve, segundo as diversas circunstâncias. E, portanto, o meio de tais virtudes não é determinado pela proporção de uma coisa com a outra, e sim apenas em relação ao próprio sujeito virtuoso. Por isso, nessas virtudes o meio é unicamente racional e relacionado a nós. Porém, a matéria da justiça é a operação exterior, enquanto essa mesma, ou a coisa de que se faz uso, tem em relação a outra pessoa a devida proporção. E, por conseqüência, o meio da justiça consiste em certa igualdade da proporção da coisa exterior com a pessoa exterior. Assim, o igual é realmente o meio entre o maior e o menor, como Aristóteles ensina. Logo, na justiça há um meio real... Esse meio objetivo também é meio racional e, portanto, na justiça cumpre-se a razão de virtude moral."

110. Como o seu de cada um é seu direito, os problemas da justiça são mais do direito do que da própria justiça. Mais importante e decisiva que a teoria da justiça é a teoria do direito ou, mais exatamente, a teoria dos direitos.

111. Cf. TOMÁS DE AQUINO, *Summa Theologica*, II-II, q. 58, a. 11: "Segundo o que já foi exposto, a matéria da justiça é a operação exterior, enquanto essa mesma, ou a coisa que por ela usamos, é proporcionada a outra pessoa, à qual somos orientados pela justiça."

lidade da justiça – aquilo a que se dirige – não consiste no bem subjetivo próprio ou alheio, e sim no bem objetivo que representa a ordem justa. Daí que a retidão da justiça e da ação justa seja medida pela consecução efetiva da ordem justa[112].

f) Dado que a justiça consiste na virtude de dar aos demais o seu, é óbvio que a justiça tem como característica a *alteridade*, ou seja, ser virtude de uma relação social, relacionar com o outro. O que se quer dizer com isso? Significa fundamentalmente que o que tem razão de bem e de reto – o virtuoso – é o equilíbrio ou harmonia – proporção – entre dois ou mais sujeitos, isto é, a harmonia entre pessoas, que está determinada pela proporção das pessoas em relação a uma coisa: que seja dado justamente o direito do outro[113]. A justiça tem por objetivo o outro, de acordo com uma relação de proporção ou harmonia, que é igualdade, como se verá adiante ao falar do direito.

No entanto, é preciso avaliar de que modo a justiça tem por objetivo o outro. Não é como a liberalidade ou o amor que se enquadram em relações eu-tu, direcionadas para a subjetividade do outro; a justiça se direciona para o outro no que respeita à sua condição de titular de coisas suas para estabelecer ou restabelecer a ordem justa[114]. Por isso, o que importa na justiça é a vontade de implantação da ordem justa, não a afeição ou o ânimo com que se considera o outro; ou seja, a relação entre as subjetividades das partes não intervém.[115]

g) Esse tipo de especificações tem importância porque, entre outras coisas, permite o aparecimento do ofício de jurista como diferente do moralista. O ofício de jurista está relacionado com a virtude da justiça, porém sua missão não é a do moralista, porque não é próprio dele o dinamismo ético da justiça (o aperfeiçoamento pessoal de quem realiza a justiça), e sim o dinamismo social e objetivo da justiça (a

---

112. Como diz T. D. Casares: "A virtude da justiça deve ser julgada não pela perfeição que atinge no sujeito internamente, mas pela perfeição que estabelece na relação jurídica." *La justicia y el derecho*, 3.ª ed., Buenos Aires, 1974, p. 19.
113. Cf. TOMÁS DE AQUINO, *Summa Theologica*, II-II, q. 58, a. 10.
114. "E, portanto, como a justiça se direciona para o outro, não tem por objeto toda a matéria da virtude moral, mas apenas as ações e coisas exteriores, de acordo com certa razão especial do objeto, isto é, enquanto por elas um homem se coordenar com outro." TOMÁS DE AQUINO, *Summa Theologica*, II-II, q. 58, a. 8.
115. "Por consequência, é dado o nome de justo àquilo que, realizando a retidão da justiça, é o objetivo do ato dessa, mesmo sem considerar como o agente o executa (*etiam non considerato qualiter ab agente fiat*), enquanto nas demais virtudes não se classifica a retidão de algo senão levando em conta como o agente o faz". TOMÁS DE AQUINO, *Summa Theologica*, II-II, q. 57, a. 1. Sobre esse assunto, Cayetano comenta que há uma essencial diferença entre a retidão segundo a justiça e a retidão segundo as demais virtudes. Assim, por exemplo, ao devolver tal quantia de dinheiro ao credor, o justo não varia porque se devolve por ódio, inveja ou arrogância, pois o que se dá é justamente o que se deve. Em outras virtudes, por outro lado, como a temperança, consideram-se tais coisas, por exemplo, quando se é sóbrio por avareza, por respeitos humanos etc. *Sancti Thomae Aquinatis opera omnia iussu impensaque Leonis XIII edita cum commentariis Thomae de Vio Caietani*, IX, Roma, 1897, p. 4.

implantação da ordem justa), que tem um aspecto técnico (dar efetivamente a cada um o seu). Em relação a esse aspecto técnico age o jurista.

h) Um fato peculiar da ordem jurídica é que nela intervêm, como sujeitos da ação justa, não só pessoas físicas (o homem individualmente considerado), mas também as coletividades, as pessoas jurídicas ou morais. Em que sentido se pode falar de virtude da justiça no que se refere a essas últimas pessoas e em que sentido são aplicáveis a elas as conseqüências do que é e representa a justiça?

Ao falar da virtude da justiça menciona-se o homem, não as instituições, embora não falte, excepcionalmente, alguma alusão à virtude das instituições[116]. Propriamente falando, as virtudes são qualidades pessoais do homem, e, com efeito, a justiça é um hábito da vontade. Além disso, a ordem moral é ordem pessoal do homem e, portanto, como as virtudes pertencem à ordem ética, toda virtude é sempre declarável sobre a pessoa humana. Os atos das virtudes são atos das pessoas, não das instituições. A temperança, a valentia, a prudência etc. são qualidades próprias das pessoas, e só essas são sujeitos dos atos correspondentes.

Tudo isso é verdade, porém não se deve esquecer que a virtude da justiça apresenta uma peculiaridade: o ato da justiça pode ter por sujeito uma instituição. Isso é algo comum na vida jurídica: o pagamento do preço estipulado, a devolução de um depósito, a entrega da mercadoria combinada etc. podem ter por sujeito uma pessoa jurídica. Certamente, atrás das instituições estão as pessoas, mas não é menos verdade que o sujeito de atribuição do ato é a pessoa jurídica ou moral. Assim, por exemplo, no caso de execução forçosa de uma dívida, serão embargados os bens da pessoa moral, mas não os das pessoas físicas que a compuserem.

A pessoa moral atua na vida jurídica como sujeito da ação justa, e a ela é atribuída uma vontade (atos da pessoa moral). Portanto, a justiça é declarável sobre ela. Naturalmente, trata-se de uma declaração analógica, como é analógica a vontade da pessoa moral e sua condição de sujeito de um ato. Porém, nessa linha de declaração analógica, cabe falar da justiça das pessoas morais, embora, decididamente, o que se quer destacar com isso seja a reta disposição dos órgãos da pessoa jurídica em cumprir com os deveres de justiça.

i) Tudo isso evidencia que a justiça é uma virtude *objetivável*, ou seja, que pode ser vista – metodologicamente entendida – em seu aspecto técnico, abstraindo sua medula ética, como disposição para a implantação da ordem justa. Abstraindo a subjetividade ética da justiça, essa fica como disposição dos sujeitos da ordem social à ação justa, ligando-se assim com o ofício de jurista. Fica como pressuposto da ordem jurídica e nesse sentido interessa à filosofia do direito.

---

116. Cf. J. RAWLS, *Justicia como equidad*, cit., pp. 18 s. O autor parece falar de virtude em um sentido amplo, para se referir a qualidades (modernas, eficientes etc.).

8. O CENTRO DE INTERESSE: A AÇÃO JUSTA. Em relação ao que foi dito por último, cabe fazer as seguintes observações. A ciência ou arte do jurista é uma ciência social, dizíamos. Sua finalidade suprema é aquela ordem ou harmonia da vida social – a ordem justa – que consiste em que cada qual tenha o uso e gozo pacífico de o seu. E seu fim próprio e específico – seu objeto – é o seu de cada um, que é o que diz e declara. Há, pois, uma coincidência de objetos entre o saber jurídico e a virtude da justiça: em ambos os casos, o objeto próprio e específico é o seu. Já dizíamos que, no que se refere à necessidade de dar a cada um o seu, era preciso distinguir entre o querer e o saber. Os dois, no entanto, têm o mesmo objeto: trata-se de saber o que a vontade deve querer. Nesse sentido, embora a justiça não seja a virtude específica do jurista – para ele é um pressuposto –, a coincidência de objeto e a relação entre arte do jurista e virtude da justiça – saber para a justiça – supõem, como dissemos, a necessidade de estudar a justiça dentro da filosofia do direito.

Porém, o fato de a arte do jurista ser uma ciência social implica que, ao chegar a esse ponto, avalie o que é que interessa propriamente ao jurista. Ser ciência social significa que a arte do jurista se interessa de modo primordial pela sociedade; o que constitui seu centro de interesse não é a retidão pessoal do homem justo, mas a objetiva retidão ou harmonia das relações sociais. O jurista não se interessa, então, de forma direta – interessa-lhe em todo caso como pressuposto – pela justiça enquanto é virtude pessoal do homem, e sim por seus resultados: o que lhe interessa é *a ação justa* ou ação de dar a cada um o seu. O que tem relação direta com a arte do jurista é a dinâmica da justiça. Isso quer dizer que o hábito ou virtude da justiça propriamente dita não é o que constitui aquilo com o que o saber jurídico se relaciona de maneira primordial, mas a ação justa. A virtude da justiça como tal só importa à filosofia jurídica enquanto serve para conhecer a ação justa.

9. A FÓRMULA DA AÇÃO JUSTA. Interessa agora, no que concerne a um melhor conhecimento da ação justa, analisar a fórmula com que se expressa: dar a cada um o seu, que é uma descrição do ato justo.

a) Sentido do verbo dar. a') A ação justa ou ato próprio da justiça foi designada pelos autores romanos como *tribuere*, o que traduzimos em castelhano por *dar*. O verbo utilizado tem um sentido muito genérico. Na realidade, não existe – pelo menos em latim e em castelhano – nenhum verbo que signifique todo o conjunto de ações específicas que se incluem no possível ato de justiça. O verbo que mais se aproxima é o restituir, e, sem dúvida, o ato específico da justiça pode ser denominado em alguns casos – e Tomás de Aquino[117] faz assim em relação à justiça comutativa – restituição. Porém, essa palavra também tem inconvenientes ao não mostrar suficientemente toda a abrangência da ação justa.

---

117. Cf. *Summa Theologica*, II-II, q. 62, a. 1.

b') A idéia que tem de expressar o verbo que designa o ato justo é a de uma ação em cuja virtude o seu de cada um é respeitado, ou, se passou ao poder de outro, é restituído ou restabelecido em sua primitiva posição. Vamos lembrar qual é o ponto de partida do ofício de jurista, que é o ponto de partida do fenômeno jurídico: as coisas estão repartidas e passam ou podem passar para a esfera de poder de pessoa diferente de seu titular. Isso posto, a ação justa sempre sucede ao fato de que a posse de o seu – seja pelo dinamismo das relações sociais, seja pela injustiça – esteja no âmbito de interferência dessa ocupação por outros. Se a interferência foi produzida, a ação justa consiste em restituir a coisa, em restabelecer ao titular da coisa a posição de ocupante real dela (ou, conforme o caso, de um valor equivalente). Vamos supor o caso mais simples do furto: o ato de justiça consiste em devolver a coisa a seu dono. Por outro lado, se um grupo de cidadãos se rebela contra o poder legítimo, o ato de justiça se cumpre com a sujeição ao poder. Em tais casos, restituir ou restabelecer designa com justeza a ação justa.

Há outras hipóteses nas quais os verbos restituir ou restabelecer são menos claros mas podem servir igualmente. Em uma compra e venda, à entrega da coisa segue-se um vazio no patrimônio do vendedor, que por contrato deve ser restabelecido pelo comprador mediante a entrega de uma coisa de valor equivalente: o dinheiro do preço. O pagamento restabelece ao vendedor a plena ocupação de seu patrimônio. Segundo o valor etimológico de restituir – *restituire*, restabelecer na posição original –, o pagamento é uma restituição, só que, de acordo com o uso atual, esse verbo é obsoleto e diríamos até inadequado. Em todo caso, o pagamento é uma ação justa, porque o preço, uma vez entregue a coisa, já é do vendedor, é o seu no sentido não de propriedade (que não adquire senão pelo efetivo recebimento do dinheiro), mas de coisa a ele devida.

Há ainda uma terceira suposição. A coisa não pode ser transferida para as mãos de outro, porém pode ser afetada, pode ser tirada ou lesada. Por exemplo, a vida. Nesse caso, dar ao outro o seu resolve-se no respeito. Aqui o respeito é concomitante à posse do bem, ao gozo do direito; e o verbo restituir não tem aplicação direta, porque não há alteração da situação ou posição da coisa em relação a seu titular. No entanto, o respeito à vida é um ato justo.

c') A variedade de formas que a ação justa pode adquirir obriga a utilizar para designá-la uma palavra bastante abrangente. Os romanos usaram *tribuere*, e em castelhano tradicionalmente se usa *dar*, verbo de significado muito amplo e, portanto, apto para o intuito de designar a ação justa. Com mais exatidão, podemos dizer que, ao designar a ação justa, dar significa toda aquela ação ou omissão em cuja virtude aquilo que é atribuído ou destinado a alguém permanece em sua esfera de poder ou passa a ficar. Significa, então, entregar, devolver, restituir, respeitar, obedecer etc.

d') Dizíamos antes – a propósito de Kelsen – que não se deve confundir a justiça com o que o Digesto denomina *iuris praeceptum*, embora seja atribuída aos dois a mesma fórmula: "suum cuique tribuere", dar a cada um o seu. O preceito é um juízo deontológico: "deve"; isso provém do direito – que é algo devido –, do que decorre um preceito: deve-se dar a cada um o seu. Dar tem de ser traduzido – na fórmula do *iuris praeceptum* – por deve-se dar.

Porém, essa versão – deve-se dar a cada um o seu – não é de nenhum modo aplicável à justiça. Já se observou que a justiça não é um juízo deontológico, nem de nenhuma outra espécie; não é um juízo de razão. É um hábito da vontade. A ação que é gerada da vontade justa ou ação justa pertence à ordem dos fatos; é um *agere*, um atuar. Por conseqüência, não pode ser designada por um enunciado preceptivo; o verbo que cabe a ela é o que designa um ato: dar.

É, de fato, o ato de justiça a ação de respeitar, entregar, restituir etc., de acordo com o que vimos. O ato justo é o cumprimento do dever jurídico, não esse dever. Portanto, pertence à ordem fáctica, dos fatos; é um *Sein*, não um *Sollen*.

Por uma metáfora, costuma-se falar de deveres próprios das virtudes: dever de justiça, dever de honradez, dever de religião. Mas é preciso advertir que se trata de uma metáfora. As virtudes não são juízos deontológicos, nem exigências do ser humano, e sim hábitos ou disposições das potências do homem, particularmente da razão e da vontade. Onde se manifestam, então, esses deveres que sem dúvida alguma existem? No direito e na lei, sejam da sociedade, sejam os inerentes à natureza humana. No que se refere ao direito e à lei, existe o hábito de sua satisfação e cumprimento, que é a virtude. No caso da justiça, o dever de justiça é o dever inerente ao direito. Uma coisa é a justiça e outra coisa é o *praeceptum iuris*; a justiça é diferente do direito e da norma. Como confundir uma disposição ou hábito da vontade com a norma ou a idéia de direito? Ao que é preciso acrescentar – como advertimos antes – que a justiça pertence à vontade, enquanto a norma é um ato de império da razão e a idéia de direito é um produto da razão.

e') Não faltaram, como vimos, os que criticaram o uso de *dar* para a fórmula da justiça, por entender que contém uma falsidade: se uma coisa é sua em relação a um sujeito, e lhe foi dada, ele já a tem; e se já a tem não é possível que lhe seja dada. Vimos isso em Kant; e Pieper[118], mesmo aceitando a fórmula, não deixa de falar de "fato estranho". Não há nada de estranho na fórmula – é de um realismo e de uma simplicidade categóricos –, nem esse argumento é nada mais que um sofisma, um jogo de palavras.

Tudo nasce do fato de não notar, insistimos, que a justiça – e portanto sua definição – surge ali onde, estando as coisas repartidas, estão em poder de pessoa diferente de seu titular. Uma coisa pode ser minha e ao mesmo tempo outra pessoa tê-la em seu poder. Isso é justamente o que dá origem à justiça. Algo tão simples e corriqueiro como um empréstimo amigável pode servir-nos de exemplo, além de

---

118. *Las virtudes fundamentales*, cit., p. 133.

tudo o que já dissemos antes. Se empresto meu carro a um amigo por uma tarde, durante aquelas horas o automóvel continua sendo meu e, ao mesmo tempo, saiu de minha esfera de ocupação para entrar e permanecer na esfera de ocupação do amigo. Terminado o prazo, é de justiça – o direito assim exige – que meu amigo me dê – me devolva – o carro. Uma coisa é ter juridicamente e outra é ter de fato. O ato de justiça aparece ali onde ter juridicamente uma coisa e tê-la de fato de uma forma ou de outra não coincidem. Não só é verdade que, sendo uma coisa de um sujeito (juridicamente), essa coisa possa ser dada a ele (de fato), como também que lhe seja dada precisamente porque é sua. O que foi dito: o argumento mencionado é um sofisma.

b) A expressão: a cada um. a') De acordo com a definição da justiça, a ação justa se direciona para dar o seu *a cada um* – o que serve para ressaltar uma característica do ofício de jurista. Aquilo que é próprio do jurista é o que chamamos justiça do caso concreto, por oposição à justiça do político, que seria a justiça do bem comum ou interesse geral (se é que tal justiça existe).

O que quer dizer *a cada um*? Cada um se opõe a conjunto ou grupo. A justiça não visa diretamente aos grupos ou conjuntos, mas a cada uma das pessoas, singulares ou coletivas. Vamos observar a atividade judicial. Não é próprio do juiz determinar normas sobre repartições de bens na comunidade política ou traçar programas de atuação para obter uma divisão mais justa e eqüitativa dos bens e dos encargos. Tal coisa é própria dos políticos e, em geral, das instituições sociais. O juiz, em um caso concreto, profere sentença em relação ao conflito exposto pelas partes: declara o que é seu de cada uma das partes do processo. Assim é a justiça dos juristas: a justiça do caso concreto. E essa é a atividade do jurista em geral. Sua missão é determinar o direito referente às pessoas ou instituições singulares. Por isso é muito próprio do jurista a solução de conflitos entre particulares, ou entre o Estado e os particulares. Não se trata de fazer justiça em geral, e sim de fazer justiça a cada pessoa ou instituição concretamente e em relação a todos e cada um de seus direitos. Isso decorre da natureza do direito; cada direito é igualmente devido a seu titular e, portanto, devem ser reconhecidos e respeitados todos os direitos de cada titular. Para isso é necessária uma organização social que leve a justiça a todos e em cada caso concreto: essa é a missão da corporação dos juristas. Tudo isso destaca um traço próprio do ofício de jurista. O ofício de jurista existe para fazer justiça a cada pessoa e em cada caso. Para o que é comum ou geral, já existem os políticos. O jurista existe para o caso concreto e singular, de modo que se consiga que todos e cada um vejam seu direito reconhecido. Essa ação de capilaridade para levar a justiça a todos e a cada um é típica do jurista.

b') A cada um. Tal traço salienta que a justiça, em qualquer uma de suas manifestações, requer o respeito do direito de todas e cada uma das pessoas. Uma justiça para a generalidade, a maioria, junto com o desprezo do direito da minoria, não é justiça: continua sendo injustiça e opressão. Quando muito, supõe a substituição de uma injustiça por outra de diferente tendência.

O justo é o que dá a cada homem, em sua singularidade, aquilo que lhe cabe. É o respeito ao direito de cada um e, portanto, de todos. Não é justiça essa justiça seletiva que tantas vezes vemos em nosso mundo. Por exemplo, a justiça de classe. Seus seguidores, para fazer justiça a uma classe social – p. ex., os camponeses, os oprimidos etc. –, não hesitam em lesar o direito – às vezes, direitos humanos elementares, como o direito à vida ou à liberdade – dos que, segundo eles, são um obstáculo a essa justiça de classe. Isso é política – e sem dúvida ilegítima –, mas não é justiça. A justiça é, nesse sentido, onicompreensiva e particularista ao mesmo tempo: a *todos* sem exceção e, portanto, a *cada um*.

Com isso, percebe-se que a tarefa de implantar a justiça é excessivamente exigente; não pode se conformar com generalidades ou com a maioria, deve chegar a cada um. Exatamente a essa intenção de chegar a cada um vincula-se a função social do jurista.

c') Dar a cada um o seu leva a dar a todos o seu. Isso é conseqüência do princípio de igualdade de todos os homens como sujeitos de direito e a correspondente igualdade na força de dívida – a igual exigibilidade, por conseguinte – de todo direito. Todos os homens, na balança da justiça, pesam igual como sujeitos de direito. Dado que a força do direito se origina na dignidade da pessoa humana, todo direito tem igual força, porque a dignidade fundamental de todos os homens – aquela na qual se assenta a condição de sujeito de direito – é igual em todos.

No que se refere ao direito, todos os homens valem a mesma coisa e seu direito tem idêntica força. Por isso, a justiça visa satisfazer o direito de todos, chegando a cada um. Isso nos revela que o direito não é uma conseqüência do bem comum ou interesse geral, o que suporia a possibilidade de sua satisfação geral, mesmo que se produzissem fenômenos mais ou menos amplos de marginalização no gozo dos bens, conforme costuma ser freqüente nas medidas orientadas para o bem comum, como as medidas políticas. Por exemplo, uma medida econômica para sanear as estruturas produtivas, justificada pelo benefício geral que proporciona à sociedade, pode originar desemprego, que supõe um prejuízo para uma minoria de cidadãos. O prejuízo de uns poucos é justificado pelo bem comum e geral. Esse não é o caso do direito. Seu fundamento não é o bem comum, mas a dignidade de pessoa do homem. Por isso, a obra da justiça não consiste em medidas gerais, que podem produzir fenômenos de marginalização; consiste, sim, no respeito do direito – e de todos os direitos – a todos e a cada um dos homens e instituições portadoras de direitos.

Por isso, em relação à justiça, não cabe privilegiar determinados valores à custa do prejuízo de alguns direitos. Isso continua sendo injustiça.

d') Os fenômenos de marginalização que afetam verdadeiros direitos, sejam naturais, sejam positivos, constituem injustiças, pois supõem a negação ou a violação do direito. É próprio da justiça não admitir marginalizações, porque a especificidade dela é dar a cada um o seu, que é o que se exige pela natureza do direito. Por isso, enquanto existirem esses tipos de marginalização, haverá injustiça, o que revela algumas estruturas sociais injustas. A justiça chega a todos por igual e não faz acepção de pessoa.

A acepção de pessoa acontece quando no âmbito do direito são consideradas condições, situações ou relações da pessoa diferentes do estrito fato de ser titular do direito, para reconhecer-lhe ou para negar-lhe o direito. Pode-se dizer de modo adequado que a acepção de pessoa é a injustiça fundamental, pois é típico da justiça não considerar, no que se refere a dar a cada um o seu, senão o fato nu e cru de ser titular do direito e o igual reconhecimento de todo título de direito.

c) *Significado de o seu. a'*) Na definição da justiça e na fórmula do *iuris praeceptum* (o dever fundamental da ordem jurídica), o direito é designado com o termo genérico *suum*, o seu. Cabe agora expor algumas considerações em torno de tal expressão.

A primeira coisa que salta aos olhos é a multiformidade de o seu. Que algo é seu em relação ao titular nem sempre significa a mesma coisa; são muitas as maneiras que admitem declarar sobre alguém que uma coisa é sua. A plasticidade e a generalidade da fórmula com que se define a justiça é evidente, e nisso consiste sua virtude e sua capacidade de significar o direito e abranger tantas modalidades de direito quanto as que existem. Vamos observar uma expressão coloquial tão corriqueira como "vou para minha casa" ou outra semelhante como "meu domicílio". Um prédio, um apartamento é "minha casa", se nela estabeleci minha moradia e residência, independentemente de possuí-la como propriedade ou por aluguel. Em qualquer um dos dois casos é "minha casa" e nela tenho "meu domicílio". No entanto, a casa não é minha do mesmo modo nos dois casos citados, embora em qualquer um deles quem entrasse nela contra minha vontade cometeria uma invasão de domicílio. Por outro lado, quando falo "meu domicílio", o adjetivo "meu" tem um tom diferente de que quando falo "minha casa". Meu, teu e seu são palavras que, designando algo atribuído ao sujeito, admitem múltiplas formas de atribuição. Se pensarmos agora em um cargo, quando falamos de "seu cargo" o adjetivo denota outro modo de atribuição que "sua casa" ou "seu relógio".

Não se tem do mesmo modo uma casa e um cargo. Acontece igual se falamos do seu filho ou de sua esposa. Em todos os casos estamos usando com propriedade o termo "seu", e em todos os casos é diferente a forma com que a coisa é sua do titular. O seu denota uma relação de atribuição ou pertença, mas a atribuição ou a pertença admitem muitos modos. Portanto, o seu é expressão genérica e multiforme, que abrange todos os modos possíveis de declarar sobre algo atribuído a um sujeito. Compreende, então, todos os tipos possíveis de direitos (propriedade, arrendamento, jurisdição, competência, função etc.). Se, então, *o seu* é multiforme, qual é sua essência? O que unifica em uma mesma categoria tantas formas de o seu? O essencial é a atribuição com a força de dívida em sentido próprio e estrito, que é a mesma em todos os casos. O dever de pagar, por exemplo, tem igual força em um arrendamento e em uma compra e venda. Em todas as diversas formas de *o seu*, a força da atribuição é a mesma e, por conseqüência, a força da dívida é igual no que concerne à obrigação de dar.

O que significa, por fim, seu? Quer dizer uma atribuição exclusiva, que algo está destinado a um sujeito com exclusão dos demais, segundo diferentes modos de atribuição e pertencimento.

b') Em segundo lugar, o seu é uma coisa, como já se ressaltou tantas vezes nas linhas anteriores. O que produz a ação justa é uma coisa, aquilo que pertence ao titular por uma relação de atribuição. E o que a arte do jurista determina é essa coisa. Também aqui o termo usado não pode ser mais geral e onicompreensivo: coisa. Por que essa buscada generalidade, ao mesmo tempo que onicompreensão? Porque o que pode se constituir em direito é muito variado: matéria inerte – propriedades rurais, casas, objetos de arte, dinheiro, máquinas etc. –, semoventes ou animais, coisas incorpóreas – funções, cargos – e inclusive pessoas (o filho, a esposa etc.). Qualquer ente que possa estar atribuído a um titular – segundo a multiplicidade de formas de atribuição e pertencimento possíveis – constitui o seu do referido titular.

c') Precisamente por sua índole onicompreensiva, a palavra coisa abrange tudo o que é capaz de se constituir em direito, de igual forma quer se trate de coisas corpóreas, quer incorpóreas. De fato, ambos os tipos de coisas são capazes de ser atribuídas a um titular, sendo, por conseguinte, suas, seu direito. Então, o seu compreende igualmente coisas corpóreas e incorpóreas. Exemplos das primeiras podem ser uma propriedade rural, uma quantia de dinheiro etc. Exemplos das segundas podem ser um cargo ou função, uma procuração ou uma autorização para fazer.

O seu, ou seja, o direito, se estende a coisas tão díspares quanto um semovente, a vida ou a integridade física, a liberdade de consciência, uma atividade ou ação humana, como o trabalho, uma tarefa ou prestação de serviço etc. Tudo o que é capaz de atribuição com exclusividade e, portanto, capaz de se constituir como o seu de um titular é objeto da justiça, se entrar nas relações intersubjetivas, isto é, entre diferentes sujeitos.

d') Uma coisa digna de notar é que a definição de justiça – da ação justa – e a fórmula do dever fundamental da ordem jurídica não dizem que é preciso dar a todos a mesma coisa, mas que é preciso dar a cada um o seu. A justiça não consiste – e é fundamental levar isso em conta – em dar a mesma coisa, e sim em dar o seu. Quando se diz que o próprio da justiça é dar a todos a mesma coisa, acaba-se caindo em uma falácia: confundir a ação de repartir com a ação justa.

É possível – não é o momento de entrar na questão – que os bens e os encargos devam ser repartidos em igual medida para todos. Supondo que isso seja possível – o que é supor demais, já que essa suposição beira a utopia (a absoluta igualdade é rigorosamente impossível, dada a diversidade de condições e situações em que o homem se encontra) –, tal igualação é declarada sobre o ato de repartir; porém isso não é o que corresponde à ação justa – à justiça –, pois essa ação pressupõe, dissemos isso, que as coisas estão repartidas. A ação justa é conseqüente à repartição já feita. Quando as coisas estão repartidas e existe o meu, o teu, é que, se as coisas saírem ou puderem sair da esfera de domínio do titular, intervém a justiça. Portanto, a fórmula da justiça deve dizer "o seu" e não "a mesma coisa".

Podemos supor que é preciso dar a todos a mesma coisa, porque – e em muitos casos é assim – todos têm direito igual, ou seja, porque o seu de cada um equivale a o seu dos demais: em tal hipótese, o justo é dar a todos a mesma coisa. É verdade que é assim, mas observe-se que a todos é dada a mesma coisa porque é o seu, não ao contrário. Portanto, continua sendo verdade que a fórmula exata da justiça e da ação justa é dar a cada um o seu e não dar a todos a mesma coisa.

O que acabamos de dizer salienta a falácia do igualitarismo, ao afirmar que dar a todos a mesma coisa é próprio e conatural à justiça. Ou, o que dá na mesma, que a justiça consiste no igualamento. Há aqui um erro sutil. Certamente a justiça tem uma dimensão inerente de igualdade: trata todos por igual, sem discriminação ou acepção de pessoa. Porém, essa igualdade não está no que dá, mas em como dá. A justiça trata todos por igual porque trata todos do mesmo modo: dá o mesmo e idêntico tratamento a todos os titulares do direito, e toda titularidade tem a mesma força. Em outras palavras: reconhece que todos os homens são iguais como sujeitos de direito.

Porém, a repartição igualitária não é questão de justiça, e sim de algo que a precede: ou a natureza – a condição humana – ou uma decisão política da sociedade. Se a exigência de igualação é considerada antecedente à decisão política da sociedade, então necessariamente chega-se à natureza humana. O que acontece, então, com o igualitarismo moderno que torna sua a expressão de Sartre: "il n'y a pas de nature humaine"[119]? Ocorre que a invocação à justiça é um mascaramento da natureza – do direito natural –, um mascaramento que não se sustenta porque subverte a própria noção de justiça.

10. A AÇÃO JUSTA COMO ATO SECUNDÁRIO. *a*) Pela própria definição da justiça e da ação justa, percebe-se um axioma fundamental – ao qual já nos referimos – para entender essa virtude e essa ação. Esse axioma pode ser enunciado assim: a justiça e a ação justa sucedem ao direito; ou também: o direito preexiste à justiça e à ação justa[120]. Em outras palavras, o ato da justiça ou ação justa é um *ato secundário*, para seguir a terminologia de Pieper[121].

---

119. *L'existencialisme est un humanisme*, Paris, 1946, p. 22.
120. Ver TOMÁS DE AQUINO, *Summa contra Gentiles*, II, 28.
121. *Las virtudes fundamentales*, cit., p. 89.

b) O que quer dizer ato secundário? Quer dizer que a ação justa pressupõe o ato de constituição do direito, o qual, em relação à justiça, aparece como ato primeiro ou antecedente. É algo axiomático e evidente. Se o ato justo consiste em dar a cada um o seu, o que equivale a dizer seu direito, é óbvio que o direito preexiste ao ato justo. A ação justa acontece se – e somente se – existe um direito que tem de ser respeitado, se o titular tem algo seu que é preciso lhe dar. Já foi dito antes que o ponto de partida da justiça é que as coisas estejam repartidas. A repartição é, então, antecedente à justiça e à ação justa.

c) Isso tem como conseqüência que a repartição não é um ato da justiça. Não é próprio da justiça repartir os bens e os encargos. No entanto, sendo isso algo axiomático e evidente por si só, torna-se uma verdade sumamente obscura na mentalidade comum, que tem como mais verdadeiro que a justiça é virtude da repartição e, por conseguinte, que há repartições justas e injustas. A rigor isso é um erro; porém, como ocorre que nos erros comuns e mais difundidos costuma haver um ponto de verdade, impõe-se uma breve reflexão nesse sentido.

Repartir os bens e os encargos é, por si mesmo, um ato de domínio ou poderio. Só quem tem um domínio sobre os bens pode reparti-los, fazendo que os bens divididos passem a ser de outros. A repartição é um ato de domínio, porque é um ato de transferência de domínio. Em relação aos favorecidos pela repartição, as coisas repartidas não são suas antes da repartição, tornam-se suas pela concessão do domínio que a repartição outorga. Se um pai divide sua propriedade rural entre os filhos, antes da divisão e da repartição, as propriedades rurais resultantes ainda não são dos filhos. Se um órgão estatal, em um processo de reforma agrária, adquire um latifúndio e o divide em lotes que entrega aos novos colonos, é óbvio que antes da repartição os lotes não são seus em relação aos colonos. Não havendo o seu em relação aos beneficiários da repartição, este não é um ato de dar a cada um o seu e, portanto, não é um ato de justiça, é um ato de domínio. A repartição também pode ser um ato de poderio, como a repartição de cargas tributárias ou a atribuição de penas aos delitos. Ato de domínio ou poderio, mas não ato de justiça. É que a justiça não consiste em repartir, e sim em respeitar a repartição. A repartição já feita é o pressuposto da justiça.

d) No entanto, parece com igual evidência e clareza que existem repartições justas e injustas. Certamente, não se pode negar que há repartições justas e injustas e que, às vezes, a ação justa, a ação de dar a cada um o seu consiste em repartir bens e encargos. Isso é verdade; porém, é tão verdade quanto que, em tais casos, preexiste à repartição o direito dos destinatários da repartição à parte correspondente, o que supõe que essa repartição é uma repartição secundária ou conseqüente a uma primeira e original repartição, que constitui o direito. É o caso da repartição de uma herança feita pelo juiz ou pelo testamenteiro. Essa repartição aos herdeiros tem como antecedente a lei ou o testamento, os quais, uma vez morta a pessoa de quem provém o direito, são título de direito para os herdeiros em relação à herança jacente. A parte da herança que cabe ao herdeiro já é dele, falecida a pessoa de quem provém o direito, por título de lei ou de testamento embora ainda não esteja claro quais bens concretamente constituem sua parte. Determinar o seu do herdeiro – sua herança – é precisamente função do jurista. Nessas repartições secundárias – isto é, subseqüentes ao direito pré-constituído – intervém a justiça e há repartições justas e injustas.

e) Tudo isso ressalta que, se podemos falar da justiça em relação a algumas repartições e se existem repartições justas e injustas, é porque o direito antecede a essas repartições, são repartições secundárias. E se ocorrer que um direito positivo não antecede a essas repartições? Então, das duas uma: ou não é possível recorrer à justiça ou o que antecede é um direito natural. O que não cabe é, na ausência de um título de direito positivo, recorrer à justiça para uma repartição e, ao mesmo tempo, negar o direito natural. Isso é uma incongruência. A justiça não é questão de idéias ou ideais, e sim questão de direito realmente existente.

11. A JUSTIÇA GERAL E A JUSTIÇA PARTICULAR EM RELAÇÃO À ARTE DO JURISTA. *a*) Vimos em Aristóteles e Tomás de Aquino – muitos outros autores os seguem – a distinção entre justiça geral e justiça particular. Vamos ver agora que interesse pode ter essa distinção para o jurista – e, portanto, para a filosofia do direito – e de que modo deve ser feita essa distinção na perspectiva do jurista.

b) Dessa distinção ocupou-se Villey, que afirma que a justiça geral pertence à moral e não ao direito, de modo que não interessa diretamente ao jurista. A justiça própria do direito – e por conseqüência aquela que se refere ao ofício de jurista – seria a justiça particular.

De fato, segundo Villey, a justiça geral é a soma das virtudes e consiste no cumprimento da lei moral. Pertence, então, ao campo da ética, já que consiste na concordância da conduta de uma pessoa com a lei moral em sua integridade. As leis morais, embora afetem o direito e estejam relacionadas a ele, não são o direito e, por conseguinte, a justiça geral não é aquela justiça que tem relação direta com o jurista. A justiça particular, por outro lado, diz respeito à repartição de bens e, por isso, ocasiona o seu, o direito de cada um, quer se refira à distribuição de bens e encargos, quer às relações entre particulares; é, portanto, a justiça que está na base do direito, a justiça que tem relação com a arte do jurista[122].

c) Há nisso uma inexatidão no que se refere à justiça geral ou legal. Se na época anterior a Aristóteles confundiu-se a justiça geral com toda virtude ou soma de

---

122. Ver *Compendio de Filosofía del Derecho*, I, cit., pp. 73 ss.

virtudes e, decididamente, um pouco ou muito disso aconteceu na Patrística e nos escritores da alta Idade Média, Aristóteles e sobretudo Tomás de Aquino não identificaram simplesmente a justiça geral com a soma das virtudes. Víamos uma exatidão importante no filósofo grego: a justiça geral compreende as virtudes enquanto se referem ao bem do outro e se direcionam para o bem da comunidade, ou seja, justiça é o bem político, que consiste no conveniente para a comunidade[123]. O que isso quer dizer é que a justiça geral refere-se à orientação das condutas para o bem comum; o que tem sim a ver com o ofício de jurista, porque a relação da pessoa com a comunidade política tem uma dimensão jurídica. Não é só moral, nesse ponto há direito.

Mais claro ainda é Tomás de Aquino. A justiça geral direciona a conduta da pessoa para o bem comum, e nisso consiste a essência de tal justiça enquanto justiça, visto que a justiça sempre se refere a outro. Por isso a justiça é uma virtude especial em sua essência, não toda virtude[124]. Agora, a orientação das condutas para o bem comum cabe às leis da comunidade, por isso a justiça geral consiste basicamente no cumprimento das leis, de onde vem para a justiça geral o nome de justiça legal[125]. Porém, as leis da comunidade política são direito, seu cumprimento é coisa que cabe ao ofício de jurista; donde se conclui que a justiça legal é uma parte da justiça que se refere à arte do jurista, de quem é muito própria a *interpretatio legum*, a interpretação das leis.

Quando dizemos que a justiça consiste no cumprimento e satisfação do direito, aí se inclui o cumprimento da ordem legal (a justiça legal); e, quando afirmamos que a ação justa consiste em dar a cada um o seu, com o seu queremos expressar também que cumprir as leis é dever do cidadão e direito da comunidade política, de modo que o cumprimento das leis é o seu da comunidade política em relação ao cidadão, o devido por esse à comunidade conforme o direito. Portanto, a justiça legal pertence à teoria da justiça e da ação justa, enquanto interessam ao jurista e à filosofia do direito.

d) Por outro lado, não tem interesse para o jurista – e correlativamente para a filosofia do direito – a dupla consideração da justiça: justiça legal e justiça particular. A discussão sobre se a justiça legal é uma virtude diferente da virtude cardeal

---

123. Cf. *Politica* [Política], III, 12, 1282 *b* e *Ethica Nicomachea*, V, 1, 1130 *a*.

124. "... do mesmo modo a justiça legal é virtude especial em sua essência, enquanto considera o bem comum como objeto próprio... Cada virtude, por sua própria essência, orienta seu ato para o próprio fim. Mas que o ato seja orientado para um fim superior, seja sempre, seja algumas vezes, isso não pertence à virtude por si mesma, mas sim é preciso que haja outra virtude superior pela qual o ato se oriente para aquele fim. E assim deve haver uma virtude superior que oriente todas as virtudes para o bem comum; essa é a justiça legal, que não se identifica em essência com toda virtude." *Summa Theologica*, II-II, q. 58 a. 6 c. e ad 4.

125. "E, visto que à lei cabe orientar para o bem comum, conforme o que foi exposto, conclui-se que tal justiça, denominada 'geral' no sentido expresso, é chamada 'justiça legal', isto é, pela qual o homem concorda com a lei que orienta os atos de todas as virtudes para o bem comum." *Summa Theologica*, II-II, q. 58 a. 5.

da justiça (que se limitaria à justiça particular)[126] não tem relevância para uma teoria da justiça e da ação justa na perspectiva do jurista. Pode ser que interesse à ética distinguir entre uma virtude geral, que direciona para as demais virtudes, e uma virtude particular, mas tudo isso é alheio ao interesse do jurista. Para a arte do jurista esses aspectos são indiferentes, pois nenhuma conseqüência jurídica – nem substancial, nem metodológica – decorre deles; e, como cada ciência conceitualiza conforme sua perspectiva, em filosofia do direito impõe-se a consideração unitária: há uma justiça que é definida como a virtude de dar a cada um o seu.

e) Há interesse, pelo contrário, em distinguir entre o justo legal, o justo distributivo e o justo corretivo ou comutativo. No entanto, esse interesse se restringe ao critério diferente de determinação do igual como característica do justo, ou seja, do direito. Os três tipos do justo representam três modalidades das relações de justiça ou relações jurídicas em razão dos diversos critérios de igualdade[127]. Portanto, não interessam por si sós como possíveis tipos ou classes de justiça, mas como tipos do justo, do direito. Pertencem mais à teoria do direito que à teoria da justiça, por isso não tratamos deles nesta lição.

Bibliografia

VV.AA., *Social Justice*, Englewood Cliffs, N. J., 1962; VV.AA., *Justice*, ed. por E. Kamenka e A. E-S. Tay, London, 1979; E. R. AFTALIÓN, *La justicia y los otros valores jurídicos*, Buenos Aires, 1941; ARISTÓTELES, *Ética a Nicómaco*, livro V, ed. bilíngüe por M. Araujo e J. Marías, 3.ª ed., Madrid, 1981; M. ASCOLI, *La giustizia. Saggio di filosofia del diritto*, Padova, 1930; B. BIONDI, *Diritto e giustizia nel pensiero romano*, Milano, 1958; N. BOBBIO, *Teoria della giustizia*, Torino, 1953; E. BODENHEIMER, *Treatise on Justice*, New York, 1967; N. BOSCO, *Idea e concezioni della giustizia nelle civiltà occidentali*, I, *L'antichità*, Cuneo, 1968, reimpr., Torino, 1983; E. BRUNNER, *La justicia*, ed. castelhana, México, 1961; D. CAIAZZO, *L'idea di giustizia*, Roma, 1950; id., *L'idea di giustizia nel pensiero greco*, Roma, 1958; T. D. CASARES, *La justicia y el derecho*, 3.ª ed., Buenos Aires, 1974; J. CASTÁN, *La idea de justicia*, Madrid, 1968; F. D'ANTONIO, *Giustizia*, Firenze, 1938; G. DEL VECCHIO, *La giustizia*, 6.ª ed., Roma, 1959; B. DIFERNAN, *El concepto de derecho y justicia en los clásicos españoles del siglo XVI*, El Escorial, 1957; E. GARIN, *La giustizia*, Napoli, 1968; W. GOLDSCHMIDT, *La ciencia de la justicia (Dikelogía)*, Madrid, 1958; A. GÓMEZ-ROBLEDO, *Meditación sobre la justicia*, México, 1963; F. HEIDSIECK, *La*

---

126. Ver M. MOIX, op. cit., pp. 250 ss.
127. Embora Tomás de Aquino fale explicitamente de justiça distributiva e justiça comutativa, o caso é que Aristóteles escreve "o justo distributivo" e "o justo corretivo", referindo-se, portanto, não à justiça, mas ao direito. Por nosso lado, não vemos inconveniente especial na terminologia tomista, mas consideramos mais exata a aristotélica, pelo que foi dito no texto: o interesse dessa distinção consiste na determinação de "o igual", da igualdade, e isso é medida do direito. Em todo caso, não é correto traduzir os trechos aristotélicos, mudando o justo pela justiça, como fazem várias versões. Cf. M. VILLEY, op. cit., pp. 90 ss.; J. HERVADA, *Introducción crítica al Derecho Natural*, cit., pp. 53 ss.

vertu de la justice, Paris, 1959; H. KELSEN, *¿Qué es justicia?*, ed. castelhana, Barcelona, 1982 [trad. bras. *O que é justiça?*, São Paulo, Martins Fontes, 3.ª ed., 2001]; M. KRIELE, *Kriterien der Gerechtigkeit*, Berlin, 1963; J. R. LUCAS, *On Justice*, 2.ª ed., Oxford, 1989; H. MARCUS, *Metaphysik der Gerechtigkeit*, Basel, 1947; D. MILLER, *Social Justice*, Oxford, 1976; M. MOIX, *Díke. Nuevas perspectivas de la justicia clásica*, Madrid, 1968; R. MUNZEL, *Recht und Gerechtigkeit*, Köln, 1965; N. M. L. NATAN, *The Concept of Justice*, London, 1971; E. OPOCHER, verbete *Giustizia*, em "Enciclopedia del Diritto", XIX, pp. 557 ss.; CH. PERELMANN, *Justice et raison*, Bruxelles, 1963; G. PERTICONE, *La filosofia del diritto come filosofia della giustizia*, Roma, 1962; J. PIEPER, *Las virtudes fundamentales*, Madrid, 1976, *Justicia*, pp. 83. ss.; J. RAWLS, *Teoría de la justicia*, ed. castelhana, México, 1979 [trad. bras. *Uma teoria da justiça*, São Paulo, Martins Fontes, 5.ª ed., 2007]; id., *Justicia como equidad. Materiales para una teoría de la justicia*, ed. castelhana, Madrid, 1986 [trad. bras. *Justiça como eqüidade*, São Paulo, Martins Fontes, 2003]; F. SENN, *De la justice et du droit*, Paris, 1927; TOMÁS DE AQUINO, *Summa Theologica*, II-II, qq. 58 ss.

Lição VI
O direito

SUMÁRIO: 1. O conceito de direito. 2. Etimologia e definição nominal de direito. *a) Introdução. b) Etimologia de "ius". c) Etimologia da palavra direito. d) Origens indo-européias. e) Definição nominal de direito.* 3. As várias acepções da palavra direito. 4. O direito em sentido próprio e primário. 5. A definição de direito. 6. O direito objeto da justiça. 7. O direito como devido. A obrigatoriedade. 8. O título. 9. A medida. 10. O direito como o justo. 11. O direito como o igual. *a) A igualdade em geral. b) A igualdade fundamentadora. c) A igualdade no justo legal. d) A igualdade no justo corretivo-comutativo. e) A igualdade no justo distributivo.* 12. "Externidade". 13. Alteridade ou intersubjetividade. 14. O direito como relação. 15. O fundamento do direito. 16. Obrigação necessária e coatividade. 17. Direito e direito subjetivo. 18. A relação jurídica. 19. O sistema jurídico como sistema de deveres. 20. O eqüitativo e a eqüidade.

1. O CONCEITO DE DIREITO. *a)* O tema mais central da filosofia do direito é a resposta à pergunta: o que é o direito? Trata-se de identificar qual realidade merece o nome de direito em sentido próprio e estrito, e, uma vez identificada, considerá-la em sua mais íntima essência e em suas últimas causas. Dedicaremos agora nossa atenção a esse assunto central, como cabe depois da noção de justiça. Vamos, então, entrar na análise e exposição da noção ou conceito de direito.

E convém principalmente dizer algumas palavras sobre o próprio conceito de direito. Visto que se trata de captar aquelas marcas que convêm a todo direito existente – parte-se, então, da experiência jurídica –, o conceito de direito é um universal. Contém, portanto, aquelas marcas que são próprias de todo direito, em cuja virtude é precisamente direito a realidade que denominamos desse modo: nisso consiste um conceito universal. Com isso fica claro, desde o primeiro momento, que o conceito de direito não se realiza de modo predominante em um tipo ou classe de direito, e em conseqüência com menos força em outro tipo ou classe, mas sim que se realiza *igualmente* – do mesmo modo e com igual força – em todo direito, seja natural, seja positivo. Se é possível distinguir entre um direito natural e um direito positivo, nenhum desses tipos pode ser direito em sentido antonomástico ou direito em um grau maior que o outro, porque, se o conceito de direito é um universal, ele se realiza igualmente em toda realidade da qual se declara que é direito. Caso ocorresse que da noção de direito estabelecida se deduzisse uma gradação, tal noção não seria um verdadeiro universal e, por conseguinte, tratar-se-ia de um conceito mal construído.

b) O conceito de direito – acabamos de dizer – é um universal elaborado pela razão *a posteriori*, partindo da experiência. Com isso fica dito que não é uma idéia pura *a priori*, sem conteúdo ou sem outro conteúdo que o de pura razão. Para elaborar o conceito de direito, nossa mente parte da experiência particular, isto é, do conhecimento dos direitos existentes, dos quais por abstração separa as condições singulares de realização existencial e obtém os traços comuns universais. Nada mais longe, por conseguinte, do conceito de direito que ser uma idéia ou ideal, da qual participariam de modo mais ou menos pleno os direitos reais existentes. O conceito de direito provém da experiência – dos direitos existentes – por abstração e por isso encontra-se igualmente realizado em todo direito.

Pode-se perceber assim que a filosofia do direito não tem como função o estudo e elaboração de idéias puras ou noções formais *a priori*, mas que seu objeto de estudo é a realidade, a experiência jurídica, da qual abstrai os conceitos. Esses conceitos, embora sejam fruto da razão, têm um fundamento *in re*, isto é, expressam o universal realizado no particular existente. Os conceitos, então, são entes de razão, porém expressam uma realidade extramental.

c) Por ser um universal, o conceito de direito é metaempírico; penetra além do fenômeno jurídico, ultrapassando a experiência sensível – o que significa que o conceito de direito não se limita a ser a descrição de uma experiência[1]. Por isso mesmo, o conceito de direito é formado a partir de dimensões, aspectos e estruturas metafenomênicas do direito, nos quais residem os traços mais essenciais do direito. Do que se conclui que não basta aparecer um fenômeno com aparência de direito para que seja classificado de direito. Nem tudo o que aparece como direito é direito, mas apenas aquilo que realiza o conceito de direito, de acordo com o fenomênico e com o metaempírico. Nesse ponto consiste o erro fundamental do empirismo jurídico, no qual se baseia o positivismo: tudo o que aparece como direito, afirma, tudo o que empiricamente tem as características do fenômeno jurídico é direito. Isso não existe. A realidade é mais que o empírico, e o direito tem também uma dimensão metaempírica. E tem mais: a composição última e a íntima essência dos seres – e por isso do direito – são metaempíricas; conseqüentemente, o direito tem alguns traços essenciais metafenomênicos – abstraídos pela mente ao elaborar o conceito universal –, que podem não ocorrer em algum fenômeno que apareça

---

1. Kant, com razão, escreveu: "Uma teoria do Direito meramente empírica é, como a cabeça de madeira na fábula de Fedro, uma cabeça que pode ser muito linda, mas que não tem miolo." Op. cit., p. 79. Devemos acrescentar, no entanto, que se pode dizer o mesmo das noções meramente formais sem nenhuma referência à experiência: também não "têm miolo" – conteúdo real – as noções puras *a priori*.

como direito: nem tudo o que aparecer como direito será; só é direito aquela realidade à qual convém o conceito de direito.

d) Se "direito" é um conceito, é mais que um mero nome: expressa traços próprios de entidade comuns e universais de todo direito. Embora ente de razão, tem uma inerente referência à realidade: contém o comum universal do particular existente. Por isso seu estudo e análise não é só questão de estudo e análise da linguagem; "direito" não é simplesmente uma locução própria dos juristas. É mais que simples locução, é conceito que contém algo do real. Daí que seu estudo e análise seja, em suma, estudo e análise de uma realidade: a experiência jurídica.

2. ETIMOLOGIA E DEFINIÇÃO NOMINAL DE DIREITO. *a*) *Introdução. a'*) Para chegar à noção ou ao conceito de uma coisa, é recomendável às vezes começar pela etimologia e definição nominal da palavra que a significa. Por isso, antes de entrar no conceito de direito, exporemos a etimologia dos termos *ius* e *direito*, assim como sua definição nominal[2].

O estudo etimológico tem um valor que não se pode ignorar[3]. Por meio dele e do uso primitivo da palavra direito, podemos chegar à sua definição nominal. É verdade que a chamada definição nominal não expressa de modo preciso e científico a natureza da realidade definida (o que é próprio da definição real)[4], mas pode sim destacar qual é a idéia básica e nuclear que o homem quis expressar ao utilizar uma palavra. O nome tende a significar a realidade profunda de uma coisa ou suas características. Por meio de sua definição nominal, podemos chegar à captação nuclear que a humanidade teve dessa realidade que chamamos direito.

b') O termo *direito*, ao contrário de outras palavras castelhanas que têm grande semelhança com suas correspondentes latinas (mesa e *mensa*, mãe e *mater*), não apresenta essa correspondência com o vocábulo de idêntica significação em latim, pela qual pudesse ser explicada sua derivação por simples mudanças fonéticas. A palavra latina correspondente à nossa *direito* é *ius*[5]. E aqui aparece um fenômeno

---

2. As páginas que seguem são tiradas de M. SANCHO IZQUIERDO-J. HERVADA, *Compendio de Derecho Natural*, I, Pamplona, 1980, pp. 18 ss.
3. Sobre o valor da indagação etimológica, ver L. LACHANCE, *Le concept de droit selon Aristote et saint Thomas*, cit., pp. 29 ss.
4. A definição é a expressão breve e completa do que significa um vocábulo ou deve-se entender por uma coisa. A definição nominal tem por objeto demarcar o exato significado de um vocábulo; a definição real expressa a essência específica de uma coisa (Cf. W. BRUGGER, *Diccionario de Filosofía*, cit., p. 134). Assim, por exemplo, a definição nominal de lição é: ação de ler ou leitura; sua definição real, por outro lado, será: ensinamento oral que um professor transmite a seus alunos. A razão dessa aparente disparidade é dada a nós pela história. No começo da Universidade, os mestres seguiam o método da *lectio* ou *leitura*, que consistia em ir lendo passagens do texto que era objeto de estudo (os livros de leis, a obra de um autor etc.; daí a locução que ainda se usa: livro de texto) e fazer comentários sobre ele.
5. "Qualquer pessoa de cultura mediana sabe perfeitamente que o vocábulo latino *ius* e o castelhano *Direito* expressam a mesma idéia. Comprova-se com facilidade que sua sinonímia é absoluta nos dicionários,

que chamou a atenção dos estudiosos. Enquanto *ius* foi substituído por *direito*, as numerosas expressões derivadas – começando pelo adjetivo mais imediato e direto, aquele que significa o pertencente ao direito: *jurídico* – não procedem do vocábulo direito mas de *ius*, cujo radical conservam: jurídico, juiz, jurisdição, justiça, jurisprudência etc.[6]. Dado esse fato e não tendo relação semântica nossa palavra direito com a latina *ius*, a investigação etimológica tem de ser dupla.

c') A substituição de *ius* por direito não é um fato isolado da língua castelhana, mas comum a todas as línguas românicas: *droit* em francês, *diritto* em italiano, *direito* em português, *dret* em catalão, *dreptu* em romeno, *drech* em provençal. Por que se produz essa substituição na palavra principal *ius* e só nela, não em seus derivados? Embora não se tenha chegado, ainda, a um esclarecimento total, é mérito dos estudos mais recentes ter conseguido um princípio de explicação da substituição indicada e uma determinação verossímil do significado etimológico de *ius*[7].

b) Etimologia de "ius". a') Teorias antigas. Vamos expor antes de mais nada algumas etimologias hoje rejeitadas. Diversos autores, especialmente medievais, afirmavam que *ius* deriva de *iustitia* (justiça) ou de *iustum* (justo). Valiam-se, respectivamente, de dois conhecidos textos. Um de Ulpiano: "Iuri operam daturum prius nosse oportet, unde nomem iuris descendat. Est autem a Iustitia appellatum."[8] Outro de Santo Isidoro de Sevilha: "Ius autem dictum, quia iustum est."[9] Hoje, por outro lado – e isso já ressaltaram diversos autores há vários séculos, como Soto, Gregório López, Francisco de Toledo, Schmalzgrueber e outros –, há unanimidade em admitir justamente o contrário: *iustitia* e *iustum* derivam de *ius*. Essa segunda opi-

---

nos quais invariavelmente ao buscar o significado de *ius* encontra-se como equivalente 'Direito', e ao buscar o de *Direito*, encontra-se 'ius', sem que em nenhum caso seja formulada alguma observação ou se trate de avaliar o conceito. E mais, dentro das acepções jurídicas não se encontra nos dicionários nenhum outro sinônimo de Direito com o qual se possa traduzir *ius*, nem nenhum outro de *ius* para traduzir *Direito*. Pois, evidentemente, *mores, lex* ou *lei, consuetudo* ou *costume, foro* etc., que algumas vezes são empregados em lugar daqueles, não são rigorosamente sinônimos nem na língua latina nem na castelhana", A. GARCÍA-GALLO, *Ius y Derecho*, em "Anuario de Historia del Derecho Español", XXX, 1960, p. 5.

6. "Que *ius* não passasse à língua castelhana contrasta nitidamente com a sobrevivência de outros vocábulos latinos derivados dele, que foram e são de uso comum e constante em nossa língua: *iudicare* 'julgar', *iudicium* 'juízo', *iudex* 'juiz', *iurisdictio* 'jurisdição', *iustitia* 'justiça' e *iustum* 'justo'. E ainda é preciso destacar outro fato: que, apesar de ter sido substituído *ius* por *direito*, desse último vocábulo não derivou nenhum outro para expressar o mesmo que os derivados de *ius* que acabam de ser indicados; ou, se alguma vez surgiu, caiu logo em desuso. Isso ocorreu com *derechuría*, na acepção de 'Justiça', e com os adjetivos castelhanos *derecho* ou *derechurero* e o catalão *dreturer*, como sinônimos de 'justo, justiceiro, defensor do direito', que apareceram e morreram nos primeiro tempos das línguas românicas." A. GARCÍA GALLO, op. cit., pp. 6 s.

7. Ver, entre outros, W. CESARINI SFORZA, *"Ius" e "directum". Note sull'origine storica dell'idea di diritto*, Bologna, 1930; A. GARCÍA-GALLO, op. cit.; S. CRUZ, *Ius. Derectum (Directum)*, Coimbra, 1971; J. IGLESIAS, *Relectio del "Ius" al Derecho*, Madrid, 1968.

8. Quem vai se dedicar ao direito (*ius*), a primeira coisa que deve conhecer é de onde vem o nome. Pois é chamado assim da Justiça. D. 1, 1 pr.

9. O direito (*ius*) se chama assim porque é o justo (*iustum*). Etym., V, 3, 1.

nião é a mais firme filologicamente[10], já que é natural que a palavra derivada seja mais complexa que a primitiva[11].

Outros derivaram a citada palavra dos verbos *iubeo* (mandar)[12], *iuvo* (ajudar, proteger) ou *iugo* (jungir, unir, juntar). No entanto, essas etimologias apresentam a mesma dificuldade que a anterior. O que indicam de fato é uma certa afinidade de significados e provavelmente uma raiz comum. Essa raiz os autores buscaram em algumas raízes indo-européias. Dessa maneira Kuhn, Pictet e Litré interligaram a palavra *jus* com a saudação védica *yos* (saúde, salvação, proteção), que, por sua vez, vincula-se ao sânscrito *yaus*[13], enquanto outros tendem para a raiz sânscrita *yu* = *yug* – *yung* (unir, enlaçar, juntar)[14].

b') Significado do termo "ius". A primeira palavra latina para significar direito parece ser o termo *youes*[15], que posteriormente se encontra sob a forma de *ious*[16]. *Ius* já aparece na Lei das XII Tábuas[17] e data pelo menos do século V a.C.[18]. *Ius* signifi-

---

10. Sobre a etimologia que os juristas romanos apresentam, ver L. CECI, *Le etimologie dei giureconsulti romani*, reprod. Roma, 1966.
11. Fernández Galiano é dessa mesma opinião: "Mas essa tese não pode ser aceita, pois implicaria um fenômeno tão anômalo como o de obter um vocábulo simples a partir de outro composto; pelo contrário, é *iustitia* que deriva de *ius*, elemento que se une a *stare*, de modo que *iustitia* é um *estar no Direito*." *Derecho Natural. Introducción filosófica al Derecho*, 5.ª ed., Madrid, 1986, p. 67. Opinião que já se encontra em alguns dos autores mencionados: "Pois, pelo contrário, a palavra *iustitia* deriva a bem dizer de *ius*, já que os hábitos se especificam pelo objeto. Além disso porque, segundo as regras dos gramáticos, a palavra mais longa deriva da mais curta." DOMINGO DE SOTO, *De la Justicia y del Derecho en diez libros*, lib. III, q. I, a. 1., ed. bilíngüe do Instituto de Estudos Políticos, I, Madrid, 1967, p. 193.
12. P. ex., F. SUÁREZ, *Tratado de las Leyes y de Dios Legislador*, lib. I, cap. II, n. 1, ed. bilíngüe do Instituto de Estudos Políticos, I, Madrid, 1967, p. 10.
13. Cf. M. BREAL, *Sur l'origine des mots désignant le droit et la loi en latin*, em "Nouvelle Revue historique de droit français et étranger", VII, 1883, pp. 603 ss.; TH. MOMMSEN, *Römische Straatsrecht*, Leipzig, 1887, III, A, p. 310; F. BEDUSCHI, *Osservazioni sulla nozione originali di faz e di ius*, em "Rivista italiana per le scienze giuridiche", X, 1935, pp. 209 ss.
14. Cf. R. IHERING, *Des Geist des römischen Rechts*, Leipzig, 1891, n. 165; A. F. POTT, *Etymologische Forschungen aus dem Gebiete der Indo-Germanischen Sprachen*, Lengo, 1859, I. p. 213; A. WALDEN, *Lateinisches etymologisches Wörterbuch*, Heidelberg, 1910, verbete *Ius*; G. WISSOWA-A. KROLL, *Paulys Realencyclopädie der classischen Altertumswissenschaft*, Stuttgart, 1918, X, col. 1200, verbete *Ius*. Cf. A. VAN HOVE, *Prolegomena*, 2.ª ed., Mechliniae-Romae, 1945, pp. 4 e 5.
15. Cf. S. CRUZ, op. cit., p. 38. Ver também B. BIONDI, *Scritti giuridici*, I, Milano, 1965, p. 3. *Youes* quereria dizer, segundo alguns, "quod Jovis – forma arcaica de *Iuppiter* – iubet", o que viria a significar que a primitiva ordem jurídica romana era vista como um sistema de mandatos ao qual correspondia um sistema de obediência. Cf. P. DE FRANCISCI, *Primordia Civitatis*, Roma, 1959, pp. 199 ss.
16. "... in ious educito nomenque eius deferto". CORPUS INSCRIPTIONUM LATINORUM, 2.ª ed., I/2, *Lex Repetundarum*, XIX, p. 448. São usadas também as formas derivadas *ioudex* (XXXVIII), *ioudices* (cf. XXVI, XXVII, XXXVI e XXXVIII), *ioudicium* (XXX), assim como *iouret* (XXIII), *iouratoque* (XXI).
17. P. ex.: "Si in ius vocat, ito", Tab. I, 1. Cit. por S. CRUZ, op. cit., p. 39.
18. Para alguns autores, *ious* seria a forma arcaica de *ius*; assim, por exemplo, A. D'ORS, *Derecho Privado Romano*, 3.ª ed., Pamplona, 1977, p. 18. Outros, sem ser muito explícitos – p. ex., S. CRUZ, op. cit., p. 42 –, parecem dar a entender que *ious* é um derivado de *youes*, ao mesmo tempo que afirmam que *youes* e *ius* são duas palavras distintas com uma raiz indo-européia comum (*yeus*). Seja qual for a relação entre *youes* e *ius*, parece-nos inegável que *ious* é a forma arcaica de *ius*, por dois motivos: a) nos textos citados na nota 16 apa-

ca *o justo*, formulado pelos que sabem disso: os *iuris prudentes*[19]. Os juristas romanos concebem o *ius* como a disciplina do justo[20] e a *iuris prudentia* (jurisprudência ou ciência do direito) como a ciência do justo e do injusto[21], onde ciência (*scientia*) equivale a *ars* ou arte[22].

No princípio "o *ius* começa por estar em estreita relação com a religião, e fala-se de *ius divinum* para designar prescrições pertinentes aos ritos religiosos, dos quais os antigos juristas, que costumavam reservar para si ao mesmo tempo o cargo religioso de *pontífice*, se ocupavam especialmente [...]. A própria *auctoritas* dos juristas apóia-se na reverência religiosa"[23]. Baseando-se nesse caráter do primitivo *ius*, vários juristas e filósofos entendem que, por meio da forma arcaica *ious*, deriva de *Iovis*, nome que, por sua vez, é uma denominação primitiva de Júpiter, o deus que castiga o perjúrio[24]. A favor dessa etimologia está a palavra *iovestod*, que se encontra na mais antiga inscrição do Foro Romano com o significado de *iustum* ou justo. O *ius*, em sua estrutura original, teria um certo conteúdo ou sentido religioso, sobretudo em seus compostos *iurare* (jurar) e *iusiurandum* (juramento)[25], onde, de uma maneira ou de outra, há uma invocação aos deuses[26].

Apesar da relação com os ritos religiosos, o *ius* não se confunde com a religião, sendo uma ordem secular (amparada de alguma maneira pelos deuses). A consciência progressiva dessa secularidade do direito permitiu a formação do próprio *ius civile*[27]. Em outros termos, a palavra latina *ius* perdeu muito rapidamente seu sentido religioso, para significar "ordenamento *laico* (civil)", *ius* (*civile*), embora a palavra *civile* tivesse em seguida o significado de "o Direito próprio dos *cives* ou ci-

---

recem indistintamente formas derivadas de *ius* e de *ious*; assim *iudices* (XIX, XXIV, XXVIII) e *iudicium* (XXXIX) junto com *ioudices* e *ioudicium*; b) o mesmo ocorre com outras palavras como *iouret* e *iuraritque* (XXIV). Tudo isso dá a entender que *ius* é uma forma mais moderna de *ious*.

19. Cf. A. D'ORS, op. cit., p. 18.
20. "Ars boni et aequi" [*A arte do bom e do justo*], segundo a definição de Celso, D. 1, 1, 1 pr.
21. "Iuris prudentia est divinarum atque humanarum rerum notitia, iusti atque iniusti scientia." *A jurisprudência é conhecimento das coisas divinas e humanas, a ciência do justo e do injusto*, nas palavras de Ulpiano, D. 1, 1. 10, 2. Ver, sobre esse texto, F. SENN, *Les origines de la notion de jurisprudence*, Paris, 1926; S. CRUZ, *Direito Romano*, I, 2.ª ed., Coimbra, 1973, pp. 280 ss.
22. "Assim, de fato, o Direito romano foi se fixando em suas origens mediante decisões judiciais, ou pela *interpretatio*, mediante a qual os juristas fixavam, determinavam e desenvolviam os preceitos do *ius civile*, ou pelos editos com que os pretores se esforçavam em acomodar esse às novas situações. O Direito romano nasceu e se desenvolveu sempre em contato íntimo com a realidade, distante de toda abstração e generalização. Os juristas clássicos supunham que o Direito nasce da Justiça, e assim – embora com evidente erro terminológico – não só derivaram a palavra *ius* de *iustitia*, como conceberam o *ius* não como um conjunto de normas inspiradas naquela, mas precisamente como a arte ou técnica de realizar a justiça [...]. Isto é, uma arte, um modo ou uma técnica de realizar a Justiça, de concretizar em cada caso o que se deduzia dos preceitos dessas. A. GARCÍA-GALLO, op. cit., pp. 30 ss.
23. A. D'ORS, op. cit., pp. 19 ss.
24. Cf. A. D'ORS, op. cit. p. 18. B. BIONDI, *Scritti giuridici*, I, cit., pp. 3 e 4.
25. Ver A. PARIENTE, *Iurare*, em "Anuario de Historia del Derecho Español", XVII, 1946, pp. 991 ss.
26. Ver S. CRUZ, *Direito Romano*, cit., p. 19.
27. A. D'ORS, op. cit., p. 20.

dadãos", e, portanto, *ius civile* é o "Direito (laico) próprio dos cidadãos romanos"[28]. Embora *ius* significasse primariamente *o justo*, nem por isso deixou depois de significar também o aspecto normativo (ordenamento, norma) e talvez – é coisa discutida – o subjetivo (direito ou faculdade de alguém), ainda que esses sentidos se apresentem na noção romana do *ius* de um modo muito fluente e não como acepções claramente diferenciadas[29]. Em resumo, a palavra *ius* foi usada pelos juristas romanos, em especial de épocas relativamente tardias, em vários sentidos: normativo[30], talvez subjetivo (direito ou faculdade de alguém)[31], objetivo (a coisa ou realidade justa)[32] e como ciência[33]. *Ius* é, em suma, a posição justa[34], a ordem justa entre os cidadãos e também – enquanto ciência – a arte do justo.

c) Etimologia da palavra direito. a') Opinião comum. Vamos expor agora a etimologia da palavra *direito*. Segundo a opinião mais comum, a palavra direito deriva, como suas irmãs de outras línguas românicas, do particípio passado (*directum*, dirigido) do verbo latino *dirigere*, dirigir, composto da partícula *di* e do verbo *regere*, reger, governar (part. pas.: *rectum*)[35].

Segundo García-Gallo, *directus* (-a, -um) como particípio de *dirigere* (dirigido) e como adjetivo (reto ou severo, *direto* ou *direito*) foi empregado já na época clássica; por outro lado, não aparece como substantivo, nem nunca foi usado como sinônimo de direito no latim culto[36]. A sinonímia entre *directum* e direito (*ius*) é, então, um vulgarismo (isto é, foi produzida no latim vulgar) e teve de ser um fenômeno generalizado antes da desagregação do Império Romano, já que só nessa hipótese pode ser explicada sua generalização em todas as línguas românicas, tão distantes geograficamente como estão, por exemplo, Portugal e Romê-

---

28. S. CRUZ, *Direito Romano*, cit., p. 19.
29. A. D'ORS, op. cit., p. 21.
30. "Iuris praecepta sunt haec...", D. 1, 1, 10, 1; "Non ambigitur senatum ius facere posse", D. 1, 3, 9.
31. "Nemo plus iuris ad alium transferre potest, quam ipse haberet", D. 50, 17, 54. "Nullus videtur dolo facere, qui suo iure utitur", D. 50, 17, 55. O sentido subjetivo de *ius* não é, no entanto, claro, pois os textos que costumam ser apresentados podem ser interpretados igualmente em sentido objetivo (a coisa justa).
32. Aparece com freqüência nesse sentido nos textos romanos, onde se encontram expressões tais como *ius reddere, ius statuere* etc., p. ex., "ius fieri ex sententia iudicis", D. 5, 2, 17, 1.
33. Cf. notas 20 e 21. Sobre os diferentes sentidos de *ius*, ver S. CRUZ, *Direito Romano*, cit., pp. 21 ss.
34. Cf. A. D'ORS, op. cit., p. 21.
35. Raimundo de Miguel interliga esse verbo com o hebraico *raga*, que significa apascentar o gado. Esse significado de *raga* está relacionado – por transposição de sentido – com dirigir ou governar os povos. E assim foi comum entre os antigos habitantes do Oriente Médio – egípcios, fenícios, cananeus mesopotâmicos – chamar o rei de "Pastor" do povo – termo que também foi aplicado a certas divindades. Esse é o caso dos deuses Amon-Rê entre os egípcios, Tammuz entre os mesopotâmicos, Baal entre os cananeus etc. No povo judeu, Jeová é seu Pastor e igualmente os príncipes e governantes de Israel. O Pastor, por excelência, do povo escolhido é o Messias, que guardará e governará – apascentará – a nova Israel. Essa figura passou depois para a Igreja, cuja Hierarquia recebeu o nome de "pastores". Essa metáfora também é encontrada entre os antigos gregos: p. ex., nos relatos homéricos (*Ilíada*, II, 253; *Odisséia*, III, 156), em Platão (*A Rep.*, I, 343 b; I, 345 c; III 416 a; IV, 440 d) etc.
36. Op. cit., pp. 12 ss.

nia[37]; essa generalização prova que o uso de *directum* por direito, em vez de *ius*, era geral e diário antes da queda do Império. *Directum* diante de *ius* significa a lei como conjunto de normas de conduta; parece que nasceu na linguagem eclesiástica como tradução de Lei ou Caminho (reto) – segundo as conhecidas expressões do Velho e do Novo Testamento –, para passar a designar depois o direito vulgar ou popular do Baixo Império[38].

b') Direito como derivado de "derectum". Não faltam os que acreditam que a etimologia de direito é diferente. Para S. Cruz, essa palavra não viria do particípio de *dirigere*, mas de *derectum*, termo popular muito antigo na linguagem habitual, que significaria desde o princípio direito. *Derectum* seria uma palavra composta de *de-* e *rectum*. A partícula *de-* sugere a idéia de totalidade, perfeição, de modo que *derectum* quer dizer "muito reto", "totalmente reto". Proviria do símbolo da balança como representação da justiça[39]. *Derectum* significaria que o fiel da balança está completamente reto por pesarem igual os dois pratos (idéia de igualdade): *examen derectum*, fiel da balança (*examen*) reto (ereto). Essa palavra, a partir de uma época ainda não determinada, passaria a ser pronunciada *directum* e assim ficaria como forma erudita, sobrevivendo, no entanto, *derectum* como forma vulgar[40].

c') A substituição de "ius" por direito. Antes de terminar esse ponto, parece conveniente mencionar as razões da substituição de *ius* por *directum* ou *derectum*. São observadas duas opiniões entre os autores: 1.ª Para alguns, seria devido a uma "moralização" do direito e refletiria a idéia moralizante de que a conduta justa é aquela que segue o caminho reto. *Directum* significaria um direito informado por princípios cristãos, enquanto *ius* continuaria sendo um direito rígido, intransigente, um direito pagão[41]. Em outras palavras, *directum* – por oposição às leis imperiais com resquícios pagãos – significaria um direito de fundo religioso, carregado de moral e cristianizado; desse *directum* origina-se o direito dos povos de língua românica, do qual adotou o nome[42]. 2.ª Para García-Gallo, essa hipótese não satisfaz por duas razões. Em primeiro lugar, porque o *ius* romano nunca foi concebido como um ordenamento

---

37. Não parece, então, admissível a opinião de alguns autores, como Picard, que situam o aparecimento da sinonímia entre *directum* e direito na Idade Média. Cf. A. GARCÍA-GALLO, op. cit., p. 12.

38. Cf. A. GARCÍA-GALLO, op. cit., pp. 15 ss.

39. Sobre os símbolos do direito e da justiça pode-se ver, além do estudo de Cruz, repetidamente citado (pp. 21 ss), M. CHASSAN, *Essai sur la symbolique du droit*, Paris, 1947.

40. *Ius. Derectum*, cit., pp. 42 ss.

41. Cf. A. D'ORS, op. cit., p. 18; id., *Una introducción al estudio del Derecho*, Madrid, 1963, p. 11. Em sentido semelhante, Cesarini Sforza acredita que *directum* implicava em si mesmo um sentido ético que não se expressava necessariamente em *ius*. Por isso, quando o direito, sob a influência do cristianismo, se impregnou de valores éticos, a palavra *ius*, que não tinha expressividade para destacar esse aspecto, deixou de ser utilizada e em seu lugar foi empregada *directum*, que o realçava, op. cit., pp. 80 ss. Cf. A. GARCÍA-GALLO, op. cit., p. 25.

42. S. CRUZ, *Ius. Derectum*, cit., p. 58.

desligado dos princípios morais. Em segundo lugar, porque, se tivesse sido essa a razão, *directum*, na acepção de reto e justo, teria alcançado grande divulgação; e no entanto não foi assim. Foram precisamente as palavras *rectum* (reto), *iustum* (justo), *bonum* (bom) e *aequum* (eqüitativo) que se utilizaram na época pós-clássica para destacar a moralidade e sentido de justiça de uma norma, e as que do latim passaram às línguas românicas. Pelo contrário, *directum* não originou nessas línguas nenhum vocábulo que expressasse a retidão ou moralidade do direito. A substituição de *ius* por *directum* obedeceria ao fato de que essa última palavra indicava "uma ordenação de condutas" – o direito como sistema de normas – diante de *ius*, que sugeria a idéia de realização ativa, de formulação ou exposição das normas jurídicas: a *ars* ou técnica que haviam destacado os jurisconsultos ao defini-lo e caracterizá-lo. A população do Baixo Império já não via no *ius* uma arte ou uma técnica, como o antigo povo romano, que observava a tarefa diária dos juízes, pretores ou prudentes, resolvendo os problemas; só via um sistema de normas já constituído, pelo qual tinha de ser regido. Por outro lado, o *ius* era o direito dos juristas e dos legisladores; não o que o povo vivia e pelo qual era regido (o direito vulgar que mencionamos antes). Vinculados assim os vocábulos *ius* e *directum* a dois ordenamentos jurídicos diferentes, seu destino foi decidido pelo desses. Quando nos primeiros séculos da Idade Média o direito dos juristas e dos legisladores caiu em desuso, o vocábulo *directum* triunfou e se impôs, como o direito popular que designava[43].

d) *Origens indo-européias*. Tanto *ius* como *directum* têm uma remota origem indo-européia e se relacionam com as duas palavras mais antigas dessa origem que significam direito: *yeus* e *rek-to*[44]. Da primeira, surgiu *ius*; da segunda, nasceram os nomes germânicos e celtas: *Recht* (alemão), *Right* (inglês), *Ret* (escandinavo), *Rect* e *Reacht* (antigo e moderno irlandês), *Raihts* (gótico) e *Raith* (khimrico ou cimbro). E também o termo latino *rectum* e sua derivação *rectitudo*, cuja relação com *directum* já salientamos.

Na raiz de todas essas palavras encontramos sempre a mesma idéia: a ordem reta nas relações humanas.

e) *Definição nominal de direito*. Concluindo e considerando tanto a etimologia como o uso primitivo das palavras *ius* e *directum*, podemos estabelecer a definição nominal de direito como *o justo* e a *ordem social justa*.

---

43. Op. cit., pp. 40 ss.
44. Cf. G. DEVOTO, *Origini Indoeuropee*, Firenze, 1962, pp. 325 ss. Essas raízes expressam uma idéia comum: uma ordem de condutas retas ou justas ou o poder de estabelecê-la. Para alguns autores, a palavra direito recebeu influências celtas; como Corominas, *Diccionario crítico etimológico de la lengua castellana*, II, Madrid, 1954, 126, e Zimmerman, *Etymologisches Wörterbuch der lateinischen Sprache*, Berlin, 1915, 136, cits. por S. CRUZ, *Ius. Derectum*, cit., p. 19.

Duas idéias podem ser extraídas dessa exposição das origens da palavra direito. Em primeiro lugar, que a vida social não apresenta só situações que são aceitáveis como válidas apenas pelo fato de existirem. Desde as origens mais remotas percebe-se que os comportamentos e as relações sociais são avaliados em termos do que é lícito ou ordenado e do que é rejeitável. A exposição feita mostra a compreensão de que na vida social há comportamentos *retos* ou *justos* e comportamentos desviados ou injustos. A norma, a situação, a faculdade de fazer ou de exigir algo nas relações sociais não é o simples querer ou o simples fazer, mas aquilo que é reto ou justo; apenas o reto ou justo é propriamente a norma de conduta, a situação socialmente amparável (embora para isso se faça um ato de força), a faculdade de fazer ou de exigir. Precisamente isso que é o justo, o reto, é chamado de direito (o que é reto). Em segundo lugar, que o poder é igualmente uma função reta; existe o poder em função do reto, é a faculdade de conduzir por caminhos de retidão.

O que disso se afasta já não é o direito nem o genuíno poder; para essas situações apareceram outras palavras: injustiça e tirania.

3. AS VÁRIAS ACEPÇÕES DA PALAVRA DIREITO. *a*) Tanto *ius* como direito – e os vocábulos correspondentes em outras línguas – são termos polissêmicos[45] que de um sentido original e primário passaram a designar várias coisas relacionadas com o mundo do direito. Se se tratasse de um tema meramente erudito, deveríamos prescindir aqui desse fato, pois o que interessa não são os problemas de linguagem, mas determinar o conceito de direito. Porém, por trás desse tema lingüístico está latente outro que constitui o cerne da questão que nos ocupa: que coisa, qual realidade recebe o nome de direito em sentido próprio e primário. Direito em sentido próprio ou estrito é o justo, o socialmente correto, como em suma aparece na definição nominal, ou é outra coisa concernente às relações intersubjetivas ou sociais? Da resposta a essa pergunta depende o conceito de direito. Para chegar a esse ponto, vamos examinar antes as várias acepções do termo direito.

b) Uma primeira amostra da polissemia do termo direito – *ius* – é encontrada em D. 1, 1, 11, que inclui uma passagem de Paulo, em *Ad Sabinum*, e outra das *Institutiones* de Marciano: o direito se aplica ao que é bom e justo ou direito natural, ao direito civil, ao direito honorário, ao direito pretório, à relação de parentesco e, por metáfora, ao lugar ou sede onde se exerce a *iuris dictio*, onde se diz o direito, "ir ao *ius*" como atualmente se fala de "ir ao tribunal"[46]. Essa passagem do Digesto é

---

45. Cf. A. FERNÁNDEZ-GALIANO, *Derecho Natural*, cit., p. 69. Um antigo canonista já ressaltava isso: "*Jus* vocabulum est maxime *polysemon significatione varium*", J. L. SELVAGIO, *Institutionum canonicarum libri tres*, 2.ª ed. madrilena, Madrid, 1789, t. I, lib. I, p. 73.

46. "Ius pluribus modis dicitur: uno modo, cum id quod semper aequum ac bonum est ius dicitur, ut est ius naturale. altero modo, quod omnibus aut pluribus in quaque civitate utile est, ut est ius civile. nec minus ius recte apellatur in civitate nostra ius honorarium. praetor quoque ius reddere dicitur cum inique decernit, relatione scilicet facta non ad id quod ita praetor fecit, sed ad illud quod praetorem facere convenit. alia sig-

pouco significativa em relação ao tema do qual tratamos, mas pode ser considerada o princípio de outros posteriores – ou pelo menos os influenciou – que não têm importância.

c) Essa passagem do Digesto não gerou muito interesse entre os glosadores, comentadores e exegetas do *Corpus Iuris Civilis*, que ou deixaram de se referir a ela ou quase não fizeram outra coisa que transcrevê-la[47]. Contudo, merece ser citada a glosa de Placentino, que reduz os significados vistos a quatro: a ciência ou arte jurídicas, o bom e justo, o lugar ou sede e o parentesco, acrescentando a *potestas* ou poder e a ação[48].

d) Para nosso tema, tem interesse direto uma passagem de Tomás de Aquino, porque nela se ressalta que, entre as diversas acepções, há uma primigênia – direito em sentido próprio –, sendo as outras derivações dessa. O texto encontra-se na *Summa Theologica*, II-II, q. 57, a. 1 ad 1: "É freqüente que os nomes tenham sido desviados de sua primitiva designação, para significar outras coisas. O nome de 'medicina', por exemplo, foi usado primeiramente para designar o medicamento que se aplica ao enfermo para curá-lo; depois passou a significar a arte de curar. Dessa maneira também este vocábulo 'direito' foi empregado originalmente para significar a própria coisa justa. Porém, mais tarde, derivou para denominar a arte com que se discerne o que é o justo; depois, para designar o lugar onde se outorga o direito, como quando se diz que alguém 'comparece em direito'; finalmente, é chamada também direito a sentença dada por aquele a cujo ministério pertence administrar justiça, mesmo que o que resolver seja iníquo."

Não se menciona ainda o direito subjetivo – coisa que não surpreende conhecendo a história do aparecimento desse conceito –, mas pode chamar a atenção que não se inclua a lei, pois o próprio Tomás de Aquino usa algumas vezes *ius* para falar das leis, embora não seja pródigo nisso. Isso é explicado, no entanto, advertindo que o Aquinate trata em seguida de modo particular da lei, respondendo à ob-

---

nificatione ius dicitur locus in quo ius redditur, appellatione collata ab eo quod fit in eo ubi fit [...] Nonnumquam ius etiam pro necessitudine dicimus veluti 'est mihi ius cognationis vel adfinitatis.'" Sobre *ius* no sentido de sede ou lugar, podem ser observadas as expressões usadas por Plauto em algumas de suas comédias, o que mostra que eram expressões populares: *Persa*, IV, IX, 745: "age ambula in ius, leno"; *Poenulus*, V, IV, 1229: "ite in ius, ne moramini"; *idem*, V, VI, 1342: "leno, eamus in ius"; *Truculentus*, IV, 840: "eamus tu in ius". T. M. PLAUTUS, *Comoediae*, II, ed. W. M. Lindsay, SCBO, Oxonii, 1956.

47. Consultamos as obras de Azo, Acursio, Alciato, Baldo, Cujacio, Budé, Pierre de la Belleperche, Althusio e vários outros, sem resultado positivo ou especialmente significativo.

48. "Videamus itaque quot modis dicatur ius [...] Ius dicitur ars ista sicut iam dictum est. Ius dicitur de bono et aequo. Ius dicitur locus in quo iura reddunt. Ius quoque vocatur sanguinis necessitudo. Ius quoque dicitur potestas, ut cum dicitur, hic est sui iuris. Ius quoque dicitur instrumentum vel forma petendi ut actio est ius." *Summa institutionum*, De iustitia et iure, tit. I, ed. "Corpus Glossatorum Juris Civilis", Augustae Taurinorum, 1973. Observe-se que a *potestas* não é, ainda, o direito subjetivo; trata-se do poder ou *manus* sob o qual se acha ou não uma pessoa, em cuja virtude é *sui iuris* ou *alieni iuris*.

jeção de que o direito seria a lei e, portanto, não seria o objeto da justiça. A lei – esclarece Tomás de Aquino – não é o próprio direito – *ipsum ius* –, mas certa regra ou medida – *ratio* – do direito. O direito é, então, o justo, isto é, o *suum* (*ipsa res iusta* ou coisa justa) das definições romanas da justiça. A lei não é o direito, mas sua regra e, como dirão alguns comentaristas do Aquinate, sua causa[49].

Depois de Tomás de Aquino, cabe citar dois autores que dão duas acepções: como lei e como direito subjetivo. São Summenhart e Driedo, que mencionaremos adiante.

e) Em épocas posteriores, as diferentes acepções do direito foram incluídas em diversos autores da Segunda Escolástica, entre os quais vamos nos referir aos que consideramos mais interessantes.

Três são as acepções que Vitoria apresenta: o justo ou objeto da justiça, que é o sentido próprio, a arte ou ciência do direito e a lei, que é a regra do direito[50]. Em compensação, Soto admite só duas: o justo – o objeto da justiça – e a lei[51]. Por sua vez, Molina apresenta seis acepções, quatro principais e duas secundárias: o justo, a lei, a arte do direito, a faculdade ou poderio (direito subjetivo), a sentença dos juízes e tribunais e o lugar ou sede[52]. Podem-se notar três coisas em Molina: 1º) o claro aparecimento do direito subjetivo na relação das várias acepções; 2º) que o sentido primeiro de *ius* ou direito é o justo, do qual derivam os demais; e 3º) que estabelece a relação entre esses seis significados na ambigüidade: o vocábulo direito – *ius* – é ambíguo, afirma, o que quer dizer que tem significados completamente diferentes, aplicados a coisas não semelhantes, afirmação correta se as seis acepções são consideradas conjuntamente.

Suárez menciona detalhadamente todos os significados que foram aparecendo até agora, mas tem um traço original: interpreta o justo ou objeto da justiça como o direito subjetivo, que se transforma em seu pensamento no direito em sentido próprio e estrito[53]. É uma guinada no conceito de direito, à qual voltaremos adiante.

---

49. Ver, p. ex., F. DE VITORIA, *Comentarios a la Secunda Secundae de Santo Tomás*, In 2-2 de justitia, q. 57, a. 1, 7, ed. V. Beltrán de Heredia, III, Salamanca, 1934, p. 5.

50. "Quibus praenotatis dicimus: primo, quod jus capitur: uno modo proprie pro justo, id est pro eo quod justum est; et isto modo jus non est posterius justitia, id est jus non dicitur a justitia propter rationem supra positam. Alio modo capitur jus pro peritia artis juridicae, id est pro ipsa scientia; et isto modo jus est posterius justitia, id est dicitur a justitia, quia propterea student illi arti ut sciant jus, id est ut sint periti. Alio modo capitur jus pro lege ipsa; et isto modo est etiam posterius justitia, et per consequens jus a justitia illo modo derivatur." Op. e loc. cits.

51. *De la Justicia y el Derecho*, cit., lib. I, proem., ed. cit., p. 6.

52. *Los Seis Libros de la Justicia y el Derecho*, ed. de M. Fraga, I, 1, Madrid, 1941, pp. 133 ss. e 136. Cf. B. E. SOSA, *La noción de derecho en "Los Seis Libros de la Justicia y el Derecho" de Luis de Molina*, Pamplona, 1985, pp. 143 ss.

53. *Tratado de las Leyes e de Dios Legislador*, lib. I, cap. II, n.ºs 4 ss., ed. cit., pp. 11 ss.

f) A partir dos escolásticos espanhóis, as várias acepções de direito se encontram reunidas pelos canonistas com certa freqüência e, a partir do século XIX, pelos civilistas – herdeiros dos comentadores do *Corpus Iuris Civilis* e da pandectista – e, muito mais raramente, pelos filósofos do direito, dos quais dificilmente alguns poucos se referem a elas.

Os canonistas mais antigos especificam as várias acepções vistas até agora entre três e sete (o justo, a lei, o direito subjetivo, a ciência jurídica, o lugar, a sentença, o parentesco), com alguns aspectos diferenciais. Para alguns, o sentido próprio e primário de direito é o justo ou direito em sentido realista (a coisa justa), como é o caso de Pirhing[54] e Reiffenstuel[55]. Para outros, por outro lado, esse sentido primário é a lei, conforme escreve Selvagio, que reduz as acepções às três principais: a coisa justa, a lei e a *facultas legitima* ou direito subjetivo[56]. Schmalzgrueber também dá essa primazia à lei, embora com isso não se refira ao direito em si, mas ao fato de as leis serem o objeto principal de estudo do canonista[57];

---

[54] "Sicut autem Jus varie derivatur, ita et variis modis accipitur, ut testatur Paulus [...] Et quidem primo ac praecipue Jus, secundum primaevam nominis Etymologiam, significat idem, quod justum est [...] Secundo Jus accipitur pro morali facultate, seu legitima, id est, a lege concessa potestate ad aliquid agendum, petendum, acquirendum, disponendum, utendum, retinendum, alienandum, etc. quo sensu Jus est quasi radix seu fundamentum Juris acepti pro aequo alteri debito, nam ex eo, quod alicui ex justitia quippiam est debitum, acquiritur ei facultas agendi, petendi, utendi, etc. [...] Tertio accipitur jus pro lege, quae est regula justitiae, seu justi in genere [...] Quarto accipitur jus pro ipsa scientia jurium sive legum [...] Quinto denique etiam ipse locus, in quo jus partibus litigantibus redditur seu dicitur." *Jus Canonicum in V. libros Decretalium Distributum, nova Methodo explicatum*, I, Dilingae, 1674, pp. 1 s.

[55] "Jus pluribus modis dicitur [...] Primo pro ipsismet Legibus, seu Constitutionibus [...] Deinde pro Scriptura, in qua eiusmodi Leges, sive Constitutiones descriptae continentur: sic dicitur *Corpus Iuris Canonici* hoc est, Liber scriptus continens ipsas Constitutiones canonicas [...] Tertio accipitur Jus pro ipsamet scientia [...] Jus sumitur pro materia, sive objecto legum, docentium genus humanum, *ut honeste vivat, alterum non laedat, jus suum cuique tribuat* [...] Quinto accipitur Jus pro facultate, aliquid legitime, et licite agendi: sic dicitur quis *jure suo uti* [...] Sexto accipitur Jus pro eo, quod cuipiam debetur debito legali (hoc est, debito stricte et proprie dicto) ad quod videlicet reddendum, et quidem quoad aequalitatem, quis lege adstringitur: et Jus taliter acceptum, est objectum Justitiae proprie dictae." A. REIFFENSTUEL, *Jus Canonicum Universum*, Antuérpia, 1755, proêm., 1, 5, pp. 1 s. Na p. 2, acrescenta outros significados menores, como a sentença judicial, o lugar e o parentesco.

[56] "Potest enim minus proprie pro eo accipi, quod aequum, ac bonum est quodque rationi consonum [...] Similiter et intelligi solet pro legitima facultate, quae cuique a natura, a ratione, a lege datur ad aliquid agendum, vel omittendum, adsequendum, vel retinendum [...] At vero princeps hujus vocis notio est, ut Principium, seu Regulam designet, quae aut actiones hominum, vel ratione, vel lege poenam minante, praemiumve proponente ad id, quod bonum, aequum, ac justum est dirigat, aut ab eo avertat, quod malum est, iniquum, atque injustum [...] Jamvero Jus tertia hac notione acceptum recte definitur: *Complexio legum*." J. L. SELVAGIO, *Institutionum canonicarum libri tres*, cit., pp. 73 ss.

[57] "Quaeritur 2. in quotuplici significatione *juris* nomen accipiatur apud doctores? Resp. Significationes hujus nominis non minus sunt variae [...] nam 1. aliquando significat idem, quod justum est [...] et aequum est [...] Aliquando accipitur pro loco, in quo jus redditur, suumque litigantibus per sententiam adjudicatur [...] Significat aliquando sententiam judicis, per quam alicui decernitur, vel dicitur jus, seu adjudicatur, quod ipsi debetur; quia judex sententiam proferens, jus proferre censetur [...] Saepe denotat moralem facultatem aliquid agendi, vel omittendi, aut obligandi alterum ad aliquid dandum, faciendum, aut omittendum [...] Passim *juris* nomine venit ipsa ars, sive scientia jurium, i. e. legum, et canonum [...] Denique, et praecipue ad praesens propositum *juris* nomen aliquando significat legem, vel canonem, sive regulam iusti." F. SCHMALZGRUEBER, *Jus ecclesiasticum universum*, t. I, pars I, Roma, 1843, pp. 5 ss.

nesse mesmo sentido se pronunciaram outros canonistas, que mencionam de modo implícito a variedade de acepções, como é o caso de Ferraris[58], embora outros dêem essa primazia de estudo a *ars* ou ciência do direito, entendendo com isso os *libri legales*[59], pois partiam da idéia de que, como dissera Cujacio, "ars est collectio praeceptorum"[60].

Desde o final do século XIX os canonistas se concentraram nas acepções principais, embora não faltassem exceções[61]. Não há, entretanto, um tratamento unitário. Alguns dão duas acepções, como Wernz[62], Aichner[63] e Sipos-Gálos[64]: a lei ou direito objetivamente considerado e a faculdade moral ou direito em sentido subjetivo, sendo a primazia e principalidade da lei.

Naz distingue entre direito objetivo ou o justo e o direito subjetivo, entendendo a lei e a ciência jurídica como direito em sentido figurado[65]. Por sua vez, De Meester assinala três acepções: o justo e eqüitativo, a faculdade moral e a lei, que

---

58. "Relictis variis aliis juris acceptionibus, hic jus potissimum accipitur pro lege." *Prompta Bibliotheca canonica, juridica, moralis, theologica*, Bononiae, 1763, verbete *Jus*, p. 240.

59. Cf. M. GONZÁLEZ TÉLLEZ, *Commentaria perpetua in singulos Textus quinque Librorum Decretalium*, I, Lugduni, 1715, p. 1. Nesse autor aparece o direito como quase idéia da justiça, coisa insólita em um seguidor de Tomás de Aquino: "Jus, ergo, ut significat justum, quod a recto non deviat, vel objectum est justitiae, vel ipsius justitiae quasi idea: in hoc sensu non definitur a Consultis, nec per allusionem derivatur [...] Itaque de Jure in hoc sensu accepto noster sermo non est." Loc. cit.

60. *Recitationes solemnes*, cit., Ad II.I. § XI, Jus pluribus modis, em *Operum*, cit., col. 3.

61. Assim B. Ojetti enumera ainda sete acepções: o justo – acepção primária –, a arte jurídica, o direito subjetivo, a lei ou direito objetivo, a sentença do juiz, o lugar e as coleções de leis. *Commentarium in Codicem Iuris Canonici*, I, Roma, 1927, p. 2.

62. "Significat enim haec vox: I. *Facultatem* moralem aliquid possidendi aut agendi vel omittendi inviolabilem (*ius dominativum*). Quam facultatem non pauci recentiores iuristae vocant ius subjectivum. II. *Legem* (*ius praeceptivum*) vel potius integrum quendam complexum legum, quibus societas aliqua ordinatur v. g. ius romanum. Huiusmodi complexus legum a iuristis saepe dicitur ius objectivum, atque haec est principalis quaedam iuris significatio. Nam lex est justi regula normaque iustitiae et fons sive fundamentum illius facultatis sive iuris subjectivi in creaturis." *Ius Decretalium*, I, Roma, 1898, p. 49. Sem mudanças, em F. X. WERNZ-P.VIDAL, *Ius Canonicum*, I, Roma, 1938, p. 68.

63. "Accuratius loquendo jus tum *objective* tum *subjective* considerari potest. Jus *objective*, seu in se consideratum, est norma, per quam jus subjectivum determinatur, seu est systema normarum [...] Ex jure objective sumpto manifestum sit, quid sit jus *subjective* seu in certo subjecto consideratum. Est nimirum *facultas moralis aliquid agendi vel omittendi, aut postulandi, ut alter aliquid agat vel omittat.*" *Compendium Juris Canonici*, 8.ª ed., Brixinae, 1895, pp. 1 s.

64. *Enchiridion Iuris Canonici*, 6.ª ed., Roma, 1954, pp. 1 s.

65. "Le mot droit correspond à une de ces notions premières qu'il est difficile de définir par d'autres termes. Il a quatre significations principales.

Au sens *propre*, on entend par droit:

1º. Ce qui est juste. Rendre à chacun son droit signifie rendre à chacun ce qui lui appartient en justice. C'est le droit ainsi entendu qui est l'objet de la vertu de la justice. On le nomme *droit objectif*.

2º. Le fondement de la justice, le pouvoir d'exiger quelque chose comme strictement dû. C'est en ce sens qu'on dit: le créancier a le droit d'être payé. On nomme le droit ainsi considéré: *droit subjectif*.

Au sens *figuré*, le mot droit signifie:

1º. La source du droit au sens propre, c'est-à-dire la loi qui détermine ce qui appartient à chacun, et se trouve ainsi la règle de ce qui est juste, la norme de ce qu'il est permis d'exiger: de là l'expression *droit normatif*. On dit en ce sens: conformément au droit il est permis d'agir de telle façon. Par extension le mot droit sert à désigner les lois d'une même catégorie: le droit romain, le droit moderne.

seria o sentido principal[66]. Para Maroto, a acepção principal, raiz e fundamento das demais, é a de lei ou conjunto de leis, sendo os outros sentidos os de direito subjetivo e de coisa justa (o conforme, conveniente ou adequado às leis)[67].

Por seu rigor científico – é fiel a um sistema de filosofia jurídica, nesse caso o realismo jurídico clássico –, merece especial menção A. van Hove. O termo direito, escreve, tem três acepções: em sentido objetivo, em sentido subjetivo e em sentido normativo. Em sentido objetivo, é o seu de um sujeito – a coisa justa –, e esse é o sentido próprio e primário. Conseqüência – um *posterius* – em relação ao direito objetivo é o direito em sentido subjetivo ou faculdade moral inviolável. E em sentido normativo ou metonímico, no qual a causa é tomada pelo efeito, a lei ou o conjunto de leis são com freqüência chamados direito. Acrescenta, fora já dos três sentidos que se referem ao sistema jurídico, uma acepção extensiva, que é a de ciência do direito. Cabe ressaltar – desde Molina os autores omitiram este ponto – que Van Hove indica a natureza da relação existente entre os três sentidos principais de direito: são significados análogos, com analogia de atribuição. O analogante é o direito objetivo, sendo analogados o direito subjetivo e o direito normativo[68]. Seguem esse autor Vermeersch e Creusen[69].

g) Estão também expressamente mencionadas as várias acepções do direito entre os antigos tratadistas do direito natural. Embora todos eles conheçam o direito subjetivo, são muitos os que dão a prioridade à lei – tratam fundamentalmente da lei natural –, ainda que alguns, como Wolff e seus discípulos, entendessem o direito natural como o sistema de direitos subjetivos naturais.

2°. Dans un sens encore plus dérivé, on appelle droit, la science des lois et l'art de les appliquer.
On le voit, le droit normatif donne à chacun le droit subjectif sur tel objet, qui devient par là son droit objectif [...] D'après ce qui précède on peut définir le droit *objectif* (dit aussi passif): Ce qui est strictement dû à quelqu'un, en pleine mesure, de telle sorte qu'il puisse l'exiger comme lui appartenant exclusivement; et le droit *subjectif* (dit aussi actif): Le pouvoir moral inviolable d'avoir, de faire ou d'exiger quelque chose pour son propre avantage, comme exclusivement sien." *Traité de droit canonique*, dir. por R. Naz, 2.ª ed., Paris, 1954, p. 9.

66. "Vocabulum *Jus*, quod alii a *justitia*, vel a *jubendo*, vel ab eo quod a populo *jussum* fuerat deducunt, diversimode accipitur; nempe: a) pro aequo et justo generatim, sive pro omni eo quod dictamini rationis, legi divinae et humanae conforme est; b) pro facultate morali, legitima et inviolabili aliquid possidendi, agendi aut omittendi vel exigendi; quam facultatem non pauci vocant *jus subjectivum*; sic dicitur: *Sum mei juris; utitur jure suo*; c) pro ipsa lege vel legum complexione, et hac acceptione vocatur *jus objectivum*. Hoc ultimo sensu a nobis sumitur, et designat hic complexionem vel systema legum, quibus regitur aliqua societas, seu ipsius societatis legislationem. Hic sensus est praecipuus, nam lex est regula justi et fundamentum illius facultatis moralis in creaturis." *Juris canonici et juris canonico-civilis Compendium*, 2.ª ed., I, Brugis, 1921, pp. 1 s.

67. *Instituciones de Derecho Canónico*, ed. castellana, I, Madrid, 1919, pp. 4 s.

68. *Prolegomena*, 2.ª ed., Mechliniae, 1945, pp. 6 ss.

69. "Ius *obiective* sumptum *sensu proprio* significat illud quod alteri tamquam suum debetur; *subjective* 'inviolabilem autonomiam personae, seu entis sibi exsistentis, in persequendo fine proprio propter quem exsistit et inviolabilem relationem praevalentiae seu quasi dominii in res quae ad finem seu bonum istius personae destinatae sunt'. *Sensu* autem *metonymico*, quo causa pro effectu accipitur, ius *obiective* sumptum significat *regulam iuris* seu legem vel complexum legum (v.g. ius divinum, civile, romanum, etc.; ius dicere). Recte tunc dicitur *ius normativum*. Tandem sensu extensivo accipitur pro *scientia iuris* (Iurisperitus)." *Epitome Iuris Canonici*, Mechliniae, 1949, p. 15.

Entre os que se referem de modo expresso às diferentes acepções, podem ser formados quatro grupos. Para alguns, como Bensa[70], o direito é a faculdade moral ou direito subjetivo e não outra coisa. Para outros, como Thomasio[71] e Burlamaqui[72], o termo direito compreende a lei e o direito subjetivo. Para um terceiro grupo de autores, as acepções da palavra direito são três: a lei, o justo e o direito subjetivo[73]. Posição um tanto original é a de Rothe, que, após analisar o direito subjetivo, dá estes quatro sentidos do termo direito: o justo ou objeto da justiça, o conjunto de leis, a ciência do direito e o conjunto de preceitos coativamente impostos, sem mencionar o direito subjetivo[74].

h) Entre os tratadistas de direito natural, filosofia do direito ou teoria geral mais próximos a nós, nenhum desconhece o direito subjetivo, embora alguns autores como Kelsen o subsumam praticamente na norma. Porém, são quase exceções os que mencionam explicitamente o tema das acepções do termo direito. E, quando se referem a ele, o mais freqüente é restringir-se à consideração dupla, como lei e como direito subjetivo, postura que pode ser considerada como a mais geral.[75] Quanto à relação entre as duas, costuma-se afirmar que o direito subjetivo é efeito da norma, embora no que se refere à prioridade de uma ou de outra noção não faltem os que classifiquem de "questão ociosa"[76] ou de "escasso significado"[77], o que é, no mínimo, uma falta de visão da transcendência do assunto.

Legaz reúne três acepções: norma, direito subjetivo e ciência[78]. E são três também as que se encontram em Cathrein, que trata delas amplamente: o seu ou o justo (sentido realista), a norma ou lei (direito objetivo) e o direito subjetivo[79]. Du Pas-

---

70. *Juris Naturalis Universi Summa*, I, cit., pp. 245 e 249: "Caput VI, De jure in genere. Articulus I. *De juris universe spectati natura*. 357. Pos. 167. – Jus est potestas immaterialis, prorsus rationalis, in vero et bono fundata, adeoque omnino moralis [...] 365. Pos. 171. – Jus apte definitur moralis potestas aliquid operandi vel exigendi ineluctabilis."

71. *Fundamenta Juris Naturae et Gentium ex sensu communi deducta*, 4.ª ed., Halae, 1718, reprod. Aalen, 1979, lib. I, cap. V, § 1, pp. 145 s.: "Jus simutur varie. Potissimum vel pro norma actionum, vel pro potentia agendi in relatione ad illam normam."

72. *Elementos de Derecho Natural*, 2.ª ed. castelhana, Madrid 1837, parte I, cap. IV, pp. 18 s.

73. Ver, J, COSTA-ROSSETTI, *Synopsis Philosophiae Moralis seu Institutiones Ethicae et Juris naturae*, Oeniponte, 1883, pp. 194 s.; J. M. ORTI LARA, *Introducción al estudio del Derecho y Principios de Derecho Natural*, Madrid, 1874, pp. 13 s.; TH. MEYER, *Institutiones Juris Naturalis*, I, cit., p. 352.

74. *Traité de Droit Naturel*, I, cit., pp. 42 s.

75. Ver, p. ex., G. RADBRUCH, *Introducción a la Filosofía del Derecho*, cit., pp. 84 ss.; J. DABIN, *Teoría general del Derecho*, ed. castelhana, Madrid, 1955, p. 15; J. LECLERCQ, *Leçons de droit naturel*, I, cit., pp. 11 ss.; E. LUÑO PEÑA, *Derecho Natural*, Barcelona, 1947, pp. 10 s.; L. RECASENS SICHES, *Tratado general de Filosofía del Derecho*, cit., p. 232; G. STERNBERG, *Introducción a la Ciencia del Derecho*, ed. castelhana, Barcelona, 1930, p. 213; G. DEL VECCHIO, *Lezioni di filosofia del diritto*, cit., pp. 225 s.

76. TH. STERNBERG, op. e loc. cits.

77. G. DEL VECCHIO, *Sobre los derechos subjetivos*, em *Aspectos y problemas del derecho*, Madrid, 1967, p. 261. Para esse autor, "ambas as noções são simultâneas e reciprocamente complementares".

78. *Filosofía del Derecho*, cit., pp. 257 s.

79. *Filosofía del Derecho*, cit., pp. 52 ss.

quier afasta-se um pouco do que foi visto até agora, ao acrescentar às duas acepções mais comuns, lei ou norma e direito subjetivo, o sentido fiscal como sinônimo de imposto e o sentido idealista: o direito representando a idéia de justiça[80]. Essa acepção de valor ideal de justiça também é encontrada em Fernández-Galiano, que dá, além disso, as outras três acepções mais comuns: norma ou conjunto de normas, faculdade ou direito subjetivo e ciência[81].

i) Fazíamos antes referência aos civilistas, herdeiros dos comentaristas e exegetas do *Corpus Iuris Civilis*, e com eles vamos terminar esta resenha[82]. Sua exposição é extremamente simples. O habitual e comum é a dupla acepção de lei e direito subjetivo, e nesse sentido manifesta-se a grande maioria dos civilistas que menciona as acepções da palavra direito[83], não sendo poucos os que omitem essa questão. Não faltam os que dão três acepções: lei, faculdade moral ou direito subjetivo e ciência[84]. Ou os que dão quatro, as três anteriores e a justiça[85].

Quanto à relação entre os diferentes significados, os civilistas costumam manter silêncio. Mas cabe ressaltar que Ripert e Boulanger escrevem que o termo direito é metafórico[86], adjetivação claramente errônea, pois isso significaria que a lei e o direito subjetivo são coisas completamente distintas – assim como dizermos "este animal é um leão" e "este homem é um leão por sua valentia" –, sendo então a lei e o direito subjetivo, sem ser iguais, semelhantes enquanto direito, pois integram a realidade jurídica: ambos são, em certo sentido, direito. Isso indica que o significado do termo direito, em relação a um e outro, é análogo, não metafórico. Para Ruggiero e Maroi, os dois conceitos de direito – lei e direito subjetivo – são aspectos de um conceito único (o qual só poderia ser considerado correto se o direito subjetivo fosse assumido na norma no modo kelseniano)[87], enquanto para Albaladejo trata-se de dois conceitos diferentes, sem esclarecer muito[88].

---

80. *Introduction à la théorie général et à la philosophie du Droit*, cit., pp. 20 ss.
81. *Derecho Natural*, cit., pp. 69 s.
82. Não sem antes mencionar a pandectista alemã. Será suficiente destacar que F. Glück enumera até doze acepções da palavra *ius*. *Commentario alle Pandette*, edição italiana, I, Milano, 1888, I, I, 1, pp. 3 ss.
83. Ver, p. ex., F. MESSINEO, *Manuale di diritto civile e commerciale*, I, Milano, 1952, p. 11; H.-L.-J. MAZEAUD, *Leçons de droit civil*, I, 1, 6.ª ed. por F. Chabas, Paris, 1980, pp. 15 ss.; R. DEKKERS, *Précis de droit civil belge*, I, Bruxelles, 1954, p. 9; O. GIERKE, *Deutsches Privatrecht*, I, Leipzig, 1895, reprod. Leipzig, 1936, pp. 112 ss. e 251 ss.; R. DE RUGGIERO-F. MAROI, *Istituzioni di diritto civile*, I, Milano, 1961, pp. 3 s.; G. RIPERT-J. BOULANGER, *Traité de droit civil*, I, Paris, 1956, pp. 2 s.; J. GHESTIN (org.), *Traité de droit civil, Introduction générale*, 2.ª ed., Paris, 1983, p. 3; B. DUSI, *Istituzioni di diritto civile*, 3.ª ed. por S. Romano, I, Torino, 1940, p. 1; N. STOLFI, *Diritto civile*, I, 1, Torino, 1919, pp. 88 s.; M. PLANIOL, *Traité élémentaire de droit civil*, 7.ª ed., I, Paris, 1915, p. 1; F. SÁNCHEZ ROMÁN, *Estudios de Derecho Civil*, I, 2.ª ed., Madrid, 1899, p. 40; J. CASTÁN, *Derecho Civil Español, Común y Foral*, 10.ª ed., I, 1, Madrid, 1962, p. 66.
84. A. COLIN-H. CAPITANT, *Curso elemental de derecho civil*, 2.ª ed. castelhana, I, Madrid, 1941, pp. 6 s.
85. F. PUIG PEÑA, *Tratado de Derecho Civil Español*, I, 1, Madrid, 1957, p. 13.
86. Op. e loc. cits.
87. "Questi due concetti del diritto non sono antagonistici, né figure o formazioni diverse: sono anzi aspetti di un concetto único." R. RUGGIERO-F. MAROI, op. cit., p. 4.
88. *Instituciones de Derecho Civil*, I, Barcelona, 1960, p. 14.

j) Ao longo desse breve percurso histórico, pode-se perceber que, nesse assunto das várias acepções da palavra direito, se entremeiam duas questões: uma meramente lingüística, sobre os usos do termo direito, que tem apenas interesse erudito e para os adeptos da análise da linguagem; e outra substancial, mais própria da filosofia do direito: quais são os elementos do fenômeno jurídico – de que se compõe a realidade que chamamos jurídica – e qual é a relação entre eles. Vamos tratar desse segundo ponto no tópico a seguir.

4. O DIREITO EM SENTIDO PRÓPRIO E PRIMÁRIO. *a*) Das mudanças históricas das diferentes acepções da palavra direito, deduz-se que há três coisas das quais se declarou que são *direito*, isto é, realidade jurídica: a coisa devida, o direito subjetivo e a lei. São, sem dúvida, três elementos do fenômeno jurídico, sem prejulgar por enquanto se a coisa justa ou devida e o direito subjetivo são ou não duas realidades adequadamente distintas. Das três foi dito que são direito e de cada uma delas foi escrito, por uma série de autores, que é o direito em sentido próprio e primário. Esta é justamente a questão que agora irá nos ocupar: o que chamamos de direito em sentido próprio e primário? Qual das três realidades é *o direito*, sendo as outras direito, no sentido de ser elementos da realidade jurídica, mas denominando-se direito em sentido lato por sua relação com o direito em sentido próprio e estrito?

Para situar a questão em seus devidos limites, vamos lembrar novamente o que tantas vezes dissemos: o modo de conceitualizar depende da perspectiva adotada. E a perspectiva da filosofia do direito é a perspectiva jurídica, que é a perspectiva do jurista. A partir dessa perspectiva, a palavra direito designa propriamente *o objeto do ofício de jurista*. O direito é, justamente e não outra coisa, o objeto do saber e da ação de determinar e dizer que constituem o que é próprio do ofício de jurista; é aquilo que o jurista sabe determinar e declarar: *ius dicere*. É o objeto de sua ciência, de sua arte ou prudência, que por isso recebe o nome de *iuris prudentia* e *iuris peritia*. O jurista é o jurisprudente e o jurisperito, sabedor e sentenciador do direito. Vamos lembrar, ao mesmo tempo, que o objeto do ofício do jurista coincide com o objeto da justiça; o que a justiça leva a dar: o *ius suum* ou o *suum*, o seu de cada um. Vimos que os juristas romanos tinham a arte do direito como a ciência do justo, que é o objeto da justiça; o justo é, então, o objeto do ofício de jurista, o que equivale a dizer que o justo e o direito – já repetimos – são a mesma coisa. A pergunta crucial é, então, esta: o que chamamos de o justo, o que é o justo: a lei, o direito subjetivo ou a coisa devida? Aquilo que for o justo, isto é, o seu de cada um, isso é o direito em sentido próprio e primário.

b) Que o direito em sentido próprio e primário é a lei já foi dito por Buridán[89] (século XIV) e também é encontrado em Oldendorp[90] (século XVI), o que não deve

---

89. *Questiones*, cit., lib. V, q. 2, fols. XCI ss.
90. "Ius denique idem est quod lex, a iussum per apocopem dictum." *Iuris naturalis gentium et civilis isagoge*, Colônia, 1539, em C. VON KALTENBORN, *Die Vorläufer des Hugo Grotius auf dem Gebiete des Ius naturae et gentium sowie der Politik im Reformationszeitalter*, Leipzig, 1848, II, p. 7.

ser confundido com chamar direito ou *ius* à lei – em sentido derivado –, como já vimos nos juristas romanos (não na Grécia, onde a lei foi denominada *nómos* e nunca *díkaion* nem por outros derivados de *díke* ou *dikaiosýne*). Também não se deve confundir isso com a postura de legistas e canonistas, afirmando que seu estudo se direcionava principalmente para as leis, por ser a *ars iuris* a *collectio praeceptorum*, que era uma postura mais prática que teórica. O normativismo – a lei é o direito e o direito é a lei –, embora com precedentes em séculos anteriores tanto de filósofos como de juristas, é propriamente uma corrente que foi se difundindo no século XVIII e se generalizou a partir do século XIX. Com a escola histórica e a escola francesa da exegese, já pode se considerar consolidada, de modo que é, sem dúvida e com distinção, a corrente que prevaleceu nos dois últimos séculos. A filosofia do direito, de Kant a nossos dias, foi fundamentalmente normativista, de modo que os seguidores do realismo jurídico clássico têm constituído uma minoria. Por sua vez, a ciência jurídica moderna também seguiu – predominantemente – o normativismo, sem que os canonistas tenham constituído uma exceção significativa.

Porém, o normativismo está apoiado em sólidas bases científicas? Em outras palavras, é correto afirmar que a lei seja o direito em sentido próprio e primário, ou essa postura é produto de uma inadequada evolução da ciência jurídica?

c) Afirmar que a lei é o direito em sentido próprio quer dizer que a arte do direito é a *ars legum*. Porém isso significa, principalmente, a arte de fazer as leis. Isso posto, se a filosofia do direito fosse filosofia política, se a ciência jurídica fosse ciência política e se o jurista tivesse por finalidade de sua arte o correto dinamismo da sociedade – a obtenção total do bem comum –, em outras palavras, se a justiça consistisse na ordem total da *pólis* e de seu dinamismo – a harmonia política –, sem dúvida o direito seria um conceito político e sua acepção própria e primária seria a lei. É, de fato, a lei que indica a conduta reta para o bem comum e o que orienta as condutas humanas para ele. Por isso a lei – o ordenamento legal – é um elemento vital da *pólis* e, por conseqüência, um fator de primeira ordem na filosofia e na teoria políticas. Daí que livros clássicos de filosofia política recebam o nome de *De legibus* ou *As Leis* e, de qualquer modo, que a filosofia da lei constitua o centro, ou pelo menos parte importante, dos tratados de filosofia política. Se o típico e especificador do ofício de jurista fosse elaborar leis ou saber elaborar leis, o direito – objeto do ofício de jurista – seria a lei.

Porém, quem elabora as leis, quem tem por ofício e ministério buscar que a comunidade humana tenha boas leis são os políticos, não os juristas. Não são os juízes nem os tribunais que instituem as leis, essa não é sua função própria. Certamente os juristas podem ter uma função consultiva no processo de elaboração das leis, em especial quando se trata de leis que reúnem soluções de direito nascidas dos juristas (coisa freqüente no direito privado), mas, mesmo nesse caso, a função do jurista é meramente consultiva. Os trâmites legislativos são coisa das comissões parlamentares e do Parlamento e, de qualquer modo, do poder legislativo que cada regime político tenha instituído. Fazer as leis é função dos políticos, não dos juristas.

Mas não cabe entender a *ars legum* como a arte de interpretá-las? Bem é verdade que a função do jurista, e muito importante, é interpretar as leis, e nesse sentido a lei tem uma relação direta e íntima com o ofício de jurista. Enunciar o direito requer muitas vezes interpretar a lei, declarar o que a lei diz. Porém, essa função não é terminal – a função do jurista não termina na interpretação da lei –, mas uma função medial e instrumental. Para que o jurista interpreta a lei? A resposta é crucial, porque as artes se especificam por sua finalidade, não por seu instrumental. Pois bem, o jurista não realiza a interpretação da lei em função do bem político – não se trata de conduzir os cidadãos para a obtenção de todos os fins da *pólis* –, mas em função da justiça, isto é, em função de dizer e determinar o justo, seja legal, seja distributivo, seja corretivo-comutativo. De fato, a lei cumpre a função de regra e medida do justo e muitas vezes cria títulos de direito (causa do direito). Isso é óbvio no justo legal, mas não é menos claro no justo distributivo ou corretivo: se a lei – p. ex. – determina partes proporcionais de uma herança, é causa e regra do justo distributivo; se fixa o preço de um artigo ou mercadoria, é regra do justo comutativo. O próprio do jurista é – valem os exemplos recém-apresentados – dizer qual parte da herança jacente cabe a cada herdeiro, ou qual é o preço que deve pagar o comprador; para isso necessita saber interpretar a lei, porém a interpreta para isso, não por si mesma. A lei não é o objeto específico do ofício de jurista, não é o direito, embora sem dúvida seja direito, parte da realidade jurídica.

Fazer da lei o direito traz consigo uma inversão no ofício de jurista. O objeto do ofício de jurista se transforma na aplicação da lei. A ordem jurídica, em vez de ser a ordem da justiça, é vista como a ordem das condutas de acordo com a lei; isso supõe restringir-se à justiça legal – desaparecendo da perspectiva da ordem jurídica o justo distributivo e justo comutativo, o que não é razoável – e confundir a ordem jurídica (cumprimento da justiça) com a ordem política (organização da sociedade mediante leis). Igualmente, se o ofício do jurista se limita à aplicação da lei, entende-se como uma função política: garantir o desenvolvimento da vida social de acordo com as leis. Onde fica, então, a ordem justa, a ordem da justiça? A distorção que o normativismo introduz na função do jurista, que o identifica incorretamente, mostra sua falsidade. No fundo, o conceito de direito do normativismo não é um conceito de direito, porque está elaborado pela perspectiva política e não pela perspectiva jurídica, que é a perspectiva do jurista.

Quanto ao normativismo metodológico – o daqueles juristas acadêmicos que dão primazia à lei como seu objeto direto de estudo –, é preciso dizer duas coisas: em primeiro lugar, que o conceito de direito deve ser obtido pela perspectiva do jurista prático, pois a justiça não é uma teoria, mas uma práxis (a da ação justa); em segundo lugar, que uma perspectiva meramente metodológica não é aquela da qual se obtêm conceitos essenciais, um dos quais é o conceito de direito que nos interessa. O normativismo metodológico não pode originar o conceito próprio e estrito de direito.

d) O direito subjetivo será talvez o direito em sentido próprio e primário? Alguns autores entre os já vistos, junto com outros que não citamos, afirmam isso. Alguns deixam de estabelecer uma relação entre a justiça e o direito subjetivo. Suárez, por outro lado, a estabeleceu. Para ele, a faculdade moral de fazer, de omitir ou de exigir – o direito subjetivo – seria o objeto da justiça, em vez da coisa justa; esse seria o significado do *ius suum* da fórmula da justiça, que o Digesto traz[91]: dar a cada um seu direito subjetivo.

A tese da primazia do direito subjetivo, sua consideração como o direito em sentido próprio e primário, traz em si constituir o titular do direito subjetivo no protagonista da ordem jurídica. A ordem jurídica ou harmonia social justa consistiria fundamentalmente no livre e correto exercício dos direitos subjetivos, por isso o objeto de estudo do jurista seria o sistema de direitos subjetivos[92]. O que dizer dessa tese?

Num primeiro momento, tal postura introduz uma inversão de termos, quase imperceptível, mas real, na noção de justiça. O justo seria o exercício do direito subjetivo, o que traria como conseqüência o respeito a esse direito. Por isso, são muitos os autores que vêem a justiça e o justo no livre exercício dos direitos subjetivos. Mas isso é uma confusão. Se o direito subjetivo é uma faculdade moral ou potestade da pessoa, seu exercício é um ato de domínio, não um ato justo, o qual, de qualquer modo, consiste no respeito ao referido exercício. Se a justiça consiste em dar a cada um seu direito, a justiça e o justo não consistem em exercer os direitos subjetivos, mas em respeitá-los. O sistema de direitos subjetivos é um sistema de faculdades ou sistema de domínio, não o sistema de justiça ou sistema jurídico, o qual, de qualquer modo, se refere ao respeito dos direitos subjetivos. Em outras palavras, não se é justo porque os direitos são exercidos – por isso se é dono –, mas porque os deveres são cumpridos.

Por outro lado, dado que em relação ao direito subjetivo a justiça e o justo consistam em seu respeito, isso traz em si que o justo não seja o direito subjetivo ou seu exercício, mas a não-interferência no direito e em seu exercício. Porém, se isso é assim, o direito subjetivo não é o objeto da justiça, não é o justo – o respeito é que é –, por isso a tese criticada cai por sua base.

Em terceiro lugar, se o direito fosse o direito subjetivo, o justo consistiria – acabamos de dizer – em respeitar o direito e no cumprimento dos deveres correlativos

---

91."Segundo o último e mais estrito significado de *ius*, com toda propriedade costuma-se chamar *ius* ao poder moral que cada um tem sobre o seu ou sobre o que lhe é devido; assim se diz que o dono de uma coisa tem direito sobre a coisa e que um operário tem direito ao salário, razão pela qual se diz que é digno de sua remuneração [...] Nesse sentido parece que essa palavra também é adotada no Digesto, quando se diz que justiça é uma virtude que concede a cada um seu direito, isto é, que concede a cada um o que lhe pertence; logo, a ação ou faculdade moral que cada um tem sobre sua coisa ou sobre a coisa que de algum modo lhe pertence é chamada de direito, e esse parece ser propriamente o objeto da justiça."Op. e loc. cits., n. 5, p. 11.

92. Essa é, por exemplo, a postura que adotaram os epígonos do jusnaturalismo moderno. Cf. F. CARPINTERO, *Una introducción a la ciencia jurídica*, cit., pp. 43 ss.

ao direito; o que traria em si que a justiça começaria a ter operatividade – a ser devida a ação justa – a partir da iniciativa do titular do direito ao exercê-lo (desde o momento em que o titular exigisse o correspondente ao direito). Mas isso é falso. Por exemplo, cumprido o prazo de devolução de um empréstimo, existe o dever jurídico, de justiça, de pagar, sem esperar a reclamação por parte do prestamista. Se fosse verdade a tese da primazia do direito subjetivo, sem reclamação do credor não haveria obrigação de pagar, o que é evidentemente falso.

O que se acaba de dizer evidencia a primazia da dívida sobre a exigibilidade. O titular do direito pode exigir ou reclamar a coisa constituída em direito – pode reclamar ou exigir a ação justa –, por isso o direito é, ao mesmo tempo, devido e exigível. Porém, é devido porque é exigível ou é mais certo o contrário? Os exemplos que acabamos de expor nos mostram que a verdade é que o direito é exigível porque é devido. O direito é antes de mais nada devido, de modo que o devedor deve realizar a ação justa no momento oportuno, sem necessidade de exigência ou reclamação. Essa, a exigência ou reclamação, é faculdade do credor quando o devedor não cumpre com a dívida oportunamente; e nasce do fato de que o devedor está constrangido por um dever ou dívida em sentido estrito, cuja origem é a atribuição da coisa a seu titular.

e) A adequada identificação do direito em sentido próprio e estrito é mérito da tradição clássica – o realismo jurídico clássico – ou tradição romana, cujo precedente filosófico é Aristóteles: o direito em sentido próprio e primário é a coisa justa, também chamada o justo ou seu (o que pertence e cabe ao titular). Digamos umas breves palavras sobre esse assunto.

Se a ação justa consiste em dar a cada um seu direito, ou o seu, o direito é o objeto da justiça ou, melhor dizendo, o objeto da ação justa. É por isso o objeto da arte do jurista, o que esse determina e declara. Porém, como a ação justa consiste em *dar* (no múltiplo sentido desse verbo), o que dá são *coisas*: a propriedade rural a seu dono, a conduta prescrita pela lei à sociedade (o cumprimento da lei é *direito* dessa: coisa devida a ela pelo cidadão), o preço ao vendedor, a casa alugada ao inquilino, os bens de herança ao herdeiro etc. O direito é uma coisa.

Naturalmente, o direito não é a coisa em si, mas a coisa enquanto está relacionada com alguns sujeitos na situação complementar atribuição-dívida: a coisa atribuída a um titular, que é devida por quem interfere na situação de pacífica posse, uso e gozo. O direito é, então, a coisa em uma relação social, a coisa relacionada com duas ou mais pessoas como atribuída-devida. Veremos isso adiante.

5. A DEFINIÇÃO DE DIREITO. O que é, conforme o referido, o direito? Como defini-lo? A essas perguntas cabe responder assim: *direito é aquela coisa que, estando atribuída a um sujeito, que é seu titular, é devida a esse, em virtude de uma dívida em sentido estrito.*

Isso é justamente o objeto da ação justa e o objeto da arte do jurista. Isso é *o justo*, aquilo que o jurista deve discernir e declarar. Por conseguinte, *o direito* e *o justo* são a mesma coisa que *o seu* enquanto devido.

Em seguida, vamos descrever e analisar as diferentes facetas que o direito apresenta.

6. O DIREITO OBJETO DA JUSTIÇA. *a)* Vimos uma dupla fórmula da justiça, sem outra diferença que a substituição da palavra *suum*, o seu, por *ius suum*, seu direito: "suum cuique tribuere" ou "ius suum cuique tribuere". O seu e seu direito são termos equivalentes, o direito de cada um é o seu. E o seu de uma pessoa é aquilo que está atribuído a ela na repartição das coisas. Essa coisa que, repartida, é atribuída a uma pessoa, e que o homem justo deve dar quando essa coisa – sem ser sua – está em seu âmbito de poder ou interferência, é justamente o que os juristas romanos chamaram *ius* ou direito, equivalente a *o justo* de Aristóteles. O direito é, então, o que a ação justa *dá* – dar a cada um seu direito –, a coisa que se dá, isto é, o objeto do ato próprio da justiça: o direito é o objeto da ação justa. Dito em outras palavras, o direito é a coisa que o homem justo devolve, restitui, entrega, respeita etc. E, como o direito é objeto da ação justa, diz-se também que é objeto da justiça.

Vamos esclarecer um pouco mais essa afirmação. O que significa dizer que o direito é objeto da justiça? Significa que o direito é aquilo que em relação à justiça como virtude tem razão de objeto. Podemos, então, nos perguntar o que chamamos de objeto de uma virtude. As virtudes são disposições das potências do homem, pelas quais esse tende a agir com retidão de modo habitual e com facilidade. São, portanto, disposições das potências humanas. E as potências humanas produzem atos que a razão regula, imprimindo a ordem racional ou retidão, a ordem correta que cabe por natureza (a retidão natural) ou por lei humana (a retidão legal). Se as virtudes são disposições das potências e essas produzem atos ou condutas que são seu objeto, esses atos ou condutas constituem o objeto primeiro das virtudes.

Esses atos – denominados genericamente atos da virtude, embora propriamente sejam atos das potências retificadas pela virtude – podem recair sobre uma matéria ou coisa; por exemplo, beber, que comporta uma atuação sobre uma matéria, a bebida. Em tal caso, essa matéria ou coisa é chamada o objeto do ato; e de modo mediato – enquanto é matéria ou objeto do ato – recebe também o nome de objeto da virtude, mais precisamente objeto mediato ou segundo da virtude.

De acordo com isso, o objeto primeiro ou imediato da justiça é a ação justa. E, como essa tem por objeto uma coisa – o que se dá: o direito –, a coisa dada é o objeto mediato ou segundo da justiça. Nesse sentido, pode-se dizer que o direito é o objeto da justiça.

b) Por ser o direito o objeto da justiça, é óbvio que o direito é o justo ou, o que dá na mesma, que tem uma relação transcendental com a justiça. O que quer dizer que tem uma relação transcendental com a ordem ou harmonia sociais que são geradas quando cada pessoa tem o seu, o que lhe cabe por estar atribuído a ela. O direito é o que está legitimamente atribuído e, portanto, é o que legitimamente deve-se dar. O direito está relacionado à repartição correta. Quando dar a coisa – entregar, respeitar, restituir etc. – aparece como pretensamente devido em um sistema de atribuições incorreto e injusto ou em relações sociais igualmente incorretas e injustas, de modo que se pode falar de uma desordem ou desarmonia por injustiça, então não se pode dizer que a ação de dar seja justa – pelo contrário, é injusta –, nem que seu objeto seja o justo. Estaríamos em presença *de o injusto*, o que seria igual a não-direito. Direito só é *o justo*. O direito, como objeto que é da justiça, tem uma relação transcendental com ela.

Ter uma relação transcendental supõe que se trata de uma relação que afeta seu ser. Enquanto é, imediatamente ocorre essa relação. Por conseguinte, o direito enquanto é direito imediatamente é o justo. E imediatamente é injusto, enquanto é não-direito.

c) Observações semelhantes podem ser feitas no que se refere ao ofício de jurista. As artes ou ciências práticas, como é o caso do ofício de jurista, são especificadas por seu objeto ou fim. O fim do ofício de jurista é o justo, pois consiste em dizê-lo, em discernir o justo do injusto, para assim declarar o direito. E tudo isso em relação à justiça. Aqui também cabe falar de uma relação transcendental com a justiça, que se expressa com a orientação essencial do ofício de jurista para o justo, enquanto o justo é sua finalidade objetiva e específica. O jurista está essencialmente a serviço da justiça. Se de fato isso não ocorre, é produzida uma corrupção do jurista, que altera seu ofício. Assim, o juiz injusto corrompe e adultera sua função, que já não é a função de juiz, mas sua corrupção[93]. É semelhante ao que acontece com o médico que, com intenção homicida, receita um veneno em vez de um medicamento; embora ele seja médico, não age como tal nesse caso, nem o ato de receitar pode ser chamado – em sua íntima essência – um ato médico.

Sem dúvida, a aparência – a fenomenologia – do ofício de jurista e do ato do jurista se mantém no ato injusto, mas é só a aparência; em sua íntima essência se corrompem.

7. O DIREITO COMO DEVIDO. A OBRIGATORIEDADE. *a*) O vocábulo direito é – dissemos – uma palavra própria de juristas. *Ius* nasceu como termo de juristas e expressava o seu de alguém ou coisa justa enquanto entrava no âmbito da função do jurista, fosse em julgamento, fosse como caso concreto sobre o qual o jurista devia se pronunciar. Essa realidade não mudou substancialmente.

---

93. Assim se compreendem as palavras de Isidoro de Sevilha: os juízes são chamados assim como os que dizem o direito ao povo; sentenciar o direito é julgar justamente. Não é, então, juiz, se nele não há justiça."*Iudices dicti quasi ius dicentes populo, sive quod iure disceptent. Iure autem disputare est iuste iudicare. Non est autem iudex, si non est in eo iustitia.*" *Etym.*, IX, 4; cf. XVIII, 15.

O direito é uma coisa. Porém, a coisa – a propriedade rural, a servidão, a herança... – não interessa ao jurista por si mesma, mas em relação a seu ofício, o que equivale a dizer em relação à ação justa. Interessa a ele, então, como aquilo sobre o que deve se pronunciar, enquanto se trata de delimitá-la e de determinar o que o homem justo deve fazer – dar a coisa a seu titular, quando e como etc. – para cumprir com a justiça. Isso significa que a coisa ou realidade de que se trata está repartida, atribuída a um titular, e se encontra em estado de interferência atual ou possível. Sem dúvida, então, a coisa ou realidade está em relação de atribuição relativamente a uma pessoa. A coisa é sua do titular. Essa relação de *suidade* ou atribuição não só existe, como é o primário e fundamental – fundamento e fundante – na ordem da justiça. É o ponto de partida. Mas é isso o que por si mesmo constitui a coisa como *direito*? É o que parece à primeira vista. A coisa é meu direito – teu direito, seu direito – porque está atribuída a mim. No entanto, não é assim.

Já foi dito que as noções e conceitos são construídos a partir da perspectiva da ciência ou arte. Um corpo celeste para a metafísica é um ser, para a teodicéia é um ente criado, para a astronomia é uma estrela (ou um planeta, ou um asteróide etc.). A partir de qual perspectiva as coisas – corpóreas ou incorpóreas – são em suma direito? A resposta é óbvia: da perspectiva do jurista. E a perspectiva do jurista – já repetimos – é a perspectiva da ação justa, do homem justo. Pois bem, dessa perspectiva a coisa aparece como *devida*, como uma dívida. É o que *deve* ser dado. Certamente a coisa é devida ao titular porque é sua; sem dúvida o fundamento da dívida, o que fundamenta o dever é a titularidade da coisa, o que seja sua do titular. Porque é sua, é devida a ele. Tudo isso é verdade, mas é tão verdade quanto, tal como aparece a coisa ante o homem justo e, portanto, ante o jurista, é em sua condição de devida. O direito é o que, por estar atribuído, é o devido.

b) O direito, foi dito antes, é o objeto da ação justa: o que o ato justo dá. Portanto, o específico do direito é sua relação com a justiça. Algo é direito enquanto aparece relacionado à justiça como objeto: como objeto da ação justa. Por isso, o mais específico do direito é sua condição de devido, que é o que o constitui em objeto da justiça. A condição de sua, a titularidade da coisa não é aquilo pelo que a coisa entra, sem mais nem menos, em uma relação de justiça. Para que se produza a relação de justiça é necessário que se acrescente à condição de coisa atribuída a um sujeito a *situação de interferência*, em cuja virtude o que interfere ou pode interferir deve restabelecer ou respeitar a situação de não-interferência. Em outras palavras, o mais consubstancial da relação de justiça é o dever ou dívida.

c) A mesma coisa ocorre se a coisa atribuída é observada do ponto de vista do titular dentro de uma relação de justiça. Em uma relação de justiça, a coisa aparece perante o titular como aquilo que é devido a ele, aquilo que a ele deve ser dado (respeitado, entregue, devolvido etc.). Embora o fundamento ou relação fundamentadora do direito seja a titularidade, o aspecto específico da relação de justiça – e portanto o que é específico e constitutivo do direito – é a índole de devido, a dívida.

d) O fato de o direito ser devido indica-nos uma das características que tradicionalmente foram atribuídas ao direito: sua imperatividade. Na realidade, o termo imperatividade é mais apropriado para as leis, que emanam de um poder ou *imperium*. Esse não é o caso do direito, sobre o qual é mais próprio falar de dívida ou *obligatio*. É, então, preferível usar o termo *obrigatoriedade*. O direito tem como marca ou característica essencial sua ser obrigatório, isto é, constituir uma dívida em sentido estrito e próprio. É um *Sollen* ou dever-ser.

e) A obrigatoriedade do direito – seu caráter vinculativo como dívida – nasce da *suidade* da coisa que é direito, isto é, de sua atribuição ao titular como sua. O fato de uma coisa ser sua significa que é do domínio exclusivo do titular – de acordo com os traços e limites de cada forma de *suidade*, de atribuição e, portanto, de a coisa ser sua em relação ao titular –, ao qual a coisa foi atribuída com essa marca de exclusividade. Esse domínio e atribuição consistem na condição de pessoa que é própria do titular. A pessoa caracteriza-se por ser um ente que domina seu próprio ser e estende seu domínio a seu entorno. É, então, capaz de tornar suas – domínio exclusivo – coisas corpóreas e incorpóreas. Esse domínio exclui a interferência dos demais, e daí é gerada a *necessidade – obligatio –* do respeito à situação de não-interferência ou do restabelecimento dessa situação em caso de interferência. Em última instância, a dívida ou obrigatoriedade tem seu fundamento na repartição, que distribui os bens, funções e serviços, estabelecendo esferas de domínio e atribuição, e a repartição tem, por sua vez, seu fundamento na condição de apropriadora e dominadora da pessoa humana.

8. O TÍTULO. *a*) Visto que a ação justa consiste em dar a cada um o seu, seu direito, torna-se óbvio que o direito é a coisa sua do credor, enquanto é devida a ele. O seu e seu direito são a mesma coisa – o que ressalta que, embora o direito seja o devido, essa índole de devido é algo que se declara sobre o seu. É próprio do credor o que se constitui em direito enquanto é devido, pois para que algo seja devido é preciso que tenha um titular, que seja seu, desse. Em outras palavras, o direito é a coisa sua do credor. Seria um erro inverter os termos e dizer que o direito é aquilo do qual é titular o devedor na qualidade de dívida. O direito tem por titular o credor, é o seu considerado como o devido a ele. O direito tem um titular, que é o credor; o devedor também é titular, mas não do direito, e sim do dever correspondente.

Embora o direito seja tal enquanto devido, apresenta-se como algo próprio do credor ou titular. E isso é causado, dissemos, pela relação de *suidade*, pela relação de pertença ou atribuição: o direito como o seu do credor. Por isso, a primeira coisa que o jurista deve fazer para dizer o direito é determinar o *titular* ou credor, o que leva a averiguar em virtude de qual título a coisa pertence e está atribuída ao credor ou titular.

b) O que é o *título* do direito? Por título do direito entendemos aquilo em cuja virtude o direito pertence ou é atribuído a seu titular (ou seja, ao credor em uma relação de justiça), e portanto é devido a ele. Por exemplo, a compra e venda ou a doação para a propriedade, ou o depósito ou o empréstimo para a devolução da coisa.

O título tem relação com a coisa que é direito em seu aspecto de *sua* – o direito como o seu –, pois é aquilo em virtude do que a coisa que é direito se constitui em sua do credor, segundo as diferentes modalidades de ser sua.

c) Título pode ser tudo o que é capaz de produzir a atribuição das coisas e, portanto, contém um poder ou domínio de fato. Na realidade, como já destacamos, a repartição ou atribuição das coisas é causada por um domínio ou poder, e, portanto, pode haver tantos tipos de títulos quantas formas de manifestação do domínio ou poder existirem em relação às possíveis formas de atribuição.

Reduzidos a suas linhas gerais, os títulos podem ser: o contrato, a lei, o costume, os atos de governo e a natureza humana.

d) Em relação à natureza humana, referimo-nos a tudo o que mais adiante se diz sobre os direitos naturais. Será suficiente agora dizer que a pessoa humana é um ser que domina seu próprio ser e é capaz de dominar seu entorno. O domínio sobre o próprio ser implica que tudo o que constitui seu ser seja direito seu: são os direitos naturais da pessoa humana, cujo título é a natureza do homem.

e) O contrato é manifestação da capacidade de domínio das pessoas, que com freqüência é exercida ou age por meio dele. O contrato pode ser um ato unilateral de transferência ou cessão de domínio ou de exercício de algumas formas de atribuição de bens, funções, serviços etc. E pode ser um ato bilateral de permuta. Em qualquer um dos dois casos, o contrato pode conter a atribuição de bens e ser, por conseqüência, título do direito. Isso ocorre com o contrato de doação, o de compra e venda, o de trabalho, o de arrendamento de coisas etc.

f) A lei e os atos de governo – genericamente o poder – distribuem bens, designam funções e incumbências, e coisas semelhantes. Portanto, agem como título de direito. O mesmo cabe dizer do costume que tem força ou vigor de lei.

9. A MEDIDA. *a)* Para a declaração do direito, tão importante como a determinação do título é a determinação de sua *medida*. O que é a medida do direito? É a caracterização e delimitação intrínseca e extrínseca do direito; a delimitação da coisa: sua quantidade, qualidade, natureza etc.; o modo como a coisa é do titular: proprietário, arrendatário, usuário etc.; as faculdades jurídicas que cabem ao titular; os pressupostos e requisitos de uso do direito etc. Por medida do direito entendemos, então, um conjunto de aspectos do direito, que corresponde a o que, quanto, como,

quando e onde deve ocorrer para satisfazer o direito, e igualmente que se relaciona ao correto uso e exercício dele.

b) A primeira tarefa que compete ao jurista é identificar e delimitar a coisa que se apresenta como direito. Pode ocorrer que essa tarefa não traga em si problema especial. Um empréstimo de cem unidades monetárias com juros de seis por cento ao ano, pelo prazo de um ano, supõe a restituição de cento e seis unidades depois desse ano. Porém, nem sempre é fácil a identificação e delimitação do direito. Um testamento que divida uma herança – constituída por bens diversos e múltiplos em número e qualidade – em partes indicadas apenas numericamente (p. ex., a metade a A, um quarto a B, e outro quarto a C) pode trazer em si muitos problemas de identificação e delimitação. Reduzir um contrato, que o juiz considera injusto pela desproporção da prestação de uma das partes (*laesio enormis*), a suas justas proporções apresenta, sem dúvida, problemas de delimitação do direito. São todas essas questões que correspondem a o que e a quanto do direito, isto é, a sua medida.

c) Medida do direito também é o como. Incluem-se aqui duas coisas diferentes: por um lado, como é o direito, isto é, de que classe ou tipo (propriedade, uso, arrendamento, censo etc.); por outro lado, a maneira de satisfazer o direito (p. ex., em moeda ou em espécie) e a maneira de usá-lo e exercê-lo. Do mesmo modo se inclui na medida do direito o tempo ou prazo em que se deve restituir a coisa constitutiva de direito.

d) Em suma, a medida do direito compreende: a) a delimitação do direito; e b) os requisitos, pressupostos e condições tanto para a satisfação do direito como para seu uso e exercício.

Conclui-se do que foi dito que a função do jurista resume-se a determinar e declarar o título e a medida do direito. E é em relação à medida do direito que vamos analisar o que significa o direito ser o justo e o igual.

10. O DIREITO COMO O JUSTO. *a*) Conforme vimos, direito é o termo técnico para designar *o seu* do titular em uma relação de justiça. E enquanto é o objeto da justiça recebe o nome de *o justo*. Direito, o seu e o justo – dissemos repetidamente – são três sinônimos. Convém agora ver por que chamamos o direito de o justo.

Em língua castelhana – como em outras línguas –, justo designa o exato e preciso, o que tem as mesmas medidas, o que é igual, de modo que, para dizer que duas coisas se correspondem exatamente, usa-se o verbo derivado ajustar: se ajustam. Esse uso lingüístico provém de uma característica da relação de justiça: o que deve ser dado em justiça é justamente, precisamente, exatamente o devido: nem mais nem menos, o justo.

Em uma relação de justiça, o devido é o atribuído enquanto não tem interferência. A coisa, devida enquanto atribuída, é a medida da correção e retidão da ação justa, como dissemos. Portanto, o que constitui o dever jurídico ou dívida de justiça é exatamente a coisa que é direito. Isso é o que deve ser dado, nem mais nem menos: o justo.

b) Em outras relações semelhantes às da justiça, como as de solidariedade ou caridade, que também abrangem um dar, a correção ou retidão do que é dado se mede por outros parâmetros: a necessidade do receptor potencial, as possibilidades do doador, a situação relacional entre ambos etc. Por isso, o que é preciso dar não tem um critério exato, que possa ser determinante. Em contrapartida, na relação de justiça esse critério ou parâmetro é objetivo e está determinado exatamente: é preciso dar o justo, ou seja, a coisa devida – bem determinada – em suas exatas e precisas proporções. O dado deve ser igual ao devido.

Portanto, se é dado menos do que é devido, comete-se injustiça; se é dado mais, ou é um ato de liberalidade, ou é um erro, e neste caso o credor estará obrigado a devolver o excesso.

c) Essa qualidade de justeza que acabamos de ver aplicada ao essencial, que é a determinação do direito, é igualmente própria de quanto está contido na medida do direito. Assim, por exemplo, os prazos: se está marcado um tempo para devolver a coisa – p. ex., empréstimo por um ano –, essa não é devida antes desse prazo e, portanto, não é reclamável ou exigível até que se cumpra o tempo.

d) Justiça significa ajuste, e o justo indica o ajustado. Essa é a idéia fundamental sobre a justiça e o justo, o que quer dizer que é assim em relação ao direito. Quando falamos da justiça e do justo, não estamos fazendo referência a idéias mais ou menos vagas ou não-concretas. Essa linguagem vaga pode ser própria do político, mas nunca será nos lábios de um jurista. O justo é o cumprimento preciso das leis, o pagamento exato pelo devedor, a pena aplicada ao delito de acordo com as leis penais, o pagamento do salário ajustado etc. O justo é, por sua natureza, uma coisa concreta e determinada. E, se algumas vezes se apresenta como obscura ou difícil, a coisa é determinável mediante o processo judicial. E isso se compreende bem, porque o direito ou o justo é conseqüente à repartição das coisas, é o consecutivo ao fato de as coisas estarem repartidas. Repartidas as coisas, tudo se resume na detecção do que, por estar repartido, é por sua natureza determinável.

Sabe-se bem que, às vezes, a determinação do justo pode ser controvertida ou difícil; decididamente, o jurista por excelência, o juiz, tem por função resolver controvérsias. Mas a arte jurídica consiste precisamente em saber solucionar – por um procedimento – as controvérsias. A arte do jurista é sobretudo a arte de declarar o justo nos casos difíceis. O que não pode ser dito é que o justo seja algo por si só nebuloso, não-concreto e indeterminado. Pelo contrário, o justo é por si mesmo bem concreto e determinado: o que é marcado pelo título e pela medida do direito.

Nesse sentido, cabe falar de uma desmitificação da justiça e do justo. Não se trata de grandes ideais sociais e políticos, não se trata da meta político-social de uma organização da sociedade mais perfeita e ideal. Talvez nessa explicação político-social o que se chama justiça seja algo não-concreto, incerto e idealizado, possivelmente uma utopia. Porém, tudo isso não representa o mundo do foro e do jurista, que trata do cumprimento das leis, do pagamento das dívidas, do prazo do arrendamento, da devolução do depósito e do empréstimo, da entrega da mercadoria combinada etc. No que se refere ao ofício de jurista, o justo é algo concreto e determinado ou, pelo menos, determinável: nem mais nem menos que o devido.

11. O DIREITO COMO O IGUAL. *a*) *A igualdade em geral*. *a'*) O direito contém em si uma medida, o que quer dizer que a coisa constituída como direito não é uma coisa desmedida, desmesurada ou desproporcional: o direito é essencialmente harmonia, uma coisa harmônica. Nessa harmonia reside a retidão ou virtuosidade da justiça. Em tal sentido o direito não é qualquer coisa, senão uma coisa medida e proporcional. O injusto é o contrário: a desarmonia, a desproporção, a desmesura, ou por falta, ou por excesso. O direito, já vimos isso repetidamente, é o justo, e o justo é o ajustado, o que se ajusta a uma medida. Essa medida do direito foi chamada tradicionalmente a *igualdade*, de modo que o direito é *o igual*.

Aristóteles chamou o igual indistintamente mediante duas palavras: *íson* e *análogon*, o igual e o proporcional; os dois termos significam a mesma coisa, pois o filósofo grego considera a proporção da matemática, para a qual a proporção é a igualdade de duas razões, e pode ser aritmética e geométrica, dois tipos de proporção que o Estagirita aplicou ao justo, conforme se tratasse do justo corretivo ou do justo distributivo. Tomás de Aquino parece preferir os termos *adaequatio* – adequação – e *commensuratio* – ajustamento –, que são equivalentes; em todo caso, fala constantemente de igualdade. E de igualdade falam todos referindo-se à justiça. Mas de qual igualdade se trata? O que quer dizer que o direito é o igual?

b') O fato de o direito ser o igual quer dizer duas coisas: primeiramente, que o que é dado pela ação justa deve ser igual ao devido; e, em segundo lugar, que o devido é o adequado ou proporcional ao titular, isto é, ao credor de uma relação de justiça. O que significa que, em suma, o direito é o proporcional ou adequado – ajustado – a seu titular. A primeira igualdade – o que é dado deve ser igual ao devido – tem seu fundamento na segunda – o direito, que é o devido, é o ajustado e proporcional ao titular ou credor –, de modo que, em última instância, o que deve ser dado em uma relação de justiça é o proporcional ao titular do direito ou credor.

c') Fundamentalmente, a igualdade é, então, a relação de proporção ou adequação entre o direito e seu titular, isto é, entre a coisa e o possuidor do título.

b) *A igualdade fundamentadora*. *a'*) Esta igualdade – proporção ou adequação da medida da coisa a seu titular – não é uma relação primária, mas secundária ou derivada, porque se fundamenta em uma relação de igualdade primeira e fundamental. Essa é uma igualdade *fundamental* (está na origem da igualdade própria do direito) e, ao mesmo tempo, *fundamentadora*, pois é o fundamento da igualdade ou proporção do direito.

A relação de justiça ou relação jurídica é uma relação entre pessoas – embora de modo derivado também seja entre pessoas e instituições ou entre instituições –, cujo fundamento é o direito ou coisa justa. A relação jurídica é relação entre pessoas no que se refere a algumas coisas. Assim, se se trata de uma relação entre pessoas, a relação de justiça ou relação jurídica se estrutura e se forma pelo que é a pessoa e pelo modo próprio de as pessoas se relacionarem, isto é, pelo que é a pessoa em si e pelo que é a pessoa em relação com os demais. Em suma, a relação de justiça é uma forma típica e determinada de relações entre pessoas. Concretamente, a relação jurídica é a relação entre pessoas em função da repartição de bens, funções e serviços.

b') De que modo aparece a pessoa na relação de justiça? Aparece principalmente como ser que domina seu próprio ser e pode dominar seu entorno; em outras palavras, aparece como um ser capaz de tornar sua uma coisa (corpórea ou incorpórea) e, portanto, como ser que, supondo algum dos títulos indicados em momento oportuno, tem como seus – atribuídos – bens, funções e serviços. Isso não é outra coisa que conseqüência do estatuto ontológico da pessoa, de sua perfeição no ser, o que é o mesmo que dizer reflexo de sua dignidade. A *suidade* ou atribuição com exclusividade de bens, funções e serviços é uma manifestação da dignidade ontológica – intensidade e qualidade de participação no ser – da pessoa humana. No respeito a essa dignidade e, portanto, no respeito à atribuição e à *suidade*, fundamenta-se a bondade ou retidão – virtude – da justiça, razão pela qual a retidão dessa é medida pelo objetivo respeito a essa relação de *suidade*, que é o mesmo que dizer respeito à dignidade da pessoa em seu aspecto específico e particular de dominadora.

c') No entanto, essa dignidade ontológica é igual em todos os homens, pois é um estatuto ontológico que entra na essência – e, portanto, na natureza – do homem. Como pessoas, todos os homens são iguais, o que quer dizer que são iguais na dignidade essencial do ser humano. Há, então, uma igualdade entre todos os homens como dominadores de seu ser e como capazes de dominar seu entorno. Em outras palavras, todos os homens são iguais em direito, isto é, como sujeitos de direito. Nenhum homem é mais que os outros ou prevalece sobre os demais como sujeito de direito. Os direitos valem a mesma coisa, exigem a mesma coisa, são igualmente devidos para todos os homens. Por conseqüência, cada coisa atribuída é igualmente direito em relação a cada homem; assim, a vida é igualmente direito para todo homem; ou uma quantia determinada de dinheiro é igualmente propriedade para um ou outro homem. Portanto, na relação credor-devedor nenhum vale mais que o outro ou prevalece sobre o outro, de modo que as coisas assumam um valor superior ou inferior em função da pessoa. Dado que as pessoas são iguais como sujeitos de direito, a igualdade no tratamento objetivo ou justiça entre pessoas é medida pela igualdade ou proporção das coisas que são dadas, de modo que o direito é atendido em sua justa medida quando o que se dá pela ação justa é o justo, isto é, o igual ao devido.

A igualdade das pessoas como sujeitos de direito é a igualdade fundamentadora da igualdade das coisas, enquanto fundamenta a igual proporção ou adequação de cada coisa particular a seu titular.

Vamos ver como a igualdade é cumprida no justo legal, no justo corretivo-comutativo e no justo distributivo.

c) A igualdade no justo legal. a') Quando se fala de igualdade como característica do direito, os autores se referem ao justo comutativo-corretivo e ao justo distributivo, não ao justo legal. Essa omissão parece ser devida à exclusão da justiça legal do âmbito do direito – que se restringiria à justiça particular –, como vimos. No entanto, a justiça legal também – conforme se disse – pertence à esfera do direito e da justiça, por isso a igualdade tem aplicação nela.

Em que consiste a igualdade na justiça legal? Visto que se trata da proporção ou adequação do que é dado ao devido, nesse caso trata-se da igualdade entre o que foi cumprido e o devido; em outras palavras, trata-se do cumprimento fiel das leis ou adequação das condutas às normas.

b') Parece, no entanto, que falta aqui um elemento decisivo: qual é o direito que se satisfaz ou se cumpre? Se a lei, que é o que se cumpre, não é direito em sentido próprio e estrito, não parece que a justiça legal consista em dar a cada um seu direito e, por conseguinte, nem é justiça em sentido próprio, pois não realiza a noção de justiça, nem há satisfação de um direito. Essa aparência não corresponde à realidade.

De fato, o cumprimento das normas se desenvolve no seio da relação sociedade-membro, concretamente no que concerne à relação do membro com a sociedade. Essa relação, enquanto é jurídica, compreende a relação dever-direito do membro para com a sociedade. Qual é o dever fundamental do membro da sociedade em relação a essa e o direito básico dela em relação àquele? Visto que a sociedade é a união dos homens para a obtenção de um fim comum (que recebe o nome de bem comum), o dever básico e fundamental do sócio ou membro é contribuir para a consecução do fim comum, o que representa o direito básico e fundamental da sociedade em relação ao membro. Como se determina o dever de justiça do membro e o respectivo direito da sociedade? Aqui intervém a lei, como orientação das condutas dos membros da sociedade para o bem comum; é a lei que indica – a regra ou medida de – os deveres de justiça do membro em relação à sociedade, e, por conseqüência, a medida do direito dessa. A justiça legal é a satisfação de um direito: o direito da sociedade em relação a seus membros. Por isso, a justiça legal realiza a noção de justiça e é verdadeira justiça. E por isso também inclui-se na função do jurista o estudo do ordenamento legal ou normativo da sociedade, como regra ou medida dos deveres dos membros (dos deveres dos cidadãos no âmbito da comunidade política).

c') A justiça legal propõe um problema: a sociedade e a pessoa são iguais enquanto titulares de um direito? A sociedade – particularmente a comunidade política, da qual se fala por antonomásia quando se menciona a justiça legal – não é superior ao membro, à pessoa e, por isso, não se trata de uma relação de iguais? Se sociedade e pessoa fossem desiguais – pela superioridade da sociedade –, não ocorreria uma relação jurídica propriamente dita, de modo que o cumprimento da lei não satisfaria de forma suficiente o direito da sociedade, e, além disso, o membro não teria verdadeiros direitos em relação à sociedade. Nesse caso, a sociedade poderia exigir tudo do cidadão, que não poderia preencher a medida da justiça. Então a justiça legal não conseguiria ser justiça, a qual requer a satisfação plena do direito e, portanto, a igualdade dos sujeitos relacionados.

Falar de justiça legal, que é falar de justiça, supõe admitir a igualdade entre a pessoa e a sociedade, pois só a igualdade entre os sujeitos relacionados juridicamente fundamenta a igualdade entre direito e prestação. Pois bem, a sociedade não é uma realidade em termos de entidade superior à pessoa; é a união de pessoas em relação a alguns fins comuns, por isso a sociedade não tem o sentido de realidade absoluta ou última, mas de entidade relativa – no que se refere a alguns fins – e em certo sentido medial, como meio ou instrumento do homem para alcançar conjunta e solidariamente os fins para os quais se orienta a sociedade. Conjunto de pessoas, a sociedade não pode se constituir em entidade ontologicamente superior a seus elementos constituintes, que são as pessoas. Vale como elas, não mais. Sua subjetividade jurídica é projeção da subjetividade jurídica das pessoas que a compõem. Então, como sujeito de direito, a sociedade é igual à pessoa, razão pela qual cabem relações jurídicas entre o membro e a sociedade. A justiça legal é justiça entre sujeitos de direito iguais enquanto corresponde à subjetividade jurídica; por isso é verdadeira justiça.

d) A igualdade no justo corretivo-comutativo. a') O justo corretivo-comutativo tem seu posto nas relações entre particulares e abrange três tipos de ações: 1.º) as permutas de coisas, cujos casos mais típicos são a compra e venda e a troca, mas que abrangem todos os casos em que ambos os sujeitos da relação dão e recebem algo em troca; 2.º) a entrega de uma coisa com obrigação de devolvê-la, como ocorre, por exemplo, no depósito ou no empréstimo, ou sem essa obrigação, como é o caso da doação; e 3.º) o respeito ao direito do outro, como, por exemplo, o respeito à propriedade alheia; o contrário disso é o dano, o que gera a restituição.

b') Recebe o nome de justo corretivo, porque corrige a desproporção ou desmesura – para mais ou para menos – entre o que se deve e o que se dá. E também se chama justo comutativo, porque se refere principalmente ao primeiro tipo de ações ou permutas.

De que igualdade se trata? Nesse caso, a igualdade das partes como sujeitos de direito se manifesta na igualdade das coisas, o que impede o enriquecimento de um à custa de outro. Essa igualdade pode ser de dois tipos: 1º a igualdade de identidade, o que supõe que há casos nos quais o que se dá – o que se devolve ou restitui – é exatamente a mesma coisa que se recebeu ou tomou: o devido é identicamente a mesma coisa que passou, de modo legítimo ou ilegítimo, ao poder do devedor, por exemplo, o carro emprestado ou roubado; 2º a equivalência ou igualdade de valor ou qualidade, quando se trata dos casos em que se devolvem ou se permutam coisas diferentes, como, por exemplo, a compra e venda na qual se permutam coisas por dinheiro.

Como se pode ver, a igualdade como sujeitos de direito, própria dos sujeitos da relação de justiça, leva no caso analisado – o justo comutativo – à igualdade entre as coisas, a qual é medida do justo. A igualdade ou equivalência impede o pouco ou o muito – a desmesura – na permuta ou devolução, que acarretaria uma desproporção entre os sujeitos: nem empobrecimento nem enriquecimento de um à custa de outro.

c') Vamos ver, como exemplo, as permutas. As permutas regidas pela justiça são aquelas em que as coisas permutadas se constituem em direito recíproco de cada uma das partes em virtude da mútua entrega das coisas. Assim, em uma compra e venda, a entrega do preço constitui o comprador em titular da coisa comprada, ao mesmo tempo que o dinheiro do preço torna-se direito do vendedor pela entrega da coisa. Cada coisa torna-se direito dos que permutam em substituição da outra. Isto é, cada coisa substitui a outra como parte do conjunto de bens próprios dos sujeitos. E essa substituição é precisamente o que gera a titularidade do direito. Porque o que foi vendido era propriedade do vendedor, o preço recebido torna-se seu; e o inverso ocorre com o comprador. Portanto, as coisas que se permutam devem ser iguais ou, mais precisamente – pois o normal é que se trate de coisas de natureza diversa –, devem ser equivalentes, ou seja, de igual valor; ambas as coisas devem se ajustar naquilo que conta nas permutas, que é o valor das coisas. Trata-se de que a permuta não altere o conjunto de bens que pertencem a cada parte, isto é, que não altere o *status* da repartição das coisas. Essa é a harmonia própria da justiça, que consiste – no caso tratado – em uma igualdade, que é equivalência. Dessa maneira, se as coisas que se permutam não fossem iguais, se produziria uma injustiça, que, como tal, deveria ser reparada. Como nas permutas cada coisa torna-se direito recíproco de cada uma das partes, a igualdade na subjetividade jurídica, a igualdade em direito, plasma-se na proporção aritmética das coisas, na equivalência entre elas, pois, como o direito é a coisa justa, a igualdade em direito reclama a igualdade das coisas (A igual a A ou A igual a B).

d') A desmesura no justo corretivo ou comutativo está no enriquecimento – ou empobrecimento – de uma das partes à custa do outro. Isso sugere o problema daqueles casos em que o devido é – aparentemente – mais do que o dado; o exemplo típico é o do empréstimo com juros, mas também o da venda com uma margem de lucro, o do aumento de preço nas vendas a prazo, e casos semelhantes. Para que se trate de coisas justas, é necessário que não haja propriamente um enriquecimento à custa do outro – a simples desmesura ou enriquecimento sem motivo –, mas que o aparente valor extra esteja contido na coisa dada: assim, no caso do empréstimo de dinheiro, esse deve ter o caráter de capital para que produza réditos, o rendimento comercial deve ser proporcional ao lucro causado e ao serviço prestado etc. Também não há enriquecimento desproporcional, quando se consideram o risco que se corre, o lucro cessante ou o dano emergente, contanto que haja uma verdadeira equivalência.

e') O justo comutativo envolve a diferenciação entre bens produtivos e bens improdutivos. No caso desses últimos, a proporção ou igualdade aritmética implica a mera equivalência das coisas. Por outro lado, quando se trata de bens produtivos, cabe uma participação no produto por parte de quem entrega o bem produtivo; porém, só uma participação, já que a entrega de um bem produtivo em sua qualidade de produtivo supõe que o que foi entregue seja o bem mais o produto, pelo menos em parte.

O que foi dito sobre o enriquecimento deve ser dito, ao contrário, do empobrecimento.

f') Por se tratar de uma igualdade ou equivalência entre coisas, essa igualdade se mede por parâmetros até certo ponto objetivos, mas não se deve pensar que é possível estabelecer matematicamente o valor das coisas entre si. A fórmula matemática não existe. Há, em compensação, certas igualdades naturais, enquanto outras são convencionais dentro de certos limites objetivos. A igualdade de identidade, por exemplo, não sugere nenhum problema: a objetividade é determinada naturalmente pela identidade. Ocorre de modo semelhante quando se trata de devolver uma coisa homogênea à coisa que foi entregue; também nesse caso a medida é determinada naturalmente: se foi emprestado um quilo de sal, por exemplo, o equivalente consiste em devolver um quilo de sal de igual qualidade.

O problema fundamental consiste na permuta de coisas heterogêneas, especialmente a troca de bens por dinheiro. Como se fixa a equivalência? Por não haver critérios naturais, os critérios são necessariamente convencionais: a estimativa subjetiva e o acordo são os que ajustam as coisas, e nisso consiste a medida positiva do direito. No entanto, também nesse caso ocorre uma certa objetividade por um ou vários critérios. Por um lado, embora os preços sejam em si mesmos convencionais – em sua base sempre está uma estimativa subjetiva –, ao se generalizar em uma sociedade, se produz o preço médio de mercado, que indica um critério objetivo; a justiça de um preço é medida pela estimativa objetiva média representada pelo preço médio de mercado. Porém, esse não é o único critério objetivo, de modo que esse critério pode chegar a ser desproporcional (p. ex., aumentos artificiais por manipulação do mercado) e por isso injusto. Por parte do produtor da coisa, um parâmetro objetivo de preço é determinado pelo custo, de modo que esse preço deve cobrir o custo mais o lucro proporcional oportuno. Por parte do usuário da coisa, uma objetividade na estimativa dela é determinada pelo tipo de necessidade que cobre; quanto mais básica e urgente for essa necessidade, mais essa coisa deverá estar ao alcance dos potenciais usuários.

Tratando-se como se trata de critérios que se fundamentam, em último caso, na estimativa subjetiva e na convenção, os critérios objetivos assinalados são sempre relativos e sujeitos às circunstâncias históricas.

g') Quando a equivalência nas permutas é inobservada e são produzidas desarmonias ou desproporções, aparece a injustiça, que reclama a ação dos agentes sociais, aos quais cabe tomar as medidas oportunas para restabelecer o equilíbrio justo.

e) *A igualdade no justo distributivo. a'*) O justo distributivo aparece relacionado a um fato típico da vida social e comunitária: a distribuição ou repartição de bens, funções e serviços. O que é característico da distribuição ou repartição é a *passagem do comum ao particular*. Por exemplo, como distribuir ou dividir uma massa comum de bens entre os que formam uma sociedade ou comunidade, ou como repartir o ativo de um comerciante em falência entre seus credores. Às vezes, o que se distribui ou reparte não são bens, mas encargos ou dívidas; assim, como distribuir equitativamente o gasto público entre os cidadãos mediante os impostos, ou como repartir entre os sócios as dívidas de uma sociedade ou comunidade? Para o que nos interessa, vamos nos referir a seguir à repartição de bens, porque a distribuição de funções ou serviços e encargos é feita com os mesmos ou semelhantes critérios.

Trata-se, dissemos, de dividir o comum, que é um, entre os particulares, que são vários. E trata-se de dividir com justiça. Por que com justiça? Dado que a justiça pressupõe o direito, segue-o, a suposição que estamos analisando é a de que os particulares têm direito sobre uma alíquota da massa comum, que é preciso determinar. A conseqüência é que, como os destinatários da distribuição são iguais enquanto sujeitos de direito, têm igual direito, cada um, à parte que lhe cabe; portanto, têm direito ao tratamento igual. Por tratamento igual entendemos que a cada destinatário é preciso dar igual e justamente a parte que lhe cabe. Assim, duas são as hipóteses que podem se apresentar: 1.ª) Todos os destinatários da distribuição têm direito a *igual parte* da massa comum; podemos pensar, por exemplo, na repartição de rendimentos do capital em uma sociedade mercantil formada por três sócios, que contribuíram cada um com um terço do capital. Nesse caso, a solução é extremamente simples: cada um dos sócios tem direito a um terço do total dos rendimentos do capital. Porém, casos como esses são relativamente poucos. 2.ª) O caso mais freqüente é o dos destinatários cujo direito, sendo igual quanto à força de direito, não tem a mesma medida, não é igual à alíquota que lhes cabe; com isso, o que queremos dizer é que a coisa que devem receber – que é seu direito, pois dissemos que o direito é a coisa justa – é de diferentes dimensões; por isso, o direito de cada um não tem a mesma medida. Vamos supor, por exemplo, o caso de uma sociedade mercantil formada por três sócios, um dos quais contribuiu com a metade do capital, tendo contribuído os outros dois com um quarto cada um. Nesse caso, embora todos tenham igual direito em participar dos rendimentos do capital, é óbvio que o justo é que quem pôs mais capital receba uma parte maior dos rendimentos. A justiça, nesse caso, está na medida diferente.

Mas observe-se que se é verdadeira justiça, como tal, tem de se tratar de uma igualdade. O que significa a igual satisfação do direito de cada um. Logo, a diferença está na medida do direito. Satisfaz-se o direito de cada um de acordo com sua própria medida. E nesse tratamento igual consiste a justiça, isto é, a igualdade.

b') Como o direito tem medida distinta, o que quer dizer que a medida da coisa é diferente, a igualdade entre cada um dos destinatários da repartição não é a igualdade aritmética – ou proporção aritmética –, como no caso do justo corretivo, mas uma verdadeira igualdade ou proporção de índole distinta: a igualdade ou proporção geométrica. Como diz Aristóteles, se no justo corretivo se considera a proporção aritmética, A igual a B, no justo distributivo a proporção é a geométrica, cuja fórmula é: A está para B, assim como C está para D. Vamos dar um exemplo. Os bens próprios da comunidade familiar têm por finalidade suprir as necessidades dos membros da família e, nesse sentido, os pais têm igual dever de alimentar os filhos, distribuindo equitativamente – com justiça, com igualdade – os alimentos a cada um dos filhos, os quais têm igual direito a serem alimentados pelos pais. Porém, nem todos os filhos necessitam do mesmo alimento. Se certos pais têm um filho de quinze anos e outro de seis meses, é óbvio que a igualdade de tratamento não é dar aos dois exatamente os mesmos alimentos e a mesma quantidade. O proporcional – ajustado – ao filho de seis meses é uma papinha, enquanto para o filho de quinze anos é proporcional uma alimentação de adulto. Isso posto, sendo diferentes a natureza e a quantidade dos alimentos, a igualdade consiste na proporção geométrica: a papinha está para o bebê de seis meses assim como a alimentação do adulto está para o filho de quinze anos. Se essa proporção é respeitada, os dois filhos são tratados com igualdade. Essa é a igualdade própria das distribuições.

De acordo com o que acabamos de ver, parece que a fórmula da justiça distributiva é: tratar igual os iguais e tratar desigual os desiguais. Isso tem um modo verdadeiro de ser entendido, mas também pode ser mal entendido. Seu sentido genuíno é: tratar igual todos, isto é, dar tratamento igual a iguais e desiguais, só que o tratamento igual aos desiguais significa tratá-los igualmente conforme a proporção geométrica, que é a igualdade que lhes cabe. Vamos supor o caso antes exposto da sociedade mercantil com três sócios, um dos quais contribuiu com a metade do capital e os outros dois contribuíram com um quarto do capital cada um. Observe-se que, se os rendimentos do capital são divididos em três partes iguais e cada uma dessas partes é entregue a cada um dos sócios, o tratamento – que é o decisivo – não é igual, pois os que contribuem com um quarto de capital ficam favorecidos sem motivo (enriquecimento injusto), à custa de quem pôs a metade. A verdadeira igualdade de tratamento está em repartir os rendimentos do capital em proporção à parte do capital com que se contribuiu. Se os rendimentos do capital são, por exemplo, cem, a igualdade proporcional consiste em dar cinqüenta a quem pôs a metade do capital e vinte e cinco aos que puseram os outros dois quartos. Então, ocorre a proporção geométrica: cinqüenta de rendimento está para a metade do capital, assim como vinte e cinco de rendimento está para um quarto do capital.

c') A proporcionalidade é medida em relação a qual critério? Porque é evidente que a proporcionalidade não se baseia sempre em um critério idêntico. No exemplo citado, sobre a repartição dos rendimentos do capital, a proporcionalidade é medida por critérios matemáticos, mas tais critérios são inaplicáveis ao caso da distribuição de alimentos entre os filhos de uma família, conforme o outro exemplo dado. Não é, de fato, nenhuma fórmula matemática o critério da justiça em toda distribuição, embora não faltem casos – como o indicado – nos quais a proporcionalidade seja resolvida por uma fórmula matemática.

Se o direito é o proporcionado a seu titular, o que é o proporcionado aos destinatários de uma distribuição ou repartição? A distribuição é uma ação humana, e o critério de especificação, de perfeição e retidão de um ato humano – de toda atividade do homem – é sua finalidade. Toda distribuição é feita, então, por causa de alguns fins, o que implica que o direito de cada destinatário seja medido por sua relação com a finalidade da distribuição, pois se a distribuição é feita por uma finalidade é claro que o destinatário tem direito à alíquota dos bens a repartir (no caso dos encargos, o dever) por seu direito a (por seu dever de) participar da finalidade da repartição. Portanto, o critério de proporcionalidade nas distribuições é determinado pela relação dos destinatários com a finalidade da distribuição. O proporcional ou adequado a cada titular nas distribuições é aquela parte dos bens a repartir que cabe a sua posição e relação com a finalidade da repartição, considerado o direito igual dos demais destinatários.

d') Vários são os fatores que intervêm para tornar distinta e diferente a relação do destinatário da repartição com a finalidade da distribuição, fatores que são, portanto, outros tantos critérios de determinação da proporcionalidade. Esses critérios não são absolutos, aplicáveis a todos os casos; são aplicáveis conforme sua relevância em razão de finalidade da distribuição, de modo que são válidos em alguns casos, mas não em outros. Esses fatores são: a condição, a função, a capacidade, a contribuição à sociedade e a necessidade.

1.º A condição. Entendemos por condição o modo estável de pertencer a uma sociedade ou comunidade e de estar nela, particularmente a comunidade política ou sociedade civil. Manifesta-se no estatuto fundamental de membro ou cidadão. Há, sem dúvida, sociedades ou comunidades *iguais* – democráticas quando se trata da *pólis* –, em cujo caso todos os membros têm o mesmo estatuto fundamental e igual em relação à finalidade da sociedade; em tal hipótese, quando se trata de distribuições cujo critério é a condição de membros, a parte correspondente a cada membro é igual.

Porém, há também sociedades ou comunidades com classes ou tipos diversos de membros – sociedades *desiguais* –, nas quais cada classe ou tipo tem uma participação diferente na finalidade da sociedade ou comunidade, sendo essa diversidade de participação o que é característico delas. Nesses casos, o estatuto fundamental é variado. Quando isso ocorre, as distribuições em função da finalidade da sociedade implicam uma diferença na alíquota de participação na distribuição, que é medida pela proporção em relação à condição de membro. Assim, em uma empresa na qual alguns sócios se limitam a cooperar com capital e outros contribuem com capital e trabalho, vão caber aos primeiros apenas os rendimentos do capital, enquanto os segundos devem receber os rendimentos mais a remuneração do trabalho.

2.º A função. A diferenciação de funções, de ações ou papéis sociais traz em si a diferenciação de participação na distribuição de bens, quando a repartição é realizada de acordo com essa distinção de funções ou papéis sociais. Por exemplo, quando o montante da remuneração do serviço prestado é determinado em função das responsabilidades que se assumem conforme o cargo ou ofício.

3.º A capacidade. A cada um e de cada um segundo sua capacidade também é um critério de delimitação do justo distributivo. É evidente que a capacidade determina limites tanto à recepção de bens como à contribuição para o fim comum mediante serviços ou encargos, pois para capacidade diferente há possibilidade variada de participação na finalidade da repartição. A capacidade é critério aplicável à repartição de bens, pois há bens que devem ser repartidos conforme a capacidade diferente: assim ocorre, por exemplo, com os bens que produzem o ensino e a educação; esses devem ser postos ao alcance de todos, mas para cada um conforme sua capacidade, pois ninguém é apto a recebê-los além de sua capacidade, e não dar aos mais capazes o que podem alcançar em prol de um equivocado igualitarismo seria injustiça. A capacidade é o critério mais adequado da distribuição de funções e também da repartição de encargos. As funções devem ser repartidas com critérios de capacidade, pois o desempenho de uma função supõe a arte ou ciência – a capacidade –, e a finalidade da repartição de funções tem por fim a máxima funcionalidade de uma organização. Quanto aos encargos, esses se relacionam com o dever de participar da finalidade da sociedade, dever que é proporcional à própria capacidade.

4º. A contribuição à sociedade. Quando o critério da proporcionalidade na distribuição é a repartição dos bens que a sociedade produz para seus membros, a maior contribuição à sociedade gera uma medida maior na recepção desses bens. Assim, os rendimentos do capital devem ser repartidos em proporção ao capital com que se contribuiu, e os rendimentos do trabalho devem ser distribuídos em proporção à quantidade e qualidade do trabalho realizado. Há dois casos nos quais esse critério não é aplicável. Em primeiro lugar, quando a maior contribuição é feita como meio para a redistribuição de bens, pois representa a correção de um adicional de bens recebidos por aplicação de prévios critérios de distribuição incorretos. Em segundo lugar, também não é aplicável quando a maior contribuição é devida à aplicação do critério da capacidade, já que, nesse caso, a contribuição à sociedade, embora absolutamente maior, não o é proporcionalmente, e é a mesma coisa na distribuição de encargos; por exemplo, o contribuinte que paga mais impostos que outros com menor capacidade contributiva contribui proporcionalmente de modo igual a esses e, portanto, tem direito igual ao desses aos serviços da sociedade, nada mais.

5º. A necessidade. Há ocasiões em que a distribuição de bens orienta-se para remediar necessidades. Por exemplo, a repartição de bens de alimentação ou de roupas, do salário etc. Em tais casos, um princípio de justiça distributiva é "a cada um conforme sua necessidade". Já que, como dissemos, o critério do justo distributivo é a relação entre os destinatários da distribuição e a finalidade dessa, se a repartição se orienta para remediar necessidades, o grau dessas indica a proporção justa.

12. "EXTERNIDADE". *a*) A ação justa é própria das relações inter-humanas, transita no âmbito das relações sociais ou intersubjetivas. Já dizíamos, a justiça e a ação justa são realidades sociais, próprias do âmbito social do homem. Essa característica manifesta-se em um traço das coisas que são direito: esse traço é a "externidade". Isso significa que podem ser direito as coisas externas, e somente elas.

Exterioridade ou externidade se opõe a interioridade; essa interioridade é a humana: o que acontece e age no interior do homem não pode ser direito nem intervir nas relações de justiça.

b) Mas o que significam coisas externas? À primeira vista, pode-se dizer sem dificuldade que coisa externa é aquela que se situa no âmbito do conhecimento dos sentidos. Considerando essa idéia, coisa externa equivale a coisa material. E é verdade que esse tipo de coisas pode se constituir em direito: um objeto de arte, um animal, uma área rural, dinheiro etc. Muitos direitos consistem em coisas desse tipo. São as coisas corpóreas.

No entanto, já dissemos que também há coisas incorpóreas que podem ser direito: um cargo ou função é exemplo válido. Em que sentido uma coisa incorpórea é coisa externa? No sentido de ter uma projeção exterior à pessoa – poder ser exteriorizada em seus meios ou em seus efeitos –, em cuja virtude entra no âmbito social de comunicação e inter-relação das pessoas. Portanto, embora a marca de externa sempre traga em si uma dimensão de certa materialidade, significa propriamente que a coisa tem uma projeção social, isto é, que é capaz de entrar no âmbito de comunicação e inter-relação dos homens, seja em si mesma, seja em alguma dimensão sua.

Já foi visto que alguma coisa constitui direito quando é devida, o que supõe uma interferência ou sua possibilidade. Portanto, a coisa que é direito não deve sofrer interferência de um sujeito diferente do titular. Mas para que isso ocorra é preciso que a coisa entre no âmbito de comunicação e relação das pessoas, pois do contrário não poderia sofrer interferência. Portanto, isso é precisamente o que significa a índole de coisa externa, a "externidade": dimensão de comunicação e relação humana sociais.

c) O íntimo do homem ou *incomunicável*, aquilo que não entra nas relações sociais, não constitui direito. O que não quer dizer que não esteja atribuído ao sujeito, que não lhe pertença como seu. As coisas internas estão atribuídas ao sujeito e são suas. Mas já dissemos que essa relação de *suidade* – algo que é seu de um sujeito – não é, em última instância, o constitutivo do direito. O direito nasce em uma relação de justiça como algo devido a seu titular. O direito nasce e se desenvolve em uma relação social, como algo que é preciso dar e, portanto, como algo comunicável.

É próprio da pessoa dispor de um âmbito de incomunicabilidade e incomunicação. Ela não é totalmente dimensão social. Pelo contrário, a redução da pessoa ao âmbito social é uma típica atitude totalitária – toda a pessoa e em todas as suas dimensões seria social –, que se opõe à dignidade da pessoa e ao que essa tem como traço essencial: sua incomunicabilidade. Porém, também é próprio da pessoa – e não como algo contraditório ao dito antes, mas como complementar – sua capacidade de comunicação. A relação social – a comunicação – é inerente à pessoa, naturalmente direcionada aos demais. A pessoa é ser-para-si, mas também é ser-para-os-demais.

Nos limites dessa dupla dimensão de comunicação e incomunicação ocorre a existência do direito. O íntimo e incomunicável é um setor ajurídico da pessoa; por outro lado, o social e comunicável conhece o fenômeno jurídico. Onde ocorre uma realidade comunicável e social, cabe a existência do direito. E esse é o sentido da "externidade" do direito. Coisa externa quer dizer coisa captável pelos demais, comunicável, o que leva a supor que essa realidade sai da esfera de intimidade da pessoa, esta sim incomunicável.

d) A "externidade" do direito tem outro sentido, que não se refere ao direito em si, mas à ação justa, à ação de *dar* (devolver, entregar etc.). Dela também se diz que deve ser externa. Em relação a essa ação, sua "externidade" tem duas vertentes. Por um lado, significa que não se satisfaz a justiça com a intenção. A retidão virtuosa da justiça não se esgota com a reta intenção, mas exige a efetividade da ação justa, ou seja, a efetiva não-interferência ou o efetivo restabelecimento da situação justa, alterada pela permuta ou pela injustiça; em outras palavras, a retidão virtuosa da justiça exige o efetivo restabelecimento da situação justa por meio da ação justa. Por isso, em relação à justiça, não há verdadeiro arrependimento se a atitude interior não leva à restituição. Nisso a justiça se diferencia de outras virtudes, as quais consistem fundamentalmente em uma retidão pessoal, embora naturalmente se traduzam em obras; o critério de ser virtuoso é, nessas outras virtudes, a exclusiva retidão interior, que mede e regula a ação. Em contrapartida, a retidão da justiça tem como critério a *situação justa*, porque é uma virtude concernente à harmonia social ou ordem justa objetiva. Não é a exclusiva retidão interior, mas a harmonia social que é a medida ou critério da ação. Certamente, a intenção do sujeito deve ser reta, mas sua retidão em relação à justiça é medida pela efetiva obtenção da harmonia social. Em outras palavras, ser justo é quando efetivamente se dá a cada um o seu, isto é, quando se realiza a ação justa.

e) Por outro lado, afirma-se que a ação justa é uma ação externa, no sentido de que se cumpre tal ação justa, enquanto justa, se é dado efetivamente o direito a seu titular, qualquer que seja a intenção com que se dá. A partir daí, não faltam os que assegurem uma certa amoralidade do direito, já que, apesar de cumprir a ação justa com intenção não-reta – logo, não-virtuosa –, o direito seria satisfeito[94].

É verdade que a coexistência de intenções não-retas com o cumprimento da ação justa – dar a cada um o seu – não altera a ação justa, mas isso não significa que se possa estabelecer uma fissura entre ação justa e virtude da justiça. Com a ação justa se cumpre a virtude da justiça, porque a intenção de dar a cada um o seu, que é a intenção necessária para a ação justa, é precisamente a intenção própria da virtude da justiça. Essa virtude recebe sua retidão – dizíamos – da efetiva obtenção da harmonia social ou ordem social justa. Portanto, a intenção inerente à ação justa é a mesma intenção virtuosa. Os casos que costumam encher-se de intenções não-retas – p. ex., satisfazer o direito com desagrado, com ira, com ódio etc. – são alterações do ânimo, concomitantes com a intenção reta própria da ação justa, as quais, embora tenham influência na moralidade total do sujeito, não afetam a retidão particular e específica da ação justa, que é moralmente correta.

Ao afirmar isso, falamos da ação justa, do ato de dar a cada qual o seu. É em relação a esse ato que coincidem intenção justa – e portanto virtuosa – e intenção de realizar esse ato de dar a cada qual o seu. Mas os autores costumam se referir – ao falar desse ponto – a outra coisa: ao exercício ou uso do direito, à reclamação da coisa por seu titular. Aqui as coisas são distintas. O ato de exigir ou reclamar o di-

---

94. Ver, p. ex., G. GRANERIS, *L'amoralità del diritto di fronte alla dottrina di S. Tommaso*, em "Rivista di filosofia neoscolastica", XXXII, 1940, pp. 139 ss.

reito não é um ato de justiça – não é um ato de virtude –, mas um ato de domínio, um ato de poder. Esse exercício ou uso pode ser moralmente correto ou moralmente incorreto, sem que essa dimensão interna exerça influência na validade e eficácia desse ato de poder. Porém, isso não é um caso de amoralidade do direito, mas de relações entre moral e poder, que é questão diferente.

13. ALTERIDADE OU INTERSUBJETIVIDADE. *a)* Marca essencial do direito é a alteridade, também chamada intersubjetividade. Alteridade vem do latim *alteritas*[95] – de *alter*, outro – e denota a condição de ser em relação a outro. Intersubjetividade provém do italiano *intersoggettività* e quer dizer relação ou vínculo entre duas subjetividades. Com ambas as palavras se quer destacar que o direito não é uma realidade restrita a um sujeito e sim que requer essencialmente dois sujeitos diferentes: o titular tem seu direito perante outro ou outros sujeitos, os quais devem agir com justiça em relação ao titular. Se consideramos que o direito é o devido, alteridade e intersubjetividade indicam um dever diante do direito do outro.

A palavra mais usada e comum é alteridade; intersubjetividade é termo muito moderno. A substituição de alteridade por intersubjetividade se deve à idéia de que alteridade não expressaria com exatidão essa marca do direito. Há deveres não-jurídicos – afirma-se – que também se referem ao outro. Por exemplo, o dever de caridade é um dever em relação a outro; assim, pode existir o dever de caridade de dar esmola a quem não tem o necessário para subsistir. No entanto, esse dever, ao qual também conviria a marca de alteridade, se diferencia substancialmente do dever jurídico, porque ao dever não corresponde uma faculdade de exigir por parte de seu destinatário: o pobre não tem direito à esmola. Em contrapartida, a alteridade que se declara do direito supõe uma relação entre duas situações jurídicas, que se correspondem uma com a outra. No dever jurídico, ao dever corresponde um direito: o devedor tem um dever perante o credor, que é titular do direito, o qual gera o dever. Trata-se de duas subjetividades relacionadas. Daí o nome de intersubjetividade.

O argumento não é totalmente convincente, já que alteridade ou *alteritas* significa o mesmo que intersubjetividade com uma – a nosso ver – vantagem. Enquanto alteridade refere-se às pessoas – *alter*, outro –, intersubjetividade é um termo nascido em um contexto formalista, que salienta as relações entre situações jurídicas – subjetividades – consideradas de modo formalista. Sendo rejeitável o formalismo, é preferível falar de alteridade. Contudo, dado que intersubjetividade obteve legitimação, não parece haver inconveniente em usar o termo intersubjetividade, desde que despojado de suas origens formalistas.

---

95. É um neologismo muito pouco usado – por exemplo, não aparece no *Lexicon* de Bacci –, com precedentes no antigo latim cristão, no qual significou a condição de ser outro. Cf. A. BLAISE, *Dictionnaire latin-français des auteurs chrétiens*, 2.ª ed., por H. Chirat, Turnhout, 1954, verbete *alteritas*.

b) O direito, dissemos, aparece como tal em uma relação de justiça. A atribuição tão-somente da coisa a um sujeito, abstração feita do dever dos demais de não-interferência, não gera o direito. Assim, o solitário incomunicável possui coisas e as domina, porém essas relações não são jurídicas até que não entrem em cena outro ou outros sujeitos. É na relação de não-interferência que se origina a relação jurídica e, com ela, o dever; por isso dissemos que o constitutivo essencial do direito é a condição de devida da coisa, suposta, é claro, a atribuição ou repartição.

Dado que a justiça consiste em dar a cada um seu direito e o direito é o devido, percebe-se com nitidez que o direito próprio de um sujeito – ou titular – torna-se direito precisamente enquanto devido por outro, isto é, enquanto está relacionado com o dever de outro. Observe-se bem, o direito não é o dever, mas é direito enquanto relacionado com o dever. Portanto, a coisa não é direito em si mesma, mas enquanto, estando atribuída – sendo de um titular –, fica em conexão com o dever de não-interferência do devedor. Isto é, o direito surge no seio de uma relação entre duas pessoas ou sujeitos. É isso o que significa dizer que o direito tem como marca essencial a alteridade ou intersubjetividade. Se com alteridade acentua-se a relação pessoal, com intersubjetividade ressalta-se a conexão de situações jurídicas opostas.

c) A relação de alteridade ou intersubjetividade é, filosoficamente, uma relação de oposição e complementaridade: um é titular do direito, outro é titular do correspondente dever de justiça (de não-interferência). É a relação credor-devedor, chamando-se convencionalmente credor ao titular do direito e devedor a quem deve dar ao titular o seu.

A relação de oposição consiste em que se trata de situações jurídicas de significação contrária: uma direito, outra dever. Mas também é de complementaridade porque ambas convergem na origem do direito: a coisa é direito pela convergência atribuição-dívida. É algo conatural à justiça, a qual supõe a atribuição ou repartição das coisas e o dever de respeitar essa atribuição ou repartição.

14. O DIREITO COMO RELAÇÃO. *a)* Um problema filosófico central concernente ao direito é o que se refere a sua natureza ou qüididade. Qual é a entidade do direito? Em outras palavras, em que consiste a *juridicidade* ou condição de direito e o que queremos dizer com uma coisa jurídica? Qual é o ser da juridicidade, ou seja, a que categoria ontológica pertence?

O direito, dissemos, é a coisa justa. Trata-se, então, de uma coisa, corpórea ou incorpórea: um semovente, um objeto, dinheiro, um cargo... Porém, a coisa em si não é direito; em sua substância não é direito: é um relógio, um apartamento, um anel... Não há nenhuma coisa à qual, por nome de substância, corresponda o nome de direito e, por outro lado, todas as coisas – contanto que sejam repartíveis e distribuíveis – podem ser direito. Direito não é nome de substância; por isso, todas as coisas que são direito têm seu próprio nome de substância. Isso ocorre também com as leis, as quais recebem esse nome para denominá-las pelo que são em si: diretrizes ou ordenações imperativas; além desse nome, as leis se chamam direito e delas se diz que são jurídicas.

b) Em que consiste, então, a juridicidade? Dissemos que o direito é a coisa justa, a coisa devida, sendo sua relação com a justiça e seu caráter de dívida o que – em última instância – constitui a coisa em direito, de modo que direito é a coisa devida em uma relação de justiça. Se o constitutivo do direito é a marca de devida por causa da repartição ou atribuição, a marca essencial e característica do direito é uma relação.

É óbvio que a atribuição ou repartição gera uma relação – a relação de *suidade* – entre a coisa e o titular. Igualmente, a natureza da coisa devida também é uma relação da coisa com o credor (a coisa lhe é devida). Portanto, a natureza do direito é a de uma relação. O direito é uma coisa, mas o que constitui a coisa como direito é uma relação, a relação de devida, supondo-se a relação de atribuição. A juridicidade ou natureza de direito não é uma substância, mas uma relação. Trata-se de uma relação entre a coisa e o que podemos chamar genericamente credor, a quem se deve dar a coisa em uma relação de justiça.

c) Estamos, então, em presença de duas relações: a relação de *suidade* entre a coisa e seu titular e a relação de devida entre a coisa e o titular. Nessa última relação consiste formalmente a juridicidade; ou, em outros termos, por essa relação a coisa é formalmente direito. Pela primeira, não, porque a atribuição ou repartição não constitui a coisa formalmente em direito. A coisa só é direito em uma relação de alteridade, quando há dois sujeitos, um dos quais é titular ou credor e outro é devedor por interferir ou poder interferir. Sem essa alteridade não há direito, o que evidencia que a relação de *suidade* – que pode ocorrer sem alteridade: p. ex., Robinson Crusoé – não é a constitutiva do direito, embora seja fundamentadora do direito.

d) Nesse sentido não se deve confundir a relação constitutiva do direito com a relação de justiça ou relação jurídica. A relação jurídica é uma relação entre dois ou mais sujeitos, cujo fundamento é o direito ou coisa justa; nesse caso, os termos da relação são duas pessoas e o direito constitui o fundamento da relação. Por outro lado, a relação constitutiva do direito – a juridicidade – é uma relação entre a coisa e a pessoa, que são seus termos; seu fundamento é a atribuição da coisa a seu titular: a condição de sua ou *suidade*.

e) Observe-se como, na constituição da formalidade do direito, intervêm duas relações: a relação de *suidade* e a relação de dívida. Nenhuma delas pode faltar para que exista o direito. A relação de *suidade* é o fundamento, enquanto a relação de dívida é o constitutivo formal.

15. O FUNDAMENTO DO DIREITO. *a*) Considerando o direito do ponto de vista de seu titular, a primeira coisa que aparece é o título, que é, como dissemos, aquilo em virtude do que a coisa é atribuída a seu titular. Em um plano mais profundo, o *fundamento* do direito precede ao título. O que denominamos fundamento do direito? Por fundamento do direito entendemos aquilo em virtude do que o titular está possibilitado a possuir o título. O fundamento não é, então, o título, nem a causa do título, mas aquilo pelo que o sujeito tem possibilidade de possuir o título. Por exemplo, na monarquia constitucional espanhola, o título em virtude do qual se é Rei é a Constituição; em contrapartida, o fundamento é o pertencer à Casa Real, de acordo com o grau de consangüinidade e parentesco indicado pela própria Constituição. Outro exemplo: o título de propriedade pode ser qualquer um dos admitidos pelo direito civil – contrato, prescrição, testamento etc. o fundamento é a própria natureza humana, pois o direito de propriedade é um direito de título positivo e fundamento natural. Em outras palavras, quem tem o fundamento do direito, nem por isso tem o direito.

b) O fundamento do direito não deve ser confundido com os requisitos de capacidade; está na base da titularidade, como aquilo em virtude do que o bem ou o encargo podem ser atribuídos ao sujeito concreto de que se trata. Em outras palavras, o fundamento é o apoio da subjetividade, a possibilidade de o sujeito ser titular. Assim, por exemplo, o homem pode ser proprietário, em virtude da estrutura ontológica do ser humano, da qual é constitutivo ter domínio.

Dissemos que fundamento e capacidade não são a mesma coisa; de fato, a capacidade é uma conseqüência do fundamento. Sem fundamento não há capacidade, e com fundamento pode haver capacidade. Dizemos que "pode" haver capacidade, porque é possível que se tenha o fundamento e não se tenha capacidade; por exemplo, a pessoa humana concebida e não nascida tem o fundamento para a propriedade, porém pode ser incapaz porque o direito civil só outorga essa capacidade aos nascidos.

c) O fundamento do direito pode ser próximo, mediato e último. O fundamento próximo é aquele em que se baseia o título de modo imediato. Os exemplos que apresentamos antes são de um fundamento imediato. Esse fundamento pode ser de índole variada, de acordo com os direitos e títulos de que se trata. Basta dizer que há fundamentos positivos (como no exemplo do rei espanhol) e fundamentos naturais (como no caso da propriedade).

d) Todos os direitos têm também um fundamento mediato, que em alguns casos se confunde com o fundamento imediato: a natureza humana ou, dizendo de outro modo, a condição pessoal do homem. Quer dizer: o que, de modo mais ou menos mediato, possibilita ao homem ser titular de um direito é sua condição de pessoa.

É óbvio que o homem não poderia ser titular de direitos se essa possibilidade não estivesse fundamentada na estrutura ontológica da pessoa humana. Para que um ser possa algo, é preciso que isso esteja em potencial em sua natureza ou estrutura ontológica. É impossível que o homem voe por si só e sem ajuda de aparelhos, porque voar não é uma potência que esteja em sua natureza; em contrapartida, como ser dotado de inteligência, engenhosidade e inventividade, pode chegar a construir máquinas voadoras. Portanto, o fato de o homem ser titular de direitos tem um fundamento natural. Cada direito encontra seu fundamento mediato em alguma estrutura do ser humano. Assim, o direito de contrair matrimônio tem seu fundamento na distinção sexual e na complementaridade dos sexos. O direito ao posto de trabalho para o qual se foi contratado tem seu fundamento mediato na estrutura trabalhista do homem (*homo faber*). Todo direito encontra seu fundamento na natureza humana.

Junto com esse fundamento natural próprio de cada direito em particular, há um fundamento natural geral. O homem é titular de direitos em virtude de sua natureza. Isto é, o próprio fato de ser titular de direitos repousa em uma estrutura da pessoa humana. De fato, a pessoa, substância individual de natureza racional conforme a conhecida definição de Boécio, tem como um de seus traços essenciais possuir natureza ou índole dominadora. A pessoa é um ser possuidor em tal grau do ser que o domina e é capaz de dominar seu entorno. Essa índole dominadora é o que faz que a pessoa tenha esferas de apropriação autônomas, e isso fundamenta a atribuição de bens e encargos, aquilo em que consiste, em última instância, a titularidade de todo direito. Portanto, o fundamento mediato de todo direito é a condição de pessoa, própria do ser humano.

e) Não é, no entanto, suficiente, para um tratamento filosófico do direito, chegar a esse fundamento mediato do direito, que é a natureza humana. É preciso chegar à última causa e ao último fundamento do direito. No capítulo que trata da transcendência do direito se falará disso.

16. OBRIGAÇÃO NECESSÁRIA E COATIVIDADE. *a*) Como marca ou característica – essencial para alguns, comum ou geral para outros – do direito indica-se a coatividade, pelo fenômeno de coação que acompanha o fenômeno jurídico[96]. Penso, no entanto, que nesse ponto é preciso distinguir entre *necessidade* ou *inevitabilidade* da obrigação (ou dívida própria do direito) e coação. A obrigação própria do direito é uma obrigação necessária ou inevitável e por isso implica como conseqüência a existência de um sistema social para tornar efetivo o direito, cuja manifestação que mais sobressai é a aplicação da força ou coação. Porém, a neces-

---

96. Às vezes, em vez de coação e coatividade diz-se "coerção" e "coercibilidade". Trata-se de uma confusão de palavras. Coerção não é a mesma coisa que coação; é uma forma de coação: a ação de reprimir, conter, refrear. A coação abrange mais que isso.

sidade ou inevitabilidade é o traço essencial do direito, enquanto a coatividade é uma conseqüência – nem sempre possível – do predito caráter necessário da obrigação jurídica.

b) A marca de necessidade e inevitabilidade própria da obrigação jurídica implica que, em caso de não-cumprimento da obrigação inerente ao direito por parte do obrigado, a sociedade conte com um sistema de recursos que tendam a tornar efetivo o direito.

São várias as formas de o sistema de efetividade do direito se manifestar. Fundamentalmente são estas: a execução forçosa; a imposição de sanções; a coerção ou repressão de condutas contrárias ao direito; as medidas preventivas; a indenização; e a suspensão de efeitos da relação jurídica ou sua ruptura. Todas elas constituem uma conseqüência do caráter necessário e inevitável da obrigação jurídica.

Como se pode observar, em todos os casos o referido sistema supõe uma compulsão orientada para tornar efetiva a obrigação jurídica e para defender sua inevitabilidade, mas não há em todos os casos força física ou coação.

c) Por que esse sistema de efetividade do direito e da conseqüente coação? Repetidamente se destacou que o fenômeno jurídico e a justiça não se referem tanto à ordem pessoal como à social; devem sua origem a uma necessidade social. A sociedade humana requer para seu desenvolvimento correto e sua permanência que cada sujeito tenha o seu. Isso ocasiona uma harmonia ou ordem – *proportio* – social, necessária para a sobrevivência da sociedade. Enfatizamos o termo *necessidade* porque nele reside o fundamento do sistema de efetividade do direito e da coatividade. Dar a cada um o seu, respeitar o direito e agir de acordo com ele não é uma conveniência, e sim uma necessidade de ordem social. O necessário é o oposto a livre, é aquilo que deve ser produzido incondicionalmente. A necessidade que o direito implica reflete-se primariamente na obrigação ou dívida em sentido estrito. É a necessidade traduzida em termos de pessoa, ser dotado de racionalidade e vontade, que cumpre o dever-ser racional e voluntariamente. Quando o homem não cumpre sua obrigação, a necessidade se manifesta pela reação da sociedade, que impõe a ordem ou harmonia social como algo devido ou necessário, sem excluir a força.

A harmonia social ou ordem social justa é indispensável, porque a sociedade está relacionada aos fins naturais do homem, ou seja, é via necessária para o desenvolvimento e perfeição da pessoa humana. Essa, a pessoa humana, se distingue por seu ser exigente, cujos desenvolvimento e perfeição constituem um dever-ser. Portanto, a justiça é uma exigência da pessoa humana, uma necessidade, porque necessidade é o correto desenvolvimento da sociedade.

d) Para evitar confusões bastante habituais no tema que estamos tratando – p. ex., confusão entre direito e coação –, é preciso advertir que o direito não é o sistema de recursos para garantir a efetividade do direito. Uma coisa é a marca essencial do direito – a necessidade ou inevitabilidade –, e outra os recursos aplicáveis em função dessa marca. É evidente que os tribunais e suas sentenças em relação a um direito não são esse direito; a execução forçosa é conseqüente ao direito, mas não é o direito; a ação das forças de segurança defendendo um direito não é esse direito etc. Portanto, uma coisa é o direito e outra coisa é o sistema de recursos sociais para garantir o direito.

O direito é a coisa devida; o sistema de recursos para a efetividade do direito é um sistema de ações dos agentes da sociedade em função do direito. Confundir o direito com a ação que garante sua efetividade seria destruir a própria essência do direito – a *obligatio* – e substituir o direito pelas vias de fato.

Nesse sentido, é preciso considerar a conhecida distinção entre *validade* e *eficácia* do direito. O sistema de garantia de efetividade atua na ordem da eficácia. Sem a ação desse sistema, um direito pode resultar ineficaz, mas continua sendo válido.

e) O sistema de garantia de efetividade do direito implica como conseqüência, nem sempre possível, a coação, por isso afirma-se que a coatividade é uma marca do direito. Ao distinguir necessidade ou inevitabilidade e coação ou força física, deve-se dizer que a coatividade é uma marca comum de muitos direitos, mas não é uma marca essencial do direito.

Isso significa que a coação não entra na definição de direito. No entanto, não faltam autores que afirmam que a coação é uma dimensão essencial do direito. Essa posição é insustentável. O direito é a coisa devida, isto é, o bem ou o encargo que está em relação de atribuição com um sujeito e em relação de dívida com outro. Por outro lado, a coação é uma força externa à coisa; é a força social que se aplica ao efetivo cumprimento do direito como devido. Por ser algo externo ao direito, não entra em sua essência.

f) Por isso mesmo, a coação também não é uma marca do direito; a marca do direito é a *coatividade*, isto é, a capacidade ou possibilidade de gerar a coação, que é o inerente à condição de devido própria do direito.

Contudo – como já dissemos –, a coatividade é uma marca comum a muitos direitos, mas não é uma marca essencial do direito, pois há uma série deles que não são passíveis de coação em sentido próprio; em geral, aqueles que consistem em prestar serviços obrigatórios à comunidade. No entanto, tais direitos não passíveis de coação são verdadeiros direitos, porque são verdadeiras dívidas de justiça.

17. DIREITO E DIREITO SUBJETIVO. *a*) Não é possível dar uma noção completa do direito sem mencionar a relação que existe entre o direito e o direito subjetivo. São coisas diferentes ou um pode subsumir no outro?

Antes de mais nada, vamos lembrar sucintamente o que é o direito subjetivo[97]. Por direito subjetivo entende-se uma faculdade moral ou poder da pessoa em rela-

---

97. Entre a abundante bibliografia sobre o direito subjetivo são clássicas as obras de A. THON, *Rechtsnorm und subjektives Recht*, Weimar, 1878, reprod. Aalen, 1964; J. DABIN, *El derecho subjetivo*, ed. castellana,

ção a uma coisa ou, também, embora com aspectos diferentes, em relação a uma pessoa; p. ex., cada uma das faculdades inerentes à propriedade: faculdade de usar, de vender etc., ou as liberdades fundamentais (faculdade de agir, de fazer etc.). Os múltiplos objetos possíveis da faculdade moral na qual consiste o direito subjetivo podem ser reduzidos abstratamente a três: a faculdade de fazer (*facultas agendi*), a faculdade de ter (*facultas possidendi*) e a faculdade de exigir (*facultas exigendi*). A *facultas exigendi*, especialmente, é entendida como faculdade inerente a todo direito, pois, dado que o direito é algo de respeito obrigatório e supõe um dever – devido –, seu titular tem a faculdade de exigir.

b) Independentemente da discussão sobre até que ponto os juristas romanos e os tratadistas medievais anteriores ao século XIV conheceram a existência dessas faculdades[98], a verdade é que o direito como faculdade, isto é, como direito subjetivo não se encontra definido até Guilherme de Ockhan; pelo menos assim se deduz das pesquisas mais recentes[99]. Mesmo que se possa admitir que a doutrina jurídica anterior observou a existência das faculdades morais ou direitos subjetivos[100], o direito como faculdade não aparece antes do teólogo franciscano nem nas definições de direito, nem nas enumerações das várias acepções da palavra direito, como se percebe nos textos citados antes.

O ponto-chave, o que verdadeiramente tem interesse decisivo para o conceito de direito, é que o direito subjetivo entrou na doutrina, substituindo a noção realista do direito (o direito como a coisa justa devida). E isso foi obra fundamentalmente de Ockham, ao qual seguiram os autores nominalistas, que dominaram a cultura universitária na época posterior ao teólogo franciscano. Trata-se, então, da substituição de uma noção por outra. Por isso, à medida que se propagou a noção de direito subjetivo, foi minguando e desaparecendo – ali onde prevaleceu o direito subjetivo – a noção objetiva ou realista do direito. Por que essa aparente incompatibilidade?

Madrid, 1955; W. SCHUPPE, *Der Begriff des subjektiven Rechts*, Breslau, 1887, reprod. Aalen, 1963. E também de G. JELLINEK, *System der subjektiven öffentlichen Rechte*, Tübingen, 1905, reprod. Darmstadt, 1963. São conhecidas as diferentes teorias sobre a natureza do direito subjetivo: interesse juridicamente protegido (Ihering), teoria da vontade (Windscheid) etc. Assim como as posturas que o negaram (Kelsen, Duguit).

98. Ver a esse respeito M. VILLEY, *Estudios en torno a la noción del derecho subjetivo*, Valparaíso, 1976; id., *La formation de la pensée juridique moderne*, 2.ª ed., Paris, 1975, pp. 230 ss.; A. D'ORS, *Aspectos objetivos y subjetivos del 'ius'*, em *Nuevos papeles del oficio universitario*, Madrid, 1980, pp. 280 ss.; id., *Derecho privado romano*, 4.ª ed., Pamplona, 1981, p. 46; O. ROBLEDA, *El derecho subjetivo en Gayo*, em "Studi in onore di Gaetano Scherillo", I, Milano, 1972, pp. 7 ss.; id., *La idea del derecho subjetivo en el ordenamiento romano clásico*, em "Buletino del Istituto di Diritto Romano Vittorio Scialoja", LXXX, 1977, pp. 23 ss.; J.-P. SCHOUPPE, *La concepción realista del derecho*, em "Persona y Derecho", XI, 1984, pp. 563 ss.

99. Sobre as origens do direito subjetivo, ver M. VILLEY, obs. e locs. cits.; A. FOLGADO, *Evolución histórica del concepto del derecho subjetivo*, El Escorial, 1960; B. SOSA, *La noción de derecho en "Los Seis Libros de la Justicia y el Derecho" de Luis de Molina*, cit., pp. 162 ss.; J.-P. SCHOUPPE, *Le réalisme juridique*, Bruxelles, 1987.

100. Para Tomás de Aquino, ver P. HERING, *De jure subjective sumpto apud Sanctum Thomam*, em "Angelicum", X, 1939, pp. 295 ss. Os textos aduzidos não são, no entanto, apodícticos – como igualmente ocorre com os dos juristas romanos – e, se não todos, pelo menos a maioria admite uma interpretação objetiva.

c) Guilherme de Ockham ocupou-se da noção de direito em sua obra *Opus nonaginta dierum* – escrita em três meses, ou noventa dias, de onde provém seu nome – a propósito da disputa sobre a pobreza franciscana, que a facção dos franciscanos "espirituais"enfrentou com o papado. Foi nesse contexto que Ockham produziu a substituição de um conceito de direito por outro. Os franciscanos espirituais – e com eles Ockham – defendiam que, pela pobreza que deviam viver, só tinham o uso de fato das coisas, sem nenhum direito. A origem da questão baseava-se na pretensão dos espirituais de poder usar das coisas das quais tinham necessidade – desde os bens consumíveis, como a comida ou a vestimenta, até os bens não-consumíveis, como os imóveis onde abrigar-se – sem nenhum tipo de direito. Facilmente observa-se que essa pretensão torna-se impossível, quando se parte do fato de o direito ser a coisa justa – noção que está no cerne da argumentação dos curiais do papa –, pois, sendo a coisa direito, todo uso da coisa que for juridicamente correto, justo – não abusivo ou injusto –, será inseparavelmente um uso de direito: o direito de uso, ou seja, o uso como direito. Se supomos o consumo de um bem que seja justo (p. ex., a comida), isso implica a apropriação da coisa até seu consumo, isto é, o uso da coisa como propriedade; logo, pelo menos nas coisas consumíveis, não é possível apropriar-se da coisa sem exercer ao mesmo tempo a propriedade como direito – pois é uma apropriação justa –, já que a própria coisa é direito enquanto justa: devida em justiça (e não se pode negar que se é dado um alimento a alguém para que o coma, enquanto se apropriar dele, é devido a ele em justiça). Em suma, desde a concepção realista do direito é impossível admitir um simples uso de fato, sem nenhum direito, pois o uso é algum direito, por mais precário e frágil que seja.

Para poder defender o mero uso de fato das coisas, era preciso separar a coisa e o direito; o direito devia ser algo diferente da coisa, de modo que, renunciando a todo direito, restasse usar das coisas sem direito. Ockham recorreu para isso à definição do direito como *potestas* ou *facultas*:"toda potestade lícita"[101]. Potestade lícita, não justa, de modo que fosse possível um uso lícito, sem ser um uso justo ou jurídico (uso de direito). Porém, dado que, em princípio, o lícito e o justo coincidem (o lícito é o que está de acordo com a lei e, portanto, é o justo legal, o que implica um direito, como vimos), era preciso distinguir entre o lícito meramente moral e o justo ou jurídico propriamente dito. Para isso, Ockham distinguiu entre o *ius poli* (potestade, conforme à razão com retidão, faculdade concedida pelo céu: *polus*) e o *ius fori* ou potestade de vindicar e defender no foro, ou seja, perante o juiz humano (*potestas vindicandi et defendendi in humano judicio*)[102]. O *ius poli*, que equivaleria ao direito natural – direito concedido pelo céu, isto é, por Deus –, não seria, segundo Ockham, propriamente direito, mas a licitude de agir moralmente bem; usar e possuir com *ius poli* seria usar e possuir corretamente, de acordo com a ordem mo-

---

101."Omnis licita potestas". *Opus nonaginta dierum*, 6, 4, ed., Treschell, Lyon, 1945.
102. Op. cit., 65, 7.

ral[103]. Em contrapartida, o *ius fori* procederia *ex pactione*, por pacto entre os homens, seria concessão humana (logo, seria direito positivo) e – conclusão óbvia – seria o verdadeiro direito[104], defensável judicialmente. O direito em sentido próprio e estrito é entendido, então, como uma *potestas* ou *facultas* e, em particular, como aquela potestade ou faculdade que inclui a possibilidade de exercê-la judicialmente. De acordo com isso, para Ockham, os franciscanos teriam o *usus facti* e o *ius poli*, mas careceriam do *ius fori*.

d) Como se pode perceber, em Ockham se produziu a substituição da coisa justa e devida como direito pelo direito subjetivo na noção ou conceito de direito. O direito é o direito subjetivo. E a coisa? A coisa passa a ser o *objeto* do direito, ou realidade sobre a qual recai a faculdade moral ou potestade. Assim, por exemplo, já não se diz que a propriedade é a casa, mas que a casa é o objeto do direito (subjetivo) de propriedade. Por isso, fala-se de direitos *sobre* as coisas: o direito sobre a casa, no exemplo apresentado há pouco.

e) A noção do direito como faculdade ou potestade passou de Ockham a uma série de autores, entre os quais cabe citar Juan Gersón[105], Juan Mayr[106], Conrado Summenhart de Calw[107] e Juan Driedo de Turnhout[108]. São vários os autores da Segunda Escolástica que, junto com a noção primária de direito como a coisa justa, apresentaram o direito subjetivo (Vitoria, Soto, Molina); porém, foi Suárez quem de modo claro e categórico substituiu a coisa justa como o direito pelo direito subjetivo, tal como vimos. Menos pesquisada é a penetração da concepção do direito como direito subjetivo na ciência jurídica, mas pode-se dizer que foi profunda no século XVI e desde o século XVII esteve plenamente admitida, até nossos dias.

f) Tendo visto o exposto anteriormente, cabe perguntar agora se o direito – em sentido próprio e primário: a coisa devida e justa – e as faculdades de fazer, ter e exigir são incompatíveis entre si, de modo que, porque o direito é a coisa justa, te-

---

103. Op. cit., 65, 5. Cf. 60, 4.
104. Pode-se ver que em Ockham, sem usar as expressões direito natural e direito positivo nesse caso (são encontradas, em contrapartida, em outras obras), o direito natural aparece como moral, não propriamente direito, enquanto o direito positivo é entendido como o único verdadeiro direito. É o que mais adiante dirão expressamente outros autores nominalistas, como Hobbes.
105. "Jus est potestas seu facultas propinqua conveniens alicui secundum dictamen rectae rationis." *De vita spirituali*, III; "Jus est potestas seu facultas propinqua conveniens alicui secundum dictamen Primae justitiae". *De potestate ecclesiastica*, VI.
106. "Potestas, potentia licita, jus, dominium extenso vocabulo coincidunt." *In Quartum Setentiarum quaestiones utilissimae*, Paris, 1516, dist. 15, q. 10, fol. 76, col. 3.
107. *De contractibus*, Hagenau, 1515, q. 1, 4.ª concl.
108. "Jus bifariam accipitur. Nunc pro lege veluti cum dicimus legem decalogi esse ius divinum, etc. Nunc pro dominio, veluti cum dicimus aliquem habere jus in possessionem vel in agrum."*De libertate christiana*, Lovaina, 1548, liv. I, c. X, p. 34.

nhamos de negar a existência do direito subjetivo, entendendo-o como uma elucubração viciada em suas origens.

Que há um vício radical no ockhamismo sobre o direito subjetivo e em sua posterior aceitação pela doutrina é conclusão com a qual concordamos: direito e coisa não são separáveis[109]. O direito sem coisa é forma vazia, sem substância; o sistema jurídico se apóia na repartição das coisas, corpóreas ou incorpóreas, e, por conseguinte, o que chamamos direito é uma *coisa justa*, de modo que sem coisa – a pura formalidade – não há direito.

Isso posto, já dissemos que as coisas que constituem o direito podem ser coisas incorpóreas, como uma função e um poder. Nesse sentido, não é incompatível o direito ou coisa justa com o direito subjetivo. Podem existir faculdades ou poderes de fazer e ter que cabem a uma pessoa. A faculdade ou poder é, em tal caso, a coisa justa, o direito do sujeito. É claro que, então, o direito subjetivo não é um fator da ordem jurídica diferente do direito; é simplesmente direito. Não cabe, para esses casos, falar do direito subjetivo como fator ou elemento da ordem jurídica; esses fatores ou elementos continuam sendo dois: a lei e o direito. Em outras palavras, há direitos que consistem em faculdades ou poderes, há direitos que são direitos subjetivos, embora esses casos sejam poucos, pois a maioria dos que se consideram como tais são entendíveis não como faculdades, mas como coisas.

Por outro lado, todo direito, enquanto é devido, gera no titular do direito a possibilidade de exigir a entrega da coisa ou o respeito ao direito. É própria de todo direito a *facultas exigendi*. Sendo assim as coisas, há direitos subjetivos que são um fator ou elemento conseqüente ao direito. Porém, não são independentes do direito, e sim uma de suas manifestações. Portanto, também não constituem um fator ou elemento da ordem jurídica diferente do direito.

Em suma, há direitos subjetivos que são coisas justas e há os que são manifestações da coisa como direito, manifestações do direito. Em qualquer caso, o direito subjetivo não é um fator jurídico independente e diferente da ordem jurídica: ou é direito ou manifestação do direito[110].

---

109. Advirta-se que a separação entre a coisa e o direito subjetivo – que é a origem da teoria de Ockham –, de modo que seja pensável a coisa sem direito, traz em si que seja pensável o direito sem a coisa, o que ocasiona o formalismo jurídico: o direito como pura formalidade. Daí nasce o sistema de direitos e liberdades formais, em cuja virtude se entende que o sujeito tem verdadeiro direito e verdadeira liberdade, se existe uma declaração de direitos e liberdades e não se impede seu exercício, embora faltem os bens que tornam realmente operativos tais direitos e liberdades. Esse sistema é impensável no realismo jurídico, porque se têm o direito e a liberdade quando se possuem tanto os bens que são direito como as suposições reais da liberdade. A injustiça inerente ao formalismo jurídico, historicamente demonstrada, mostra a grave distorção que a pretensão do ockhamismo introduziu na ciência jurídica e na práxis política.

A concepção dos direitos e liberdades formais originou a tese oposta dos direitos e liberdades *reais*, que propõe dar às pessoas coisas ainda que à custa dos direitos e das liberdades. Essa tese também não é admissível, pois cai em injustiça não menor que o formalismo jurídico, embora seja de significado contrário. Trata-se de dar coisas *justas*, isto é, coisas de acordo com o direito e a justiça. Os direitos são coisas, mas coisas justas.

110. Para o papel do direito subjetivo no realismo jurídico clássico, ver J.-P. SCHOUPPE, *Le réalisme juridique*, cit., pp. 166 ss.

18. A RELAÇÃO JURÍDICA. *a*) Por sua marca de alteridade, o direito supõe uma relação entre dois ou mais sujeitos: a relação de justiça ou relação jurídica. Visto que a ação justa consiste em dar a cada um seu direito, supõe dois sujeitos relacionados, um como titular do direito, outro como titular do dever. É a relação credor-devedor. Uma relação que é de oposição e complementaridade, como dissemos. Essa relação é chamada relação jurídica.

b) Embora a relação jurídica, propriamente falando, seja a relação existente entre os dois sujeitos em posição distinta e complementar, costuma-se chamar relação jurídica ao todo, isto é, à parcela de vida social estruturada segundo a relação. Nesse sentido totalizador, a relação jurídica compreende: 1º) Os sujeitos, isto é, as pessoas relacionadas em sua condição de devedor e credor. 2º) O fundamento da relação, ou seja, aquilo pelo que os sujeitos estão relacionados, que é a coisa atribuída e devida. 3º) O vínculo jurídico ou união dos sujeitos em relação à coisa. 4º) O conteúdo ou conjunto de situações jurídicas – titularidades, faculdades, deveres, expectativas etc. – das quais as pessoas relacionadas são sujeitos. Como a relação jurídica é uma parcela da vida social estruturada e organizada em função das coisas, a relação jurídica é presidida por um princípio organizador, que é a finalidade da relação.

De acordo com o que acabamos de ver, pode-se definir a relação jurídica como aquele setor da vida social, organizado e estruturado por seus fins, segundo uma relação de justiça.

c) O vínculo jurídico é identificado com o conteúdo da relação? Alguns autores, tanto civilistas como canonistas, afirmam que sim; por exemplo, o vínculo jurídico seria o conjunto de situações jurídicas: os direitos subjetivos, os deveres etc. No entanto, não acreditamos que seja assim: o vínculo jurídico não se confunde com o conteúdo. O vínculo jurídico é a união ou vinculação dos sujeitos em função da coisa conforme sua finalidade. Em contrapartida, o conteúdo é o conjunto de situações jurídicas que surgem desse vínculo. A distinção entre vínculo e conteúdo aparece em todos aqueles casos nos quais, persistindo o vínculo, o conteúdo é suspenso ou perdido em parte. Assim a relação paterno-filial persiste sempre, embora se suspenda ou se perca o pátrio poder. O vínculo jurídico persiste em sua plenitude, mesmo que se suspenda a eficácia de todo o conteúdo ou se perca parte dessas situações jurídicas. Muitas vezes, quando se fala que uma situação jurídica é válida, porém ineficaz, o que acontece é que permanece o vínculo com a suspensão ou perda da situação jurídica.

d) Para que possa existir uma relação jurídica por parte dos sujeitos, requer-se a igualdade entre eles e a perfeita alteridade.

Já vimos que o direito é o igual; requer, então, a igualdade entre o devido e o dado. Mas para que isso seja possível é preciso que os sujeitos sejam iguais, de modo que o sujeito da ação justa possa dar ao titular do direito integralmente o devido. Porém, isso não é possível se, pela desigualdade entre os sujeitos, o devedor não é capaz de dar exatamente o devido, que é o igual ao recebido. Ocorre isso entre pais e filhos no que se refere à dívida dos filhos contraída com seus pais, por causa do que foi recebido deles. Ao serem os pais genitores dos filhos e por isso terem dado a eles o dom da vida, a dívida contraída pelos filhos de cuidar de e alimentar seus pais não consegue ser igual ao bem recebido; o que é dado aos pais como pagamento da dívida é inferior ao recebido. Relações, desse tipo, nas quais não há igualdade, não são propriamente de justiça, mas recebem sim o nome de outra virtude: a piedade; são relações de piedade, semelhantes às de justiça por haver uma dívida em sentido próprio e estrito, porém diferentes, por não haver igualdade. Dado que a dívida é própria e estrita como nas relações de justiça, as relações de piedade podem ser protegidas e reguladas pela ordem jurídica, equiparando-as às relações jurídicas.

e) O outro requisito da relação jurídica por parte dos sujeitos é a perfeita alteridade. Dado que as relações jurídicas supõem dar a seu titular o seu, é preciso que devedor e credor sejam integralmente outros, de modo que a coisa não seja do devedor e, em contrapartida, seja do credor. Se ambos formam uma comunidade e, por causa disso, não são integralmente outros, de maneira que a coisa, por estar destinada à comunidade, também é do devedor, não existe então a dívida nem, portanto, o devedor, pois a coisa também é sua e, em conseqüência, esse não tem o dever de dá-la. Por conseguinte, enquanto não existe perfeita alteridade entre os sujeitos – ser integralmente outros –, não pode haver entre eles verdadeira relação jurídica, isto é, relação de justiça. É o que ocorre entre marido e mulher em relação aos bens aplicados à comunidade da vida conjugal, ou entre pais e filhos em relação aos bens destinados à vida familiar.

19. O SISTEMA JURÍDICO COMO SISTEMA DE DEVERES. *a)* A atividade jurídica é aquela parte da atividade humana que consiste na *obra da justiça,* dentro da qual o ofício de jurista tem seu posto como o *técnico da justiça,* como o especialista em saber o que é o justo que se deve satisfazer. A atividade jurídica resume-se no cumprimento e satisfação do direito, que é aquilo para o que se direciona a virtude da justiça. Vendo, então, a vida social humana da perspectiva da justiça – que é a perspectiva do ofício de jurista –, o sistema jurídico não aparece primariamente como um sistema de exigências e reivindicações, que é o que ocorre quando se confunde o direito com o direito subjetivo e se situa esse no centro do sistema jurídico.

O direito é, essencialmente – sempre da perspectiva jurídica –, o devido pelos demais. Por conseguinte, o desenvolvimento da vida social, segundo o proposto pela justiça e pelo direito, consiste primariamente em cumprir o devido (satisfazer a dívida). O sistema jurídico – sistema de direitos ou sistema de relações de justiça – manifesta-se antes de mais nada como *um sistema de deveres.*

b) Essa expressão – sistema de deveres – deve ser interpretada corretamente. Em nossa opinião é incorreta a interpretação que entende que o sistema jurídico é composto primariamente não por direitos, mas por deveres, de modo que os direitos seriam como o contraponto ou conseqüência dos deveres. O que existiria seria uma série de deveres, dos quais se derivariam algumas possibilidades ou faculdades no que se refere a seu cumprimento (o direito de cumprir o dever), e, se for o caso, a faculdade ou direito subjetivo dos demais de exigir o cumprimento do dever. O direito seria uma conseqüência do dever.

Se por atividade jurídica entendermos as condutas justas e se chamarmos sistema jurídico ao sistema de relações de justiça, essa idéia que prioriza o dever não poderá ser considerada correta. Já dissemos repetidamente que a justiça existe em função do direito, pois consiste em satisfazê-lo, e que *o devido* é o direito, que é o que se deve cumprir e satisfazer para que se cumpra a obra da justiça. O centro da atividade jurídica e do sistema jurídico é o direito. Sem ele não se entende a justiça.

O que ocorre é que o direito é o devido, no sentido de ser o que o homem justo e a sociedade justa devem satisfazer e cumprir para viver e se desenvolver conforme a justiça. Da perspectiva da justiça, o primário é o dever de dar a cada um o justo, seu direito. Nesse sentido, a vida jurídica e o sistema jurídico se manifestam primariamente como um sistema de deveres. Porém, entendendo bem que se trata do dever de satisfazer o direito. Por isso torna-se inexato dizer que o sistema jurídico *é* primariamente um sistema de deveres, embora seja correto afirmar que *se manifesta* como tal.

Desse ponto de vista, a faculdade de exigir ou direito subjetivo – e, por conseguinte, a exigência e a reivindicação – é uma dimensão secundária do sistema jurídico, que tem virtualidade em situações *anormais* – aliás, nada infreqüentes –, isto é, quando não se cumpriu a obra da justiça de modo espontâneo e normal. É nesse caso que aparece a possibilidade de exigir e reivindicar.

c) De acordo com o que foi exposto, a atividade jurídica ou atuação conforme a justiça – o que em suma supõe a vida social desenvolvida conforme a justiça e o direito – não é uma atividade individualista e egoísta, centralizada no uso e reivindicação do direito subjetivo, mas uma vida social aberta aos demais, altruísta, que visa a que cada um tenha o seu – o que lhe cabe pela dignidade de sua pessoa e pelas leis da sociedade – e esteja no legítimo uso e gozo de seu direito. A atividade jurídica ou ação justa representa a mais básica dimensão de solidariedade entre os homens. O dever de dar a cada um o seu, inerente ao direito, é um dever de solidariedade, que se fundamenta no respeito à dignidade humana do titular do direito. Representa um dever derivado da *societas* ou comunidade que os homens formam, baseada no respeito e na solidariedade. Por isso, a vida social segundo a justiça conserva e reforça a comunidade humana, a *societas humana*, e seu fruto é a concórdia e a paz: *opus iustitiae pax*.

20. O EQÜITATIVO E A EQÜIDADE. *a*) Se quiséssemos nos ater à denominação completa da arte do jurista, não bastaria dizer que é a arte do justo. Na realidade, a arte do direito é a arte do justo e do eqüitativo. A arte do jurista é, de fato, a arte da justiça e da eqüidade, não só da justiça. A eqüidade não é um elemento secundário da arte do direito, e sim sua parte principal.

A eqüidade é a arte de harmonizar a justiça com as outras virtudes que regulam as relações humanas. A justiça não pode ser considerada isoladamente, mas no contexto geral das relações humanas e do bem comum. É preciso dar a cada um o seu, porque a ontologia da pessoa humana e a própria estrutura das relações humanas exigem isso. Porém, nas relações humanas nem tudo é justiça; há também outros deveres, próprios de outras virtudes. A solidariedade e a caridade, a misericórdia e a moderação, e tantas outras virtudes supõem também deveres que precisam se harmonizar com os da justiça. A harmonização da justiça com outras virtudes – ou seja, a harmonização dos deveres que nascem de todas elas – origina, entre outras coisas, *o eqüitativo*, que é o objeto da eqüidade. A eqüidade é a justiça mesclada com outras virtudes, e o eqüitativo é o que resulta de harmonizar os deveres de justiça com outros deveres.

A função da eqüidade é melhorar a justiça e, portanto, favorecer o bem comum. Se, em algum caso, a pretensa eqüidade destruísse a justiça ou debilitasse o bem comum, não seria propriamente eqüidade, e sim vícios, como o mau governo, a injustiça ou a fraqueza.

A eqüidade abranda o dever e acomoda o direito.

b) O abrandamento do devido consiste em baixar, diminuir ou suavizar a dívida, ou em dilatar a peremptoriedade dos prazos em que a obrigação deveria ser cumprida. Esse abrandamento pode ter diversas causas. Algumas vezes, procede da benignidade ou da misericórdia, como ocorre quando se aliviam ou se perdoam as penas que são devidas na justiça; outras vezes, sua causa é a solidariedade ou a moderação necessária para que o rigor da justiça não prejudique outros valores não menos importantes.

Os sujeitos da eqüidade – os que devem aplicá-la – no abrandamento do devido são o governante, o juiz e o titular do direito. Mas nos deveres de justiça legal – cumprimento das leis – também é sujeito da eqüidade o destinatário da lei, que pode aplicar o princípio geral de direito de que as leis não se impõem nos casos em que essas se tornam nocivas ou causam grave incômodo.

c) Outra forma de eqüidade é a acomodação do direito. Se no abrandamento do devido a eqüidade visa à dívida ou ao dever, buscando o bem do obrigado, na acomodação do direito a eqüidade se fixa no direito, buscando sua satisfação dentro do possível pelo bem do titular do direito. Esse tipo de eqüidade acontece quando é impossível satisfazer o direito. Há, de fato, circunstâncias que tornam impossível que se dê ao titular do direito aquilo que lhe cabe. O dever de estrita justiça em si mesmo fica então abalado de acordo com o princípio *ad impossibilia nemo tenetur*, com o correspondente prejuízo do titular do direito. Aqui intervém a eqüidade, substituindo o devido na justiça por uma compensação eqüitativa, que diminui e abranda o prejuízo do titular do direito.

Bibliografia

VV.AA., *Le droit subjectif en question*, n.º monográfico dos "Archives de Philosophie du Droit", IX, 1964; VV.AA., *Equity in the World's Legal Systems. A comparative Study*, ed. por R. A. Newman, Brussels, 1973; VV.AA., *Summum ius summa iniuria*, Congresso organizado por la Faculdad de Derecho de Tübingen, Tübingen, 1963; VV.AA., *L'Equità*, VII Congresso di studio organizato dal Centro Nazionale di Prevenzione e Difesa Soziale, Milano, 1975; J. BRUFAU, *Introducción al Derecho*, I, Salamanca, 1980; H. COING, *Fundamentos de Filosofía del Derecho*, reimpr., Barcelona, 1976, pp. 31 ss.; J. DABIN, *El derecho subjetivo*, ed. castelhana, Madrid, 1955; F. D'AGOSTINO, *Frammenti di filosofia del diritto*, Catania, 1984, pp. 9 ss.; id., *La tradizione dell'epieikeia nel medioevo latino*, Milano, 1976; G. DEL VECCHIO, *Los supuestos filosóficos de la noción del Derecho*, ed. castelhana, Madrid, 1908; id., *El concepto del Derecho*, ed. castelhana, Madrid, 1914; R. DWORKIN, *Los derechos en serio*, ed. castelhana, Barcelona, 1984 [trad. bras. *Levando os direitos a sério*, São Paulo, Martins Fontes, 2.ª ed., 2007]; J. FERRER, *Filosofía de las relaciones jurídicas*, Madrid, 1963; J. FINCH, *Introducción a la teoría del derecho*, ed. castelhana, Barcelona, 1977; A. FOLGADO, *Evolución histórica del concepto del derecho subjetivo*, El Escorial, 1960; E. GARCÍA MAYNEZ, *La Definición del Derecho*, México, 1948; H. L. A. HART, *El concepto de Derecho*, 2.ª ed. castelhana, México, 1980; H. KANTOROWICZ, *La definición del Derecho*, ed. castelhana, Madrid, 1964; H. KELSEN, *Teoría pura del Derecho*, ed. castelhana, México, 1979 [trad. bras. *Teoria pura do direito*, São Paulo, Martins Fontes, 7.ª ed., 2006]; L. LEGAZ, *Filosofía del Derecho*, 3.ª ed., Barcelona, 1972, pp. 257 ss.; H. LEVY-ULLMANN, *La definición del Derecho*, ed. castelhana, Madrid, 1925; C. I. MASSINI, *El derecho, los derechos humanos y el valor del derecho*, Buenos Aires, 1987; C. S. NINO, *Introducción al análisis del derecho*, reimpr., Barcelona, 1984; G. RADBRUCH, *Filosofía del Derecho*, ed. castelhana, Madrid, 1933, pp. 43 ss. [trad. bras. *Filosofia do direito*, São Paulo, Martins Fontes, 2004]; M. REALE, *Introducción al Derecho*, ed. castelhana, Madrid, 1976; M. RODRÍGUEZ MOLINERO, *Introducción a la Ciencia del Derecho*, Salamanca, 1991; A. ROSS, *Sobre el derecho y la justicia*, 2.ª ed. castelhana, Buenos Aires, 1970; J.-P. SCHOUPPE, *Le réalisme juridique*, Bruxelles, 1987; W. SCHUPPE, *Der Begriff des subjektiven Rechts*, Breslau, 1887, reprod. Aalen, 1963; H. A. SWARZLIEBERMANN VON WAHLENDORF, *Les dimensions du droit*, Paris, 1978; TOMÁS DE AQUINO, *Summa Theologica*, II-II, q. 57; M. VILLEY, *Compendio de Filosofía del Derecho*, I, ed. castelhana, Pamplona, 1979.

Lição VII
A lesão do direito:
a injustiça e o injusto

SUMÁRIO: 1. Introdução. 2. A injustiça. 3. Equívocos sobre a injustiça. 4. O objeto da injustiça. 5. O ato injusto. 6. A fórmula do ato injusto. *a) Lesar. b) O direito. c) De uma pessoa.* 7. O injusto ou lesão do direito. 8. Regras de discernimento da lesão do direito. *a) Primeira. A lesão do direito é um resultado e não uma intenção. b) Segunda. "Scienti et volenti non fit iniuria." c) Terceira. Quando a culpa do ato lesivo do direito é do prejudicado, o dano é imputado a ele. d) Quarta. Não há lesão do direito quando o titular se opõe irracionalmente a uma ação contrária a seu interesse ou bem particular protegidos por um direito.* 9. O injusto como o desigual. *a) A desproporção fundamental. b) Tipos do injusto. c) O injusto legal. d) O injusto distributivo. e) O injusto comutativo.* 10. Os requisitos do ato injusto. 11. Os autores do ato injusto. 12. A cooperação para o ato injusto. 13. Situações e estruturas injustas. 14. A reparação da lesão do direito. *a) Da reparação em geral. b) A reparação da justiça legal. c) A reparação da justiça comutativa. d) A reparação da justiça distributiva.* 15. Reparação e responsabilidade. 16. O direito injusto.

1. INTRODUÇÃO. Se o direito é *o justo*, aquilo que é contrário ao direito – sua lesão ou violação – é *o injusto*. Igualmente, o oposto à justiça é a injustiça. Pois bem, depois de ter analisado a justiça e o direito, cabe agora expor o que se refere à injustiça e ao injusto. Dado que o ofício do jurista consiste em determinar e dizer o direito, o justo, parte de sua arte e ciência consiste em detectar o injusto, para discernir o justo do injusto. Ulpiano – como vimos – descreveu com razão a arte do direito como a *iusti atque iniusti scientia*, a ciência do justo e do injusto. Cabe ao jurista determinar quando há propriamente uma injustiça e, por conseguinte, quando há uma lesão do direito: assim, é função do juiz não só sentenciar qual é o direito, como também se houve lesão do direito. No entanto, assim como muitas vezes se usa abusivamente a palavra justiça e também o termo direito na linguagem vulgar, abusa-se dos termos injustiça e injusto. Por esse motivo, é necessário expor cuidadosamente o que é a injustiça em seu exato sentido e em que consiste realmente o injusto.

Porém, além disso, essa tarefa de definir o significado correto da injustiça e do injusto é ainda mais necessária em nossa época porque, em certos âmbitos modernos e contemporâneos da filosofia jurídica, a noção de justiça – como se viu antes – perdeu seu nítido perfil e foi adulterada profundamente. A justiça foi entendida como idéia, ideal, sentimento, valor ou critério, invertendo seu sentido genuíno e transformando-se a maioria das vezes em uma noção vaga – que Kelsen não duvidou em classificar de irracional e Ross de emocional –, quase inapreensível e de fato inapropriada para o jurista, apesar da denominação dada à justiça por alguns textos jurídicos, como a Constituição espanhola de 1978, cujo artigo 1 enumera a justiça entre os valores superiores da ordem jurídica espanhola[1].

Analogamente, a injustiça e o injusto transformaram-se em noções imprecisas, sem traços definidos: idéias contrárias a algumas idéias puras de razão; ações ou estruturas que contrariam alguns ideais políticos; reações emocionais ou sentimentos opostos aos próprios da justiça (contravalores) etc. A esse conjunto de afirmações é preciso contrapor que a injustiça e o injusto não são nenhuma dessas coisas, nem têm nada de conceitos vagos: trata-se de noções precisas, como são nítidos e precisos os conceitos de justiça e do justo ou direito, conforme vimos em páginas anteriores. Mostrar que a imprecisão desaparece se tais noções são construídas corretamente – como foi feito pelo realismo jurídico clássico – é o objeto das páginas que se seguem.

E como as idéias de injustiça e do injusto são obtidas por oposição às idéias de justiça e de direito, e sobre essas escrevemos extensamente – valendo muito do que foi dito para as noções que agora nos ocupam –, nos limitaremos a expor sucintamente o tema proposto, evitando as repetições na medida do possível.

2. A INJUSTIÇA. *a*) A injustiça é o oposto à justiça; é definida, então, por oposição e contrariedade à justiça. Por isso mesmo, a injustiça consiste na negação da justiça, e nesse sentido pode-se dizer que constitui a espécie *contrária* à justiça, não uma espécie simplesmente *diferente*. Se a justiça não pertence ao intelecto nem ao sentimento, e sim à ordem volitiva, a injustiça não é algo próprio do intelecto nem do sentimento (o que representaria uma espécie meramente distinta), mas pertence à vontade enquanto oposta à justiça; a injustiça está na ordem da volição – do querer – contrária à própria da justiça.

Já foi dito que a justiça tem um estatuto volitivo; é uma tendência atual da vontade (se o ato justo é isolado, sem resultar de um estado da vontade) ou um hábito (se é uma disposição permanente e constante) virtuoso da referida potência.

---

[1]. Ver como exemplo estas palavras de um manual de nossos dias: "Observe-se, entretanto, que entre os valores enunciados no artigo 1-1 há um, o de justiça, que não parece encontrar tradução no esquema proposto. Na realidade, não se trata de a justiça não ser projetada no âmbito do Direito eclesiástico, mas de constituir pouco mais que uma palavra vazia no campo do Direito positivo. Embora prestigiadas opiniões tenham criticado esse ponto de vista [...], creio que a justiça tem um significado principalmente emotivo, que não acrescenta nada ao sistema de garantias e que, de fato, é muito poucas vezes invocado pelo Tribunal Constitucional e sempre com um valor meramente retórico." I. C. IBÁN-L. PRIETO SANCHÍS, *Lecciones de Derecho Eclesiástico*, 2.ª ed., Madrid, 1987, p. 118. Com mais abrangência, G. PECES-BARBA, *Los valores superiores*, Madrid, 1984.

Analogamente, a injustiça também é uma tendência atual da vontade (se o ato injusto é eventual) ou um hábito dela, mas contrários à justiça: como hábito é a disposição oposta ou contrária à virtude, ou seja, um *vício*.

Por sua vez, a justiça é a tendência atual ou a virtude da vontade, cujo objeto é o ato justo, aquele que se direciona para a satisfação e o cumprimento do direito; em sentido contrário, a injustiça tem por objeto o ato injusto, que consiste na ação de agressão contra o direito e sua lesão. A injustiça se especifica, então, por violar o direito; nisso consiste sua tipicidade, e não em outra coisa. Isso se percebe por ser o oposto ou contrário à justiça. O ponto de referência da justiça e da injustiça é o mesmo, o direito; porém em sentido contrário: na justiça se satisfaz e se cumpre o direito, na injustiça se lesa e viola o direito. Portanto, o típico e específico da injustiça consiste em produzir uma lesão a um direito. Apenas se a injustiça for considerada como o que é contrário à justiça e, por conseqüência, como vontade orientada para a lesão do direito, terá sido captada com exatidão a essência da injustiça, da qual derivam suas características.

Podemos, então, definir a injustiça como *a tendência ou hábito da vontade que se orienta para a lesão do direito*. Da perspectiva de oposição à justiça, pode-se chegar a determinar o que podemos chamar fórmula do ato injusto, que é a ação oposta e contrária ao ato justo. Se a fórmula da ação justa é "dar a cada um o seu, seu direito", a fórmula da ação injusta consiste em "lesar o direito de uma pessoa". Vamos nos reportar a essa fórmula do ato injusto adiante.

b) Da definição e da fórmula transcritas, deduz-se o caráter determinado e preciso – sem nenhuma ambigüidade – da idéia ou noção de injustiça. O direito é, dizíamos, aquela coisa ou entidade que, estando atribuída a seu titular, é devida a ele, com dívida em sentido estrito. O direito é algo determinado, que se delimita pelo título e pela medida; por isso, a justiça também é algo concreto e preciso. Analogamente, a injustiça, por representar uma lesão do direito, também é uma realidade precisa e determinada. Não é outra coisa que a vontade de lesar o direito concreto e preciso. A injustiça não consiste por si só em contradizer estimativas subjetivas (contravalor) ou ferir sentimentos; não reside nesses efeitos, que podem ocorrer perante o ato injusto do mesmo modo quer se trate de valores ou sentimentos do que sofre a injustiça, quer daqueles que são gerais do meio social; tudo isso são efeitos concomitantes da injustiça, mas essa não consiste em tais efeitos, e sim na lesão do direito.

3. EQUÍVOCOS SOBRE A INJUSTIÇA. Tudo o que acabamos de dizer nos mostra o que não é a injustiça.

a) Em primeiro lugar, a injustiça não consiste em um desvalor, ou, em outras palavras, a injustiça não reside em contradizer um valor. A ação humana não é injusta porque lesa um valor ou estimativa subjetiva, particular ou comum. Vamos supor, por um momento (e não é um exemplo irreal), que determinada ação injusta – que viola um direito – seja considerada em um meio social como valiosa ou, pelo menos, como indiferente. Se o direito existir realmente, ocorrerá, por essa ação, uma lesão do direito; logo, haverá uma injustiça, que será considerada valiosa ou indiferente. Essa injustiça ser considerada valiosa ou indiferente não implica que a injustiça não exista: se há lesão do direito, há injustiça, pois a injustiça consiste nessa lesão. No entanto, é tão claro e evidente que a injustiça é um mal ou contravalor, que a ninguém – ou a quase ninguém – ocorrerá falar de uma injustiça boa ou valiosa; o que realmente acontecerá é que tal ação será considerada não-injusta, isto é, como não-lesiva do direito, porque será negada a existência do direito, nesse caso, ou se entenderá que há outros direitos que prevalecem sobre o direito infringido. Porém, tudo isso são jogos intelectuais arbitrários, motivados pela vontade injusta. Jogos intelectuais que compete ao jurista vencer em sua função de discernir o justo do injusto.

b) A injustiça também não é uma emoção contrária à emoção na qual consistiria a justiça. Se a emoção for entendida como de quem age, é óbvio que pela emoção sentida – e mesmo aceita – ninguém lesa o direito; para isso, é necessário que à emoção suceda uma ação, regra elementar para um jurista. Vamos tomar como exemplo a ação injusta mais típica: o delito. Enquanto o delito se restringe à emoção, não existe tal delito, nem sequer em grau de tentativa. Aliás, sentir uma emoção não torna injusta a pessoa, desde que não consinta nela; e inclusive esse consentimento se limitará à ordem moral, sem transcender ao jurídico, até que não se manifeste em ações externas. Além disso, a emoção pode ser um atenuante do delito, e, se for tão forte que origina uma paixão que altera o uso da razão, poderá chegar a ser uma eximente. Nem a injustiça nem a justiça consistem em emoções.

E se a emoção for entendida como dos demais, do entorno social, então estaremos diante de uma suposição semelhante à anterior, da qual já falamos.

c) Com mais força e clareza ainda que na justiça, pode-se observar que a injustiça não é uma idéia ou contra-ideal. Não se é injusto por contradizer a idéia de direito, mas por contradizer o direito. Assim, o roubo não é delito porque prejudica a idéia do direito de propriedade ou a idéia da ordem social baseada na propriedade privada, mas porque despoja o proprietário de um bem seu. Não é questão de idéias, e sim de direitos – bens ou coisas – sobre os quais se exerce uma ação lesiva. Do contrário, bastaria apoiar uma doutrina política, social ou econômica oposta à ordem estabelecida da propriedade, para cometer o ato injusto do roubo, o que é evidentemente falso. Sem ação e, portanto, sem vontade operativa, não há ato injusto. São noções elementares de direito.

d) Cabe dizer o mesmo sobre os ideais políticos, nos quais – como se viu – alguns situam a justiça. A injustiça não é o contra-ideal, e o ato injusto não é tal por infringir esses ideais. Do contrário, bastaria apoiar ideais políticos opostos aos que dominam em determinado meio social para cair na injustiça e cometer um ato injusto. O que não é um erro menor que o anterior. Novamente é exemplificativo referir-se ao delito. Quem comete um seqüestro não é injusto por contradizer o ideal político da liberdade, mas por lesar o bem concreto da liberdade de uma ou de algumas determinadas pessoas, por ultrajar seu direito atual. A injustiça não é um contra-ideal, e sim tendência ou hábito de uma vontade operativa, contrária a um direito concreto e determinado.

e) Para finalizar, dizíamos antes que a justiça se direciona para a ação justa e por isso é uma tendência, atual ou habitual, da vontade, que é a potência espiritual operativa; da mesma forma, a injustiça não tem um estatuto intelectual, mas um estatuto volitivo. A injustiça é uma tendência, atual ou habitual, da vontade, que se direciona para a ação injusta ou lesão do direito.

4. O OBJETO DA INJUSTIÇA. Do mesmo modo que a virtude tem por objeto o ato virtuoso da potência inerente ao hábito, ao qual chamamos objeto primeiro ou simplesmente objeto, o vício também tem por objeto – simplesmente objeto ou objeto primeiro – o ato desordenado ou vicioso. E, igual à virtude, o vício pode ter um objeto segundo, que é a matéria ou coisa sobre as quais recai o ato. Sendo a injustiça o vício oposto à justiça, seu objeto primeiro é o ato injusto, e seu objeto segundo – que pode ser chamado objeto da injustiça sem mais nem menos, como se chama o direito de objeto da justiça – é *o injusto*, o contradireito ou injúria, ou seja, a lesão do direito.

A injustiça, como vício ou tendência atual da vontade, tem interesse sobretudo para o moralista e, se for o caso, para o político, aos quais interessa a dimensão pessoal – virtuosa ou viciosa – dos homens e dos cidadãos. O jurista, em contrapartida, para o qual o interessante, no que concerne a seu ofício, é a dimensão social e intersubjetiva das condutas (ciência social), tem por objeto de sua arte ou ciência *o injusto*, que é o que deve discernir e dizer. E, enquanto o injusto é o objeto da ação injusta, essa também lhe interessa. O jurista, mais que na injustiça – que compete sobretudo ao moralista e ao político –, fixa sua atenção no ato injusto e no injusto. No sentido da injustiça, o *objeto do ofício de jurista é o injusto ou lesão do direito*; já dizíamos antes, a jurisprudência ou ciência do direito é a *iusti atque iniusti scientia*, a ciência do justo e do injusto.

Por conseguinte e dado que a arte do direito e a filosofia jurídica são ciências sociais, o objeto próprio de estudo da filosofia do direito não é a injustiça como vício da vontade, mas o injusto ou resultado do ato injusto, ato que também é objeto de estudo enquanto causa do injusto.

5. O ATO INJUSTO. O centro de interesse do jurista – e por isso mesmo do filósofo do direito – é o injusto, como objeto que é do ofício de jurista, e também o

ato injusto – a ação injusta – como causa da lesão do direito. Sobre o ato injusto, faremos a seguir algumas observações.

a) Chamamos ato injusto àquela conduta que se orienta para causar a lesão do direito. Ao classificá-lo de *ato*, estamos dizendo que se trata de uma ação ou conduta do homem como ser livre e responsável. De fato, a injustiça é um vício ou tendência atual da vontade, sujeito do livre-arbítrio, o que coloca a injustiça na ordem ética ou moral, isto é, na ordem das condutas voluntárias e livres. Daí que o ato injusto seja um ato voluntário e, enquanto tal, livre. A injustiça – assim como a justiça – não pertence ao campo dos fatos – ocorrências ou acontecimentos regidos por forças naturais não-livres –, mas ao âmbito dos atos humanos ou condutas regidas pela razão e desejadas pela vontade[2]. Assim, por exemplo, o homicídio é um ato injusto; a morte por uma queda acidental não é uma injustiça, e sim uma desgraça, um lamentável acidente. A injustiça requer a voluntariedade; por conseguinte, o ato injusto é um ato voluntário (ou seja, livre).

b) Isso nos leva a distinguir entre *ato injusto* e *fato danoso* ou *acidente*. Quando há uma violação do direito por um ato voluntário, estamos perante o ato injusto. Se há uma lesão de bens – do patrimônio jurídico – sem causa livre, o que se produz é um fato danoso, um acidente, não uma injustiça. Assim, os danos causados pelos animais, ou pelos meteoros, ou por quaisquer outras causas não-livres não são atos injustos. Na realidade, nesses casos não se pode falar de lesão do direito, que requer sempre uma ação humana livre. Já foi dito que um bem, uma coisa, só é direito de acordo com as relações de atribuição e de dívida existentes entre homens. Declarar que uma coisa é direito implica falar dela no contexto das relações humanas, pois a relação de atribuição supõe uma repartição entre homens, assim como a relação de dívida é uma relação entre a pessoa-credor e a pessoa-devedor. Fora desse contexto, não há direito – a coisa não é classificável de direito –, nem sua lesão, por conseguinte, é lesão do direito: é lesão ou dano da coisa não considerada como direito. Não se têm direitos – coisas atribuídas e devidas – perante os animais, os meteoros ou qualquer outra causa não-livre. O ato injusto é, por sua natureza, um ato voluntário, livre, já que somente o ato voluntário ataca a coisa como direito, lesando as relações inter-humanas de atribuição e dívida.

c) Do que foi dito, deduzem-se os dois elementos que tipificam o ato injusto: 1.º) um elemento material ou lesão objetiva do direito; e 2.º) um elemento formal ou especificador – aquilo pelo que o ato lesivo é propriamente injusto –, que é a intenção contrária ao direito por dolo ou imprudência. O ato injusto é especificado, portanto, pela vontade dolosa ou imprudente. Apenas quando ocorrem ambos os elementos pode-se falar com propriedade do ato injusto.

---

2. Sobre os atos humanos, suas características e suas diferenças com os fatos, pode-se ver J. HERVADA, *Cuatro lecciones de derecho natural*, 2.ª ed., Pamplona, 1990, pp. 5 ss.

A LESÃO DO DIREITO: A INJUSTIÇA E O INJUSTO 179

Caso faltasse o elemento material, poder-se-ia falar de desejo injusto, de tentativa, de iniciação, mas não de ato injusto consumado. No caso de faltar o dolo ou a imprudência, há um ato lesivo do direito, que exige reparação, porém não ato injusto propriamente dito.

d) Em relação à presença de ambos os elementos em um ato lesivo do direito e à possível falta do elemento formal ou especificador, distingue-se entre o ato injusto *formal* (ou injustiça formal) e o ato injusto *material* (injustiça material). O que se entende por um e por outro?

e) O ato injusto formal ou formalmente injusto é aquele ato voluntário, que infringe o direito com vontade contrária a ele, seja por dolo, seja por imprudência. O que diferencia o ato formalmente injusto é a intenção dolosa ou imprudente de violar o direito alheio. É o ato injusto em seu sentido estrito ou pleno. Em outras palavras, estamos diante da vontade injusta em sentido próprio. Portanto, o ato injusto formal realiza a lesão da coisa, que constitui um direito, com consciência e vontade antijurídica (contrária ao direito).

Um aspecto importante a ser considerado é que o ato formalmente injusto, além de contrariar o direito agredido, implica uma conduta anti-social enquanto o agente procede atentando contra o sistema de relações inter-humanas, que é o sistema jurídico, substituindo-o pela força, pela violência ou pela prepotência. Nesse sentido, o homem injusto – além de lesar um direito concreto atacando a justiça relacionada ao titular do direito lesado – prejudica a sociedade e viola a justiça legal, gerando a *culpa*, que implica a *punibilidade*. Desse modo, o homem injusto não só tem a obrigação de reparar o direito violado (restituição ou compensação), como se torna réu passível de pena. O ato formalmente injusto gera, então, a obrigação de reparar, o reato de culpa e o reato de pena.

f) O ato materialmente injusto distingue-se por ser objetivamente causa de uma lesão do direito (elemento material do ato injusto), mas sem vontade contrária ao direito; isto é, sem consciência de contrariar um direito e, portanto, sem dolo ou imprudência (carência do elemento formal). Ele ocorre por ignorância, erro ou inadvertência sobre o estatuto jurídico da coisa ou bem, em relação ao qual é produzido o dano. É algo típico do ato materialmente injusto a existência de uma ação objetivamente lesiva do direito junto com a ausência de vontade injusta (falta dolo ou imprudência). Assim, o motorista que, confuso, entra em um carro que não é o seu, acreditando ser o de sua propriedade, e o leva, sem dúvida causa violência ao direito do proprietário do automóvel, porém sem vontade injusta. O autor do ato materialmente injusto age como causa livre do dano, mas sem vontade contrária ao direito.

Dadas essas características, o ato materialmente injusto só recebe o nome de injusto por analogia, porque falta à ação lesiva do direito a formalidade ou elemento especificador do ato injusto; não é, então, realmente injusto, embora seja lesivo do direito.

Como o ato materialmente injusto não tem dolo ou imprudência, não há nele prejuízo à sociedade humana nem violação da justiça legal, por isso não gera reato de culpa nem pena (não é um ato punível), embora exista a obrigação de reparar o direito lesado, como é óbvio.

6. A FÓRMULA DO ATO INJUSTO. A fórmula por meio da qual se expressa o ato injusto consiste, como foi dito, em "lesar o direito de uma pessoa". Vamos analisar a seguir cada um dos termos de que ela consta.

a) Lesar. Com o termo *lesar* se quer expressar toda ação ou omissão que viola um direito, seja natural, seja positivo. Não se trata, então, de uma negação intelectual ou de um sentimento contrário ao direito, mas de uma vontade operativa, que, por meio de ação ou de omissão, infringe um direito. Dado que a ação injusta pode assumir múltiplas formas, *lesar* inclui muitos significados: agredir, reprimir, prejudicar, ofender, difamar etc. Significa, então, toda ação ou omissão que priva um titular do legítimo uso, gozo e posse de seus direitos ou contraria a exclusividade própria da titularidade.

O direito, ou seja, o justo, comutativo, distributivo ou legal, pode ser violado por ação ou omissão; assim, por exemplo, é originada violência ao justo comutativo tanto por furto como por não pagar uma dívida; da mesma forma, pode-se infringir o direito à vida tanto por uma ação homicida quanto por omitir voluntariamente o dever de salvar a vida.

Nesse sentido, não pode ser considerada apropriada a opinião daqueles autores – mencionados em momento oportuno –, que, como Schopenhauer, entenderam que a injustiça é sempre uma noção positiva; e não é apropriada porque – em primeiro lugar – o ato injusto pode consistir em uma negação por omissão. De fato, para que a omissão lese um direito, não basta deixar seu titular em situação indefensável em relação ao direito, mas é necessário que exista o dever positivo de satisfazer o direito ou de ajudar e defender o titular, pois, se não existe esse dever, a simples omissão não constitui transgressão do direito. A violação do direito por omissão postula omitir o dever correspondente, que pode ocorrer por via negativa ou passividade.

Além disso, e em segundo lugar, dizíamos antes que no ato injusto era preciso distinguir entre o elemento material e o elemento formal, sendo esse último o fator determinativo ou especificador. Pois bem, a formalidade do ato injusto – ou formalidade da injustiça – é essencialmente negativa: é a negação do justo e da justiça. Consiste em "não dar a cada um o seu". O que especifica a injustiça não é a ação ou omissão consideradas em si mesmas, mas a violação da ordem social justa. E o injusto é uma lesão que, como tal, constitui um mal, o qual tem razão de mal pela carência de bem. Assim, por exemplo, a injustiça não consiste no incêndio de uma casa enquanto tal, que pode ser um acidente fortuito, mas em que – se é injusto – nega o direito e perturba a ordem social justa. É preciso lembrar que o mal se mede sempre em relação a uma carência; algo só é mal pelo que falta a ele, não pelo que tem. A injustiça é mal ou desvalor pelo que tem de negação e contrariedade em relação à justiça. Se não fosse assim, a formalidade da injustiça não consistiria no dolo ou na imprudência, mas no dano como tal, e então inclusive os fatos acidentais danosos incorreriam em injustiça: os animais e as forças da Natureza seriam injustos, o que é erro evidente.

b) O direito. a') A ação injusta consiste em lesar um direito. Esse é o ponto determinante e determinativo da ação injusta e, por isso, da injustiça. Para que haja ação injusta é necessário que exista anteriormente um direito em sentido próprio e estrito. A injustiça não se refere a aspirações, esperanças ou anseios, por mais legítimos que sejam. Também não se refere a uma ordem social, política e econômica melhor ou ideal. Assim como a justiça não consiste em satisfazer esperanças e aspirações legítimas, mas em satisfazer e cumprir os direitos, a injustiça também não consiste em dificultar ou impedir anseios mais ou menos legítimos – o que está relacionado à conduta ética ou política –, e sim em transgredir os direitos. Portanto, para que haja injustiça é preciso que o direito esteja pré-constituído; apenas em relação a verdadeiros direitos – o justo –, cabe a ação injusta. Do mesmo modo que o ato justo, a ação injusta é um *ato secundário*, que requer o ato primário de constituição do direito. Sem o direito, o justo, não pode ocorrer a ação injusta nem o injusto.

Esse é um ponto central para que o jurista saiba desenvolver com sabedoria e mestria sua função de discernir o justo e o injusto. Porque com freqüência se fala de injustiça ante compreensíveis esperanças frustradas, ante anseios insatisfeitos ou ante ideais políticos contrariados. O uso da palavra injustiça em tais casos é abusivo; apenas perante um verdadeiro direito desrespeitado cabe falar de injustiça e de ação injusta. Se não há um direito pré-constituído – seja natural, seja positivo –, não há ação injusta, embora haja ações imorais ou antiéticas. O que separa a injustiça de outros tipos de condutas contrárias à ética é a existência de um direito, que é lesado.

b') O direito, dizíamos em momento oportuno, tem a marca de exterioridade ou "externidade", entendendo com isso que são direito as coisas que, por entrar no campo da comunicação e da relação inter-humanas, são passíveis de interferência em si ou em alguma dimensão sua. Nesse mesmo sentido, a ação injusta é necessariamente uma ação externa, pois por sua índole é a ação que interfere no legítimo e pacífico uso e gozo do direito por parte de seu titular.

c') Da mesma maneira que a ação justa, o ato injusto tem a marca de alteridade. É lesão do direito de outro. Dado que a marca de alteridade declarada sobre o direito quer dizer que o direito ocorre sempre e somente em uma relação entre duas pessoas, de modo que não existem direitos perante o próprio ser, não cabe ato injusto contra si mesmo. Esse ato pode ser imoral, mas enquanto não existe direito não há ato lesivo do direito e, portanto, não há injustiça nem ato injusto. Para que o ato contrário a um direito realizado por seu titular seja um ato injusto, é preciso que o bem lesado seja também direito de outros e, conseqüentemente, que o ato lese a justiça legal, a comutativa ou a distributiva.

c) De uma pessoa. Ao tratar da fórmula da ação justa, destacou-se que a justiça não se refere diretamente a grupos, classes sociais ou estratos, mas a cada pessoa singular (a cada um); a justiça só é feita quando todos e cada um dos seres humanos vêem que seus direitos foram cumpridos e respeitados. Por analogia, a injustiça não consiste apenas na transgressão global de direitos considerados genericamente em um conjunto, causada por estruturas que produzem marginalização de grupos sociais ou discriminação de setores sociais (estruturas injustas). Existe injustiça sobretudo onde uma pessoa singular vê algum direito dela infringido. Por conseguinte, o ato injusto não é só uma ação estrutural ou que tenha por objeto grupos ou estratos sociais. É principalmente uma ação individualizada voltada contra cada pessoa singular: viola o direito de *uma pessoa*. Dessa maneira, as injustiças estruturais são a soma das ações injustas voltadas a cada uma das pessoas envolvidas. Por isso, as injustiças não são remediadas simplesmente por ações estruturais – embora essas também possam ser eficazes em seu campo –, e sim por ações individualizadas de restabelecimento do direito e reparação do dano.

Cada vez que uma pessoa é objeto de violação de um direito dela, tal violência é um ato injusto. Daí que o sistema jurídico de reparação de injustiças e estabelecimento da justiça – o sistema judiciário – baseie-se em processos voltados a dirimir os casos particulares, caso a caso, pessoa por pessoa. Daí também que as ações globais para reparar injustiças estruturais não se livrem de injustiça, se forem feitas por meio da violação de direitos de outros ou, por sua vez, produzam marginalizações injustas.

7. O INJUSTO OU LESÃO DO DIREITO. Assim como o objeto da virtude da justiça é o justo ou direito, o objeto do vício da injustiça é *o injusto* ou lesão do direito: a injúria. Em que consiste *o injusto* ou injúria? Consiste na interferência que sofre o titular de um direito, em cuja virtude se vê privado ou diminuído do legítimo uso e gozo desse direito. Essencialmente, o injusto consiste, então, em infringir a dívida que constitui formalmente como direito a coisa atribuída a um titular. De fato, o direito é lesado quando se transgride sua índole de coisa devida, já que essa índole é o constituinte formal do direito; a lesão do direito é a negação do dever ou dívida. A injustiça é o contrário da justiça, sua negação; se então a justiça é a satisfação do direito, o cumprimento da dívida, do devido – e nisso consiste "dar o seu"–, a injustiça não pode consistir em outra coisa que em "não dar" (reter, despojar, destruir, impedir etc.), na infração do dever do devedor inerente ao direito do titular ou credor.

Como violação que é do direito, o injusto é inerente ao direito, tem como sujeito de inerência um direito, que transgride. Portanto, sem direito não existe o injusto. Em virtude de seu caráter negativo, de mal, o injusto não tem nenhuma consistência própria, não existe separadamente – não é uma substância, não é uma coisa –, consiste sim na desordem ou desarmonia infiltradas na ordem social das coisas atribuídas e devidas: é a desmedida ou desmesura que se insere na vida social entrelaçada de relações jurídicas. Se o direito é uma coisa, o injusto não é nenhuma coisa, mas um mal, uma desordem, uma negação que se introduz na repartição das coisas corpóreas ou incorpóreas (bens, funções, serviços etc.). Em suma, o injusto não é uma coisa, e sim a negação ou lesão da dívida que a coisa atribuída constitui como direito: o injusto é a lesão do direito.

Essa lesão do direito produz uma desordem social, uma desarmonia, desmedida ou desmesura, contrárias à ordem social justa. É o produto da violência, da prepotência, da força, como substitutivos da razão nas relações humanas.

8. REGRAS DE DISCERNIMENTO DA LESÃO DO DIREITO. Discerne-se a lesão do direito por oposição ao direito; onde o direito sofre interferência por negação do devido – seja mediante uma ação, seja mediante uma omissão –, há lesão do direito. Porém, como ocorre uma série de situações que podem gerar dúvidas, cabe fornecer algumas regras que ajudam a determinar – embora apenas de modo parcial – quando existe lesão do direito. Enunciaremos essas regras a seguir.

a) Primeira. A lesão do direito é um resultado e não uma intenção. Com isso se quer dizer que a lesão injusta é um fato efetivo, um resultado do ato injusto. O injusto não é a mera tendência ou propensão do ânimo, e sim o efeito real do ato injusto. Sem o resultado pode haver intenção malévola, mas não lesão do direito, que é um dano efetivamente causado. Esse traço do injusto provém do fato de o direito ter a marca de exterioridade, pela qual só é passível de interferência por ações externas; apenas essas conseguem lesar o direito. Embora tais ações externas tenham como suporte a intenção da vontade – que se manifesta no dolo ou na imprudência, no caso do ato formalmente injusto –, a intenção em si mesma não atinge o direito. Daí o aforismo: "A intenção injusta em si mesma não constitui lesão do direito." Dizíamos antes que a ordem jurídica é a ordem das coisas externas, de modo que aquilo que interessa ao jurista não é a intenção justa, mas a *obra da justiça*. Do mesmo modo, o injusto – objeto do ofício de jurista – não consiste nas intenções, e sim na *obra da injustiça*, na desordem ou desarmonia introduzida na ordem social: a desordem das coisas externas constituídas como direito.

b) Segunda. "Scienti et volenti non fit iniuria." Esse velho aforismo pode ser traduzido por: "Não se comete lesão injusta contra o direito de quem consente na ação lesiva." A *iniuria* ou injustiça – no sentido não de vício, mas de lesão do direito (*iniuria* é o contrário de *ius*) – só pode ser produzida, como é óbvio, enquanto permanece o direito. Sem *ius*, não há *iniuria*. Porém, esse aforismo talvez não signifique, a bem dizer, que a lesão do direito exige a oposição ativa do titular agredido? Ou, em outros termos, a injustiça não seria qualquer lesão do direito, mas aquela lesão contra a qual o titular do direito opusesse a exigência de respeito de seu direito, pelo menos implícita ou tacitamente. Essa seria a conclusão que se originaria se o *ius* ou direito fosse o direito subjetivo: a renúncia à exigência – ou não-exercício da *facultas exigendi* – tiraria a razão de injustiça do ato lesivo, já que o consentimento do titular equivaleria a enfraquecer o direito, por isso a lesão consentida não teria caráter injusto.

Esse não pode ser o sentido da regra. A ordem jurídica é uma *ordem objetiva*; a atribuição de coisas – a atribuição de direitos – não é o resultado de meras ações individuais isoladas e desconexas. É o resultado de algumas regras sociais de repartição e forma um sistema social, político e econômico, do qual cada relação jurídica é uma estrutura parcial. Essa ordem objetiva enquanto justa implica a justiça legal, lesada pela injustiça formal, embora se refira a relações de justiça comutativa ou distributiva. Cada direito está implicado nessa ordem objetiva – a ordem social justa –, que o consentimento pessoal do titular não pode enfraquecer, pois não depende dele. A lesão de um direito consentida continua sendo lesão de um direito.

Qual é, então, o sentido do aforismo? Esse aforismo é válido se o consentimento do titular lesado contém em si uma renúncia do direito por parte de seu titular, tratando-se de um direito renunciável. Quando o sistema jurídico admite a renúncia de um direito, o consentimento do titular do direito pode ter o sentido de uma renúncia; para essa renúncia se requer que ocorram os requisitos necessários para a validade de um ato jurídico: a plena advertência (*sciens*) e o querer da vontade (*volens*). Se esses requisitos ocorrem, há uma renúncia válida, e então o direito não permanece, com o que não há lesão dele.

Com os direitos irrenunciáveis ocorre de outro modo. Não sendo válida a pretensa renúncia, o consentimento do titular não tem eficácia no tocante a impedir a lesão do direito, produzida apesar do referido consentimento. Por isso, esse consentimento não tira a índole lesiva da ação do autor da violação do direito, a qual infringe tanto a justiça legal (punibilidade) como, conforme o caso, a justiça comutativa ou a justiça distributiva.

Outra coisa diferente é que, suposta a lesão do direito, o consentimento enfraqueça a obrigação de reparar o dano produzido na coisa que constitui o direito; o consentimento, quando é verdadeiramente tal – quando possui os requisitos de um ato jurídico –, tem o efeito de uma renúncia à referida reparação – o que é possível mesmo em relação aos direitos irrenunciáveis, já que a reparação requer a aceitação do lesado –, pois isso está contido no ato de consentir na lesão.

c) Terceira. Quando a culpa do ato lesivo do direito é do prejudicado, o dano é imputado a ele. Acontece às vezes que a lesão do direito é causada por um agente sem culpabilidade (sem dolo nem imprudência), mas com culpa (dolo ou imprudência) por parte do titular do direito prejudicado. Por exemplo, o suicida que se joga na linha de um trem, ou o motorista que, infringindo o Código de Trânsito, acaba acidentado por outro automóvel com danos em seu carro ou em sua pessoa. Em tais casos, o agente – o maquinista do trem ou o motorista do carro que causa o dano, nos exemplos dados – não comete nenhum ato injusto, nem material nem formalmente, pois não há propriamente uma lesão do direito, e sim um fato danoso imputável ao prejudicado. Portanto, o causador do dano não é sujeito de punibilidade, nem adquire a obrigação de reparar o dano, pois por sua parte não há ato injusto (nem material, nem formal).

d) Quarta. Não há lesão do direito quando o titular se opõe irracionalmente a uma ação contrária a seu interesse ou bem particular protegidos por um direito. Já foi dito que o direito existe dentro do sistema racional das relações humanas. Por conseguinte, a existência de um direito, sua persistência e sua integridade são sempre fatores racionais. Por racionalidade deve-se entender a conformidade do direito e seu exercício com a moral, o bem comum e os direitos dos demais. Se o modo de exercício do direito, sua persistência ou sua integridade tornam-se irracionais em determinada hipótese, nessa hipótese decai a índole de direito ou de legítimo exercício do direito, e, por conseqüência, a ação lesiva do interesse ou bem particular do titular do direito deixa de ser lesão de um direito. Na realidade, não há ação lesiva do direito, embora pareça haver. Assim, por exemplo, se uma ação expropriadora é legítima e justa não lesa o direito de propriedade dos afetados, embora possa prejudicar seus interesses ou bens particulares; se o afetado se opõe – fora das ações processuais e recursos que procedem –, faz isso irracionalmente.

A regra enunciada é um dos fundamentos da coação institucional. A oposição irracional do suposto titular do direito situa-o à margem do sistema racional das relações humanas – condutas racionais – e gera a legitimidade do uso da força contra ele.

9. O INJUSTO COMO O DESIGUAL. Se a justiça é igualdade, a injustiça é desigualdade; se o justo é o igual, o injusto é o desigual. Isso é evidente, sendo como são a injustiça e o injusto o oposto à justiça e ao justo. A igualdade própria do direito é *proporção*, como vimos, uma proporção que causa uma harmonia fundamental na sociedade, originando a ordem social justa. A injustiça introduz a mais básica e danosa desarmonia nas relações entre os homens: a prepotência, a desproporção entre as pessoas.

a) A desproporção fundamental. Para compreender profundamente como vem a ser prejudicial o injusto – portanto, a malícia da injustiça –, é preciso lembrar aquilo que foi dito em momento oportuno sobre a igualdade fundamental e fundamentadora própria do justo. O fato de o direito ser o igual significa sobretudo que os homens são radicalmente iguais como sujeitos do direito. E, como a condição de sujeito de direito é a versão jurídica da dignidade da pessoa humana, a igualdade do direito supõe o reconhecimento de que todos os homens têm igual dignidade, por isso são iguais como sujeitos de direito. A harmonia e a proporção consistem, em último caso, no reconhecimento e no respeito dessa igualdade em dignidade. A desproporção implica, portanto, a prepotência ou desmesura de quem não respeita essa igualdade entre os homens como sujeitos de direito, o que supõe um atentado contra a dignidade da pessoa humana.

A igualdade se desfaz de três maneiras, reduzíveis a uma única: o dano aos bens espirituais e materiais da pessoa, a desproporção na permuta ou distribuição de bens ou encargos e a conduta contrária ao bem comum. Tudo se reduz à *lesão do direito*, que é violação da condição de sujeito de direito própria da pessoa – individual ou considerada em sociedade (bem comum) –, isto é, transgressão de sua dignidade. O injusto desfaz a igualdade fundamental e fundamentadora, por uma atitude de desmesura prepotente, introduzindo uma desproporção entre as pessoas, que lesa a dignidade humana. Essa é a origem da malícia da injustiça e do injusto.

Na justiça, a proporção entre as coisas é manifestação da proporção entre as pessoas, sendo a igualdade das coisas o reflexo da igualdade das pessoas. Reciprocamente, a desproporção entre as coisas que a injustiça introduz é expressão da injusta desproporção entre as pessoas, da desigualdade contrária à dignidade do homem, que é a essência do injusto.

b) Tipos do injusto. Assim como o justo divide-se em legal, comutativo ou corretivo e distributivo, do mesmo modo o injusto – a lesão do direito – distingue-se entre o injusto legal, o injusto comutativo ou corretivo e o injusto distributivo. Falaremos brevemente deles a seguir.

c) O injusto legal. O injusto legal consiste na infração ou descumprimento das leis e, em geral, no dano ao bem comum. Entenda-se bem que o injusto legal não compreende toda conduta lesiva do bem comum, mas só aquela que é oposta aos deveres de justiça; em outros termos, apenas o dano ao bem comum por lesão do direito da sociedade em relação a seus membros constitui o injusto legal. Não se refere, então, a todos os deveres morais para com a sociedade, e sim aos deveres de justiça. E, como dizíamos antes que o justo legal está marcado e determinado fundamentalmente pelas normas, deduz-se daí que a infração da norma constitui o injusto legal por excelência.

O descumprimento das normas é uma ação injusta ou antijurídica, por isso quem as contravém comete o injusto. No entanto, a norma relaciona-se com a justiça legal enquanto é regra do devido pelo membro da sociedade a essa em função do bem comum, por ser regra do devido no que concerne ao referido bem comum. Portanto, o descumprimento ou infração das normas é injusto – em último caso – enquanto supõe uma conduta lesiva do bem comum.

Onde está a desproporção no injusto legal? No fato de o membro da sociedade, ao desobedecer à norma, violar o direito da sociedade e com isso não se submeter a sua contribuição devida ao bem comum e, por conseqüência, alterar a ordem social, introduzindo uma desordem. Ao mesmo tempo, rebela-se contra a sociedade, substituindo sua submissão à condição de destinatário das normas por uma prepotência e rebeldia perante a sociedade. Não se submete a ser parte da sociedade, mas sim, enquanto desobedece à lei, rebela-se contra o todo. Com isso, o descumprimento da norma produz uma desarmonia social, uma desmesura ou desproporção na vida da sociedade, que, ao contrariar o bem comum, contraria o direito. É uma desproporção que afeta a igualdade, que, como sujeitos de direitos e deveres recíprocos, existe entre a sociedade e o membro.

d) O injusto distributivo. A ordem justa distributiva consiste na harmonia da repartição ou distribuição em função da finalidade da repartição, porque o direito do membro da sociedade sobre os bens e encargos comuns é medido pela relação de cada membro com essa finalidade. O justo distributivo é, em último caso, a cota de usufruto dos bens comuns correspondente a cada membro, ou a cota de obrigação a ser suportada por conta das necessidades comuns da sociedade.

O injusto distributivo contém em si a prepotência de um ou alguns membros, que colocam desordenadamente os outros em uma situação de favor ou desfavor, lesando seu direito ou os direitos de outros. É a desarmonia na condição de sujeito de direito e a desproporção na condição de membro da sociedade.

Se o critério de igualdade ou proporção no justo distributivo consiste na relação da pessoa com a finalidade da repartição do comum, a desigualdade ou desproporção é produzida de acordo com o mesmo critério: é a distinção ou discriminação arbitrária em relação à finalidade da repartição. Não se trata de equilibrar interesses rivais – como pretende Rawls, conforme se viu –; esse equilíbrio não é uma questão de justiça (pois não se refere à satisfação de direitos), e sim – segundo os casos – de regras de jogo, de negociação ou de prudência política. Na justiça distributiva, trata-se de não desequilibrar ou causar desproporção entre direitos iguais relacionados com a finalidade de uma distribuição.

O ato distributivo injusto era chamado antigamente *acepção de pessoas,* e atualmente recebe o nome de *discriminação injusta* ou simplesmente *discriminação*[3]. Em síntese, pode-se dizer que a discriminação injusta não consiste no tratamento diferencial, já que é próprio da justiça distributiva que a cota de bens e encargos repartidos não seja sempre qualitativa ou quantitativamente igual (há casos em que sim). Mais uma vez é preciso evidenciar que o justo distributivo consiste na proporção entre os bens recebidos e os encargos designados a cada pessoa em função da relação dessa com a finalidade da repartição. Portanto, aquilo que constitui a discriminação injusta é a desproporção ou desmesura contrárias à mencionada pro-

---

3. Sobre a discriminação pode-se ver J. HERVADA, *Diez postulados sobre la igualdad jurídica entre el varón y la mujer,* em "Escritos de Derecho Natural", Pamplona, 1986, pp. 595 ss.

porção. A fórmula da discriminação injusta poderia ser resumida assim: A está para B mais que C está para D.

Se duas ou mais pessoas recebem bens ou encargos, de acordo com uma medida diferente, porém em proporção a sua relação com a finalidade da repartição, de modo que a fórmula dessa proporção seja A está para B, assim como C está para D, não há discriminação injusta; ela existirá se houver desproporção: A está para B mais que C está para D, como acabamos de dizer.

e) O injusto comutativo. Nas relações entre iguais, caracterizadas pelo respeito ao direito do outro ou pela permuta de coisas, o injusto (comutativo) é produzido quando há um dano ao bem alheio, ou quando se produz o enriquecimento desproporcional de um sujeito à custa de outro (vice-versa, o empobrecimento desproporcional).

Em primeiro lugar, o injusto comutativo é produzido pelo dano à coisa alheia que constitui direito do prejudicado: p. ex., o homicídio, a difamação, o incêndio de um imóvel etc. A desproporção ou desarmonia consiste nesse caso na perda ou diminuição da coisa que é direito, cujo respeito é dever do causador do dano. O dano procede da prepotência ou desmesura do prejudicador, que viola a condição de sujeito de direito do prejudicado ao infringir seu direito. A relação interpessoal entre o prejudicado e o prejudicador se desequilibra e desiguala contra o direito, ao ser comprometida a igualdade em dignidade.

Em segundo lugar, o injusto comutativo é gerado pela desigualdade em identidade, valor, qualidade, quantidade etc. – conforme os casos, como se viu anteriormente – entre as coisas dadas e as recebidas (devolução ou permuta). A desigualdade das coisas implica um tratamento desigual na condição de sujeito de direito – já dissemos isso – e, portanto, também compromete a dignidade humana. A desproporção entre as coisas implica a desproporção entre as pessoas, e aí reside, em último caso, a injustiça.

O injusto comutativo, como todo o injusto, é um atentado à dignidade da pessoa humana, manifestada na condição de sujeito de direito.

10. OS REQUISITOS DO ATO INJUSTO. *a)* Anteriormente distinguiu-se entre o ato injusto e o fato danoso. Em relação a essa distinção e para eliminar ambigüidades e imprecisões da noção de injustiça e do injusto, é oportuno agora tratar dos requisitos que são necessários para que ocorra de verdade um ato injusto. Que requisitos deve ter uma ação para que possa ser tachada de injusta? Nas páginas anteriores foram surgindo mais ou menos incidentalmente esses requisitos; neste tópico é conveniente agrupá-los e tratar um pouco mais sobre eles.

Os requisitos do ato injusto são três: 1º) causar uma efetiva lesão do direito alheio; 2º) ser causa eficaz do dano; e 3º) ser um ato voluntário e livre.

b) O primeiro requisito – causar uma efetiva lesão do direito – é deduzido de tudo o que foi dito antes sobre a noção de injustiça. Uma ação só é injusta – conforme se viu – quando causa uma lesão ou dano a um direito. Ou, em outros termos, o ato é injusto quando efetivamente viola um direito. Portanto, não são atos injustos os que lesam aspirações ou expectativas (p. ex., uma possível doação ou herança não formalizada juridicamente) ou as atividades que causam danos econômicos, profissionais ou de outro tipo sem lesão do direito, como pode ser o caso da concorrência comercial não-desleal – que pode arruinar negócios e empresas – ou do advogado que, por ser mais competente, ganha uma causa com desprestígio do advogado que a perde etc. Também não são atos injustos as ações imorais que só violam deveres éticos que não são de justiça (p. ex., de gratidão).

Um ato injusto pode ser o uso e exercício do próprio direito? Em princípio, é evidente que não. Aquele que usa de seu direito está dentro da ordem da justiça, embora esse uso possa prejudicar os interesses de outro. A justiça implica precisamente que cada um pode usar de seu direito e exercê-lo; esse é o fruto de uma sociedade justa. Se isso é óbvio, também é óbvio que pode existir um abuso do direito, entendendo com isso o uso não-razoável (que carece de racionalidade ou *rationabilitas*). Sem entrar agora no tema da racionalidade do direito, que veremos extensamente ao estudar o tema da norma jurídica, basta dizer que um uso do direito é razoável quando se mantém dentro dos limites indicados pela lei, está de acordo com a moral, não atenta contra o bem comum e não lesa os direitos dos demais. Portanto, se um uso do próprio direito lesa um direito alheio, e não simples interesses, aspirações ou expectativas, trata-se de um abuso injusto, como também é um abuso injusto, contra a justiça legal, se ultrapassa os limites e a ordem determinados pela lei.

Um caso particular de uso não-razoável do direito é constituído pelo uso – em si mesmo correto – do próprio direito, porém não para obter um benefício para si, mas com o exclusivo fim de prejudicar o outro. Tal atitude é indubitavelmente imoral – porquanto viola o dever de solidariedade e amor ao próximo –, e nesse sentido estamos diante de um uso não-razoável, de um abuso do direito; no entanto, em princípio, caberia duvidar se essa atuação é propriamente injusta por violação do direito alheio. Pode-se contestar isso dizendo que, se os prejudicados forem simplesmente interesses, expectativas ou aspirações, não há propriamente ato injusto (embora seja imoral), e portanto não há dever da justiça de reparar; contudo, se os lesados forem verdadeiros direitos – estaríamos no caso de um choque ou conflito de direitos –, a atuação seria injusta em sentido próprio, porque se impediria o uso legítimo de um direito, mediante o abuso de outro direito, abuso no sentido de que não existe um genuíno direito (logo, existiria o dever de reparar).

O que dizer se expectativas ou aspirações são contrariadas, porém mediante atos que são injustos, por lesar outros direitos do prejudicado, p. ex., mediante ameaças, engano, calúnias, uso da violência etc.? Esse seria o caso da concorrência desleal. Nessa hipótese, é preciso lembrar que as expectativas ou aspirações costumam estar baseadas em ou protegidas por um direito que é atacado com os atos injustos; assim, quando se ameaça o comerciante concorrente, é lesado seu direito ao livre comércio. Por conseqüência, contrariar as expectativas ou aspirações mediante atos injustos costuma ultrapassar essas expectativas ou aspirações para atacar um direito, o que constitui uma injustiça, que se acrescenta à injustiça própria de tais atos injustos (lesão à reputação, à liberdade, à propriedade etc.). Assim, o comerciante que é coagido a fechar seu estabelecimento, com a ameaça de que esse será incendiado, é lesado em seu direito ao livre comércio, além de ser ameaçado seu direito à propriedade.

c) O segundo requisito do ato injusto é que seja causa eficaz do dano. Em outras palavras, deve existir um nexo causal entre o ato e a lesão do direito, de acordo com as leis da natureza (causalidade física) ou da atividade humana (causalidade moral). Assim, se alguém manipula substâncias explosivas com toda a cautela e todas as medidas de segurança – conforme as normas da atividade humana –, não comete ato injusto se, apesar de tudo, acontece uma explosão e prejudica vidas e bens; não existe em tal suposição um verdadeiro nexo causal entre a conduta humana e o dano produzido. Ou então, se uma represa for construída com todos os requisitos técnicos – de acordo com as leis da natureza – e por uma enchente súbita e imprevisível essa represa se romper, haverá nessa hipótese um acidente ou fato danoso e não uma conduta injusta.

Precisamente por faltar um nexo causal, não realiza uma ação injusta quem age de modo que sua conduta venha a ser apenas uma ocasião não procurada de dano alheio. Por exemplo, guardar legalmente uma arma no próprio domicílio pode propiciar a ocasião para que alguém, que convive com o dono da arma, apodere-se dela e cometa um ato injusto, porém não é uma conduta injusta desse dono. Ser ocasião não tem um nexo causal com o ato danoso, por isso não constitui ação injusta.

O fato de que a atuação humana deva ser causa eficaz do dano para constituir um ato injusto não significa que se trata necessariamente de uma ação positiva; pode-se tratar de uma omissão, embora, conforme as leis da atividade humana, somente no caso de estabelecer o nexo causal entre a omissão e a violação do direito. Isso ocorre quando se omite o dever jurídico (por ofício, contrato etc.) de proteger o direito alheio e essa omissão gera uma ação lesiva desse direito (p. ex., se a negligência de um vigilante facilita um furto). Nesse caso, conforme as leis da atividade humana, a omissão do dever de proteção transforma a ocasião em causa, porque a proteção é devida e a desproteção lesa o direito que deveria ser protegido. Segundo as leis da natureza, a ocasião não é causa (como se viu em trechos anteriores); porém, nessas hipóteses, ela é (causa moral), de acordo com as leis da conduta humana.

d) O terceiro requisito do ato injusto – ser um ato voluntário e livre – já foi destacado ao tratar do elemento formal do ato injusto. Sem ato voluntário e livre pode haver um fato danoso, mas não uma lesão do direito, a qual exige, para existir, uma atividade própria das relações humanas, isto é, atos voluntários e livres. Essa dimensão de voluntariedade e liberdade é o que faz que o ato injusto gere responsabilidade e culpa moral.

O ato injusto, como ato voluntário e livre, segue as regras próprias da ação humana (os chamados atos humanos), no que se refere ao grau de responsabilidade e culpabilidade[4]. Esse grau, então, está em relação direta com o grau de advertência e voluntariedade.

A voluntariedade – e a conseqüente dimensão de liberdade – do ato injusto refere-se tanto ao ato em si como a sua condição de causa da lesão do direito, conforme se observa facilmente. É óbvio, depois do que foi dito, que se a ação não é por si só um ato voluntário (ausência de uso da razão) não há ato injusto nem sequer material; tal ação não passa de um fato danoso. Por sua vez, se a ação é em si livre, porém não há intenção contrária ao direito, estamos diante do ato injusto material, que só por analogia é chamado injusto. Em contrapartida, se a conduta humana é voluntária, tanto em sua condição psicológica como em sua dimensão lesiva do direito, há ato injusto formal, ainda que haja erro na coisa danificada (p. ex., se quem pretende danificar mediante incêndio o imóvel de uma pessoa se confunde de edifício) ou na pessoa (p. ex., se o agente injusto acredita equivocadamente que o imóvel incendiado é propriedade da pessoa a quem quer prejudicar); esses erros não impedem a plena voluntariedade da lesão do direito efetivamente ocasionada.

e) Finalmente, cabe dizer que, em caso de dúvida sobre a existência de algum desses três requisitos, o que gera dúvida sobre se existiu o ato injusto, devem-se aplicar os princípios:"In dubio, pro reo" e "Factum non praesumitur, sed probari debet".

11. OS AUTORES DO ATO INJUSTO. Continuando com a tarefa iniciada no sentido de determinar o que é concernente à injustiça e ao injusto, devemos agora estabelecer com a máxima exatidão possível quem são os réus de injustiça, ou, o que dá na mesma, quem são – e por contraposição quem não são – os autores das ações injustas.

a) Como regra geral – e de acordo com o que vimos antes –, pode-se dizer que são autores ou co-autores do ato injusto todos os sujeitos que exercem uma influência causal na ação injusta, seja realizando-a, seja incitando eficazmente o autor material. Em outras palavras, são autores do ato injusto todos os sujeitos que são causa eficaz da lesão do direito. Então, a autoria está relacionada à causalidade física ou moral do ato injusto (causalidade segundo as leis da natureza ou da atividade humana).

b) Obviamente, é autor do ato injusto quem o executa materialmente ou autor material (quem profere a injúria, quem faz o disparo mortal, quem realiza o contra-

---

4. Para as mencionadas regras, pode-se ver J. HERVADA, *Cuatro lecciones de derecho natural*, cit., pp. 50 ss.

to injusto), seja um sujeito individual, seja um grupo. Em geral, o executor é o autor principal e pode ser o único autor. Porém, ocorre com certa freqüência que a atividade injusta não seja um ato isolado, e sim um processo concatenado de atos de diferentes pessoas que intervêm na preparação, na realização imediata do ato injusto ou nas operações subseqüentes que garantem o êxito da atividade injusta. Nesses casos, são co-autores materiais do ato injusto todos os que participam do processo objetivo da atividade injusta, considerado uma unidade causal; ou, em outros termos, são co-autores materiais todos os que realizam uma atividade que tem um nexo objetivo com o processo do ato injusto.

Como a causalidade da lesão do direito não é só a causalidade física, mas também a moral (segundo as leis da atividade humana), o autor do ato injusto não é apenas o autor material. Há outras formas de autoria e co-autoria, das quais falaremos a seguir.

c) A primeira dessas outras formas de co-autoria, por sua importância, é a ordem ou império, isto é, quando quem tem uma função de governo ou comando – seja no âmbito público, seja no âmbito privado – ordena a um subalterno a execução de um ato injusto. Esse império pode ser exercido tanto por meio de normas como por meio de preceitos ou ordens; a forma que a ordem adota é por si só indiferente para o aspecto da questão que nos ocupa, pois o decisivo é que em uma relação de subordinação seja produzido o ato de imperar um ato injusto.

Sobre essa hipótese, duas são as coisas que é preciso destacar. Em primeiro lugar, o governante ou chefe – o sujeito dotado de poderio – é sem sombra de dúvida causa eficaz da lesão do direito, pois parte dele a iniciativa e por meio da relação de subordinação incita eficazmente o executor do ato para a lesão do direito. Por essa posição preeminente e como primeira causa da atividade injusta, quem impera é o autor principal do ato injusto. Ele é o primeiro culpável e, por conseguinte, o responsável principal. Então, o autor de uma norma injusta, orientada para promover uma ordem social contrária aos direitos das pessoas, ou o autor de ordens tendentes a infringir direitos são os sujeitos primeiros e principais da imputação dos atos injustos realizados por seu império.

O fato de o poderio de quem manda ser legítimo (legitimidade de origem) não altera em nada a responsabilidade de quem manda, já que ordenar um ato injusto é abuso de poder (ilegitimidade de exercício); com efeito, o poderio é uma *situação jurídica*, pertence à ordem do direito, que obriga a obedecer por um dever de justiça, por isso a ilegitimidade por causa de injustiça anula o império e não origina um verdadeiro dever de obediência. A ordem injusta não representa o exercício legítimo do poderio; portanto, não está amparada pela legitimidade de origem, é uma injustiça culpável.

Em segundo lugar, é preciso evidenciar que o executor da ordem, como causa eficaz da lesão do direito, também é autor do ato injusto. Embora não seja o autor principal, pois age a bem dizer como instrumento do que dá a ordem, nem por isso deixa de ser autor do ato injusto, tanto material como formalmente. Partimos da hipótese de que seja materialmente. Torna-se evidente que é formalmente ao observarmos que o executor, além de ser causa eficaz do ato injusto, atua como agente livre. Sua ação é psicologicamente livre (a obediência a um império pressupõe a liberdade psicológica); porém, além disso, é juridicamente livre, visto que o ato de imperar a ação injusta é ilegítimo e, portanto, não gera nenhum dever de obediência; e mais, juridicamente origina-se o dever de desobediência, porque o devido é o respeito ao direito que se pretende lesar com a ação mandada. Portanto, o executor é verdadeiro autor, culpável e responsável, da violação do direito.

Por último, é preciso dizer que, como ressaltamos incidentalmente, entre quem impera o ato injusto e o executor ocorre uma relação de instrumentalidade moral; por isso, o imperante é responsável não só pelo dano causado pelo ato injusto, como também pelo dano que possa sofrer o executor no cumprimento do que foi ordenado.

d) Forma de co-autoria, semelhante à anterior, vem a ser a que se estabelece pelo contrato de mandato (forma corrupta do negócio jurídico desse nome), em virtude do qual o mandatário se compromete a cometer um ato injusto por conta do mandante, a título oneroso ou gratuito.

Não resta dúvida de que o mandante é causa eficaz da lesão do direito, pois é o impulsor ou motor do ato injusto. E é como impulsor primeiro que vem a ser o autor principal do ato injusto e, como tal, o primeiro responsável pela injustiça cometida. Por sua vez, o mandatário também é autor da ação injusta, tanto como autor material quanto como agente formalmente injusto, por sua conduta ser livre.

Como se pode observar, a suposição do mandato é muito semelhante à da ordem ou império, com poucas diferenças; uma delas consiste em que o mandante não é responsável pelos danos que o cumprimento do pacto possa acarretar ao mandatário, visto que esse assume livremente sua incumbência com os riscos inerentes.

e) Um terceira forma de co-autoria é a instigação, à qual se assemelha o conselho. Tanto a instigação como o conselho funcionam por meio da influência psicológica que o instigador e o conselheiro exercem sobre o executor do ato injusto. Quem instiga ou quem aconselha, com tal força que induz eficazmente o executor do ato injusto a cometê-lo, é causa eficaz da lesão do direito segundo as leis próprias da conduta humana, por isso é co-autor da ação injusta – o que não ocorre se o conselho ou a instigação são ineficazes, visto que o executor já estava inteiramente decidido a realizar a ação injusta antes de ser instigado ou aconselhado.

Nos casos de instigação e conselho, o autor principal é o executor, pois aceita livremente a instigação ou o conselho e age sob sua inteira responsabilidade; nem a instigação nem o conselho diminuem a liberdade, nem a conseqüente responsabilidade. A instigação ou o conselho podem explicar a conduta injusta de um sujeito, mas não a justificam.

Aquela que pode ser chamada "instigação doutrinária ou teórica" tem certas semelhanças com a instigação e o conselho. Referimo-nos aos autores e sequazes intelectuais – e nesse sentido propagadores – de doutrinas e teorias filosóficas, políticas, econômicas ou sociais que propugnam ações injustas contra a vida, a propriedade, a igualdade das raças humanas etc., isto é, contra os dircitos – especialmente os fundamentais, embora não só eles – das pessoas. Esse é o caso, modernamente, do nazismo, do marxismo-leninismo, de outras formas de totalitarismo (como o fascismo), do racismo, do feminismo favorável a descriminalizar o aborto, do capitalismo radical, do liberalismo individualista extremo, das doutrinas da violência etc. Não resta dúvida de que os seguidores intelectuais de tais doutrinas injustas influem – às vezes com muita intensidade – no surgimento de regimes políticos injustos e na realização de atos injustos. Mas são co-autores em sentido próprio do ato injusto? A resposta é negativa, porque, embora a influência certamente exista, falta o nexo causal entre a doutrina e o ato injusto. Essa influência está relacionada às influências psicológicas e ambientais que recaem sobre a pessoa – e nesse sentido é preciso falar de uma grave responsabilidade moral dos intelectuais da injustiça –, porém essas influências não são causa propriamente dita da conduta dos homens; embora influam, falta o nexo causal.

Pela mesma razão, não constitui uma forma de co-autoria a emissão de uma opinião científica equivocada, que poderíamos chamar de "proposição ou opinião injusta".

f) Também é um caso de co-autoria o daqueles que com seu voto contribuem para formar a vontade de um grupo ou sujeito coletivo, quando essa vontade origina normas, ordens ou resoluções que se voltam para a realização de um ato injusto. Por exemplo, o voto dos deputados de um Parlamento que aprova uma lei injusta, ou das pessoas que compõem um órgão diretor que delibera a realização de um contrato injusto. São co-autores do ato injusto todos os que dão seu voto a favor do ato lesivo do direito, visto que contribuem positivamente para a formação da vontade injusta. Ficam, por outro lado, isentos de injustiça os que votaram contra, os quais não são responsáveis pela atividade injusta.

A abstenção ou o voto em branco, embora moralmente possam ser reprováveis (por não se opor a uma injustiça, o que é, no mínimo, um ato de insolidariedade), não implicam por si sós co-autoria, já que no máximo proporcionam a ocasião para a realização do ato injusto (caso votar contra tivesse posto em minoria o voto injusto), e a ocasião, ainda que propicie uma conduta, não é propriamente causa dela.

Às vezes, quem tem função de governo ou administração – e, em conseqüência, pode ser autor de uma decisão injusta – é um órgão pessoal, que está vinculado a pedir o voto deliberativo ou consultivo de um órgão coletivo. Nesses casos, o órgão de consulta, sem ser o órgão titular da função, influi decisivamente (voto deliberativo) ou pode influir com intensidade (voto consultivo) na atuação injusta do órgão de governo ou administração. Assim, na hipótese do voto deliberativo, os componentes do órgão de consulta que votam pelo ato lesivo do direito são co-autores da decisão injusta, visto que seu voto vincula-se ao órgão decisório e é imputável a ele a decisão injusta. Se o voto é apenas consultivo, o órgão de governo ou administração permanece livre para segui-lo ou não, e, por conseguinte, terá de estar sob a influência que o conselho tenha de fato. Se esse induz eficazmente o órgão decisório, também serão co-autores os que votaram a favor do conselho injusto.

g) Por último, representa uma suposição de co-autoria o consentimento do superior para a ação injusta de seus subordinados, desde que se realize no âmbito das relações de subordinação. Por exemplo, o chefe militar que consente no tratamento desumano por seus subordinados aos prisioneiros de guerra, ou nas ações paramilitares desses subordinados contra adversários políticos. Esse também é o caso do governante que consente em práticas injustas dos funcionários públicos etc.

Por outro lado, se não houver relação de subordinação, não haverá co-autoria. Logo, o político que consente na corrupção denominada tráfico de influências não cai na hipótese aqui considerada, mas na que vamos analisar a seguir: a cooperação para o ato injusto.

12. A COOPERAÇÃO PARA O ATO INJUSTO. *a*) Hipótese diferente da co-autoria é a cooperação para o ato injusto. Por cooperação entendemos aqui aquela atividade ou conduta que apóia, favorece ou possibilita o ato injusto, participando nos pressupostos, fatores concomitantes ou situações subseqüentes ao ato injusto, sem nexo causal com a lesão do direito (o ato injusto favorecido ou possibilitado não é próprio, mas alheio). Por exemplo, quem vende a arma ao homicida, quem imprime um panfleto difamatório, quem dá abrigo ao autor de um atentado etc. A cooperação da qual falamos é caracterizada por duas marcas: primeira, não participar intrinsecamente do processo da atividade injusta, por isso não ter nexo causal com a lesão do direito; segunda, possibilitar, apoiar ou ajudar objetivamente o ato injusto, que sem a cooperação não seria possível ou pelo menos seria mais difícil. Assim, por exemplo, não haveria panfleto injurioso nem portanto injúria, se os chefes das gráficas ou os operários que imprimem se negassem a imprimir o panfleto. Igualmente – é outro exemplo –, sem a fabricação e venda de armas de fogo não seriam possíveis os homicídios ou as lesões produzidas com esse tipo de armas.

Algumas formas de co-autoria e a cooperação têm em comum possibilitar ou ajudar objetivamente o ato injusto, mas é necessário não confundir uma com a outra. Se, por exemplo, uma quadrilha é formada para cometer um assalto, e dela faz parte um vendedor de armas cuja missão é fornecê-las à quadrilha como contribuição para o assalto, de cujos resultados vai participar, isso não é cooperação e sim co-autoria. Em contrapartida, é cooperador quem se limita a vender as armas, sem participar do grupo delinqüente. No caso da cooperação, a ação do cooperador não faz parte da atividade injusta enquanto tal, o que, por outro lado, ocorre na co-autoria. Em suma, o que caracteriza a cooperação é que o ato injusto seja alheio, de outro. Por isso é incorreto falar de uma cooperação que é causa da lesão do direito; afirmar tal coisa é confundir a cooperação com a autoria.

Para que haja cooperação, é preciso existir uma relação objetiva entre a conduta do cooperador e a ação injusta, de modo que se trate de condutas conexas entre si. Se faltar a conexão objetiva, não haverá propriamente cooperação. Portanto, para que haja cooperação em sentido estrito é necessário que a ação do cooperador seja orientada formal ou materialmente para a ação do autor do ato injusto. De fato, no emaranhado das relações humanas, as atividades nunca ocorrem isoladas, pois sempre pressupõem as atividades de outros homens que proporcionam os elementos necessários para elas, sem que se possa falar de cooperação. Por exemplo, o escritor que produz um romance não poderia realizá-lo sem o trabalho dos que fabricam os elementos para a escrita, sem a atividade dos que lhe fornecem os meios de subsistência etc. E nenhum deles é cooperador na atividade criativa do artista. Do mesmo modo, a execução de um ato injusto pode requerer diversos meios: automóveis, ferramentas etc., sem que se possa dizer que os fabricantes do automóvel e das ferramentas utilizadas tenham cooperado na execução do ato injusto.

Por isso, é preciso distinguir entre a cooperação e o estabelecimento de condições de possibilidade do ato injusto (*causa materialis disponens*); essas últimas não têm conexão objetiva com o processo do ato injusto, nem de acordo com as leis da natureza, nem segundo as regras da atividade humana.

A cooperação contribui objetivamente para a lesão do direito; por conseguinte, mesmo sem ser causa eficaz dela, representa uma conduta injusta, que gera tanto a obrigação de reparar proporcionalmente à contribuição para o dano como a culpa e a punibilidade.

b) As regras para determinar quem deve ser considerado autor da cooperação do ato injusto são as mesmas que para determinar a autoria, pois são regras comuns para determinar a imputação das condutas humanas e a conseqüente responsabilidade: quem ordena a cooperação, quem a executa, quem a instiga e aconselha eficazmente e quem dá seu consentimento ou seu voto para a cooperação.

Pelo contrário, não são autores de cooperação os que estão em suposições que implicam certo favorecimento à ação injusta, sem que exista uma conexão objetiva com ela: casos como os de quem se cala perante a execução de um ato injusto (não repreende, não manifesta sua oposição), quem não o impede (p. ex., o transeunte que observa um assalto e não intervém em defesa da vítima), ou quem não o denuncia. São casos de omissão, à qual já nos referimos antes; conforme foi dito na ocasião, se quem se omite em intervir tem obrigação de fazer isso por sua função ou por contrato, então é autor de um ato injusto.

c) A cooperação pode ser *formal* ou *material*. A cooperação é formal quando o cooperador deseja com sua ação contribuir para o ato injusto (seu ato é *voluntarium et volitum*). É denominada material a cooperação realizada com aversão ou repugnância ao ato injusto, e, portanto, pertence à categoria de ato voluntário misto com involuntário (*voluntarium non volitum*)[5]; por exemplo, a atividade trabalhista do operário que imprime panfleto caluniador, que sente aversão em realizar seu trabalho por causa da injustiça, mas o executa para obedecer ao empresário. A cooperação material, por mais que, constituindo um ato não-desejado, tenha uma voluntariedade atenuada em relação à cooperação formal, é verdadeiramente voluntária e, por conseqüência, configura uma conduta injusta.

13. SITUAÇÕES E ESTRUTURAS INJUSTAS. *a*) Assim como o fruto da justiça é a ordem social justa, em sentido contrário, a injustiça gera uma dimensão de desordem e desarmonia na vida social, ou, em outros termos, produz a degradação parcial da ordem social justa[6].

A desordem injusta (ou lesão do direito) originada pela injustiça pode ser transitória ou permanente. E isso leva a considerar três hipóteses: a ação injusta, as situações injustas e as estruturas injustas. Como já falamos da ação injusta, vamos nos referir a seguir às situações e às estruturas injustas.

b) O que é uma situação injusta? Uma situação injusta é aquela em que há uma lesão contínua do direito, dotada de estabilidade. Por exemplo, a ocupação injusta de uma propriedade rural em caráter permanente. Nesse caso, não há um ato injusto isolado, mas uma concatenação contínua de atos injustos, que se unem no que podemos chamar de *situação injusta*.

O que caracteriza a situação injusta é, então, a lesão contínua do direito. Sem lesão de um verdadeiro direito, não há situação injusta, embora se trate de situações desagradáveis e deploráveis. Portanto, a situação injusta supõe uma relação estável entre o transgressor do direito e a vítima da injustiça, com uma lesão contínua do direito.

Conforme o que foi dito, não constitui uma situação injusta a permanência do dano, por ser irreparável, se o ato injusto foi transitório; se a ação injusta é transitória, uma vez que foi satisfeita a compensação ou indenização que cabe ao caso, a relação de dívida nascida do ato injusto desaparece e já não há situação injusta, apesar da permanência do dano. A reparação faz desaparecer a relação de injustiça.

---

5. Sobre as distinções entre o voluntário e o involuntário, pode-se ver J. HERVADA, *Cuatro lecciones de derecho natural*, cit., pp. 71 ss.

6. Ao falar dos frutos da injustiça, necessariamente temos de falar de desordens parciais; é impossível existir uma completa desordem injusta, pois isso equivaleria a um aniquilamento total da sociedade e da vida do homem. Mesmo as sociedades com fortes injustiças se mantêm no que têm de justas. Basta pensar que em uma sociedade totalmente injusta ninguém respeitaria a vida de ninguém, o que levaria necessariamente ao desaparecimento da sociedade.

c) As *estruturas injustas* consistem na distribuição e estratificação das pessoas, dos grupos e das coisas dentro de uma organização social, de modo que sejam consolidadas algumas situações injustas. Como, por exemplo, a distribuição da propriedade que marginaliza alguns setores sociais, consolidando situações de pobreza que lesam verdadeiros direitos – normalmente naturais – das pessoas: direito à alimentação, à saúde, à educação etc. Um regime político de discriminação racial pode ser outro exemplo.

Sempre que a injustiça estiver implicada, as estruturas injustas só existirão se houver uma verdadeira lesão de direitos concretos e determinados; portanto, é preciso tratar não de legítimas aspirações, mas de direitos vigentes em sentido próprio. Porém, dado que as estruturas injustas apenas excepcionalmente lesam direitos positivos, pode-se dizer que normalmente as estruturas injustas lesam direitos naturais. Com isso, mais uma vez se destaca a injustiça do positivismo jurídico, que, ao negar o direito natural, torna-se cego diante da grande maioria das estruturas injustas, sobretudo as mais clamorosas e penosas.

d) O principal problema que as estruturas injustas propõem à teoria da justiça – e concretamente ao jurista – consiste em determinar o autor do ato injusto e em que medida os que estão favorecidos pelas estruturas injustas cometem injustiça formal ou pelo menos material. Por exemplo, em que medida os proprietários instalados em uma estrutura injusta da propriedade conservam esse direito – p. ex., em que medida o marginalizado que os rouba comete verdadeiramente um ato injusto – ou eles mesmos são injustos usando de seu direito de propriedade.

Para ajudar a resolver esse problema, podem ser dadas as seguintes regras:

1.ª) Devem ser considerados agentes geradores e consolidadores – autores – da estrutura injusta os que a implantaram, seus seguidores e os que contribuem para sua continuidade por sua cumplicidade. Portanto, são co-autores da estrutura injusta os que, estando instalados nela ou participando de algum modo dela, deixam de contribuir para que se amenizem ou desapareçam seus efeitos injustos.

2.ª) Os agentes geradores e consolidadores de uma estrutura injusta cometem injustiça criando ou consolidando as situações injustas que a estrutura origina. Essa injustiça pode ser, conforme o caso, formal ou simplesmente material. Tais agentes são, por conseqüência, responsáveis pelas situações injustas.

3.ª) Amenizar ou evitar – de acordo com as possibilidades ao alcance do sujeito – os efeitos injustos de uma estrutura social é um dever de justiça, pois o efeito injusto ataca um direito, lesa-o, e é próprio do direito ser uma coisa devida, com dívida em sentido estrito. Portanto, quem não faz isso, podendo fazê-lo, comete injustiça.

Assim, as situações de marginalização e discriminação sociais – sem culpa do marginalizado ou do discriminado – devem ser corrigidas com a colaboração ativa – em diversos graus – de todos os cidadãos. A falta de colaboração – por insensibilidade, egoísmo, desinteresse, inconsciência ou desprezo – manifesta uma vontade injusta, e a pessoa que age desse modo não se livra de injustiça. Nesse sentido, pode-se dizer que nossas sociedades são injustas, entendendo como tais não o grupo objetivado, e sim as pessoas singulares e concretas, insensíveis a tantos fenômenos de marginalização ou discriminação.

4.ª) A estrutura injusta não justifica para as pessoas que, não podendo eliminar a estrutura, têm a possibilidade de amenizar ou evitar seus efeitos injustos e, no entanto, não o fazem. De fato, a estrutura injusta é obra dos homens, como obra dos homens são as situações injustas produzidas pelas estruturas. Não se trata de uma injustiça *objetivada*, ocasionada por uma causa independente dos homens; tal estrutura objetivada não existe, e são os homens singulares que a geram e consolidam. A injustiça é, então, dos homens concretos e singulares, que dão origem e solidez à estrutura social e são seus cúmplices. A existência de uma estrutura injusta não priva seus agentes ou cúmplices de responsabilidade.

5.ª) Quem, não tendo em suas mãos a possibilidade de mudar a estrutura, faz o possível para amortecer ou evitar seus efeitos injustos não é responsável pela injustiça, nem formal, nem material. Assim, quem, estando imerso em um regime de propriedade que produz marginalização, atende com seus bens os marginalizados, não é pessoalmente injusto.

6.ª) Os "direitos" ou "deveres" estabelecidos por uma estrutura injusta, que por si sós sejam injustos, porque seu uso, exercício ou cumprimento implica necessariamente a lesão do direito de uma ou mais pessoas, não são tais direitos nem deveres, nem podem ser usados, exercidos ou cumpridos sem injustiça, que quase sempre será formal. Assim, quando as leis de discriminação racial outorgam o "direito" aos cidadãos de uma raça para exigir essa discriminação, cada exercício desse "direito" será um ato injusto. Do mesmo modo, um regime político injusto, que tenha a seu serviço corpos repressivos que lesam direitos dos cidadãos, não livra de injustiça o agente que viola esses direitos. Tudo isso quer dizer que não se trata de verdadeiros direitos, pois é impossível que o injusto seja o justo (o direito); também não se trata de verdadeiros deveres, pois é absurdo pensar que o injusto possa ser devido. Como atos formalmente injustos que costumam ser, o uso de tais "direitos" ou o cumprimento desses "deveres" irão gerar culpa e portanto punibilidade.

Essa punibilidade só pode se enfraquecer por aplicação dos princípios de direito penal *nullum crimen sine lege* e *nulla poena sine lege* – o que implica uma questão perspicaz de muita importância e de difícil solução. O que fazer quando, alterada a estrutura, se estabelece o problema de castigar os atos injustos amparados por um pretenso e falso "direito" ou "dever"? Porque quando os atos injustos foram cometidos não eram delitos perante o direito penal – nem, por conseguinte, puníveis segundo o direito positivo –, embora sem dúvida fossem graves injustiças e inclusive crimes inqualificáveis. O que fazer nesse caso? Deixar impunes esses atos ou não aplicar – para castigá-los – o princípio de legalidade vigente antes e depois da mudança da estrutura? O primeiro ponto aparece como uma injustiça para as vítimas e como uma renúncia à justiça punitiva. O segundo é, sem sombra de dúvida, uma ilegalidade que viola a justiça legal; e, por outro lado, os princípios enunciados são altamente benéficos, pois, se não forem aplicados, o sistema penal facilmente se transformará em fonte de injustiças para com inocentes.

Assim sendo, dado que não é justiça mas vingança contra a pretensa justiça que viola a justiça legal, e, além disso, pelo princípio óbvio de que é preferível alguns culpáveis ficarem impunes a um inocente ser castigado, a única solução justa e prudente é manter inviolados tais princípios de direito penal. A justiça legal é a base fundamental da ordem social, ao que se deve acrescentar que a clemência e o perdão também são altamente benéficos para a sociedade.

Para não deixar impunes os atos injustos aos quais estamos nos referindo – alguns dos quais podem ser verdadeiros crimes contra a humanidade –, só há uma solução justa: que o direito internacional e o direito constitucional de cada comunidade política, como expressão da consciência jurídica universal e nacional, caracterizassem esse tipo de delitos – do mesmo modo que caracterizam os direitos humanos – e indicassem as correspondentes penas.

7.ª) Quando em uma estrutura injusta ocorrem direitos por si sós justos – isto é, verdadeiros direitos –, mas estabelecidos de modo que seu regime gere efeitos injustos, esses direitos existem verdadeiramente; no entanto, o regime desses direitos deve ser reformado. A reforma poderá chegar até a derrogar tais direitos, se não houver outra forma de eliminar a estrutura injusta, deixando sempre a salvo os direitos naturais e os princípios de justiça e eqüidade naturais.

Essa regra pode ser explicada com um exemplo. Vamos supor um regime de propriedade fundiária que gere no campesinato fenômenos de marginalização. O proprietário, por ser titular de um verdadeiro direito, é verdadeiro proprietário, de modo que lesar seu direito constitui um furto, roubo etc., conforme o caso. Ao mesmo tempo, é preciso lembrar que nessa hipótese são aplicáveis a 3.ª, 4.ª e 5.ª regras. Porém, por se tratar de um regime que gera ou consolida algumas situações injustas, esse regime deve ser reformado, sem excluir a desapropriação forçada (privação do direito de propriedade sobre a fazenda desapropriada); e, como se trata de um verdadeiro direito, a desapropriação requer a justa indenização.

e) Depois de expor as regras anteriores, não resta senão responder à pergunta sobre quem tem o dever de eliminar as estruturas injustas. Devemos responder que, de modo mais direto ou imediato, esse dever cabe aos agentes das situações injustas. Porém, em último caso, pelo fato de o injusto ser sempre uma questão de justiça legal – além da lesão ao justo comutativo ou distributivo que possa ocorrer –, a eliminação das estruturas injustas cabe aos responsáveis pelo bem comum, que são a comunidade política inteira e os órgãos de governo; a ambos compete essa função de vários modos e com diferentes meios. Pode-se dizer que eliminar as estruturas injustas cabe à iniciativa social dos cidadãos e seus agrupamentos, à atividade política e social da comunidade e à ação do governo. Em suma, lutar contra as estruturas injustas cabe, com métodos e formas muito variadas, a todos os homens, enquanto a todos compete o dever de implantar a justiça e afugentar a injustiça. E, claro, não se combate a injustiça com ações injustas, que servem somente para substituir algumas injustiças por outras.

14. A REPARAÇÃO DA LESÃO DO DIREITO. *a) Da reparação em geral. a'*) Conforme vimos repetidamente, o ato injusto se caracteriza por causar uma lesão do direito. Contudo, na lesão do direito podemos distinguir dois elementos. O principal, aquele em que consiste primariamente a injustiça, é a ofensa à condição de sujeito de direito própria do titular. Isso constitui uma ofensa à dignidade fundamental da pessoa humana, tanto considerada individualmente como unida em uma coletividade. A injustiça é um ato de *inimicitia*, de inimizade, contrária à *amicitia* ou solidariedade, que é a regra fundamental das relações sociais. Esse ato de inimizade ou insolidariedade – que rompe a ordem interpessoal e social dos homens – consiste no menosprezo e violação do dever de respeitar o direito.

Une-se a esse elemento principal outro que, mesmo não tendo igual primazia, também é integrante da lesão do direito: o dano objetivo produzido nos bens espirituais ou materiais do titular do direito; isto é, nos bens que constituem, enquanto devidos, o direito do sujeito que sofre a agressão injusta. Como já dissemos, o primeiro desses dois elementos é o elemento formal do ato injusto, sendo o segundo o elemento material. Por conseguinte, a formalidade da injustiça e da lesão do direito consiste na *inimicitia* ou ofensa à condição de sujeito de direito própria da vítima ou sujeito passivo da injustiça.

b') O ato injusto, embora transitório, tem um efeito estável: faz surgir a relação de injustiça – ou relação antijurídica – entre o agente injusto (autor ou cooperador) e o sujeito passivo, cujo fundamento é a lesão do direito. Trata-se de uma relação de desordem e desarmonia introduzida na ordem social, consistente na relação de ofensa ou *inimicitia* introduzida pelo agente injusto; essa relação permanece enquanto não se restabelece a dimensão justa da ordem social, isto é, até que não desapareça a injustiça pelo restabelecimento do direito.

c') O restabelecimento do direito é uma exigência, um dever de natureza jurídica. De fato, sendo o direito uma coisa devida e consistindo formalmente a justiça no respeito e reconhecimento do devido – como conseqüência do dever de respeitar e reconhecer a condição de sujeito de direito, isto é, a dignidade humana –, o restabelecimento da ordem social justa pelo reconhecimento do direito é algo devido, constitui uma dívida em sentido estrito. Sem o restabelecimento da ordem social justa, permanece a relação de injustiça.

d') Pois bem, dado que formalmente a relação antijurídica consiste na ofensa à condição de sujeito de direito de quem sofre o ato injusto e essa ofensa vem a ser essencialmente a vontade injusta ou desprezo voluntário – a prepotência –, o restabelecimento do direito e, conseqüentemente, o restabelecimento da ordem social justa são produzidos pelo desaparecimento da vontade injusta e o conseqüente reconhecimento do direito por parte do agente injusto.

Então, a ordem social justa se restabelece formalmente pela *conversio* ou regeneração do agente injusto, que, depondo sua vontade prepotente, reconhece a titularidade do sujeito passivo cujo direito foi lesado e com ela a plena condição de sujeito de direito. Não se trata, então, de uma simples vontade de futuro ou propósito de não cometer mais atos injustos, mas do reconhecimento da injustiça cometida pelo ato injusto realizado; é uma *conversio* em relação à concreta injustiça cometida.

e') É evidente que essa *conversio* comporta a vontade de *reparar* o dano causado, de restabelecer o sujeito passivo na posse do bem lesado ou de outro equivalente, restabelecendo seu patrimônio jurídico, que é a posição justa do sujeito passivo no contexto das relações sociais, lesada pelo ato injusto. É o modo de reconhecer e respeitar o devido ao titular em relação ao direito lesado. Vamos supor que A furtou a B a quantia de dez mil pesetas. Reconhecer e respeitar esse direito de B por parte de A, depois do furto, implica a restituição da quantia furtada; assim é que A reconhece e respeita B como titular das dez mil pesetas.

O restabelecimento do sujeito passivo do ato injusto na posse de seu patrimônio jurídico lesado recebe o nome de *reparação*. Embora a reparação não seja o elemento formal do restabelecimento da ordem social justa, é um elemento conseqüencial por si só necessário, de modo que é preciso afirmar que o ato injusto origina o dever de reparação.

Apesar de ser por si só necessário, o dever de reparar não é absoluto. De fato, o dever de reparação está sujeito aos condicionamentos próprios da ordem jurídica e, concretamente, a sua possibilidade. Uma reparação impossível enfraquece o dever na medida da impossibilidade. Daí que, ao estabelecer o dever de reparação, seja preciso acrescentar sempre a cláusula "na medida do possível", pois é um axioma que *ad impossibilia nemo tenetur*, ninguém está obrigado – nenhum dever se estende – ao impossível física ou moralmente. Obtida a reparação em sua medida de possibilidade, a relação de injustiça desaparece. Não se deve esquecer que o dever de reparação não é o elemento formal do restabelecimento da ordem social justa, mas apenas uma conseqüência necessária *prática*, isto é, submetida às eventualidades e contingências da vida social.

b) A reparação da justiça legal. A contravenção da justiça legal consiste no dano ao bem comum naquilo que está determinado pelas leis. Portanto, o injusto legal é produzido por não prestar os serviços ou não fornecer os bens devidos à comunidade (p. ex., a fraude fiscal), por causar um dano à sociedade (p. ex., a traição ou a destruição de bens sociais como a paz ou serviços públicos) e, em geral, pelo descumprimento das leis. A injustiça legal consiste essencialmente – já foi dito – em um fenômeno de rebeldia e ofensa contra a sociedade por uma atitude de prepotência e rebelião contra ela. Portanto, o que cabe ao injusto legal é a pena ou sanção, que castiga e humilha o injusto.

Como se repara, então, o injusto legal? A reparação própria desse tipo de injusto é o cumprimento da pena ou sanção. A pena, de fato, coloca o sujeito em uma situação de submissão e humilhação que repara sua atitude de prepotência e rebeldia contra a comunidade humana[7]. A *conversio* ou regeneração do injusto, unida ao cumprimento da pena, restabelece a ordem social justa no se refere à justiça legal.

Em relação à reparação própria da justiça legal, a restituição dos bens prejudicados – da qual se fala mais adiante – quase não acontece, porque muitos dos bens prejudicados são de restituição impossível. No entanto, o dever de restituição existe quando o serviço não prestado ainda é de possível cumprimento (p. ex., quando quem se evade do serviço militar ou serviço civil substitutivo ainda está em idade de cumpri-lo) e quando se trata de bens economicamente avaliáveis.

Não se devem confundir as relações de justiça legal com certas relações de justiça comutativa, que podem existir entre os particulares e o Estado ou outros entes públicos. Essas relações são regidas pelas regras do justo comutativo. Assim, quem causa danos em um edifício de titularidade de um ente público lesa a justiça comutativa e, portanto, está obrigado à restituição.

c) A reparação da justiça comutativa. a') Como foi dito, o injusto comutativo caracteriza-se pelo dano ao bem alheio e pelo enriquecimento desproporcional à custa de outro. Nesse caso, o dever de reparação é satisfeito com a *restituição* ou, se essa não é possível, com a *compensação*.

Por restituição, entende-se a devolução ou reintegração do bem prejudicado ou do ganho injusto em forma de perfeita igualdade. Ou, em outros termos, consiste no restabelecimento do patrimônio jurídico do sujeito passivo do ato injusto, conforme seu estado e condição anteriores à lesão do direito. Se a relação de igualdade é de identidade, o que for restituído deverá ser o mesmo bem (p. ex., a devolução do carro roubado, a restauração da boa reputação etc.); se é de equivalência (p. ex., quando se trata de uma compra e venda ou de empréstimo de bens fungíveis), é preciso restituir o equivalente.

b') A compensação – ou indenização – aparece em caso de não ser possível a restituição. Consiste no restabelecimento do patrimônio jurídico do sujeito passivo mediante bens análogos ou semelhantes aos prejudicados. E pode ser ou compensação justa ou compensação eqüitativa. A compensação justa consiste na reparação mediante bens de valor equivalente, que substituem os de restituição impossível;

---

7. Ver V. MATHIEU, *Perchè punire*, Milano, 1978; F. D'AGOSTINO, *Las buenas razones de la teoría retributiva de la pena*, em "Persona y Derecho", XI, 1984, pp. 271 ss.; id., *La sanzione nell'esperienza giuridica*, Torino, 1989.

assim, quem rouba um carro e o destrói compensará com compensação justa se devolver ao dono o valor do carro.

c') A compensação eqüitativa ocorre quando o bem prejudicado é de restituição impossível e não é equiparável a outros bens, de modo que também não cabe estabelecer uma relação de equivalência. Nesse caso, a compensação ou indenização tende a amenizar na medida do possível o dano causado. Por exemplo, o homicídio causa um dano que não é reparável, nem por restituição nem por compensação justa (não há bem equivalente à pessoa); a indenização é, nesse caso, uma compensação eqüitativa.

d') Tanto a restituição como a compensação, seja justa, seja eqüitativa, reparam a injustiça causada e fazem desaparecer a relação antijurídica.

e') A restituição e, se for o caso, a compensação têm a índole de solidárias (*in solidum*) se há co-autoria. Isto é, cada um dos causadores do dano está obrigado a reparar a totalidade, quando os demais co-autores não cumprem seu dever. Porém, é preciso distinguir duas hipóteses. Havendo um autor principal – como no caso do império ou do mandato –, o dever de reparação recai em princípio integralmente sobre ele, pois o executor atua como instrumento dele; apenas no caso de o referido autor principal descumprir o dever de reparação, esse recai sobre o executor.

Não havendo autor principal, os autores ou cooperadores têm a obrigação de reparar *pro rata*, ou seja, em proporção a sua intervenção; mas, se algum ou alguns não cumprem seu dever, os demais estão obrigados a supri-los.

f') Se a restituição ou a compensação ao sujeito que sofreu a injustiça não for possível, nem por isso o agente injusto poderá ficar com o fruto de sua injustiça. O repúdio ou arrependimento do ato injusto deve levar o agente injusto a despojar-se do que não lhe pertence por não ser direito seu; portanto, se a restituição ao sujeito passivo não é possível, deve proceder a uma restituição subsidiária (doação aos necessitados, às obras de interesse social etc.).

d) A *reparação da justiça distributiva*. Na justiça distributiva, conforme se viu, o direito do membro refere-se à justa distribuição dos bens ou encargos comuns, isto é, a que os órgãos da comunidade ou coletividade sigam critérios de igualdade proporcional na passagem dos bens comuns para a esfera particular. Agora é o momento de especificar melhor, distinguindo duas hipóteses: 1.ª) quando o critério de distribuição está determinado por lei, costume ou contrato; 2.ª) quando o referido critério não está determinado e, portanto, há certa margem de discricionariedade.

No primeiro caso, a determinação do critério configura e determina o justo, a coisa justa, e, portanto, a parte proporcional é direito estrito do recipiendário da repartição. É direito dele não só que sejam seguidos critérios de igualdade, como também a parte a ser repartida. Assim, se for indicado que os benefícios repartíveis em uma sociedade com fins lucrativos é a quantia X e que a repartição será proporcional à participação no capital, a quantia resultante para cada sócio será direito dele em sentido estrito. Nesses casos, o injusto distributivo gera o dever de restituição ou de compensação. Por exemplo, uma vez determinada a quantia a ser paga para os impostos, o órgão da Administração que cobra quantias superiores tem o estrito dever de devolver o excedente ao contribuinte; por sua vez, o contribuinte que sonega fica obrigado a restituir o sonegado.

No segundo caso – quando a coisa a ser recebida é indeterminada –, só há direito estrito ao tratamento igual, pois o que se pode receber ainda não está configurado como direito ou dever em sentido estrito. Por exemplo, antes de determinar a quantia a ser paga para impostos, existe o direito dos contribuintes ao tratamento igual, porém nenhuma quantia é ainda dever dos contribuintes; se nessas circunstâncias a determinação dos impostos fosse injusta por causa do tratamento desigual, o que a injustiça distributiva lesaria é esse direito ao tratamento igual, mas não é determinável que quantia seria a justa, pois a quantia justa continua indeterminada; portanto, não está constituído o dever concreto do contribuinte, nem o direito da Administração: não existem ainda em estado de determinação o direito e o dever concretos que constituem a quantia justa a ser paga. Não há propriamente uma lesão determinada, exceto a lesão do direito ao tratamento igual.

Na hipótese de indeterminação, a restituição é impossível por não haver determinação do lesado. Também não cabe a compensação em sentido estrito, pela mesma razão. Por conseguinte, a reparação da lesão do direito é realizada por meio de medidas que criem uma situação favorável aos que foram objeto de injustiça distributiva, de modo que se supere quanto antes a injusta situação desfavorável em que foram postos. Trata-se, então, de pôr em prática as medidas de favor que permitam compensar a situação desfavorável até obter a igualdade justa.

Seria um erro pretender que essas medidas de favor constituam uma discriminação injusta. A discriminação é injusta se lesa a igualdade própria da justiça distributiva; é justa se, partindo de uma desigualdade injusta, tende a obter a igualdade justa, como é óbvio.

15. REPARAÇÃO E RESPONSABILIDADE. *a*) A injustiça, de acordo com o que vimos, traz em si o dever de reparar. Esse dever fundamenta-se na relação de injustiça, e é a forma com que aparece o dever de justiça de dar a cada um o seu quando se produz uma lesão do direito. Porque o direito é o devido, a lesão do direito exige a reparação. Portanto, a reparação é inerente às relações pessoais – de pessoa para pessoa – em que o direito é o fundamento da relação; ou seja, a reparação é inerente às relações jurídicas violadas pela ação injusta. Em outras palavras, a lesão do direito gera *responsabilidade*. Quem lesou o direito precisa responder pelo dano causado mediante a reparação justa ou, se for o caso, eqüitativa.

b) A responsabilidade ou obrigação de reparar repousa, em seu caráter de radical, em uma dimensão inerente à pessoa: a liberdade. Por ser livre, os atos da pessoa são originais dela – não dados ou impostos por forças ou instintos –, e, por conseqüência, ela é a causa original de seus atos. Por isso, os efeitos de seus atos são atribuídos a ela enquanto desejados e realizados conscientemente, pois a origem e raiz de tais efeitos estão na pessoa. Como origem e causa original do dano, a pessoa está obrigada a reparar, em virtude de sua obrigação ou dever de satisfazer e cumprir o direito.

c) Isso nos indica que a responsabilidade é gerada pela ação injusta, formal ou material. Sem ação injusta, que requer voluntariedade – ato humano –, não há responsabilidade propriamente dita. Quando o homem lesa um bem alheio por mero acidente – sem injustiça, nem sequer material –, não se pode falar de responsabilidade, pois falha a hipótese básica dessa: que o ato tenha como causa original a pessoa e lese uma relação de direito.

Enquanto, no caso da injustiça, o injusto, como ser livre, é causa original da lesão do direito e, portanto, é responsável, quando o que existe é um mero acidente, o dano não é imputável a um agente livre e responsável – embora se trate de um agente humano –, por isso não há responsabilidade; aqui aplica-se o aforismo *res perit domino*, a coisa perece para seu dono.

d) Na atualidade, no entanto, não faltam opiniões que tendem para a chamada *responsabilidade objetiva*. Em substância, afirma-se que quem causou um dano objetivo a um bem deve ficar obrigado à correspondente reparação ou indenização à vítima, independentemente de o dano causado ser voluntário (ação injusta) ou involuntário (mero acidente). Trata-se, em suma, de que a vítima do dano não sofra as conseqüências da ação danosa de outra pessoa.

Esse tipo de tese, apesar de sua aparente índole benéfica, encerra uma injustiça, porque impõe ao causador do dano acidental uma obrigação que não lhe é própria. Por um lado, a responsabilidade só é inerente aos atos livres e voluntários da pessoa; se não há liberdade e voluntariedade – ato humano –, não pode haver responsabilidade, a qual é uma dimensão exclusiva do ato livre. Por outro lado, o que gera responsabilidade não é o dano à coisa considerada em si mesma, mas a lesão do direito, que implica um menosprezo à condição de sujeito de direito própria do prejudicado; esse menosprezo é, como já foi dito, o mais essencial da ação injusta e o que gera o dever de reparação ou responsabilidade. Se falta esse elemento fundamental da injustiça, não ocorre aquela lesão que gera a responsabilidade. Para que exista responsabilidade, é necessário que o dano seja produzido no seio de uma relação jurídica ou de justiça – lesão do direito –, em relação à qual existe o débito ou dever; se o dano é produzido fora de uma relação jurídica – como é o caso do mero acidente, – não há o débito ou dever que é fundamento de reparação.

A tentativa de que a vítima não sofra as conseqüências do dano acidental não só é uma atitude aceitável, sem dúvida, como deve ser acolhida sem reservas, pois constitui uma das tendências benéficas do progresso social e um sinal e uma exigência de solidariedade. Porém, a solução não é a responsabilidade objetiva, que constitui um certo primitivismo jurídico ao imputar a agentes não-livres o que é próprio dos agentes livres. O resultado pretendido deve ser buscado por outros meios – p. ex., sistemas de assistência social aos prejudicados.

16. O DIREITO INJUSTO. Sob o rótulo de "direito injusto", os autores costumam tratar o tema da norma ou lei injusta. Também vamos nos ocupar desse tema na lição dedicada à norma jurídica. Mas agora esse não é o assunto do qual vamos falar; falaremos do direito em sentido realista: a coisa, corpórea ou incorpórea, atribuída a um sujeito, que lhe é devida, com dívida em sentido estrito. Em outras palavras, vamos tratar do direito em sentido primário e, por derivação implícita, do direito subjetivo.

A questão pode ser formulada nestes termos: O direito injusto é direito? Ou, em outras palavras, cabe falar de um direito injusto? Uma vez que vimos detalhadamente o que é a justiça, o que é o direito e o que é a injustiça, a resposta a essas perguntas é simples demais, podendo até ser classificada de evidente.

Antes de mais nada, devemos deixar estabelecido o que podemos chamar de direito injusto. Duas coisas podem assumir a forma de direito injusto: a) ter atribuída como direito a lesão de um direito alheio ou faculdade de lesar direitos de outros; p. ex., o direito de abortar, ou de discriminar as pessoas de uma raça que se considera inferior, ou privar de liberdade um adversário político etc.; b) ter atribuído como direito a coisa que é verdadeiro direito de outro; p. ex., ter atribuído em propriedade um bem cujo legítimo proprietário é outro. Em qualquer um dos dois casos, o direito é injusto.

Porém, o que quer dizer injusto? É óbvio que, se um direito pode ser classificado de injusto, é porque lesa um verdadeiro direito alheio. De outro modo não cabe falar – vimos repetidamente, e não é o caso de insistir nisso – nem de injustiça nem de injusto. Por conseguinte, estamos tratando é da posição ou estatuto de um sujeito que, em relação a uma coisa, produz a aparência de um direito ou, em outras palavras, a fenomenologia de uma situação jurídica: a relação de atribuição de uma coisa como devida. Logo, a forma exterior é de direito, mas é substancialmente direito?

Para que fosse direito seria necessário, por definição, que fosse *objeto da justiça*. Mas se a justiça consiste na satisfação e cumprimento do direito, ao mesmo tempo que a injustiça consiste em lesar um direito, o chamado direito injusto não é objeto da justiça, e sim objeto da injustiça (por isso é chamado de injusto). O direito injusto constitui uma lesão do direito, o que é contraditório com o fato de ser direito, pois, como vimos, a injustiça contraria a justiça e a lesão do direito é o contrário do direito. O "direito injusto" é o oposto a um direito: não é, então, direito.

Além disso, se o direito é *o justo* e a lesão do direito é *o injusto*, como falar *do justo injusto*? A expressão "direito injusto" é uma contradição nos termos.

Por conseqüência, o uso e o exercício do direito injusto é um ato injusto, que gera reato de culpa e reato de pena, e ao mesmo tempo o dever de reparação do dano.

Blibliografia

Para esta lição, pode servir a bibliografia citada na lição V.

Lição VIII
A norma jurídica

SUMÁRIO: 1. Questão terminológica prévia. 2. A perspectiva específica do tratado da norma. 3. A norma e o direito. 4. Funções da norma. 5. Uma conseqüência metodológica. 6. A definição da norma jurídica. 7. Natureza da norma jurídica. 8. A índole jurídica da norma. 9. Doutrinas sobre a função da razão e da vontade na constituição da norma. *a) Proposição. b) Posições doutrinais.* 10. Razão e vontade na gênese da norma. *a) A racionalidade como regra do agir. b) A função de ordenar. c) O ato de império. d) O caráter vinculativo da norma. e) A causa da norma como ato jurídico. f) Vontade e razão na norma jurídica.* 11. A racionalidade da norma. 12. A racionalidade prática. 13. A caracterização filosófica da norma. 14. A norma irracional. 15. A norma injusta. 16. O autor da norma. 17. Os momentos do direito. 18. A lei. *a) Noção. b) Estrutura da sociedade. c) Funções. d) Índole social. e) Finalidade. f) Sujeito capaz de receber leis. g) O legislador. h) A marca de generalidade. i) Promulgação. j) A linguagem da lei. k) A obrigatoriedade da lei. l) Lei e coação. m) Validade e eficácia da lei.* 19. A norma singular. 20. O costume. *a) Introdução. b) Noção. c) Força obrigatória. d) Intencionalidade jurídica. e) Comunidade capaz de introduzir costumes. f) Formalização. g) Relação com a lei. h) Racionalidade. i) Costume e democracia.* 21. O pacto ou lei acordada. *a) Tratados internacionais. b) O convênio social. c) O pacto e a lei.* 22. A sentença judicial. 23. Os atos jurídicos da iniciativa privada. 24. O ordenamento jurídico ou sistema de direito. 25. Moral e direito (breves anotações). *a) Introdução. b) Natureza das coisas e natureza das ciências. c) A realidade moral. d) As ciências da realidade moral. e) Lei e comportamento moral.*

1. QUESTÃO TERMINOLÓGICA PRÉVIA. *a)* Tema de notável importância para a filosofia do direito é o da lei (o clássico *de legibus*) ou – em termos modernos – o da norma jurídica. Essa matéria aparece como central para quem identifica o direito com a lei ou norma[1]; não tão central, por outro lado, se essa identificação é rejeitada[2]. Porém, em qualquer caso, não é concebível um tratado de filosofia do direito sem uma ampla referência à norma jurídica. Sobre esse argumento vai versar a presente lição. E, dado que antes de mais nada há uma questão terminológica, va-

---

1. Especialmente para os que, sob a influência da filosofia analítica, reduzem o estudo do direito à análise da linguagem. Ver, p. ex., C. S. NINO, *Introducción al análisis del derecho*, cit.
2. O que chega a seu extremo em Villey, que quase não concede estatuto jurídico à lei. Cf. seu *Compendio de Filosofía del Derecho*, I, cit., pp. 76 s.

mos expô-la brevemente, com a finalidade de esclarecer e assegurar a linguagem que empregamos.

A questão terminológica mencionada pode ser formulada nestes sucintos termos: em um tratamento filosófico, é preferível, por ser mais adequado, usar o clássico vocábulo *lei* ou utilizar a moderna palavra *norma*? De modo geral, pode-se afirmar que o termo *lei* responde à tradição secular, da Grécia (*nómos*) e Roma (*lex*), com seguidores próximos a nós; e, em contrapartida, a palavra *norma* é a preferida sobretudo a partir de meados do século XIX.

b) Desde a Antiguidade até o século passado, foi comum utilizar o termo *lei* (*nómos, lex*) para se referir às regras ou normas de direito, de maneira que o tratado filosófico e jurídico das regras de direito foi um tratado *de legibus*[3]. Mesmo em épocas relativamente recentes, houve autores – filósofos do direito[4], moralistas[5] e juristas[6] – que usaram com preferência o nome de *lei* para se referir à regra de direito.

De modo mais implícito que explícito, nesse contexto a palavra *lei* foi tomada em vários sentidos: 1.°) Em um sentido geral, a lei significou o mesmo que norma ou regra de direito – também regra da justiça –, abrangendo nesse caso todo tipo de norma jurídica. Assim, falou-se tanto de *lex publica* (a norma emanada do poder público) como de *lex privata* (a norma procedente do contrato)[7], não sendo de estranhar que *lex* significasse por associação pacto ou convênio[8] e que o contrato tenha sido chamado – e continue sendo chamado ainda hoje – lei entre as partes[9]. 2.°) Com um significado mais restrito, *lei* foi usada como norma jurídica de origem pú-

---

3. São clássicos o diálogo sobre *Las Leyes* de Platão ou o tratado *De legibus* de Cícero. Não menos clássicas são a parte *de lege* que Tomás de Aquino incluiu em sua *Summa Theologica*, I-II, qq. 90 ss., ou a obra *De legibus* de Suárez. Inclusive tratados que se intitulam *De Iustitia et Iure*, como o de Domingo de Soto, começam com uma seção *de legibus*.

4. Embora apareça eventualmente a palavra norma, contêm um tratado das leis obras como a de M. SANCHO IZQUIERDO, *Principios de Derecho Natural*, 5.ª ed., Zaragoza, 1955, pp. 177 ss.; id., *Lecciones de Derecho Natural*, I, Pamplona, 1966, pp. 97 ss.

5. P. ex., L. RODRIGO, *Tractatus de Legibus*, Santander, 1944.

6. Também muitos canonistas. Inclusive, em 1984, Lombardía podia escrever que "o termo norma tem escassa tradição canônica", *Lecciones de Derecho Canónico*, Madrid, 1984, p. 150. Apesar de o Código de Direito Canônico de 1917 iniciar-se com um livro intitulado "Normas gerais" – *Normae generales* –, os canonistas usaram com preferência o termo lei. Ver, p. ex., G. MICHIELS, *Normae generales Iuris Canonici*, 2.ª ed. Tornaci, 1949; A. VAN HOVE, *De legibus ecclesiasticis*, Mechliniae, 1930. No âmbito da ciência canônica, a substituição desse termo pelo de norma – como denominação genérica da regra de direito – foi obra de alguns canonistas italianos, p. ex., V. DEL GIUDICE, *Nociones de Derecho Canónico*, 2.ª ed. castelhana, Pamplona, 1964, e espanhóis (como o citado Lombardía).

7. Para o direito romano, ver E. WEISS, verbete *Lex* da *Paulys Realencyclopädie der classischen Altertumschaft*, XII/2, Stuttgart, 1925, cols. 2315 ss. Essas denominações também são encontradas em autores medievais e posteriores.

8. Cf. AE. FORCELLINI, *Totius Latinitatis Lexicon*, 3.ª ed., II, Patavii, 1879, vocábulo *lex*; CH. T. LEWIS-CH. SHORT, *A Latin Dictionary*, cit., vocábulo *lex*.

9. Ver, p. ex., o art. 1091 do Código Civil espanhol: "As obrigações que nascem dos contratos têm força de lei entre as partes contratantes e devem ser cumpridas ao mesmo tempo que eles."

blica, seja procedente dos órgãos do poder (*lex scripta*), seja de origem consuetudinária (*lex non scripta*)[10]. 3º) Em seu sentido principal, a palavra *lei* denominou a norma escrita dada pelo poder público, distinguindo-se então não só da *lex privata*, como também do costume ou *mos* (também chamado *consuetudo*)[11]. 4º) Já em tempos mais próximos ao nosso, com a introdução da hierarquia de normas, a lei – em um sentido técnico-jurídico, pouco usado em filosofia do direito (por ser escassamente útil) – significa um tipo de normas jurídicas que, dotadas de alguns requisitos formais específicos, possuem valor superior ao resto do conjunto de normas jurídicas[12].

Por outro lado, desde a Antiguidade, *lei*, embora significasse primordialmente norma de conduta humana[13], estendeu-se às regras das diversas artes[14] e às forças constantes da Natureza[15] (leis físicas, biológicas e instintivas)[16], propiciando que se distinguisse entre *leis naturais*, *leis da arte* ou *técnicas* e *leis morais*, provocando por conseqüência diversas classificações dos sentidos do termo *lei*[17]. Alguns autores modernos consideram que todos esses sentidos são análogos[18].

De todos esses significados, o sentido original de *lei* foi o indicado como norma jurídica, e para os melhores clássicos o termo *lei* referiu-se primordialmente à norma da conduta humana. Assim, Tomás de Aquino escreveu que – por ser a lei algo que pertence à razão – só é propriamente lei a do ser livre (leis morais), de forma que as leis naturais são forças ou impulsos que apenas impropriamente podem ser chamadas leis, por certa semelhança (o que poderia motivar que se aplicasse a

---

10. "Lex est constitutio scripta. Mos est vetustate probata consuetudo, sive lex non scripta. Nam lex a legendo vocata, quia scripta est." S. ISIDORO DE SEVILHA, *Etym.*, V, III.
11. "Omne autem ius legibus et moribus constat." *Decretum Gratiani*, I, I, II.
12. Ver, p. ex., L. DÍEZ-PICAZO-A. GULLÓN, *Sistema de Derecho Civil*, I, 5.ª ed., Madrid, 1987, pp. 112 s.
13. Assim se deduz de seus significados originais. Quanto a *nómos*, o primeiro significado parece ter sido o de "parte que se atribui a cada um em uma repartição", derivando para "o que se possui ou se usa"; daí passou a designar o costume (ou norma tradicional recebida dos *maiores*), a lei e, em geral, regra de conduta humana com força de obrigar, prescrição, preceito... Cf. A. BAILLY, *Dictionnaire grec-français*, cit., p. 1332.
    Sobre *lex*, as três etimologias que se estabeleceram indicam como sentido original o de prescrição obrigatória da conduta humana. Essas etimologias são: a) *Lex* vem das raízes sânscritas *lag-*, *lig-*, atar, ligar, do latim *ligo*, *are*, ou seja, regra obrigatória (lei em sentido jurídico); cf. CH. T. LEWIS-CH. SHORT, op. cit., p. 1055, e entre os antigos TOMÁS DE AQUINO, *Summa Theologica*, I-II, q. 90, a. 1. b) *Lex* procede de *legendo*, ler, porque a lei é regra escrita; cf. AE. FORCELLINI, op. cit., II, p. 897. c) *Lex* procede de *eligendo*, eleger; cf. CÍCERO, *De legibus*, I, 6.
14. Para *nómos*, ver, p. ex., o diálogo *Minos* atribuído a Platão.
15. Para *lex*, cf. as obras de Forcellini e Lewis-Short já citadas. Ver também o diálogo *Minos* de Platão.
16. Sobre os diversos sentidos do termo lei, podem ser vistos R. JOLIVET, *Diccionario de filosofía*, Buenos Aires, 1978, vocábulo *ley*; A. LALANDE, *Vocabulario técnico y crítico de la filosofía*, ed. castelhana, Buenos Aires, 1953, vocábulo *ley*; A. MILLÁN PUELLES, *Léxico filosófico*, Madrid, 1984, vocábulo *ley*.
17. Sobre isso podem ser consultados, entre outros, L. SUÁREZ, op. cit., lib. I, cap. 1, n. 2; A. VAN HOVE, op. cit., p. 83.
18. Ver, p. ex., G. KALINOWSKI, *La pluralité ontique en philosophie du droit. L'application de la théorie de l'analogie a l'ontologie juridique*, em "Revue Philosophique de Louvain", LXIV, 1966, pp. 276 ss.; O. LIRA, *Analogía de la ley*, em "Philosophica", II/III, 1979-80, pp. 110 ss.; C. I. MASSINI, *Una contribución contemporánea a la filosofía de la ley: las investigaciones de Georges Kalinowski*, em "Persona y Derecho", XV, 1986, pp. 197 ss.

analogia)[19]; e Suárez entendeu que o uso da palavra *lei* para designar as forças e instintos naturais é uma metáfora[20]. De acordo com isso, *lei* seria termo próprio das ciências morais (ciências dos atos humanos).

c) A substituição da palavra *lei* por norma procede de uma inversão moderna da tese clássica que acabamos de mencionar: a *lei* seria a palavra mais adequada das ciências da Natureza, enquanto *norma* seria o termo apropriado para as ciências morais (Ética e Direito)[21]. Expondo os fatos com brevidade, basta dizer que as correntes filosóficas dos séculos XVII e XVIII, ao tentar uma construção cientificista da moral e do direito, originaram uma certa equiparação entre as leis naturais e as leis morais (as próprias da conduta humana), de modo que nesse contexto adquiriu prevalência o sentido da palavra *lei* como lei da Natureza. Ao reagir contra essa equiparação, tentou-se ressaltar a diferença entre as leis da Natureza e as leis da cultura (arte, moral, direito), utilizando para isso a distinção entre leis naturais e leis normativas ou simplesmente normas[22]. Assim, na linguagem filosófica, *lei* designaria as leis da natureza ou, de outro ponto de vista, as leis científicas, enquanto norma significaria as regras da ação humana.

Por essa perspectiva, pode-se perceber nos autores uma dupla noção de *norma*. 1.ª) Na lógica da linguagem e na filosofia jurídica influenciada pela filosofia analítica, costuma-se usar um conceito amplo, que abrange todos os casos de linguagem prescritiva ou diretiva: regras do jogo (regras definitórias ou determinativas), regras técnicas (diretivas) e prescrições (linguagem deontológica)[23]. 2.ª) Em autores de outras orientações, a noção de *norma* restringe-se à regra da conduta humana moral (norma moral, norma jurídica): regra com força de obrigar[24] ou regra que prescreve um dever[25].

d) A distinção entre lei e norma, nos termos modernos que acabamos de mencionar, só tem sentido em alguns âmbitos filosóficos circunscritos, e obedece a uma evolução da linguagem dentro dos referidos âmbitos particulares que não condiz com as necessidades de conceitualização de outras formas de pensamento, nem é adequada à realidade jurídica. Restringir o termo *lei* às leis da natureza vai direta-

---

19. *Summa Theologica*, I-II, q. 91, a. 2 ad 3.
20. Op. e loc. ult. cits.
21. Ver P. AMSELEK, *Norme et loi*, em "Archives de Philosophie du Droit", XXV, 1980, pp. 89 ss.
22. Pode-se ver sobre isso o texto *Normas y leyes naturales*, datado de 1881, de W. Windelband, em *Preludios filosóficos*, ed. castelhana, Buenos Aires, 1949, pp. 257 ss.
    Anteriormente, a escola kantiana tinha estabelecido a clara distinção entre *müssen* ou necessidade natural e *sollen* ou obrigação do ser livre, falando de leis do *müssen* (*Gesetzes des Müssen*) e leis do *sollen* (*Gesetzes des Sollen*). Cf. F. CARPINTERO, *La Cabeza de Jano*, Cádiz, 1989, pp. 22 s.
23. Ver, p. ex., G. H. VON WRIGHT, *Norma y acción*, ed. castelhana, Madrid, 1970.
24. Cf. TH. STERNBERG, *Introducción a la Ciencia del Derecho*, cit., p. 12.
25. R. PRECIADO HERNÁNDEZ, *Lecciones de Filosofía del Derecho*, cit., p. 78.

mente de encontro com o significado original e mais apropriado da palavra *lei*, que só foi aplicado às forças e instintos naturais por semelhança e metaforicamente, e é a designação mais adequada, corriqueira e normal da norma jurídica mais típica e importante: a norma procedente do poder público. Se o vocábulo *lei* é alguma coisa, é justamente linguagem jurídica. Os erros de uma parte da filosofia moderna não são evitados com uma inversão tão brusca e antinatural do significado dos termos.

Por outro lado, a noção ampla de *norma* não corresponde a uma conceitualização adequada. Se por conceito entendemos – como é correto – a idéia do ente abstraída da realidade, tal noção de *norma* está mal construída, porque o conjunto de regras que nela se inclui é heterogêneo: as regras do jogo, as regras técnicas e as normas deontológicas são essencialmente diferentes. Não são normas no mesmo sentido; o elemento diretivo "deve ser feito" é – comparando umas com as outras – ambíguo ou quando muito análogo, com analogia de proporcionalidade imprópria ou metafórica. A semelhança entre os tipos de regras que se incluem na noção ampla é externa e de linguagem, por isso sua assimilação é puramente lingüística.

Dado que a filosofia analítica nega a verdade dos conceitos – ou correspondência entre o conceito e o real –, entendendo que a inteligência não capta o íntimo ou essencial dos seres, mas só a linguagem e seu uso[26], inclui em um termo – norma – as regras que têm em comum a expressão "deve ser feito" ou equivalente. Porém, tal coisa não é um conceito ou noção, e sim uma unidade lingüística, quase sem utilidade para o pensamento filosófico. Mais que filosofia, isto é filologia[27]. O uso de *norma* em vez de *lei* deve obedecer a outros motivos. Vamos vê-los.

e) A doutrina clássica, que não distingue entre *norma* e *lei* e utiliza apenas essa última palavra, tem o inconveniente de prestar-se a confusões por causa dos diferentes significados de *lei*. Nem sempre fica claro qual é o sentido usado, e com facilidade passa-se de um a outro significado ocasionando equívocos. Além disso, de certo modo dificulta a construção de uma teoria geral da regra jurídica e o estudo filosófico dessa; facilmente pode-se perceber que o tratado filosófico *de legibus* concentra-se na lei escrita, sem incluir o que têm de comum, como regra de direito, o costume e a norma singular; falta a teoria da norma, o que é uma indubitável lacuna.

Para a filosofia do direito, o interesse da distinção entre norma e lei consiste em poder designar com termos diferentes o gênero e a espécie. A norma indica o gênero, e a lei, a espécie. Por conseguinte, *norma* designa a regra de direito em geral

---

26. Ver, p. ex., C. S. NINO, *Introducción al análisis del Derecho*, cit., pp. 11 ss. Dentro da filosofia analítica há exceções, como Frege, Anscombe e Geach.

27. O ponto de partida dos analíticos é falso, pois nega à inteligência sua capacidade fundamental – conhecer o último da realidade –, por isso incorre no que todo pensamento antimetafísico cai: em uma cegueira voluntária. Não é de estranhar que as obras dos analíticos estejam tão cheias de engenho quanto filosoficamente vazias de substância. São jogos intelectuais, sem verdadeiras contribuições ao conhecimento do direito.

– toda regra jurídica é norma –; enquanto *lei* é uma espécie de norma: a regra de direito que procede do poder público.

Vamos tratar agora de determinar certos caracteres da noção de *norma*, conforme cabe concebê-la no plano da filosofia do direito.

f) Um dos traços distintivos das ciências – já dissemos isso várias vezes – é seu modo próprio e peculiar de conceitualização. Cada ciência possui seu sistema de conceitos, que expressam o real visto pela perspectiva formal de sua respectiva ciência, por isso trata-se de conceitos relativos. Por conseqüência, o conceito de *norma* que a filosofia do direito elabora refere-se às regras jurídicas – não a outro tipo de regras – e representa o conceito de norma jurídica em geral. A compreensão do conceito de *norma* deve conter os traços que são comuns a toda norma jurídica e apenas a elas.

Por outro lado, os conceitos de *norma* e de *lei* que a filosofia do direito abstrai não equivalem necessariamente – pelo contrário, é normal que sejam diferentes de modo parcial – aos que são próprios de outras ciências – como a filosofia política – ou a outros níveis do conhecimento jurídico (como a ciência jurídica ou nível científico-técnico). Por isso, não pode surpreender que não haja plena correspondência entre o conceito filosófico e a noção técnico-jurídica da *lei*; ou que para a filosofia jurídica a *norma* tenha traços identificadores que não coincidem com os traços típicos que a filosofia política vê nela.

Vamos fazer algumas observações sobre isso a seguir.

2. A PERSPECTIVA ESPECÍFICA DO TRATADO DA NORMA. *a*) Antes de começar a estudar a norma jurídica, é oportuno estabelecer a partir de qual perspectiva inútil a filosofia do direito tem acesso à reflexão sobre ela. Não se deve considerar isso inútil, porque, confundida às vezes a filosofia jurídica com a filosofia social e política ou com a filosofia moral, não é infreqüente que o que se oferece como filosofia jurídica da norma (ou da lei) seja na realidade filosofia política ou filosofia moral.

Dado que toda realidade é estudada de distintas perspectivas pelas diferentes ciências, a norma jurídica não escapa desse fato. A norma jurídica tem três funções principais: política (organização da sociedade), moral (regra de conduta pessoal) e jurídica (regra do direito). E, de acordo com essas três funções, é considerada filosoficamente por três setores da filosofia: a filosofia política, a filosofia moral e a filosofia do direito.

b) A filosofia política interessa-se pela norma jurídica, porque a norma por excelência, que é a lei, é antes de mais nada uma realidade política, obra dos políticos, cuja finalidade primária é ordenar a sociedade, organizar a vida em sociedade, de acordo com o modelo político e social instaurado ou em vias de instauração. Nesse sentido, a lei é regra social de conduta, regra de ordem da comunidade política, que tende a regular as condutas dos cidadãos no que se refere ao desenvolvimento adequado da vida política e social. A lei aparece fundamentalmente como o que é de modo primário: regra social de conduta. Essa natureza *política* – norma de organização da *pólis* – é o mais característico e fundamental das leis, as quais são, conforme sua mais genuína e primordial índole, regras políticas. Por isso, seu estudo primeiro e mais fundamental cabe à filosofia política.

É próprio da filosofia política estudar a lei como fenômeno de poder ou, em termos clássicos, como ordenação das condutas para o bem comum. Perante esse setor da filosofia, a lei aparece como regra de conduta e é considerada como tal pela filosofia política. A norma e a lei como resultado do poder legislativo, sua eficácia social, sua obrigatoriedade, sua relação com o bem comum etc. são outros tantos temas próprios da filosofia política, por mais que sejam atribuídos com grande freqüência à filosofia jurídica.

c) A norma jurídica também interessa à filosofia moral. Como as normas são regras de conduta e a moral trata precisamente do agir humano, sem dúvida a norma é um dado fundamental para a filosofia moral ou ética. Por um enfoque diferente do da filosofia política, a ética trata da norma enquanto obedecê-la é um dever moral.

E mais: referindo-se concretamente à lei, cabe dizer que para as correntes mais sólidas e mais bem fundamentadas de filosofia moral, a lei é norma de moralidade enquanto regra concernente ao objetivo da pessoa humana e critério da virtude das ações (desse modo, entende-se que sejam considerados moralmente bons os atos humanos conformes com a lei natural e, se for o caso, com as leis positivas). Por isso, é clássico que o homem que cumpre de modo íntegro as leis seja visto como cumpridor da soma das virtudes ou justiça geral, como se viu oportunamente.

Decerto, a perspectiva da filosofia moral é diferente da própria da filosofia política; se essa vê a lei como norma *social* de conduta, a ética a considera como norma *pessoal* do agir. Porém, as duas coincidem em considerar a lei como norma de conduta, como regra das ações humanas, o que sem dúvida é sua natureza primordial. Por conseqüência, cabe à ética o estudo da lei como norma do agir e sua relação com a ação humana.

d) As perspectivas indicadas não são aquelas com as quais a ciência jurídica – e, portanto, a filosofia do direito – tem de considerar as normas jurídicas e em particular as leis. É verdade que a grande maioria dos tratados de filosofia jurídica – intitulados assim ou tendo adotado a denominação Direito Natural – considera a norma jurídica como regra do agir, produto de um poder legislativo, misturando a filosofia política e a ética com a filosofia do direito. Porém, a abundância da confusão, longe de ser uma desculpa para seguir a maioria, constitui um motivo especial para evidenciá-la.

A filosofia jurídica é fundamentalmente a filosofia do ofício de jurista, de modo que sua perspectiva é a perspectiva jurídica. Portanto, deve estudar a norma tal como se apresenta perante o jurista. É próprio do jurista discernir e declarar o justo, ou seja, o direito. Por conseqüência, a filosofia do direito deve se interessar pela norma na medida em que se relaciona com o direito, com o justo, isto é, como critério do direito e da justiça (em cujo caso a norma é *jurídica*). Em outras palavras, a norma é objeto de estudo por parte da filosofia jurídica enquanto é um *momento* da realidade jurídica, um fator dinâmico da ordem jurídica, fonte e regulamento de direitos e deveres[28].

Por certo que, dessa perspectiva, a norma, mesmo sendo um dos tópicos principais da filosofia jurídica, não é para ela a realidade fundamental e desempenha um papel importante, mas não o principal. Não é o conceito-chave do sistema de filosofia jurídica, como são o conceito do direito e analogamente a noção de justiça, e sim um conceito que, sem deixar de ser básico, adquire importância em função do direito.

e) Não estranhe, então, que nas páginas seguintes faltem aqueles tópicos habituais dos tratados de filosofia jurídica, que a nosso ver não devem ser considerados próprios da filosofia do direito, e sim da filosofia política ou da filosofia moral.

3. A NORMA E O DIREITO. *a*) Ponto fundamental para desenvolver o tratado filosófico-jurídico da norma é estabelecer a relação existente entre ela e o direito. O que é a norma em relação ao direito? Três respostas fundamentais podem ser observadas no panorama doutrinal.

b) *Primeira*: a norma não é outra coisa que o próprio direito. É a resposta do normativismo, para o qual a acepção primária do direito é a da norma ou lei[29]. Quando dizem direito, esses autores referem-se à norma[30]. Nesse caso, não se pode falar de relação entre direito e norma, mas de identidade entre os dois. O normativismo confunde – como já se destacou – duas coisas diferentes: o objeto da justiça ou direito e a regra de direito ou norma. Se por direito entendermos o objeto do ofício de jurista, a norma será coisa distinta do direito, pois o jurista não faz a norma, o que significaria que a norma é o objeto da arte do jurista; e tampouco a in-

---

28. Ver, sobre os *elementos* e *momentos* da realidade jurídica, P. LOMBARDÍA, *Lecciones de Derecho Canónico*, Madrid, 1984, pp. 130 ss.; J. HERVADA, *Sugerencias acerca de los componentes del Derecho*, em "Ius Canonicum", VI, 1966, pp. 53.
29. Ver *supra*, cap. VI, n. 4, *b* e *c*.
30. Arquétipo do normativismo é Kelsen; cf. sua *Teoría pura del Derecho*, ed. castelhana, México, 1979. Sobre esse autor e a ampla bibliografia sobre ele, pode-se ver C. J. ERRÁZURIZ, *La teoría pura del Derecho de Hans Kelsen*, Pamplona, 1986.
Entre os muitos autores normativistas, pode-se ver, apenas a título de exemplo, H. HENKEL, *Introducción a la Filosofía del Derecho*, cit.; G. PECES-BARBA, *Introducción a la Filosofía del Derecho*, cit.; R. ZIPPELIUS, *Rechtsphilosophie*, cit. etc.

terpretação da norma, que entra no campo do jurista, será a tarefa terminal desse, pois se interpreta a norma é para declarar o direito, como já foi dito.

c) Segunda: a norma (a lei em sua terminologia) não pertence ao direito (não tem entidade jurídica), e sim à moral. É a singular postura de Villey. Dada a distinção entre o direito e a lei – afirma –, o direito é o justo, enquanto a lei é norma de conduta e, por, conseqüência, pertence à moral, que é a ciência do agir[31]. Posição similar a sua afirmação – incluída antes[32] – de que a justiça legal não pertence ao direito, e sim à ética.

Essa tese de Villey não parece sustentável. Se é verdade que a lei não é o direito, por outro lado, a lei tem relação com o direito, porque é fonte e critério do justo, do direito. Consta que as leis atribuem funções, serviços e bens às pessoas, determinam requisitos para o uso dos direitos, indicam os limites desses e outras coisas semelhantes. Por isso, faz parte do ofício de jurista interpretar as leis. Nesse sentido, a lei possui natureza jurídica, é um momento da realidade jurídica e, por conseqüência, tem uma estreita relação com o direito. A lei é norma moral, como é norma política, mas também é norma jurídica.

d) Terceira: Implícita na tradição clássica, que não usa o termo norma mas lei, foi Tomás de Aquino quem a expressou em uma fórmula científica: a lei é a *ratio iuris*, a regra ou estatuto do direito[33]. Se o direito é a coisa justa, a coisa devida a seu titular, a norma estabelece o estatuto do direito: atribui coisas a um titular, concede faculdades, delimita o uso etc. Em poucas palavras, *regula* o direito, é sua regra.

Essa é, em nossa opinião, a relação entre o direito e a norma. A norma representa a regra do direito, entendendo com isso seu estatuto. A norma é, então, regra do direito, e nesse sentido é norma *jurídica*.

Sobre isso devemos fazer uma observação. Se a norma é regra do direito, a acepção de norma que cabe utilizar em filosofia jurídica tem de ser aquela primeira e bem geral, que entende por norma toda regra do direito. No entanto, é um fato notório que não só a lei é regra ou estatuto do direito. Se a lei e o costume com for-

---

31. *Compendio de Filosofía del Derecho*, I, cit. pp. 75 ss. e 114 ss. Um estudo pormenorizado é encontrado em R. RABBI-BALDI, *La filosofía jurídica de Michel Villey*, Pamplona, 1990, pp. 379 ss. Para compreender a postura de Villey deve-se considerar que não parte do conceito de moral como esfera do comportamento pessoal, mas do sentido clássico dos gregos como conduta pessoal e social. A moral engloba, para Villey, o que delimitamos aqui como objeto da filosofia política e da filosofia moral.

32. Ver *supra* cap. V, n. 11.

33. "Ad secundum dicendum quod sicut eorum quae per artem exterius fiunt quaedam ratio in mente artificis praeexistit, quae dicitur regula artis; ita etiam illius operis iusti, quod ratio determinat, quaedam ratio praeexistit in mente, quasi quaedam prudentiae regula. Et hoc si in scriptum redigatur, vocatur lex: est enim lex, secundum Isidorum, 'constitutio scripta'. Et ideo lex non est ipsum ius, proprie loquendo, sed aliqualis ratio iuris." *Summa Theologica*, II-II, q. 157 a.1 ad 2. Pelo contexto, observa-se que a tradução literal de "ratio iuris" é a de regra do direito, que é a regra de prudência do justo, como diz expressamente o Aquinate.

ça de lei são regras do direito, a norma procedente da autonomia privada também é. Pelo convênio ou contrato são gerados, modificados e extintos direitos – portanto, relações jurídicas –, e se estabelecem normas ou estatutos juridicamente vinculativos, isto é, verdadeiras regras de direito. Portanto, ao falar em filosofia jurídica da regra de direito, precisamos utilizar a noção geral de norma, equivalente a norma jurídica, pois trata-se de chegar ao conceito e às características universais da regra jurídica.

4. FUNÇÕES DA NORMA. *a*) A norma jurídica é a regra do direito, como acabamos de ver. Resta agora determinar que funções a norma exerce em relação ao direito, de acordo com sua natureza de regra ou estatuto do direito. Essas funções são as de *causa* e *medida* do direito[34].

b) A primeira coisa que se pode observar é que a norma jurídica constitui direitos ao atribuir funções, repartir coisas, conceder poderes e faculdades etc. Tanto a norma emanada do poder público como o costume com força jurídica ou o contrato entre particulares (*lex privata*) criam direitos, transferem titularidades, outorgam funções e, em suma, são fonte e origem de direito, constituem o direito. Portanto, a primeira função detectável na norma jurídica em relação ao direito é a de ser *causa* dele.

Essa função está contida na norma, porque por meio dela se exerce o domínio próprio do poder público ou, se for o caso, o domínio que cabe aos particulares. De fato, causar a titularidade do direito, seja em relação ao primeiro titular, seja por cessão ou transferência, implica um poder ou domínio sobre o que se constitui como direito, pois a repartição ou atribuição das coisas (bens, encargos, funções, serviços etc.) é própria de quem tem domínio ou poder sobre elas.

c) A segunda função da norma em relação ao direito consiste em *regulá-lo*, isto é, em estabelecer tudo aquilo compreendido no que antes chamamos a medida do direito: sua delimitação e os requisitos, pressupostos e condições para seu uso e exercício.

Essa função é própria de quem possui o poderio de organizar a vida social (poder público) ou a faculdade de regular o âmbito privado como produto de uma autonomia (autonomia privada).

De acordo com essa função, a norma jurídica é *medida* do direito.

d) Do fato de a norma jurídica ser causa e medida do direito, conclui-se que tem um duplo efeito, o que pressupõe uma dupla função: a norma, por um lado, é *constitutiva* e, por outro, é *reguladora*. Não é, então, simplesmente uma norma de

---

34. Cf. J. HERVADA, *Introducción crítica al Derecho Natural*, 6.ª ed., Pamplona, 1990, pp. 132 s.; J. HERVADA-J. A. MUÑOZ, *Derecho*, Pamplona, 1984, pp. 108 ss.

conduta, medida dos atos humanos. É verdade que a norma jurídica mede e dirige as condutas – e nesse sentido é regra ou norma de condutas –, mas não se limita a isso; tem também às vezes uma função constitutiva, que origina, modifica e extingue direitos e, com isso, as relações jurídicas.

5. UMA CONSEQÜÊNCIA METODOLÓGICA. *a*) A consideração da norma como regra ou estatuto do direito reafirma tudo o que foi dito antes sobre a perspectiva a partir da qual a filosofia do direito considera a norma.

A norma como regra social de conduta ou orientação do agir humano para o bem comum é a perspectiva própria da filosofia política (a política é a arte de conduzir a comunidade humana para seus fins sociais, para o bem comum), porém não é adequada à filosofia jurídica. Portanto, o estudo da norma como fenômeno de poder também não pode ser o ponto de partida do estudo filosófico-jurídico do direito. Por mais que seja freqüente entre os filósofos do direito, isso deve ser considerado um desvio. A ciência jurídica não é a ciência da ordem social, nem a arte de organizar a sociedade. Tudo isso é próprio da ciência política – obra dos políticos – e das normas provenientes do poder público enquanto têm uma função política primordial. Enquanto é regra de conduta e orientação para o bem comum, a norma de procedência pública tem natureza política e não deve ser chamada norma jurídica, e sim lei ou norma política (lei ou norma da organização da *pólis*).

Não é, então, a condição de norma de conduta ou orientação para o bem comum (condição primeira e fundamental da lei ou norma proveniente do poder político) o que deve ser objeto de reflexão e estudo pela filosofia do direito; o que interessa ao jurista e à perspectiva do filósofo do direito é a natureza das normas – e entre elas a lei – como estatuto do direito, como regra (causa e medida) do direito, isto é, como norma jurídica. Em outras palavras, a norma aparece perante a ciência e a filosofia jurídicas como critério do justo, entendendo com isso – como foi dito repetidamente – a coisa atribuída a um sujeito, devida a ele, com dívida em sentido estrito.

b) Se isso fica claro no que se refere ao justo comutativo e ao justo distributivo, talvez possa parecer mais obscuro no que concerne ao justo legal. Dado que o justo legal é, em suma, o cumprimento da norma, parece que a regra do justo legal é norma de conduta (agir de acordo com a lei). Certamente, cumprir a norma implica agir conforme ela, mas a ciência do direito não se interessa por esse cumprimento enquanto com isso é implantado um modelo de sociedade ou a conduta é orientada para o bem comum (perspectiva política). Interessa-se pela norma – e pela correspondente conduta – enquanto é o cumprimento devido da parte que compete à pessoa como direito da sociedade e dívida ou dever da pessoa. Em outras palavras, no justo legal a ciência jurídica realiza sua função típica do mesmo modo que nos outros tipos do justo: dizer o direito, declarar o justo. E essa perspectiva do ofício de jurista é aquela a partir da qual a filosofia jurídica considera e estuda a norma ou regra do justo legal.

6. A DEFINIÇÃO DA NORMA JURÍDICA. Tendo visto o que antecede, cabe agora tentar dar uma definição da norma jurídica, como passo prévio necessário para seu estudo pormenorizado.

A correta definição da norma jurídica é questão importante para a filosofia do direito, pois trata-se de mostrar os elementos essenciais desse tipo de norma e, portanto, a idéia exata que se deve ter dela. Por isso, antes de mais nada, convém determinar os traços característicos da definição com a qual nos ocupamos.

a) Toda definição bem estabelecida deve responder à pergunta sobre *o que é* a coisa definida: é necessário, então, que manifeste os traços essenciais do conceito que se tem dela. No entanto, cada conceito depende do modo de conceitualizar e da perspectiva formal da ciência que o elabora. Assim, não são idênticos – embora ambos expressem um aspecto da verdade do ente – um conceito metafísico ou um conceito fenomenológico; ambos os conceitos dizem o que é a coisa, mas de acordo com diferentes níveis de profundidade do conhecimento. Considerando isso, a primeira coisa a ser informada é que o conceito de norma jurídica na definição que buscamos deve expressar uma noção *filosófica* – não técnico-jurídica –, segundo a configuração do conhecimento filosófico que fizemos oportunamente. A segunda coisa a ser considerada é que a definição que nos interessa precisa expressar o conceito de norma jurídica pela perspectiva da filosofia do direito e de acordo com seu modo de conceitualizar; portanto, não interessa a perspectiva da filosofia política, nem a própria da filosofia moral ou ética. O que representa, *o que é* a norma jurídica pela perspectiva do jurista? Essa é a pergunta que a filosofia do direito tem de responder.

b) Tanto a teoria clássica *de legibus* quanto a teoria moderna da norma, conforme vimos, concebem a norma jurídica como regra de conduta, medida dos atos humanos. A norma é concebida como regra das ações, e, por conseqüência, a norma jurídica é entendida como uma classe ou tipo de regras de conduta. Porém, já dissemos que esse conceito de norma é, na realidade, válido para a filosofia política e para a ética. Em ambos os casos, trata-se, respectivamente, da ordem das condutas humanas em relação ao bem político ou bem comum e em relação ao bem moral da pessoa. De diferentes pontos de vista, ambas as ciências consideram a norma de direito como regra da conduta, como medida dos atos humanos. Mas esse conceito não corresponde ao que a norma jurídica é para o jurista e, portanto, para a filosofia do direito.

c) Aquilo que transforma uma norma em jurídica é sua relação com o direito, com a coisa justamente devida. Uma norma é jurídica porque tem uma função em relação ao direito. Nessa função, e não em outra coisa, reside a juridicidade de uma norma. Entretanto, já dissemos que as funções da norma em relação ao direito consistem em ser causa e medida do direito, ou, em outras palavras, a norma jurídica é regra do direito enquanto contém o estatuto do direito: *ratio iuris*. Certamente, a norma jurídica regula condutas, pode ser regra ou medida dos atos humanos, mas sua função não se limita a isso – há normas constitutivas do direito –, e em todo caso o que interessa ao jurista é a regra de conduta enquanto a conduta é direito ou cumprimento do direito. A norma não se constitui em direito enquanto regula uma classe ou tipo de condutas – como é habitual dizer –, e sim enquanto é estatuto do direito.

De tudo o que foi dito, pode-se deduzir que aquilo que é a norma jurídica na perspectiva da filosofia do direito – aquilo pelo que uma norma é jurídica, isto é, objeto do ofício de jurista – é determinado por sua função e relação com o direito: causa e medida dele. Portanto, o conceito de norma jurídica e a correspondente definição à luz da filosofia do direito formam-se a partir de suas funções em relação ao direito.

d) De acordo com isso, a definição da norma jurídica se expressa com o clássico termo *ratio iuris*; o que em castelhano tem duas formas equivalentes de ser dito: *a norma jurídica é a regra do direito*[35] ou *a norma jurídica é o estatuto do direito*.

Definida a norma jurídica, cabe analisar as várias questões filosóficas que são propostas sobre sua entidade e suas características.

7. NATUREZA DA NORMA JURÍDICA. Ao entrar na análise da norma jurídica, a primeira coisa que aparece é a questão de sua natureza, isto é, averiguar em que consiste a norma jurídica.

Quatro respostas principais podem ser observadas no panorama da filosofia jurídica: a norma jurídica é: um ato do poder, um juízo hipotético, um juízo deontológico, uma proposição prescritiva.

a) A postura clássica e mais amplamente difundida é que a norma jurídica seja um mandato ou *ato do poder*, de modo que as outras teses podem ser consideradas minoritárias. A norma jurídica, afirma-se, é um *iussum*, um ato de comando, de modo que a imperatividade é tida como uma característica essencial da norma jurídica[36]. Nesse sentido, a norma jurídica é entendida como produto do poder[37], que manda realizar uma conduta determinada aos destinatários da norma. Como se percebe, essa tese parte de duas suposições: a norma jurídica tem sua origem no poder – é o ato de mandar – e é uma regra dos atos humanos.

---

35. Desde tempos remotos, a lei foi classificada de regra de direito, *regula iuris* ou *regula iusti*. Cf., p. ex., CÍCERO, *De legibus*, I, VI, 19, ed. bilíngüe de A. d'Ors, Madrid, 1953, p. 66.
36. Para uma análise da imperatividade, ver, p. ex., L. LEGAZ, *Filosofía del Derecho*, cit., pp. 380 ss.
37. Cf., p. ex., G. PECES-BARBA, *Introducción a la Filosofía del Derecho*, cit.

A primeira suposição justifica-se para os autores que ignoraram a noção de norma e concentraram-se na lei, porque efetivamente a lei tem sua origem no poder público. Porém, se da lei passarmos para a norma e se por norma jurídica entendermos a regra do direito, essa primeira suposição não terá um bom fundamento. De fato, por um lado não é aceitável no caso do direito internacional, porque, existindo tal direito, até tempos muito recentes não houve, entretanto, organizações supra-estatais, e mesmo as que existem hoje devem seu nascimento aos pactos entre Estados, de modo que sua capacidade de gerar normas jurídicas provém do pacto e se mantém enquanto cada Estado aceita continuar vinculado pelo pacto. O direito internacional foi tradicionalmente um direito de tratados ou convênios entre Estados juridicamente iguais e soberanos e nem por isso deixou de ser verdadeiro direito – com normas genuinamente jurídicas –, estabelecendo um problema insolúvel – muitas vezes ignorado, como se não existisse – aos seguidores da referida tese. Não é estranho, então, que alguns autores tenham negado – contra qualquer evidência – que o direito internacional seja genuíno direito[38].

Dentro do direito interno, estabelecem uma dificuldade semelhante as normas jurídicas procedentes de pactos ou convênios entre os órgãos públicos do governo e grupos sociais de diversas índoles (sindicatos, movimentos de oposição etc.), ou entre organizações públicas, ou entre essas e organizações privadas etc. É verdade que eventualmente esses pactos não transcendem a esfera do direito, por serem apenas manifestação de intenções políticas, mas muitas vezes originam verdadeiras normas jurídicas alegáveis perante os Tribunais (geram direito).

Por outro lado, ao definir a norma jurídica como estatuto do direito, já se afirmava que esse estatuto pode provir da autonomia privada. À medida que essa é capaz de criar, modificar e extinguir relações jurídicas, bem como de regular a medida do direito, outorga verdadeiras regras de direito, isto é, normas jurídicas, já reconhecidas desde a Antiguidade com o nome de *leges privatae*.

De tudo o que foi dito, pode-se deduzir que a norma jurídica é obrigatória e vinculativa, mas não necessariamente imperativa, se com isso se quer dizer que procede de um poder superior de mando. Há normas jurídicas que procedem do poder e, portanto, são mandatos; no entanto, nem toda norma jurídica é um mandato do poder. Concluindo, a norma jurídica é em todo caso obrigação, vínculo, porém nem sempre é império ou mandato de um superior.

Falávamos também de uma segunda suposição da tese que estamos analisando: a norma jurídica seria regra de conduta. Essa suposição também não é totalmente aceitável. Foi visto antes que, embora haja normas jurídicas que regulam condutas, existem também outras normas jurídicas que são constitutivas de direito, isto é, que atribuem coisas, transferem direitos, criam órgãos de governo ou direção, outorgam funções etc. Essas normas jurídicas não são por si sós regras de conduta – medida dos atos humanos –, mesmo que influenciem indiretamente as

---

38. Ver a referência que faz M. VILLEY, op. cit., I, p. 77.

condutas. Não são normas que regulam atos, e sim estatutos que criam, modificam ou extinguem relações jurídicas: normas constitutivas, que se distinguem por sua função das normas reguladoras de condutas. As normas constitutivas não são mandatos ou atos de império sobre condutas (não mandam fazer, fazem), mas atos criativos, que instituem, atos instituidores.

b) De Kelsen é a teoria de que as normas jurídicas são *juízos hipotéticos*. As normas de direito, em vez de preceitos, deveriam ser consideradas juízos que estabelecem não um mandato categórico ("faça isso"), mas uma conseqüência hipotética ou condicional: se acontecer de fato tal hipótese, sucederá tal sanção ou conseqüência jurídica[39]. Por exemplo, se alguém quer trafegar de automóvel, deverá fazer isso pela direita; se trafegar pela esquerda, sofrerá a correspondente punição. As normas jurídicas não estabeleceriam, então, deveres categóricos – não seriam atos de império –, mas conteriam juízos hipotéticos.

Além de o próprio Kelsen ter retificado, pelo menos parcialmente, essa tese em sua época americana[40], duas objeções fundamentais podem opor-se a ela: 1.ª) A norma jurídica não é um juízo, porque o juízo limita-se a enunciar uma proposição, p. ex."João é alto". Inclusive quando é um juízo de dever-ser, se for meramente um juízo especulativo e não prático (como é o caso dos juízos hipotéticos conforme aparecem no pensamento kelseniano), limita-se a mostrar um dever-ser sem exigir sua realização. Entretanto, é específico da norma jurídica obrigar, produzir um dever ou dívida. Se é uma regra de conduta, contém uma intimação, um mandato; se fosse um simples juízo, onde se originaria o dever-ser? Por que deveria ser? A obrigação precisaria ser investigada em algo fora da norma; pois bem, esse algo ou não existe ou é o ato do autor da norma: se não existe, também não existiria a norma ao não existir o dever, e se é o ato do autor da norma é a própria norma, pois é justamente esse ato que designamos como norma jurídica. Por outro lado, quando se trata das normas jurídicas constitutivas, é óbvio que não são simples juízos, pois um juízo enuncia realidades, mas não as cria; a função constituinte não é própria de um juízo, mas de um ato de império ou de domínio.

2.ª) A norma jurídica não se restringe a estabelecer uma ligação lógica condicional entre uma suposição e uma conseqüência, mas institui estatutos vinculativos incondicionais. Mesmo que a norma jurídica possa ser interpretada como redigida em termos condicionais ou hipotéticos, não se limita a estabelecer uma simples ligação lógica entre a suposição e a conseqüência, mas contém um ato eficaz de império ou de domínio. Por exemplo, quando se trata de decretar a nulidade de um contrato por ausência de requisitos formais, a norma anulatória não se delimita a enunciar um nexo lógico hipotético: "Se o contrato não tem tal requisito formal, o resultado é a invalidade"; faz algo mais, invalida o contrato não reconhecendo sua

---

39. Cf. *Hauptprobleme der Staatsrechtslehre*, 2.ª ed., Tübingen, 1923, pp. 205 ss.
40. Cf. *Teoría General del Derecho y del Estado*, ed. castelhana, México, 1949, pp. 46 s.

força de obrigar, isto é, intervém eficazmente mediante o exercício do poder de regular os instrumentos jurídicos. Contém e expressa um ato de império ou domínio.

c) Pode-se dizer que a norma jurídica é um juízo deontológico? Por juízo deontológico entendemos um juízo de dever-ser: é preciso fazer essa coisa, é preciso omitir essa outra[41]. Trata-se de um juízo da razão prática, que enuncia um dever em sentido próprio, um juízo de obrigação.

Antes de mais nada, é preciso lembrar que as normas constitutivas não enunciam um dever, nem o estabelecem por si sós, embora em relação às situações jurídicas que criam, modificam ou extinguem possam gerar uma série de deveres conseqüentes. Portanto, não é adequado entender a norma jurídica em geral como juízo deontológico, já que isso não é válido para toda norma jurídica. Talvez possa ser admitido para as normas que são regras de conduta.

Porém, as normas jurídicas que impõem regras de conduta também não são juízos, pela razão antes alegada. Um juízo é, propriamente falando, um enunciado de razão, efeito da função cognoscitiva. É coisa diferente de um ato de poder, que *estabelece* o dever; o juízo não é um ato de intimação, não é um mandato, coisa que sim é a norma jurídica que regula condutas. Não é correto, então, confundir um juízo com um mandato.

Em contrapartida, é um juízo – e juízo deontológico – a captação do mandato por parte do destinatário. À medida que esse conhece a norma jurídica que é regra de conduta, a representação intelectual da norma na faculdade cognoscitiva do destinatário efetua-se por meio de um juízo deontológico. Essa representação é, de fato, um juízo, um enunciado cognoscitivo: de acordo com tal norma, devo fazer tal coisa ou omitir aquela. Mas isso não é a norma jurídica, mas sua captação intelectual por parte do destinatário.

d) Para os analíticos, a norma jurídica seria uma proposição prescritiva. Com isso entendem aquela proposição mediante a qual quem a utiliza se propõe induzir outro a adotar determinada conduta. A norma jurídica seria um caso de linguagem prescritiva ou diretiva[42].

Como é próprio dos filósofos analíticos, a norma jurídica é entendida como uma forma de linguagem ou comunicação. Isso provém da falha fundamental desse tipo de filosofia: entender que nossa mente não chega à coisa em si – não constrói verdadeiros conceitos –, mas limita-se à análise da linguagem. Com isso, reduzem a norma jurídica a uma expressão lingüística, sem distinguir o que antigos autores já distinguiam: a norma e a disposição ou enunciado, seja verbal, seja escrito, da norma. Em outras palavras, os analíticos confundem a norma jurídica com sua expressão oral ou escrita.

---

41. Sobre os juízos deontológicos, pode-se ver, p. ex., CH. PERELMAN, *La lógica jurídica y la nueva retórica*, ed. castelhana, Madrid, 1979.
42. Ver, p. ex., C. S. NINO, op. cit., pp. 63 ss.

A isso, deve-se replicar que a norma jurídica pode ser expressa em forma de proposição prescritiva, porém é mais que uma proposição: é um estatuto, um ato de império ou de domínio. Por isso mesmo, não se pode reduzir a norma a um fator de comunicação; a norma, ao ser expressa, estabelece uma comunicação, mas se comunica um conteúdo de império ou domínio, uma regra ou estatuto, que é o essencial da norma[43].

Além disso, precisamos dizer de novo que a postura dos analíticos, como as outras posturas vistas anteriormente, refere-se em todo caso às normas que são regras de conduta, mas não é aceitável no concernente às normas constitutivas, que não se expressam em proposições prescritivas, e sim em proposições indicativas.

Sobre isso parece oportuno destacar a escassa coerência dos analíticos ao afirmar que a norma jurídica é uma proposição prescritiva. Com isso mostram que sua análise da linguagem é, em boa parte, fictícia, pois não consideram a linguagem real das normas jurídicas, mas sim aquela linguagem que aparentemente seria adequada a elas. Supondo que as normas jurídicas contivessem sempre um mandato, a linguagem correspondente a elas seria a deontológica e a imperativa, e então, se isso se cumprisse, as normas jurídicas teriam a forma de uma prescrição. Porém, o caso é que a linguagem real não é assim. São muitas as normas redigidas no indicativo, presente ou futuro[44], o que mostra que os analíticos, ao classificar a norma de proposição prescritiva, não expressam a linguagem real, e sim a linguagem que deveria corresponder a uma prescrição. Contudo, é óbvio que isso supõe partir não da linguagem, mas da noção de norma como mandato, o que vem a ser um verdadeiro conceito metafísico da norma – embora seja elaborado no nível mínimo da metafísica –, além da linguagem. O ponto de partida para afirmar que a norma jurídica é uma proposição prescritiva não é a linguagem, e sim um conceito metafísico, o que representa uma incoerência dos analíticos.

e) Vistas as diversas posturas doutrinárias, é o momento de entrar na análise da questão que nos ocupa. Qual é a natureza da norma jurídica? Vimos que há normas constitutivas e normas reguladoras de condutas. As duas têm natureza diferente: as primeiras são atos de domínio ou poder instituidor de direito; as segundas são atos do poder de regulamento. Porém, é claro que todas as normas jurídicas são redutíveis ao que todas elas têm em comum. É evidente que esse elemento

---

43. Em outras palavras, reduzindo a norma a um fator de comunicação ou a uma expressão lingüística, confunde-se o signo com o significado, reduzindo a norma a um signo vazio. A locução, oral ou escrita, da norma não é vinculativa por si mesma, mas enquanto é expressão ou signo da mente e da vontade do autor da norma. É nesse ato de razão e vontade de seu autor – sua decisão – que reside a força vinculativa e obrigatória da norma, isto é, sua razão de norma jurídica. Sem esse ato do autor da norma, a prescrição lingüística isolada, a comunicação externa isolada, seria um signo vazio. Desse assunto, com perspectiva diferente, os escolásticos já tinham tratado. Ver, p. ex., SUÁREZ, op. cit., lib. I, cap. V, n. 3.

44. Como pequena amostra, ver o título preliminar da Constituição espanhola de 1978. Em seus nove artigos aparece o presente do indicativo 22 vezes, o futuro do indicativo em 5 ocasiões, o gerúndio 1 vez, e só 3 vezes se usa a linguagem deontológica ou equivalentemente prescritiva ("têm o dever", "deverão ser").

comum existe, desde o momento em que uma mesma e única norma ou um conjunto unitário de normas, proveniente de um único ato (p. ex., um código, um tratado, uma constituição etc.), podem ser ao mesmo tempo causa do direito e regra de conduta. Por outro lado, demos uma definição de norma jurídica – regra ou estatuto do dircito – que supõe uma natureza comum a todas elas.

Ao estabelecer o estatuto do direito – criar, modificar ou extinguir relações jurídicas e indicar a medida do direito –, a norma jurídica comporta-se como um *momento* da ordem jurídica, isto é, como um fator dinâmico da realidade jurídica que a ordena e estrutura. A norma jurídica estrutura a realidade jurídica ao criar, modificar e extinguir as relações jurídicas, ao dar-lhes forma e regular as condutas mediante um sistema de deveres e direitos. A norma jurídica é, então, *estrutura* da vida social e, enquanto estrutura, é uma *ordenação*, pois estabelece uma ordem. De fato, a estrutura não é outra coisa que a distribuição ou disposição ordenada de alguns elementos em função do todo[45], ou, mais exatamente, é o conjunto de partes ou elementos ordenados e dispostos formando um todo. Por conseqüência, por ser a norma jurídica um fator estruturante da vida social, tem a índole de *ordinatio* ou ordenação: é um fator de ordem.

Então, toda norma jurídica é um fator estrutural dinâmico, com a função de ordenar e regular o sistema de relações jurídicas que constituem os elementos da ordem jurídica. Por isso, a norma jurídica é uma *ordinatio* ou ordenação.

De duas maneiras a norma jurídica ordena – regula, organiza – a vida social, sendo regra ou estatuto do direito. Algumas vezes, é *constitutiva* de situações jurídicas – criando, modificando e extinguindo relações; outras vezes, *regula* ou modela condutas.

8. A ÍNDOLE JURÍDICA DA NORMA. Uma vez visto que a essência da norma jurídica consiste em ser regra ou estatuto do direito, é o momento de ressaltar um ponto, que é um corolário do que foi mencionado. O que queremos dizer quando classificamos uma norma de jurídica? O que significa uma norma ser jurídica? Em outras palavras, devemos deixar estabelecido em que consiste a juridicidade de uma norma.

Convém lembrar de novo que cada ciência tem seu modo próprio de conceitualizar e, portanto, que a resposta à questão proposta deve ser dada pela perspectiva da filosofia do direito, que é – vamos repetir mais uma vez – a perspectiva do ofício do jurista. Essa insistência se justifica na já apresentada confusão entre filosofia política e filosofia jurídica. Do ponto de vista da filosofia política – da organização da *pólis* –, chama-se direito às leis – no sentido filosófico antigo já indicado –, e sua condição de direito é especificada – sobretudo a partir de Thomasio – por contraste com as normas morais e os usos sociais. Nessa perspectiva – que erroneamente tantos filósofos do direito e até vários juristas adotaram –, afirma-se que a

---

45. Para a noção de estrutura, ver, p. ex., A. LALANDE, *Vocabulario técnico y crítico de la filosofía*, cit., verbete *estructura*.

norma é jurídica quando pode ser classificada de direito ou norma imperativa e coativa das condutas externas e intersubjetivas; em outras palavras, trata-se das normas *políticas* ou leis da *pólis*, segundo a terminologia antiga. Nesse sentido, a juridicidade da norma seria sua *politicidade*, isto é, ser leis (norma imperativa) da comunidade humana (condutas externas com relevância intersubjetiva).

Do ponto de vista da filosofia do direito, essa forma de entender a juridicidade e, por conseqüência, a índole jurídica da norma não é a adequada. A natureza jurídica da norma é outra.

Foi visto que o direito em sentido próprio e primário (o analogante principal) não é norma, mas a coisa devida. A norma só pode ser chamada de direito por analogia (termo e conceito analogados). Portanto, a juridicidade consiste no direito em sentido próprio. Jurídico é adjetivo que manifesta o que é próprio do direito; chama-se jurídico tudo o que tem relação com o direito. Do mesmo modo, a juridicidade designa ou a essência do direito (aquilo pelo que uma coisa é direito) ou a relação de algo com o direito. Quando se diz corretamente que é algo jurídico, afirma-se ou que é direito ou que está em relação com o direito. E dado que a norma não é o direito, mas a regra ou estatuto do direito (ou direito em sentido análogo), afirmar que uma norma é jurídica significa manifestar que está em relação com o direito, isto é, que está composta como *ratio iuris* ou regra do direito. Então, toda norma que for regra do direito, tanto se proceder do poder público como se proceder do pacto entre poderes ou da autonomia privada, será uma norma jurídica.

Essa é a conceitualização correta da perspectiva do ofício de jurista. Ao jurista, que tem por ofício determinar o direito, interessa a norma em sua função de regra ou estatuto do direito, e nesse sentido a norma tem relação com o ofício de jurista e, por isso, é jurídica. Apenas vista assim a norma pode ser chamada, por analogia, de direito. A norma é direito por ser *ratio iuris*.

9. DOUTRINAS SOBRE A FUNÇÃO DA RAZÃO E DA VONTADE NA CONSTITUIÇÃO DA NORMA. *a) Proposição.* Visto o que foi dito antes, trata-se de analisar agora em que medida a norma jurídica é um ato de vontade ou um ato de razão. Ou, mais propriamente, trata-se de ver em que medida a norma é um ato racional ou volitivo. Como facilmente se pode observar, há aqui duas questões interdependentes que se entrecruzam. Uma é a de saber se a norma é um ato do intelecto ou um ato da vontade, ou seja, a qual potência humana deve ser atribuída a norma. Outra, que deriva da anterior, é decididamente muito mais importante: a norma é um ato essencialmente racional e, portanto, dependente de alguns pressupostos objetivos, ou é um ato em sua origem arbitrário, não sujeito essencialmente a uma racionalidade objetiva?

A razão humana tem uma dupla função, cognoscitiva e inventiva (nesse caso, coadjuvada pela imaginação); porém, em ambos os casos, é medida pela realidade objetiva. Tanto quando conhece como quando inventa (o que não significa criar do nada, mas achar, encontrar possibilidades imersas no real), a razão *descobre* o que está contido na realidade; no fundo a razão é sempre medida pela realidade objetiva das coisas. Por isso, o racional é o adequado à objetividade do real. Portanto, se a norma jurídica procede originalmente da razão, terá a marca de racionalidade, que quer dizer adequação à realidade objetiva da pessoa humana e da vida social. Uma norma irracional não será produto originário da razão, mas efeito de uma razão encadeada a e à disposição de um arbítrio desordenado; por isso terá um vício essencial: não será uma verdadeira norma jurídica, e sim uma arbitrariedade.

A vontade, em contrapartida, é uma potência indeterminada, como cabe ao fato de ser a sede do livre-arbítrio, da capacidade da liberdade de escolha. Com mais exatidão, a vontade humana não é completamente indeterminada, porque está orientada naturalmente para a felicidade e, portanto, para o bem absoluto ou fim último; por isso, sempre é motivada por alguma razão de bem – mesmo que seja falsa e enganosa – que o objeto desejado possua. Porém, fora dessa básica determinação para o bem considerado de modo absoluto (fim último), a vontade humana é indeterminada em relação aos bens particulares, e isso é a origem da liberdade. A escolha que a vontade faz é livre, originária dela, por isso o livre-arbítrio pode degenerar em arbitrariedade, sem que isso suponha diminuição ou alteração da voluntariedade. Um ato voluntário arbitrário continua sendo plenamente voluntário. Não acontece assim com a razão, em relação à qual o ato racional corrupto transforma-se em irracional. Isso significa que se a norma consistisse essencialmente em um ato de vontade continuaria sendo norma, embora arbitrária.

Então, o tema que acabamos de propor tem importantes implicações.

E para começar a desenvolvê-lo vamos expor resumidamente as três posições fundamentais que encontramos na história do pensamento jurídico: o intelectualismo, o voluntarismo moderado e o voluntarismo extremo.

b) Posições doutrinais. a') Antiguidade. Um tratamento direto sobre a questão que nos ocupa não é encontrado na Antiguidade. Achamos, isto sim, afirmações ou sentenças mais ou menos incidentais, que, apesar de sua dispersão, constituem antecedentes suficientemente válidos. Embora não tenham faltado posições voluntaristas, pode-se considerar que a opinião mais difundida foi que as leis são obra da sabedoria; o bom legislador é um legislador sábio: as leis correspondem à prudência, que é a sabedoria prática. Por isso não faltaram propostas, como a de Platão, para dar aos sábios ou filósofos a função de legislar na *pólis*. Referindo-nos às leis, vamos lembrar três filósofos antigos que de alguma forma mencionaram o tema que nos ocupa: o autor do diálogo platônico *Minos*, Aristóteles e Cícero. Os três entenderam as leis como obra da razão.

1º) O diálogo *Minos* atribuído a Platão, depois de dizer que as diferentes artes – razão prática ou saber do prático – são descobertas das coisas reais[46], refere-se nos

---

46."– ... Pois a arte é para nós, conforme creio, uma descoberta das coisas reais, não é?
– De fato."

mesmos termos às leis: "a lei – afirma-se – aspira a ser um achado do real"[47], com o que atribui à razão prática a função de determinar leis. Na mesma obra indica-se que a lei é uma opinião – política, da cidade –, classificando-a de "opinião verdadeira" e atribuindo a Sócrates estas palavras: "Então não é apropriado dizer de um modo tão categórico que a lei é uma decisão da cidade."[48] Para o autor de *Minos*, determinar leis é uma parte da arte política; é, então, uma arte, coisa da razão prática. Em consonância com essa posição intelectualista, o texto platônico sugere que não é razoável ter como verdadeira lei a lei danosa ou injusta, que destrói e dilapida a *pólis*.

2.º) Embora não falte algum trecho da obra de Aristóteles no qual chama a lei de "comum consentimento da cidade", o fato certo é que para o Estagirita a lei procede da razão. Isso se percebe ao atribuir o ato de império à razão prática regulada pela prudência[49], ponto central e básico no tema que nos ocupa, pois a lei é um mandato ou ato de império. De modo coerente com essa tese, Aristóteles afirma que a lei é expressão da prudência e da inteligência[50], ao mesmo tempo que classifica a lei como opinião geral ou da maioria[51].

3.º) Por sua vez, Cícero viu a lei como razão fundamental – *ratio summa* –, critério racional do homem prudente – *mens ratioque prudentis* –[52], e coisas semelhan-

---

Minos, 313 *a*-314 *c*, ed. J. Burnet, SCBO, Oxonii, 1962, versão castelhana de M. Araujo e outros, em *Obras completas*, Madrid, 1972, p. 1652.
47. *Minos*, 314 *c*-315 *c*, versão castelhana, cit., p. 1653.
48. "– Então não é apropriado dizer de um modo tão categórico que a lei é uma decisão da cidade.
– Não, creio que não.
– Nem poderia parecer-nos razoável que a decisão danosa seja lei.
– Sem dúvida que não.
– Mas, no entanto, também me parece evidente que a lei é, de certo modo, uma opinião. E, visto que não pode ser a opinião danosa, fica claro que precisa ser a benéfica, se é que de fato a lei é uma opinião, não é?
– Sim.
– Contudo: qual é a opinião benéfica? Não é a verdadeira?
– Sim.
– E a opinião verdadeira é um achado do real?
– Assim é.
– Logo a lei aspira a ser um achado do real."
Minos, loc. cit.
49. "A prudência tem um caráter imperativo, já que tem por fim determinar o que se deve fazer ou não se deve fazer." *Ethica Nicomachea*, VI, 10, 1142 *b*-1143 *b*, em *Obras*, ed. castelhana de F. de P. Samaranch, Madrid, 1967, p. 1247.
50. "Pelo contrário, a lei não carece desse poder coativo, dado que é a expressão, até certo ponto, da prudência e da inteligência." *Ethica Nicomachea*, X, 9, 1179 *b*-1180 *b*, em *Obras*, ed. castelhana de F. de P. Samaranch, Madrid, 1967, p. 1308.
51. "Segundo ponto de vista dos antigos, o que estava de acordo com a Natureza era a verdade, enquanto o que está de acordo com a lei é a opinião geral da Humanidade." *Argumentos sofísticos*, 12, 173 *a*, em *Obras*, cit., p. 542. "Levar um homem a paradoxos desse tipo é o mesmo que colocá-lo em contradição com as normas da Natureza e com a lei, pois a lei é a opinião da maioria, enquanto as afirmações do sábio estão de acordo com as normas da Natureza e da verdade." Loc. cit., ed. cit., p. 543.
52. *De legibus*, I, VI, 18-19, ed. cit., p. 66.

tes. Decerto com essas palavras refere-se à lei em um sentido fundamental – a lei sempiterna ou natural em explicação estóica; porém, isso é aplicável em seu pensamento à lei positiva, que para ele é, em síntese, o discernimento entre o justo e o injusto, de modo que as leis perniciosas e funestas não merecem mais que o nome de lei sancionado pelo acordo de alguns bandidos[53]. As leis foram inventadas – escreve – para a segurança e o pacífico bem-estar das cidades e da vida humana, de modo que foram chamadas – e são chamadas – leis as disposições que conduzem a esse fim: portanto, aqueles que deram ordens injustas e perniciosas não propiciaram verdadeiras leis, mas outra coisa[54]. Em suma, a lei é produto da reta razão ou razão prudente.

b') Voluntarismo e intelectualismo em geral. O tema da função da razão e da vontade na norma jurídica foi objeto direto de discussão a partir da Idade Média, com duas posturas opostas – intelectualismo e voluntarismo –, até que no século XVIII prevaleceu o voluntarismo nominalista, que chegou a nossos dias, com a exceção da filosofia realista e das doutrinas jurídicas baseadas nela, em cujo âmbito o intelectualismo e o voluntarismo moderados (Tomás de Aquino e Suárez, respectivamente) dividem as opiniões dos autores.

Ao expor – brevemente, como cabe à índole destas lições – as teses mencionadas, é preciso começar com uma definição. Como vimos, falar de norma jurídica – com toda a amplitude que abrange – é coisa moderna. Portanto, os autores aos quais vamos nos referir não escrevem sobre a norma jurídica, mas sobre a lei. O fenômeno da lei é aquilo que ocupa sua atenção, o que obriga a não alterar sem mais nem menos suas opiniões para a norma jurídica; essa alteração indiscriminada

---

53. "– Porém, se dirá, há muitas disposições populares perniciosas e funestas que não chegam a merecer mais que o nome de lei sancionado por acordo de alguns bandidos. Do mesmo modo que não podem ser chamadas de receitas médicas de verdade as que matam em vez de curar, como as feitas por alguns médicos ignorantes e sem experiência, também não é lei para uma comunidade qualquer lei, seja qual for, inclusive quando prejudica de algum modo o povo que se sujeita a ela. Por conseqüência, a lei é a discriminação das coisas justas e injustas, expressão da natureza original que rege universalmente, modelo das leis humanas, que castigam os malfeitores, defendem e protegem os virtuosos.
– Compreendo muito bem, e não creio que nenhuma outra deva ser considerada nem sequer chamada lei." *De legibus*, II, V, 13, ed. cit., p. 125.

54. "Portanto, assim como aquele espírito divino é a lei suprema, enquanto há no homem uma razão perfeita, essa também é lei e aparece perfeita no espírito do sábio. As que cada povo faz, várias e temporais, têm o nome de leis mais por aceitação que por ser realmente. E quando aqueles filósofos dizem que toda lei, para chamar-se com retidão de lei, é louvável por si mesma, apresentam o seguinte raciocínio: É coisa, sem dúvida, evidente que as leis foram inventadas para a salvação dos cidadãos, segurança das cidades e pacífico bem-estar da vida humana, e que os primeiros que sancionaram disposições desse tipo propuseram às comunidades populares que redigissem e aprovassem aquilo com o que, uma vez confirmado e posto em prática, pudessem viver honrada e felizmente; e que deviam chamar *leis* às disposições que fizessem e sancionassem com essa finalidade. De onde se pode entender que os que deram aos povos ordens perniciosas e injustas, ao agir contra o que tinham declarado e prometido solenemente, não determinaram leis, mas coisa muito diferente; de maneira que pode ficar claro como no próprio sentido da palavra *lei* está ínsito em síntese o conceito do saber selecionar o verdadeiro e justo." *De legibus*, II, V, 11, ed. cit., pp. 123 e 125.

pode ter justificativa para os que se limitam a uma mudança terminológica chamando norma jurídica à lei, porém será incorreta se, como vimos, for considerado que o pacto também é origem de normas jurídicas.

A questão que se debate sobre a lei não é mais que uma conclusão ou corolário da forma de entender a relação no homem – e em Deus, por analogia – entre razão e vontade. Dado que ambas as potências são especificamente humanas – se for o caso, divinas – e inter-relacionadas, qual das duas tem a primazia? Por primazia entende-se que uma das duas potências ordena e guia a outra. Dada a unidade do sujeito das duas potências, dada a unidade da pessoa, precisa haver uma potência que, em última instância, seja o princípio do agir da pessoa, a regra do proceder. Caso contrário, seria produzida uma situação de desdobramento que anularia a pessoa. Cabe à unidade do sujeito a unidade de princípio orientador da conduta da pessoa. E, como o princípio orientador impera sobre as potências humanas, trata-se de saber se o ato de império é – em última instância – próprio da vontade ou da razão. Observe-se sobre isso que uma coisa é motivar de modo imediato como impulso ou força – em linguagem escolástica o uso e a execução –, o que é indiscutivelmente próprio da vontade, e outra coisa diferente é motivar de modo mediato por meio do mandato, que exige obediência. Esse segundo aspecto é propriamente o império. O ato de império requer, então, uma *expressão* – comunicação – ou sinal de manifestação, seja mental, seja oral ou escrito. Por meio dessa expressão, chega à pessoa imperada. No entanto, se o que chamamos império consiste não em uma força diretamente aplicada, mas em uma intimação enunciativa –"faça isto","você deve fazer aquilo"–, esse ato é da razão comunicante ou da vontade?

Isso posto, o ato de império contém uma ordem, uma regra de conduta. Ao dizer"faça isto"ou"você deve fazer isto", o imperante regula a conduta do imperado, dita-lhe uma regra. Daí a ambivalência, em alguns idiomas como o castelhano, das palavras ordem e disposição: designam"un orden"e"una ordem"; a disposição que se quer das coisas e o mandato. Justamente ao conter o império uma regra ou ordenação, propõe-se a questão de que estamos tratando: a quem cabe ordenar, determinar regras: à razão ou à vontade? Se estabelecer uma ordem, se ordenar é uma arte, então o ato de império compete, em última instância, à razão prática, sem descartar a possibilidade de que a vontade também tenha uma função em relação ao referido ato.

Esse, que acabamos de enunciar, é o ponto principal. Às vezes não se entende bem o problema ao aplicá-lo à lei, porque é evidente que a lei, como a norma que deriva de um contrato, não é simplesmente uma idéia, mas se trata de uma ordenação *desejada* (logo, requer a vontade). Porém, esse não é o ponto que se debate. Não se duvida que no ato de império intervém a vontade, pois determinado mandato é habitualmente uma escolha entre diversas possibilidades, e a escolha corresponde à vontade. Além disso, se alguém impera, manda, é porque quer – vontade – que o mandato se cumpra. O que se analisa – e dividiu os autores – é se o mandato ou ordem expressa em"faça isto"ou"você deve fazer isto"é um ato da razão prática ou da vontade. Enquanto decisão, no processo de formação do ato de império intervém a vontade, mas o ato pelo qual se impera mediante a intimação enunciativa –"faça isto", "você deve fazer isto"– é um ato de razão ou de vontade?

Junto com esse problema que podemos chamar de psicológico, há outro que se entremeia e que nem sempre os autores souberam separar: governar, dirigir é uma arte, coisa própria da razão, ou consiste em fazer prevalecer uma vontade que, por ser superior, se impõe?

c') *Tomás de Aquino*. O representante mais ilustre do intelectualismo moderado é Tomás de Aquino. Dele interessa-nos o que escreveu sobre o ato de império e suas teses sobre a função da razão na gênese da lei.

Em relação ao primeiro ponto, é facilmente perceptível que o Aquinate fixa sua atenção no ato de imperar, isto é, na ação de dar um mandato ou uma ordem. Nesse sentido, é claro que imperar consiste em impelir o imperado, mas não de qualquer modo, e sim com uma intimação enunciativa (que enuncia uma ordem a outro: "faça isto", "você deve fazer aquilo"), o que é certamente próprio da razão[55]. De fato, intimar consiste no ato pelo qual se dirige o mandato ao imperado; nesse sentido, o império ou mandato age em um contexto comunicativo, de quem manda a quem deve obedecer. Delimitado assim o ato de império, não se pode negar que seja um ato de razão, pois a relação de comunicação é intelectual (de entendimento a entendimento, mediante o sinal de manifestação: palavra ou escrita). Por outro lado, o que impera ou manda dirige o outro para algumas condutas determinadas, ordena ou regula seus atos – dá uma regra de conduta[56]; e regrar, ordenar as coisas ou dirigir para um fim – a ordem – é próprio da razão. Logo, também por essa função do império, o ato de imperar pertence à razão. No entanto, se o ato de imperar é um ato de razão que tem a virtualidade de levar à obediência, isso não quer dizer que no ato de império não intervenha a vontade. Esse ato de razão – afirma Tomás de Aquino – contém virtualmente o ato de vontade, por cuja força a razão pode levar com seu mandato à obediência. A força que impele o ato de império procede da vontade, captada pela razão e cominada ao que deve obedecer, de

---

55."Imperar não é impelir de qualquer modo, mas com uma intimação enunciativa a outro, o que é próprio da razão." *Summa Theologica*, I-II, q. 17, a. 1 ad 1.

56. Ao falar do ato de império, Tomás de Aquino utiliza constantemente o verbo *ordino, - are*. Que significado tem esse termo? Em latim antigo, *ordino* não significou mandar, mas pôr em ordem, ordenar (com infinidade de sentidos); chegou a ter o sentido político de reger, mas no aspecto de regular, administrar, estabelecer uma ordem etc. É na época pós-clássica e no baixo latim que *ordo* foi usado como mandato, preceito; e *ordino* como mandar, imperar, dar uma ordem ou preceito. Cf. os vocábulos correspondentes de AE. FORCELLINI, *Lexicon...*, cit. III, Patavii, 1830, pp. 354 e 355; CH. T. LEWIS-CH. SHORT, *A Latin Dictionnary*, cit., pp. 1277 s.; A. BLAISE, *Dictionnaire latin-français des auteurs chrétiens*, cit., pp. 583 e 384; C. DU CANGE, *Glossarium mediae et infimae latinitatis*, VI, reprod. Graz, 1984, pp. 58 e 64 s.; J. F. NIERMEYER, *Mediae latinitatis lexicon minus*, Leiden, 1976, pp. 743 e 745 s.

Em Tomás de Aquino, *ordino* tem o sentido de regrar, regular, dirigir, o que para ele é próprio da razão.

modo que a moção imperativa da razão procede originariamente do impulso da vontade. Por conseqüência, o ato de império é um ato de razão, que pressupõe um ato de vontade[57].

Isso posto, cabe perguntar pela função da razão no ato de império: meramente transmissora ou construtora da ordem. Dado que ao imperar se ordena a conduta de outro, no duplo sentido antes indicado de mandar e dar uma regra ou ordenação, de onde procede essa regra, da razão ou da vontade? Para responder a essa pergunta segundo o pensamento e os textos de Santo Tomás, deve-se recorrer a sua teoria geral dos atos humanos e a tudo o que diz expressamente da lei.

Todo agente inteligente – destaca o Aquinate – atua para um fim[58]. O fim não é outra coisa que o bem enquanto apetecível; é, então, objeto do apetite intelectual ou vontade. O que move a ação humana é a vontade, que apetece e quer o fim. Portanto, o primeiro princípio motor dos atos humanos é a vontade. No entanto, a vontade é apetite do bem, não potência cognoscitiva, que é a razão. O que há de conhecimento, de saber – especulativo ou prático – nos atos do homem como pessoa procede da razão. Portanto, os meios que conduzem ao fim, e entre eles a conduta correta para obter o fim, são fornecidos pela razão; trata-se, de fato, da arte ou ciência – saber – do agir ou do fazer. Toda tentativa de obter um fim supõe um plano ou projeto, uma regra – uma *ordinatio* ou ordenação – da conduta a seguir, tudo o que é saber ou conhecimento práticos. Ordenar, regular, dirigir, fazer um plano ou projeto, organizar etc. são atividades próprias da razão. As regras ou normas pertencem à razão.

Em suma, ordenar – regular – é função própria da razão, que é a potência que realiza a função de guiar. É preciso falar, portanto, de uma primazia da razão, que é luz que guia o homem e, por conseguinte, a vontade. O apetite racional ou vontade, enquanto é apetite, não vê, é cego; deseja conforme a razão de bondade das coisas que a razão lhe apresenta.

Passando ao que Tomás de Aquino escreveu no tratado da lei, deve-se antes de mais nada advertir que não se refere às que denominamos normas constitutivas; entende a lei como uma regra ou medida dos atos, por cuja virtude o destinatário

---

[57]."Imperar é ato da razão, mas pressupõe outro ato de vontade. Para evidenciar isso, basta considerar que os atos da vontade e da razão se sobrepõem mutuamente, pois a razão delibera sobre o ato de querer, e a vontade quer deliberar; por isso mesmo, às vezes o ato da razão precede ao da vontade, e vice-versa. E, como a influência do primeiro ato se estende ao seguinte, com freqüência ocorre que um ato seja da vontade mas conserve virtualmente algo do ato da razão, como fica dito do uso e da escolha. E, ao contrário, pode ser ato da razão e permanecer nele virtualmente o ato prévio da vontade.

No entanto, imperar é em essência ato da razão, pois o que impera direciona outro a fazer uma coisa, intimando-o a cumprir a ordem ou expressando-lhe o que deve fazer, e essa ordenação é ato racional... Mas sendo a vontade, como já foi dito, o princípio que impele as demais faculdades à execução do ato, as quais, portanto, não são impelidas senão em virtude de sua moção primeira, conclui-se que a moção da razão, quando impera, procede do impulso da vontade. Ocorre, então, que o império é um ato da razão mas pressupõe outro da vontade, em virtude do qual a razão pode impelir com seu mandato o exercício do ato." *Summa Theologica*, I-II, q. 17, a. 1.

[58]. *Summa Theologica*, I-II, q. 1, a. 1.

é induzido a agir (mandato) ou é afastado de uma conduta (proibição)[59]. Essa posição do Aquinate é coerente com seu modo de tratar da lei. O que Tomás de Aquino estuda são os atos humanos, em uma perspectiva que hoje poderíamos dizer de filosofia moral, em relação aos quais a lei atua como princípio extrínseco. Fixa, então, sua atenção na lei como regra de conduta.

Se a lei é regra de conduta, de acordo com sua doutrina sobre os atos humanos, a lei aparece como um ato de razão, pois pertence à razão a função de ordenar e regrar as coisas para seu fim, que é o princípio primeiro da operação[60]. Dado que impelir para o fim pertence à vontade e a lei é um ato de império da razão, esse ato de razão pressupõe o ato de vontade que quer o fim, nesse caso o bem comum da sociedade e o aspecto desse bem para o qual tende a lei. No entanto, a regra ou ordenação para o fim pertence à razão, não é um ato arbitrário da vontade, e sim uma ciência ou saber; portanto, em relação à regra, é a razão que guia a vontade, por isso a norma não é um ato arbitrário, mas um ato racional.

Estamos aqui diante de uma conseqüência decisiva, que mencionamos antes. A razão, quando conhece – e mesmo quando inventa –, descobre as possibilidades objetivas do real. Nisso consiste a racionalidade. Um ato irracional não é um ato normal da razão, mas uma distorção da razão, visto que não reflete a realidade, que é a função própria e normal da razão. Um ato irracional é produto de uma disfunção da razão. Contudo, uma regra ou ordenação, mesmo admitindo às vezes distintas possibilidades, está predeterminada pela direção correta para o fim, isto é, pela realidade; se for separada dessa direção correta, é uma regra ruim, ou, a bem dizer, não é uma regra ou ordenação, mas uma desordem. Portanto, em relação aos meios referentes ao fim, é a razão que tem de regular a vontade. Se for imposta não a razão, mas a vontade arbitrária, o resultado será uma regra distorcida que, enquanto tal, não é verdadeira regra ou medida, e sim uma desmedida. Por isso, só se pode dizer que "quod principi placuit habet legem vigorem" quando se trata da vontade racional – guiada pela razão; no caso contrário, de vontade arbitrária, não se trataria de uma lei, mas de uma injustiça[61].

d') Voluntarismo moderado. Postura diferente do intelectualismo é o voluntarismo, segundo o qual a lei é produto da vontade, é um ato da vontade, porque cabe a essa potência a primazia e, portanto, é a que impera, guia e conduz o agir humano.

Já na Antiguidade, como mencionamos, houve vislumbres de posturas voluntaristas, como aparece, entre outros textos, no citado diálogo *Minos*, no qual o interlocutor de Sócrates afirma que a lei é uma "decisão da cidade"; todo decisionismo é uma forma de voluntarismo. Porém, de acordo com o que foi dito antes, é a partir da Idade Média que encontramos fortemente implantada a concepção volun-

---

59. A lei é estudada pelo Aquinate enquanto regra e medida dos atos; cf. *Summa Theologica*, I-II, q. 90, a. 1.
60. *Summa Theologica*, I-II, q. 90, a. 1.
61. *Summa Theologica*, I-II, q. 92, a. 1 ad 3.

tarista da lei, como conseqüência da expansão do voluntarismo teológico e antropológico.

Embora em San Buenaventura já se encontrem teses voluntaristas, ao defender o primado do amor sobre o conhecimento Duns Escoto é o representante mais qualificado do voluntarismo moderado medieval. Segundo esse autor, a vontade é a potência mais nobre, a que tem a primazia sobre a razão, a qual serve à vontade e por ela é guiada, pois a vontade impera sobre o intelecto[62]; imperar só convém à vontade[63]. Do que se conclui que a lei é um ato de vontade. A lei natural expressa a vontade divina, de acordo com uma intrínseca bondade nos preceitos que se referem ao amor a Deus, ou seja, os chamados preceitos da primeira tábua, e segundo uma vontade não vinculada aos demais. Conseqüentemente, deduz-se que a lei positiva representa a vontade do legislador; no entanto, não se trata de uma vontade irracional, pois é requisito da lei ser justa, para o que são necessárias a autoridade competente e a prudência, isto é, a conformidade com a retidão da razão[64].

O autor mais conhecido, dentro do voluntarismo moderado, é Suárez, pela extensa e sutil análise que faz da questão. Para o ilustre autor granadino, a lei é um ato de vontade e a vontade do governante é a causa da obrigação de obedecer. Não se trata, no entanto, de uma vontade absoluta ou arbitrária, e sim de uma vontade com retidão e justa,"porque a lei é medida da retidão; porém, a lei iníqua não é medida da retidão da obra humana, pelo contrário, a ação que é consoante a ela é ação iníqua e, portanto, não é lei, mas participa do nome de lei por certa analogia, enquanto prescreve certo modo de agir no que se refere a um fim"[65]. Portanto,"é imprescindível à lei dada justamente, e toda lei dada de outro modo não é verdadeira lei"[66], sendo"indispensável à lei que seja consoante à razão"[67]. Isso evidencia que para Suárez não se trata de uma vontade cega e arbitrária, mas de uma vontade iluminada pela luz da razão.

A base do voluntarismo de Suárez está na negação de que a razão tenha uma função imperativa; não reconhece que a razão tenha outras funções além de conhecer (*cognitio*) e julgar (*iudicium*)[68]. Portanto, a razão não impera, embora julgue a retidão.

No processo de gênese da lei, Suárez observa os seguintes atos principais do legislador: um ato de vontade pelo que quer o objetivo geral de todo governo ou o bem comum, ao qual sucede o ato do entendimento que estuda as possíveis leis;

---

62. Ver, p. ex., *Quaestiones in IV librum Sententiarum*, dist. XLIX, quaestio ex latere, n. 16, em *Opera omnia*, XXI, Paris, 1894, p. 151.
63. *Quaestiones in IV librum Setentiarum*, dist. XIV, q. II, 5 em *Opera omnia*, XVIII, Paris, 1894, p. 52.
64. *Quaestiones in IV librum Setentiarum*, dist. XV, q. 2, 6 em *Opera omnia*, XVIII, cit., pp. 265 s.
65. *Tratado de las Leyes e de Dios Legislador*, lib. I, cap. I, n.º 3, ed. cit., pp. 17 s.
66. Op. cit., lib. I. cap. IX, n.º 7, op. cit., p. 173.
67. Op. e loc. cits.
68. Cf. *Tractatus de divina praedestinatione et reprobatione*, lib. 1, cap. XVI, em *Opera omnia*, I, Paris, 1856, pp. 297 ss.

ocorre, depois, o juízo do entendimento, pelo qual se estabelece que tal lei é conveniente à república e que convém que seja respeitada por todos; por último, há o ato de vontade pelo qual se escolhe e se quer tal lei com força de obrigar. Esse último ato é o que constitui para Suárez a lei como vinculativa e obrigatória. Depois disso, só falta a promulgação ou comunicação aos súditos (a *locutio*). Nega, portanto, o ato de intimação como ato de império da razão, não reconhecendo nessa, como já dissemos, a função de império.

Isso supõe entender, e Suárez declara isso expressamente, que a vontade é regra e medida das ações humanas, bem como a potência que ordena os meios ao fim, porque ela é a que tende ao fim e escolhe os meios relativos a ele[69].

e') Voluntarismo extremo. O voluntarismo extremo caracteriza-se por estabelecer a plena subordinação da razão à vontade, entendendo essa como potência absoluta. A primazia da vontade implica que essa se constitui em regra ou medida primeira e original, sem sujeição a uma objetividade do real. Isso supõe que a vontade como tal é livre, no sentido de ser em si mesma arbitrária (não vinculada a uma regra objetiva inerente à realidade dos seres); a vontade é *ab-soluta* (não vinculada). Por conseguinte, toda norma ou regra que obriga por um império é uma vontade do imperante, cuja *razão* é justamente ser vontade imperante. Pode-se observar com facilidade que, para o voluntarismo extremo, o tema da *rationabilitas* ou racionalidade da norma torna-se vazio, pois nenhuma racionalidade (regra ou medida inerente ao real) vincula a vontade. A norma é obrigatória como vontade e não como razão.

A origem do moderno voluntarismo extremo – que se apoderou, sobretudo a partir do século XIX, da filosofia do direito e da ciência jurídica, e é consubstancial com o positivismo – é encontrada em Guilherme de Ockham, com sua idéia da vontade divina e de sua onipotência como *potentia absoluta*. Assim, para esse autor, o direito natural não seria outra coisa que expressão da vontade de Deus, que podia ter mandado o contrário[70]. A partir de Ockham, que instaurou a chamada *via moderna*, o voluntarismo extremo influenciou em grande parte o pensamento filosófico e jurídico. Por meio de autores como Hobbes, Pufendorf, Thomasio e Rousseau, o voluntarismo marcou o pensamento jurídico moderno, no qual tal modo de pensar se generalizou[71].

10. RAZÃO E VONTADE NA GÊNESE DA NORMA. As linhas histórico-doutrinais que esboçamos brevemente evidenciam que o tema de que estamos tratan-

---

69. *Tratado de las Leyes*, cit., lib. I, cap. V, n.º 6, ed. cit., pp. 93 s.
70. Sobre Ockham, pode-se consultar G. FRAILE, *Historia de la filosofía*, II, 2.ª ed., Madrid, 1966, pp. 1111 ss.; F. COPLESTON, *Historia de la filosofía*, ed. castelhana, III, Barcelona, 1971, pp. 52 ss.; J. HERVADA, *Historia de la Ciencia del Derecho Natural*, cit., pp. 189 ss.
71. Ver L. LEGAZ, op. cit., pp. 384 s.

do tem profundas raízes antropológicas e dista de ser de fácil solução. Tentaremos a seguir expor algumas reflexões sobre essas questões, dentro da brevidade que os limites destas lições impõem.

a) A racionalidade como regra do agir. O primeiro tema que se propõe é se o agir do ser livre é em sua base anômico, sem regra, de modo que a vontade é em si mesma arbitrária (é sua própria regra); ou, pelo contrário, se há na realidade uma norma objetiva de retidão, que, não sendo o puro querer da vontade, torna reto ou tortuoso, correto ou incorreto o agir do ser livre. Essa objetividade, que é regra ou norma da retidão da vontade, é chamada racionalidade, por ser a razão que a demonstra ou explica, embora não a constitua. Dizer que se deve atuar ou se atua conforme a razão com retidão não significa senão o dever de atuar ou a atuação de acordo com o real, a realidade que a razão conhece como regra.

Vendo a questão assim, não resta dúvida de que o atuar do ser inteligente deve ser racional em um duplo sentido: atuação segundo o próprio ser e segundo a realidade objeto da operação. Em primeiro lugar, é claro que todo ato é expressão do ser, de modo que o ser atua conforme sua própria entidade. A estrutura do ser, sua natureza, como princípio que é de operação, marca a regra do agir. E marca de duas maneiras: em sentido ontológico e em sentido moral. Em sentido ontológico, porque nenhum ser pode atuar fora de suas capacidades naturais; assim, por exemplo, o homem não pode voar por si só ou viver dentro da água, sem ar, como um peixe. Todo ato ontologicamente correto é efetivado segundo a estrutura ou ordem da potência e da capacidade: o escultor faz uma boa escultura se utiliza corretamente – de acordo com as regras da arte – suas mãos. Pretender outra coisa – que o ato surgisse sem potência ou capacidade – seria o mesmo que pretender que do não-ser – do nada – surgisse algo que é: o ato; o que é uma imaginação sem fundamento.

Isso, que é válido para todo ser, aplica-se também ao ser inteligente, para o qual a ordem ou estrutura de seu ser é regra racional de sua atividade, enquanto essa estrutura é conhecida pela razão, de modo que a referida regra faz parte do saber atuar, do atuar ontologicamente com retidão mediante a prudência e as diversas artes.

A racionalidade marca também a regra do agir em sentido moral. A ordem moral é ordem do dever-ser. Porém, por dever-ser não se deve entender um princípio formal meramente racional, não deduzido do ser, mas uma exigência do ser. Do contrário o dever-ser seria uma anomalia da razão, pois não haveria nada que oferecesse um fundamento ao dever-ser. Em virtude do que haveria um dever-ser se nada no ser devesse ser? Seria pura arbitrariedade da razão, algo anômalo. Se o dever-ser é *recta ratio*, razão com retidão, é porque o juízo de dever-ser explicita uma exigência do ser, algo que postula ser. E dado que o dever-ser pertence ao dinamismo do ser inteligente, a sua operação, tem relação com o que o ser humano tende a ser mais plenamente, isto é, sua finalidade. Por conseqüência, o dever-ser implica uma estrutura dinâmica, uma ordem ou ordenação para o fim. Como provém de uma exigência do ser, essa ordem ou ordenação não é arbitrária, mas é aquele dinamismo com retidão que atinge o fim, pois há uma retidão que consiste no correto desenvolvimento da operação, de modo que obtenha o fim. Estamos diante de algo dado, de uma ordem ou ordenação, não imposto arbitrariamente pela vontade, mas dado objetivamente, e conhecido e manifestado – ditado – pela razão.

Se o ser inteligente precisa agir conforme seu próprio ser, tem igualmente de operar de acordo com a realidade objetiva daquilo que é objeto de operação. Isso é certo na ordem moral, conforme acabamos de ver, pois no agir moral a realidade operada coincide com o sujeito da operação, a pessoa humana. De fato, a conduta moral é uma realização do ser pessoal, é uma operação que, enquanto moral, não transcende do sujeito, mas o aperfeiçoa (ou o degrada, se a conduta é imoral). Vale, por conseqüência, o que foi dito antes sobre o dever-ser.

Também é certo, por ser fato de experiência cotidiana, que no fazer ou agir em relação a entes exteriores é preciso respeitar a estrutura objetiva desses entes. Isso é o que origina as distintas e múltiplas artes. Para construir corretamente um edifício é preciso considerar a resistência dos materiais, sua adequação para a função a que se destinam etc.; como é óbvio, não se pode construir um arranha-céu com papelão, nem pretender que entre a luz pelas janelas se os vãos são cobertos de madeira ou de cimento em vez de vidro. Os diferentes ofícios têm sua própria arte, ou ciência prática, que é conhecimento – saber, função da razão – das leis objetivas ou estrutura da matéria objeto do operar. Também nesse caso, o agir do ser inteligente baseia-se em uma racionalidade ou ciência da objetividade, própria da razão. Isso é, em suma, o que propõe a ecologia. O homem não pode usar de modo voluntarista seu entorno natural, e sim de acordo com as leis do ecossistema.

A racionalidade da qual tratamos neste tópico é aquela à qual a filosofia antiga, grega e romana, em especial a estóica, se referia ao falar de viver segundo a natureza, isto é, que o homem deve agir conforme sua natureza e tratar os demais seres conforme a deles.

b) A função de ordenar. O segundo ponto submetido a reflexão refere-se à função de ordenar ou regrar, que coincide com a função de ordenar os meios para um fim, pois toda regra ou ordenação tem relação com um fim, especialmente quando se trata de regrar ou ordenar as operações.

Antes de começar a falar diretamente desse tema, parece conveniente esclarecer um ponto sobre a intervenção da razão e da vontade nos atos humanos. Um ato humano, ou seja, aquele ato realizado pelo homem segundo sua condição de pessoa – não aqueles atos pelos quais o homem não é responsável – é sempre um ato no qual necessariamente intervêm a razão e a vontade. Se falta a intervenção de alguma dessas duas potências, o ato deixa de ser humano. Portanto, onde há uma operação humana pessoal, há necessariamente racionalidade e voluntariedade. Se o ato não é voluntário, desejado, não há índole humana nele; e, se não há conhecimento, também não há propriamente voluntariedade, pois a vontade só pode querer o conhecido: *nihil volitum quin praecognitum*. Sendo, então, necessária essa intervenção da razão e da vontade no ato humano, torna-se secundário, no caso do tema que estamos estudando, que um ato seja da vontade ou da razão, pois em qualquer caso ambas as potências têm uma causalidade necessária, seja real, seja virtual.

O mais importante e decisivo no que agora nos interessa é a função necessária da razão no ato humano. Isso porque a razão não se limita a conhecer o possivelmente desejado, mas representa a racionalidade do ato nos termos antes indicados. Portanto, informa a vontade da regra técnica e, se for o caso, da regra moral que rege o ato. A vontade recebe da razão a norma objetiva do agir; a vontade pode rejeitar essa norma, mas então cai na desordem, o que não é correspondente e adequado à pessoa humana. Em todo caso, a vontade irracional não é a boa regra, e sim a desordem arbitrária.

Quando os autores voluntaristas atribuem à vontade a função de ordenar e regrar, confundem a ordenação com a volição dessa ordenação ou regra. Ordenar e regular pressupõe necessariamente querer um fim e, portanto, querer os meios, com a ordem e a regra. Porém, a ordem e a regra são efetivadas pela razão por si só. Isso é conseqüência da objetividade do real, como vimos: a regra e a ordem são abstraídas da realidade pela razão. Inclusive quando a ordem ou a regra são criadas, essa operação é própria da razão – ajudada pela imaginação –, porque não é a vontade que cria, e sim a inteligência. A criatividade é faculdade própria da razão, de modo que, definitivamente, toda criação consiste em achar, como dizíamos, as possibilidades encerradas na realidade. Criar é próprio do saber, da ciência, não do querer.

Vamos supor a construção de algumas casas. Naturalmente que, para produzir todo o processo de construção, é preciso querê-lo: é a vontade de um fim, que inclui a volição dos meios. Isso posto, a construção supõe as plantas da casa, o cálculo de resistência dos materiais, projetar o estilo e a fachada etc. Pois bem, é óbvio que tudo isso é obra de uma arte, a arte da arquitetura, que é um saber ou ciência prática; é atividade da inteligência. A estruturação dos elementos da construção, a ordem ou regra da construção é própria da razão. É óbvio que o arquiteto não projetaria, não faria os cálculos, não elaboraria as plantas, se faltasse a vontade de fazer isso; disso ninguém duvida, porém a regra é dada pela razão. A vontade impele – é a potência motora como se reconhece unanimemente por ser óbvio –, mas o ato é da razão, que determina a regra, que é a racionalidade.

Por sua vez, o processo de construção – a realização da obra por pedreiros, encanadores, instaladores de ar-condicionado, vidraceiros etc. – sem dúvida é movido pela vontade: cada ação dos operários é um ato de vontade. Contudo, a regra é dada pelas plantas enquanto conhecidas e pela arte de cada um dos ofícios que intervêm na construção. A regra é coisa da razão prática, da arte, do conhecimento, que é o que guia – regula – a ação.

Então, regular e ordenar é um ato humano no qual intervêm a vontade e a inteligência, já que se trata de regras e ordenações desejadas. Ao mesmo tempo, é preciso dizer que se trata de um ato humano da inteligência ou razão. Se se pretendesse – como parece ser a tese dos voluntaristas – que a vontade fosse o que regula e ordena, porque em cada caso aceita a regra e leva a segui-la, essa pretensão seria inaceitável, porque sempre seria verdade que a regra e a ordem não são produzidas pela vontade, mas deduzidas pela razão. A única coisa que essa intervenção da vontade indica é que ordenar e regular é um ato humano, no qual logicamente intervém a vontade.

Sobre a função de ordenar os meios para um fim, vale tudo o que foi dito acerca da regra e da ordem, pois essa função não é outra coisa que um caso de ordenação. Vale, então, o que dissemos em linhas anteriores, *mutatis mutandis*.

Quando se trata, por exemplo, de ligar as duas margens de um rio por um ponto determinado, com a finalidade de transitar pelo recurso da ligação, é óbvio que as soluções possíveis são proporcionadas pela inteligência: construir uma ponte, estabelecer uma linha de balsas etc. A inteligência fornece também os prós e os contras de cada solução. Sem dúvida pertence à vontade escolher a solução que se deve praticar; porém, a ordenação dos meios – p. ex., como é preciso dispor as balsas ou como construir a ponte – pertence à razão. Tudo quanto é regra ou ordenação é coisa própria da inteligência.

c) *O ato de império*. Entramos agora em uma questão muito próxima ao tema da norma jurídica: o ato de império é um ato de razão ou um ato de vontade? Para responder a essa questão com brevidade e sem se perder em sutilezas, devemos lembrar que o ato humano requer a intervenção conjunta da vontade e da razão. Portanto, como o ato de império é um ato humano, não é simplesmente um ato intelectual, nem pura vontade: é da razão e da vontade. Em síntese, é preciso dizer que o ato de império supõe a voluntariedade enquanto contém uma moção – força de mover – e a racionalidade enquanto contém uma *ordinatio*, uma ordem ou regra do agir. Para o que nos interessa, deve-se dizer que o ato de império, ao conter uma ordem ou regra, está por si só dotado de racionalidade. Por conseqüência, um império irracional é um ato distorcido e distorcedor, um ato corrupto.

Examinando mais o assunto, observa-se que o ato de império é um ato de governo, de orientação de condutas. Assim, a polícia que manda os automóveis trafegarem por essa ou aquela pista da estrada orienta o trânsito e dá uma regra de conduta. Qualquer mandato é um ato de governo, de orientação. Assim, orientar e governar é regrar, ordenar, dar uma regra vinculativa. Porém, como dissemos repetidamente, regrar ou ordenar é um ato típico da razão; logo, o império é um ato de razão. Naturalmente que não é apenas razão; enquanto é ato humano, contém um querer. Se não contivesse um querer, se a ordenação não fosse objeto de volição, não seria império, e sim conselho ou simplesmente uma opinião. É óbvio, portanto, que o ato de império é um ato de razão, que contém virtualmente e transmite um querer. Em outras palavras, é um ato humano no qual intervêm a vontade, com sua força motora, e a razão, com sua potência ordenadora. Decerto, e concluindo, é um ato humano de razão.

Por ser um ato de razão, a racionalidade, nos termos antes descritos, é uma dimensão essencial do império; sem racionalidade, o império se desvirtua e corrompe e torna-se vontade arbitrária sem força de obrigar.

d) O caráter vinculativo da norma. a') Convém agora tratar de uma nova questão. Como destacamos, e, aliás, como é óbvio, a norma jurídica é obrigatória e vinculativa; pois bem, de onde procede o caráter vinculativo da norma? Para quem identifica a norma jurídica com a lei, toda a questão se reduz ao poder: a lei é um ato de poder, logo é um ato de império que obriga ou vincula a obedecer. A norma jurídica é uma regra imperativa, cuja obrigatoriedade provém do império próprio do poder. Dessa perspectiva, a vontade do órgão de poder – sua razão para os intelectualistas – constitui-se em regra da ação do destinatário da lei. Adquire, então, uma repercussão decisiva a questão de se o ato de império é da razão ou vontade; pois, se a vontade como potência livre e absoluta é regra da ação do destinatário da norma, a resultante é a norma jurídica ser regra válida, seja ou não racional.

Em todo caso, os autores se acostumaram a estabelecer a relação norma-obediência como relação ontológica entre a razão ou a vontade do poder e a razão ou vontade do destinatário. Por isso, na filosofia escolástica, mesmo seus seguidores utilizando a analogia, trata-se a questão estudada unitariamente para a lei divina e a lei humana. A razão e a vontade divina, em sua relação ontológica com a razão e a vontade humana, são medida ou regra dessas últimas. De modo análogo, a razão ou a vontade do governante são medida ou regra da razão ou vontade do destinatário; por isso, fala-se de superior (situação de superioridade) e de inferior, ou de soberano e súdito. Na filosofia jurídica moderna, imanentista, omite-se a lei divina (negada quando se nega a existência de Deus), porém se mantém, mais ou menos confusamente, a visão do poder como uma vontade capaz de se impor, e enquanto se impõe é regra vinculativa.

Pois bem, de acordo com esse estado da questão, acreditamos que é preciso observar duas coisas: primeira, a norma jurídica não é só a lei, mas também o pacto; segunda, nas relações humanas, a relação entre o autor da norma e o destinatário não deve ser proposta em termos *ontológicos* de superioridade e imposição, e sim, por se tratar de homens essencialmente iguais, deve-se estabelecer a relação em termos *jurídicos* de função e serviço, ou de compromisso – *engagement* – conforme o caso.

b') Começando por esse segundo ponto, devemos rejeitar, pelo princípio de igualdade, a pretensão de que uma razão ou vontade humanas se constituam, por relação de superioridade ou de imposição, em uma situação ontológica de regra ou medida no que se refere a outras razões ou vontades humanas. O princípio de igualdade é uma manifestação da igualdade radical ontológica de todas as pessoas humanas enquanto tais e, portanto, enquanto dotadas de razão e vontade. Nenhuma razão ou vontade humana é superior, no sentido de ser regra ou medida de outras. Só a razão e a vontade divinas, enquanto divinas, das quais as razões e vontades criadas são participação, constituem-se em regra e medida ontológicas da razão e da vontade humanas, como exemplar do que participou.

Também não é admissível a superioridade por imposição ou força. Em primeiro lugar, a força não é o sistema originalmente próprio das relações humanas. O sistema original de força é próprio do mundo animal, regido por leis naturais. O homem, em contrapartida, é guiado por leis racionais, ou seja, pelo direito, que é o sistema racional das relações entre homens, como cabe à dignidade da pessoa humana, dotada de um ser racional e livre. O princípio do agir humano reside na razão e na vontade, de acordo com suas funções complementares, não na imposição ou força. A força só é admissível em uma situação de desacerto do homem: quando o homem perturba a ordem social justa, por uma conduta que, enquanto desordenada e injusta, vem a ser irracional. A força é apenas um subproduto do direito[72].

Em segundo lugar, o princípio de igualdade rejeita completamente a dominação ou imposição de alguns homens pretensamente superiores sobre outros supostamente inferiores. Pela igualdade, nenhum homem é superior a outros, quanto a uma possibilidade legítima de se impor a eles. Se ocorre uma situação de força superior capaz de se impor, essa superioridade é de fato, não de direito, pois conforme o direito todos os homens são iguais e qualquer imposição meramente fáctica é ilegítima e pura violência. Todo homem é dono de si. Passar do fato – superioridade fáctica de força – ao direito (isto é, essa superioridade de fato dá poderio legítimo de determinar normas) é justamente o caso mais claro da falácia naturalista e de corrupção da idéia do direito, corrupção aliás típica do positivismo.

A situação de governante, dotado do poder de governar e dirigir, não é ontológica; é uma situação *jurídica*, determinada pela estrutura da sociedade, que postula alguns órgãos regentes. Trata-se de uma situação jurídica de *função* e *serviço*. Governar, estar dotado de poder, é a função própria de um órgão da sociedade, que cumpre um serviço, satisfazendo uma necessidade da sociedade. Isso posto, governar, dirigir, determinar normas não é uma relação pessoal de superioridade ou imposição, mas uma relação jurídica de serviço (orgânica no Estado de Direito). Portanto, a obrigatoriedade da norma não emana da vontade do governante, mas da relação jurídica entre o órgão dotado de faculdades normativas e o corpo social. A obrigatoriedade provém da relação jurídica entre o órgão que cria normas e a cidadania. Porque o órgão de governo tem a função de governar e essa função é necessária para o correto funcionamento da sociedade, o governado é obrigado a aceitar e cumprir a norma. É uma *obrigação jurídica*, um vínculo de direito.

Sendo assim, é óbvio que a vontade arbitrária não é regra para o corpo social. A função orienta-se para o correto desenvolvimento da vida social e, portanto, apenas a regra racional, aquela que corresponde à objetividade das realidades huma-

---

72. Nesse sentido, ver J. HERVADA, *Introducción crítica al Derecho Natural*, cit., pp. 66 ss.

nas e da sociedade, é verdadeira regra. É lógico que seja assim, porque o exercício correspondente a uma situação jurídica é, por sua própria natureza, um exercício racional. Só o ato de governo dotado de racionalidade é genuíno ato de governo, e dele nasce a obrigação jurídica. O arbitrário, o irracional não gera nenhuma obrigação jurídica, pois o direito é o sistema racional das relações humanas.

c') Por outro lado, a norma jurídica pode proceder do pacto entre iguais. Nesse caso, se o processo pactual não é distorcido – o que, se ocorresse, adulteraria o pacto –, não se pode falar da norma jurídica como proveniente de uma vontade superior que domina, mas do acordo entre vontades; não há uma vontade que se impõe como regra a outra vontade, e sim um processo de ajuste ou negociação, que termina em um acordo. De onde vem em tal caso a obrigatoriedade da norma? Evidentemente do pacto, como ato jurídico que gera uma obrigação jurídica. Observe-se que o pacto não é simplesmente o fato psicológico de estar de acordo, mas um ato jurídico, com a correspondente eficácia jurídica. Por conseqüência, também é aplicável ao pacto o fato de o arbitrário e o irracional não originarem uma verdadeira obrigação jurídica.

e) *A causa da norma como ato jurídico*. Deduz-se, do que acabamos de ver, que a origem da norma não deve ser atribuída a atos de vontade ou razão segundo sua natureza ontológica, mas se encontra no *ato jurídico* correspondente: ato de governo ou pacto. O que importa, então, é a voluntariedade e a racionalidade como dimensões do ato jurídico, porque a causa da norma não está na vontade ou na razão como atos psicológicos, e sim no ato jurídico, com todos os requisitos necessários para que esse se produza de forma válida e eficaz. Por isso mesmo, a norma jurídica não é o produto de alguns atos psicológicos, nem de algumas relações ontológicas pessoais, mas é o efeito jurídico de um ato jurídico – enquadrado em algumas relações jurídicas –, cuja natureza, obrigatoriedade e eficácia deve ser considerada *juridicamente*, isto é, dentro do sistema jurídico e de acordo com o que é próprio do direito.

f) *Vontade e razão na norma jurídica*. Por ser um ato jurídico a causa da norma, não interessa tanto o processo psicológico de formação do mandato ou do pacto, para perceber onde se situa o momento psicológico em que a norma jurídica se forma na mente de seu autor ou autores, quanto ver de que modo o voluntário e o racional se integram como elementos essenciais na formação do ato jurídico do qual procede a norma.

A primeira coisa sobre isso consiste em que os atos de vontade e razão são igualmente essenciais no ato jurídico, pois o ato jurídico é um ato humano e como tal é, ao mesmo tempo, de razão e vontade. Sem elemento voluntário ou sem elemento racional, não há ato humano, e por conseguinte o ato jurídico é inexistente ou nulo.

Em segundo lugar, é preciso considerar que a norma jurídica não é um conselho ou uma sentença sábia, mas uma regra vinculativa, desejada como tal pelo órgão de poder, ou desejada e aceita com esse caráter pelos que pactuam. Portanto, o ato jurídico que causa a norma contém um ato de vontade – o qual é especialmente necessário nas normas constitutivas, pois a criação, modificação e extinção de relações jurídicas, outorgar titularidades, determinar funções, criar órgãos etc., tudo isso supõe um ato de domínio, que é necessariamente um ato de vontade.

No entanto, a norma jurídica é, dizíamos, uma *ordinatio*, uma ordenação ou regra que estrutura a sociedade. Isso é válido tanto para as normas constitutivas como para as normas que regulam condutas. No caso dessas últimas, isso é óbvio, porém talvez não seja tanto nas normas constitutivas, por isso convém dizer algumas palavras sobre o assunto. Não se deve confundir a norma constitutiva com aqueles atos que, sem ser normas, produzem efeitos jurídicos, às vezes semelhantes. Um contrato de compra e venda, por exemplo, modifica algumas relações jurídicas, porém não é uma norma. Por outro lado, quando a constituição de um Estado regula os órgãos de poder e administração e cria esses órgãos é norma constitutiva, como é o estatuto de uma sociedade mercantil. Pois bem, o momento constitutivo dessas normas é parte de sua ação organizadora e reguladora, visto que criam os órgãos como forma de organizar e estruturar o corpo social; portanto, as normas constitutivas são verdadeiras normas ou regras: são *ordinationes* ou estruturas.

Se as normas jurídicas são regras, são obra da razão. Já dizíamos antes que a função reguladora e ordenadora é própria da razão. Portanto, a norma jurídica é um ato de razão desejado (no caso do pacto, também aceito). Enquanto *estabelecida*, a norma é um ato de razão, que contém virtualmente a moção da vontade.

Em qualquer caso, o importante e decisivo é que elaborar a norma não é próprio da vontade, mas da razão. No caso das normas provenientes do poder, fazer normas pertence a uma arte, a arte de governar, que é uma forma de prudência. Como arte que é, governar pertence à sabedoria prática, a uma ciência prática, que é arte da política. Se o ato jurídico que causa a norma é um ato próprio da arte de governar, pode-se dizer que essencialmente é um ato conjunto de razão e vontade, porém é formalmente um ato de razão.

O decisionismo – doutrina que ensina que a norma jurídica é vontade – inverte a natureza da norma, que de produto de uma sabedoria e uma arte – o que comporta sua racionalidade essencial – transforma-se em uma vontade imposta, o que implica sua desumanização, rompe o princípio de igualdade e converte o poder em pura imposição, violando sua verdadeira índole de função e serviço.

De maneira igual, cabe falar das normas provenientes do pacto. Elas também são – em sua genuína natureza – produto da prudência ou sabedoria prática. Algumas vezes, as normas pactuadas serão fruto da arte da política (como os tratados internacionais); outras vezes, serão da arte da organização e administração de empresas etc. Por isso, o ato jurídico do qual nascem é um ato formalmente de razão, sendo essencialmente um ato conjunto de razão e vontade.

11. A RACIONALIDADE DA NORMA. *a*) Vimos que a regra do agir humano não é, em nenhum caso, a vontade arbitrária; pelo contrário, apenas a vontade racional – a vontade guiada pela razão – é aquela vontade que impele o correto agir do homem, de onde se deduz que há um agir com retidão e há um agir incorreto. A linha divisória entre um e outro agir é indicada pela racionalidade ou adequação da conduta à objetiva realidade pessoal do homem e do mundo circundante. Mais ainda, a norma jurídica, como regra que é, tem na racionalidade sua formalidade, conseqüência de ser um produto da razão – portanto, razoável –, embora implique necessariamente um ato de vontade. Portanto, uma norma irracional – e, como tal, arbitrária – não tem seu elemento formal específico e, por conseguinte, é essencialmente corrupta: se em termos fenomenológicos pode ter uma aparência de norma, em termos metaempíricos tem sua essência corrompida e não é, portanto, uma verdadeira norma, não gera obrigação jurídica. Isso posto, cabe agora apresentar com maior abrangência a racionalidade da norma.

b) Se a racionalidade resume-se, conforme dissemos repetidamente, no *realismo* da norma, entendendo com isso sua congruência com a realidade objetiva do homem e das coisas – a objetividade do real; e se a norma provém da razão enquanto é regra, ocorre que a racionalidade da norma equivale a proceder da *razão com retidão*, isto é, da razão retificada pela prudência e pela arte. Pela prudência, no que se refere ao atuar humano congruente com a condição de pessoa própria do homem (*agere* ou *prâxis*); pela arte, no que concerne ao fazer em relação às coisas (*facere* ou *poíesis*).

c) De fato, cabe distinguir duas espécies ou tipos de ações humanas. Podemos considerar algumas, por assim dizer, intransitivas: são aquelas ações que possuem uma virtualidade em relação à própria pessoa do agente, aperfeiçoando-a ou degradando-a. Trata-se das ações que pertencem ao campo da eticidade ou moralidade da conduta humana, reguladas por hábitos com retidão ou virtudes e por hábitos incorretos ou vícios. Esse atuar ou *agere* (*prâxis*), se provém da razão com retidão, é regulado pela virtude da prudência ou virtude do bem agir, pois chamamos prudência à virtude da razão prática no que concerne ao agir ou *agere*.

Outras ações distinguem-se por ser – cabe dizer assim – transitivas: são operações que têm a virtualidade de transformar, de muitas maneiras diferentes e em sentidos muito variados, a realidade exterior ao homem, ou recair sobre ela: desde deslocar um objeto ou pintar um quadro até construir um edifício ou curar um enfermo. Estamos diante do vastíssimo campo do fazer ou *facere* (*poíesis*). Nessas múltiplas atividades, o homem é guiado para agir corretamente, pela razão com retidão, que é a razão prática retificada pelo hábito com retidão ou arte em questão, chamada muitas vezes modernamente de técnica.

d) Tanto no *agere* quanto no *facere*, assim como no agir e no fazer, a regra dos atos humanos é a razão com retidão, mas em um e outro caso a retidão possui um sentido um tanto diferente, embora com um elemento comum. No agir ou *agere*, a retidão da razão ou racionalidade refere-se ao atuar do homem como pessoa, ao agir que corresponde a um ser inteligente destinado a alguns fins naturais: ao agir congruente com ser pessoa. No fazer ou *facere*, a racionalidade refere-se ao correto proceder, que corresponde à natureza da realidade sobre a qual se age ou em relação à qual se atua: à boa técnica.

e) Conforme o que acaba de ser dito, a racionalidade da norma jurídica supõe que seja sempre prudente e, além disso, tecnicamente adequada quando se refere a um fazer ou *facere*. O fato de que deva ser prudente é óbvio; tão claro que desde muito tempo atrás a ciência do direito foi chamada prudência do direito ou *iuris prudentia*, e a arte de legislar foi incluída na prudência política. Não menos evidente é o fato de que uma norma que compete a um *facere* deve ser tecnicamente correta, deve assumir as regras da arte ou técnica em questão, e nisso consiste sua racionalidade; do contrário, não seria uma regra ou ordenação, e sim uma desordem.

f) A norma jurídica deve possuir três requisitos para que tenha a índole de racional por causa da prudência: 1º) estar de acordo com a natureza humana; 2º) estar adaptada ao bem comum; e 3º) ser adequada à realidade social[73].

a') A concordância da norma jurídica com a natureza humana não é outra coisa que a concordância com a moral e a justiça, isto é, com a lei natural e o direito. Trata-se da mais fundamental e radical racionalidade da norma jurídica enquanto prudente. A *recta ratio* ou *órthos lógos*, a razão prudente, é antes de mais nada a razão que guia o agir humano para que esteja de acordo com o devido à pessoa humana em sua qualidade de pessoa humana, com as exigências éticas e de justiça próprias da condição pessoal do homem. A retidão da razão primária e basilar – a primeira e mais fundamental retidão que a prudência imprime à razão – é a de que o homem atue segundo sua natureza, que é agir em função de seus fins naturais ou lei natural moral, e também em função do reconhecimento e respeito dos direitos naturais e positivos. Nisso consiste essencialmente a *recta ratio* ou *órthos lógos*, e nisso reside a *Grundnorm* ou norma fundamental de toda a conduta humana. Então, a concordância com a moral e a justiça é a racionalidade fundamental da norma jurídica. E, enquanto os direitos humanos são direitos naturais, seu respeito é parte da mais fundamental racionalidade da norma jurídica.

b') O segundo requisito da norma jurídica prudente é a adaptação ao bem comum. Essa adaptação é própria da justiça legal e consiste em parte em que – quan-

---

73. Sobre a prudência e os requisitos do ato prudente, ver J. PIEPER, *Las virtudes fundamentales*, Madrid, 1976, pp. 31 ss.; L. E. PALACIOS, *La prudencia política*, Madrid, 1945.

do o sistema normativo está hierarquizado, como é habitual nos sistemas jurídicos modernos, ou quando se trata de normas submetidas à legislação, como é o caso dos atos normativos da autonomia privada – a norma jurídica de categoria inferior respeite as normas jurídicas de categoria superior e se adapte a elas. Enquanto as normas são a regra da justiça legal, a adaptação a elas é requisito da razão prudente. Porém, por outro lado e de modo mais intenso, a racionalidade postula que a norma jurídica – seja qual for sua categoria – esteja de acordo com o bem comum da comunidade ou sociedade em cujo seio nasce. Essa adaptação é consubstancial com as normas jurídicas visto que são essencialmente ordenações em função do bem comum da comunidade ou sociedade para a qual se estabelecem. Sendo contrárias ao bem comum, as normas aparecem essencialmente adulteradas, visto que é lesada sua natureza intrínseca. Em último caso, embora seja possível falar de bem comum em toda sociedade ou comunidade por menor que seja, deve-se entender por bem comum – por excelência – o que é próprio da comunidade política e, se for o caso, da comunidade humana total. Nesse sentido, toda norma jurídica deve adaptar-se ao bem comum considerado em seu mais alto significado, pois as normas ou são ordenações em função desse bem comum – como é o caso das leis – ou se subordinam a ele, como cabe a toda a vida social. O bem comum aparece assim como dimensão da racionalidade, que mede a prudência ou *recta ratio* da qual procede a norma jurídica.

c') Em terceiro lugar, a racionalidade da norma jurídica como requisito da razão prudente baseia-se na adequação da norma à realidade social. Essa é uma das características fundamentais da prudência. Se a norma jurídica é regra ou *ordinatio*, estrutura ou organização da realidade social, necessariamente é requisito da racionalidade que seja adequada à realidade social da qual pretende ser regra. É uma das facetas do realismo em que consiste a racionalidade. Do contrário, não ordenará nem estruturará a realidade social; ou será inane por ser impossível de cumprir, ou desordenará e desequilibrará a realidade social. Excelentes normas na teoria poderão ser inúteis ou prejudiciais se não corresponderem ao estado real da sociedade ou da parte dela à qual pretendem ser aplicadas.

g) Quando a norma jurídica assume – de modo mais ou menos intenso – aspectos de arte ou técnica, a racionalidade consiste na concordância da norma com a natureza das coisas. Entendemos por natureza, nesse caso, a ontologia – o ser das coisas –, sejam elementos filosoficamente classificáveis de essenciais, sejam classificáveis de acidentais. Isso se resume em seguir as regras da arte ou técnica que cabe em cada caso. Esse requisito da racionalidade – entendendo-a como estamos fazendo: adequação à realidade – é óbvio. A natureza das coisas é a estrutura e substância do real exterior ao homem, que condiciona seu fazer sobre a realidade objetiva circundante. Agir contra a natureza das coisas, além de ser inútil na maioria das vezes, sempre é irracional por ser aberrante, contraditório e arbitrário.

h) Em resumo, podemos dizer que a norma jurídica é racional quando é prudente e está de acordo, se for o caso, com a arte ou a técnica que assume. Em outras palavras, a norma jurídica é racional quando adequada à natureza do homem, ao bem comum, à realidade social e à natureza das coisas.

12. A RACIONALIDADE PRÁTICA. *a*) A razão humana é uma potência com duas funções intelectivas: a função especulativa e a função prática. Por esse motivo, distingue-se entre a razão especulativa e a razão prática. Falar de uma dupla razão não deve levar a confusões. Não há duas potências racionais, mas uma única razão ou potência intelectiva – uma única inteligência – com duas funções ou formas de conhecer: a especulativa e a prática. Por se tratar de uma única potência, a razão especulativa e a razão prática têm uma base comum para funcionar: conhecer por intuição ou evidência e, partindo de alguns primeiros princípios evidentes por si mesmos, por dedução ou raciocínio. Porém, fora dessa estrutura fundamental comum, que revela a estrutura fundamental da razão, única potência intelectiva, a forma de chegar à verdade é peculiar em cada uma das duas funções; porque a verdade especulativa e a verdade prática não são idênticas.

b) Ambas as verdades ou, melhor dizendo, a verdade consiste na adequação ou concordância do intelecto com o objeto conhecido. Mas essa verdade ou adequação tem diferentes aspectos conforme se trate da verdade especulativa ou da verdade prática. A adequação ao objeto na razão especulativa consiste em que a noção ou o conceito que a razão percebe corresponda à realidade ontológica do objeto; assim, a noção "o homem é um animal racional" é verdadeira, porque efetivamente o ser humano é composto de um corpo vivo de natureza animal e, além disso, está dotado da razão, potência espiritual. O conceito "Pedro é prudente" será verdadeiro se efetivamente o tal Pedro for um homem prudente etc. Em contrapartida, a verdade prática representa uma adequação do intelecto à realidade de tendência um tanto diferente. Nesse caso o objeto é a ação humana, que será *verdadeira* se for *reta*. O que quer dizer *reta*? A retidão da ação é medida por sua adequação ao fim para o qual tende a ação: ou a perfeição humana (*agere, práxis*), ou a perfeita realização de um produto (*facere, poíesis*). Uma ação é reta se atinge o fim próprio dela. Portanto, a verdade prática consiste no seguimento da *regra com retidão* – da norma correta –, pois é por meio da regra correta que a ação atinge seu fim. Em outras palavras, a verdade prática consiste ou na virtude, quando se trata do *agere* – adequação da ação à norma moral –, ou na arte ou técnica, no caso do *facere*.

c) A norma jurídica não provém da razão especulativa, e sim da razão prática, pois é regra da atividade humana – organização e estrutura da vida jurídica e social, que é atividade – e por isso é fruto de uma arte ou técnica, em alguns casos, e da prudência, sempre. A regra jurídica, em último caso, é uma regra prudencial. E sua racionalidade é a racionalidade prática ou prudencial.

Sendo fruto da razão prática e não da razão especulativa, não é produto da lógica, em sentido próprio. A lógica é a ciência do correto raciocinar especulativo ou teorético, particularmente por meio de silogismos; entendendo a lógica assim, a norma jurídica não é uma regra lógica, obtida por raciocínios especulativos, que versam sobre entidades universais e necessárias. A ação humana é uma entidade particular e contingente que, embora possa envolver entidades universais e necessárias – como o fim último, a essência do homem e das coisas etc. –, não é nem universal nem necessária por si só; por conseguinte, as regras que ordenam e medem as ações humanas, entre elas as normas jurídicas, não são dedutíveis pelas regras da lógica, mas obtidas da realidade concreta – particular e contingente – mediante o raciocínio prático ou prudencial. Daí que as normas jurídicas sejam concretas, contingentes e historicamente variáveis (dentro, nesse último aspecto, de certos limites, aliás muito amplos).

d) Por sua vez, a racionalidade da norma é alheia a uma consideração racionalista da norma jurídica. Em nenhum caso pode ser entendida como forma *a priori* ou como forma racional sem conteúdo. Pelo contrário, a regra jurídica é extraída da realidade social. Também não pode ser entendida como dedução lógica de alguns princípios ou definições mediante uma série de raciocínios especulativos; nada disso é o próprio da norma jurídica. A ciência de fazer as normas jurídicas é uma sabedoria prática prudencial, que deduz a norma das possibilidades que a realidade social tem, segundo seu estado e circunstâncias, para se dirigir com retidão ao fim, isto é, para atingi-lo.

13. A CARACTERIZAÇÃO FILOSÓFICA DA NORMA. Vimos antes a definição de norma jurídica como *regula iuris*, como regra ou estatuto do direito. Acabamos de ver também que a norma é um ato de razão. Filosoficamente, então, a norma jurídica aparece com um duplo caráter: um, genérico, próprio de toda norma, que consiste em ser uma *ordinatio rationis*, uma regra ou estrutura racional da vida humana social; e outro, específico, que é sua relação com o direito: *ratio iuris*.

Portanto, a caracterização da norma jurídica no plano filosófico – diferente do científico ou técnico (a ciência jurídica construída no nível fenomênico) – deve ser obtida a partir de dois conceitos abstraídos: regra ou estrutura racional e estatuto do direito.

Como já se falou da norma jurídica como *regula iuris*, bastará agora salientar a natureza da norma como regra. A norma jurídica apresenta-se filosoficamente para nós como uma estrutura ou regra produto da razão prática. É, então, essencialmente uma *ordinatio rationis*, como escreveu Tomás de Aquino[74]. A descrição da norma

---

74. *Summa Theologica*, I-II, q. 90, a. 4. A definição completa do Aquinate ("quaedam rationis ordinatio ad bonum commune, ab eo qui curam communitatis habet, promulgata") refere-se à lei e é mais própria da filosofia política do que da filosofia jurídica.

como *ordinatio rationis*, regra ou estrutura da razão prática, proporciona, então, para nós a mais adequada caracterização filosófica da norma jurídica enquanto regra.

Essa caracterização expressa a essência da norma jurídica enquanto regra; portanto, não pode ser considerada verdadeira norma jurídica aquela que não realiza essa essência, por não ser racional ou por construir uma desordem. Para que a norma seja válida, isto é, verdadeira norma jurídica, não basta que tenha a aparência ou forma exterior (o *fenômeno*) de uma norma jurídica; é preciso que seja uma *ordinatio rationis*, uma regra que ordene e que seja racional. Uma norma que desordene a vida social – por ser injusta, imoral ou inadequada à realidade – não é uma norma válida ou vinculativa. Se não é racional, se é contrária à *recta ratio* – o que equivale à desordem – e apenas produto de uma vontade arbitrária, também não realiza a essência da norma e, por conseqüência, não pode ser considerada válida. Se a norma não é *ordinatio rationis*, constitui um elemento espúrio do sistema jurídico.

Isso nos faz estabelecer relação com o tema da norma irracional, do qual falaremos a seguir.

14. A NORMA IRRACIONAL. *a*) Dissemos que a *rationabilitas* ou racionalidade é uma dimensão essencial da norma jurídica, e foi exposto em que consiste essa racionalidade. Interessa agora, para evitar equívocos, deixar estabelecido quando uma norma jurídica é irracional. Essa precaução, além de ser exigida pelo tratamento completo do tema, é postulada pelo obscurecimento que sofreu modernamente a *rationabilitas* da norma jurídica na ciência do direito, como conseqüência da prevalência do voluntarismo positivista.

b) Em primeiro lugar, deve ficar claramente estabelecido quando uma norma, que pode apresentar aspectos criticáveis, não é por isso irracional. Uma norma jurídica não é irracional por ser imperfeita, discutível ou insuficiente no concernente a um fim.

1º) De acordo com as possibilidades e o estado da realidade social, uma norma pode não ser a melhor ou apresentar falhas. Entretanto, a norma jurídica deve ser racional, prudente, porém a razão prudente nem sempre é perfeita; como razão humana que é, pode apresentar imperfeições. Do mesmo modo que a arte ou a técnica: uma pintura mais ou menos imperfeita não deixa de ser uma pintura, e inclusive pode ser um bom quadro; nem todos os pintores são Velázquez ou Van Gogh. Igualmente, uma norma jurídica pode apresentar obscuridades, ambigüidades e mesmo desacertos; nesse caso, o intérprete da norma deve procurar superar na medida do possível essas falhas, mas a norma não pode ser entendida como irracional.

2º) Uma norma jurídica, enquanto supõe uma escolha ou preferência por parte de seu autor, pode ser discutível, e pode-se opinar que outra norma diferente – outra opção – seja melhor. Embora a opção da norma jurídica não seja – ou não se considere – a melhor, nem por isso a norma se transforma em irracional. Pode ser uma opção razoável sem ser a melhor. E, mesmo que apresente claramente mais inconvenientes que outras opções, prevalece o poderio ou o direito do autor da norma.

3º) Também não é irracional uma norma jurídica que apresente insuficiências em relação a um fim, desde que relacionada a um fim. Se, por exemplo, a norma jurídica que estabelece o salário mínimo fixa uma quantia ainda insuficiente para as necessidades do assalariado, não é por isso irracional, se em função do estado da economia – do bem comum – pode-se considerar que não impede que se tenda a alcançar a suficiência, pelo contrário, tende a atenuá-la, isto é, tende a alcançar o fim, embora ainda não o obtenha satisfatoriamente.

c) Uma norma jurídica é irracional quando é *contrária* à racionalidade, ou seja, se contradiz os critérios em virtude dos quais a norma é racional. Então, o que torna uma norma jurídica irracional é sua *contrariedade* à racionalidade, quando não é razoável. Portanto, conforme o que foi dito anteriormente, a norma é irracional se é arbitrária, não adequada à realidade, nos termos já explicados. Em outras palavras, é irracional a norma que é *torpe, perniciosa* e *imperita*.

1º) Em primeiro lugar, uma norma jurídica é irracional quando é torpe, qualificativo com o qual queremos indicar a norma que é contrária à natureza do homem, ao bem comum e ao direito (natural ou positivo): quando é imoral ou injusta.

Já foi dito antes que a mais fundamental racionalidade da norma reside em sua adequação à moral e ao direito; portanto, a norma que contradiz a moral e a justiça é a norma mais radicalmente irracional.

2º) Se uma norma atinge aquele grau de inadequação à realidade social que a torna perniciosa, também tem a tacha de irracionalidade. É, em suma, uma forma de ir contra o bem comum. A irracionalidade, nesse caso, provém da incapacidade da norma jurídica para cumprir com sua função de ordenação ou estrutura. Por ser radicalmente inadequada, em vez de favorecer a ordem na sociedade e o bem comum, os contradiz, com o que contradiz a essência da norma.

3º) Por norma *imperita* entende-se aquela que, devendo assumir regras próprias de uma arte ou técnica, contém de fato regras técnicas tão distorcidas que são contrárias à natureza das coisas. Ou, em outros termos, contém regras que impossibilitam realizar a obra que se pretende alcançar. É a norma néscia, *stulta*, que, se for seguida, levará a resultados tecnicamente desastrosos.

d) É comum a toda norma jurídica irracional sua índole de norma corrupta, isto é, de não ser verdadeira norma por não ter caráter vinculativo: não gera obrigação. Desde a Antiguidade, toda doutrina que liga a norma jurídica com a *recta ratio* já evidenciava que uma norma irracional é essencialmente corrupta e, portanto, não é propriamente norma: não há dever jurídico de obedecê-la nem de aplicá-la. Vamos lembrar que para o autor do diálogo *Minos* não é razoável considerar como verdadeira lei a lei danosa ou injusta, que destrói a *pólis*; e que para Cícero a lei perversa e injusta não merece o nome de lei tanto quanto não pode merecer esse nome o acordo de alguns bandidos. Tornaram-se famosas duas afirmações de Tomás de Aquino, que são paradigmáticas:"A lei humana tem razão de lei apenas enquanto se adapta à razão com retidão [...] Porém à medida que se afasta da razão com retidão, é uma lei iníqua; e assim não tem caráter de lei, mas antes de violência (*non habet rationem legis, sed magis violentiae*)."[75] A lei humana,"se em alguma coisa não está de acordo com a lei natural, já não será lei, e sim corrupção da lei (*non erit lex sed legis corrupto*)"[76].

A afirmação de que a norma irracional é uma norma corrupta não significa outra coisa senão que falta a ela um elemento essencial para ser verdadeira norma; embora tenha a aparência – o *fenômeno* – da norma, carece de um fator essencial, por isso não é norma, ou seja, está desprovida de força vinculativa ou obrigatória: não faz surgir o dever de obediência e aliás, em casos extremos (quando atenta diretamente contra os mandatos e proibições da lei natural ou contra os direitos mais fundamentais da pessoa humana), gera o dever positivo de desobediência e resistência não só no plano moral, mas também no plano jurídico.

As razões da tese de que a norma irracional não é norma já foram destacadas. A racionalidade é uma *dimensão essencial* da norma, como produto que é da *recta ratio*. A razão é medida essencialmente pela realidade, da qual é núcleo central a realidade humana, que em sua base é a natureza do homem. Portanto, a norma irracional é uma norma irreal, desmesurada e desmedida, não medida pela realidade, por isso é um ato espúrio da razão, uma razão ou velada pela ignorância e pela imperícia ou distorcida por uma vontade arbitrária. A norma irracional é fruto de uma razão pervertida e, por conseqüência, é uma norma corrupta: falta-lhe um elemento essencial.

Já dizíamos que a obrigação de obedecer à norma tem sua origem na *situação jurídica* de império ou de faculdade de compromisso (ou pacto vinculativo), não em uma posição de força ou imposição. O sistema jurídico é o sistema racional – fundamentado na liberdade – das relações humanas, por isso um fator irracional não pode gerar um dever jurídico. Sem racionalidade, não há norma.

Quando se diz que a norma irracional é uma norma corrupta não-vinculativa, o que se quer dizer é que é *nula* ou *inválida* (não *inexistente*, pois existe uma aparência de norma) no plano jurídico. Não se trata de uma falta de dever moral ou de consciência de obedecer à norma, mas de uma ausência de vinculação jurídica. A norma irracional é um elemento espúrio do sistema jurídico, que deve encontrar no próprio sistema jurídico sua declaração de nulidade. Nem o juiz, nem nenhum outro jurista, nem os particulares estão obrigados *juridicamente* – racionalmente – a obedecer e aplicar a norma. Podem estar obrigados *coativamente*, pela força, a isso,

---

75. *Summa Theologica*, I-II, q. 93, a. 3 ad 2.
76. *Summa Theologica*, I-II, q. 95, a. 2.

mas tal força coativa irracional não é outra coisa que *violência institucional*, como já escrevera há séculos o Aquinate: não é *ius*, é *violentia et iniuria*.

Qualquer forma de voluntarismo extremo – em suma, toda forma de positivismo, sem excluir o nascente pós-positivismo, incapaz de superar o positivismo – é inábil para resolver a questão da violência institucional – que é uma realidade constante na história humana; pelo contrário, é cego diante dela, visto que outorga à violência institucional o estatuto de direito, equiparando a norma racional à irracional e situando na força ou na imposição o vigor vinculativo da norma. Com isso atenta contra a liberdade humana, cuja essência consiste na liberdade perante a força, sem outra vinculação – de ordem moral, não física – que a regra da razão com retidão. Por isso, só a tese da racionalidade da norma conjuga harmonicamente a liberdade do homem com o dever de obediência e com a capacidade de compromisso.

e) No que interessa à filosofia do direito, o decisivo é que a norma irracional é nula juridicamente, ou seja, em relação ao sistema jurídico. Isso significa que o próprio sistema jurídico tem por si só elementos suficientes para a declaração de nulidade, e que, ante uma norma irracional, a primeira coisa que se deve fazer é esgotar os recursos da própria ordem jurídica e, se for o caso, da ordem jurídica internacional, para que tal declaração se efetue.

Para a declaração de nulidade são recursos jurídicos, entre outros, o recurso de inconstitucionalidade, os recursos administrativos, o processo ordinário, o recurso aos tribunais supranacionais de garantia dos direitos fundamentais etc. Quanto aos pactos, todas as ordens jurídicas costumam conter previsões para que aqueles que tenham cláusulas irracionais sejam considerados nulos, pelo menos no que se refere a essas cláusulas.

Em todo caso, cabe ao poder judiciário o controle da racionalidade da norma. Por causa de sua própria função de controle do poder legislativo, da atividade da Administração e da atividade dos particulares, compete ao poder judiciário a faculdade de declarar nula a norma irracional tanto por contrariedade ao direito positivo como por contrariedade ao direito natural e à moral, ou por sua condição de ser perniciosa ou imperita. Se o poder judiciário não assume essa função satisfatoriamente, não é porque careça por si só de faculdades, e sim ou por uma compreensão deficitária de suas funções ou por uma conduta injusta.

Sobretudo em um Estado de Direito, não se deve esquecer que o poder judiciário é independente do poder legislativo e do poder executivo e que sua missão não pode se restringir a uma mera aplicação da lei, sendo propriamente sua função a de controle da juridicidade – e não só da legalidade – dos atos dos outros poderes e dos cidadãos. Portanto, cabe aos juízes a declaração de nulidade da norma irracional.

f) Sendo a norma irracional uma norma nula e não inexistente, a toda norma com suspeita de irracionalidade é preciso aplicar a suposição de racionalidade, de modo que a irracionalidade deve ser provada, conforme os modos normais de prova admitidos na ordem jurídica. Em princípio, a suposição está a favor da validade da norma do poder ou do pacto da autonomia privada. Por conseqüência, sempre que se propõe a questão da irracionalidade da norma, é preciso estar de acordo com a decisão judicial.

No entanto, há casos em que a ordem jurídica não admite recursos suficientes ou por imperfeição ou por injustiça (em última instância, porque o poder judiciário não assume ou é incapaz de assumir plenamente sua função de controle). Em tais hipóteses, se a irracionalidade da norma é notória – por exemplo, se lesa diretamente direitos fundamentais da pessoa humana –, cabe recorrer a meios extrajurídicos, políticos e sociais, como a resistência passiva, a resistência ativa, a desobediência etc. Essa postura não só é moralmente lícita, como também juridicamente correta, ou seja, é justa, sendo injusta – opressão, violência – a imposição da norma irracional e a repressão de tais meios.

g) Contra a tese de que a norma irracional é nula, os positivistas costumam alegar que, se admitida, seriam violados os princípios de segurança e de certeza, tão importantes na vida jurídica. É preciso responder duas coisas a isso. Primeira, que os princípios citados não são absolutos, nem se vê qual utilidade podem ter a segurança e a certeza de que será aplicada uma norma irracional; quanto menos certo e menos seguro for que uma norma irracional será aplicada, mais racional e justa será uma ordem. Segunda, que a tese da nulidade da norma irracional está de acordo com os princípios citados e não os contradiz. Ao falar de norma nula e não inexistente, a referida tese postula a suposição de racionalidade e o recurso à declaração judicial, o que é plenamente condizente com os princípios de segurança e certeza; esses dois princípios não exigem mais que isso. Quanto a ser justo recorrer nos casos limites aos meios sociais extrajurídicos, a única coisa que isso indica é que a racionalidade é um princípio superior, o mais essencial do direito.

15. A NORMA INJUSTA. *a*) A norma injusta é um caso de norma irracional, por isso se aplica a ela tudo o que foi dito daquela. Parece, no entanto, oportuno acrescentar algumas considerações, sobretudo direcionadas a caracterizar corretamente a norma injusta, dado o estado de confusão que existe sobre a injustiça e o injusto, como se destacou nas páginas anteriores.

Uma norma é injusta se causa a lesão de um direito, ou seja, quando estabelece o injusto: legal, comutativo ou distributivo. Uma norma não é injusta, então, porque contradiz valores – estimativas subjetivas –, idéias ou ideais políticos e sociais etc., mas porque contradiz o direito de uma ou mais pessoas ou porque está desconforme com uma norma superior (justiça legal). Em síntese, pode-se dizer que uma norma é injusta quando viola o direito natural ou o direito positivo. Assim, em um sistema de hierarquia de normas, é injusta a lei contrária à constituição, ou a norma administrativa contrária à lei ordinária. Uma norma também é injusta se lesa os direitos adquiridos ou viola os direitos fundamentais da pessoa humana.

A NORMA JURÍDICA

b) O mais importante é destacar que a norma injusta não é uma realidade nebulosa, incerta ou emotiva. Já foi dito repetidamente que a injustiça e o injusto são realidades precisas e concretas, como preciso, determinado e concreto é o direito. Por exemplo, uma norma ser inconstitucional – o que equivale a ser injusta – não é coisa de emoção, nem por si só de incerteza. É verdade que às vezes a existência de um direito ou a interpretação de uma norma pode ser discutível, mas isso está dentro da normalidade da vida do foro, e para resolver as controvérsias e as dúvidas existem os juízes. A norma injusta não é um caso especial.

c) A norma injusta é aquela que contém regras contra lei ou contra direito. Em outras palavras, a norma injusta estabelece o injusto ou lesão do direito; procede, então, da injustiça, e seu objeto é o injusto. É óbvio, portanto, que a norma injusta não é direito. Se, por analogia, chamamos direito à norma, podemos afirmar que o direito injusto não é direito. De fato, a norma jurídica é essencialmente a *ratio iuris*, a regra do direito. Porém, uma norma injusta não é uma *ratio iuris*, visto que o *ius* é o justo e a norma injusta é uma regra do injusto, do contradireito ou injúria; a norma injusta é uma *ratio iniuriae*, o que implica que seja uma norma essencialmente corrupta.

Pretender que a norma injusta seja injusta mas verdadeira norma (direito injusto) constitui uma *contradictio in terminis*. Apenas confundindo a norma com seu fenômeno – sua aparência – e entendendo a ordem jurídica como um sistema de imposição de uma vontade arbitrária, pode-se chegar a afirmar que o direito injusto é direito. Porém, isso supõe, por um lado, confundir a casca com o ovo (o fenômeno com a realidade total) e, por outro lado, subverter a verdadeira noção de ordem jurídica, que é o sistema racional das relações humanas.

Também por uma concepção meramente lingüística do direito pode-se chegar a considerar como verdadeiro direito a norma injusta, embora nesse caso o que ocorre mesmo é que fica apagada a justiça ou injustiça da norma, pois a linguagem é comum à norma justa e à injusta. Porém, já dissemos que essa concepção confunde a norma com seu signo oral e escrito. A ordem jurídica não é um sistema de linguagem, mas um sistema de relações de direito (coisas atribuídas e devidas) e de estrutura da realidade social. A linguagem é apenas um signo comunicativo, não a ordem jurídica. Para conhecer a ordem jurídica não basta analisar a linguagem, o signo; é preciso ir ao significado.

d) Detectar uma norma injusta não oferece maiores dificuldades que detectar a lei vigente ou o direito em vigor. O injusto é conhecido em relação ao direito; onde há um direito lesado, ali está o injusto. Por isso, detecta-se uma norma injusta em relação à norma superior vigente ou aos direitos das pessoas, sejam positivos, sejam naturais.

A determinação da norma injusta inclui-se na atividade habitual dos juristas – entre eles, os juízes –, de acordo com seu ofício de discernir o justo do injusto; por isso precisa-se afirmar que é função dos juízes declarar nula a norma injusta nos termos antes indicados, ou seja, por meio dos processos de inconstitucionalidade, contencioso-administrativo, ordinário etc. Assim, por exemplo, declarar inconstitucional uma norma equivale a declará-la injusta (por contravenção da justiça legal ou violação dos direitos fundamentais), anular uma norma administrativa por lesar direitos adquiridos equivale à mesma coisa etc.

O importante é advertir que a constatação da injustiça de uma norma não sugere maiores problemas do que a determinação dos direitos das pessoas (o justo comutativo ou distributivo) e a correta interpretação da norma superior (o justo legal).

e) A correta captação do que é uma norma injusta – no que se refere a conhecer com exatidão o que são a justiça e a injustiça – tem particular relevância quanto a interpretar com retidão preceitos importantes de uma ordem jurídica. Assim, quando o parágrafo 1.º do artigo 1.º da Constituição espanhola de 1978 estabelece como valores superiores da "ordem jurídica a liberdade, a justiça, a igualdade e o pluralismo político", a invocação à justiça é algo muito mais relevante que um retorno a um princípio vago, não-concreto ou emotivo. Significa que o respeito e a satisfação dos direitos das pessoas e o cumprimento da lei constituem bases fundamentais da ordem jurídica espanhola. Em seu sentido pleno, implica que o respeito ao direito natural e ao direito positivo constitui um princípio informador, de categoria constitucional, da ordem jurídica espanhola. O que implica que toda ação de governo ou cidadã contra os direitos fundamentais da pessoa humana – os direitos humanos – é inconstitucional.

O valor superior da justiça supõe que as estruturas injustas – as que lesam direitos da pessoa nos termos indicados – não gozam de nenhuma proteção por parte da Constituição, nem por parte do resto da ordem jurídica. Isso traz em si que esteja nas mãos dos juízes declarar inconstitucional e antijurídica qualquer ação de governo ou dos cidadãos que pretenda estabelecer ou consolidar estruturas injustas. Se o poder judiciário permite essas estruturas, é por incompetência – para o que tanto contribuem os filósofos do direito e os juristas que confundem a justiça com valores, ideais ou formas *a priori* – ou por injustiça.

16. O AUTOR DA NORMA. *a*) Exposta a essência da norma jurídica – *ratio iuris*, regra ou estatuto do direito –, devemos abordar – embora já tenhamos mencionado – o tema da autoria da norma: quem é seu autor?

Já que vários autores identificam a norma jurídica com a lei ou norma estabelecida pelo poder público, a resposta habitual à pergunta feita estabelece a correspondente identificação entre o autor da norma e o poder público. O autor da norma é o poder público; a norma é manifestação da vontade do poder. Essa resposta, apesar de habitual, não pode ser aceita, uma vez que vimos que a norma jurídica não se identifica com o antigo conceito de *leges* ou leis, nem com o moderno conceito *político* de norma de conduta (normas pelas quais o poder regula a vida social). Se a norma jurídica é a regra do direito – sua causa e medida –, em princípio pode ser autor da norma todo sujeito ou órgão, individual ou coletivo, capaz de originar um direito e regulá-lo. Aquilo que um sujeito deve possuir para que possa ser autor de uma norma jurídica é a faculdade de atribuir as coisas constitutivas de direito e de configurar a medida dessa atribuição. Em suma, autor da norma é todo sujeito capaz de criar, extinguir, modificar e regular direitos.

b) Porém, cabe perguntar se somente o poder público possui tal capacidade em relação aos governados. Se déssemos uma resposta afirmativa a essa pergunta, a conclusão seria a mesma que a habitual, embora tivesse um aspecto diferente, pois se referiria à faculdade de criar e regular direitos.

Pois bem, a experiência jurídica – e já nos referimos a isto – desmente que a regra de direito ou norma jurídica seja, em sua essencialidade, um produto do poder agindo com superioridade dentro da relação poder-súdito. É óbvio o exemplo dos tratados internacionais, que reconhecem, criam, modificam, extinguem e regulam relações jurídicas e são pactos entre Estados iguais, não produto de um poder superior, mas do consenso entre poderes iguais. Do mesmo modo, o negócio jurídico, como ato de um particular (p. ex., testamento) ou como pacto entre privados (contrato ou convênio), é capaz de determinar regras de direito, as quais, embora necessitem do reconhecimento da ordem jurídica, não são imputáveis ao poder público como autor, e sim aos sujeitos. A faculdade das associações, corporações – de direito público ou privado –, empresas e outros corpos sociais de fornecer a si mesmos seus próprios estatutos, que contêm verdadeiras regras de direito, é outro exemplo. Vejamos algo mais desse ponto, distinguindo as duas funções da norma jurídica: causa e medida do direito.

c) Causar um direito é um efeito próprio da capacidade de atribuição ou disposição que se possui sobre a coisa – corpórea ou incorpórea –, seja o domínio direto, seja o chamado *dominium eminens* (domínio superior de atribuição ou disposição sobre as coisas que são objeto de domínio direto). Essa capacidade de atribuição ou disposição compete em parte – segundo a legalidade vigente em cada ordem jurídica – aos governantes e, nesse sentido, pode-se dizer que cabe ao poder público, salvo no âmbito das prestações de serviços pessoais, que competem ao exclusivo domínio das pessoas. Porém, tal capacidade de atribuição ou disposição cabe também aos diferentes titulares de uma série de direitos, os quais podem causar o direito de diversas maneiras. A autoria da norma jurídica, enquanto causa do direito, pertence por si só e essencialmente ao domínio, tanto direto como eminente, e, por consequência, não é privativa do poder público.

d) Enquanto é medida ou regulamento do direito, a autoria da norma jurídica requer uma função ordenadora e diretiva. Essa função cabe sem dúvida ao poder público do governo, pois o governo é sobretudo função de ordenação e direção. Porém, é igualmente certo que essa função é própria também da autonomia privada na esfera de sua competência. Tanto as pessoas singulares, pelas atribuições que se incluem em direitos dos quais são titulares, como os entes coletivos ou morais, pela função de direção e organização inerente a eles, podem gozar de faculdade ordenadora e diretiva que inclua regular direitos. Por conseguinte, a autonomia privada também pode regular direitos.

e) Certamente a norma jurídica é uma norma *obrigatória*, ou seja, *vinculativa*. Esse caráter procede da força geradora de obrigação, própria do ato jurídico do qual provém a norma jurídica. Em todos os casos, com aspectos diferentes, o ato jurídico, por proceder do domínio – eminente ou direto – sobre a coisa ou de um poder ou faculdade ordenadores com força de obrigar, origina uma obrigação de cumprir a norma jurídica. O cumprimento da norma é devido, com dívida em sentido estrito: é um dever de justiça.

Então, toda norma jurídica ou regra de direitos é obrigatória e vinculativa, mas nem sempre é imperativa, se com isso entendemos que procede do *imperium* do poder público.

17. OS MOMENTOS DO DIREITO. O autor da norma a estabelece, como se viu, por meio de atos jurídicos. Esses atos jurídicos foram chamados com freqüência *fontes do direito*; porém, como essa terminologia, por seus diversos usos, acabou resultando polêmica e equívoca, preferimos chamar tais atos de *momentos do direito*. Com isso entendemos aqueles fatores que imprimem dinamismo à ordem jurídica, criando, modificando e extinguindo direitos e as conseqüentes relações jurídicas. Por meio de todos eles pode-se estabelecer uma norma jurídica, pois por qualquer um deles pode-se dar origem a regra ou estatuto do direito. Os momentos do direito são: os atos normativos do poder público, o costume, os pactos internacionais (e igualmente as concordatas), a sentença judicial e o negócio jurídico. Falaremos de cada um deles a seguir.

18. A LEI. É evidente que a lei – no sentido genérico próprio da filosofia jurídica, que compreende a lei em sentido formal, decretos-lei, decretos etc., em linguagem técnica jurídica – é norma jurídica, porque é causa e medida do direito. E é de dois modos, como já foi dito. Em primeiro lugar, porque seu cumprimento é o próprio da justiça legal, já que a lei indica o grau e o modo de cumprir com o dever de cidadão de tender ao bem comum: o cumprimento da lei é direito da sociedade perante o cidadão e o devido por esse àquela. Em segundo lugar, porque, em sua função de organização da vida social, a lei pode ser causa e medida de direitos nas relações de justiça comutativa e de justiça distributiva. De acordo com isso, vejamos os diferentes aspectos que a lei apresenta.

a) *Noção*. Em sentido filosófico, uma vez distinguidos os conceitos de lei e de norma, entende-se por lei a regra ou norma que organiza a vida social em função do bem comum, proveniente do poder público próprio de uma sociedade de máxima categoria ou *societas perfecta*. Por sua índole de regra, a lei é estrutura da sociedade.

b) Estrutura da sociedade. De fato, a lei é, antes de mais nada, uma norma ou regra, e, por conseqüência, sua função primeira é estruturar a sociedade. A lei configura a sociedade e dá forma ou ordem à vida social. Por isso, as leis são os elementos primários e fundamentais na modelação e organização da sociedade, que sem elas seria um agrupamento amorfo de impossível desenvolvimento. Graças às leis, a sociedade humana adquire forma e se desenvolve de modo ordenado para seus fins, isto é, se estrutura.

c) Funções. Como regra ou norma – modelo – que são, as leis têm três funções fundamentais: *a) constitutiva*, enquanto originam os vínculos de incorporação à sociedade – se for o caso –, constituem entidades em seu seio, criam instituições etc.; *b) organizativa*, pois as leis dão uma organização à sociedade, criando seus órgãos e regulando as funções e os atos desses; e *c) reguladora de condutas*, enquanto estabelecem normas de conduta e punem as condutas desviadas; em relação a essa função de regulação de condutas, é clássica a enumeração dos efeitos da lei que fez o jurisconsulto romano Modestino: mandar (*imperare*), proibir (*vetare*), permitir (*permittere*) e castigar (*punire*)[77].

Das leis que são regras de conduta, merecem especial atenção as leis cujo efeito é *permittere*, permitir, ou leis permissórias. O típico dessas leis, quanto às condutas a que se referem, consiste em que nem as mandam, nem as proíbem. Seu efeito próprio é criar um estatuto de liberdade em relação a determinadas esferas de atuação. Isso não significa que essas leis não sejam juridicamente vinculativas. Por serem leis, vinculam, e por serem vinculativas originam um estatuto de liberdade que contém direitos e deveres. Em primeiro lugar, ocasionam o dever de não impedir ou dificultar o permitido. Assim, por exemplo, se uma lei permite o trânsito por determinada via, ninguém é obrigado a transitar por essa via, mas todos têm o dever de não impedir o trânsito de quem queira utilizá-la. Por outro lado, ao originar um estatuto de liberdade, as leis permissórias criam o direito do sujeito a realizar ou a omitir o permitido; não se trata apenas de uma simples faculdade, mas de um verdadeiro direito, que os demais devem respeitar, pois, ao ser a lei vinculativa, o permitido adquire o valor de devido quanto ao exercício da liberdade concedida. Em contrapartida, as leis permissórias não originam nenhum dever de solidariedade dos demais em relação ao sujeito que deseja fazer o permitido. Isto é, os demais não estão obrigados por nenhum dever a ajudar o sujeito a fazer o permitido ou a dar-lhe meios, já que o que se concede é somente uma liberdade ou permissão; de

---

77. D. 1, 3, 7.

fato, permitir consiste em dar o consentimento para que outros façam ou deixem de fazer uma coisa, por isso na lei permissória o legislador limita-se a consentir em determinadas condutas – criando uma esfera de liberdade –, sem impô-las às pessoas e, portanto, sem impor o dever de solidariedade. O direito de quem usa a lei permissória limita-se a não ser impedido. Portanto, se o permitido é receber um serviço ou alguns bens de outros, os possíveis prestadores do serviço ou doadores de bens têm a liberdade de fazer isso, porém, não recai sobre eles o dever jurídico de prestação; do contrário, não se trataria de uma lei permissória, e sim de uma lei que manda, que não é o caso. Assim, uma lei que permite o aborto não cria nos médicos o dever de realizá-lo, ao serem solicitados para isso pela mãe que deseja abortar.

As leis permissórias são de três tipos: permissoras, tolerantes e permissivas. As leis permissoras recaem sobre o que é indiferente jurídica ou moralmente. A ação ou omissão que permitem – o permissível – não viola nenhum princípio de justiça (nenhum direito), nem nenhuma norma de moralidade; p. ex., permitir a venda ambulante sem licença administrativa.

As leis tolerantes distinguem-se por permitir condutas injustas ou imorais, para evitar um mal maior. O permitido é, então, um mal jurídico ou moral que por si só deveria ser evitado, mas que é tolerado porque sua proibição traria em si males maiores. Nas leis tolerantes, as condutas toleradas aparecem como incorretas, de modo que seu estatuto jurídico-social é de condutas vitandas, a cuja erradicação não se tende mediante proibições, e sim por outros meios (p. ex., educativos). Esse é o caso da permissão da prostituição. Por suas características, as leis tolerantes implicam a proibição de tudo o que suponha apologia, propaganda ou fomento das condutas toleradas, tudo o que pode ser caracterizado como delito.

Chamamos leis permissivas às leis que permitem condutas injustas ou imorais, às quais é dado o estatuto jurídico-social de corretas. Distinguem-se, então, das leis tolerantes porque, ao contrário dessas, as condutas imorais ou injustas não são apresentadas ao meio social como vitandas e incorretas, mas como indiferentes e, portanto, como corretas. Em outras palavras, são leis permissivas as que dão a condutas incorretas perante o direito ou a moral o mesmo tratamento que as leis permissoras dão às condutas por si sós indiferentes. Facilmente observa-se que as leis permissivas são leis imorais, visto que não só toleram a injustiça ou a imoralidade, mas também as apresentam como justiça e moralidade, produzindo uma grave distorção na sociedade, ao favorecer em determinados pontos a lesão do direito e a transgressão da moral. São, então, leis irracionais. Uma marca própria das leis permissivas – que deriva de sua assimilação às leis permissoras – consiste em não conter a proibição de tudo o que suponha fomento, apologia ou propaganda do permitido, com o que se diferenciam substancialmente das leis tolerantes.

Uma situação especial de permissão é aquela em que se encontram as *condutas*. Nesse caso, há uma ausência de lei permissória, mas pode-se falar de uma lei implícita, visto que a ordem legal, com seu silêncio, somente permite as condutas descriminalizadas, com o mesmo tratamento e as mesmas conseqüências jurídicas como se houvesse uma lei permissória expressa do tipo das tolerantes. O que se entende por *conduta descriminalizada*? A conduta descriminalizada é propriamente aquela conduta injusta ou imoral que, estando como tal apenada pela lei, é excluída do tipo penal em determinados casos. Esses casos não apenados são as condutas descriminalizadas. É, então, típico de uma conduta descriminalizada ser um caso ou hipótese de uma conduta constitutiva de delito, que, por razões de política penal, é excluída do tipo penal. Dado que se trata de um caso ou hipótese de um tipo delituoso, a ordem legal mantém a tacha de conduta incorreta, por isso cabe-lhe a assimilação ao tolerado em boa técnica jurídica. No entanto, às vezes, por pressões sociais ou ideológicas, a descriminalização transforma-se em um tratamento legal próprio da lei permissiva, o que é uma incongruência. Em qualquer caso, a conduta descriminalizada nunca ultrapassa o plano da permissão, por isso não se concede ao sujeito outro direito além de não ser impedido de realizar a ação descriminalizada.

d) *Índole social*. A lei jurídica – que tem a condição de norma de direito – é regra da sociedade ou comunidade humana; em outras palavras, a matéria regulada por ela é a dimensão social do homem, por isso refere-se ao plano social humano. O que regula é a comunicação e vinculação sociais do homem, em cuja virtude a pessoa humana se une em sociedade e conecta-se com os demais em relações sociais de alteridade. Portanto, não são matéria da lei jurídica as condutas ou relações do homem que não se referem à dimensão social humana; a dimensão não-social ou interior da pessoa humana não é objeto de leis jurídicas e está protegida por três liberdades: a liberdade de pensamento, a liberdade religiosa e a liberdade de consciência. Então, a lei jurídica é lei da sociedade para a sociedade.

e) *Finalidade*. A lei é estrutura ou organização da sociedade. No entanto, o princípio de ordem ou de estruturação de qualquer ente, físico ou moral, é a finalidade[78]. A organização para um fim cumpre a função de critério da ordem, de modo que a perfeição ou correção de todo ente é medida por sua perfeita ou correta disposição para um fim. Assim, uma máquina está bem construída quando todas as suas peças funcionam corretamente, de modo que se cumpre a finalidade da máquina. O fim próprio da sociedade humana é chamado tradicionalmente *o bem comum*.

Com essa expressão se quer significar duas coisas: primeira, que a sociedade humana tem um sentido ou finalidade que constitui um bem: aquele conjunto de vantagens e benefícios que a sociedade obtém e, portanto, proporciona aos homens. Segunda, que esse bem não é um bem particular – o próprio de cada homem

---

78. Cf. J. HERVADA, *Cuatro lecciones de derecho natural*, cit., pp. 24 ss. Sobre a finalidade, ver R. ALVIRA, *La noción de finalidad*, Pamplona, 1978; É. GILSON, *De Aristóteles a Darwin (y vuelta)*, ed. castelhana, Pamplona, 1976.

concreto –, e sim o bem de conjunto da sociedade ou comunidade. Para entender de modo correto o qualificativo de comum, deve-se lembrar que não quer dizer o bem da maioria ou da generalidade dos cidadãos. Embora o bem comum repercuta no bem pessoal dos homens unidos em sociedade, esse bem não é pessoal, nem sequer relacionado à maioria ou generalidade; por isso, é incorreto substituir o bem comum pelo interesse geral. O bem comum refere-se à perfeição e ao benefício da sociedade, à boa estruturação, organização e desenvolvimento dessa; refere-se, então, à dimensão *comum* do homem unido em sociedade ou comunidade. É verdade também que a dimensão social do homem é *medial*, não é a dimensão última e absoluta do homem, mas é mediata e relativa, isto é, existe em função da pessoa humana. O bem comum, portanto, orienta-se e dirige-se ao bem pessoal do homem e nele repercute, proporcionando as condições e os bens necessários para o bem das pessoas. Porém, o bem comum é algo diferente dos bens particulares ou pessoais que dele derivam.

Sendo o bem comum a finalidade da sociedade humana, a lei é organização ou estrutura em função do bem comum, não do bem particular; como se lê em Graciano: "Nullo privato commodo, sed pro communi utilitate civium conscripta"[79], dada para a utilidade comum dos cidadãos, não para satisfazer interesses privados. Do bem comum, as leis recebem sua perfeição e sua legitimidade. As leis são tanto melhores quanto melhor estruturam e organizam a sociedade em função do bem comum. E as leis que se desviam do bem comum até se tornarem perniciosas para ele vêm a ser normas irracionais. Por outro lado, uma lei que não se orientasse para o bem comum, e sim para o bem particular de algum ou alguns cidadãos, seria uma lei ilegítima e injusta – contrária à justiça legal – e, portanto, seria uma corrupção de lei. Não se deve confundir isso com o fato de muitas leis se referirem de modo direto e imediato aos bens ou interesses de grupos sociais mais ou menos amplos: leis que protegem os agricultores, os assalariados, determinadas indústrias etc. Nesses casos, a lei será justa se a proteção a esses bens ou interesses parciais for realizada em função do bem comum, ou seja, se forem leis convenientes ou oportunas para o bem comum da sociedade; se tal circunstância não ocorresse, essas leis seriam injustas.

f) Sujeito capaz de receber leis. Com o nome de leis são conhecidas aquelas regras geradas no seio de uma sociedade de ordem suprema – p. ex., o Estado – para organizar, também no nível supremo, a vida social. Esse tipo de sociedade é chamado desde a Antiguidade *societas perfecta*, sociedade perfeita.

Por *societas perfecta* na ordem política e civil, entende-se atualmente o Estado, considerado em si mesmo ou unido em sistemas e organizações supra-estatais, que assumem funções da sociedade perfeita, como é o caso da Comunidade Econômi-

---

79. *Decretum*, I, IV, c. 2.

ca Européia; hoje em dia, os Estados integrados nela formam uma sociedade perfeita em seu conjunto, com uma organização peculiar, em parte estatal e em parte supra-estatal. As leis são, então, as regras que estruturam ou regem a sociedade humana no contexto das sociedades e comunidades perfeitas, e, portanto, são as regras superiores e supremas da vida social.

Isso não quer dizer que as leis sejam direcionadas sempre para toda a sociedade. Há as que efetivamente têm por âmbito de aplicação toda a comunidade perfeita e, então, pode-se falar de legislação geral ou comum (lei ou direito geral ou comum); porém, também há leis que regem apenas uma parte dessa sociedade, como uma região, distrito etc., e nesse caso trata-se de uma legislação particular (lei ou direito particular), que pode receber diversos nomes. Para que sejam leis, o decisivo é que as comunidades regidas por elas (ou seja, seu âmbito de aplicação) não pertençam à categoria dos chamados *entes menores*, enquanto tais, mas que se trate de entes que fazem parte da estrutura da sociedade perfeita como tal. Em outras palavras, deve-se tratar de partes da estrutura pública da sociedade perfeita.

Os entes menores, considerados singularmente como tais entes, também são regidos por normas jurídicas, mas essas normas não são propriamente leis, e sim normas singulares das quais falaremos adiante.

g) O legislador. O poder de estabelecer leis compete a quem participa da suprema função de governo da sociedade perfeita ou, em termos modernos, a quem participa da soberania, que em termos clássicos é chamada *poder de jurisdição* ou poderio público de governo.

Porém, para entender corretamente essa afirmação, deve-se considerar que tal função suprema ou poder de jurisdição não se concentra em um único órgão, mas – conforme a organização de cada ordem jurídica – é compartilhado em diferentes graus e níveis por um conjunto de órgãos e entes, hierarquizados ou não entre si. Por outro lado, pode-se ser titular desse poder legislativo sem possuir outras parcelas do poder de jurisdição (como é o caso do poder legislativo nos Estados organizados de acordo com o princípio de divisão de poderes), ou mantendo apenas restos da soberania, entre os quais conste o poder de estabelecer leis. Entes não-soberanos também podem ter a faculdade de estabelecer leis, contanto que essa faculdade proceda de uma lei do poder soberano (p. ex., a Constituição).

Uma idéia importante sobre isso é que a ação de estabelecer leis positivas não se realiza de fora da sociedade, mas na própria sociedade. É a sociedade humana que tem a faculdade de normatizar ou regular a si mesma, mediante diferentes procedimentos, historicamente variáveis. Existe sem dúvida um núcleo de ordem jurídica inerente à sociedade – direito natural –, porém sobre esse núcleo ergue-se todo o edifício da ordem jurídica positiva, como fruto da faculdade da sociedade de normatizar a si mesma. O legislador positivo não está acima da sociedade; ou é todo o corpo social ou são os órgãos próprios da sociedade que estabelecem leis.

Conforme o que já dissemos, o primeiro e fundamental titular da soberania na comunidade política é o povo. Portanto, o corpo social completo é, na *pólis* ou *civitas*, o primeiro titular da faculdade de estabelecer leis (o primeiro legislador). Embora na grande maioria dos Estados atuais o exercício dessa faculdade esteja muito restrito, pelas dificuldades que apresenta, esse poder não pode ser negado ou abolido, porque seria o mesmo que negar a soberania do povo ou pretender despojá-lo dela.

Por outro lado, a soberania ou poder público é exercido normalmente pelos órgãos de governo da sociedade, entre os quais alguns gozam do poderio legislativo em diversos graus e níveis. Em todo caso, trata-se de órgãos que devem pertencer necessariamente à estrutura pública da sociedade perfeita, que é a que, sendo a estrutura dessa sociedade como tal, participa da soberania ou poder que é próprio do corpo social da sociedade perfeita. Em algumas sociedades perfeitas, como a Igreja Católica, o titular original e primeiro da função legislativa – em geral, do poder público ou de jurisdição – não é o corpo social completo ou povo, mas a estrutura pública.

Concluindo, a função legislativa cabe ao poder público ou supremo da sociedade.

h) A marca de generalidade. Foi dito sobre a lei que tem como característica essencial a *generalidade*, com o que se quer manifestar que a lei não se refere a um sujeito singular ou a um caso particular, e sim a um conjunto de sujeitos e casos implicados no fato hipotético da norma legal. A lei não é estabelecida para pessoas singulares – físicas ou morais – mas para a generalidade delas. Nessa afirmação estão envolvidas duas questões: uma, a oposição à existência de privilégios – normas estabelecidas para um sujeito singular –, que seriam contrários ao princípio de igualdade que vigora em nossas comunidades políticas: ao afirmar que a lei tem a marca de generalidade, pretende-se dizer que não se admitem as normas singulares ou privilégios. Essa é uma questão de política legislativa e de técnica jurídica da qual não tratamos por enquanto. Outra questão, estritamente filosófico-jurídica, é a de, dada a existência de normas singulares – pelo menos como possibilidade –, se essas são leis em sentido filosófico ou pertencem a uma categoria distinta e, portanto, têm marcas diferenciais, o que supõe um tratamento diferenciado no plano técnico jurídico (p. ex., as regras de interpretação que se aplicam). Essa segunda questão é aquela de que vamos tratar. Isso posto, a lei se distingue da norma singular, de modo que a generalidade é uma marca própria da lei.

A marca de generalidade da lei já foi destacada, com linguagem equivalente, por Ulpiano:"Iura non in singulas personas, sed generaliter constituuntur."[80] Os direitos não se estabelecem levando em conta os indivíduos, e sim em geral. Com

---

80. D. 1, 3, 8.

mais exatidão, Papiniano classificou a lei como *praeceptum commune*[81], como um preceito comum. É mais exato, de fato, declarar que a lei tem como marca ser *comum* do que dizer que tem a marca de generalidade. A lei, como dizíamos, é estrutura da sociedade ou comunidade, de modo que tem como finalidade o bem comum. Dizíamos também que o âmbito da lei é ou a *societas perfecta* completa ou uma de suas partes. Portanto, a lei refere-se, por si só, a quantas pessoas e relações existirem no seio da comunidade, porque é lei para a comunidade: por isso é uma norma ou preceito que tem a índole de ser comum. Se não se direciona para a comunidade como organização ou estrutura dela, a norma não é lei, e sim outro tipo de regra (a norma singular). Ao ser direcionada para a comunidade, a lei é norma *comum* ou *geral*, no sentido de compreender por si só quantos casos iguais ou semelhantes forem produzidos na comunidade, portanto ficam englobados no fato hipotético da lei que abrange uma generalidade de casos; por isso, o fato hipotético da lei não pode ser singular, mas deve ser redigido com aquele grau de abstração suficiente para compreender uma multiplicidade de casos concretos.

i) Promulgação. É típico da lei ser uma norma extrínseca, isto é, não é a organização ou regra intrínseca ou inerente à realidade social enquanto dinâmica; a lei é uma norma elaborada e determinada pelo legislador. Portanto, na lei podem ser distinguidos dois momentos: enquanto está no legislador – mais amplamente, enquanto está proposta nos instrumentos pelos quais se apresenta e intima a seus destinatários – e enquanto está nos destinatários, quando a vivem e cumprem. Pela vivência, a lei plasma-se na estrutura ou organização intrínseca da realidade social. Porém, por si só, enquanto é norma determinada pelo legislador, é norma extrínseca.

Por conseguinte, a lei entra no âmbito da comunicação humana. Por ser uma regra ou modelo pensado e desejado pelo legislador, para que seja verdadeira lei ou norma vinculativa deve-se manifestar e transmitir aos destinatários. Sem *comunicação*, não há lei. O ato comunicativo em virtude do qual a lei é intimada à comunidade, ou seja, é comunicada em sua condição de lei, recebe o nome de promulgação. A promulgação é uma fase do processo legislativo, cuja eficácia consiste na passagem da lei à existência. Ao ser promulgada, a lei passa a existir. Daí que, não a promulgação, mas a marca de promulgada seja uma marca essencial da lei. De fato, a promulgação é um ato ou um processo de comunicação, cujo objeto é a lei; não é a própria lei, que é o comunicado. Por isso, a promulgação não pertence à essência da lei; por outro lado, pertence a sua essência o ter sido promulgada, de modo que apenas nesse sentido pode-se dizer que a promulgação seja de essência da lei.

j) A linguagem da lei. A comunicação humana é realizada por meio da linguagem. Nesse sentido, a lei se manifesta pela linguagem. Em todos os povos minima-

---

81. D. 1, 3, 1.

mente civilizados, a lei foi estabelecida e se estabelece mediante a escrita, de modo que desde tempos remotos a lei foi chamada de *lex* ou *constitutio scripta*, por oposição ao costume ou *lex non scripta* (lei não-escrita).

Se a lei se *manifesta* pela linguagem, a lei não se reduz a *ser* uma linguagem. A linguagem pertence ao gênero dos signos. E um signo é uma realidade que manifesta – contendo-a ou não – outra realidade. É típico do signo não ser a coisa significada. Assim, uma fotografia é um signo da pessoa em forma de imagem, mas não é a própria pessoa; a aparência visível e externa da pessoa, pela qual a captamos, não é signo da pessoa, e sim a própria pessoa. Ocorre o mesmo com uma bandeira; é signo ou símbolo de uma nação, não a própria nação, como é óbvio. O signo e a coisa significada são realidades distintas, que se unem pela relação de significação. Essa relação pode ser natural ou artificial, por isso os signos dividem-se em naturais e artificiais; a fumaça, por exemplo, é signo natural do fogo, enquanto um brasão é signo artificial de um grupo ou de uma instituição. A linguagem é um signo misto, em parte natural e em parte artificial, porque é natural a faculdade de se expressar pela linguagem e, por outro lado, o significado de cada palavra é convencional.

Disso, o que interessa é que a lei não é uma forma de linguagem. A linguagem é um signo que manifesta – contendo-a – a lei, que é a coisa significada. Portanto, não é possível aceitar a postura dos analíticos que reduzem a lei à linguagem. A linguagem e a lei são coisas diferentes e relacionadas, como signo e coisa significada. A lei é a regra emanada da razão e da vontade do legislador, é um ato humano do autor da lei, da qual a linguagem é o signo manifestador. Por isso, a interpretação e o estudo da lei não podem se limitar à análise da linguagem.

Qual é a linguagem própria da lei? Costuma-se dizer que a lei – a norma jurídica – é uma proposição prescritiva ou enunciado de um dever-ser; essa seria a linguagem que caberia a ela por ser um mandato. No entanto, é um fato que o estabelecido pelas leis com freqüência não se expressa em linguagem imperativa ou deontológica, mas sim que o legislador usa com assiduidade o presente e o futuro do indicativo. Nem sempre as leis estão redigidas em forma de proposições prescritivas ou deontológicas. Em parte esse fenômeno obedece a usos lingüísticos comuns (de acordo com os quais as regras de conduta são enunciadas no futuro) ou a usos forenses estabelecidos. Porém, muitas vezes a lei não usa uma linguagem prescritiva ou deontológica, porque o que estabelece não são normas de conduta. Já dissemos que a lei tem três funções: constitutiva, organizativa e prescritiva de condutas. Apenas para essa última função a linguagem deontológica é adequada. Em contrapartida, para as duas primeiras funções a linguagem própria e correta é o presente e o futuro do indicativo. Assim, é correta a redação do artigo 1 da Constituição espanhola, quando afirma: "A Espanha *constitui-se* em um Estado social e democrático de Direito ..." Não teria sentido dizer, nesse contexto, que "A Espanha *deve* constituir-se", porque o citado artigo não prescreve uma conduta, mas estabelece a forma do Estado espanhol. O mesmo cabe dizer quando a lei reconhece direitos ou situações prévias ou estabelece garantias. Em outras palavras e tal como já se indicou ao falar em geral da norma jurídica, não é possível reduzir a lei a mandatos sobre condutas; se, por sua natureza, a lei é obrigatória e vinculativa, nem sempre é um mandato ou preceito para realizar determinadas ações. Por conseguinte, de sua diversidade de funções surge uma diversidade de formas verbais da linguagem. Por isso, fazer uma teoria do direito sobre uma análise da norma como proposição prescritiva é pelo menos parcial e insuficiente.

k) *A obrigatoriedade da lei*. A obrigatoriedade da lei é máxima, pois representa o dever de justiça – de justiça legal – mais incondicional e de maior força jurídica, como compete a sua origem, que é o poder soberano da sociedade humana. Isso posto, a pergunta que cabe fazer é a seguinte: onde reside a obrigatoriedade da lei? Ou, em outros termos: por que a lei gera o dever de obediência?

Já rejeitamos antes as teorias da superioridade ou da imposição do órgão dotado de poder. Tanto o princípio de igualdade como o princípio de liberdade opõem-se à admissibilidade dessas teorias. Os atos de governo – e a lei é um deles – têm seu fundamento na função que desempenham os respectivos órgãos, e sua índole é a de atos de serviço à comunidade política. Então, a obrigatoriedade da lei deve ser encontrada na relação entre o destinatário da lei – o cidadão – e a comunidade política.

Cada comunidade política ou *societas perfecta* tem um duplo fundamento. O fundamento último é a sociabilidade humana natural, em cuja virtude todos os homens são sócios por natureza. Essa união social natural tem por objeto a obtenção do bem comum, que é uma dimensão necessária para a consecução dos fins naturais do homem, os quais constituem um dever-ser para toda pessoa humana[82]; isso implica que o bem comum também é um dever-ser. Existe, então, um vínculo de união social que provém do direito natural. Em virtude desse vínculo de direito natural, todo homem faz parte da comunidade humana e está vinculado a tender para o bem comum. Dado que a lei é um elemento necessário para a sociedade, por meio da qual os homens se orientam para o bem comum, a obrigação de tender para o bem comum concretiza-se na obrigação de cumprir a lei. Por sua vez, a função de governo é um elemento necessário para o desenvolvimento da sociedade, que tem por finalidade orientar a comunidade para o bem comum; como elemento necessário tem um fundamento de direito natural e, em virtude de sua finalidade e da vinculação dos cidadãos ao bem comum, suas disposições obrigam.

Além do fundamento último, cada comunidade política historicamente existente tem um fundamento próximo, que é o consenso ou pacto social. As formas como se produz esse consenso ou pacto são muito variadas; porém, é óbvio que sem o *consensus populi* não há comunidade política que possa se manter indefinidamente, e, em todo caso, sem esse *consensus* seria um fenômeno de força ilegíti-

---

82. Sobre a índole do dever-ser própria dos fins naturais do homem, ver J. HERVADA, *Introducción crítica al Derecho Natural*, cit., pp. 146 ss.

mo, cujas leis estariam viciadas por ilegitimidade. Supondo o consenso ou pacto social, o governo e as leis têm, além do fundamento de direito natural, a força do pacto social, por isso são aceitas a função de governo e as regras do desenvolvimento da sociedade em relação ao bem comum enquanto elementos necessários e naturais da comunidade política. O pacto social sustenta o que a comunidade política concreta e sua legislação têm de histórico. Pelo duplo elemento exposto, as leis obrigam e geram o dever de obediência.

De acordo com isso, quando é possível falar de legitimidade da desobediência da lei?[83] Em princípio, a desobediência à lei é sempre ilegítima, salvo quando são postos em jogo valores da pessoa humana que prevalecem sobre seus deveres de sociabilidade. Já dissemos que a comunidade humana e o bem comum não são, respectivamente, nem a realidade humana suprema, nem o bem superior ou último; são dimensões e bens mediais que se orientam para o bem da pessoa. Portanto, se fosse produzido um choque entre o dever de cumprir a lei e um direito fundamental da pessoa que prevalece sobre a sociabilidade humana, não haveria dever de cumprir a lei; isso ocorre com a liberdade de consciência: ninguém pode ser obrigado a agir contra a consciência.

Esse é propriamente o único caso em que é legítimo desobedecer à lei. Porém, há outras hipóteses de desobediência legítima, embora se trate de casos em que a lei é nula ou sofre um processo de enfraquecimento de seu fundamento. Esses casos podem ser resumidos na *crise da lei* e na *crise do pacto social*.

Com a crise da lei nos referimos a sua irracionalidade, seja original, seja sobrevinda. Uma lei irracional, por exemplo, quando contrária aos direitos humanos, não obriga, como já dissemos. A *crise do pacto social* é produzida quando se enfraquece ou se altera o consenso que sustentava um regime político, um governo ou a própria existência de uma comunidade política. Enquanto é legítimo promover essas mudanças, torna-se legítimo desobedecer às leis que sustentam o que se pretende mudar.

l) Lei e coação. Uma conseqüência da obrigatoriedade das leis é o sistema coativo que acompanha a ordem legal. O cumprimento das leis está subsidiariamente apoiado por um sistema de coação, que impele a cumprir as leis ou que sanciona o descumprimento. Ao tratar do direito já vimos o tema da coação, e como o que se disse é aplicável ao cumprimento da lei – que é o justo legal ou direito da sociedade; e, além disso, como expusemos outros pontos relacionados com a coação ao falar da injustiça, agora vamos nos limitar a tratar de alguns aspectos peculiares da coatividade das leis.

---

83. Sobre esse tema, ver P. SINGER, *Democracia y desobediencia*, ed. castelhana, Barcelona, 1985; E. FERNÁNDEZ, *La obediencia al Derecho*, Madrid, 1987; R. GARCÍA COTARELO, *Resistencia y desobediencia civil*, Madrid, 1987; J. MALEM, *Concepto y justificación de la desobediencia civil*, Barcelona, 1988.

Por que existe uma coação legítima no que se refere ao cumprimento da lei? A lei não é expressão da força do poder, nem a ordem legal é um sistema de força organizada. Já vimos que a lei é razão e vontade, que se direciona para a razão e para a vontade do destinatário. É uma regra racional, o que provém, entre outras coisas, de a ordem legal ser o sistema racional de organização da sociedade. O homem é um ser racional e, por conseqüência, a organização das relações sociais e a persecução do bem comum da *pólis* é, por si só, um sistema racional, que apela para a ação livre do homem. A lei, enquanto mandato, contém uma apelação para a obediência, que é a forma racional – virtuosa – de resposta do ser livre ao mandato. Portanto, nem a lei é força coativa, nem a obediência é resposta coagida.

A coação ou força aparece quando o homem não responde racionalmente obedecendo à lei, pois enquanto a lei é um *ordo rationis* a desobediência é uma conduta irracional (salvo os casos mencionados de desobediência legítima). A irracionalidade é uma falha – uma decadência – da pessoa humana (proveniente de uma decadência de sua natureza), que situa voluntariamente o homem à margem do sistema racional de organização da vida em sociedade. A razão é, nesse caso, substituída pela força, que tem sempre uma dimensão de subumanidade – falha, decadência – ao substituir a obediência livre própria do homem pela força, que é o próprio do mundo subumano. Por isso, a força ou coação não pode ser mais que um subproduto da lei e do direito, não o sistema normal, que é o da racionalidade livre. A norma jurídica é substituída pela força física, o que equivale a transferir-se do mundo humano para o mundo subumano.

Essa passagem da razão para a coação tem seu fundamento no fato de que o desenvolvimento da vida social para o bem comum, baseado na obtenção dos fins naturais do homem, tem caráter necessário, como lei natural que é. Necessário não em sentido físico, mas em sentido moral, porém necessário no final das contas, isto é, obrigatório e vinculativo. Por isso, as leis, como dissemos, são obrigatórias. Ao ser necessário o desenvolvimento da vida social no que se refere ao bem comum, cujo regulamento são as leis, a desordem que a não-obediência livre implica legitima a redução à ordem pela força.

Sem dúvida, a aplicação da força tem algo de subumano, por isso só é possível legitimar a força pela capacidade do homem de decair – sempre e apenas parcialmente – de seu estatuto natural de ser racional (*homo fallens*). Somente a possibilidade de falha ou decadência do homem em relação a sua ordem natural de ser racional e livre – no que se refere à lei natural – explica e legitima a coação. Portanto, essa é ilegítima desde que não exista essa falha.

Do que foi dito, deduz-se claramente que a coação não é um fator essencial da lei, e sim apenas uma conseqüência própria de sua obrigatoriedade, enquanto fundamentada no caráter moralmente necessário do desenvolvimento da sociedade para o bem comum.

m) *Validade e eficácia da lei*. Em um texto medieval, do início do *ius commune* que conduziu o direito europeu até a codificação, lemos esta afirmação: "Leges instituuntur, cum promulgantur, firmantur, cum moribus utentium approbantur."[84] As leis são instituídas quando promulgadas, tornam-se firmes quando aprovadas pelo cumprimento habitual de seus destinatários. Sem dúvida, essa afirmação é inaceitável para o legalismo imperante e, para dizer a verdade, dificilmente combinável com o modo como as ordens jurídicas modernas formalizaram a lei e sua validade no tempo e no espaço. No entanto, do ponto de vista da filosofia do direito – que deve estudar a lei além da formalização positiva –, a afirmação de Graciano merece atenção.

Desde o momento em que a norma legal não pode ser entendida simplesmente como uma vontade superior que se impõe, sua validade e sua eficácia devem ser vistas da perspectiva da função reguladora do governante e do *consensus* ou pacto social em que se baseiam de modo imediato a existência e o desenvolvimento da comunidade política concreta. Por isso, a atitude da cidadania perante a lei é um fator relevante no processo existencial das leis.

Uma lei é completamente lei da sociedade não só quando é *válida* – ou seja, quando existe como mandato e regra do legislador que por si só obriga –, como também se é *eficaz*, ou seja, se é cumprida e vivida por seus destinatários. Apenas se é cumprida, ela exerce sua função de lei, ou seja, só nesse caso regula e orienta a comunidade política. Uma lei formalmente existente, porém não aplicada, não age de fato como lei, como norma ou regra da sociedade. Nesse caso, sem dúvida é válida, mas ineficaz.

Não falamos das transgressões parciais da lei, que sempre existem; referimo-nos sim à *desuetudo*, à desaplicação generalizada do corpo social que rejeita a lei. É essa *desuetudo* que produz a ineficácia.

Por isso, a recepção da lei pelo corpo social é um fator que completa o processo de gênese da norma e de sua vigência no tempo e no espaço, não no sentido de sua *validade*, mas no sentido de sua *eficácia*. Uma lei determinada e não cumprida é uma lei válida, porém ineficaz.

Embora a eficácia esteja relacionada aos fatos, nem por isso deixa de influenciar o processo existencial da lei. A lei ser de fato lei, isto é, regra ou estatuto vivido, influi na própria condição da lei como tal, visto que a lei só é completamente lei quando cumprida e vivida, já que do contrário fica inoperante sua razão de existência, que é regular a realidade social.

Uma lei é completamente lei quando é válida e eficaz. Por isso, o processo existencial da lei é determinado por dois fatores: a promulgação pelo legislador e o uso ou cumprimento pelo corpo social. Pela promulgação, a lei é instituída e é válida; pelo uso, confirma-se como lei e é eficaz.

---

84. *Decretum Gratiani*, dictum post, I, IV, c. 3.

A *desuetudo*, ou rejeição generalizada da lei por parte do corpo social, não deve ser confundida com a desobediência à lei, à qual nos referimos no item anterior. O que a *desuetudo* põe em jogo é o pacto social ou *consensus populi* em relação ao governante; é a rejeição a um ato seu, que equivale a manifestar sobre esse ato a falta do referido consenso, com os limitados efeitos já assinalados.

19. A NORMA SINGULAR. *a)* Junto com a lei ou norma comum, todas as ordens jurídicas conheceram – e continuam conhecendo – a existência da norma singular. Com isso entendemos a norma ou regra de direito determinada pelo poder político com uma suposição de fato singular (não geral), isto é, a norma dirigida a uma pessoa física concreta ou a uma comunidade menor (ou seja, que não faz parte da estrutura pública e orgânica da *societas perfecta*) também concreta. Por exemplo, a norma determinada para a empresa comercial X, para a família Y ou para a pessoa Z. Em nossa tradição jurídica romano-canônica, a norma singular recebeu diferentes nomes: *praeceptum* (preceito), *beneficium* (benefício), privilégio etc. Os mais comuns foram preceito (para as normas de conduta), privilégio e dispensa (ambas para designar estatutos jurídicos singulares).

Por preceito, entende-se o mandato ou a ordem de realizar determinadas ações ou operações ou a proibição de certas condutas. A dispensa é o relaxamento da lei em um caso concreto (p. ex., suspender a proibição ou incapacidade de realizar um ato jurídico antes da idade estabelecida na lei). Por sua vez, o privilégio é a concessão de um estatuto jurídico singular transitório ou permanente; isto é, o ato pelo qual são concedidos direitos a um sujeito singularmente considerado ou pelo qual esse é privado daqueles direitos. Embora o privilégio possa supor um estatuto jurídico pior que o estabelecido pela lei (*privilegia odiosa*, privilégios odiosos), foi muito comum o privilégio ser concedido – como diziam os clássicos – com intenção benévola, isto é, conceder benefícios e vantagens; porém, por sua natureza, o privilégio não tem por que conceder vantagens ou desvantagens, pois é característica sua dotar de um estatuto jurídico um ente singular que precisa dele, sem que isso signifique um estatuto melhor ou pior que o dos demais entes.

b) A norma singular teve e tem muita relevância nas sociedades que não são regidas pelo princípio de igualdade perante a lei. Em contrapartida, ao ser estabelecido esse princípio, a norma singular sofreu uma importante redução, a ponto de se ter comumente a idéia de que não existe nas ordens modernas. No entanto, a norma singular continua existindo. O preceito é uma norma singular necessária e imprescindível, de uso ordinário e corrente. A dispensa, embora de aplicação reduzida, é às vezes conveniente para evitar que a generalidade da lei conduza, em casos concretos, a situações danosas, e costuma estar prevista pela ordem jurídica para certas suposições. Quanto ao privilégio, é verdade que se evita o nome nas sociedades políticas modernas – pelas conotações que tem da desigualdade própria do Antigo Regime –, mas também continua existindo, assumindo a forma de lei, de ato administrativo ou mesmo de sentença judicial. Por exemplo, todas as decisões de governo que concedem um estatuto peculiar a pessoas ou entidades singulares são por sua índole privilégios, embora assumam a forma de lei ou de tratado internacional; como o tratamento de nação mais favorecida.

c) A norma singular, enquanto norma diferente da lei, é instituída por decisão do poder público. Se essa decisão não fosse aprovada porque a norma é uma regra imposta diretamente por lei, então não haveria uma norma singular, e sim a simples aplicação da lei ao caso concreto. Algo diferente é a norma singular estar regulamentada por lei; nesse sentido, tanto formal como materialmente, a decisão do poder público que origina uma norma singular pode estar legalmente regulamentada e restar pouco espaço para a discricionariedade. O decisivo para tratar de uma norma singular é que exista a norma com destinatário singular como decisão do poder público com existência própria. Por exemplo, se a lei estabelece que a fundação de uma Universidade e a aprovação de seus estatutos devem ser feitas por lei, a lei pela qual se funda uma Universidade e se aprovam seus estatutos não é em sua substância uma lei (embora tenha a forma dela e tenha sido seguido o processo legislativo correspondente), e sim uma norma singular (nesse caso um privilégio, segundo a terminologia clássica, apesar de agora o termo estar em desuso).

d) A norma singular e a lei se distinguem pelo fato hipotético, que é geral ou comum no caso da lei e singular na norma assim chamada. Porém, não se distinguem por sua finalidade: o bem comum. Não se podem diferenciar os dois tipos de normas pelo fim: a lei se organizaria para o bem comum e a norma singular, para o bem particular. Em primeiro lugar, porque há normas singulares que são desfavoráveis ao sujeito para o qual se destinam (p. ex., a expropriação de uma empresa ou seu confisco, a privação da nacionalidade etc.), e essas normas necessariamente devem ser justificadas por um bem para o qual se organizam, que não pode ser outro além do bem comum, já que o poder público existe em função dele. Em segundo lugar, porque o poder público, enquanto poder social – o próprio da sociedade perfeita –, não tem por função direta a consecução do bem particular, mas a obtenção do bem comum. Portanto, toda norma proveniente do poder público deve ser orientada para o bem comum, de modo que, se favorecer o bem particular, precisará fazer isso em função do bem comum. A norma singular orienta-se para o bem comum e deve estar subordinada a ele, tanto se for favorável como se for desfavorável ao sujeito ao qual se destina. Do contrário, não seria justa, porque lesaria a justiça legal.

e) Uma questão sugerida pelas normas singulares que estabelecem estatutos jurídicos (conceder direitos ou privar-se deles, outorgar capacidade ou suspender uma proibição), como a dispensa e a lei com destinatário singular (o antigo privilégio), é a referente a sua coerência com o princípio de igualdade perante a lei. Certamente, pode haver normas singulares que atentem contra esse princípio e introduzam desigualdades jurídicas, como era freqüente no Antigo Regime. Essas normas singulares são inadmissíveis em nossa cultura jurídico-política, presidida pelo princípio de igualdade e não-discriminação.

Porém, nem toda norma singular vai contra o princípio de igualdade. Respeita-se o princípio de igualdade, em primeiro lugar, quando a norma singular é regulamentada por lei, de modo que é concedida igualmente a todos os sujeitos que estão na mesma situação. Assim, a norma singular pela qual é criada uma Universidade não vai contra o princípio de igualdade se a fundação é concedida igualmente – mediante as respectivas normas singulares – a todos os centros universitários que cumpram os requisitos estabelecidos pela lei.

Em segundo lugar, a norma singular não é contrária ao princípio de igualdade, se o que é estabelecido por ela para o caso concreto tem a devida proporção – justiça distributiva – com o que foi estabelecido pela lei para a generalidade dos casos. O princípio de igualdade, por referir-se à igualdade de tratamento e à igualdade na repartição de bens e encargos, é regido pelos critérios da justiça distributiva, que implica a igualdade proporcional, não o igualitarismo (próprio da justiça comutativa).

Por outro lado, sabe-se bem que a lei, por causa da generalidade e abstração com que está elaborada, pode-se tornar inconveniente, danosa e mesmo injusta em determinadas suposições. Quando uma norma singular destina-se a evitar tais efeitos indesejáveis nos casos singulares, não atenta contra a igualdade; pelo contrário, ela a estabelece, ao equiparar todos os casos em relação ao bem que a lei pretende obter; pois, de fato, se uma lei produz um bem na generalidade dos casos e um mal em um caso singular, causa uma desigualdade, de modo que a norma singular que corrige esse mal iguala o caso singular aos casos gerais.

20. O COSTUME. *a) Introdução*. Ao longo da História, junto com a lei, tiveram importância notória e às vezes decisiva na formação das regras de direito as normas consuetudinárias, isto é, aquelas provenientes do uso constante de uma comunidade, povo ou nação, que arraigaram na consciência jurídica como normas vinculativas com a força que se atribui às leis. Historicamente falando, pode-se dizer que o costume existiu antes da lei, pois em muitas comunidades políticas o núcleo primário e básico da ordem jurídica foi constituído pelas tradições ou costumes recebidos dos antepassados ou *mores maiorum*, conforme o termo usado pelos romanos. No Digesto, narra-se quem foram os primeiros a estabelecer leis, o que, deixando de lado a inexatidão histórica dos dados ali incluídos, indica a consciência da precedência no tempo do costume sobre a lei. Quanto à Europa, o costume teve uma notável relevância tanto na Antiguidade (Grécia e Roma) como no sistema medieval do *utrumque ius* (direito canônico e direito secular), de modo que o direito realmente vivido foi em boa parte um direito consuetudinário. A partir do racio-

nalismo, que almejava uma ordem jurídica deduzida da razão, e o conseqüente movimento codificador – e apesar dos esforços da Escola Histórica –, introduziu-se uma influente atitude de prevenção contra o costume, cuja função e relevância nas ordens jurídicas de feitio moderno (exceto o direito canônico) ficaram sensivelmente diminuídas.

Essa situação levou a maioria dos filósofos do direito a não se ocupar do costume; no entanto, julgamos que, por sua índole de ciência especulativa que precisa estudar toda a realidade jurídica, um tratado de filosofia do direito deve expor o costume segundo todas as suas possibilidades – independentemente dos cortes que tenha sofrido nas ordens concretas –, e é o que faremos a seguir, com a brevidade requerida pela índole destas lições.

b) Noção. O costume recebeu antigamente a classificação de *lex non scripta* (lei não-escrita), o que indica com bastante aproximação a natureza desse tipo de norma. O costume é uma norma geral ou comum, induzido pela conduta e pelo uso constante de uma comunidade, que tem força de lei.

Então, o costume coincide com a lei em sua índole de norma, em ser comum – não singular – e em sua idêntica força jurídica. Com razão pode ser chamado "lei não-escrita", pois lei e costume distinguem-se sobretudo pelo modo de se manifestar: a lei pela escrita, o costume pelo uso. Por conseqüência, o costume do qual tratamos aqui não é nenhum uso ou conduta habitual à qual a ordem jurídica outorgue efeitos reguladores com força jurídica, mas o costume que faz lei, aquele que merece o nome de lei não-escrita.

Por isso, o costume é norma comum ou geral, como vimos na lei; não é norma singular (como poderia ser o privilégio nascido da prescrição), e sim norma da comunidade como tal, que regula de forma comum o setor da vida jurídica ao qual se refere; p. ex., os testamentos, os contratos etc. Nesse sentido, o costume é apreendido intelectualmente e expresso pela linguagem como uma norma com uma suposição de fato geral e abstrata, como a lei.

c) Força obrigatória. O costume, como foi dito, pôde receber a designação de lei não-escrita porque sua força de obrigar é a mesma que a da lei. Esse é o princípio fundamental: o costume tem força de lei. E quando em uma ordem jurídica há hierarquia de normas o costume segue esta hierarquia: o costume constitucional prevalece sobre a lei ordinária, os costumes que estão na ordem e categoria das leis ordinárias estão submetidos às leis e costumes de categoria constitucional etc.

A questão fundamental que se propõe em relação à força obrigatória do costume é sua origem. Essa força vinculativa provém da comunidade, isto é, do povo ou, pelo contrário, provém do governante ou superior – em último caso da lei? Se fosse o segundo caso, o costume não seria propriamente uma norma, e sim um fato considerado pela lei (a *voluntas superioris*), de modo que o costume, como norma, não teria entidade própria, pois se reduziria a ser uma suposição de fato da lei; se isso fosse verdade, dever-se-ia dizer que o costume, para ser norma, necessita da referenda legal ou, como diziam os antepassados, o consentimento do governante (*consensus superioris*).

Naqueles ambientes de pensamento político e jurídico nos quais se entendeu que o titular da soberania – e, portanto, do poder público de governo ou jurisdição – era o rei ou o imperador (que, por isso, recebeu o nome de soberano) e, por conseguinte, se afirmou que estabelecer normas era função do *superior* ou pessoa que como governante estava acima do povo, o costume foi considerado norma que necessitava da referenda legal ou do *consensus superioris*. O positivismo legalista, proveniente do racionalismo, que só reconhece na norma do poder público a força de obrigar, também entendeu o costume como norma dependente da lei, da qual procederia sua natureza vinculativa. Em geral, todo pensamento jurídico para o qual a norma é um ditado do poder considera o costume como um fato sem força normativa por si mesmo, dependendo da que tenha a lei.

Essa forma de entender o costume não parece que possa ser considerada correta. Já dissemos que na *pólis* ou comunidade política – na sociedade civil[85] – o titular da soberania é o povo, a comunidade, que é o primeiro legislador. Portanto, se a comunidade pode estabelecer leis, ela é o titular do poder em cuja virtude o costume é vinculativo ou verdadeira norma jurídica. Na realidade, a lei e o costume são duas formas do poder de normatizar a si mesma que uma *pólis* tem: por meio da ação popular ou por meio de seus órgãos de poder público. Os governantes – em geral os órgãos de poder público – não estão acima do corpo social, do povo; não são *superiores*, se com isso se entende estar sobre a *pólis* ou comunidade, mas órgãos da *pólis*, de modo que essa pode realizar sua capacidade de normatizar a si mesma segundo as duas formas indicadas. Por sua vez, a ação popular pode ser exercida como lei (plebiscito, referendo) ou como costume.

Por conseqüência, o costume é um tipo de norma diferente da lei, cujo autor, com sua força vinculativa, é a cidadania ou *populus*.

d) Intencionalidade jurídica. Discutiu-se na tradição clássica se para que um costume tivesse razão de norma, ou seja, força de lei, bastaria a mera existência do fato consuetudinário – a repetição habitual de condutas ou formas de agir –, ou seria necessário que a comunidade tivesse o ânimo de introduzir uma norma jurídica (*animus inducendi iuris*). Sobre esse ponto, parece suficiente lembrar que o costume é lei não-escrita instituída pela ação popular. Portanto, trata-se do exercício do poder de normatizar a si mesma da *pólis*, o que indica que o ânimo de introduzir direito é um elemento necessário do costume.

---

85. Não tratamos aqui do costume em direito canônico, que é proposto em termos diferentes. Sobre o costume canônico, ver G. MICHIELS, *Normae generales Iuris Canonici*, II, 2.ª ed., Tornaci, 1949; R. WEHRLÉ, *De la coutume dans le droit canonique*, Paris, 1928; A. VAN HOVE, *De consuetudine*, Mechliniae, 1933; J. ARIAS, *El "consensus communitatis" en la eficacia normativa de la costumbre*, Pamplona, 1966.

Não se deve confundir esse ânimo com a necessidade de pactos ou declarações expressas, que não ocorrem no costume (e mudariam sua natureza), tratando-se sim do ânimo ou vontade de se vincular juridicamente, isto é, de agir configurando o uso como norma jurídica.

e) Comunidade capaz de introduzir costumes. O costume, como norma geral ou comum que é, é obra de uma comunidade; constitui costume o uso, conduta ou forma de agir que são habituais em uma comunidade. Sobre isso, propõe-se a pergunta: que tipo ou espécie de comunidade é capaz de introduzir costumes?

Fica claro que, dado que o costume é norma geral ou comum como a lei (lei não-escrita), para formar um costume deve-se tratar daquele tipo de comunidade que é capaz de receber leis, não normas singulares, de modo que uma norma determinada particularmente para ela tenha a índole de lei. Portanto, deve-se tratar ou de toda a *societas perfecta* ou de alguma de suas partes que – de acordo com a múltipla variedade com que se organiza (nacionalidades, regiões, distritos, confederações, municípios etc.) –, por ser parte dela, integra sua estrutura pública, como se disse ao falar da comunidade capaz de receber leis.

Por outro lado e em relação ao tema do poder vinculativo do costume, cabe advertir que a faculdade de normatizar a si mesma pela ação popular não consiste apenas em todo o conjunto da *societas perfecta*, mas também em cada uma de suas partes em que a comunidade política se organiza, as quais, ao serem capazes de se reger por leis próprias (de receber leis), mantêm a capacidade de normatizar a si mesmas, seja pelos órgãos de governo, seja pela ação popular.

f) Formalização. Por formalização, entendemos o processo de tecnicização jurídica dos momentos do direito. Pois bem, o processo de estabelecer normas jurídicas e sua força vinculativa está submetido a seu regulamento e aperfeiçoamento pela técnica jurídica. Isso ocorre – como é bem sabido – com a lei; assim, o processo de reforma constitucional está submetido a alguns requisitos determinados, as leis ordinárias são instituídas segundo o procedimento legislativo estabelecido, sua vigência depende do que foi disposto pelas regras da hierarquia de normas etc. Ocorre o mesmo com o costume. A norma consuetudinária também pode – e deve – estar formalizada mediante regras, com categoria de lei (pois essa é a categoria do costume), que estabeleçam os requisitos que o costume precisa cumprir para que se transforme em norma jurídica.

De modo particular, cabe à formalização fixar o período que deve durar um costume para que se assegure como norma jurídica. Esse é um ponto de peculiar importância, porque o costume é um uso ou conduta habitual, por isso é necessário que tenha uma longa duração no tempo, para que o uso ou conduta se torne habitual e se transforme em costume. Não está estabelecido por nenhum critério intrínseco qual é o período para que um costume adquira força de lei, embora pareça que o costume seguido por uma geração (várias dezenas de anos) possa ser considerado consolidado. Por isso, é função do legislador ou dos juízes (conforme o sistema jurídico que se segue) formalizar o costume nesse ponto, fixando os prazos correspondentes. À guisa de exemplo, vamos lembrar que no direito canônico o período estabelecido atualmente é o de trinta anos, em alguns casos, e para outros se requer que o costume seja centenário ou imemorial.

g) Relação com a lei. O costume pode estar de acordo com a lei (*secundum legem*), pode ser contrário à lei (*contra legem*) ou recair sobre matéria não regulada pela lei (extralegal ou *praeter legem*).

O costume de acordo com a lei consiste em uma forma habitual e determinada de cumprir uma lei. Afirma-se que esse costume é o melhor intérprete das leis, porque é a forma de interpretar a lei que melhor se adapta à realidade social. Quando o costume prescreve, essa interpretação da lei tem força de lei e, portanto, torna-se obrigatória para os juízes, para os órgãos de governo e a administração pública e para todos os cidadãos. Sobre isso, deve-se advertir que, se uma lei admitisse diversas formas de cumprimento e se fosse imposta por costume uma determinada forma com intenção de excluir as demais formas lícitas, não seria um costume *secundum legem*, mas propriamente *praeter legem*.

É costume *contra legem* aquele que consiste em uma conduta ou modos de agir contrários à lei. Quando o costume prescreveu, derroga a lei, assim como a lei posterior derroga a anterior. Já foi dito que o costume é lei não-escrita, ou seja, é norma jurídica com força de lei; portanto, o costume contrário à lei tem força derrogatória dessa. O costume não perde essa força derrogatória pelo simples fato de a lei conter uma cláusula proibindo os costumes contrários a ela, porque, originando-se ambos do mesmo poder da sociedade de constituir a si mesma (o poder supremo da *societas perfecta*), a cláusula proibitiva não pode anular a força do costume, do mesmo modo que uma lei não pode proibir uma lei posterior contrária. Caso distinto é a lei reprovar ou condenar um costume contrário, o que só é legítimo se o costume contrário à lei atenta contra o bem comum; nesse caso, o costume torna-se irracional e, portanto, sem força vinculativa.

O costume extralegal ou *praeter legem* é aquele que vem preencher uma lacuna da lei, isto é, regula relações sociais não regulamentadas pelas leis. Por conseguinte, onde há um costume *praeter legem* não se pode falar de uma lacuna da ordem jurídica.

h) Racionalidade. O costume é uma norma jurídica e, portanto, é aplicável a ele tudo o que foi dito antes sobre a racionalidade da norma. O costume, para adquirir força de lei, deve ser racional, cumprindo os requisitos que foram indicados em momento oportuno. Aqui queremos simplesmente lembrar que o costume, como lei não-escrita, precisa estar orientado para o bem comum, precisa ser uma norma que oriente a vida social em função do bem comum.

É particularmente importante considerar isso no caso do costume *contra legem*. O descumprimento reiterado da lei ou a habitual conduta contrária a ela não se transforma em norma jurídica, quando se trata de uma desordem social que atenta contra o bem comum. Essas atitudes, por mais inveteradas que sejam, não podem nem derrogar a lei nem adquirir força de lei. O costume *contra legem* é aquele que, dentro das diferentes opções legítimas que se apresentam ao legislador para regular uma matéria, representa uma opção do corpo social distinta da escolhida pelo legislador; portanto, deve-se tratar de um costume orientado para o bem comum.

i) Costume e democracia. É realmente incoerente que, em nossas sociedades democráticas avançadas, o costume esteja formalizado de tal modo que quase não tenha relevância. A idolatria da lei é mais típica de regimes absolutos ou ditatoriais do que de uma sociedade democrática. O costume é uma forma inestimável de participação popular na organização da vida social, própria de sociedades livres. O costume sempre foi um símbolo de liberdade do corpo social, como forma que é da autonomia e da regulação da cidadania por si mesma, manifestação de sua espontaneidade e de sua escolha de modos de vida e de organização social, que correspondem melhor a seu sistema de valores, de mentalidade e idiossincrasia.

21. O PACTO OU LEI ACORDADA. A norma jurídica pode ter sua origem no pacto ou acordo de vontades, que atua também como um momento do direito. A norma derivada do pacto pode ter a força de lei, em cujo caso pode-se falar de leis acordadas. Essa espécie de pacto pode ser de dois tipos, que analisaremos a seguir.

a) Tratados internacionais. São causa que origina normas jurídicas os pactos ou tratados entre duas ou mais sociedades perfeitas, que contêm regras de direito – constitutivas, organizativas ou ordenadoras de conduta – possuidoras de eficácia imediata em virtude do próprio tratado, seja no âmbito internacional, seja no âmbito interno das sociedades perfeitas que pactuam. Isto é, referimo-nos aos pactos internacionais normativos que não necessitam de uma lei interna para ter eficácia jurídica plena. Não falamos, então, dos pactos internacionais sem eficácia jurídica imediata.

Essas normas pactuais possuem a máxima força jurídica, aquela que vimos que é própria da lei. Por isso são leis acordadas, isto é, não nascidas de um ato unilateral de um órgão de poder, mas do pacto ou convênio entre sociedades perfeitas, representadas pelos órgãos que, segundo a ordem de cada uma delas, tenham a faculdade de negociar, concluir e dar valor jurídico a esses pactos.

O mais relevante para o que nos interessa consiste em indicar que o momento do direito de que falamos é o próprio pacto. A causa da norma jurídica, o que dá existência e vigência a ela, é o pacto. É, então, um caso claro de que a norma jurídica não deriva de um poder superior à sociedade – não existe esse poder superior no caso que nos ocupa –, mas da faculdade da sociedade humana de normatizar a si mesma, que pode se manifestar de diversas formas. Nesse caso, é o pacto como tal a fonte da regra do direito, seja qual for o processo que deve ser seguido para sua entrada em vigor.

Onde reside a força do pacto, sua condição de causa de regra do direito? Justamente no poder de normatizar a si mesma inerente à sociedade humana – capacidade por direito natural de se regular –, que reside primeiramente no corpo social e se formaliza historicamente de múltiplas formas. Esse poder de normatizar a si mesmo outorga ao pacto internacional sua força própria como pacto normativo com valor próprio, não como ato – lei – conjunto de dois ou mais poderes, que logo se refletiria em outras tantas leis internas.

b) O convênio social. O mesmo poder de normatizar a si mesma da comunidade humana manifesta-se no interior de cada sociedade perfeita no convênio social. Com isso entendemos o pacto, com a mesma força jurídica da lei, entre os órgãos de poder e as comunidades que formam a sociedade, as forças sociais que a integram ou grupos de cidadãos. Ou também os pactos entre esses elementos constitutivos da sociedade, que originam organizações, estatutos ou estruturas de natureza pública. Historicamente esses pactos tiveram notável importância, como os pactos entre a realeza e a nobreza, ou entre o rei e as cidades.

O convênio social não deve ser confundido com a lei consensual. Nessa, o que se resolve por acordo e se pactua é o conteúdo da lei, que é uma norma própria do poder legislativo. Em contrapartida, o convênio social é um acordo de natureza jurídica pública, que contém normas jurídicas, cuja força provém do pacto. Assim, por exemplo, as Comunidades Autônomas espanholas têm sua origem em uma lei, a Constituição, porém a Comunidade da Jurisdição de Navarra é pré-constitucional e sua origem primeira é o pacto.

c) O pacto e a lei. De modo semelhante ao que dizíamos ao falar do costume, podemos afirmar que o pacto existiu antes da lei. A constituição de cada *pólis* concreta é um processo histórico que – baseado na natureza social do homem – provém do pacto, às vezes explícito, muitas vezes implícito, assim como os regimes e formas de governo. Tanto a *pólis* como os regimes políticos – salvo períodos em que se baseiam na força e, portanto, na violência, períodos que não podem ser indeterminados – apóiam-se no consenso, isto é, no pacto explícito ou implícito. Nesse sentido, a legislação, ao pressupor a constituição da *pólis*, é precedida pelo pacto.

É possível, então, afirmar que uma filosofia do direito baseada exclusivamente na lei conduz a um sistema de pensamento jurídico incompleto e, por ser incompleto, inexato. Sua teoria da norma leva a uma consideração polarizada de determinado tipo dela e induz a notáveis confusões, entre as quais entender a norma jurídica como exclusivo fenômeno de poder do governante.

22. A SENTENÇA JUDICIAL. Entre os momentos do direito que podem originar normas jurídicas pode-se incluir, não sem uma série de especificações, a sen-

tença judicial e especialmente as séries de sentenças que definem uma linha de decisões semelhantes (jurisprudência no sentido moderno da palavra).

Dissemos antes que o jurista por excelência é o juiz: cabe a ele expressar o direito, declarar o justo nas relações humanas concretas. Nesse sentido, o que compete propriamente ao juiz é a interpretação e aplicação das normas jurídicas quanto a seu cumprimento. Segundo isso e de acordo com o que foi dito repetidamente, a função do juiz pressupõe o direito – seu título e sua medida – e a norma pré-constituída enquanto causa e medida do direito. Portanto, considerada a função do juiz, não cabe à sentença judicial criar normas jurídicas. E mais: supondo a constituição dos Estados modernos baseada na separação de funções e poderes, a função do poder judiciário deveria limitar-se, em relação à norma jurídica, apenas a interpretá-la e a aplicá-la.

Porém, a vida do foro é muito mais complexa que as teorias políticas e as distinções científicas. Quando o juiz deve resolver as controvérsias forenses, nem sempre encontra a lei aplicável (lacunas da legislação), nem leis estabelecidas com clareza e de modo indubitável nos atos que criam ou transmitem direitos à titularidade e à medida desses direitos, sem que o juiz possa escudar-se nesses fatos para deixar de proferir sentença. Há, além disso, um fator histórico que influi também nas decisões judiciais. A interpretação da lei e das instituições jurídicas necessita de uma adaptação às mudanças ideológicas, psicológicas e sociais que se produzem na sociedade. Tudo isso implica que, às vezes, a sentença judicial não se limita a expressar o direito e a aplicar a norma, mas age como norma estabelecendo a medida dos direitos e ainda fixando seus titulares. Igualmente, segundo a forma de interpretar uma norma, na realidade pode estar criando uma nova, como ocorre com a interpretação analógica, a interpretação extensiva e a progressiva ou, às vezes, quando recorre aos princípios gerais do direito.

Em princípio, a sentença judicial, que na realidade estabelece uma norma, tem validade e eficácia apenas em relação ao caso concreto, por isso o que se cria é uma norma singular. Porém, tanto nos sistemas jurídicos baseados no precendente judicial – p. ex., o anglo-saxão – como naqueles em que a continuidade de uma mesma interpretação da lei e dos direitos pelos tribunais superiores vincula – pelo menos até certo ponto – os juízes e tribunais inferiores (isto é, *fazem jurisprudência*), a série de sentenças semelhantes cria verdadeiras normas gerais. Por tudo isso, é preciso admitir que a sentença judicial pode ser fonte de direito, ou seja, um momento da ordem jurídica.

23. OS ATOS JURÍDICOS DA INICIATIVA PRIVADA. *a*) Além de atos jurídicos não-normativos que criam, modificam ou extinguem relações jurídicas, cuja causa é a iniciativa privada, essa também é causa de atos jurídicos de natureza normativa, que contêm verdadeiros estatutos dos direitos (*ratio iuris*); como os contratos com cláusulas normativas, os estatutos de associações, sociedades e corporações de direito privado, os testamentos que estabelecem fundações etc. Dado o fato

descrito, que é indiscutível, duas são as questões de que devemos tratar aqui. A primeira delas refere-se à força causal da iniciativa privada. A segunda, ao grau de vinculação obrigatória das normas cuja origem é a iniciativa privada.

b) Assim como vimos ao tratar dos costumes e pelas mesmas correntes de pensamento jurídico ali mencionadas, em especial o positivismo legalista, os atos normativos privados não foram considerados verdadeira causa da norma, mas o fato hipotético da lei, que seria a fonte da obrigação e, em suma, a verdadeira norma. A norma de origem privada não seria norma; a lei que concede efeitos aos atos jurídicos da autonomia privada é que seria.

Em primeiro lugar, deve-se dizer que essa tese legalista é historicamente falsa. Assim como o costume, os atos jurídicos da iniciativa privada – contratos, convênios, testamentos etc. – são historicamente muito anteriores à lei. Os atos jurídicos privados tiveram existência e capacidade obrigatória sem existência de leis que os abrangessem. Nesse sentido, o legalismo cai em uma situação sem respaldo na realidade social e jurídica de muitos séculos. Porém, além disso, também é insustentável da perspectiva da atualidade. É notório que vão surgindo novas formas de atos privados – em especial na prática mercantil – anteriormente a sua regulação legal, que quase sempre segue a vida social. Se o legalismo estivesse certo, ocorreria que essas novas formas não seriam válidas até que não aparecessem como fato hipotético de uma lei, o que é absurdo.

Os atos jurídicos privados têm uma força jurídica própria que deriva da capacidade da autonomia privada de criar obrigações jurídicas. Essa força jurídica consiste, em primeiro lugar, na titularidade dos direitos, que contêm uma série de faculdades, entre as quais está a de transferir direitos, regular sua medida, estabelecer o destino dos bens que os constituem etc.

Em segundo lugar, existe uma série de direitos fundamentais que contêm em si faculdades normativas, como o direito de associação compreende a faculdade de estabelecer os estatutos de associações e sociedades. Ou o direito de fundação, que inclui estabelecer as regras pelas quais se devem reger as fundações criadas etc.

Quanto ao pacto entre particulares, sua força provém da capacidade jurídica de compromisso – de se vincular – que naturalmente tem a pessoa humana, de onde deriva o conhecido princípio de direito natural *pacta sunt servanda*.

Em suma, a capacidade de obrigar e a faculdade normativa (estatutos do direito) da iniciativa privada provêm do núcleo natural de juridicidade da pessoa humana, isto é, do direito natural.

c) Em relação ao grau de vinculação obrigatória das normas cuja origem é a iniciativa privada, é preciso dizer que sua índole obrigatória jurídica é completa. Em outras palavras, criam um dever de justiça que é pleno. Essa característica costuma ser enunciada quanto aos contratos, afirmando que "têm força de lei entre as partes" (cf., p. ex., o artigo 1091 do Código Civil espanhol). Com isso, que é aplicável ao conjunto de atos jurídicos normativos privados, pretende-se evidenciar o grau de vinculação ou obrigatoriedade que é próprio a eles: são plenamente vinculativos de modo semelhante à lei. Porém, naturalmente as normas privadas não são leis, não têm em nenhum caso essa categoria. Sua força não deriva do poder público, nem sua obrigatoriedade ou dever de obediência e cumprimento é igual às que cabem às leis; são diferentes. Por isso têm sua própria forma de interpretação, de vigência e de derrogação. E seu descumprimento tem efeitos que não são iguais aos do descumprimento da lei.

Por outro lado, a norma jurídica privada não goza da soberania declarada sobre as leis; é uma norma subordinada à ordem legal, da qual recebe sua regulação. Nesse sentido, a autonomia privada está submetida à legislação.

d) Tudo isso, no entanto, não é empecilho para que a norma privada seja verdadeira norma jurídica – verdadeiro estatuto do direito ou *ratio iuris* –, por isso se aplica a ela tudo o que dissemos antes sobre a norma em geral e, particularmente, o que se refere à racionalidade.

24. O ORDENAMENTO JURÍDICO OU SISTEMA DE DIREITO. *a*) Embora seja mais própria da teoria geral do direito que da filosofia jurídica, não queremos deixar de abordar o tema da noção de *ordenamento jurídico*, porque tem certa relação com alguns aspectos da filosofia do direito. E justamente fazemos isso no final do estudo da norma jurídica, porque o ordenamento é entendido com muita freqüência como um conjunto de normas.

O conceito de ordenamento jurídico é a noção mais importante da teoria geral do direito, enquanto conceito que abrange cada ordem jurídica completa e não sujeita a outra ordem – a ordem jurídica primária ou ordem jurídica própria de uma *societas perfecta* ou *pólis* –, considerando como uma unidade toda a realidade jurídica nela compreendida. Pela perspectiva da unidade, as normas aparecem inter-relacionadas e hierarquizadas, com uma série de princípios comuns que levam à interpretação de algumas normas em função de outras. Por sua vez, as normas aparecem relacionadas às situações jurídicas dos sujeitos que regulam, de modo que essas correspondem a conceitos, princípios e sistemas unitários. Em seu conjunto, a ordem jurídica forma uma unidade, que chamamos *ordenamento jurídico* ou *sistema jurídico*.

b) Embora alguns autores – o italiano Santi Romano[86] e seus seguidores – entendessem por ordenamento jurídico a instituição social dotada de uma ordem de direito, o mais freqüente é que o ordenamento jurídico tenha sido entendido e seja entendido como um complexo ou sistema de normas, de acordo com o normativis-

---

86. *L'ordinamento giuridico*, 2.ª ed., Firenze, 1951.

mo – o direito é a norma – e o positivismo legalista imperantes. Desse modo, toda realidade jurídica é vista enquanto relacionada à, dependente da e refletida na norma. Conseqüentemente, o ofício de jurista é apreendido como consistente na interpretação e na aplicação da norma jurídica.

c) Essa visão do ordenamento jurídico aparece como uma distorção, desde o momento em que se afirma que o direito é o justo devido – a coisa enquanto atribuída e devida –, ao mesmo tempo que se designa ao jurista o ofício de determinar e declarar o direito, em função do qual cabe ao jurista a interpretação das normas.

Dado que o conceito básico e central da ciência jurídica é o direito, não considerado em si mesmo, mas dentro da relação jurídica entre o titular e o obrigado ou devedor, o objeto fundamental de estudo do jurista são as relações jurídicas, das quais a norma é *ratio*, regra ou estatuto. Podemos, então, dizer que a unidade básica de estudo do jurista é a relação jurídica conforme sua regra ou estatuto, conforme a norma aplicável ao caso.

Por outro lado, já foi visto repetidamente que a ordem jurídica é a ordem do cumprimento ou satisfação do direito, o que significa considerar a relação jurídica da perspectiva do devedor, isto é, do cumprimento da justiça. Pois bem, se considerarmos a ordem jurídica em seu conjunto, o ordenamento jurídico ou sistema do direito aparecerá como um *conjunto de relações jurídicas reguladas pela norma* em sua dimensão de satisfação da justiça. Por conseqüência, o ordenamento jurídico ou sistema de direito não é um complexo de normas, e sim um complexo de relações jurídicas. E seu centro não é o poder – quem estabelece a norma –, mas o devedor, o que deve ser justo, e relacionados a ele os juristas, em último caso o juiz. Não é, então, uma ordem do poder, e sim uma ordem de justiça, ou seja, do juiz.

d) Visto assim, o ordenamento jurídico é uma realidade ao mesmo tempo complexa e dinâmica, constituída pelos *momentos* e pelos *elementos*. Os momentos do direito são os fatores de dinamismo, de regulação e de mudança, por meio dos quais as relações jurídicas se regulam, nascem, se modificam e se extinguem: nas páginas anteriores enumeramos e estudamos isso.

Os elementos do direito são os fatores constitutivos do ordenamento jurídico, considerados em seu estatismo: os sujeitos relacionados pelo direito, isto é, as relações jurídicas. Sem entrar em seu estudo, que cabe à teoria geral do direito, digamos simplesmente que a relação jurídica compreende: a) os sujeitos em posição distinta e complementar quanto ao direito (credor-devedor); b) o vínculo jurídico que os une e relaciona; c) o conteúdo ou conjunto de situações jurídicas que derivam do vínculo (direitos subjetivos, faculdades, funções, poderes); e d) o princípio organizador ou finalidade da relação, em função da qual o conteúdo existe e se desenvolve.

25. MORAL E DIREITO (BREVES ANOTAÇÕES)[87].

a) Introdução. Desde Thomasio, é clássico distinguir três tipos de normas reguladoras da vida social – jurídicas, morais, usos sociais; *iustum, honestum, decorum* –, cujos critérios de distinção e relações mútuas ocuparam a atenção dos especialistas. Os autores interessaram-se particularmente pela relação – separação, união...? – entre a ordem jurídica e a ordem moral, pelas implicações práticas e teóricas inerentes a ela. Sabe-se bem que as opiniões defendidas sobre o assunto são muito variadas e vão desde as teses que separam a moral e o direito como duas ordens distintas até as dos autores para os quais a ordem jurídica é uma parte ou segmento da ordem moral. Nesse momento é suficiente fazer constar essa disparidade de critérios, que se baseia sem dúvida nos fundamentos filosóficos dos quais partem os autores, com incidência nos conceitos de direito e moral que utilizam. Nas linhas seguintes faremos alguns comentários e especificações sobre essa *vexata quaestio*, que serão breves e quase secundários por ser um tema mais próprio da filosofia política que da filosofia do direito, conforme a noção que defendemos sobre essa nestas lições.

b) Natureza das coisas e natureza das ciências. A primeira precaução, elementar, que se deve ter é lembrar que as ciências e as artes *não totalizam* seus objetos. Não tentam conhecê-los nem realizá-los em toda sua potencialidade, porque isso não é possível. Limitam-se a considerar os objetos ou a realizá-los em *um aspecto* ou em *uma perspectiva*, deixando o resto para outros saberes. Um médico – por exemplo – interessa-se pelo ácido acetilsalicílico enquanto tira a dor de cabeça; porém, na qualidade de médico, não cabe a ele saber a estrutura molecular, nem os processos de fabricação, nem os problemas de mercado dessa substância; para isso existem os físicos, os químicos e os empresários. O médico não é o químico, embora ambos estudem a mesma substância; um entende de como fabricar o ácido acetilsalicílico e o outro de quando é preciso receitá-lo como medicamento. Esse fato nos leva a não confundir a coisa objeto do saber com a perspectiva a partir da qual é estudada, pois cada ciência só nos informa de um *aspecto* da coisa.

Como a mesma coisa pode ser estudada por diferentes ciências, não se deve confundir a *natureza das coisas* com a *natureza das ciências*. A conduta humana, por exemplo, pode ser estudada por ciências filosóficas, como a filosofia moral, e por ciências experimentais, como a sociologia empírica. Então, a *vida moral* – uma realidade de natureza moral – pode ser objeto de ciências de índole diversa; nem toda ciência que estuda a vida moral tem de ser parte da filosofia moral, sendo caso cla-

---

[87]. Entre a bibliografia dos últimos tempos, ver D. LYONS, *Ética y Derecho*, ed. castelhana, Barcelona, 1984; R. DWORKIN, *Los derechos en serio*, edição castelhana, Barcelona, 1984; H. L. A. HART, *El concepto de Derecho*, 2.ª ed. castelhana, México, 1980; id., *Derecho y Moral*, Buenos Aires, 1962; S. COTTA, *El Derecho en la existencia humana*, ed. castelhana, Pamplona, 1987; R. PIZZORNI, *Filosofia del diritto*, Roma, 1982; VV.AA., *Moral y Derecho*, n.º monográfico de "Anales de la Cátedra Francisco Suárez", XXVIII, 1988; R. RAZ, *La autoridad del derecho. Ensayos sobre derecho y moral*, ed. castelhana, México, 1982.

ro sobre isso o já citado na sociologia empírica. Com isso chegamos a uma primeira conclusão: não é a mesma coisa propor a si mesmo a questão de se o jurista é um moralista – se a ciência do direito é uma parte da filosofia ou da teologia morais – e se perguntar se o *direito* é ou não uma *realidade moral*.

c) *A realidade moral*. Feitas as advertências anteriores, a primeira questão a ser exposta é se as normas jurídicas são de *natureza moral*; estamos no plano não das ciências, mas das realidades.

O que chamamos ordem moral ou ordem das realidades morais?

Na ordem da realidade existe um plano do ser do homem, que é o correspondente a sua condição de pessoa, aquele no qual o homem se manifesta como ser dotado de razão, vontade e, por conseqüência, de liberdade. Esse plano é de natureza diferente das esferas de seu ser regidas pelas leis físicas e biológicas. No plano da personalidade, o homem age segundo princípios próprios: os atos procedem de sua autodeterminação, de sua decisão livre. Trata-se de um segmento da realidade humana que tem uma índole peculiar. Essa ordem peculiar da conduta humana recebeu na Grécia o nome de *éthos*, de onde vem a palavra *ética*; e em Roma foi chamado *o próprio do costume* ou *mos* (no plural, *mores*), e daí originou-se a palavra moral.

Esse plano da realidade humana é o que cabe ao homem como pessoa, aquele em que age e se realiza como tal. Se considerarmos que a pessoa se realiza no conhecimento e no amor, facilmente se concluirá que nessa ordem o homem age por sua razão (conhecimento intelectual) e por sua vontade (amor). *O plano da realidade moral ou ética é o plano da atuação do homem como pessoa*. Nesse plano, o homem atua livremente, e suas potências são habilitadas para agir mediante alguns hábitos peculiares que se chamam virtudes, das quais algumas são do entendimento e outras da vontade, embora sejam chamadas virtudes por analogia.

Pois bem, essa realidade moral é objeto – entre outras – de três ciências práticas, que entendem o agir do homem como pessoa de acordo com três perspectivas distintas: a ciência do direito (jurista), a ciência moral (moralista) e a ciência da política (político). Para as realidades não-morais do homem existem outras ciências: medicina, biologia etc.

O direito é uma parte da *realidade moral*? Indubitavelmente. O direito é algo devido; o dever pressupõe a liberdade e, portanto, no plano jurídico age-se por uma decisão livre da vontade. O delito e a injustiça também pressupõem a liberdade (um demente não comete delitos nem é injusto). Quanto ao direito, o homem age como pessoa; e mais, o direito pressupõe a ordem da atuação livre. Quem pode duvidar de que o direito pertence à *realidade moral*? Do mesmo modo, o agir *político*, a vida do homem em sociedade, pertence à ordem do agir *pessoal*, das ações livres. A *realidade política* é uma dimensão da *realidade moral* do homem. As leis são normas dessa atuação livre; precisamente seu caráter de mandatos pressupõe a liberdade, pois o agir não-livre não é mandado, *é produzido* ou *induzido*. Por definição, as leis pertencem à realidade moral do homem.

Como qualquer outra realidade deste mundo, a realidade moral do homem não é simples, mas composta; nela ocorre a *composição* na *unidade*. Ocorre a composição porque cada ato de natureza moral afeta *relações* diferentes do homem; concretamente podem ser distinguidos, dentro da realidade moral, três tipos de relações: do homem com Deus, consigo mesmo e com os demais, pois os atos humanos têm relação com Deus, com as exigências de realização do ser pessoal do homem e com os demais homens. Nesse último aspecto cabem ainda duas formas diferentes de relação: a de justiça em si mesma (a jurídica ou de direito) e a de membro da comunidade humana (a política).

No entanto, essa composição ocorre na unidade, pois é cada ato – como entidade *una* – o que afeta alguma ou todas as relações mencionadas. Pela composição, cabem ciências distintas; pela unidade, há aspectos que são comuns a essas ciências. Por exemplo, o tema da responsabilidade e de seus graus é único em seu núcleo central.

d) As ciências da realidade moral. Suposta a unidade da realidade moral, a existência de relações diferentes implica princípios e regras peculiares do agir no que se refere a cada uma dessas relações, o que acarreta a distinção entre os saberes práticos no que se *refere às relações*. Aparece, assim, o elemento formal – principal – de distinção de três saberes práticos sobre a realidade moral: a ciência do jurista (ciência ou arte do direito), a ciência do político (ciência ou arte da política) e a ciência do moralista (ciência ou arte da moral em sentido antonomástico). Por outro lado, como nem todos os atos morais ou pessoais (atos humanos) afetam todas as relações, ocorre um fator secundário de distinção ou elemento material: o moralista estuda *todos* os atos, o jurista os que se referem às relações de justiça, e o político os que se orientam para o bem comum da sociedade. Vamos delimitar em seguida – em traços muito breves – cada uma dessas ciências.

A ciência *moral* – ou ciência do moralista – é chamada assim por antonomásia; não porque ela estude a realidade moral em todos os aspectos, mas porque cabe a ela analisar a conduta humana em seu aspecto moral mais fundamental: de acordo com as exigências que emanam da condição de pessoa. Isso costuma ser expresso dizendo-se que estuda a conduta do homem *em relação a si mesmo e a Deus*. O estudo próprio da moral pode ser realizado com o único saber da razão e, então, é denominado filosofia moral; ou pode ser feito contando com os dados da Revelação divina, recebendo nesse caso o nome de teologia moral. Embora *o específico* da moral seja a relação da conduta humana no que se refere ao próprio homem e a Deus, cabe a ela determinar os princípios e regras comuns dos atos humanos, uma vez que os vê em seu aspecto moral mais fundamental; assim, por exemplo, analisar os elementos dos atos humanos, os graus de responsabilidade etc. é próprio da moral, que, por isso, recebe esse nome por antonomásia. A moral, dizíamos, não estuda a conduta humana em todas as suas relações, mas apenas na indicada; nesse sentido, não estuda a realidade moral em todas as suas dimensões. Porém, como toda conduta humana relaciona-se com o próprio homem e com Deus, a moral tem por objeto material todo ato humano, isto é, abrange, a partir de sua perspectiva, toda a matéria moral, o direito e a atividade política também.

A ciência jurídica é mais limitada em seu objeto material; só abrange os atos da virtude da justiça, pois restringe-se a determinar as obras próprias da justiça. Porém, nem sequer estuda a virtude da justiça em sua integridade; limita-se à obra externa da justiça. Sua perspectiva é o direito como coisa devida, e sua finalidade consiste em que cada qual tenha o que lhe pertence, sua coisa. Seu objeto não consiste em que o homem se realize como pessoa sendo justo – isso cabe à moral –, mas em que seja respeitado o direito de cada homem; é uma ciência *social* ou ciência de algumas determinadas e específicas relações sociais. Por causa de sua perspectiva, a ciência do direito não é uma parte da moral, e o jurista não é um moralista. Ambos, juristas e moralistas, estudam a justiça, porém suas perspectivas são diferentes: interessa ao moralista, por exemplo, que os empréstimos não sejam usurários, para que os homens se comportem como pessoas e não cometam pecado (ofensa a Deus por violar sua lei); interessa ao jurista a mesma coisa quanto aos empréstimos, mas por outro motivo: para que sejam respeitados os direitos de cada um, para que cada qual receba o que lhe cabe e haja assim uma ordem social justa.

Moral e ciência do direito são ciências autônomas, isto é, uma não é parte da outra, porque têm um *objeto formal*, uma perspectiva ou ponto de vista diferente. Isso não é empecilho para que a ciência do direito receba da moral determinados dados ou conhecimentos; já dissemos que, por exemplo, os princípios e regras comuns dos atos humanos cabem à moral, da qual a ciência jurídica os adota; e também que se para resolver em um caso o que é justo devem-se considerar as leis morais (p. ex., eficácia dos contratos com causa imoral), o jurista receberá esses dados dos moralistas etc.

Por sua vez, a ciência política estuda a conduta humana da perspectiva do *bem comum* da sociedade; não – como é próprio da moral – do ponto de vista do bem total da pessoa, mas da perspectiva da *ordem social* ou organização da sociedade para um bem comum. A política circunscreve-se ao bom funcionamento da sociedade, às condições gerais e específicas que são convenientes para o desenvolvimento e progresso da comunidade humana. Nesse sentido, é uma ciência diferente da moral; não é uma parte da filosofia moral. Porém, existe uma clara relação entre ética ou moral e política, relação que vamos estudar brevemente no que concerne às leis.

A *realidade política* é um aspecto, como vimos, da *realidade moral* humana; o homem desenvolve sua projeção social enquanto é pessoa, pondo em jogo o conhecimento e o amor. Por isso, a relação social não é uma mera coexistência de individualidades, nem a política pode ser entendida apenas como uma técnica delimitadora de esferas de liberdade e de fornecimento de bens materiais. Ser um *bom cidadão*, embora não coincida totalmente com ser um *homem moralmente bom* (p. ex., pode-se ser um grande benfeitor da sociedade por vaidade pessoal, com o que, moralmente – do ponto de vista da moral –, tem pouco valor ser benfeitor), é o resultado do exercício, pelo menos em certo grau, de virtudes (o benfeitor do exemplo exercerá a liberalidade, embora ao mesmo tempo seja vaidoso). Sendo a vida social uma realidade moral, a *boa* cidadania necessariamente deve ser fruto de virtudes, embora só alcance certo grau. A causa é simples e clara: na esfera moral – a da liberdade –, a boa ação é conseguida por hábitos das potências humanas especificamente *pessoais*, que se chamam virtudes: prudência, em relação à razão prática, e justiça, fortaleza e temperança, por parte da vontade. O homem não tem outro modo de agir na esfera moral. Por isso, a boa cidadania – embora não abranja todo o necessário para a *boa hombridade* – repousa no exercício, pelo menos parcial, das virtudes. Por isso as leis, embora contenham aspectos técnicos e organizativos, também se orientam em último caso para que o cidadão exerça algumas determinadas virtudes. Podemos apresentar o exemplo do Código de Trânsito; sem dúvida, as normas desse código têm muitos aspectos técnicos, porém, em suma, orientam-se para que o cidadão seja prudente e justo, isto é, para que dirija de modo que não ponha em perigo sua própria pessoa nem a dos demais, ao mesmo tempo que contribua para que cada um possa usar seu direito à livre circulação. As leis regem a conduta moral (ou seja, a própria da pessoa como ser livre e responsável) do cidadão, embora se reduzam àquilo que tem relação direta e imediata com o bem comum, sem ultrapassar esses limites.

Isso tem uma série de conseqüências, que vamos resumir – para não nos estendermos mais do que convém – em seguida:

1.º) Como as leis regem a conduta moral, embora apenas no aspecto de sua orientação para o bem comum, são regras de moralidade e, por conseqüência, obrigam com consciência. Em que sentido obrigam com consciência? Obrigam com consciência enquanto são regra ou medida, legitimamente estabelecida, de atos de algumas virtudes. Toda virtude obriga com consciência, a justiça legal também; portanto, enquanto as leis regulam o exercício de uma virtude e impõem deveres de justiça legal, são obrigatórias com consciência.

2.º) A arte da política organiza-se, em último caso, para fazer bons cidadãos, o que é inseparável das virtudes. Conseqüentemente, as leis precisam ser organizadas para promover e facilitar as virtudes morais, o que implica que as leis devam se fundamentar na ordem moral objetiva.

3.º) Não cabe à política nem, portanto, às leis toda a moralidade humana, mas apenas a vertente do *bem comum social*. Daí conclui-se que as leis não podem exigir nada além da boa cidadania, nem penetrar nos recônditos da consciência. Por isso, perante as leis, o cidadão tem a liberdade de consciência, como tem a liberdade de pensamento e a liberdade religiosa.

4º) As leis devem adaptar-se à realidade social, sem pretender alcançar de repente metas ideais; mas as leis não podem limitar-se a plasmar por escrito o que acontece na realidade (isso não seriam leis, e sim constantes sociológicas). O que foi dito significa que as leis devem tender a *melhorar* e *desenvolver* a boa cidadania, o que implica que conduzam os cidadãos ao exercício das virtudes correspondentes; porém, ao mesmo tempo, devem partir do estado moral da sociedade. As leis, portanto, podem não exigir as virtudes em toda sua força e até mesmo tolerar algumas condutas não-boas.

Sobre isso é preciso saber distinguir muito bem as leis tolerantes das chamadas *leis permissivas*. A lei tolerante parte da existência de um mal que não é possível extirpar sem provocar um mal maior, e se restringe a regular essa situação contrária ao bem comum, procurando limitá-la a quanto admite o estado moral e as circunstâncias da sociedade. A tolerância das leis tem uma delimitação clara: as leis não podem tolerar as condutas que atentam diretamente contra as instituições sociais básicas ou os direitos mais fundamentais das pessoas: o direito à vida e à integridade física ou moral (homicídio, aborto, lesões etc.), a liberdade (seqüestro), o matrimônio, a autoridade social etc.

A lei permissiva, por outro lado, pressupõe negar a existência de regras objetivas de moral e, por conseqüência, *legaliza*, isto é, dá estatuto de moralidade social às condutas imorais, desde que isso seja pedido por setores da sociedade suficientemente numerosos. Isso supõe uma alteração da função da lei, que se transforma assim em veículo de má cidadania e da imoralidade. Essas leis não só não obrigam com consciência, como agir de acordo com o que permitem é contrário à moral.

e) *Lei e comportamento moral*. Quando se age de acordo com as leis, elas criam hábitos e costumes. Por causa desse efeito, não se circunscrevem a fazer bons cidadãos do ponto de vista da conduta externa; também influenciam a moralidade do homem, ao contribuir para formar virtudes. Como a maioria das virtudes não são inatas, mas adquiridas pela repetição de atos, as leis, compelindo a agir segundo uma virtude, acabam conseguindo que quem as obedece adquira as virtudes correspondentes. O motorista que cumpre o Código de Trânsito acaba possuindo o hábito de dirigir com prudência; todos temos experiência de que, por cumprir sempre as leis, chega-se a fazer por costume – por virtude – muitas das coisas que mandam, sem nos lembrarmos da lei. Eis um importante aspecto das relações entre a moral e as leis. As leis não são indiferentes em relação à formação e ao comportamento morais do homem; pelo contrário, influem neles intensamente, contribuindo de modo notável para moralizar os costumes (ou para favorecer a imoralidade, no caso das leis permissivas, imorais ou injustas).

Separar a *legalidade* da *moralidade* como se fossem dois mundos isolados e sem relação mútua supõe uma concepção adulterada das leis, essa concepção que Thomasio introduziu na política (nas leis) – no direito, segundo ele – e é seguida por todos os que almejam essa utopia do Estado moralmente neutro. Por sua própria natureza, as leis não são nem podem ser neutras em relação à moral; quando se tenta construir um Estado neutro ou amoral e um sistema de leis igualmente neutro ou amoral, o que na realidade ocorre é que se introduz um Estado ou algumas leis imorais, pois a amoralidade é uma forma particular de imoralidade. A política e as leis afetam a ordem humana da liberdade, e nessa ordem o homem tende a agir por virtudes e vícios; não existe alternativa. Pretender uma política e algumas leis que não abordem as virtudes ou os vícios é cair no mais puro irrealismo.

Bibliografia

F. D'AGOSTINO, *Frammenti di filosofia del diritto*, Catania, 1984; CÍCERO, *Las leyes*, ed. A. d'Ors, Madrid, 1953; H. COING, *Fundamentos de Filosofía del Derecho*, ed. castelhana, Barcelona, 1976; S. COTTA, *Justificación y obligatoriedad de las normas*, ed. castelhana, Madrid, 1987; M. B. CHORÃO, *Introdução ao Direito*, I, *O Conceito de Direito*, Coimbra, 1988; id., *Temas Fundamentais de Direito*, Coimbra, 1986; E. DÍAZ, *Sociología y Filosofía del Derecho*, 2.ª ed., reimpr., Madrid, 1984; R. DWORKIN, *Los derechos en serio*, ed. castelhana, Barcelona, 1984; A. FERNÁNDEZ-GALIANO, *Derecho Natural. Introducción filosófica al Derecho*, 5.ª ed., Madrid, 1986; E. GALÁN, *Ius Naturae*, Madrid, 1954; E. GARCÍA MAYNEZ, *Filosofía del Derecho*, 2.ª ed., México, 1977; H. L. A. HART, *El concepto de Derecho*, 2.ª ed. castelhana, México, 1980; H. HENKEL, *Introducción a la Filosofía del Derecho*, ed. castelhana, Madrid, 1968; R. HERNÁNDEZ MARÍN, *Teoría General del Derecho y de la Ciencia Jurídica*, Barcelona, 1989; J. HERVADA, *Introducción crítica al Derecho Natural*, 6.ª ed., Pamplona, 1990; id., *Historia de la Ciencia del Derecho Natural*, 2.ª ed., Pamplona, 1991; H. KELSEN, *Teoría pura del Derecho*, ed. castelhana, México, 1979; L. LEGAZ, *Filosofía del Derecho*, 3.ª ed., Barcelona, 1972; O. LIRA, *Ontología de la ley*, Santiago, 1986; L. LOMBARDI VALLAURI, *Corso di filosofia del diritto*, Padova, 1981; G. MICHIELS, *Normae generales Iuris Canonici*, 2.ª ed., 2 vols., Tornaci, 1949; C. S. NINO, *Introducción al análisis del derecho*, reimpr., Barcelona, 1984; G. PECES-BARBA, *Introducción a la Filosofía del Derecho*, Madrid, 1983; R. PRECIADO HERNÁNDEZ, *Lecciones de Filosofía del Derecho*, 8.ª ed., México, 1976; M. REALE, *Filosofia do Direito*, 4.ª ed., São Paulo, 1965; G. ROBLES, *Las reglas del Derecho y las reglas de los juegos*, Palma de Mallorca, 1984; M. RODRÍGUEZ MOLINERO, *Introducción a la Ciencia del Derecho*, Salamanca, 1991; A. ROSS, *Sobre el derecho y la justicia*, 2.ª ed. castelhana, Buenos Aires, 1970; DOMINGO DE SOTO, *De la Justicia y del Derecho en diez Libros*, ed. Instituto de Estudios Políticos, I, Madrid, 1967; F. SUÁREZ, *Tratado de las leyes y de Dios legislador*, ed. Instituto de Estudios Políticos, I, Madrid, 1967; TOMÁS DE AQUINO, *Summa Theologica*, I-II, qq. 90 ss.; A.VAN HOVE, *De legibus ecclesiasticis*, Mechliniae, 1930; id., *De consuetudine*, Mechliniae, 1933; H.VON WRIGHT, *Norma y acción*, ed. castelhana, Madrid, 1970.

Lição IX
A pessoa

SUMÁRIO: 1. Premissas. 2. A palavra pessoa em suas origens. 3. A pessoa em sentido primário: o ser que é pessoa. 4. A pessoa, ser racional. 5. A incomunicabilidade da pessoa. 6. A comunicação pessoal. 7. A dignidade da pessoa. 8. A liberdade. 9. O dever-ser. 10. A socialidade da pessoa humana. 11. A juridicidade. 12. A pessoa em sentido jurídico.

1. PREMISSAS. *a*) Junto com os conceitos de justiça, direito e norma, compete à filosofia do direito analisar o sujeito da relação jurídica ou de justiça, que é, ao mesmo tempo, o destinatário da norma. Trata-se, em suma, de estudar o protagonista – e em outro aspecto o antagonista – das relações próprias da ordem jurídica. Precisamos falar do homem, pois o direito só é declarável sobre o homem, e apenas no mundo humano ocorre a realidade jurídica. Porém, ao falar do homem no que se refere à ordem jurídica, usamos o termo pessoa, como palavra que evoca uma dimensão ou condição do homem. Se em vez de homem utilizamos o vocábulo pessoa é para dar a entender alguma coisa do que é o homem e por que é o centro da ordem jurídica.

Decerto, na linguagem usual pessoa e homem são usados como sinônimos em sentido estrito, como ao dizer sem distinção "é uma boa pessoa" ou "é um bom homem", ou quando afirmamos que certo número de pessoas[1] compareceu a determinada reunião. Porém, essa rigorosa sinonímia é um uso secundário de pessoa, embora certamente muito antigo. Pessoa e homem não são, falando com propriedade, termos sinônimos por duas razões: porque pessoa também é aplicada a Deus (p. ex., a teologia católica faz assim), do que decorre que tantas vezes se diga "pessoa humana" para se referir ao homem; e, sobretudo – do que se origina o que foi dito antes – porque, embora pessoa seja aplicada ao homem, já que tem a condição de pessoa, pessoa por si só tem um duplo sentido: ou se refere a um *tipo de ser*, ao qual pertence o homem (mas não só o homem, pelo menos hipoteticamente) – sentido *filosófico* ou *ontológico* de pessoa –, ou designa o homem enquanto goza de

---

1. Nesse sentido da linguagem ordinária, o Dicionário da Real Academia diz de "*pessoa*: indivíduo da espécie humana".

uma condição ou estatuto na ordem social e jurídica (sentido *jurídico* de pessoa). Como dizíamos antes, pessoa – exceto na linguagem usual – não é outra forma de denominar o homem, mas um modo de designar o homem enquanto tem um estatuto ontológico ou jurídico-social determinados. Chamar o homem de pessoa é evocar algumas conotações precisas de seu ser ou de seu estar na sociedade.

b) Por tudo isso, compete à filosofia do direito o estudo da pessoa. É verdade que nem sempre os filósofos do direito prestam a devida atenção a esse estudo, de modo que às vezes nem o consideram, por entender, na maioria das vezes, que se trata de um estudo próprio da ciência jurídica e em particular do direito civil, o que significa que esquecem o sentido ontológico e se restringem ao sentido jurídico de pessoa. No entanto, o fenômeno jurídico não é explicável sem a pessoa entendida em seu sentido ontológico; a juridicidade é uma dimensão própria do ser da pessoa humana, da qual só ela é capaz e só sobre ela é declarável. A pessoa humana – e só ela – possui a estrutura ontológica necessária para que existam a norma, o direito e, por conseqüência, as relações jurídicas ou de justiça. Não é possível declarar a subjetividade jurídica do ser não-pessoal, porque pertence ao mundo ajurídico, ao mundo alheio à justiça, à norma e ao direito. Por outro lado, não é possível deixar de declarar a juridicidade do ser pessoal de nosso universo, porque é uma dimensão inerente a ele: toda pessoa tem necessariamente a dimensão de juridicidade. Por conseqüência, devemos tratar da pessoa e de sua posição no âmbito do jurídico.

2. A PALAVRA PESSOA EM SUAS ORIGENS. *a*) Dado que há uma dupla acepção – ou sentido – de pessoa (a filosófica e a jurídica), à qual pode ser acrescentado um uso comum, parece conveniente expor em linhas gerais – sem entrar em um estudo detalhado, que não cabe a nós fazer aqui – como a palavra pessoa adquiriu esses significados e qual é – se houver – a relação entre eles. Essa sucinta exposição pode servir, sobretudo, para compreender melhor a interpretação que o sentido jurídico de pessoa recebeu e a alteração que sua compreensão deve receber em nossa época.

b) As origens etimológicas da palavra latina *persona* não são bem conhecidas, o que explica que existam três teorias, pelo menos, sobre o assunto: a) pessoa tem origem etrusca, seja no adjetivo arcaico relativo à palavra *phersu* (que designa uma personagem mascarada – que aparece em antigo mural do século V a.C. – ou a máscara que ele usa), seja no nome da deusa *Perséfone*, em cujas festas usavam-se máscaras. b) Afirmou-se também que pessoa provém do grego *prósopon*, que designava o rosto ou face do homem e, por associação, a máscara. c) Por último, pessoa – segundo a antiga interpretação de Aulo Gélio[2] – derivaria do verbo *personare*,

---

2. *Noctes Atticae*, V, 7, ed. P. K. Marshall, SCBO, Oxonii, 1968. Aulo Gélio remonta-se a Gaius Bassus.

que significa ressoar com força e por isso foi aplicada às máscaras que os atores utilizavam nas representações teatrais e que, por sua concavidade, aumentavam a intensidade da voz do ator[3].

Em todo caso, as três teorias coincidem em assinalar como primeiro significado da palavra latina *persona* o de máscara, isto é, indica algo exterior ao homem, com o que esse cobre o rosto e com isso apresenta-se perante os outros com uma figura ou cara exterior que não é a própria natural. Observe-se também que a máscara é usada em um contexto social, para apresentar-se e relacionar-se com os demais, representando um tipo que não é o que corresponde ao mascarado – caso do ator –, ou para ocultar a própria personalidade. Por isso, *pessoa* teve, desde suas origens, um sentido social e relacional: o homem em um contexto social de relação.

c) Dessa primeira acepção, na língua latina – e na grega, embora com diferenças –, originaram-se com o tempo duas linhas semânticas: uma que é a principal no latim clássico e outra mais tardia (posterior à época de Augusto). A primeira dessas linhas compreende uma série de significados, que têm em comum designar o homem, porém não em si mesmo, como realidade natural, e sim de acordo com uma dimensão sua exterior: significou o papel ou posição social. De máscara, pessoa passou a designar a personagem do drama que cada ator representava. Mais tarde a palavra foi relacionada também com a importância, dignidade, o cargo público e a posição ou papel social de um homem: pessoa era o nome da função social que um homem exercia ou o posto que ocupava na sociedade; assim, a expressão *persona senatoris* (pessoa de senador) queria dizer *função ou papel de senador*.

Entre esses significados, o que tem maior interesse para o direito é o que se relaciona com a condição ou estado da pessoa: a pessoa era o homem em um estado (para o caso de Roma: *status civitatis, status libertatis* e *status familiae*), em cuja virtude se tornava sujeito de direitos e deveres jurídicos, o que estava em conexão com ser *caput* (capacidade jurídica); em tal hipótese, quem não estava em um *status* que compreendia uma capacidade jurídica – como era o caso dos escravos, pelo menos durante alguns séculos – não era pessoa.

Pessoa também foi usada para designar o homem de acordo com sua figura ou suas características externas, em oposição aos valores reais não-aparentes; nesse sentido, falou-se de acepção de pessoa, indicando com isso que se considerava o exterior do homem (sua riqueza, seu modo de se apresentar etc.), em vez de levar

---

3. Ver I. M. HOYOS, *El concepto jurídico de persona*, Pamplona, 1989, pp. 346 ss. Cf. M. NÉDONCELLE, *Prosopon et persona dans l'antiquité classique. Essais de bilan linguistique*, em "Revue des Sciences Religieuses", XXII, 1948, pp. 277 ss.; F. MAROI, *Elementi religiosi del diritto romano arcaico*, em "Archivio Giuridico", CIX, 1933, pp. 83 ss.; A. ERNOUT-A. MEILLET, *Dictionnaire étymologique de la langue latine. Histoire des mots*, Paris, 1979, verbete *persona*; *Oxford Latin Dictionary*, Oxford, 1968, verbete *persona*; O. NAVARRE, *Dictionnaire des Antiquités grecques et romains*, IV/1, Paris, 1904, pp. 406 ss.; C. BUDA, *Evolución del concepto de persona*, em "Revista de Filosofía", XV, 1956, pp. 243 ss.

em conta seu valor real. Por exemplo, a expressão *persona hominem*[4] (a pessoa dos homens) equivalia a figura ou aparência exteriores dos homens.

Fica claro que, nessa linha semântica, que foi a que prevaleceu, pessoa indica o homem não em si mesmo – segundo seu ser natural –, mas de acordo com sua posição exterior social, conforme seu papel social. Lemos em um velho texto: "Homo natura vocatur: personam faciunt circunstantiae et accidentia." O homem é chamado assim por sua natureza: a pessoa (a figura externa ou posição social que configuram exteriormente o homem) é feita pelas circunstâncias e pelas coisas acidentais que a cercam.

d) A segunda linha semântica – muito simples – é representada pela passagem de pessoa para designar o homem enquanto tal, o indivíduo humano. Esse uso da palavra pessoa como homem ou ser humano parece ser posterior à época de Augusto (é encontrado, por exemplo, em Suetônio) e foi pouco freqüente. Em todo caso, daí deriva o sentido usual de pessoa, que chegou a nossos dias[5].

Uma coisa a ser considerada é que em nenhuma das duas linhas semânticas – nem na segunda – o termo pessoa teve um sentido filosófico. Não encontramos esse vocábulo sendo utilizado pelos filósofos da Antiguidade pagã (o que ocorre igualmente com seu similar grego *prósopon*) como termo ou palavra que expresse uma categoria filosófica ou que sirva (como ocorre na atualidade) para designar o ser humano segundo uma dimensão ontológica sua. Falando com propriedade, também não encontramos a acepção do termo pessoa enquanto sujeito de direitos e obrigações sendo utilizada pelos juristas romanos como um termo jurídico em sentido próprio e estrito; os juristas utilizaram com preferência *caput* e *status*. A conhecida passagem do Digesto, retirada de Gayo –"omne ius quo utimur vel ad personas pertinet vel ad res, vel ad actiones"[6] –, que é um dos não muito numerosos textos jurídicos em que aparece a palavra pessoa[7], não parece oferecer um conceito jurídico, mas sim o uso não-técnico de pessoa como o homem em seu estado, segundo se pode observar no texto de Hermogeniano que sucede ao anterior: "Cum igitur hominum causa omne ius constitutum sit, primo de statu personarum... dicemus."[8]

e) O sentido *filosófico* ou *ontológico* de pessoa é uma criação da linguagem teológica cristã e surgiu como conseqüência das disputas trinitárias e cristológicas da

---

4. P. ex., Mt 22, 16.
5. Para os diferentes sentidos de pessoa, ver: AE. FORCELLINI, *Totius Latinitatis Lexicon*, III, Patavii, 1830, vocábulo *persona*; CH. T. LEWIS-CH. SHORT, *A Latin Dictionary*, Oxford, 1958, verbete *persona*; A. BLAISE, *Dictionnaire latin-français des auteurs chrétiens*, revisado por H. Chirat, Turnhout, 1967, verbete *persona*.
6. D. 1, 5, 1. Cf. Inst., Just. 1, 2, 12.
7. Ver, p. ex., R. AMBROSINO, *Vocabularium Institutionum Iustiniani*, Mediolani, 1942, verbete *persona*.
8. D. 1, 5. 2.

Antiguidade. Ao tentar expressar com termos precisos a tese do Deus Uno e Trino e o dogma do Verbo Encarnado, foram aplicadas pelos representantes da ortodoxia católica as categorias de substância, essência, natureza e, como novidade, a de pessoa. Originalmente, os termos utilizados foram os gregos *ousia* (substância, essência) e *hypóstasis* (subsistência), pois foram sobretudo os Padres orientais (São Atanásio, São Cirilo de Alexandria etc.) e os Concílios realizados no Oriente (p. ex., Nicéia, Éfeso, Calcedônia etc.) que estabeleceram o dogma católico trinitário e cristológico. No caso da Santíssima Trindade, a fórmula fixada foi a da consubstancialidade – uma única e idêntica substância – com três *hypóstasis*. Em Cristo foi reconhecida uma única subsistência ou *hypóstasis* (daí a expressão *união hipostática*), isto é, uma única pessoa[9] e duas naturezas (*phýsis*). Como equivalente latino à palavra *hypóstasis*, foi usado o termo pessoa como o mais adequado[10]. Com isso – embora sem pretender –, criava-se a acepção filosófica da palavra pessoa: uma subsistência ou ser subsistente de natureza intelectual ou espiritual. Essa significação, que nasceu originalmente não por causa do homem, mas em função de Deus (as três Pessoas divinas, a Pessoa – divina – de Cristo), podia referir-se a toda subsistência de natureza intelectual, por isso a filosofia posterior aplicou-a ao homem para explicar determinadas dimensões de seu ser (por exemplo, sua dignidade). É claro que o sentido filosófico de pessoa, do mesmo modo que ocorre com outros termos filosóficos como o de ser, é analógico, já que em Deus as subsistências pessoais são relações (relações subsistentes), enquanto no homem o subsistente como pessoa é a substância.

De tudo isso, é particularmente importante salientar que o significado filosófico de pessoa encerra em si, como dimensão própria da pessoa, a socialidade ou traço relacional: a pessoa não é um ser isolado, mas um ser-em-relação. Nas explicações trinitárias – que foi onde, em suma, se esboçou o uso filosófico de pessoa –, tratava-se de expressar subsistências que se distinguem precisamente por sua relação entre si: o Pai em relação ao Filho (o Pai é Pai e o Filho é Filho pela relação de geração), e ambos em relação ao Espírito Santo (pela relação de procedência ou sopro amoroso). Em latim, a palavra que em seu conjunto significativo podia expressar uma subsistência-em-relação, ou subsistência que se modaliza por seu papel ou função em um conjunto social ou relacional, era pessoa, fundindo em um significado, pelo menos parcialmente, as duas linhas semânticas indicadas. Por um lado, do uso de pessoa como indivíduo humano, adotava-se a dimensão de subsistência – o ser real, não suas características externas –; da outra linha semântica, acolhia-se a dimensão social ou relacional, que é conatural a ela.

---

9. Tanto no Concílio de Éfeso (ano 431) como no de Calcedônia (ano 451), encontramos a equivalência entre *prósopon* (pessoa) e *hypóstasis*. Calcedônia usa, assim, a expressão "eis en prósopon kaì mían hypóstasis" (em uma única pessoa e hipóstase). Cf. DENZINGER, 116 e 148 (numeração antiga).

10. O primeiro autor latino que usou "pessoa" nesse sentido parece ser Tertuliano, que precede as formulações de Nicéia, Éfeso e Calcedônia. Cf., p. ex., *Adversus Praxeam*, 27, PL, 2, 190.

f) Com isso consideramos suficientemente destacada, dentro da brevidade do tema, a origem das três acepções semânticas de pessoa: usual (segunda linha semântica), jurídica (primeira linha semântica) e filosófica (linguagem teológica cristã). A primeira e a terceira – sem se identificar – têm em comum relacionar o termo pessoa ao ser natural, ao indivíduo ou subsistência real, por isso denominamos com preferência o sentido filosófico de sentido ontológico.

3. A PESSOA EM SENTIDO PRIMÁRIO: O SER QUE É PESSOA. *a*) Em nossa linguagem atual, o termo pessoa é utilizado primariamente em seu sentido ontológico; quando dizemos pessoa, referimo-nos quase sempre a esse sentido. Em documentos tão relevantes para o direito, como as declarações e pactos internacionais de direitos humanos ou as Constituições dos Estados, essa palavra é usada em sentido ontológico, por isso fala-se com freqüência da "dignidade da pessoa" ou da "pessoa humana", locuções que só têm sentido se pessoa, nesses casos, tem o significado ontológico: o homem como ser que é pessoa. O sentido jurídico mal se limita aos livros especificamente jurídicos ou às sentenças de juízes e Tribunais, e, até nesse caso, às vezes interpretando de modo equivocado os textos normativos, dando sentido jurídico ao que tem sentido ontológico (p. ex., em certas sentenças sobre o aborto). Por outro lado, o sentido jurídico só pode apoiar-se no fato de que o homem é um ser que é pessoa. Por tudo isso, podemos afirmar a primazia real do sentido ontológico de pessoa e começar a expor esse sentido de pessoa.

b) Quem é a pessoa ou, em outras palavras, que ser é a pessoa? A definição mais antiga – e universalmente aceita – de pessoa em sentido ontológico é a exposta pelo filósofo considerado o último da Antiguidade: Boécio. A pessoa é uma *substância individual de natureza racional*[11].

Percebe-se facilmente que, nessa definição, o constitutivo da pessoa reside na substância – em sentido filosófico, como substrato primário e fundamental do ser, que é o sujeito dos acidentes, das potências, do histórico do ser ou mudança e do movimento –, uma substância de algumas determinadas características. Em contraposição, diversas correntes de pensamento modernas negam que o constitutivo da pessoa seja a substância, para situá-la no "eu" ou consciência reflexiva que a pessoa tem de si.

Com a inversão dada por Descartes ao pensamento filosófico, passou-se para uma perspectiva diferente também no que se refere ao conceito de pessoa. Perante a definição da pessoa pelo objetivo – a substância, o ato de ser –, a partir de Descartes, se tentará defini-la pela subjetividade: pela autoconsciência do próprio eu, pela capacidade de relação com um tu, ou pela abertura à transcendência. É indu-

---

11."Quocirca si persona in solis substantiis est, atque in his rationalibus, substantia omnis natura est, nec in universalibus, sed in individuis constat, reperta personae est igitur definitio: Persona est naturae rationalis individua substantia." *Liber de persona et duabus naturis*, cap. III, em PL, 64, 1343.

bitável que ter se aprofundado na autoconsciência, na abertura e transcendência características da pessoa proporcionou um conhecimento mais completo da riqueza do ser pessoal do homem. Porém, o problema existe quando se esquece da natureza racional como o substrato em que se fundamenta a pessoa, focalizando a atenção em seus atos espirituais como se fossem o fundamento do próprio ser pessoal. Pode-se dizer que, com Descartes, começa a se expandir um novo conceito de pessoa: ela já não é definida em relação à autonomia do ser, mas em relação à autoconsciência. O homem tem uma garantia de ser ele mesmo, de existir efetivamente, de não ser um puro sonho e sim uma autêntica realidade, porque pensa sobre si mesmo. *Cogito ergo sum*: penso, logo existo. O Eu consiste na autoconsciência. A singularidade do homem consiste precisamente nisso[12].

Para Descartes, a pessoa identifica-se com o eu pensante, ou melhor, com o eu consciente[13]. Dada sua antropologia, coloca a essência da pessoa na alma enquanto ser pensante, inextenso e contradistinto do corpo. Descartes concebe ainda a alma como algo, como *res cogitans*, em suma, como substância inextensa. Daí que, em um primeiro momento, não seja claramente perceptível o sentido imposto ao conceito de pessoa em uma proposição que exerceu influência decisiva em grande parte do pensamento moderno e contemporâneo.

Na questão que nos ocupa, a profundidade desse sentido produziu-se com maior nitidez quando Locke negou a substância como realidade metafísica, daí carecendo sentido falar da alma como substância. Então, o eu já não será concebido senão como mera consciência da própria identidade demonstrada pela memória, ou como coleção de fenômenos internos, ou como série de sensações, ou como fio condutor dos acontecimentos, ou como resultante sempre variável dos fenômenos vitais.

A racionalidade, e portanto a autoconsciência, sempre fez parte da definição de pessoa. Aparece nitidamente assim na própria definição de Boécio. A autoconsciência faz parte da pessoa, porque nela se manifesta a plenitude do *ser em si*; mas a autoconsciência é *ato*, não substância.

De acordo com as correntes subjetivistas, a personalidade seria a consciência-de-si, ou seja, a consciência de um "eu" psicológico; o constitutivo da pessoa seria o "eu". Nesse sentido, como o "eu" é, enquanto consciência psicológica do próprio ser e existir, um ato psicológico – um conhecimento – ou, se se prefere, um *fluxo*, a pessoa seria pura história.

---

12. B. MONDIN, *Il concetto di persona nella filosofia contemporanea* em "Incontri Culturali", VII, 1974, 176. Cf. também id., *La persona umana e il suo destino in San Tommaso e nel pensiero moderno*, em "Aquinas", 1974, pp. 366-402.

13. Descartes entende por pensamento "tudo aquilo que ocorre em nós de tal forma que imediatamente o percebemos por nós mesmos. Por essa razão não só entender, querer, imaginar, mas também sentir é a mesma coisa que pensar". R. DESCARTES, *Les principes de la philosophie*, I, n. 9; cf. A. BRIDOLI, *Descartes. Oeuvres et Lettres*, Paris, 1952, p. 574. Para uma análise crítica da proposição filosófico-cartesiana, cf., p. ex., C. CARDONA, *René Descartes. Discurso del método*, Madrid, 1975.

Porém, esse tipo de teoria torna-se inadmissível. O ato ou o fluxo não podem existir por si mesmos. Não é possível que exista consciência – conhecimento –, que é um ato de conhecer, sem potência cognoscitiva intelectual, como é impensável o ato de ver sem olhos. Tão impensável como é um fluxo sem realidade que flua. Toda consciência, como todo ato – pois é ato –, depende de uma potência, e essa é, por definição, de uma substância. E todo fluxo pressupõe a substância fluente. Por outro lado, o "eu" da pessoa é justamente a consciência do ser e do existir, que permanece inalterável em meio às mudanças que a pessoa sofre ao longo de sua história. Essa permanência do "eu", como fator da consciência da pessoa de sua identidade inalterável em meio à mudança, só é explicada pela permanência inalterável da substância.

Em resumo, a definição de Boécio de pessoa, anteriormente citada, continua sendo válida e é a que vamos comentar sucintamente a seguir.

c) A primeira coisa que a descrição de Boécio evidencia é algo que já vimos com toda clareza ao expor as origens da palavra pessoa. O que o termo pessoa designa é um indivíduo ou ser singular. Ou, em outras palavras, é nome de indivíduo. Portanto, não expressa um universal, e sim um ser concreto existente; no caso da pessoa humana – única que nos interessa aqui –, significa o homem singular ou individual: o indivíduo humano.

É, então, necessário advertir que o termo correlato de pessoa é *indivíduo*, embora com a diferença de se referir apenas aos indivíduos de determinado tipo: ao ser individual de natureza racional. Pessoa não designa, então, um universal: não é correlato de homem, essência ou natureza humana etc.

Assim, por exemplo, *homem* é um termo que designa um conceito universal – todo homem, a noção de homem –, do qual pode ser declarado tudo o que está contido no gênero ou espécie humana. Pessoa, por outro lado, designa o ser humano singular existente e precisamente em sua singularidade existencial: o indivíduo humano. Quando se fala do homem e são declaradas determinadas características dele, está se falando de um gênero e de uma espécie; quando o discurso se refere à pessoa, é dos indivíduos humanos que se está falando. São duas perspectivas muito diferentes, que devem ser bem consideradas, para que não se produza uma passagem tão insensível quanto inadequada da pessoa ao homem, da pessoa ao gênero humano.

Não se deve confundir em especial a natureza humana com a pessoa humana, nem portanto declarar da natureza o que é próprio da pessoa, nem – o que é um erro mais comum – declarar da pessoa o que é próprio da natureza. Entenda-se bem isso. A natureza não tem existência real fora da pessoa, e, por outro lado, a pessoa caracteriza-se pela natureza racional que possui. Portanto, no plano *real* – da realidade existente –, o que se declara da natureza se declara da pessoa. Porém, no plano *conceitual* – das distinções científicas –, é preciso saber distinguir entre o que se declara da pessoa no que tem de natureza, e o que pode ser declarado da pessoa no que essa traz como ser singular; nesse sentido, dizemos que não se deve confundir o que pode ser declarado da natureza com o que pode ser declarado da pessoa.

O que pode ser declarado da natureza humana? Declara-se da natureza humana – e se atribui a ela – o universal e comum do homem, aquilo que é próprio da espécie humana. Assim, por exemplo, os direitos e deveres que emanam do ser do homem não têm por fundamento ou por título os atributos da pessoa humana, e sim a natureza do homem; por isso recebem a denominação de direitos naturais (mais impropriamente, direitos essenciais, como indicam alguns documentos internacionais[14]). A pessoa é o *sujeito* de tais direitos – é seu titular –, porém não é o título nem o fundamento. Em outras palavras, o título e o fundamento dos direitos inerentes à pessoa humana são a "condição de pessoa", o que há na pessoa de natureza racional, não de sua singularidade incomunicável.

d) De acordo com isso, o que pode – e deve – ser atribuído à pessoa quando designa um ser singular? Fundamentalmente, três coisas: a) primeiramente, as condições singulares de existência, como os acontecimentos de quantidade, qualidade e tempo; portanto, pode-se declarar da pessoa a dimensão de historicidade que é própria dela. O histórico do homem é próprio da pessoa. A variedade e as diferenças entre os homens também são declaradas das pessoas por derivar de traços singulares. b) Em segundo lugar, é atribuível à pessoa tudo o que pertence ao homem singular em virtude do modo peculiar de individualização do ser humano. Ou, em outras palavras, ser pessoa – em virtude de sua natureza racional ou espiritual – implica um modo típico de individualização, cujas conseqüências são atribuíveis à pessoa; como a incomunicabilidade e a autonomia. c) Por último, é atributo da pessoa a subjetividade, a condição de ser sujeito e substrato de tudo o que implica o universal – a essência, a natureza –, enquanto realização existencial singular do específico do homem; desse modo, atribuem-se à pessoa a dignidade e a igualdade (por exemplo, não se fala com propriedade se for dito "dignidade da natureza humana" – embora se trate de um uso tolerável –; o digno – que é dimensão singular – é a pessoa, embora essa dignidade proceda da natureza humana).

e) Tudo o que acabamos de expor indica-nos qual é o sentido em que se deve entender a expressão "condição de pessoa". É freqüente atribuir características e marcas ao homem fazendo referência "à condição de pessoa" do homem. Assim, por exemplo, afirma-se que o homem é racional em virtude de sua condição de pessoa, ou que a condição de pessoa humana implica alguns direitos, ou se fala da dignidade que emana da condição de pessoa. "Condição de pessoa" é uma forma moderna de expressar o que cabe ao indivíduo humano por ser indivíduo *pessoal*,

---

14. Cf. *Declaración Americana de los Derechos y Deveres del Hombre*, 1948, preâmb.; *Pacto de San José de Costa Rica*, 1969, preâmb.

isto é, de natureza racional; por isso, nessa expressão está contido o que cabe à pessoa por ser realização existencial da natureza humana, que é uma natureza racional. A "condição", nesse caso, refere-se à natureza humana, acentuando o traço mais peculiar dessa: sua racionalidade. Nem podia ser de outro modo, já que a expressão analisada é um universal e, por isso, não pode se referir a pessoa como tal, que é singular por ser individual, mas necessariamente compete ao que nela se *realiza* (se torna real, existente) do humano universal: isto é, a natureza humana. O que a expressão "condição de pessoa" acrescenta ao termo natureza humana é a expressividade com que se realça que a natureza humana é uma natureza eminente e superior, dado que a palavra pessoa só foi aplicada e só pode ser aplicada aos seres que têm a especial eminência ontológica em que consiste ser racional.

f) Por último, deve-se advertir que no ser pessoal não se pode distinguir entre indivíduo e pessoa. Não é possível, por exemplo, afirmar (como fez Maritain) que o homem tem a dupla dimensão de indivíduo e de pessoa. Essa dualidade é artificiosa e insustentável, porque pessoa não é outra coisa senão o indivíduo de uma natureza especial; portanto, o indivíduo humano é a pessoa, e a pessoa humana não é outra coisa senão o indivíduo humano: indivíduo e pessoa, aplicados ao homem, são rigorosamente sinônimos. Por isso, todas as características e marcas do ser humano individual são declaradas unitariamente da pessoa humana e do indivíduo humano (são a mesma coisa), sem possibilidade de distinguir marcas ou dimensões individuais não-pessoais e marcas ou dimensões pessoais. Todo o indivíduo humano é pessoa e apenas pessoa.

Pelas mesmas razões, são rejeitáveis as distinções entre "vida humana", "ser humano ou da espécie humana" e "pessoa humana". Visto que a vida não é outra coisa que o ser do vivente, se há vida humana ou ser humano há indivíduo humano e, por conseqüência, pessoa humana. Se não há pessoa humana, não há ser humano, nem vida humana (repetimos: a vida não é nada diferente do próprio ser do vivente).

4. A PESSOA, SER RACIONAL. *a*) Pela definição de Boécio, vimos que a pessoa é o indivíduo de natureza racional. O que distingue a pessoa e aquilo pelo que lhe é aplicado esse nome é a racionalidade. Sem racionalidade não há pessoa. Então, se denominamos o homem pessoa – no sentido ontológico ou filosófico que estamos expondo – é porque declaramos dele a racionalidade. De outro modo, chamar de pessoa o homem seria uma evidente impropriedade ou utilizar a palavra no sentido vulgar, em cujo caso expressões como "dignidade da pessoa humana" deixariam de ter sentido.

b) Na definição de Boécio, natureza racional equivale a espiritual, como aliás tivemos oportunidade de observar ao expor as origens do sentido ontológico de pessoa. Ao dizer, então, que o homem é pessoa, estamos afirmando que esse, além de sua dimensão material-corpórea, possui uma dimensão espiritual, que é o que lhe proporciona o conhecimento racional ou intelectual.

Porém, não se pode esquecer que a pessoa é uma entidade individual: *individua substantia* ou substância individual. Portanto, em sua composição corpóreo-espiritual, o homem não pode ser composto de duas substâncias ou supostos completos, pois sua subsistência ou *hypóstasis* é única. Por isso, a idéia platônica da alma como condutora do corpo não é admissível, pois suporia duas substâncias individuais. Mas, como corpo e alma têm uma ontologia diversa, a união de espírito e corpo só é explicável como duas substâncias incompletas que formam uma substância individual composta como matéria (o corpo) e forma (o espírito ou alma). São duas dimensões do ser humano *inseparáveis*, que formam uma única *hypóstasis* ou subsistência – substância individual, composta nesse caso –, de modo que a separação causa a morte. E assim o corpo não pode viver sem o espírito, nem o espírito age se não for através do corpo, como vimos ao tratar do conhecimento humano.

c) A pessoa humana como substância individual – embora composta – é inteiramente pessoa em todo seu ser, visto que todo ele está *informado* (forma substancial) pela dimensão espiritual, da qual, ao receber a forma, recebe a última e definitiva especificidade. Portanto, tudo o que pode ser declarado da pessoa – dignidade, autonomia, sujeito de direitos etc. – pode ser declarado da unidade. Não é correto, então, distinguir no homem o animal do pessoal. Tudo é pessoal, pois tudo está informado – de um ou outro modo – pela dimensão espiritual, e o sujeito de tudo é a pessoa.

d) Como a dimensão espiritual é o princípio formal da pessoa humana, é ela – como dissemos – que dá a última e definitiva especificidade ao homem, o que constitui, em último caso, a espécie a que o homem pertence: ser racional, o que significa que o situa em *outra ordem do ser* distinta dos seres meramente corpóreos. Uma ordem do ser mais eminente e alta, que é justamente o que se expressa com a palavra pessoa.

Com a expressão *outra ordem do ser* afirma-se que o homem não é um animal da espécie mais perfeita, a espécie animal superior, como pretende o materialismo. Se fosse assim, o homem não seria pessoa, e aplicar-lhe esse nome representaria um uso abusivo dessa palavra ou o uso vulgar, não tendo sentido declarar determinadas características do homem fundamentando-se em sua condição de pessoa, pois pessoa seria palavra vazia, sem outro significado que o de indivíduo, o que não fundamenta nenhuma prerrogativa nem direito. *Outra ordem do ser* quer dizer que a pessoa humana pertence a uma categoria superior de ser, a própria da ordem da racionalidade, que supõe uma maior participação no ser – tem uma maior intensidade de ser – que faz do homem não um animal, mas um ser de ordem superior e diferente. Entre o reino animal e o homem não há simplesmente um gradualismo, uma diferença de grau ou perfeição dentro da mesma ordem, mas uma diferença de ordem do ser, que afeta o gênero. Em outras palavras, não há continuidade de grau de perfeição entre o animal e o homem, e sim um salto qualitativo, um abismo. Justamente por isso, o homem é e se chama com propriedade pessoa.

e) Continuando com as conseqüências da união substancial anímico-corpórea do homem, na qual corpo e espírito (ou alma espiritual) unem-se como matéria e forma, respectivamente, é preciso evidenciar que o espírito, enquanto forma, é o princípio de vida ou existência, o princípio de unidade e o princípio de ordem.

Em primeiro lugar, por sua condição de substância incompleta, o corpo ou elemento material do ser humano não tem em si um princípio de vida próprio: não pode viver, isto é, existir como vivente com independência do espírito. Só pode existir e viver a substância completa. A pessoa tem, então, um único princípio de vida próprio e não recebido de outro ser, que é o elemento formal espiritual; sem o espírito, o corpo morre ou não consegue ter vida própria. Isso é óbvio, pois uma substância incompleta não pode ter subsistência própria e separada. Por isso, onde o corpo, em qualquer de suas fases iniciais, consegue constituir-se em indivíduo com princípio de vida independente do ser gerador, existe necessariamente o espírito e o novo ser é humano e, portanto, pessoa. Falar de uma nova "vida humana" que não seja pessoa não é possível. Por outro lado, se lembrarmos que a vida não é mais que o próprio ser do vivente, ficará evidente que só o subsistente humano completo – matéria e forma, corpo e espírito – pode viver.

f) Ao mesmo tempo, o espírito é o princípio de unidade da pessoa. Isso provém de uma marca peculiar da natureza racional. Em virtude da natureza espiritual, a pessoa é um ser que domina seu próprio ser. É característica da pessoa o domínio sobre seu próprio ser, um domínio que tem a dupla índole de ontológico e jurídico. Portanto, o conjunto de forças, instintos, inclinações, capacidades e potências do ser humano são dominados – cada um de acordo com sua própria natureza – pelo espírito humano, o que confere a eles seu caráter pessoal e sua unidade.

g) A dimensão racional também é o princípio de ordem. Em virtude de sua índole de forma ou princípio informador, o espírito humano enquanto cognoscitivo, isto é, a razão, constitui-se no princípio regente do agir humano. A razão é a regra da conduta da pessoa humana, de modo que a retidão dessa é medida por ser conforme a razão. Daí que a regra do agir correto seja a *recta ratio*, a razão com retidão, que indica com seus ditames a ordem própria do agir pessoal. Por isso a racionalidade de toda regra de conduta ou de todo agir do homem é a medida de sua correção.

5. A INCOMUNICABILIDADE DA PESSOA. Um traço da pessoa, que tem sua origem na natureza racional ou espiritual que é própria dela, consiste em uma individuação tão forte que a torna incomunicável, isto é, tão inteiramente outra em

relação aos demais seres que não se torna comum a eles, nem pode ser considerada apenas como parte de um todo. É a *incomunicabilidade* da pessoa. Vamos explicar com certa atenção o que significa a incomunicabilidade.

O termo "indivíduo", em sentido estrito, é aplicado com propriedade aos seres materiais. É a matéria que, em virtude do princípio de individuação, constitui-se em seres distintos. Assim, a individuação distingue determinado cachorro de outro cachorro (são indivíduos diferentes da mesma espécie) ou um anel de outro anel. No âmbito espiritual, o princípio em virtude do qual um ser determinado e concreto é diferente de outro ser – o equivalente à individuação – é a *incomunicabilidade*, que consiste em um princípio de constituição do ser uno e distinto muito mais forte do que a individuação. Por isso, os seres de natureza espiritual não devem ser chamados de indivíduos, mas de pessoas.

O homem, enquanto é um composto de matéria e espírito, possui o princípio de individuação em relação ao corpo, e a incomunicabilidade em relação ao espírito. E como, em definitivo, o princípio formal – e, portanto, o que o constitui, primária e fundamentalmente, em ser uno e distinto – é o espírito, a incomunicabilidade prevalece sobre a individuação. Por isso, o termo "indivíduo" aplicado ao homem concreto é menos apropriado, e o termo pessoa deve ser usado com preferência, por ser o verdadeiramente adequado.

Para entender a incomunicabilidade da pessoa e seus traços, é preciso partir da participação no ser. Todos os seres participam do ser, mas participam em diferente grau, de modo que nem todos os entes são igualmente ser. Em outras palavras, embora todo ente seja um ser, nem todos os entes são ser com a mesma intensidade ou plenitude. Ou, em outros termos, o conceito *ser* não é unívoco mas análogo, pois nem todos os seres são ser do mesmo modo. A diferença com que a palavra ser é declarada dos diferentes entes reside em que alguns seres têm mais intensidade de ser que outros: são mais ser. O *quantum* de ser ou intensidade de ser não é igual em todos os seres.

Se observarmos o mundo dos seres inertes, veremos que sem dúvida são seres. Porém, não é menos indubitável que seu *quantum* ou intensidade de ser é, podemos dizer, pobre ou fraco. Basta ver suas carências: vida, sensibilidade etc. Têm um ser *pobre*. Isso se manifesta no fato de a individuação ser tão fraca, que facilmente se modifica. Assim um anel de metal pode ser fundido e transformado em objetos diferentes, permanecendo o mesmo substrato material. Os seres inertes, de uma forma ou de outra, são transformáveis, o que indica uma individuação tão fraca que estão submetidos a um constante processo de mudança, tanto naturalmente como por obra do homem. O ser inerte é sobretudo um ser passivo, um objeto, incapaz de qualquer domínio e sempre dominado pelas leis naturais às quais está submetido.

Os vegetais têm um *quantum* de ser mais intenso, que se manifesta na vida que possuem. Isso proporciona uma individuação mais forte: um vegetal não é transformável em outro ser ou objeto sem perder seu princípio vital, permanecendo apenas o mesmo substrato material. Contudo, seu *quantum* de ser continua sendo pobre ou fraco; assim, os vegetais não têm sensibilidade, entre outras coisas. Além disso, não têm um ser-para-si, mas são simples partes do universo com um ser que se torna comum a outros seres; e assim servem de alimento aos animais e ao homem. Como os seres inertes, estão dominados pelas leis naturais que os regem.

O reino animal, embora apresente muitos graus, é sem dúvida um conjunto de seres ontologicamente mais perfeitos que os anteriores. O animal tem um *quantum* ou intensidade de ser de certa envergadura; é mais ser que o vegetal. Os animais têm autonomia de movimento, espontaneidade de ação e certa capacidade de comunicação. Porém, quanto a sua qualidade ou *quantum* de ser, têm importantes limitações. São inteiramente partes do universo, em função do qual vivem e agem e têm estabelecido seu estatuto ontológico, vital e de atuação (são simples partes do ecossistema). Nesse sentido, seu ser não tem nem autarquia nem autonomia, e se encontra *comunicado* (no sentido de feito comum) com o resto do sistema de seres do universo. Não possuem seu próprio ser; este é possuído ou posto em comum, por isso alguns animais servem de alimento a outros animais pela lei da Natureza. São simples peças de uma engrenagem – partes do ecossistema –, sem um valor próprio individual fora da ordem e da utilidade do sistema do universo. Ao não possuir seu próprio ser, também não o dominam e são inteiramente regidos e dominados pelas leis naturais que são próprias deles; assim, podemos dizer que o animal se move; porém, mais do que se mover, é movido por leis inexoráveis que o dominam. O animal está imerso no conjunto, e ao ser parte dele esgota-se seu ser. Cada animal não é um ser inteiramente outro em relação ao restante dos seres.

Nesse sentido, o homem apresenta diferenças muito significativas com o restante dos seres, que supõem uma intensidade de ser, de tal potência, que o situa – como já foi dito – em *outra ordem do ser*. É uma participação ou *quantum* de ser que não é simplesmente uma perfeição de grau – um animal mais perfeito –, e sim uma eminência ou excelência peculiar de ontologia. O espírito não é uma matéria particularmente aperfeiçoada, mas uma substância de ordem ontológica diferente e mais eminente. Tem um *quantum* de ser muito mais intenso. Talvez o que mais se perceba, dado que o espírito não está sujeito às dimensões de quantidade e espaço, é que muda substancialmente a posição do homem com o mundo circundante.

De fato, o espírito participa de tão alto grau do ser – é ser de modo tão perfeito – que a individuação adquire um grau de plenitude preciso: é simples, sem quantidade – e portanto sem partes –, o que o torna *incomunicável*, isto é, não se torna comum a outros seres, é inteiramente outro. Relaciona-se com os demais seres pelo conhecimento – o que supõe uma comunicação mediante a linguagem – e pelo amor, porém sem que o ser se comunique no sentido de tornar-se comum. A substância espiritual tem uma dimensão de transcendência: o ser espiritual é um ser inteiramente outro, o que é conseqüência – convém repetir – de sua plenitude de ser. Essa dimensão de transcendência comunica-se à parte corpórea do homem em virtude da unidade substancial corpo-espírito e reflete-se na pessoa inteira. O tornar-se comum aos demais seres, que vimos nos entes materiais, representa uma imperfeição no ser – um *quantum* de ser relativamente pobre –, que, embora traga em si uma verdadeira individualidade – se não, não haveria entes diferentes –, trata-se de uma individualidade em certo sentido fraca, já que o ente material é uma parte de um todo mais amplo, o universo, que o engloba. Uma pedra, um vegetal, um animal são seres individuais, porém sem ser inteiramente outros em relação ao universo. A pessoa é diferente: é um ser inteiramente outro, o que se evidencia quando se diz que pessoa acrescenta algo ao indivíduo; acrescenta a plenitude de ser inteiramente ela mesma e, portanto, incomunicável; a pessoa é um ser inteiramente outro: essa dimensão pode ser chamada de transcendência ontológica.

Isso tem uma conseqüência. O homem está no universo e, em certo sentido, é parte dele. Porém, ao mesmo tempo, o transcende; não é uma simples peça da engrenagem do universo, não é uma mera parte do ecossistema. É parte do universo no sentido de que está nele, mas goza de uma posição singular; não está a serviço do sistema do universo porque o transcende. Está como *dominus* – naturalmente de acordo com alguns princípios racionais –, como inteiramente outro, capaz de se servir dos demais seres.

Para terminar, convém enfatizar o que foi dito antes: a pessoa é inteiramente ela mesma, que é o que a faz ser inteiramente outra. Ser inteiramente ela mesma é o próprio da eminência ou excelência – perfeição – do ser espiritual. A simplicidade do espírito, que o torna incomunicável, supõe uma plenitude do ser, em cuja virtude a pessoa (corpo e espírito) possui seu próprio ser, de tal modo que não é absorvível, dominável, apreensível pelos demais. Por isso, no caso do homem, no qual, por sua dimensão corpórea, podem ocorrer além disso ações que por meio do corpo tentem dominar a pessoa, tais ações são violência ou injúria, opressão, isto é, ações *contra natura*. Esses fenômenos de dominação violenta necessitam da mediação da dimensão corpórea, porque não podem ocorrer diretamente no espírito, já que o espírito é por si só indominável, é sempre livre.

Em suma, a pessoa é dona de seu próprio ser enquanto o rege e domina, e enquanto é seu, pertence a ela inteira e inalienavelmente. E em virtude dessa potência dominadora é capaz de dominar seu entorno.

6. A COMUNICAÇÃO PESSOAL. Junto com a incomunicabilidade ontológica de que acabamos de falar, a pessoa apresenta-se como um ser-em-relação ou ser social. Há na pessoa uma entitativa abertura ao mundo circundante e, de modo particular, às demais pessoas.

De fato, a incomunicabilidade não significa que a pessoa não esteja aberta aos demais. O que faz é modalizar essa relação. A pessoa relaciona-se com as outras pessoas, sem tornar-se comum no ser, sem confusão ou fusão, mas com uma certa transcendência, isto é, na *alteridade*, sendo sempre outro. É uma comunicação na alteridade, comunicação muito mais elevada e perfeita que a absorção ou fusão ou ser simplesmente peça de um conjunto. Na pessoa ocorre a *societas* – no sentido amplo dessa palavra latina –, as pessoas são *socii* em suas mais diversas formas. Essa comunicação está fundamentada na natureza, o que quer dizer que está baseada na própria ontologia da pessoa humana.

E isso em virtude da perfeição ou eminência da ontologia da pessoa humana, cuja origem é a perfeição ontológica do espírito. Essa perfeição ontológica consiste no conhecimento e na abertura ao outro, que se revela no amor. Podemos falar de uma estrutura *dialogal* da pessoa. A pessoa não está recolhida em si mesma: esse recolhimento seria uma imperfeição. Ela se abre para o mundo e para os demais pelo conhecimento, um conhecimento que é contemplação, apreensão intelectual que penetra no conhecido. Entre pessoas, essa relação intelectiva de conhecimento é o princípio da relação pessoal de identificação de espíritos, que se abre para o amor. O conhecimento da pessoa como bem amável origina a complacência ou abertura radical e primária da vontade – sem esquecer que às vezes o sentimento une-se a isso – para a pessoa, que é o que chamamos amor. E mais em geral podemos falar de uma abertura da pessoa ao outro como ser pessoal, isto é, digno, com uma bondade ontológica que tem de ser respeitada e amada. O respeito traduz-se na justiça no que se refere aos direitos, e o amor expande-se na solidariedade ou, como diziam os antigos com termo que continua válido, na benevolência ou tendência a fazer o bem ao amado. Há, então, entre pessoas uma comunicação corpóreo-espiritual por meio do conhecimento e do amor. Essa comunicação, que respeita a alteridade, leva à comunicação de pensamentos e afetos, que no homem, por sua estrutura corpóreo-espiritual, é feita por meio dos signos da linguagem. Ocorre, portanto, uma abertura da pessoa ao outro pelo conhecimento e pelo amor, que é comunicação na alteridade, isto é, sem fusão, sem domínio, sem ser peças de uma engrenagem.

Isso supõe que ontologicamanente a pessoa não é um ser solipsista, um indivíduo absoluto, uma totalidade ensimesmada, mas um ser-em-relação. Se não houvesse essa abertura ontológica, a pessoa não teria capacidade de conhecer o mundo exterior a ela (o conhecimento intelectual comtemplativo é relacional, abertura ao conhecido), nem capacidade de amor. Isso suporia uma situação de *pobreza* ontológica, incompatível com a excelência do ser pessoal. A abertura ao outro, a comunicação na *palavra* (ou verbo, seja intelectual, seja em signo) e a união de amor são expansões naturais do ser pessoal, porque o espírito caracteriza-se por sua expansividade, fruto de sua eminência ontológica. Por não estar encerrado nas dimensões de quantidade e espaço, o espírito tende a se expandir de acordo com sua própria natureza, isto é, segundo sua simplicidade, que o individualiza fortemente: essa expansão é o conhecimento e o amor, a relação com os demais.

Pode-se perceber que a concepção liberal primitiva do homem, como indivíduo absoluto, associal em estado natural, cai por terra. Basta observar que falavam de indivíduo, não de pessoa. O simples indivíduo está encerrado em suas próprias dimensões; não cabe socialidade como abertura ontológica. A pessoa, sendo mais que indivíduo – ou, em outros termos, sendo um indivíduo de natureza espiritual ou racional e por isso com uma individualidade forte –, é ao mesmo tempo um ser-em-relação, justamente porque, em virtude de sua riqueza ontológica, é capaz de se abrir aos demais, de se expandir na alteridade, ou seja, permanecendo ela mesma.

Essa estrutura da pessoa evidencia que a pessoa humana é social por natureza. Desde o momento em que é um ser-em-relação com os demais homens, a pessoa humana é, em sua unidade corpóreo-espiritual, um ser social por natureza. Os homens estão naturalmente unidos em uma comunidade ou *societas*. Porém, depois do que foi dito, fica claro que essa *societas* se realiza *na alteridade*, permanecendo a pessoa ela mesma.

Isso quer dizer que a pessoa está em sociedade como pessoa, não como simples indivíduo, isto é, não se funde no todo social como simples parte dele ou como simples peça da engrenagem social. A dimensão social é uma dimensão da pessoa humana, que não a abrange totalmente. A pessoa permanece como ser autônomo. Isso destaca quanto é opressor e injusto o totalitarismo e como era despersonalizante o socialismo primigênio – "todo homem é público" –, e como são todas aquelas teorias políticas que tendem a absorver a vida do homem em estruturas públicas.

Como a *societas* ou comunidade humana não absorve a pessoa, pois é somente a dimensão de comunicação da pessoa na alteridade, o homem aparece dotado de autonomia em todo âmbito que lhe cabe enquanto é ela mesma.

7. A DIGNIDADE DA PESSOA. *a*) A dignidade é declarada da pessoa – é um ser digno –, e assim é freqüente falar da dignidade da pessoa humana, da qual costuma-se deduzir certos direitos e a injustiça de certos modos de tratamento: maus-tratos, tratamentos desumanos e degradantes etc. É, então, necessário analisar agora o que significa a dignidade da pessoa, sobretudo porque, ao mesmo tempo que se fala de modo profuso da dignidade da pessoa, não se costuma indicar em que ela consiste: parece supor-se que é algo conhecido por todos, mas isso – basta ler a literatura sobre o assunto para comprovar o que se diz – dista de ser verdade. Trata-se antes de um termo cujo significado preciso é pouco conhecido.

b) Dentro da falta de tratados específicos sobre a dignidade da pessoa, que acabamos de mencionar[15], e da ambigüidade com que essa expressão costuma ser usada, podem ser detectados dois modos de entender tal dignidade: a) Uma corrente, de origem mais ou menos remotamente kantiana, entende a dignidade do homem como algo absoluto e imanente. A dignidade seria determinada fundamentalmente pela autonomia moral da consciência – da qual emanaria o dever de modo imanente, sem vinculação com uma instância divina –, o que suporia o caráter absoluto da razão, e com ela a do indivíduo humano. Configura-se assim uma liberdade desvinculada e, com ela, o domínio independente da pessoa sobre si. A dignidade significaria a absoluta e imanente eminência do ser humano, com a conseqüente li-

---

15. Entre as exceções, ver R. SPAEMANN, *Sobre el concepto de dignidad*, em "Persona y Derecho", XIX, 1988, pp. 13 ss.

berdade e domínio de si absolutos, do que derivariam os direitos e as liberdades – também absolutos – inerentes a essa dignidade. O termo final dessa forma de entender a dignidade é a anomia: o homem é sua própria lei. b) Uma segunda corrente entendeu a dignidade como algo relativo, determinado pelos fins do homem. A dignidade teria seu fundamento, mais que no ser da pessoa, em seus fins, de modo que o homem se tornaria digno por seu chamado aos fins e, em especial, por seu cumprimento, isto é, pela eminência e grandeza dos fins. Desse modo, o homem se tornaria digno pela vida virtuosa, além da dignidade radical de todo ser humano por seu chamado ou vocação para os fins. Nesse caso, a dignidade seria fonte de deveres (a obrigação de tender aos fins), e os direitos seriam tidos em função desses.

Nenhum desses modos de entender a dignidade da pessoa humana é aceitável. O primeiro extrema o caráter absoluto da dignidade, apoiando-a na autonomia e na liberdade entendidas de modo imanente e desvinculado, o que é inconciliável com a condição de que o homem é um ser criado. Tudo quanto é e tem o homem é uma participação criada do Ser subsistente, por isso a dignidade humana não é imanente, mas transcendente, participação – imagem e semelhança – da dignidade própria do Ser subsistente. A dignidade humana não procede da desvinculação e da independência, mas da participação.

Também não é aceitável o segundo modo de entender a dignidade da pessoa humana, porque faz da dignidade algo exterior e relativo, isto é, que não se situa no ser do homem, e sim no êxito mais ou menos perfeito de seus fins. Confunde-se assim a dignidade ontológica – que procede de uma eminência do ser – com a dignidade moral[16], que é uma excelência relativa aos demais pela melhor vivência das virtudes. Com isso altera-se o sentido óbvio da expressão "dignidade da pessoa humana", que ao fazer referência a direitos, liberdades e modos de tratamento inerentes a ela deve proceder da natureza humana, isto é, da eminência ontológica da pessoa humana.

c) Para entender a dignidade da pessoa humana, precisamos responder – pelos motivos alegados – à pergunta: o que significa dignidade? E, sobretudo, onde reside a dignidade?

Dignidade tem uma série de sinônimos, dos quais podem ser mencionados alguns: excelência, eminência, grandeza e superioridade. Por todos eles, pode-se ver que a dignidade da pessoa supõe que o ser humano possui uma excelência ou eminência ontológica – que o homem tem um ser excelente e eminente – e uma superioridade no ser. Também se pode observar através desses sinônimos que a dignidade tem certa dimensão de relatividade (diferente da anteriormente mencionada); compreende uma relação de comparação com outros seres. Quando dizemos que

---

16. Cf. I. M. HOYOS, op. cit., pp. 359 ss.

algo é excelente, eminente ou superior – inclusive quando declaramos sua grandeza –, esses adjetivos têm certa dimensão de relatividade (de comparação), pois evocam a idéia de sobressair entre o comum dos seres de sua classe. Nesse sentido, sem dúvida a dignidade é declarada da pessoa humana com certa dimensão relativa – em relação aos demais seres terrestres –, pois quer dizer que o homem possui uma qualidade de ser – um tipo de ontologia – superior a eles, isto é, tem uma perfeição no ser, uma eminência ou excelência ontológicas que o situam – como dizíamos anteriormente – em *outra ordem do ser*. Não é um animal da espécie superior, mas pertence a outra ordem do ser, diferente e mais alta por ser mais eminente ou excelente.

Por outro lado, excelência, eminência e grandeza não são termos com sentido meramente relativo. Significam também, e principalmente, algo absoluto (no sentido de não-relativo), porque expressam que aquele ou aquilo ao qual é aplicado tem um alto grau de bondade intrínseca. Se, por exemplo, fala-se de um filósofo eminente, não se quer dizer apenas que sobressai entre os outros, mas também que possui um alto grau de inteligência e de saber. Ocorre a mesma coisa com dignidade, quando falamos da pessoa. Se dizemos que tem uma eminência ou excelência do ser, queremos expressar algo absoluto: uma ontologia ou participação no ser muito intensa, de grande perfeição e grandeza. De acordo com isso, a dignidade é algo absoluto que pertence à essência[17] e, por conseqüência, reside na natureza humana; é a perfeição ou intensidade de ser que cabe à natureza humana e é declarada da pessoa, enquanto essa é a realização existencial da natureza humana.

Ao dizer que a dignidade humana é algo absoluto, pretende-se afirmar que não é relativa, isto é, que não existe apenas em relação aos fins, e tampouco limita-se ao aspecto de superioridade em relação aos demais seres de nosso universo. É uma condição própria e inerente ao ser humano: a eminência ou excelência ontológica, que outorga a ele sua dimensão espiritual ou racional. Porém, absoluto não significa aqui imanente e desvinculado, e, portanto, ilimitado. O homem tem o ser por participação, é uma participação criada do Ser Subsistente. Portanto, o homem é digno absolutamente, mas por participação. Portanto, a dignidade não configura o ser humano como um ser desvinculado, com direitos ilimitados e deveres autônomos surgidos (ser sua própria lei, consciência autônoma sem regras objetivas), e sim como um ser que, ao ter seu ser e sua dignidade por participação, está naturalmente regulado por normas inerentes a seu ser, que são *recebidas*, como recebido é seu ser e sua dignidade. Ao mesmo tempo, os direitos, sendo inerentes a seu ser, são direitos limitados e condicionados por seu próprio ser, por sua natureza, que tem uma organização para a relação com os demais (dimensão social) e para alguns fins naturais.

---

17. Cf. TOMÁS DE AQUINO, *S. Th.*, I, q. 42, a. 4 ad 2.

De modo semelhante, devemos nos pronunciar sobre a relação entre a dignidade humana e os fins naturais do homem. Assim como há um modo incorreto e um modo correto de entender a dignidade como algo absoluto, também há um modo correto e outro incorreto de situar a dignidade do homem nos fins. Há uma forma correta de relacionar a dignidade humana com os fins do homem; e mais, pode-se dizer que é necessário fazer isso, porque assim exige a constituição essencial do ser humano, que é uma constituição finalista, isto é, formada essencialmente pelo princípio de finalidade.

O ser humano – e analogamente seu desenvolvimento vital, sua vida – não é um contra-senso ou absurdo, com o nada como meta. Quanto a isso, o homem é um ser digno, está dotado de dignidade, também porque seu ser e sua vida – portanto, o dever-ser que é inerente a ele – tem um sentido, uma plenitude para a qual se dirige ou orienta por constituição ontológica, enquanto é um ser dinâmico ou operante. Porém, o que chamamos *sentido* de um ser e de sua vida não é outra coisa que seus fins, a finalidade[18]. O que ocorre – e nisto consiste a falha de situar a dignidade humana na vocação para os fins e na realização desses de modo extrínseco ao próprio ser do homem – é que a finalidade não esgota todo o ser do homem, e, além disso, é um princípio *intrínseco* ao ser. De fato, os fins naturais estão presentes na constituição *intrínseca* do ser humano como *orientação para os fins*, em forma de *inclinações naturais*, entendendo com isso a conformação ou estrutura corpóreo-espiritual para os fins e a tendência natural para eles. Portanto, a finalidade do homem é princípio constitutivo de seu ser. Está em sua essência como orientação fundamental, orientação que, enquanto é dinâmica, dizemos que reside na natureza, pois a natureza não é outra coisa que a própria essência como princípio de operação.

Ao dar sentido ao ser humano e ser causa de plenitude existencial, os fins são fatores de dignidade do ser humano, mas fatores intrínsecos (embora não totalizadores), por isso a dignidade, também por causa dos fins, é algo absoluto que pertence à essência, na qual reside o princípio de finalidade. Como os fins são princípios operantes, os direitos e os deveres inerentes à dignidade humana formam-se em função dos fins, porém sem esgotar a dignidade humana, porque o ser do homem não tem valor ou razão de bem apenas pela operação – a cuja ordem pertencem os fins –, nem pelo serviço que presta, mas antes é ser: a operação sucede ao ser, e o princípio de operação é constituinte intrínseco do ser, porém não é todo o ser, nem em seu mais profundo caráter radical.

É preciso considerar sobretudo o que foi sugerido antes. A pessoa, por sua eminência de ser, tem uma razão de bem *a se*, não derivada dos fins, nem do serviço, nem da utilidade; por isso – com fundamento na incomunicabilidade –, a pessoa não admite ser considerada meio ou instrumento: é um bem *a se*, de modo que a

---

18. Cf. J. HERVADA, *Cuatro lecciones de derecho natural*, cit., pp. 24 s.

finalidade e o serviço são resultado do fato de que o bem – e a pessoa – é difuso. A finalidade e o serviço são expansões da pessoa, não o que dá a razão total de bem à pessoa, embora sim de modo tão intrínseco quanto, até certo ponto, parcial.

Então, os fins são fatores de dignidade do ser humano, mas não esgotam sua dignidade, que tem um fundamento mais profundo: a eminência constitutiva de seu ser, da qual os fins são apenas a dimensão com tendência operante.

Digamos, finalmente, que da relação dos fins com a dignidade humana deduz-se que dela emanam, como expressão sua, tanto direitos como deveres; há, então, direitos e *deveres* inerentes à dignidade do homem. Todos eles – direitos e deveres – são reflexos e expressão da dignidade humana.

d) O que significa, então, a dignidade da pessoa humana? Em síntese, podemos dizer que a dignidade humana consiste na eminência ou excelência do ser humano, mediante uma intensa participação no mais alto grau do ser, que o constitui como um ser dotado de debitude e exigibilidade em relação a si mesmo e em relação aos demais homens. Em outras palavras, trata-se de um ente cuja ordem do ser compreende a ordem do dever-ser.

Segundo o que vimos, a dignidade reside na natureza racional ou espiritual do homem, que é o que lhe proporciona a intensidade e perfeição do ser mais elevadas que o restante dos seres terrestres, e indica a diferença essencial entre os seres do mundo animal. Então, a dignidade da pessoa humana significa que é um ser com uma dimensão espiritual. De modo particular, a maior perfeição do homem manifesta-se em duas coisas, próprias da dimensão espiritual: por um lado, o conhecimento intelectual, tanto se for conatural (por ser imediato) ou intuitivo (instantâneo) quanto se for racional (mediato por raciocínio ou argumentativo); por outro lado, o amor total ou abertura da vontade ao bem absoluto. Tudo isso unido à dimensão de debitude e exigibilidade.

e) Junto com a idéia de eminência ou excelência, a dignidade implica a de mérito ou merecimento e de comportamento adequado. Quando dizemos que alguém é digno, de modo implícito estamos dizendo que merece um tratamento adequado – p. ex., respeito e honra – e que há comportamentos adequados e inadequados a ele. E assim "tratamento indigno" ou "comportamento indigno" são expressões que se referem à adequação ou inadequação ao que merece o ser para o qual usamos esses termos.

De acordo com isso, fala-se de dignidade da pessoa humana, porque com isso expressa-se uma idéia comum: a pessoa humana merece um tratamento adequado a seu estatuto ontológico, e há comportamentos conformes (dignos) e desconformes (indignos) a esse estatuto ontológico. Isso não pode significar outra coisa a não ser que a natureza humana é constituída em *regra* de comportamento – próprio e alheio – e em *título* do devido ao homem (direitos e deveres inerentes à dignidade da pessoa humana). O conforme à natureza é digno; o desconforme é indigno. Isso nos indica que a pessoa contém em si uma regra objetiva dos próprios atos (ética ou moral) e dos atos alheios em relação a ela (direito natural ou não-positivo). Desse modo, a dignidade da pessoa humana é constituída em regra de comportamento, regra ou norma que tem seu fundamento e origem na natureza humana e por isso é objetiva.

f) Tudo o que foi dito nos evidencia que a dignidade da pessoa humana não é linguagem vazia, nem um valor ou estimativa relativa, e sim uma dimensão objetiva própria do estatuto ontológico do homem.

8. A LIBERDADE. *a*) A incomunicabilidade da pessoa, da qual falamos antes, é fruto, dizíamos, da intensidade e perfeição do ser pessoal. Por essa intensidade de ser, a pessoa é dona de si, domina seu próprio ser, em virtude do que é capaz de dominar os seres de seu entorno. Ao ser incomunicável, inteiramente outro, o ser pessoal está dotado de liberdade na medida de sua incomunicabilidade ou transcendência ontológica. Estar dotado de liberdade quer dizer que os atos próprios não são *dados*, isto é, produto de forças ou impulsos exteriores ou inerentes ao próprio ser que o dominam, mas são produtos de uma *decisão*, isto é, são *originais* da pessoa, fruto do domínio que a pessoa tem sobre seu próprio ser. A decisão é original da pessoa porque emana dela mesma, é inteiramente sua, na medida em que, por ser a pessoa inteiramente outra – transcendência ontológica –, não está inexoravelmente dominada em seus atos por outro ente, nem é movida inevitavelmente por forças ou impulsos inerentes a seu ser, que se impõem a ela enquanto partes do conjunto harmônico de forças que regem o cosmo.

b) Antes de mais nada, é necessário determinar em que consiste a liberdade da qual estamos falando, que é a que podemos chamar *liberdade fundamental* ou *radical*, da qual deriva uma série de manifestações e conseqüências. Essa liberdade radical fundamental é própria da intensidade de ser, que outorga à pessoa um ser completo em si – pelo menos na esfera mais íntima e radical –, o que quer dizer que possui as maiores capacidades ou potências de ser, embora não necessariamente em seu grau máximo. Em virtude disso, o ser pessoal domina seu próprio ser e tem uma esfera de ausência de domínio ontológico – na ordem do próprio ser – sobre ele em relação a outro ser, que produza nele inexoravelmente os movimentos e as decisões. No caso, não importa que essa esfera de ausência de domínio ontológico em que consiste a liberdade seja inerente a um ser recebido por participação (criação), como ocorre com o homem, ou exista por si mesmo, como acontece com o Ser Subsistente. O decisivo é que, embora seja recebida (como é o próprio do homem) e esteja sustentada pelo Ser Subsistente, essa esfera de autodomínio existe real e verdadeiramente como uma dimensão essencial do ser da pessoa, e é um de seus constituintes essenciais como pessoa. A principal diferença entre possuir o ser livre por participação ou tê-lo por essência (o Ser Subsistente) é que na primeira hipótese a liberdade é dada (criada), limitada e finita (pois o ser é limitado e finito), e no segundo caso é *a se*, ilimitada e infinita (já que o Ser é infinito e ilimitado).

c) A liberdade fundamental implica que a ação e a decisão da pessoa não são produzidas ou dadas por outro ser, sendo sim *originais* da pessoa; a própria pessoa as realiza ou as adota desvinculadamente, de acordo com uma potência de autodecisão e autogoverno inerente a seu ser. Nessa *originalidade* reside a liberdade fundamental ou radical. Em outras palavras, a pessoa humana, como ser criado que possui o ser por participação, considera *recebida* por criação e participação a potência para agir e decidir – a liberdade ou mais exatamente a vontade livre –; porém, a partir desse ser recebido com sua potência livre, o ato ou decisão livres não são dados a ele nem produzidos nele, sendo ela que os aciona e produz *originalmente*, em virtude da potência ou capacidade inerente a seu ser, completo nessa esfera íntima e dotado de incomunicabilidade ou transcendência ontológica.

A liberdade fundamental tem dois aspectos: a liberdade de se decidir a fazer ou não fazer (*liberdade de exercício*) e a liberdade de escolher fazer uma coisa ou outra (*liberdade de especificação*).

Junto com a liberdade fundamental, a pessoa tem outras dimensões que, por analogia e semelhança, também recebem o nome de liberdade. Vamos tratar de duas a seguir: a liberdade de autonomia ou imunidade e a liberdade de iniciativa ou liberdade de ação.

d) Por um lado, a incomunicabilidade da pessoa, que contém em si sua liberdade, enquanto ausência de domínio ontológico necessário e inexorável de outro ser sobre ela, e, por outro lado, a racionalidade como forma do ser pessoal – e, por conseguinte, como norma de conduta – configuram a pessoa como um ser essencialmente dotado de *liberdade de autonomia* ou imunidade de coação. A pessoa não pode ser submetida a forças coativas, isto é, que substituam sua livre atuação por pressões externas que ou modifiquem ou coarctem sua ação, ou a incitem extrinsecamente. Pelo contrário, a pessoa é *autônoma*, é regida por sua razão e vontade. Por isso, a pessoa pode estar submetida a uma autoridade racionalmente exercida, no sentido de que a vincula; mas então a pessoa *obedece*, isto é, segue o mandato assumindo-o em sua própria autonomia, por meio do cumprimento racional e voluntário. Por isso a coação – dizíamos isto ao tratar do direito – não faz parte por si só do sistema de relações sociais e jurídicas inter-humanas ou interpessoais; é sempre um subproduto do direito, que supõe uma *decadência* da pessoa, que se comporta de modo subumano e se coloca em uma situação de subumanidade (fora do sistema racional de relações humanas). E, se essa circunstância não ocorre, qualquer tipo de coação é ilegítima e injusta.

A pessoa tem, então, naturalmente e como seu constituinte essencial a autonomia, a autodeterminação e o autogoverno, que se desenvolve em dois âmbitos: a) um âmbito de liberdade de autonomia inerente à pessoa, em cuja esfera não entram nem podem entrar os demais, tampouco os constituídos em autoridade; b) um âmbito de obediência, que vincula *racionalmente*, em virtude de sua racionalidade, no qual a pessoa assume o mandato e o cumpre por decisão livre, exercendo sua autonomia (sem coação, portanto).

e) Outra dimensão de liberdade análoga inerente à pessoa é a *liberdade de iniciativa* ou liberdade de ação. Essa liberdade de iniciativa não deve ser confundida com a liberdade de autonomia, porque as duas se desenvolvem em campos diferentes, e, embora seu fundamento último – a incomunicabilidade e a liberdade fundamental – seja o mesmo em ambas, seu fundamento próximo também é diverso.

A que chamamos liberdade de autonomia manifesta-se fundamentalmente no âmbito interno da pessoa; é, antes de mais nada, o modo próprio da pessoa de agir e se comportar. É claro que, desde o momento em que implica uma imunidade de coação, possui um reflexo social externo, que ocasiona uma série de direitos humanos em forma de liberdades fundamentais (em particular as liberdades de pensamento, de consciência e de religião); porém, a imunidade de coação não é o que a constitui essencialmente, mas sim seu reflexo jurídico.

Em contrapartida, a liberdade de iniciativa refere-se ao modo de a pessoa estar em sociedade. Dissemos antes que, para entender em sua justa medida o ser pessoal, é preciso saber conjugar duas dimensões suas, igualmente essenciais e inerentes a ela: a) a pessoa é um ser incomunicável, não se torna comum aos demais seres; b) a pessoa é um ser-em-relação com os demais entes, especial e principalmente com os outros seres pessoais, com os quais se comunica pelo conhecimento, pela linguagem e pelo amor, conforme sua condição de ser livre e autônomo. Quanto ao mundo humano, o homem como ser pessoal não é que seja *sociável* – não é que tenha *capacidade* de formar sociedade –; é que por seu próprio constituinte natural *é sócio* dos demais, está-em-relação, forma sociedade – a comunidade humana –, que é capaz de adotar múltiplas formas, algumas necessárias e outras voluntárias. Pois bem, em virtude de sua incomunicabilidade, a pessoa nunca é absorvida – não é absorvível, de modo que toda tentativa de absorção é antinatural (e nesse ponto impossível), realizável apenas periférica e imperfeitamente por uma injusta coação – pelo todo social, que sempre é – e a pessoa só admite isso assim – medial, ou seja, organizado para as pessoas que constituem a sociedade: é o princípio de primazia da pessoa.

Por se tratar de pessoas, comunicadas (em relação), porém incomunicáveis (não feitas um ser comum), a vida social é regida pelo princípio de iniciativa pessoal. A pessoa em sociedade, embora subordinada ao desenvolvimento da comunidade (subordinação ao bem comum), goza de *liberdade de iniciativa*; isto é, o desenvolvimento organizado da sociedade, dentro das normas que o regem, é resultado do desenvolvimento da iniciativa das pessoas que a compõem. Em outras palavras, a pessoa é sócia, mas não absorvida, e portanto seu estatuto ontológico é o da liberdade de iniciativa na busca do bem comum ou conjunto de fins sociais (dentro das regras comuns da sociedade).

A PESSOA

Trata-se, certamente, de uma liberdade de iniciativa no contexto da busca do bem social e, portanto, é uma liberdade que compreende uma responsabilidade: a responsabilidade social da pessoa, que consiste na busca leal do bem comum. Em outras palavras, consiste em uma liberdade de iniciativa para tender a obter o bem comum da sociedade. É a *liberdade na solidariedade* (não existe a liberdade não-solidária ou egoísta).

9. O DEVER-SER. *a)* Por ser digna e por ser livre – com liberdade fundamental –, a pessoa humana está em uma ordem do ser que contém em si a ordem do dever-ser.

O que é um dever-ser? Com isso entendemos todo aquele bem ou toda aquela conduta que, em relação ao ser da pessoa humana, tem a marca de dívida ou devida (podemos indicar isso com mais exatidão com um neologismo: *debitude*; com menos exatidão: exigibilidade). A *debitude* indica a condição de devido, de algo que deve ser, mas que, pela liberdade do homem, pode não ser.

b) O dever-ser tem sua origem na dignidade da pessoa humana. Já vimos que um dos traços da dignidade é o de constituir a pessoa em um ser exigente; com mais exatidão, a pessoa, em virtude de sua dignidade, constitui-se em um ser normativo, dotado de *debitude*: há coisas que são devidas a ele (*tratamento digno*) e coisas que se tornam injuriosas para ele (*tratamento indigno*). O devido é o dever-ser. A *debitude* da pessoa humana, por consistir na dignidade – que é eminência do ser –, é objetiva, reside no próprio ser da pessoa. Por isso tem uma dupla faceta: a) a *debitude* da realização pessoal do homem e seu comportamento em relação a si mesmo (ordem ética ou moral); e b) a *debitude* do tratamento dos demais em relação à pessoa humana (ordem jurídica).

c) Pode-se observar que o dever-ser implica *obrigação, vinculação, dever*, mas é essencialmente um *bem devido*. Nessa razão de bem *digno*, devido à dignidade humana, reside sua índole própria de dever-ser. O dever-ser implica, então, uma *debitude* do ser pessoal; é uma forma de manifestação da eminência do ser, uma característica da intensidade do ser; a pessoa é tão intensamente ser que há dimensões de seu ser e de seu desenvolvimento (realização pessoal) que *devem ser*. Se não *são*, mas *devem ser*, ocorre assim por se tratar de um ser livre (com liberdade fundamental), com uma ordem do ser – justamente a ordem do dever-ser – cuja realização depende de sua decisão, uma decisão vinculada pela *debitude* do ser, mas que pode não ser, em cujo caso o ser pessoal recebe dano e injúria.

d) Do que foi dito, facilmente se deduz que o dever-ser não é uma *formalidade*. Nem é forma pura, nem é mandato extrínseco, nem mero tipo de linguagem. O dever-ser não é o juízo imperativo (o qual não passa de expressão do dever-ser); é, antes, uma modalidade do ser da pessoa humana, que poderíamos chamar o ser-devido. O dever-ser é um bem, que se apresenta de diferentes modos (como conduta, como potência ontológica ativa, como coisa etc.), e vinculado de diversas maneiras com o ser da pessoa humana, a cuja ordem pertence a relação com o bem, na qual se fundamenta a *debitude*. Não ocorre, de nenhum modo, um abismo entre a ordem do ser e a ordem do dever-ser, pois esse não é uma formalidade de razão nem de linguagem, pertencendo sim à ordem do ser pessoal como bem devido.

e) Não se deve, então, confundir o dever-ser com sua captação e expressão intelectual como *juízo de dever-ser* ("isso deve ser", "isso não deve ser"), que é uma operação da razão, que conhece e impera. Esse império da razão não é um produto original da potência racional, mas apreensão e manifestação do dever-ser que está na ordem do ser. No juízo de dever-ser, o império da razão assume aquilo que está imperado pela dignidade da pessoa.

f) O que foi dito não significa que todo dever-ser tenha uma relação imediata com o ser da pessoa humana. As normas jurídicas, os direitos, os deveres etc. são formas diferentes de dever-ser, e é óbvio que nem todas têm uma relação imediata com o ser da pessoa (o que é óbvio no direito positivo, que, por responder a uma opção do legislador ou dos sujeitos da relação jurídica, é, em princípio, indiferente à dignidade da pessoa humana). No entanto, imediata ou mediatamente, todo verdadeiro dever-ser está em relação com o ser da pessoa, isto é, assenta-se na *debitude* da pessoa humana (e necessariamente nela). Por isso, todo dever-ser só existe na medida em que é expressão (mais ou menos imediata, mas sempre radicalmente) do ser da pessoa, e, por conseqüência, está na ordem de sua dignidade – o que é outra forma de ver e entender a racionalidade da norma como requisito essencial dele. Não existe, por definição, um dever-ser indigno da pessoa: é irracional.

g) Vimos que a dignidade não é outra coisa que a excelência do ser, um alto grau de ser. Pois bem, em que consiste esse alto grau de ser da pessoa humana, que gera a *debitude*, o dever-ser?

Pode-se dizer que se trata de um grau de ser similar, embora inferior, ao ser em ato puro, que reflete uma plenitude de ser *semelhante* ao ser em ato puro. O ser em ato puro é o ser em sua totalidade e plenitude, totalmente realizado no presente. O ser em ato puro *é* e não pode não ser. Nele, o ser se realiza em toda sua beleza, bondade, potência, indestrutibilidade etc. O ser em ato puro, o mais eminente e excelente, realiza a condição de ser pessoa em sua mais plena e total possibilidade. Pois bem, a pessoa humana, justamente por ser pessoa, possui um ser inferior *mas semelhante* ao ser em ato puro: é o ser *devido* ou, em outras palavras, exigitivo. Tudo o que é intrínseco a seu ser – fundamentalmente duas coisas: seu ser em ato e seu ser em potência, isto é, o que é em cada momento histórico e os fins naturais a ele – não é ato puro, mas é *devido*, exigitivo. Trata-se de ser em grau tão alto e eminente que *postula*, *deve* ser de acordo com sua condição histórica e conforme seus fins. Isso provém de seu próprio *quantum* de ser, de sua perfeição ou eminência de ser, de modo que a ação contrária ou degrada a pessoa ou a fere; é contra sua própria ontologia, que fica contrafeita ou lesada. Em outras palavras, o ser da pessoa implica inerentemente, intrinsecamente, o dever-ser. Observa-se que aqui se entrecruzam duas coisas: a ética e o direito. Há um dever-ser moral, que se plasma no que o homem deve viver de acordo com sua condição de pessoa. E há um dever-ser jurídico dos demais em relação à pessoa. Isso leva a repensar conceitos fundamentais da ética e do direito, o que não cabe fazer aqui.

10. A SOCIALIDADE DA PESSOA HUMANA. *a*) Visto que o caráter relacional (ser-em-relação) é dimensão inerente à e constitutiva da pessoa, essa possui – também de modo inerente e constitutivo – a de sócio das demais (união em relação de conhecimento, amor e tarefa comum ou vínculo quanto aos fins naturais); aparece aqui uma dimensão dela que se chama *socialidade*. Com isso entendemos um modo típico de os homens se relacionarem, que se manifesta na substituição do instinto e das forças naturais gregárias (inexoráveis) próprias dos animais por uma abertura da ontologia da pessoa ou *inclinatio naturalis* (corpóreo-espiritual), que se traduz em uma comunicação pelo conhecimento e pelo amor, fundamentada em uma relação de solidariedade, que é um dever-ser.

b) Ser-em-relação é inerente à pessoa, que em nenhum momento admite a consideração de ente isolado, o que revela uma vinculação das pessoas no próprio ser, que, por causa da liberdade e da racionalidade, realiza-se por meio do conhecimento intelectual e do amor, isto é, por relações *livres* (não-inexoráveis), o que quer dizer mediante a assunção livre da solidariedade (dever-ser). Então, todos os homens estão unidos por seu ser.

Uma das perfeições da pessoa humana – constitutiva de sua dignidade –, que é ser-em-relação, produz, então, uma vinculação ou *união na natureza*[19] (unidade do gênero humano, a comunidade humana) de uma índole peculiar. A peculiaridade consiste em que não é uma união ou vinculação ontológica (física) – a pessoa é incomunicável –, mas comunicação de ordem intelectual, que, no que tem de vinculação, possui a índole de debitude, de dever-ser.

De onde nasce a *debitude*? Nasce de que o ser-em-relação próprio da pessoa humana é uma perfeição constitutiva de sua dignidade, e a dignidade – dissemos isso – é exigente: a pessoa deve-ser o que por sua dignidade cabe a ela. E, como a

---

19. União, não unidade. Apenas no casamento a união na natureza torna-se unidade: unidade (jurídica, não ontológica) na natureza. Ver, sobre esse ponto, J. HERVADA, *Reflexiones en torno al matrimonio a la luz del Derecho natural*, *La identidad del matrimonio* e *Consideraciones sobre la noción de matrimonio*, em "Escritos de Derecho Natural", Pamplona, 1986, pp. 13. ss., 359 ss. e 491 ss.

socialidade é fruto da eminência do ser pessoal ou dignidade, a socialidade implica o dever-ser de sua realização, que é a solidariedade ou ação comum e solidária.

c) A socialidade humana tem fundamentalmente duas manifestações: a) as diversas formas de amizade, companheirismo, solidariedade etc., isto é, a socialidade pelo conhecimento e pelo amor; e b) uma tarefa comum, com divisão de funções e ajuda mútua, em cuja virtude são obtidos em comunidade de obras os fins próprios da pessoa humana.

11. A JURIDICIDADE. Outro traço típico da pessoa humana – e só dela –, por causa de seu ser pessoal, é a *juridicidade* ou capacidade e potência de originar a realidade que chamamos jurídica. O fenômeno jurídico em todo seu conjunto e em cada um de seus fatores – relações jurídicas, normas, direitos, deveres, pactos ou compromissos vinculativos, poder de mando etc. – existe em virtude do constituinte ontológico da pessoa e só por ele é capaz de existir. Fora do mundo da pessoa humana, não existe – e, o que é mais decisivo, é impossível que exista – a realidade jurídica. Falar, por exemplo, de direito dos animais é algo que não tem sentido.

Pode-se dizer – em geral e sem entrar em mais especificações – que a realidade jurídica pertence à ordem do ser pessoal que chamamos ordem do dever-ser. Em virtude de seu constituinte – conforme o que cabe a seu modo de ser –, a realidade jurídica é uma maneira própria e específica de *relação* e *comunicação*, que não é de natureza física, apoiando-se sim necessariamente no conhecimento intelectual, na vontade – potência intelectual ou espiritual de querer – e na liberdade fundamental.

As relações jurídicas, por exemplo, sendo verdadeiras relações, com um fundamento real (que é a socialidade no plano mais básico, e a coisa que é direito de modo mais imediato), são relações geradas e desenvolvidas no campo da comunicação interpessoal de natureza intelectual e livre (por isso cabe o descumprimento, a injustiça etc.).

O sistema de vinculações também pertence ao dever-ser e à comunicação de natureza intelectual. Pelo compromisso – ou *engagement* – a pessoa, prevendo o futuro (conhecimento intelectual) e querendo determiná-lo em um sentido concreto (vontade livre), faz um ato de domínio sobre seu próprio ser e agir, vinculando seu futuro. Ao mesmo tempo, esse ato entra nas relações interpessoais pela comunicação de índole intelectual entre pessoas.

Quanto às normas, basta lembrar tudo o que foi dito sobre sua natureza, sua índole de império racional etc., para observar que só são possíveis no campo da pessoa, dotada de razão e vontade livre. A norma, embora imperativa, não é imposta inexoravelmente por si só – não é uma lei física, biológica etc. –, mas é proposta como império à obediência de seu destinatário, isto é, como dizíamos, a sua liberdade de autonomia.

Poderíamos continuar assim com todos os fatores jurídicos. A realidade jurídica desenvolve-se no campo das relações interpessoais, isto é, entre seres dotados de comunicação intelectiva, porque pressupõem um ser com uma dimensão ontológica primordial (seu constituinte formal) de índole intelectual, que é a mesma coisa que dizer espiritual, possuidora por isso de liberdade fundamental.

Apenas as pessoas – em nenhum caso os seres não-pessoais – são capazes de juridicidade. Apenas entre elas cabe a realidade jurídica ou fenômeno jurídico.

12. A PESSOA EM SENTIDO JURÍDICO. *a*) Depois de ter tratado da acepção ontológica da pessoa, cabe agora tratar da pessoa em sua acepção jurídica. Sobre isso, costuma-se falar não só de significados ou acepções, mas sobretudo de dois *conceitos* diferentes: o conceito filosófico e o conceito jurídico de pessoa. E com grande freqüência também se costuma ressaltar a distinção, mostrando que, justamente por serem distintos, os dois conceitos não devem ser confundidos. Há um fundo de verdade em tudo isso: o conceito filosófico e o conceito jurídico de pessoa têm características diferentes, e, dado que os conceitos se distinguem por suas características, os dois conceitos são distintos e inconfundíveis.

Ocorre, no entanto, que a distinção pode ter duas formas diferentes de se entender: a) Os dois conceitos são adequadamente distintos, isto é, coincidem apenas no nome com que se expressam – pessoa – e no sujeito a que se referem, mas não têm nada em comum. Poderíamos chamá-la de tese da desvinculação ou separação. b) Os dois conceitos são diferentes, mas distintos de modo inadequado, no sentido de que o conceito filosófico de pessoa é o conceito *superior* e o conceito jurídico é o conceito *inferior*, pois o conceito jurídico está contido no conceito ontológico; em outras palavras, o conceito jurídico é construído abstraindo do conceito filosófico as características que cabem à pessoa na ordem do jurídico. É a tese da vinculação ou subordinação do conceito jurídico de pessoa ao conceito ontológico. A primeira tese é a antiga; a segunda é a moderna.

b) Vimos antes que uma das linhas semânticas da palavra latina *pessoa* dava a essa palavra o significado não de indivíduo humano, mas do homem segundo seu papel ativo na sociedade. Pessoa significava o homem enquanto exercia uma função social e, concretamente, o homem em relação a seu *status* ou estado social. Essa é a noção de pessoa que prevaleceu nos juristas romanos e a que originou a concepção jurídica de pessoa que classificamos de antiga, pois é a coerente com a organização em estamentos da sociedade (a *societas inaequalis* ou sociedade desigual), que ainda sobrevive em alguns países e foi geral na civilização ocidental até a Revolução Francesa. O princípio fundamental para entender o conceito jurídico antigo de pessoa consiste em observar que a origem dos direitos não situa essa concepção na pessoa humana como tal, mas na condição social ou *status*, e, portanto, se é pessoa por concessão da sociedade e, decididamente, da ordem jurídica; por conseguinte, distingue-se entre *homo* ou homem e *pessoa*.

Na concepção em estamentos da sociedade, ou sociedade dividida em vários estados ou classes, a pessoa em sentido jurídico significou, como se vê nos juristas até o século XIX, não o homem considerado em si mesmo, mas o *homem em seu estado*[20]. A *pessoa* como conceito jurídico não designou o homem conforme seu ser, mas o homem segundo seu estado ou papel social. Portanto, os direitos de que gozava como membro do estado ou estamento não eram entendidos como *iura nativa* ou direitos naturais, mas como direitos de classe, ou *direitos de estamentos*. Eram o conjunto de privilégios, direitos e isenções de que gozava por pacto com a realeza, por constituição da república ou, em geral, pelo processo histórico de estratificação da sociedade produzido por meio dos diversos eventos políticos e sociais. Dentro desse contexto, a origem desses direitos de classe ou estado não era a condição humana, mas o estado ou classe; por isso, não eram considerados por ser homem, mas por ser membro do estado ou estamento.

c) Quando, pelo triunfo do princípio de igualdade com a queda do Antigo Regime, desapareceram os estados ou estamentos e com eles os direitos de classe ou estado, evidenciaram-se os direitos comuns a todos os homens (princípio de igualdade), cuja origem já não era o estado – pois não se tentou reduzir todos os homens a um estado, mas sim o *desaparecimento de todo estado* no sentido da sociedade desigual ou em estamentos –; essa origem era a única coisa que podia ser: a condição de homem, a condição de pessoa humana. Evidenciaram-se, então, como *constitucionais* – tal como eram os direitos de estado ou de estamentos – uma série de direitos chamados naturais: *les droits de l'homme,* direitos humanos ou direitos fundamentais. A partir de então, na base da constituição da sociedade civil foram substituídos os direitos de estado pelos direitos humanos.

Logicamente, com essa mudança, a pessoa como conceito jurídico já não podia ser o *homem em seu estado,* e sim o homem como tal[21]. Em uma visão não-positivista, jusnaturalista, a pessoa em sentido jurídico é, por direito natural, toda pessoa humana. Na visão positivista será também a pessoa humana como tal, embora não por natureza, e sim por concessão da ordem positiva (o que levou a negar

---

20. Cf. F. DE CASTRO, *Derecho de la persona,* Madrid, 1952. Essa doutrina, que remonta – com as especificações feitas antes – aos juristas romanos, foi exposta nos termos indicados ou equivalentes por Althusio, Pufendorf e Werdenhagen; mas foi sobretudo popularizada por J. G. Heineccio."Status – diz Heineccio – rationem causae, jus effecti habet" (pode-se ver com clareza que o estado é considerado a causa dos direitos da pessoa); e continua:"Homo dicitur, cuicumque contigit in corpore humano mens humana. ... Ast persona est homo statu quodam veluti inditua." *Institutionum imperialium,* ed. novíssima, Lyon, 1767, p. 32. Se é possível ser mais claro, o canonista Spennati é:"... un uomo si reputa persona quando è capace di esercitare dei diritti. La sola qualità di uomo non attribuisce necessariamente il carattere della personalità, ossia della capacità di diritto; e vi è bisogno che vi si aggiunga lo *status,* la *conditio.* Sicchè in senso ampio uomo e persona sono sinonimi; inquantochè esprimono l'idea unica de un soggetto capace di diritti. Ma in senso stretto dicesi persona chiunque in una nazione è riconosciuto capace di esercitare diritti rispondenti al proprio stato. *Persona est homo in statu quodam consideratus Instit.* E dicesi *stato* la condizione in virtù della quale gli uomini sono suscettibili di diritti nelle civili comunanze." *Istituzioni di Diritto Canonico Universale,* 2.ª ed., Napoli, 1886, pp. 79 s.

21. Cf. J. HERVADA, *Introducción crítica al Derecho Natural,* cit., pp. 115 ss.

personalidade jurídica aos escravos – enquanto houve escravidão – e, atualmente, aos não-nascidos). O problema que o positivismo apresenta é duplo: a) por um lado, deixa persistirem elementos da concepção em estamentos tão decisivos quanto colocar a origem dos direitos na concessão da ordem jurídica. Com isso, continua ancorado na concepção antiga, o que beira o absurdo – não foi compreendida a mudança fundamental produzida – e é incompatível com o princípio de igualdade – se for entendido, como deve ser, em seu caráter radical –, pois esse princípio não se refere – tal como se propôs com a queda da sociedade desigual ou em estamentos – a que todos os cidadãos *devem ser tratados* igualmente pelas leis (também significa isso, mas como algo derivado), mas a que todos os homens *são* – segundo sua condição de homens – iguais. Portanto, o princípio de igualdade não significa que todos os homens *devem ser* iguais, mas que *são* – em virtude de sua nua condição de homem, despojada de qualquer condição ou circunstância – iguais. Portanto, todos os homens são *igualmente pessoas* (em sentido jurídico), ou igualdade jurídico-social, porque todos são igualmente pessoas em sentido ontológico (igualdade real radical). A visão positivista é uma visão com remanescentes de estamento em uma sociedade que deixou de ser assim faz muito tempo. b) Por outro lado, independentemente da questão do direito natural, o problema que se propõe é que, destruído o estado ou estamento como origem ou causa dos direitos, essas – origem ou causa – só podem ser situadas na pessoa humana (não na ordem jurídico-social, que isso continua sendo concepção em estamentos) e, portanto, seja qual for a explicação dada sobre isso, se é pessoa em sentido jurídico por ser homem e apenas por isso. Por conseqüência, a visão positivista é inaceitável por estar defasada (anacrônica e anti-histórica), por partir de uma incompreensão radical do princípio de igualdade e por negar à pessoa um de seus principais atributos: a juridicidade.

d) Se for compreendido em seu sentido genuíno o que representa a queda da sociedade desigual ou em estamentos e a instauração da sociedade igual, isto é, se for entendido o significado dos fenômenos político-sociais dos tempos modernos com toda a carga de compreensão do ser do homem e sua dignidade – que é, em último caso, o decisivo no tema que estamos tratando – que os explicam, só poderá ser considerado definitivamente superado o antigo conceito jurídico de pessoa, ou seja, a tese da desvinculação ou separação entre os conceitos jurídico e ontológico de pessoa. Os dois terão de ser considerados apenas inadequadamente diferentes. Ou seja, diferentes, mas vinculados, no sentido de que o conceito jurídico de pessoa é um conceito inferior, que deriva por abstração do conceito filosófico.

Como vimos, a juridicidade pertence à ordem do ser da pessoa, em sua modalidade de ordem do dever-ser; é algo inerente à condição de pessoa humana. Isso fundamenta-se na socialidade humana. O homem, enquanto é pessoa, em virtude de seu ser, constitui-se em um ser-em-relação; isso não é uma possibilidade ou capacidade, e sim uma dimensão inerente à eminência de ser ou dignidade própria da pessoa, como vimos. Pois bem, a relação interpessoal tem algumas características determinadas, que nos levaram a chamá-la socialidade. Porém, essa socialidade traz inerente a juridicidade, porque a pessoa, por sua dignidade, implica a debitude ou exigibilidade; a pessoa é um ser *debitoso* ou exigente, já que não pode tratar a si mesma, nem ser tratada *ad libitum*, por isso uma parte da ordem do dever-ser próprio da pessoa é dever-ser de justiça, ordem jurídica.

Tudo isso indica que, quando definimos a pessoa em sentido ontológico como "substância individual de natureza racional", nela – ao aplicá-la ao homem – está implicada a dimensão jurídica da pessoa. Portanto, se dessa noção abstraírmos todas as marcas, com exceção do que se refere à juridicidade, o que resta é o *conceito jurídico de pessoa*. Esse conceito, portanto, é um conceito inferior em relação ao conceito ontológico de pessoa, que é o conceito superior.

e) Qual é a marca definitória da pessoa em sentido jurídico? Podemos responder que, porque o conceito jurídico de pessoa liga-se à pessoa como ser-em-relação e antes descrevemos a ordem jurídica como um sistema de relações jurídicas, a pessoa não é outra coisa que o *sujeito da relação jurídica*, como titular do direito ou do dever; a pessoa é, então, o *sujeito de direitos e obrigações*. A pessoa é definida propriamente como o sujeito de relações jurídicas, porque a relação – ser-em-relação – é o primário enquanto expressão da socialidade. Apenas secundariamente e por derivação, a pessoa pode ser definida como sujeito de direitos e obrigações, porque, entre outras coisas, nem direitos nem obrigações esgotam a posição do sujeito da relação jurídica, cujo conteúdo pode ser constituído por situações jurídicas de índole diferente.

f) Pode-se observar que a pessoa não designa diretamente o papel ou função social do homem: não é apenas nome de posição social. A mudança produzida no conhecimento da dignidade da pessoa humana e o conseqüente enriquecimento da compreensão do princípio de igualdade, com a queda do Antigo Regime, e a resultante ruptura da concepção em estamentos ou desigual da sociedade implicam uma alteração de perspectiva no modo de entender o conceito jurídico de pessoa. Embora continue sendo um conceito social (o homem em sociedade, em relação social), já não é um conceito extrínseco. Não é válida a velha máxima clássica já citada: "Homo natura vocatur: personam faciunt circumstantiae et accidentia." Para seguir os termos usados nessa máxima, hoje precisamos dizer: "Homo natura vocatur iuridice persona."

Pessoa (em sentido jurídico) é uma conceitualização intrínseca do homem; é certamente relacional, isto é, designa o homem de acordo com uma relação social, porém uma relação que é intrínseca ao homem e, por conseqüência, não designa um papel social extrínseco, e sim o ser relacional do homem: designa o homem em seu ser digno, que inclui o ser-em-relação.

g) Um corolário evidente que se deduz de tudo o que foi dito é que o homem é pessoa, perante a ordem jurídico-social, por si mesmo, em virtude de sua dignidade ou eminência do ser, que o constitui como ser-em-relação e, enquanto tal, como sujeito de relações jurídicas. A personalidade jurídica – ser pessoa – não é uma concessão da lei ou da sociedade. O homem – e por conseguinte todo ser humano enquanto ser humano – é pessoa em sentido jurídico enquanto é – e porque é – pessoa em sentido ontológico. Atribuir à legislação – à sociedade – a concessão da personalidade jurídica ao homem constitui, sem dúvida, uma atitude anacrônica e anti-histórica, mas representa, sobretudo, um atentado contra a dignidade humana e um desconhecimento do que significa o homem ser pessoa em sentido ontológico. Todo homem é juridicamente pessoa por ser homem, independentemente de qualquer estado e condição; e nesse sentido interpreta-se corretamente o artigo 6 da *Declaração Universal dos Direitos Humanos*: "Everyone has the right to recognition everywhere as a person before the law." Todos têm em qualquer lugar o direito ao reconhecimento como pessoa perante a lei.

Bibliografia

R. ALVIRA, *¿Qué es la libertad?*, Madrid, 1976; S. AMATO, *Il soggetto e il soggetto di diritto*, Torino, 1990; F. BELTRÁN, verbete *Persona* I, em "Gran Enciclopedia Rialp", XVIII, pp. 346 ss.; BOÉCIO, *Liber de persona et duabus naturis*, cap. III, em PL, 64, 1343; F. DE CASTRO Y BRAVO, *Compendio de Derecho Civil. Introducción y Derecho de la Persona*, 5.ª ed., Madrid, 1970; id., *Derecho de la persona*, Madrid, 1952; id., *Derecho Civil de España. Parte General*, II, Madrid, 1952; S. COTTA, *Diritto persona mondo umano*, Torino, 1989; J. DE FINANCE, *Existence et liberté*, Paris, 1955; id., *Ensayo sobre el obrar humano*, ed. castelhana, Madrid, 1966; O. N. DERISI, *La persona. Su esencia, su vida y su mundo*, La Plata, 1950; J. A. DORAL, *Concepto filosófico y concepto jurídico de persona*, em "Persona y Derecho", II, 1975, pp. 113 ss.; J. GARCÍA LÓPEZ, verbete *Libertad*, em "Gran Enciclopedia Rialp", XIV, pp. 316 ss.; G. GONELLA, *La persona nella filosofia del diritto*, Milano, 1958; J. GONZÁLEZ PÉREZ, *La dignidad de la persona*, Madrid, 1986; J. HERVADA, *Introducción crítica al Derecho Natural*, 6.ª ed., Pamplona, 1990, pp. 115 ss.; id., *Cuatro lecciones de derecho natural*, 2.ª ed., Pamplona, 1990, pp. 16 ss.; I. M. HOYOS, *El concepto jurídico de persona*, Pamplona, 1989; id., *El concepto de persona y los derechos humanos*, Bogotá, 1991; PH. LERSCH, *La estructura de la personalidad*, 6.ª ed., Barcelona, 1968; J. MARITAIN, *La personne et le bien commum*, Paris, 1947; A. MILLÁN PUELLES, *La estructura de la subjetividad*, Madrid, 1967; id., *La formación de la personalidad humana*, Madrid, 1963; id., *Persona humana y justicia social*, 2.ª ed., Madrid, 1973; id., *Síntesis humana de naturaleza y libertad*, Madrid, 1961; A. MUÑOZ ALONSO, *La persona humana*, Zaragoza, 1962; R. SPAEMANN, *Sobre el concepto de dignidad humana*, em "Persona y Derecho", XIX, 1988, pp. 13 ss.; L. STEFANINI, *Metafisica della persona*, Padova, 1950; id., *Persona, personalismo y personalità*, em "Enciclopedia filosofica", IV, 1504-1533; TOMÁS DE AQUINO, [Persona] *Summa Theologica*, I, q. 29, a. 3 ad 1 e ad 2; I, q. 30, a. 2; III, q. 2, a. 2 ad 3; III, q. 2, a. 3 ad 2; *De potentia*, q. 2, a. 4; *In III Sent.*, dist. 5, q. 2, a. 1 ad 2; *Summa contra Gentiles*, I, IV, c. 38, n. 3763. [Libertad] *Summa Theologica*, I-II, qq. 8-14; *De malo*, q. 6; *De veritate*, qq. 22 e 24; J. M. TRIGEAUD, *Persona, ou la justice au double visage*, Genova, 1990; id., *Humanisme de la liberté et philosophie de la justice*, 2 v., Bordeaux, 1985 e 1990; G. ZAMBONI, *La persona umana*, Verona, 1940.

Lição X
O direito natural

§ 1. Objetividade, historicidade e relatividade da realidade jurídica

SUMÁRIO: 1. Premissas. 2. A juridicidade inerente à pessoa. 3. Natureza e história. 4. Natureza e pessoa. 5. Relação entre natureza e história. 6. O objetivo e o relativo na realidade jurídica. 7. Conclusão.

1. PREMISSAS. Problema filosófico fundamental sobre o fenômeno jurídico – da realidade jurídica, dito com mais precisão, em nosso modo de ver – é o referente ao que há nele de *dado* por estatuto da ordem do ser e ao *posto* nele pelo homem e pela sociedade. Há um núcleo de realidade jurídica dada ao homem ou, em outras palavras, inerente à pessoa humana e à sociedade enquanto projeção da pessoa? Ou, pelo contrário, a realidade jurídica é toda ela um produto cultural, preparada inteiramente pelo homem? Diante dessas perguntas, sem dúvida se pensará que com elas é proposta a existência do direito natural: é correto negar que existe o direito natural? O positivismo jurídico – em todas e cada uma de suas formas – tem razão ao reduzir a realidade jurídica ao direito positivo? Sem dúvida alguma, vamos falar do direito natural – de sua existência e de sua índole –, pois esse é o objeto desta lição, porém o problema filosófico que acabamos de propor não é simplesmente o direito natural, mas o que está na origem do jusnaturalismo e do positivismo. Nesse sentido, a afirmação jusnaturalista ou a negação positivista são, até certo ponto, conseqüências e derivações do problema proposto. Esse poderia ser enunciado como o problema da ajuridicidade ou juridicidade da pessoa humana, ou, em outros termos, poderíamos falar do problema da *vacuidade* ou não da pessoa em relação à dimensão jurídica: a pessoa humana – por si só – é um ser vazio de juridicidade, é um ser ajurídico? Ou, ao contrário, o ser humano, pelo fato de ser pessoa – isto é, em virtude de sua dignidade ontológica –, possui um núcleo inerente de juridicidade? Ser pessoa acarreta no homem uma dimensão jurídica?

Apenas se o problema proposto for compreendido em seu caráter radical, se estará em condições de entender em profundidade o positivismo e o jusnaturalismo. Nesta primeira seção se tratará dessa questão, com a brevidade própria deste livro.

2. A JURIDICIDADE INERENTE À PESSOA. *a*) Há uma juridicidade inerente à pessoa? O positivismo jurídico nega isso, não expressamente, pois não propõe a questão nesses termos, mas de modo indireto, ao afirmar que o fenômeno jurídico é um fenômeno cultural, produto exclusivo da vontade humana. Ao afirmar que não há norma além da positiva, que os direitos são apenas positivos (metapositivamente haverá talvez valores, exigências éticas, "direitos" morais etc., mas não verdadeiros direitos), que o pacto é criação humana etc., nega que exista um núcleo de juridicidade inerente à pessoa humana. Mais expressiva e explícita, embora nem por isso mais radical – dificilmente poderia ser, pelo menos em relação ao positivismo "duro" ou extremo –, foi a teoria marxista, para a qual o direito não representaria outra coisa que uma superestrutura alienante do homem, por isso este seria em si mesmo ajurídico, situação que teria se manifestado plenamente na sociedade comunista, com o desaparecimento do direito e do Estado.

O ajuridismo da pessoa nos termos postulados pelo positivismo (*a fortiori* o antijuridismo marxista) é insustentável, se a pessoa humana, e conseqüentemente a sociedade que é sua projeção, for compreendida em toda sua estrutura ontológica.

b) Tanto a experiência como nosso conhecimento racional colocam-nos com evidência diante do que é, ao mesmo tempo, um fato e um princípio quase-axiomático: é impossível uma construção cultural que não se fundamente em um dado natural. A experiência, em primeiro lugar, nos diz isto: não se conhece nenhum fato cultural sem uma base natural. Tudo o que o homem inventou, da mais simples à mais alta e complicada tecnologia ou às grandes construções do pensamento, fundamenta-se no aproveitamento das leis naturais ou é projeção de capacidades inerentes ao espírito humano.

Assim, toda obra de arte está fundamentada no sentido estético (ou capacidade natural de captar o belo), na imaginação e na fantasia; e todo desenvolvimento da técnica está baseado no conhecimento das leis naturais e em seu acompanhamento, junto com a criatividade, potência racional. Até agora, nada foi *criado* – no sentido próprio do verbo: tirar do nada – pelo homem. As criações humanas são achados ou invenções de coisas possíveis contidas na realidade preexistente. Vamos tomar como exemplo voar; o corpo humano não tem a capacidade de voar, por isso nenhum homem conseguiu voar por si mesmo, nem ocorre a ninguém pensar que no futuro alguém possa fazer isso; em contrapartida, o homem pôde construir aparelhos que, seguindo as leis naturais, fizeram com que ele voasse. Porém, a aviação teria sido impossível se o ar tivesse outra composição e fosse regido por outras leis, que impedissem a elevação dos aeróstatos ou a suspensão de corpos mais pesados que ele.

Além disso, nossa razão – baseada na experiência – nos sugere que nenhum ato, nenhuma obra, nenhuma atividade é possível sem a respectiva potência ou capacidade. Se o ser não tem uma potência, é impossível que faça algo relacionado a essa potência. Como é possível que o que *não pode* fazer algo – isso significa não ter potência ou capacidade – possa fazê-lo? Todo fato cultural baseia-se sempre e necessariamente em um dado natural.

c) Após o que foi dito, vamos passar à realidade jurídica. Se no homem ocorre o fenômeno jurídico – normas, relações, direitos –, isso é possível somente porque na própria estrutura da pessoa humana há uma juridicidade radical e básica, ou, o que dá na mesma, um núcleo radical de juridicidade natural; isto é, porque a pessoa humana está constituída entitativamente como ser jurídico, que é o que atua como capacidade ou potência do jurídico cultural.

Se a realidade jurídica existe, é necessário que a pessoa humana esteja naturalmente constituída de tal modo que seja um ente que, por própria constituição ontológica, se organize para ser regulado por normas, se relacione juridicamente e seja capaz de direitos e obrigações. É impossível que o homem seja naturalmente um ser ajurídico, e que, por conseqüência, o fenômeno jurídico seja inteira e radicalmente apenas um fenômeno cultural; tratar-se-ia de uma criação do nada, coisa impossível para o homem. Sem esse núcleo ou dado – o dado – natural, não seria possível o fato cultural do fenômeno jurídico.

d) Poder-se-ia pensar que a *juridicidade natural* está reduzida a uma mera capacidade ou possibilidade, sem que exista um núcleo natural de realidade jurídica. Nesse caso, a existência da ordem jurídica seria uma invenção ou construção totalmente cultural, como a aviação, conforme o exemplo dado antes. Se fosse assim, seria pensável a possibilidade de o homem ter vivido sem nenhum sistema jurídico – por mais elementar e rudimentar que fosse –, como seria pensável que em um futuro a sociedade humana pudesse viver sem ele. Isso significaria esquecer que a ordem jurídica pertence à ordem do dever-ser, e essa última ordem pertence à ordem do ser pessoal, como foi dito antes. Por isso, a realidade jurídica só pode ser uma construção cultural em parte. A juridicidade natural é algo mais que capacidade. Por menor que seja, existe um núcleo de realidade jurídica inerente à pessoa, como expressão conatural da ordem do dever-ser que pertence a sua ordem do ser. Sobre esse núcleo é possível construir a realidade jurídica positiva, isto é, o produto cultural.

Para que se pudesse afirmar que a pessoa está, de modo conatural, *vazia* de juridicidade, seria necessário declarar que não existe na pessoa, naturalmente, a ordem do dever-ser, pois, se essa ordem existe, necessariamente há princípios e normas de condutas intersubjetivas, deveres e direitos inerentes à pessoa, já que as relações interpessoais têm – por pertencer à ordem do dever-ser – uma dimensão de dívida (falou-se antes da debitude e exigibilidade inerentes à dignidade da pessoa) própria da justiça: o devido, com dívida em sentido estrito, isto é, o direito. Observe-se que a dignidade da pessoa humana – com a debitude e exigibilidade inerentes a ela – implica que, quando duas ou mais pessoas entram em relação, não pode haver apenas normas morais ou éticas, porque é devido a cada pessoa pelo menos um tratamento digno – adequado à dignidade de pessoa humana –, que é um tratamento *proporcionado* e *devido* (duas marcas essenciais do direito), o que configura uma relação de justiça, isto é, uma relação jurídica. Cada pessoa apresenta-se perante os demais com uma dimensão de debitude – algo é devido a ela, pelo menos o tratamento digno – e de exigibilidade, o que supõe um mínimo de ordem jurídica e não só normas morais.

e) Negar a juridicidade natural da pessoa humana só tem sentido se for negada a dignidade da pessoa humana ou se ela for esvaziada de conteúdo, o que dá na mesma. Por isso, para o positivismo a dignidade humana – por mais que haja grupos positivistas que falem muito dela – torna-se um conceito vazio, um verbalismo, pois nega uma ordem do dever-ser inerente à pessoa e a esvazia de debitude e exigibilidade (de direitos), com o que a dignidade fica reduzida a nada. (O que é a dignidade senão a eminência do ser que exige ser, e tem, por sua alta participação no ser, uma ordem do dever-ser?)

3. NATUREZA E HISTÓRIA. *a*) Uma característica constante das diversas formas de positivismo – inclusive do positivismo "brando", próprio do chamado objetivismo jurídico – é a negação da natureza em sentido próprio e estrito, que é aquele sentido captado por conhecimento metaempírico ou metafísico, e cuja definição universalmente aceita é a da *essência dos seres como princípio de operação*[1].

A afirmação de que existe a natureza humana – núcleo permanente de cada ser humano e com as mesmas características em todos os homens – costuma ser seguida pela acusação – muito pouco apropriada – de "essencialismo" e de "fixismo", como se admitir a natureza humana implicasse não considerar a evolução e a mudança que os seres do universo sofrem, e assim a tese da natureza tende justamente a explicá-los.

---

1. Os objetivistas – e nem todos – falarão, no máximo, de natureza em sentido empírico, por isso não se referirão à *natureza do homem*, mas quando muito – nem todos fazem isso – à *natureza das coisas*. E dado que o verdadeiro direito natural nasce e se fundamenta na natureza humana, embora os objetivistas falem de direito natural e afirmem admiti-lo, essa postura é enfim inadmissível: trata-se de um objetivismo que não é um jusnaturalismo, ou, se for preferível, é um jusnaturalismo falso. Misturar o verdadeiro jusnaturalismo – que é necessariamente de base metafísica – com esses falsos jusnaturalismos só leva à confusão de línguas e, o que é mais grave, à confusão de idéias sobre o direito natural. Por isso entendemos que não é correto reduzir a história do pensamento jurídico ao binômio jusnaturalismo-positivismo, dando nesse caso ao positivismo o sentido de positivismo extremo e incluindo no jusnaturalismo o objetivismo jurídico. O correto é utilizar o trinômio jusnaturalismo-objetivismo-positivismo, ou ainda incluir no positivismo o objetivismo (que é o que habitualmente fazemos neste livro). Daí que, em sentido próprio e estrito, a história da ciência do direito natural tenha de terminar por enquanto em Kant, que é quem subverte definitivamente o conceito de direito natural, sem incluir nessa história as várias posições objetivistas modernas (quando muito, mencioná-las), pois depois de Kant apenas alguns autores seguem o jusnaturalismo verdadeiro, que é aquele que entende que o direito natural é genuíno e próprio direito: uma parte do direito vigente na sociedade.

Fazer história ou exposição do objetivismo sob o rótulo de jusnaturalismo é uma distorção que confunde o leitor, assim como é incorreto falar de jusnaturalismo axiológico em oposição ao jusnaturalismo ontológico etc.

Opõem-se à tese da natureza humana as diversas correntes do historicismo, segundo as quais cada ser humano – em geral, os seres – é um ser singular, dotado de suas próprias e diferentes características, sem que possa ser declarado sobre ele um núcleo permanente, que seja igual a todo homem, no sentido de esse núcleo existir e se realizar em todo ser humano. Para o historicismo, não há natureza, mas apenas *história*, isto é, fluxo, existência, mudança, evolução. Para o historicismo, tudo no homem é variável e evolutivo.

b) O que pode ser imputado ao historicismo, principalmente, é que, fundamentando-se no empirismo – exagero do conhecimento sensível por experiência –, é contrário à experiência. É óbvio que nós, homens, temos a experiência, pessoal e por conhecimento do mundo circundante, da mudança, da *história* (ou dimensão variável e evolutiva dos seres). O homem é um ser histórico, imerso na história, que evolui e muda tanto em seu próprio ser (infância, adolescência, idade adulta, velhice, saúde, doença, sentimentos, idéias etc.) como em sua vida e no contexto social. Relacionado a isso, muda também a sociedade, a cultura, a civilização, o âmbito de bens etc. A história, a mudança, a evolução são fatos de experiência. Porém, não é menos certo que a experiência mostra que a história – a dimensão variável e evolutiva do homem – é limitada e circunscrita. O homem não é só história. Desde o momento em que o homem começou a existir sobre a terra, muitos milhões de seres – formados por geração – somos homens; há algo de permanente e igual em todos, para que todos eles sejam classificados de homem; e são classificados de homens porque *são* homens. Se não houvesse nada permanente e igual no homem, que o constitui como homem, não haveria nada pelo que pudéssemos dizer que alguém é homem, como é óbvio. Esse algo permanente e igual não é um fator superficial – p. ex., certos traços externos –, e sim *o mais profundo e íntimo* de seu ser, que – apesar das diferenças entre cada homem – o constitui como ser humano, identifica-o precisamente como homem. É a própria experiência que todo homem tem de si mesmo e de todos os demais: em meio à mudança e à evolução da infância à velhice, todo homem tem experiência de que permanece sua identidade (continua sendo ele mesmo; não se transforma em outro ser diferente em cada uma de suas fases), como permanece a identidade dos demais. Isso é manifestado na consciência do eu, um eu permanente –"eu fui criança, eu fui jovem, eu sou adulto, quando eu for velho"–, que é imutável e inalterável em meio à evolução e à mudança. Esse eu permanente só tem explicação se é expressão de um substrato ontológico, de *substância*, que permanece inalterado. O historicismo é contrário à mais elementar experiência. Além disso, já dissemos que o fluxo puro é impossível, pois todo fluxo pressupõe a substância fluente.

c) A existência de um núcleo de ser permanente em todo homem e igual em todos os homens – pois é o que constitui cada um deles em homem e não em um ser não-humano – baseia-se na mais genuína e universal experiência, não menor, embora nem maior, ainda que mais profunda e penetrante, que a história. E mais: a própria experiência da identidade ou permanência e da história ou mudança indica-nos que a permanência ou identidade é mais forte que o histórico e variável, no sentido de que o que constitui o homem como homem não é o histórico e sim o permanente. O homem não se constitui como homem pelo que muda, mas justamente pelo que permanece e é igual em todos.

d) Essa experiência leva-nos à noção de essência, que é aquele núcleo profundo e íntimo do ser, com sua estrutura fundamental dotada de potências e características específicas, em cuja virtude um ser é precisamente o ser que é; concretamente no homem, aquilo pelo que o homem é homem: ser corpóreo-espiritual com algumas estruturas básicas, algumas potências e algumas características próprias dele e formadoras de seu ser homem, de sua *humanidade*. É esse núcleo permanente e igual em todos os homens, sem o qual um homem deixaria de ser homem. Negar que há no homem algo permanente, em cuja virtude é homem e não outro ser distinto, é negar a própria evidência. Portanto, devemos afirmar que o homem tem uma *essência*, permanente e igual em todo homem; sem ela, não haveria homens, salvo em algum instante da História. Se o historicismo fosse verdade, ocorreria que, se disséssemos que há homens do século XX, nos séculos anteriores não existiriam homens, mas talvez seres sucessivamente semelhantes; e mais: cada homem só seria tal em alguma fase de sua vida, o que nos evidencia que o historicismo beira o absurdo.

e) Como a essência humana tem algumas potências ativas ou princípios de operação, decorre disso que também é verdade a existência da *natureza humana*, visto que o que chamamos natureza não é coisa distinta da própria essência; é a própria essência, considerada *enquanto é princípio de operação*. Em certo sentido, podemos dizer que a natureza humana é o núcleo básico de ser e a estrutura fundamental do ser humano enquanto dinâmico. E se, em um sentido amplo de estrutura, incluímos na estrutura a ontologia básica – que não é amorfa, mas estruturada –, pode-se dizer em síntese que a natureza humana é a estrutura fundamental do ser humano.

4. NATUREZA E PESSOA. *a*) *Natureza* é – pelo que acabamos de ver – um conceito universal, como também é o de essência. Em oposição, pessoa é nome de indivíduo, como foi dito repetidamente. Isso significa que há uma contraposição entre natureza e pessoa, ou que o que é declarado sobre a natureza não é declarado sobre a pessoa? Nessa pergunta estão envolvidas duas questões, que vamos distinguir a seguir.

1.ª) Não há contraposição entre natureza e pessoa, se consideramos ambas não como noções, mas como realidades. Certamente, como noções, natureza e pessoa são diferentes e, enquanto noções, em certo sentido são opostas, já que uma é universal e a outra individual: a natureza designa um universo, que, como tal, é conceito de razão com fundamento *in re* – no objeto, na coisa –, enquanto pessoa é nome de indivíduo. Nesse sentido, distinguimos em momento oportuno o que pode ser declarado sobre a pessoa e sobre a natureza. Porém, tudo isso é uma questão de conceitualização e de linguagem, que para a finalidade do tema que agora desenvolvemos deve estar de acordo com o que vamos dizer a seguir.

O importante é que a natureza – no plano da existência extramental, da existência objetiva do ser humano – não é uma espécie de idéia abstrata separada do ser humano – não tem existência separada em uma espécie de mundo das idéias, no estilo de Platão –, mas *está realizada* na pessoa, é uma dimensão ou estrutura fundamental de cada pessoa humana, constituindo-a como pessoa. Ou, a bem dizer, em cada pessoa humana existe uma real estrutura fundamental, que, como a observamos nas demais pessoas humanas e a captamos como *constituinte* caracterizador e especificador delas, é universalizada conceitualmente e chamada natureza humana por nós.

Portanto, falar de natureza humana é falar da pessoa humana, porque está na pessoa humana – e em toda pessoa humana – como algo próprio dela – de cada pessoa humana –, existente nela. Assim, não existe uma razão humana da qual participaria cada pessoa, existindo sim tantos intelectos ou razões humanas quantos homens houver: cada pessoa tem seu próprio intelecto ou razão, como tem seu próprio corpo. Por conseguinte, quando dizemos que a pessoa é uma substância de natureza racional, ao dizer *substância*, que é constituinte singular de cada ser – a substância está individualizada –, já está sendo atestado que a natureza racional designa um intelecto ou razão individual ou singular na pessoa.

E essa, por assim dizer, individualização ou singularização da natureza humana em cada pessoa (está realizada nela e só nela) é tão intensa quanto que a pessoa seja um ser incomunicável. Por isso, não existe nenhuma contraposição entre natureza e pessoa, porque a natureza enquanto constituinte real da pessoa está na pessoa como estrutura fundamental dela. Nesse sentido, falar de "condição de pessoa humana" é – como dizíamos – sinônimo de natureza; e nesse sentido também – mas só nesse sentido – torna-se indiferente declarar algo sobre a natureza humana ou declarar sobre a pessoa (p. ex., "o fundamento dos direitos humanos é a pessoa humana"), porque entendemos a natureza como o conceito universal que expressa um constituinte *real* da pessoa, e relacionamos o citado fundamento a esse constituinte, que chamamos "condição de pessoa" ou também natureza humana. Seria diferente se, baseando-se em que pessoa é nome de ente singular, fosse negada a estrutura fundamental igual a toda pessoa – a natureza –, pois, então, se o fundamento de tudo o que é pessoal – incluídos os direitos humanos – fosse ser pessoa e isso acarretasse a inexistência de um núcleo permanente e igual, tudo dependeria de traços e características peculiares de cada homem, com o que não poderia ser declarado nada universal sobre o homem, nem sequer o que implica ser pessoa – a dignidade humana –, pois isso é por si só um universal. Nem os direitos humanos seriam por si sós universais, nem a dignidade da pessoa, nem sequer a condição de pessoa, porque dependeria de traços singulares (não-universais). Essa é a falha fundamental de algumas correntes chamadas "personalistas". O "personalismo" sem natureza acaba por reduzir a pessoa a um simples nome; é um personalismo sem pessoa.

b) 2.ª) Uma segunda questão proposta quanto a uma hipotética contraposição entre natureza e pessoa refere-se à relação entre o singular e o universal. Não há, no concernente a isso, oposição, mas distinção. A pessoa como um todo não é natureza, pois a natureza é somente a estrutura fundamental da pessoa humana, igual em todas elas. Referimo-nos a isso quando se diz que o singular é declarado sobre a pessoa e o universal é declarado sobre a natureza. Em relação ao homem real e existente, tudo – o que pertence à natureza também – é declarado sobre a pessoa, pois a natureza – já dissemos isto repetidas vezes – não está fora da pessoa, sendo constituinte da pessoa: o que é declarado sobre a natureza é declarado – em relação ao ser humano real existente – sobre a pessoa. O que ocorre é que o singular de cada pessoa não é declarado sobre a natureza, embora inerente a ela, mas a transcende: o ser total da pessoa é constituído pelo *natural* e pelo *singular*. Porém, enquanto a pessoa designa o ser individual, e no *plano lógico dos conceitos* – não no plano real – distinguimos entre natureza e pessoa, afirmamos que o universal é declarado sobre a natureza e o singular é declarado sobre a pessoa, querendo dizer com isso que o singular *só* é declarado sobre a pessoa. Quando distinguimos entre pessoa e natureza, ao fazer essa afirmação situamo-nos no campo lógico e nocional, não no plano real. Essa dupla linguagem é conveniente, visto que com freqüência fala-se de pessoa negando a natureza, com o que, ao declarar sobre a pessoa o que consiste na natureza, está sendo despojado do declarado sua universalidade e permanência, entendendo-o como singular e mutável, caindo assim no falso "personalismo sem pessoa" ao qual já nos referimos.

Tudo se resume em reafirmar a noção de natureza como estrutura fundamental da pessoa. E em entender a pessoa: a) como *substância individual*, não simples fluxo, nem só história, nem pura consciência de si, ou seja, um ser com um substrato ontológico consistente e permanente; e b) de *natureza* racional e, por conseqüência, com uma verdadeira e própria natureza ou essência como princípio de operação.

5. RELAÇÃO ENTRE NATUREZA E HISTÓRIA. *a*) Natureza e história – o natural e o histórico – não são dimensões separáveis da pessoa, como se estivessem em tensão ou fossem fatores coexistentes no ser pessoal. A pessoa não é um aglomerado de natureza e história. Pelo contrário, a pessoa, como ser individual, constitui uma unidade *transcendental*, pois um dos transcendentais do ser é a unidade: o ser é uno em seu próprio constituinte de ser. Isso evidencia a compreensão inadequada que os historicistas têm da natureza, ao entender que natureza e

história são noções – ou fatores – incompatíveis entre si. Daí resultaria que, se o homem tem uma dimensão histórica, não tem uma dimensão *natural* (natureza) ou vice-versa.

b) Natureza e história formam no homem uma unidade: o histórico do homem – sua dimensão mutável e variável – reside na natureza e procede dela. Nesse sentido, a dimensão histórica é natural no homem. Ou, em outros termos, o homem é por natureza *histórico*, capaz de evolução e de mudança. É uma substância que, em virtude da dimensão tempo, evolui e muda. Assim, se o homem surge como embrião e evolui para a adolescência, a juventude, a maturidade e a idade provecta, tudo isso obedece à natureza ou estrutura fundamental do ser, na qual o corpo é naturalmente evolutivo. Se o homem, ao longo de sua vida, muda de valores, se adquire ciência, técnicas, virtudes ou vícios, se aperfeiçoa-se ou degrada-se etc., tudo isso obedece a sua *maneira natural de ser*, isto é, a sua natureza. Não é que a natureza mude ou evolua, é que a natureza é a raiz e a origem da história, porque contém em si – como estrutura fundamental do ser que é – o princípio da evolução e da mudança.

c) Essa unidade entre natureza e história tem seu reflexo na natureza, que se vê afetada parcialmente pela historicidade. De fato, dissemos que a natureza não evolui – é justamente o permanente –, mas, ao ser princípio de operação, a evolução e a mudança afetam a capacidade natural de operação, que é a raiz e a origem da história; e, desse modo, a capacidade de operação do recém-nascido – embora seja em potencial a do adulto – é realmente inferior à do jovem ou à do homem maduro. E isso ocorre *naturalmente*, em virtude da própria natureza humana. Na pessoa humana, como em todos os seres imersos no tempo, observa-se que a natureza não escapa à historicidade, ainda que só naquilo em que é raiz e origem da história, isto é, nos princípios de operação e somente neles (potências e hábitos).

d) Isso nos leva a aprofundar esse ponto, no qual facilmente é possível cair em confusão e erro, pois estamos diante de um paradoxo: o permanente pode sofrer uma influência da dimensão de mudança, com o que se chega a afirmar – como fizera Tomás de Aquino[2], aliás adequadamente – que a natureza humana é em algum ponto mutável. E isso certamente torna-se paradoxal.

Antes de mais nada, é preciso reafirmar que a natureza humana não tem em si nenhum princípio de evolução nem de mudança *enquanto é essência*, que constitui cada homem como homem. É impossível haver essa mutação, pois a mutação implicaria a transformação do homem em outro ser diferente. Porém, por outro lado, como a natureza é origem da evolução e da mudança, e a evolução e a mu-

---

2. *Summa Theologica*, II-II, q. 57, a. 2 ad 1.

dança afetam a capacidade de operação, a natureza fica afetada nessa capacidade. Isso posto, se a natureza é a raiz e a origem da evolução e da mudança, disso se deduz que aquilo em que a natureza humana é afetada consiste na própria natureza. Ou, em outros termos, a mutação parcial que a natureza sofre *está em potencial* na própria natureza. Logo, a natureza não muda enquanto natureza, que é permanente, pois a mutação está nela como potência.

Disso infere-se um dado importante. Se a natureza contém em si sua própria mutação nos princípios de operação, a mutação da natureza não a afeta em si mesma, mas em seu *estado*. Pode-se falar, então, de *estados da natureza*, que afetam sua capacidade de operação. A mutabilidade da natureza humana se reduz a isso, que não é propriamente mudança, como dissemos.

e) Visto esse ponto, é preciso voltar à historicidade da pessoa humana, para indicar em que é permanente e em que está imersa na historicidade. Sendo como é uma substância, dotada de uma natureza – essência – em cuja virtude é homem e não outro ser – a *humanidade* –, ao mesmo tempo que atua como tal segundo as potencialidades naturais, a pessoa humana é permanente – com as especificações feitas antes – em sua *essência* e histórica em seus *acidentes*: quantidade, qualidade, relação, estado etc. Ou, em outros termos, a pessoa humana é permanente *no natural* e é histórica *no singular*, naquilo que ultrapassa a natureza e constitui o conjunto de suas condições singulares de existência. Em outras palavras, a pessoa é histórica em tudo o que ultrapassa a estrutura fundamental que a constitui como essa pessoa humana – como homem –, sem a qual deixaria de ser pessoa humana. Nessa estrutura fundamental não há mudanças, e em relação a ela todos os homens são iguais; em contrapartida, a dimensão transnatural ou acidental – as condições singulares de existência que configuram e compõem a pessoa além da natureza – é histórica – evolutiva e variável –, e nela residem as diferenças entre os seres humanos.

6. O OBJETIVO E O RELATIVO NA REALIDADE JURÍDICA. *a*) Em amplos segmentos do pensamento moderno, foi introduzida uma forma de historicismo que recebe o nome de *relativismo*. Segundo o relativismo, não existem fatores morais nem fatores jurídicos permanentes e objetivos, porque em moral e em direito tudo é histórico e relativo. Por relativo entende-se que todo fator moral e jurídico depende de avaliações ou estimativas subjetivas – sem uma regra ou norma objetiva, sem um critério igualmente objetivo – e, portanto, está submetido à variabilidade dessas estimativas e à pluralidade delas; logo, conclui-se por uma série de autores, o que se chama ordem jurídica justa é aquela que se fundamenta no consenso ou acordo entre as diferentes avaliações. As conseqüências do relativismo são claras: a) não existe nada no ser humano que seja critério objetivo de moralidade ou juridicidade; b) o que declaramos sobre a pessoa humana no que se refere ao dever-ser é meramente um valor subjetivo do meio social, ou, em outros termos,

não é uma declaração intrínseca, e sim uma declaração extrínseca; c) não existe direito além do direito positivo, pois não há um núcleo natural de juridicidade.

b) O relativismo, apesar de sua extensão, é uma das formas de pensamento menos aceitáveis da modernidade. Já o mencionamos antes ao falar dos valores; aqui, basta observar que, segundo os postulados relativistas, a dignidade não é algo objetivo e intrínseco da pessoa humana, mas uma declaração ou atribuição extrínseca, com o que a pessoa humana fica vazia de sua eminência de ser. De acordo com os postulados relativistas, a pessoa humana não é digna, e sim, segundo uma estimativa social subjetiva, considerada digna; não possui por si mesma dignidade; esta é atribuída a ela extrinsecamente por critérios por si sós variáveis. Portanto, o que significa a dignidade da pessoa humana e que conteúdo e reflexos possui é algo que depende de avaliações e opiniões tão subjetivas quanto variáveis.

As conseqüências lógicas do relativismo podem tornar-se aberrantes: quem tem direito à vida ou à liberdade – por exemplo – depende simplesmente de avaliações subjetivas. Basta que o contexto social considere que determinados seres humanos podem ser marginalizados e privados da vida ou da liberdade (escravidão) e sobre isso exista consenso, para que as leis que legalizam as correspondentes condutas ou estruturas da realidade social conforme essas avaliações sejam legítimas. Não é estranho, por isso, que se possa falar de certa crise do relativismo – conseqüente à crise da modernidade –, e tenham surgido diversas teses – p. ex., a dos "direitos morais" – que tendem a atenuar os excessos do relativismo.

c) Perante o relativismo, é preciso reafirmar tudo o que foi dito antes: a) A pessoa é uma substância de natureza racional, com uma realidade ontológica – com um ser – objetiva e subsistente, isto é, possui uma realidade extramental, não atribuída, mas realmente existente de acordo com determinado grau de ser. b) A dignidade da pessoa humana é uma eminência de ser – a pessoa é ser perfeitíssimo –, objetiva, inerente à ontologia da pessoa e independente de estimativas subjetivas. c) A dignidade da pessoa humana consiste naquela perfeição do ser que inclui a ordem do dever-ser, ou seja, a debitude e a exigibilidade, tanto no plano pessoal ou moral como no plano jurídico. d) Como conseqüência de tudo isso, a dignidade da pessoa humana é própria de todo homem e se constitui em *critério normativo objetivo* da conduta humana. e) Existe um núcleo natural de juridicidade, em cuja virtude a realidade jurídica em parte é natural e contém direitos e deveres inerentes à dignidade da pessoa humana. E f) dado que a dignidade tem sua origem na natureza – sem a natureza não há dignidade – esses direitos e deveres consistem na natureza humana e constituem, portanto, o *direito natural*.

d) Em síntese, embora exista um amplo âmbito de realidades e da vida humana no qual não há critérios absolutos nem totalmente objetivos, sendo por isso objeto de *valor*, isto é, de estimativas ou avaliações subjetivas, existe também um âmbito não relativo, da objetividade do ser, dentro do qual está a dignidade da pessoa humana, que se constitui em *critério objetivo*, não relativo, de conduta moral e social; há, então, um critério objetivo do direito – a dignidade humana – e, portanto, do justo e do injusto. Existe *o justo natural*; em outras palavras, existe o direito natural.

7. CONCLUSÃO. Uma vez vistos os temas que acabamos de resumir e que podem ser considerados prévios ao estudo do direito natural, cabe agora apresentar uma síntese da teoria do direito natural, como é próprio da filosofia do direito. E, como estas lições tentam ser uma exposição do sistema de filosofia jurídica do realismo jurídico clássico, as páginas a seguir se limitarão ao direito natural tal como é próprio desse sistema. Para isso, parece oportuno dedicar algumas páginas preliminares à formação histórica do jusnaturalismo clássico; é o que se faz na seção seguinte, que obviamente se restringe à formação da doutrina clássica através das passagens históricas mais relevantes – que terminam em Tomás de Aquino –, sem entrar em seu desenvolvimento posterior, nem em outras formas de entender o direito natural.

§ 2. A doutrina clássica

SUMÁRIO: 1. Introdução. 2. Aristóteles. 3. Os juristas romanos. 4. A passagem para a Idade Média. 5. A expressão "direito positivo". 6. Tomás de Aquino. a) *Introdução.* b) *A adequada divisão do direito.* c) *O direito natural.* d) *A lei natural.* 7. Conclusão.

1. INTRODUÇÃO. No início do renascimento da ciência jurídica européia, uma de suas peças fundamentais, o Decreto de Graciano (que iniciou o *Corpus Iuris Canonici*, o qual com o *Corpus Iuris Civilis* constituiu o *ius commune* romano-canônico da Europa até o século XIX) começa com estas palavras: "Humanum genus duobus regitur, naturali videlicet iure et moribus."[3] O gênero humano é regido por dois direitos: o direito natural e o direito positivo. Com isso, o Mestre Graciano não fazia outra coisa que acolher a tradição jurídica européia desde a Antiguidade, uma tradição que, com graves rupturas a partir do final do século XVIII, com o surgimento do positivismo, continua viva até hoje, apesar da maciça expansão desse último.

Ao escrever "duobus regitur" (o gênero humano é regido por dois direitos), Graciano expressava a idéia central da tradição clássica sobre a divisão do direito em direito natural e direito positivo: o direito natural é verdadeiro direito, é direito vigente (*regit*), como é o direito positivo. Ambos, direito natural e direito positivo, são as duas partes que compõem o conjunto de ordens jurídicas que regem a Humani-

---

3. *Dictum ante*, D. I, c. 1.

dade. E essa é a idéia central do realismo jurídico clássico que estas lições tentam expor. Por isso, depois de ter desenvolvido as noções de direito e de norma jurídica, devemos passar a estudar o direito natural, objeto desta lição. Para começar, julgamos conveniente fazer uma exposição dos três marcos históricos fundamentais da doutrina clássica do direito natural: Aristóteles, os juristas romanos e Tomás de Aquino[4].

2. ARISTÓTELES. *a*) Embora os testemunhos antigos que falam de direito natural em sentido muito geral – leis divinas, ordem natural etc. – se percam nas origens da história, o primeiro autor conhecido que, fazendo referência ao direito em sentido estrito, de acordo com o uso forense (o justo), falou da divisão do direito em natural e positivo foi Aristóteles, em uma tão conhecida quanto breve passagem de sua *Ética nicomaquéia*:"No direito político, uma parte é natural e a outra é legal. É natural o que, em todo lugar, tem a mesma força e não depende das diversas opiniões dos homens; é legal tudo o que, em princípio, pode ser indiferentemente de tal modo ou de modo contrário, mas que deixa de ser indiferente desde que a lei tenha resolvido."[5]

O Estagirita escreveu, textualmente, o justo (*tò díkaion*) político, o justo natural e o justo legal, referindo-se, então, ao direito como o justo, ou seja, ao direito em sentido estrito ou forense, como explicamos em momento oportuno. Sua perspectiva é a do realismo jurídico clássico. A terminologia não é original de Aristóteles, pois provavelmente a adotou da vida forense grega. Além disso, tinha sido utilizada pelos sofistas, ao contrapor o justo por natureza ou natural e o justo por lei ou legal (ou seja, positivo, conforme nossa linguagem); no entanto, nos sofistas o justo não teve o sentido de direito em sentido estrito, como ocorre com Aristóteles, e sim do ajustado ou conforme com a natureza (o justo natural) e com a ordem estabelecida (o justo legal)[6]. Aristóteles é o primeiro autor conhecido que entendeu por "o justo" o direito em sentido forense ou estrito[7].

b) Três idéias fundamentais, em relação ao tema que nos ocupa, estão contidas no texto aristotélico. Em primeiro lugar, a existência do direito natural (o justo por natureza). Esse direito tem duas características: não se baseia nas opiniões humanas, não é uma opção livre – como quando dois contratantes chegam a um acordo, ou a lei positiva impõe uma determinada conduta que não está imposta pela natureza –; e em qualquer lugar tem a mesma força, em todos os locais é justo, ou, o

---

4. Para uma história completa da ciência do direito natural, tomamos a liberdade de nos remetermos a nossa obra *Historia de la Ciencia del Derecho Natural*, 2.ª ed., Pamplona, 1987, onde o leitor pode encontrar abundante bibliografia.
5. Liv. V, c. 7, 1134 *b*.
6. Ver J. HERVADA, *Historia de la Ciencia del Derecho Natural*, cit., pp. 44 ss.
7. Ver M. VILLEY, *Compendio de Filosofía del Derecho*, I, cit., pp. 71 ss.

que dá na mesma, é um direito universal. Embora Aristóteles não diga expressamente o que entende aqui por natureza, é óbvio que, se se trata de um direito universal, é porque é o justo em virtude da natureza enquanto é a mesma em todo lugar: o permanente e universal da ontologia das coisas e do homem.

Junto com o direito natural aparece o justo legal. "Legal" é tradução literal de *nomikón*, o próprio do *nómos*, que era a lei estabelecida pelo homem (lei propriamente dita, costume, uso). O justo legal equivale a direito positivo. O próprio desse direito consiste em provir da convenção humana; é justo porque a vontade do homem estabelece assim. Por isso, o direito positivo tem como característica própria – conclui Aristóteles – ser variável segundo os países e as épocas.

c) A segunda idéia presente nessa passagem de Aristóteles é que o direito natural e o direito positivo são verdadeiros direitos. Tanto o justo natural como o justo positivo são espécies ou tipos de direito. Ambos fazem parte igualmente do direito vigente de uma *pólis* (*politikón díkaion*). É, então, claro que para Aristóteles o direito natural é um direito verdadeiro, um tipo de direito vigente, junto com outro tipo, que é o direito positivo. O direito natural não é, portanto, um princípio abstrato, uma idéia ou ideal, um valor ou coisa semelhante; é simplesmente um direito (uma coisa devida em justiça), uma espécie ou tipo particular de direito.

d) A terceira idéia é que tanto o direito natural quanto o direito positivo são *partes* do direito vigente em cada *pólis* (o direito *político*, direito da *pólis*). Não se trata, então, de dois sistemas jurídicos diferentes e paralelos; só há um sistema jurídico em cada sociedade perfeita ou *pólis* (hoje diríamos Estado): o direito vigente nessa *pólis* ou "direito político". Em relação a ele, o direito natural e o direito positivo são *partes*, fatores constituintes.

Com essas três idéias ficava exposta a concepção clássica do direito natural.

3. OS JURISTAS ROMANOS. *a*) A exposição de Aristóteles representava a observação de um filósofo sobre a vida forense de seu tempo, a observação sobre a realidade do direito tal como era vivida e compreendida. Essa experiência, que conta globalmente com uma história conhecida de não menos que vinte e dois séculos, é a mesma que os juristas romanos refletem no que se refere à prática jurídica de Roma, que abrangeu vários séculos. Os juristas romanos apresentam-nos, junto com algumas leves teorizações – como é o caso de Ulpiano –, o que foi a práxis do foro romano, as soluções práticas que adotaram para a vida real do que foi o maior Império da Antiguidade.

b) O direito primitivo de Roma ou *ius civile* era um direito rígido e formalista e só aplicável aos cidadãos romanos. Por ambas as características, quando o Império foi sendo formado e consolidado, o *ius civile* apresentou vários problemas. Por um lado, tornou-se necessário encontrar em Roma o direito aplicável às relações entre cidadãos romanos e estrangeiros e às relações dos estrangeiros entre si. Por outro lado, era preciso adaptar o *ius civile* às novas necessidades e humanizá-lo. Para tudo isso, os juristas romanos recorreram à *ratio naturalis* ou *aequitas*, isto é, ao direito natural[8].

O que era o direito natural? O direito natural, nesse contexto, era o direito comum – *ius commune* – que a razão natural implanta entre todos os homens e entre todos os povos; portanto, era o aplicável às relações dos cidadãos romanos com os estrangeiros e dos estrangeiros entre si. Os juristas romanos aplicaram, então, as soluções de razão natural às referidas relações. Tratava-se, por conseqüência, de um direito vigente, aplicado na tarefa cotidiana do foro.

Por outro lado, esse direito, enquanto razão natural, não podia ser contradito pelo *ius civile*. Em virtude disso, quando eram deduzidas do *ius civile* soluções escassamente adequadas à realidade social ou que resultavam pouco humanas, o direito civil podia ser corrigido e adaptado por soluções mais racionais, coerentes com a *ratio naturalis*. O direito natural funcionou, então, conforme é próprio dele, como um fator de racionalidade do direito, como humanizador do direito positivo; em resumo, atuou como elemento civilizador.

c) Existem múltiplos exemplos dessa tarefa corretora e humanizadora. Aduzimos aqui dois textos, não suspeitos de ter sido objeto de interpolação na época do direito romano cristão. Ambos referem-se à redução da capacidade. Encontramos um deles em Gayo, *Inst.*, I, 158: "O direito de agnação é perdido pela redução da capacidade, porém o de cognação não é afetado, porque um fator civil pode alterar os direitos civis, mas não pode [alterar] os naturais."[9] Como é sabido, a *capitis diminutio* implicava a mudança – geralmente a perda – da capacidade originária e podia ser máxima, média e mínima, as três atingindo as relações de parentesco. Em princípio, a *capitis diminutio* – interpretada rigidamente – podia afetar tanto a cognação quanto a agnação, porém a cognação foi excluída alegando como razão – segundo disse Gayo – que uma instituição de direito civil – a redução da capacidade – não pode chegar a alterar os direitos naturais, como os de cognação.

O outro exemplo foi retirado de D. 4, 5, 8 e também é de Gayo: "É evidente que as obrigações que contêm uma prestação natural não são extintas com a redução da capacidade porque o direito civil não pode alterar os direitos naturais; assim, a ação de dote subsiste mesmo depois da redução da capacidade, pois está relacionada ao que é bom e justo."[10] Pela mesma razão antes alegada, os efeitos da *capitis*

---

8. Ver, p. ex., M. VOIGT, *Das ius naturale, aequum et bonum und ius gentium der Römer*, I, Leipzig, 1856, reprod. Aalen, 1966; G. LOMBARDI, *Ricerche in tema di "ius gentium"*, Milano, 1946; id., *Sul concetto di "ius gentium"*, Milano, 1947.

9. "Sed agnationis quidem ius capitis diminutione perimitur, cognationis vero eo modo non commutatur, quia civilis ratio civilia quidem iura corrumpere potest, naturalia vero non potest." Ed. J. Reinach, "Les Belles Lettres", Paris, 1950, p. 30.

10. "Eas obligationes, quae naturalem praestationem habere intelleguntur, palam est capitis deminutione non perire, quia civilis ratio naturalia iura corrumpere non potest itaque de dote actio, quia in bonum et

diminutio foram moderados, concedendo-se ao que teve a capacidade reduzida a ação de dote, que foi entendida como natural mediante a fórmula "bonum et aequum" (cf. D. 1, 1, 11). Pode-se ver como, por meio do direito natural, humanizou-se o *ius civile*, dando-lhe uma interpretação mais racional, mais justa e menos prejudicial ao afetado. Esse tipo de interpretação é inconcebível para um positivista moderno, que, sem dúvida, teria interpretado a *capitis diminutio* de um modo mais rígido e formalista e muito mais desfavorável ao que teve a capacidade reduzida; o positivista moderno perdeu em boa parte o senso da justiça e da eqüidade e, embora pareça paradoxal, é menos sensível aos direitos da pessoa considerados em si mesmos.

d) Um dos principais traços – para não dizer o principal, como afirmaram prestigiados autores[11] – da ciência jurídica romana, que causa admiração pelo senso do justo – do direito – e pela harmonia do sistema, é o jogo da *naturalis ratio* – do direito natural – na busca da solução jurídica para os problemas práticos, com uma prudência e senso do justo nunca ultrapassados.

e) Qual foi, em síntese, a concepção romana do direito natural e positivo? A concepção romana foi aquela que denominamos a concepção clássica, e, para expô-la brevemente podemos recorrer à passagem que abre o tratado de Gayo: "Todos os povos governados por leis e costumes usam em parte seu direito peculiar, em parte o comum de todos os homens; pois o direito que cada povo estabeleceu para si é próprio da cidade e se chama direito civil, como direito próprio que é da mesma cidade; em contrapartida, o que a razão natural estabelece entre todos os homens é observado por todos os povos e denominado direito das gentes, como direito que todos os povos usam. Então, o povo romano usa em parte de seu próprio direito e em parte do comum de todos os homens."[12]

A primeira coisa que essas palavras de Gayo mostram é que o direito natural não só existe, como é direito vigente; direito que se aplica no foro: *se usa* (*utuntur, utitur*). São dois, então, os tipos de direito que regem a vida dos homens e dos povos: o direito natural e o direito positivo. Enquanto o direito natural é estabelecido pela razão natural, o positivo procede das leis e costumes de cada povo constituí-

---

aequum concepta est, nihilo minus durat etiam post capitis deminutionem." Ed. Th Mommsen, I, 2.ª ed., Berolini, 1962, p. 139. Para a tradução castelhana, ver *El Digesto de Justiniano*, I, versão de A. d'Ors e outros, Pamplona, 1968, p. 210.

11. Cf. H. S. MAINE, *El derecho antiguo considerado en sus relaciones con la sociedad primitiva y con las ideas modernas*, ed. castelhana, Madrid, 1893, p. 60.

12. *Inst.*, I, 1: "Omnes populi qui legibus et moribus reguntur partim suo proprio, partim communi omnium hominum iure utuntur; nam quod quisque populus ipse sibi ius constituit, id ipsius proprium est vocaturque ius civile, quasi ius proprium civitatis; quod vero naturalis ratio inter omnes homines constituit, id apud omnes populos peraeque custoditur vocaturque ius gentium, quasi quo iure omnes gentes utuntur. Populus itaque romanus partim suo proprio, partim communi omnium hominum iure utitur." Ed. cit., p. 1. Com ligeiras variações, ver D. 1, 1, 9, ed. cit., p. 2.

do em unidade política superior (*civitas*). Há, portanto, um direito próprio e peculiar – por conseqüência variável – de cada povo ou *civitas*, denominado *ius civile* (direito positivo), e um direito comum a todos os homens, natural, procedente da *naturalis ratio*.

O direito natural apresenta-se como universal em um duplo sentido: universal por ser comum a todos os homens e povos, e universal porque determina o que sempre é bom e justo[13]. Em contrapartida, o direito positivo ou *ius civile* refere-se ao útil[14] e, por isso, é peculiar de cada povo e diferente em cada um deles (o útil varia no espaço e no tempo); obedece à idiossincrasia e às diversas circunstâncias de cada nação, de cada *civitas*.

f) Verdadeiro direito e direito vigente, o direito natural não foi entendido como constituindo uma ordem ou sistema jurídico completo e fechado, que concorreria com o direito positivo para a solução dos mesmos casos originando duas soluções diferentes: a solução de direito natural, por um lado, e a solução de direito positivo, por outro. A idéia de duas ordens jurídicas completas, separadas e concorrentes é alheia à mentalidade romana. As palavras de Gayo são bem eloqüentes nesse sentido: "Omnes populi... partim suo proprio, partim communi omnium hominum iure utuntur." Os povos usam *em parte* do direito natural, *em parte* do direito próprio ou civil. O direito natural e o direito positivo são *partes* do direito vigente em cada povo, e também no povo romano. Mais ainda que as palavras de Gayo, a técnica jurídica romana mostra isso – como se destaca nos exemplos propostos –, combinando com grande prudência e arte os fatores naturais e positivos na solução prática dos casos.

g) O terceiro traço da concepção romana do binômio direito natural-direito positivo já foi visto por nós. O direito positivo não pode prevalecer contra o direito natural: "A regra civil (*ratio civilis*) pode alterar os direitos civis, mas não os direitos naturais."[15] Por conseguinte, o justo natural prevalece sobre as disposições positivas, de modo que, no caso de tais disposições afetarem um direito natural, prevalece esse na interpretação do jurista. Não é em vão que o direito natural seja o que sempre é bom e justo, enquanto as disposições positivas referem-se ao útil e são convencionais. Entre a convenção humana e o que é radicalmente bom e justo, deve-se favorecer esse último. A regra não pode ser mais razoável nem mais proporcional ao bem do homem e da *civitas*.

h) O direito proveniente da *naturalis ratio*, natural portanto, foi denominado de diversas maneiras pelos juristas romanos: razão natural, eqüidade natural, direito

---

13. D. 1, 1, 11.
14. D. 1, 1, 11.
15. Ver Gayo, *Inst.*, I, 158, trecho já citado.

comum são modos de designá-lo que aparecem ao longo dos textos. Porém, fundamentalmente, recebeu duas denominações: *ius naturale* e *ius gentium*. A primeira denominação é encontrada em Paulo: "A palavra direito é empregada em várias acepções: uma, quando se chama direito ao que sempre é justo e bom, como o direito natural; outra acepção, o que em cada cidade é útil para todos ou para muitos, como é o direito civil."[16] Gayo confirma a segunda acepção na passagem antes transcrita.

As duas denominações são encontradas juntas em um texto de Ulpiano de difícil interpretação. O *ius commune*, ou direito que todos os homens e povos usam, aparece dividido em *ius naturale* e *ius gentium*. O primeiro seria o comum a homens e animais, enquanto o segundo seria o próprio e específico dos homens[17]. Esse trecho de Ulpiano recebeu, desde os tempos medievais até hoje, várias interpretações, originando a tripartição direito natural, direito das gentes e direito civil, que, depois de uma evolução multissecular, acabou transformando-se em direito natural, direito internacional e direito privado de cada Estado[18].

i) Sobre os juristas romanos, no contexto histórico da filosofia do direito, interessa especialmente a proclamação da existência de um direito proveniente da *naturalis ratio* e de outro proveniente da opção humana. É a mesma tese que encontramos em Aristóteles. Em contrapartida, a terminologia torna-se ambígua e oscilante. O que mais se aproxima da distinção filosófica entre direito natural e direito positivo é a já citada passagem de Paulo, que divide o direito entre aquele que é sempre justo e bom e aquele que se baseia na utilidade. Os demais textos não correspondem exatamente a essa divisão filosófica. Isso se torna evidente em Ulpiano, mas também quando Gayo diz que o *ius commune* provém da *naturalis ratio* está aplicando uma categoria – direito natural – a um segmento do direito vigente que, conforme mostram outros juristas, só em parte era adequada a ele. De fato, autores como Ulpiano[19], Florentino[20] e Hermogeniano[21] atribuem ao *ius gen-*

---

16. D. 1, 1, 11: "Ius pluribus modis dicitur: uno modo, cum id quod semper aequum ac bonum est ius dicitur, ut est ius naturale. altero modo, quod omnibus aut pluribus in quaque civitate utile est, ut est ius civile." Ed. cit., 2 e 3.

17. D. 1, 1, 1-6: "Privatum ius tripartitum est: collectum etenim est ex naturalibus praeceptis aut gentium aut civilibus. Ius naturale est, quod natura omnia animalia docuit... Ius gentium est, quo gentes humanae utuntur... Ius civile est, quod neque in totum a naturali vel gentium recedit nec per omnia ei servit: itaque cum aliquid addimus vel detrahimus iuri communi, ius proprium, id est civile efficimus." Ed. cit., 1 e 2.

Como pode-se ver, Ulpiano mantém a dupla divisão entre direito comum e direito próprio ou *ius civile*. O direito comum compreende o natural e o das gentes. O fato de ambos formarem um conjunto único é manifestado pelo singular *ei*, que Ulpiano aplica unitariamente ao direito natural e ao das gentes. Em outras palavras, no foro – na práxis forense –, o direito comum é uno, o qual teoricamente se divide em dois. É uma distinção acadêmica sem valor prático.

18. Para a evolução do *ius gentium* e sua paulatina separação do direito natural, ver S. RAMÍREZ, *El derecho de gentes*, Madrid, 1955.

19. D. 1, 1, 4.

20. D. 1, 5, 4.

21. D. 1, 1, 5.

tium instituições – como a escravidão – das quais não só se afirma expressamente que não são de direito natural, como são contrárias a ele, embora todos os povos então conhecidos as aceitassem. Segundo as categorias filosóficas, o *ius gentium* era em parte direito natural e em parte um direito comum de base positiva. Embora quase não tenha interesse para a filosofia do direito, isso é interessante, e muito, para a história da ciência jurídica, porque explica a evolução da noção de *ius gentium* e das divisões do direito que durante muitos séculos ocuparam a atenção dos juristas.

4. A PASSAGEM PARA A IDADE MÉDIA. *a*) No direito romano de influência cristã, desenvolvido sobretudo no Império bizantino e representado pelo conjunto da obra compiladora e legislativa de Justiniano – que na Idade Média recebeu o nome de *Corpus Iuris Civilis* –, não houve nenhuma mudança quanto às linhas fundamentais da concepção clássica do binômio direito natural e direito positivo. Basta acrescentar, ao que já foi exposto, que nas *Instituições* de Justiniano aparecem duas idéias a serem ressaltadas. Por um lado, o direito natural é considerado de origem divina, assim como tinha sido entendido desde a Antiguidade pagã. Por outro lado, afirma-se que os direitos naturais são sempre firmes e imutáveis, enquanto o direito próprio de cada cidade é modificado com freqüência ou por consentimento do povo, ou por uma lei posterior[22].

b) A função humanizadora do direito natural dentro do sistema jurídico aparece sem mudanças em relação ao direito romano pagão: o direito natural constitui um elemento corretor das deficiências do *ius civile*. Essa função talvez tenha se acentuado por influência do cristianismo. Um texto interpolado, D. 12, 6, 64, pode servir de exemplo: "Se um dono pagou sua dívida a seu escravo depois de alforriado, embora fizesse isso acreditando (erroneamente) que podia reclamar aquela dívida por alguma ação, não poderá ser restituído, pois cumpriu uma obrigação natural. Como a liberdade é de direito natural e a escravidão foi introduzida pelo direito das gentes, na condição a razão do devido ou indevido deve ser entendida por natureza."[23]

c) A queda do Império Romano do Ocidente implicou um longo período de decadência cultural na Europa Ocidental, no qual apenas algumas figuras sobressaíram, como Isidoro de Sevilha. O bispo hispaliense revela-nos os saberes da

---

22. *Inst.*, I, 2, 11: "Sed naturalia quidem iura, quae apud omnes gentes peraeque servantur, divina quadam providentia constituta, semper firma atque immutabilia permanent: ea vero, quae ipsa sibi quaeque civitas constituit, saepe mutari solent vel tacito consensu populi vel alia postea lege lata." Ed. J. B. Moyle, Oxford, 1964, p. 108.

23. "Si quod dominus servo debuit, manumisso solvit, quamvis existimans ei aliqua teneri actione, tamen repetere non poterit, quia naturale adgnovit debitum: ut enim libertas naturali iure continetur et dominatio ex gentium iure introducta est, ita debiti vel non debiti ratio in condictione naturaliter intellegenda est."

Antiguidade transmitidos durante a época anterior a ele e, ao mesmo tempo, mostra-nos – por ser ele quem influenciou com seus textos – os saberes transmitidos até o renascer cultural iniciado no século IX e, de modo mais definitivo, no século XI.

No meio da vulgarização jurídica, que se estendeu até a Recepção do direito romano, Isidoro de Sevilha apresenta-nos a sobrevivência da concepção clássica por meio da dupla distinção entre direito divino – direito natural – e direito humano, e entre direito natural, direito das gentes e direito civil[24]. Podemos ver que Isidoro oferece-nos uma distinção teórica – que cabe à divisão filosófica – quando distingue entre direito divino e direito humano (direito natural e direito positivo) e uma distinção forense – da prática jurídica, aliás já obsoleta – como era a tripartição romana.

5. A EXPRESSÃO "DIREITO POSITIVO". *a)* As divisões romanas entre *ius civile, ius gentium* e *ius commune* ou entre *ius proprium* e *ius commune*, embora obedecessem a certo interesse teórico, respondiam sobretudo ao uso forense no sentido indicado: direito do estrangeiro e adaptação do *ius civile*. Na Idade Média, com a profunda mudança de circunstâncias sociais e pela expansão do direito germânico, o uso forense foi modificado a ponto de perder vigência prática a tripartição romana. No entanto, os juristas e os homens cultos conservaram a tripartição durante toda a Idade Média, mesmo que sem uma verdadeira aplicação no foro. O que continuou tendo plena vigência prática foi a divisão bimembre entre direito natural e direito de origem humana nos termos da concepção clássica. Isso originou a necessidade de encontrar uma terminologia adequada para o direito de origem não-natural. O direito natural recebeu esse nome desde a Antiguidade; é encontrado nos sofistas e Aristóteles (*tò díkaion physikón*) e chegou sem modificação até hoje (*ius naturale*, direito natural). Em contrapartida, isso não ocorreu com o direito positivo, que não recebeu essa designação até a baixa Idade Média.

b) Aristóteles chamou o direito positivo de direito *legal*, adjetivo que nas versões e comentários medievais aparece traduzido por *legale* ou *legitimum*. Os textos romanos não deram uma denominação específica ao direito positivo, ficando englobado ou no *ius civile*, ou nesse e no *ius gentium*. De Isidoro de Sevilha, como acabamos de ver, é a distinção entre direito divino e direito humano. Não faltam textos de época posterior que chamam *mores* (costumes ou usos) ao direito positivo, como vimos no Decreto de Graciano.

c) A expressão "direito positivo" – *ius positivum* – não se generalizou até o século XIII, convivendo durante algum tempo com as variantes *positum* ou *positionis*.

---

24. Ver *Etymologiarum sive originum libri XX*, V, 2-4, ed. W. M. Lindsay, SCBO, I, Oxonii, 1962.

O antecedente conhecido mais antigo é o comentário de Calcídio – autor do século IV d.C. – ao *Timeu* de Platão, que distinguiu entre justiça natural e justiça positiva[25]. Já em plena Idade Média, a denominação "direito positivo" é encontrada em Abelardo, que distinguiu entre justiça natural e justiça positiva, e direito natural e direito positivo (*ius naturale* e *ius positivum*)[26]. A expressão *ius positivum* (com as correspondentes *lex positiva, lex humanitus posita, lex positionis*) ou direito positivo generalizou-se no século XIII[27].

6. TOMÁS DE AQUINO. *a) Introdução*. Nos juristas romanos e nos textos subseqüentes, a distinção entre direito natural e direito positivo foi estabelecida em termos genéricos, que englobavam tanto o justo ou direito como a norma jurídica ou *lex*. Assim, nos textos romanos o *ius naturale* compreendia tanto a norma deduzida da *naturalis ratio* quanto os *iura naturalia* ou direitos naturais. Os textos não distinguiam claramente entre o *ius* ou direito (o justo devido a cada um) e a *lex*. Em épocas tão antigas, a palavra direito ou *ius* já tinha as diferentes acepções que, em momento oportuno, foram estudadas.

A distinção entre *ius* e *lex* e, portanto, entre *ius naturale* e *lex naturalis* aparece claramente em Tomás de Aquino, embora não faltem momentos em que o ilustre teólogo utiliza a palavra *ius* (direito) para designar a norma ou a ordem jurídica, de acordo com um uso que permanece até hoje. De fato, o Aquinate estudou o *ius naturale* ou direito natural e a *lex naturalis* ou lei natural em trechos bem diferentes e distantes de sua magna obra, a *Summa Theologica*. O tratado da lei natural aparece na *Prima Secundae* (primeira parte da segunda parte) dentro do tratado da lei (questões 90 e seguintes), enquanto o direito natural é estudado na *Secunda Secundae*, dentro do tratado da justiça (questões 57 e seguintes), no qual se analisa o direito (o *ius* ou *iustum*, o justo) como objeto da justiça. Tomás de Aquino situa-se, então, no realismo jurídico clássico, em relação ao qual representa o mais elaborado estudo filosófico. Isso é especialmente notável no que se refere à lei natural; embora os estóicos já tivessem falado da lei natural, apenas o Aquinate oferece um sistema completo, verdadeiramente único por sua profundidade.

b) A adequada divisão do direito. Depois de definir o direito como o objeto da justiça – o justo –, Tomás de Aquino propõe, no artigo 2 da questão 57 da *Secunda Secundae*, a pergunta sobre a divisão conveniente do direito: o direito é dividido de modo adequado em direito natural e direito positivo? Certamente, duas coisas são

---

25. Cf. *Platonis Timaeus interprete Chalcidio cum eiusdem*, VI, ed. I. Wrobel, Lipsiae, 1876, reprod. Frankfurt am Main, 1963, p. 72.
26. Cf. *Petri Abelardi opera theologica*, II, CCh CM, XII, Turnholti, 1969, p. 153.
27. Ver, para a origem da expressão "direito positivo", ST. KUTTNER, *Sur les origines du terme "droit positif"*, em "Revue historique du droit français et étranger", série IV, XV, 1936, pp. 728 ss.; J. HERVADA, *Historia de la Ciencia del Derecho Natural*, cit., pp. 19 s.

deduzidas desse enunciado, confirmadas pelo teor de sua resposta. O *ius* ao qual se refere é o direito vigente, o direito realmente existente, defensável perante o foro e objeto da práxis judicial. Portanto, fala de um direito natural, que é um tipo ou espécie de direito vigente. Em segundo lugar, a *divisio conveniens* – a divisão adequada – supõe uma divisão científica, isto é, feita com critérios científicos. Já não é a divisão romana – embora o Aquinate continue falando do direito das gentes – nascida da prática do foro, mas uma divisão que, embora *real* – enquanto supõe características reais e próprias de cada espécie de direito –, é feita com critérios científicos, os quais naturalmente têm uma repercussão prática na hora de interpretar e usar cada direito.

O que foi referido indica algo extremamente conhecido. Tomás de Aquino segue a concepção clássica do direito, como mostra o simples dado da citação de Aristóteles (a passagem transcrita antes) no *sed contra*, trecho dos artigos de sua obra em que o Aquinate costuma enunciar brevemente a opinião que segue em sua resposta à pergunta proposta. O *ius*, de cuja divisão vai ocupar-se, é o direito vigente, o direito verdadeiro. Esse direito verdadeiro, vigente, divide-se em natural e positivo. Como se distingue o direito natural?

c) *O direito natural*. Para entender a noção tomista de direito natural é preciso lembrar, antes de mais nada, que para o Aquinate o direito é a coisa justa (*ipsa res iusta*), o que significa que o direito é – como explicamos repetidamente – o bem ou a coisa devida a um sujeito que é seu titular, e que essa coisa é adequada ao sujeito de acordo com certo modo de igualdade, que é o que a torna justa. No corpo da resposta ao artigo 2 da questão 57, Tomás de Aquino fala de coisa adequada *ao homem* (*homini adaequatum*) segundo a natureza da coisa – por exemplo, quando são permutados bens equivalentes – ou conforme a convenção ou pacto. No primeiro caso, trata-se de um direito natural, enquanto na segunda suposição o direito é positivo[28]. Aparece, então, a natureza da coisa como critério determinativo do direito natural.

Alguns autores fundamentaram-se nisso para afirmar que a doutrina clássica do direito natural, da qual Tomás de Aquino é representante eminente, não entendia o direito natural como direito radicado na natureza humana, mas como harmonia ou adequação – igualdade – entre as coisas permutadas ou distribuídas no tráfego jurídico segundo um critério tirado da natureza das coisas[29].

---

28. "Conforme o exposto, o direito ou o justo é algo adequado a outro, de acordo com certo modo de igualdade. Porém, uma coisa pode ser adequada a um homem de duas maneiras. Primeira, considerada a própria natureza da coisa; por exemplo, quando alguém dá tanto para receber outro tanto; e isso é direito natural. Segunda, por convenção ou comum acordo, isto é, quando alguém mostra-se satisfeito em receber tanto; e isso pode-se realizar de duas formas: por um convênio privado, como o que se constitui mediante um pacto entre pessoas particulares; ou por convenção pública, por exemplo quando todo o povo consente em que algo seja considerado adequado e adaptado a outro, ou quando isso é ordenado pelo príncipe que tem como encargo o cuidado do povo e representa sua pessoa. E isso é direito positivo." II-II, q. 57, a. 2.

29. Ver, p. ex., M. VILLEY, *Compendio de Filosofía del Derecho*, ed. castelhana, II, Pamplona, 1981, pp. 132 ss.

Com isso esquece-se que o Aquinate fala de coisas *adequadas ao homem* pela natureza da coisa (*ex natura rei*), de onde se deduz que o critério primeiro, fundamental e primário do direito natural é a adequação ao homem. Os direitos naturais são os bens ou coisas que por sua natureza são adequados ao homem, de modo que, se na permuta de bens esses devem ser equivalentes de acordo com sua natureza, é porque isso é o adequado ao homem.

Entretanto, qual é a dimensão do homem em relação à qual no direito natural se mede a adequação ao homem? Nas soluções das dificuldades, Tomás de Aquino fala expressamente do que é natural ao homem (*quod est naturale homini*) relacionando-o à natureza humana[30]. Portanto, os direitos naturais são aquelas coisas que, segundo sua natureza, são adequadas à natureza humana, isto é, ao justo quanto à natureza do homem.

Villey não acerta, em nossa opinião, quando atribui à Escola moderna de Direito Natural a teoria dos direitos naturais radicados na natureza humana. A diferença – isto sim, radical – entre o Aquinate e o jusnaturalismo moderno consiste em que Tomás de Aquino segue o realismo jurídico clássico e, portanto, fala de coisas naturalmente adequadas ao homem, enquanto o jusnaturalismo moderno situa-se no subjetivismo e entende os direitos naturais como direitos subjetivos: faculdades. O justo natural ou direito natural não é em Tomás de Aquino um direito subjetivo, mas os bens ou coisas adequadas ao homem, isto é, as coisas devidas ao homem por sua natureza. Os direitos naturais – os *iura naturalia* – são, então, aquelas coisas que por sua natureza (natureza das coisas) são devidas ao homem segundo sua natureza (natureza do homem), ou, em outros termos, o direito natural é o justo ou adequado à natureza humana pela natureza das coisas[31].

d) A lei natural. Na teoria tomista, a lei natural é aquele conjunto de ditames da razão com retidão que prescrevem aquelas condutas adequadas à natureza do homem e proíbem as contrárias. Essa lei é natural porque é produto da razão natural, isto é, da razão enquanto naturalmente capta as condutas exigidas pela natureza do homem e as que são contrárias a ela. Porém, não é uma lei imanente à razão, cuja origem primeira seja a natureza do homem; dada a condição de criatura do homem e entendidos os seres criados como uma participação criada do Ser Subsistente, a

---

30. Cf. *Summa Theologica*, II-II, q. 57, a. 2 ad 1: "O que é natural a um ser dotado de natureza imutável é forçoso que seja imutável sempre e em todos os lugares. Porém, a natureza humana é mutável, e, por conseguinte, o que é natural ao homem pode algumas vezes falhar. Por exemplo, é de igualdade natural que se devolva o depósito ao depositante; e, portanto, se a natureza humana fosse sempre com retidão, essa norma deveria ser observada em todo caso; mas, como às vezes a vontade do homem se perverte, há ocasiões em que o depósito não deve ser devolvido para que um homem de vontade perversa não faça mal uso dele; por exemplo, se um demente ou um inimigo da república reclamasse as armas depositadas."

31. Como se pode perceber, o que não concorda com o realismo jurídico clássico e, concretamente, com o pensamento tomista não é defender a existência de direitos do homem próprios da natureza humana, mas interpretar os direitos naturais como direitos subjetivos.

lei natural é, para o Aquinate, uma lei divina, naturalmente impressa no homem por via de participação da lei eterna (a lei divina enquanto está na essência de Deus). Por isso, descreve a lei natural como uma participação da lei eterna na criatura racional, isto é, no homem[32].

Lei impressa na razão humana sim, mas seria um erro – aliás freqüente em muitas pessoas – pensar que o impresso na razão natural é o conjunto de preceitos de lei natural, algo como estarem gravados em um disquete de computador alguns textos ou alguns dados. Uma visão assim da lei natural é completamente alheia à tomista. Para continuar com o exemplo do computador, o impresso na razão natural, segundo a teoria tomista da lei natural, é algo como o *programa* do computador, não os textos ou os dados.

Para entender isso, é preciso compreender a teoria do conhecimento racional que Tomás de Aquino defendeu. O homem não tem conhecimentos (idéias, conceitos, juízos etc.) inatos, tanto se se trata da razão especulativa como se se trata da razão prática. Quando cada homem começa a existir, seu entendimento é "sicut tabula rasa in qua nihil est scriptum"[33], como uma lousa limpa na qual não há nada escrito. O que é, então, o inato da razão? No que se refere à razão prática – a única coisa que aqui nos interessa –, o inato é a potência ou capacidade de saberes e juízos práticos e a virtude da sindérese. Pela virtude da sindérese, a razão prática realiza um juízo fundamental – sempre *a posteriori*, ou seja, por meio da experiência – chamado primeiro princípio, que, por proceder de uma virtude inata, é infalivelmente com retidão (ninguém se engana nisso): "É preciso fazer o bem e evitar o mal." Isto é, o homem, quanto a sua conduta, capta algumas coisas como boas e outras como más. E capta o que é bom como aquilo para o que deve tender e o mau como o vitando. Sem dúvida, o homem pode enganar-se ao avaliar uma coisa como boa ou como má; no que nunca se engana é em que sempre age por alguma razão de bem prevalente que percebe em uma conduta, embora ao mesmo tempo capte alguma dimensão de mal nela[34].

Como conseqüência disso, o inato no homem não são os preceitos de lei natural, mas a capacidade de raciocínio do intelecto humano e a virtude da sindérese. A razão, retificada pela sindérese, capta o primeiro princípio – infalível, porém não inato – e em função dele deduz os preceitos de lei natural. Como os deduz? Entendendo como bem ao que deve encaminhar as inclinações naturais para os fins próprios da pessoa humana; essas inclinações são a manifestação da natureza humana enquanto é princípio de operação. Ao mesmo tempo, capta tais preceitos compreendendo como mal o que é contrário ao bem mencionado. Por exemplo, se capta como bom que a comunicação humana baseia-se na verdade, deduzirá como preceito de lei natural "é preciso dizer a verdade", e como proibição "não mentirás".

---

32. *Summa Theologica*, I-II, q. 91, a. 2.
33. *Summa Theologica*, I, q. 79, a. 2.
34. *Summa Theologica*, I-II, q. 94, a. 2.

Como se pode perceber, a lei natural é uma *operação da razão*[35] (um ato de conhecimento da razão), que para o Aquinate é de evidência[36]. Cada preceito da lei natural é captado mediante um ato de razão, e, como a razão pode errar, os homens concretos podem cair em erros sobre algum ou alguns preceitos naturais; por isso, embora a lei natural seja universal, o conhecimento concreto de certos preceitos pode não ser[37].

Um aspecto importante da concepção tomista da lei natural é que se trata de um conhecimento não especulativo, mas prático, porque se refere à conduta humana, que se produz em algumas circunstâncias históricas e em relação a matérias contingentes. Portanto, os preceitos de lei natural não são deduzidos da natureza humana como conclusões especulativas ou teóricas, sendo sua dedução influenciada e marcada pela circunstância histórica da conduta; isso implica que os preceitos de lei natural refiram-se à conduta em relação às situações históricas; assim, o preceito "é preciso devolver o depositado ao depositante" não obriga se o depositante reclama a devolução do depósito para cometer um delito. Para compreender o sentido dessa historicidade – ou, em termos mais clássicos, mutabilidade –, é preciso observar que no pensamento tomista a historicidade que pode afetar os preceitos de lei natural é aquela que afeta os estados da natureza, visto que a lei natural é regra tirada da natureza: enquanto a natureza humana pode acidentalmente variar (idade, saúde ou doença, corrupção moral com as seqüelas de violência etc.), há uma possível adequação da lei natural a esses estados[38].

7. CONCLUSÃO. Com Tomás de Aquino, fecha-se o ciclo genético da doutrina clássica do direito natural, que era o que nos propusemos descrever nesta seção. Por isso, damos aqui por encerrada nossa exposição histórica. A seguir se tentará apresentar com certa abrangência o tema do direito e da lei naturais à luz da referida doutrina, que é a que corresponde ao realismo jurídico clássico.

§ 3. O núcleo natural do direito

SUMÁRIO: 1. Introdução. 2. O direito natural: sistema ou núcleo? 3. Pessoa e direito natural. 4. Componentes do direito natural. 5. Os direitos naturais. 6. Os deveres naturais. 7. As relações jurídicas naturais. 8. As normas naturais. 9. O direito natural como direito comum ou universal. 10. Razão natural e direito natural. 11. Conclusão.

---

35. *Summa Theologica*, I-II, q. 94, a. 1.
36. *Summa Theologica*, I-II, q. 94, a. 2.
37. *Summa Theologica*, I-II, q. 94, aa. 4 e 6.
38. *Summa Theologica*, I-II, q. 94, a. 4.

1. INTRODUÇÃO. *a*) Desde os alvores do pensamento filosófico na Grécia e desde que os romanos conseguiram fazer do ofício de jurista uma arte ou ciência, o direito foi dividido em direito natural e direito positivo. Duas classes ou tipos de direito, admitidos até hoje[39], com a importante e difundida exceção do positivismo jurídico, que, desde o final do século XVIII e princípio do século XIX, reduziu todo direito ao positivo. Com isso, o positivismo questionou a existência do direito natural, sem que em nenhum momento tenha conseguido impor definitivamente suas teses, apesar da virulência que às vezes adotou e ainda que em vários períodos de sua relativamente curta história tivesse – e continue tendo – uma apreciável extensão, de modo que em certas etapas os positivistas foram uma inquietante maioria. Apesar disso, em nossa opinião, o positivismo é uma fraude da ciência jurídica – e da filosofia do direito –, uma distorção do pensamento jurídico, cuja origem é Kant e cujas raízes são o abandono da metafísica e o imanentismo tão presentes em certas correntes culturais e filosóficas dos últimos dois séculos. Sem esquecer que, embora não sejam sua causa fundamental, contribuíram muito para o positivismo os graves excessos e notórios erros da Escola moderna do Direito Natural – o chamado jusnaturalismo moderno ou simplesmente jusnaturalismo –, que teve sua base principal na Europa Central.

Por tudo isso, a distinção entre direito natural e direito positivo, a existência do direito natural e as características particulares de cada uma dessas classes ou tipos de direito passaram a ser um tópico da filosofia jurídica, tema insubstituível e imprescindível de todo sistema filosófico sobre o direito. E mais: a questão do direito natural, após os embates e negações do positivismo jurídico, constitui um dos temas-chave da filosofia jurídica. Se não é o mais decisivo, é considerado, sim, um dos mais importantes, de modo que um sistema de filosofia do direito que prescindisse de tratar dele, sem se ocupar da questão, gozaria de muito pouca credibilidade[40].

---

39. Ver A. VERDROSS, *La Filosofía del Derecho del mundo*, ed. castelhana, México, 1962; J. A. MÁRQUEZ, *Los enfoques actuales del Derecho Natural*, México, 1985; L. RECASENS SICHES, *Iusnaturalismos actuales comparados*, Madrid, 1970; E. ROMMEN, *Derecho Natural. Historia. Doctrina*, ed. castelhana, México, 1950; J. HERVADA, *Historia de la Ciencia del Derecho Natural*, cit.

40. Nos últimos anos, uma série de autores, sob o rótulo de "Teoria do Direito" (*Rechtstheorie*), tenta superar a filosofia do direito, que acusa de resíduos metafísicos, e com ela a dialética jusnaturalismo-positivismo. Pressupondo que o jusnaturalismo não é admissível, entendem que o positivismo clássico também não é satisfatório. Por isso, sem que exista acordo sobre determinado sistema de Teoria do Direito, disciplina entendida de diversos modos, tenta-se alcançar um tratamento do Direito que prescinda tanto do jusnaturalismo quanto do positivismo clássico. Falam, por isso, de um *pós-positivismo*. Essa tentativa está de antemão condenada ao fracasso – apesar do brilhante sucesso que está tendo –, pois não só não resolve os problemas que o positivismo propôs à ciência jurídica, como os agrava, porque, mais que pós-positivismo, é uma forma de ultrapositivismo. A Teoria do Direito – em suas atuais versões – é, na realidade, um dos últimos estertores da decadente e quase fenecida *modernidade*. A menos que mude de tendência, coisa tão desejável quanto possível, a Teoria do Direito não tem verdadeiro futuro. Sobre o fim da modernidade, ver A. LLANO, *La nueva sensibilidad*, Madrid, 1988; J. BALLESTEROS, *Postmodernidad: decadencia o resistencia*, Madrid, 1990.

b) É preciso considerar que aspectos muito importantes da interpretação do direito e da forma de entender o direito dependem da atitude adotada perante o direito natural. Por sua vez, essa atitude é tributária das bases filosóficas – a compreensão da realidade humana – das quais se parte. A partir do imanentismo, facilmente chega-se à rejeição do direito natural, e torna-se praticamente impossível admiti-lo partindo da negação da metafísica, por mais que não tenham faltado autores que se inclinaram para um jusnaturalismo fenomenológico.

Essa dependência da questão do direito natural em relação às bases filosóficas não quer dizer, no entanto, que a afirmação do direito natural seja conseqüência de um sistema filosófico.

Não é assim. Chega-se à existência do direito natural a partir de uma experiência geral da humanidade (p. ex., o homicídio não é uma injustiça porque está punido no Código Penal; pelo contrário), e, por conseguinte, foi uma convicção dos juristas – de escolas muito diferentes – desde as origens conhecidas, e até o século XIX foi dos filósofos das mais diversas tendências[41]. O direito natural não é, então, o corolário ou conseqüência de um sistema particular de filosofia, mas um *dado* que aparece diante da consciência jurídica da humanidade, constatado pelos juristas e interpretado pelos filósofos, de modo que os positivistas não podem negar o dado, simplesmente o catalogam como dado metajurídico e o interpretam de várias maneiras.

c) O direito natural recebeu, ao longo da história, diferentes interpretações filosóficas. Cada sistema filosófico traz consigo uma particular interpretação da realidade, especialmente de tudo o que constitui seu núcleo mais radical e fundamental: o modo e extensão do conhecimento humano, o sentido da vida humana, o constituinte último dos seres, Deus etc. A variedade de sistemas filosóficos é um fato bem conhecido. O direito natural, como realidade humana muito básica – reside no mais nuclear da pessoa humana –, não escapou dessa variedade de explicações, fruto das diferentes correntes de pensamento. Por isso, é preciso saber distinguir entre o direito natural como tal – um dado da realidade humana – e as teorias construídas sobre ele[42]. O direito natural não é uma teoria, é um dado, sobre o

---

41. Podem ser vistas na já citada *Historia de la Ciencia del Derecho*. Mais amplamente em G. FASSÒ, *Historia de la Filosofía del Derecho*, ed. castelhana em vários volumes, Madrid, 1978 ss.; A. TRUYOL, *Historia de la Filosofía del Derecho y del Estado*, I, 7.ª ed., Madrid, 1982, II, 2.ª ed., Madrid, 1982.

42. Naturalmente que quem tem sobre o direito natural a idéia de origem kantiana, segundo a qual esse direito é uma idéia ou forma pura *a priori*, isto é, uma construção da razão, alheia à experiência, não pode distinguir entre a realidade do direito natural e o conceito ou noção que as diferentes correntes filosóficas puderam construir, já que, segundo as teses de inspiração kantiana, o direito natural não tem entidade fora da idéia. Porém, tal impossibilidade é conseqüência da distorção kantiana introduzida na teoria do conhecimento. Como já foi visto repetidamente, o direito não é uma forma *a priori*, mas uma coisa em relação de atribuição-dívida; portanto, o direito natural é aquela coisa ajustada ou proporcionada a seu titular de acordo com um título e uma medida naturais. Daí se deduz a distinção entre realidade e idéia ou conceito, em cuja virtude a idéia pode ser verdadeira ou falsa, sem que a falsidade seja atribuível à realidade, mas sim ao entendimento.

qual foram apresentadas diversas teorias. Essa diversidade de explicações levou alguns a mostrar-se céticos quanto à própria realidade do direito natural. Visto que há explicações diversas sobre ele – é o que dizem –, vem a ser uma realidade não confiavelmente cognoscível, e, por conseqüência, pode ser considerado inexistente. É preciso convir que essa postura não é razoável; seria o mesmo que negar a existência do homem porque sobre ele foram dadas explicações tão contrárias quanto a escolástica-cristã e a marxista, ou tão díspares como a sofista, a estóica, a kantiana ou a existencialista. O argumento não tem base razoável, pois a diversidade de teorias explicativas de uma realidade nada diz sobre sua existência. Uma coisa é o direito natural e outra, diferente, as teorias sobre o direito natural.

d) As páginas seguintes tentam dar uma visão de conjunto (sem entrar em questões particulares ou detalhes) do direito natural, conforme entendemos que cabe à filosofia do direito, prescindindo do que é próprio da *parte geral da ciência do direito natural* – disciplina diferente da filosofia jurídica, como foi dito várias vezes –, do que já tratamos em outro texto[43]. Vamos nos limitar, como é habitual nestas páginas, a expor a teoria do direito natural segundo o realismo jurídico clássico[44].

2. O DIREITO NATURAL: SISTEMA OU NÚCLEO? *a*) Antes de mais nada, é necessário, ao entrar na exposição do direito natural, fazer uma especificação terminológica. Já foram vistas as diferentes acepções da palavra direito – norma jurídica, direito da pessoa, sistema jurídico etc. –, e essas distintas acepções são aplicadas ao direito natural. Por isso, embora o direito natural em sentido próprio e estrito seja o justo natural – ou coisa adequada ao homem por natureza –, a expressão direito natural também é utilizada conforme os sentidos análogos antes expostos. Ao longo destas páginas, usaremos a expressão direito natural nesses diversos sentidos, alguns mais amplos – que abrangem tudo o que recebe o nome de direito natural (o justo, norma etc.) –, outros mais particularizados. Por enquanto, advertimos que utilizamos nesta seção a expressão em seu sentido mais amplo; depois o leitor saberá compreender pelo contexto o sentido que, em cada caso, tem a expressão direito natural.

b) A primeira idéia que, em nossa opinião, requer uma correta compreensão do direito natural é que esse não é um sistema jurídico, ordem ou ordenação jurídica que subsista separado e paralelamente ao direito positivo, que seria outro sistema jurídico: o direito natural não é um sistema jurídico, mas o núcleo básico, primário e fundamental de cada sistema de direito ou ordenação jurídica. Nesse sentido, em relação a cada contexto social não existem dois sistemas de direito, a ordenação jurídica natural e a ordenação jurídica positiva, sendo o sistema jurídico *único*, um sistema jurídico unitário constituído pelo direito natural e pelo direi-

---

43. Ver J. HERVADA, *Introducción crítica al Derecho Natural*, cit.
44. Outros sistemas jusnaturalistas podem ser vistos nas obras citadas nas notas 39 e 41.

to positivo, ou, em termos mais exatos, formado por fatores jurídicos naturais e fatores jurídicos positivos.

c) A doutrina clássica e o moderno objetivismo jurídico – apesar de darem à expressão direito natural sentidos muito diferentes e, em parte, contrários – coincidem em certo sentido nesse ponto que acabamos de enunciar: o direito natural é um fator vinculado à ordenação jurídica vigente, que ou forma uma unidade com o direito positivo ou é um elemento interpretativo dele.

No entanto, nem sempre foi assim ao longo da história, e ainda há jusnaturalistas que entendem que o direito natural e o direito positivo são duas ordens distintas e mesmo separadas.

Os sofistas, já na Antiguidade, mostraram a distinção e contraposição entre *phýsis* e *nómos*, entre o justo natural e as leis próprias da *pólis*. Diante da ordem estabelecida (leis da cidade, seus usos, costumes etc.), produto da sociedade e de suas tradições, levantar-se-ia a natureza (*phýsis*) – em certo sentido distorcida e subjugada pela ordem estabelecida (*nómos*) – com uma ordem natural (a força, o poder etc.) destinada a destruir e mudar a ordem estabelecida. Essa distinção, e mesmo contraposição, é perdida com os sofistas e só renasce propriamente – com tendência diferente – até os tempos modernos.

A concepção moderna do direito natural e do direito positivo como duas ordens ou sistemas jurídicos, completos e paralelos, é própria do *jusnaturalismo* ou jusnaturalismo moderno, também chamado Escola moderna do Direito Natural. Para o jusnaturalismo moderno, precursor da Revolução Francesa e imbuído das idéias racionalistas, o sistema jurídico herdado então vigente – de raízes medievais – constituiria a ordem jurídica – obscurantista e retrógrada – do Antigo Regime, que deveria ser substituída pelo sistema jurídico de normas *naturais* ou direito natural, entendendo com isso o sistema jurídico deduzido das luzes da razão, como essa expressão era entendida naquela época. Nasceu assim a idéia dos dois sistemas ou ordens jurídicas paralelas e coexistentes: o direito natural ou sistema jurídico deduzido da razão e o direito positivo ou legislação vigente. Dois sistemas jurídicos, um destinado a ser exemplar do outro (que deveria ser reformado), cada um com sua obrigatoriedade própria e suas peculiares formas de aplicação. Com isso, o direito natural ficava separado da vida do foro e do sistema de garantias, que seriam próprias apenas do direito positivo – o oposto do típico da doutrina clássica –, e reduzido a um conjunto de normas mais morais que jurídicas. De fato, o jusnaturalismo moderno, de modo implícito ou explícito, transformou com freqüência – há exceções – o direito natural em moral e a ciência do direito natural em filosofia moral. Desaparecendo o jusnaturalismo moderno com os alvores do século XIX, em especial pela influência de Kant e de outras correntes como a Escola Histórica, a tese das duas ordens jurídicas desapareceu em grande parte da doutrina.

No entanto, apesar da sua incongruência com a doutrina clássica, adotada por Tomás de Aquino, a tese dos dois sistemas de normas – natural e positivo – também é encontrada com bastante freqüência entre os neo-escolásticos, que, embora adotem muitos elementos da doutrina tomista, separam-se nisso da doutrina clássica e, portanto, do Aquinate. Entendendo esses autores – como se viu – que o direito natural não é um aspecto – o aspecto jurídico – da lei natural, mas a própria lei natural, e sendo a lei natural um sistema de normas morais e éticas, o direito natural constitui para eles um sistema ou ordem de condutas pessoais e sociais, diferente do direito positivo: a ética social no que concerne à sociedade. Mesmo nos neo-escolásticos que não confundem o direito natural com a moral e o entendem como verdadeiro direito, é habitual continuar encontrando a idéia dos dois sistemas jurídicos.

d) A tese dos dois sistemas jurídicos não é correta. Além de, na maioria dos casos, o direito natural acabar sendo entendido como norma moral ou ética e despojado de sua índole de verdadeiro direito, não é possível que em um mesmo contexto social conflua – ao mesmo tempo e sob o mesmo aspecto – mais de um sistema jurídico. Vamos supor o caso das normas: se sobre uma relação jurídica recaíssem duas normas, o conteúdo delas ou é o mesmo ou é diferente; se for o mesmo, a norma é una e a duplicidade de fontes supõe a inutilidade de uma delas; e se for diferente, então ou as duas normas se anulam mutuamente e constituem uma suposição de irracionalidade, ou uma delas prevalece, sendo a outra inválida ou ineficaz. Do mesmo modo, os direitos só podem ter um fundamento e um título, e as relações jurídicas nunca são nem podem ser duplas. Em cada contexto social, só pode haver uma ordem ou sistema jurídico.

e) Nem o direito natural nem o direito positivo são por si sós sistemas jurídicos completos. Em cada contexto social dotado de um sistema jurídico, esse forma uma unidade – complexa, com elementos diversos, mas unidade – em parte natural e em parte positiva.

O que é então o direito natural? O direito natural é o *núcleo de juridicidade natural*, que está na base e no fundamento de todo sistema jurídico: a parte natural do sistema jurídico. Já dissemos que o direito é em sua maior parte uma construção cultural do homem em sociedade, e chamamos essa dimensão cultural de direito positivo. Porém, dissemos também que nenhum fato cultural é possível sem um dado natural. O fato cultural do direito é impossível sem um núcleo jurídico natural. Esse núcleo jurídico natural é o direito natural.

Portanto, na base e no fundamento de todo sistema jurídico há um núcleo jurídico que não procede da invenção, do poder ou da decisão humanas, sendo sim inerente ao homem. E isso, e não outra coisa, é o direito natural, o qual, pelo que foi dito, é *verdadeiro direito*, o núcleo natural do direito vigente.

f) Considerando o direito natural como o núcleo de juridicidade natural que possibilita a própria existência do direito positivo – o natural que torna possível o fenômeno cultural –, percebe-se imediatamente o que em outro texto[45] chamei de *aporia positivista*: se não existe o direito natural, não existe o direito positivo, e, se existe o direito positivo, necessariamente existe o direito natural. O que se deduz claramente da relação entre natureza e cultura. Sem uma base natural, é impossível o fato cultural. Portanto, sem o direito natural ou núcleo natural de juridicidade, o direito positivo não poderia existir. Mas o direito positivo existe, logo necessariamente existe o direito natural.

g) Em todas as realidades produzidas pelo homem – em todo fato cultural – é impossível separar o natural do cultural, porque o cultural não é outra coisa que a atualização das potências naturais, seu desenvolvimento por meio da inventividade e da inteligência etc. Assim, por exemplo, a música não é separável do sentido estético, da capacidade de ouvir, da de combinar os sons etc. Dando outro exemplo, cada língua ou idioma é uma criação cultural, mas a linguagem forma uma unidade com a capacidade anímico-corpórea de comunicação, própria da pessoa, e com a faculdade de falar e expressar-se por sinais corpóreos. Do mesmo modo, o núcleo natural de juridicidade e o jurídico-cultural – o direito natural e o direito positivo – são inseparáveis, formam uma indissociável unidade, um único sistema jurídico, no qual o cultural ou direito positivo fundamenta-se no direito natural e deriva dele, do qual é desenvolvimento.

3. PESSOA E DIREITO NATURAL. *a*) Pergunta fundamental sobre o direito natural é a seguinte: o núcleo natural da juridicidade inere a quê? Depois de tudo o que foi dito sobre a pessoa humana, a resposta é simples: o direito natural inere ao homem, em virtude de sua condição de pessoa. Em outras palavras, o direito natural é o núcleo de juridicidade próprio da pessoa humana, do qual já se falou.

Ao fazer a afirmação anterior, está sendo estabelecida uma ligação entre o direito natural e a dignidade humana, pois, como já vimos, a dignidade consiste naquela eminência de ser que constitui o homem como pessoa. É claro que para compreender isso torna-se imprescindível lembrar que por dignidade não entendemos uma mera qualidade, mas um *estatuto ontológico*, uma intensidade ou *quantum* de ser que constitui o homem em uma ordem do ser distinta e mais elevada que o restante dos seres de nosso universo. Essa intensidade de ser manifesta-se em que, na pessoa, o ato de ser inclui a ordem do dever-ser (que é o reflexo no homem do ato puro próprio do Ser subsistente). Portanto, é inerente à dignidade da pessoa humana a juridicidade, que, com a moralidade, é expressão do dever-ser inerente à pessoa humana, como vimos. O direito natural é o núcleo natural de juridicidade que é próprio da dignidade da pessoa humana, isto é, o núcleo jurídico da ordem do dever-ser que é inerente ao estatuto ontológico ou dignidade do homem.

---

45. *Introducción crítica...*, cit., p. 87.

Dado, então, que o direito natural é a expressão jurídica da dignidade da pessoa humana – de seu estatuto ontológico –, pode-se dizer que a pessoa é o fundamento do direito natural, enquanto inere a ela e é expressão de sua ordem do dever-ser. Essa afirmação requer uma explicação e esclarecimento.

b) O esclarecimento refere-se à relação natureza-pessoa. O fundamento do direito natural, sua raiz, é a pessoa ou é a natureza? Porque parece que, sendo a pessoa um ser singular e sendo comum a todos os homens o direito natural, esse reside mais na natureza humana do que na pessoa. Eis um falso dilema que as tendências antes mencionadas não souberam superar.

Já dissemos que não há dignidade sem natureza e que a pessoa é uma *substância* de *natureza* racional, o que indica que a pessoa é realização existencial da natureza humana. É uma natureza humana situada na existência. Certamente, a pessoa não é só natureza, pois se acrescentam a ela as condições singulares de existência, o conjunto de acidentes – em sentido filosófico – próprio de cada pessoa singular, que a diferencia das demais. Entretanto, a dignidade da pessoa humana, o que a constitui na ordem do dever-ser, não consiste no singular mas no comum da pessoa; o constituinte da dignidade é o estatuto ontológico fundamental ou natureza racional: o homem é pessoa por ser substância de *natureza* racional. Portanto, a pessoa é fundamento do direito natural em virtude de sua natureza. O fundamento do direito natural é a natureza humana enquanto existencialmente realizada na pessoa humana. Nesse sentido e apenas nesse sentido, dizer que o direito natural tem por fundamento a pessoa e inere a ela é equivalente a dizer que tem por fundamento a natureza humana e inere a essa. Como é o mesmo dizer que o direito natural é o núcleo de juridicidade ou de direito inerente à dignidade da pessoa humana.

c) Em momento oportuno, distinguimos entre o plano conceitual e o plano existencial. Se no primeiro é preciso distinguir pessoa (ser singular) de natureza (o comum ou universal do homem), no segundo essa distinção não é possível, pois a pessoa é uma natureza existencialmente realizada. Por isso, no plano existencial torna-se indiferente – por ser equivalente – dizer que o fundamento do direito natural é a pessoa humana ou é a natureza. Em contrapartida, não ocorreria a mesma coisa se nos situássemos no plano conceitual, no qual se deve distinguir o declarado da pessoa como ente singular do declarado da natureza humana como universal; nesse plano conceitual o correto é afirmar que o fundamento e origem do direito natural é a natureza humana, não a pessoa (ou seja, a pessoa em sua singularidade). Por isso, a pretensão de fundamentar o direito natural na pessoa, contrapondo-a à natureza, como se tal direito se fundamentasse na pessoa e não na natureza (ou seja, o direito natural entendido como direito inerente à pessoa ou a seus atributos, sem natureza), destrói o direito natural, porque sem natureza não há pessoa (lembrando que a pessoa é uma substância de *natureza* racional), nem dignidade, nem, portanto, esse pretenso direito inerente à pessoa e a sua dignidade.

d) Igualmente equivocado seria passar do plano conceitual para o plano real quando se defende – como é preciso fazer no plano conceitual – que o direito natural fundamenta-se na natureza humana e inere a ela, separando natureza e pessoa, como se no plano do real o direito natural consistisse na natureza e não na pessoa. Nesse caso, a natureza seria considerada essência abstrata da qual se deduziriam os direitos naturais e a lei natural. Tratar-se-ia, então, de uma ordem ou sistema mais ou menos completo de direitos e normas de conduta deduzidos pela razão, em certo sentido extrínseco à pessoa. O direito natural seria um produto da razão, cuja imperatividade residiria no império da razão. Mas o direito natural não é assim.

Fora da pessoa humana, como algo exterior a ela, não existe nenhuma ordem ou sistema jurídico – já dissemos isso – chamado direito natural, como deduzido da razão e imperado por ela, que seria imposto à pessoa de fora. Vamos entender. Certamente o direito natural manifesta-se como império da razão, porém esse império da razão não é original, mas derivado, nem reside na natureza abstratamente considerada.

No plano real, o que existe é cada pessoa humana, dotada de dignidade e de uma natureza existencialmente realizada nela. Essa pessoa concreta, com sua concreta natureza nela realizada, tem uma dignidade inerente, dotada de uma ordem do dever-ser que se manifesta em uma debitude e exigibilidade inerentes a ela, com um conatural reflexo jurídico: isso é o direito natural, que é inerente a cada pessoa humana. O direito natural é um direito concreto – não abstrato –, que está em cada pessoa humana, é inerente a ela, e de sua dignidade recebe sua imperatividade, isto é, sua debitude e exigibilidade. A razão conhece esse núcleo de direito natural e o expressa em ditames imperativos; porém, a imperatividade não é originária da razão, e sim da natureza humana, ou seja, da dignidade humana. O direito natural está em cada pessoa e, enquanto reside na natureza humana, está em toda pessoa humana.

Concluindo, o direito natural não é uma ordem jurídica abstrata, mas um núcleo de direito concreto inerente à pessoa humana, a todas e a cada uma das pessoas humanas em virtude de sua dignidade.

4. COMPONENTES DO DIREITO NATURAL. *a*) O direito natural, como núcleo natural do sistema jurídico (isto é, no sentido amplo da expressão que estamos usando), abrange os momentos e elementos fundamentais da ordem jurídica: o direito em sentido próprio e estrito – o justo –, a norma e a relação. Há, então, direitos naturais, normas jurídicas naturais ou lei natural e relações jurídicas naturais.

b) A primeira coisa que merece ser destacada é que o núcleo natural do sistema jurídico ou direito natural contém em si a *personalidade jurídica*, ou seja, a pessoa humana como sujeito de direito. Em outras palavras, o homem é pessoa – em sentido jurídico – em virtude do direito natural. A personalidade jurídica não é uma criação do direito positivo, mas um pressuposto do direito positivo. Isso já foi visto ao tratar da pessoa e não vamos repetir o referido. Basta aqui insistir em que a juridicidade é uma dimensão natural da pessoa humana, um aspecto do dever-ser próprio dela, que traz consigo a condição natural da pessoa como sujeito de direito. Ser pessoa perante o direito é uma dimensão de direito natural próprio da pessoa humana. É uma propriedade da dignidade humana, de sua eminência de ser, comum, por conseqüência, a todos os homens.

Portanto, dado que todo sistema jurídico assenta-se na personalidade jurídica do homem, torna-se evidente que o direito natural é a base e o fundamento do sistema jurídico, de modo que esse é, antes de mais nada, um sistema de relações jurídicas naturais, como sistema de relação e organização das pessoas físicas (em sentido jurídico), que são tais por direito natural.

De tudo isso, deduz-se que o direito positivo estrutura e regula as pessoas físicas, mas não as cria em sua personalidade jurídica. A função do direito positivo em relação à personalidade jurídica da pessoa física limita-se a regular determinados efeitos dela quanto a situações jurídicas não-naturais (as naturais são intangíveis). Por exemplo, se uma ordem legal ou consuetudinária requer determinadas condições para a eficácia da personalidade jurídica de um ser humano (p. ex., que nasça vivo e não morra antes de vinte e quatro horas), isso não pode ser interpretado no sentido de que antes de que tais requisitos sejam cumpridos esse ser humano não é pessoa em sentido jurídico; é por direito natural desde o momento em que começa a existir no seio materno, com todos os direitos naturais dos quais é capaz – entre eles o direito à vida, à saúde etc. –, e inclusive os direitos positivos ou outras situações jurídicas (interesses juridicamente protegidos, expectativas de direitos etc.) que por acaso as normas jurídicas positivas lhe reconheçam. Os citados requisitos não se referem à concessão da personalidade jurídica, mas a sua *eficácia* quanto a determinados efeitos do direito positivo (p. ex., propriedade de bens, direitos sucessórios etc.).

c) Por consistir na dignidade da pessoa humana, a personalidade jurídica inclui – já foi dito em momento oportuno – não só a capacidade de ser sujeito de direito, como a titularidade de uma série de direitos e deveres que emanam da dignidade humana: os *iura et officia naturalia* ou direitos e deveres naturais. No que se refere aos direitos, o núcleo natural do sistema jurídico é constituído pelo *justo natural*, coisas – corpóreas ou incorpóreas – atribuídas ao homem por natureza e devidas a ele em justiça conforme a dimensão de dever-ser própria da pessoa.

A pessoa humana, dizíamos, é um ser-em-relação por sua peculiar e conatural capacidade de comunicação e em virtude da socialidade inerente a ela. Porém, não se apresenta perante os demais vazia de toda debitude ou exigência. Pelo contrário, a dignidade da pessoa dota-a de um ser que pertence a ela (dona de si) e de liberdade. Isso permite que o homem se apresente naturalmente perante os demais com uma série de direitos inerentes a sua dignidade: direitos sobre seu próprio ser e liberdades quanto a seu desenvolvimento e sua vida. Há, por conseqüência, direitos naturais, pois, como dizíamos, trata-se de coisas proporcionadas e devidas, com dívida em sentido estrito.

d) Uma das conseqüências da dignidade humana consiste – como se dizia – em que a natureza humana constitui-se em critério normativo da conduta humana. Há, em relação ao homem, um tratamento digno e um tratamento indigno e um comportamento digno e outro indigno.

Tudo isso, enquanto tem uma projeção social e afeta a ordem da intersubjetividade, é *regra de direito* ou norma jurídica natural. Há, então, um núcleo natural de regras de direito ou normas jurídicas naturais, que fazem parte do núcleo natural do direito.

e) Porém, o núcleo natural do direito ou direito natural não se limita ao que foi dito. O núcleo básico e fundamental do sistema de garantias de satisfação e cumprimento do direito, que acompanha toda ordem jurídica, também pertence ao direito natural.

Por um lado, o sistema judiciário, embora em sua organização e desenvolvimento seja de direito positivo, tem sua existência postulada pelo direito natural enquanto é uma exigência da própria natureza do direito e, portanto, dos direitos naturais e das normas jurídicas naturais. O momento judicial, o sistema judiciário de resolução de controvérsias, aplicação de penas e cumprimento da lei, é exigido pela natureza do direito – seja natural, seja positivo –, assim como a dimensão jurídica, por suas características de debitude e exigibilidade, está na natureza humana. A vida social, enquanto estruturada juridicamente, está submetida aos vaivéns da liberdade humana, às obscuridades e diferenças de critério na hora de determinar o justo, seu titular e sua medida etc., tudo o que requer – sendo o direito devido e exigível – uma autoridade social decisória que *determine o direito*, que o declare e o execute. Isso nos indica que o sistema judiciário é, em sua base e fundamento, em sua própria existência e legitimidade de atuação, de direito natural, embora a organização e desenvolvimento sejam de direito positivo. Um corolário do que foi visto é que o sistema judiciário não está a serviço do direito positivo, mas a serviço do direito, de todo o direito, tanto em seu núcleo natural ou direito natural como em sua derivação e desenvolvimento ou direito positivo. Portanto, é falso afirmar que o direito natural não tem garantia judicial; não terá essa garantia se os juízes, por sua educação positivista, prescindirem do direito natural; mas isso não é o correto, e sim uma das principais distorções que o positivismo introduziu na vida do foro. O direito natural por si só está sob a garantia do sistema judiciário.

f) Por outro lado, também pertence ao direito natural o sistema de garantia de satisfação e cumprimento do direito por meio da execução forçada e da coação. Tanto uma como a outra, que para o que aqui interessa podem ser resumidas na coação, respondem à natureza indispensável e social da debitude e exigibilidade do direito. A coação não é uma superestrutura acrescida ao sistema jurídico por pura invenção do homem, mas, supondo o estado da natureza humana, que inclui a falha do homem e o conseqüente descumprimento do direito, a coação aparece como estabelecida e legitimada pelo direito natural. Advirta-se que já dissemos que o descumprimento do direito supõe uma conduta irracional, só explicável por uma falha ou decadência da natureza humana, o que supõe um *estado de natureza* capaz de irracionalidade e de subumanidade. Portanto, a possibilidade e a legitimidade da coação aparecem estabelecidas na natureza humana, o que significa que a coação está a serviço não só do direito positivo, como também do direito natural. É um erro – um dos tantos erros difundidos – dizer que o direito natural não possui um sistema de coação. Esse sistema de coação é o mesmo que o do direito positivo: o sistema de coação de cada sistema jurídico. Se de fato isso não se produz, é devido (é preciso voltar a dizer) à distorção produzida na vida jurídica pelo positivismo. Cabe à unidade do sistema jurídico – em parte natural e em parte positivo – um único e idêntico sistema de garantia: o sistema judiciário e o sistema de coação que está a serviço do sistema jurídico.

5. OS DIREITOS NATURAIS. *a*) O direito, em sentido próprio e primário, é o justo, conforme foi visto. Os outros fatores do sistema jurídico são chamados direito por analogia, e são jurídicos por sua relação com o direito ou coisa atribuída a um sujeito por um título, segundo uma medida, e devida a ele, com dívida em sentido estrito. Portanto, o direito natural em sentido próprio e primário é o direito da pessoa, cujo conjunto denominamos em páginas anteriores os direitos naturais ou *iura naturalia* inerentes à dignidade da pessoa humana. Esse é o direito natural propriamente dito; os demais fatores do núcleo natural de juridicidade – p. ex., as normas jurídicas naturais ou lei natural de índole jurídica – só podem ser chamados direito natural em sentido análogo. Em seguida, vamos falar do direito natural em sentido próprio, não sem antes deixar indicado que se trata do fator principal e fundamental do núcleo natural de juridicidade, que mantém sua existência, do mesmo modo que, em geral, o direito mantém a existência do sistema jurídico. Assim como sem direito ou coisa justa não existiria o sistema jurídico, sem o direito natural ou o justo natural, o núcleo natural de juridicidade também não existiria; haveria talvez lei natural, mas não seria norma jurídica, e sim norma moral ou ética.

b) O que é o direito natural? O direito natural é *o justo por natureza* ou justo natural, isto é, aquela coisa corpórea ou incorpórea adequada e proporcionada ao homem em virtude de sua natureza ou estrutura fundamental ontológica, com a marca de debitude e exigibilidade inerente à dignidade da pessoa humana.

Todo direito, dizíamos, é tido em virtude de um título e de acordo com uma medida. Pelo título e pela medida, a coisa constitutiva de direito torna-se adequada e proporcionada ao titular; e, por ocorrer uma *proportio* ou proporção que pertence ao dever-ser, a coisa é justa e portanto devida a seu titular e exigível por ele. Em momento oportuno foi visto que a dignidade da pessoa humana revela-se precisamente no fato de a ordem do ser à qual pertence o homem incluir uma ordem do dever-ser como reflexo e participação do ser em ato puro. Nesse contexto, a dignidade da pessoa humana plasma-se em que a pessoa humana é *domina*, dona de si e de seu próprio ser; e é livre tanto como manifestação de seu domínio sobre si (liberdade fundamental) quanto em relação a algumas esferas de autonomia e de atuação (liberdade de autonomia e liberdade de iniciativa).

Todas essas características implicam um conjunto de coisas que por natureza (pela dignidade pessoal) pertencem à pessoa humana. São adequadas ou proporcionadas a ela por natureza, conforme a dimensão de dever-ser própria da dignidade da pessoa humana. Em outras palavras, são coisas atribuídas a ela por um título natural, segundo uma medida também natural, coisas devidas a ela por natureza. São os direitos naturais. Constitui, então, o direito natural toda aquela coisa atribuída ao homem por um título natural, de acordo com uma medida natural.

c) Como são gerados e determinados os direitos naturais? Talvez se pudesse pensar na possibilidade de uma lista fechada e definitiva de direitos naturais obtidos por dedução da natureza humana. Essa idéia, própria do jusnaturalismo moderno e, em parte, da neo-escolástica desviada da que foi referida por nós antes, supõe uma incompreensão da verdadeira natureza do direito natural. O direito natural, cada direito natural, por ser direito, isto é, por estar imerso nas relações sociais humanas, que são históricas e evolutivas, surge da dignidade humana ao entrar o homem em cada relação social de acordo com as circunstâncias e as situações. Em cada uma delas, a dignidade humana apresenta-se com algumas exigências – algumas permanentes e constantes, outras modalizadas pelas circunstâncias e situações – que fazem surgir os direitos naturais concretos e particulares.

Os direitos naturais, mais que alguns direitos soltos, são um entrelaçamento de direitos, como elos de uma corrente, concretização e determinação de uma raiz comum; por isso a distinção e delimitação entre uns e outros nem sempre apresenta perfis nítidos. Poderíamos falar de um único e genérico direito natural fundamental, que se concretiza e se determina em uma série de direitos naturais concretos e determinados, que, tendo existência própria, não são outra coisa que concretizações do direito natural fundamental.

Esse direito natural fundamental da pessoa humana é o *direito a ser*. E como o ser do homem tem por condição a liberdade e é um ser dinâmico, que tende – como aspecto do dever-ser – a alguns fins naturais, os quais constituem o desenvolvimento e a perfeição de seu ser, o direito natural fundamental pode ser descrito assim: *o direito da pessoa humana a seu ser, a sua liberdade e ao desenvolvimento de sua personalidade* (os fins naturais do homem). Tudo isso conforme está na natureza.

Embora às vezes os juristas falem de direitos indeterminados e genéricos – e nos valemos disso nas linhas anteriores –, com propriedade de linguagem esses direitos não existem como tais, mas como situações jurídicas diferentes, pois todo direito é constituído de coisas concretas e determinadas. Nesse sentido, chamamos o direito natural fundamental de direito, conscientes de que a linguagem não é exata. Para sermos exatos, deveríamos falar de *núcleo* ou *raiz* de debitude e exigibilidade inerente à dignidade da pessoa humana, a sua natureza. Esse núcleo ou raiz de debitude e de exigibilidade origina os direitos naturais concretos dentro das diferentes relações, situações e circunstâncias em que se encontra a pessoa humana. Repetimos que entre esses direitos concretos alguns são permanentes e constantes (p. ex., direito à saúde, à alimentação etc.) e outros, sendo também constantes em sua origem, estão, no entanto, *modalizados* (recebem diferentes modalidades, sem poder ser negados) pelas situações e circunstâncias (p. ex., direito de livre circulação).

Deduz-se disso que é preciso saber resistir à tentação de pretender uma enumeração fechada e exaustiva dos direitos naturais. Toda enumeração dos direitos naturais deve ser aberta e está parcialmente submetida à situação histórica, social e cultural dos homens, assim como à diversidade de critérios científicos de classificação (p. ex., há autores que incluem a alimentação no direito à vida ou à saúde, e outros o consideram um direito distinto).

d) Os direitos naturais surgem do direito natural fundamental relacionado aos três elementos em que se fundamenta: o ser do homem, sua liberdade e seus fins.

Em primeiro lugar, o ser do homem. Passando a ter existência, exige ser e bem ser (bem-estar), de onde emanam direitos tais como o direito à vida, à saúde, à integridade física e mental etc. São, então, direitos naturais os bens inerentes ao ser do homem. Esses bens podem ser desmembrados em quatro: seu corpo e espírito considerados em si mesmos e em sua integridade, as potências anímicas e corpóreas (sentidos, capacidades de agir, vontade, entendimento etc.), as operações naturais do homem (a natureza é princípio de operação e, portanto, as operações pertencem à natureza) e os bens que são objeto dessas operações, sem os quais as operações não seriam possíveis (por exemplo, sem alimentos não é possível comer; por conseqüência, os alimentos são direitos naturais). E ainda poderíamos acrescentar um quinto bem: a socialidade, que origina o direito de fazer parte da sociedade política e o direito de associação.

Em segundo lugar, constituem direitos naturais as esferas de liberdade, que competem ao homem por natureza: autodeterminação no consentir e no agir, imunidade de coação (como é o caso das liberdades religiosa, de pensamento e de consciência) e liberdade de iniciativa.

Em terceiro lugar, cabe referir-se aos fins naturais do homem ou desenvolvimento de sua personalidade. Os fins do homem originam direitos naturais por duas razões: a) porque integram a ordem do dever-ser próprio da dignidade da pessoa humana; e b) porque estão como origem na natureza em forma de *inclinationes* naturais, estruturas que contêm tendências ou apetites racionais, e "a característica mais própria de qualquer natureza racional é mover-se de acordo com o apetite que é próprio dela"[46]. Em outras palavras, os fins naturais implicam que o ser do homem esteja *orientado* para tais fins – *ordinatio ad fines* –, o que comporta não só a tendência, como também a formação do ser humano para os fins mediante potências, estruturas corpóreas etc., tudo o que constitui a *inclinatio* natural. Dos fins naturais do homem nascem direitos naturais, tais como o direito ao casamento, o direito ao trabalho e ao lazer, o direito à educação etc.

e) Como já foi destacado em páginas anteriores, convém insistir em que os direitos naturais não são direitos abstratos, mas direitos concretos. São verdadeiros direitos – no sentido mais próprio e estrito do termo –, pertencem à vida jurídica e à vida do foro, do mesmo modo que os direitos positivos. Porém, os direitos abstratos não são direitos, e sim produto de nossa razão; um direito é concreto e determinado (pelo menos determinável) ou não é um direito, mas uma situação jurídica diferente. Os direitos naturais são coisas concretas e determinadas (em alguns casos determináveis), tão concretas e determinadas ou determináveis como o ser de cada pessoa, sua vida, seu pensamento e sua consciência, sua necessidade de alimentação e educação, a remuneração de seu trabalho etc. Não há nada de abstrato nos direitos naturais.

Outra coisa, diferente, é que o *enunciado* desses direitos – assim como ocorre com os direitos positivos – seja feito normalmente por meio de abstrações, segundo a capacidade abstrativa e universalizadora de nossa razão. Com freqüência – em todas as ordens do conhecimento –, nosso intelecto enuncia e julga por meio de abstrações. Isso também ocorre com o direito natural. Porém, esses enunciados abstratos são formas de conhecimento e de linguagem de grande utilidade, produtos da maneira de operar nossa razão, não os direitos naturais em si mesmos. Os direitos naturais, concretos e determinados ou determináveis, existem em cada pessoa humana, em cada relação social ou sistema de relações sociais. E como direitos concretos atuam e estão presentes na vida dos homens, e devem estar na vida do foro.

6. OS DEVERES NATURAIS. *a*) A dignidade da pessoa humana é fundamento e origem não só de direitos, como também de deveres. Está no plano moral, do qual não tratamos aqui, e está no plano das relações sociais de natureza jurídica, originando deveres jurídicos naturais; são os que aqui chamamos deveres naturais.

Falar de deveres baseados e estabelecidos na dignidade do homem supõe, por um lado, que seu fundamento e origem é a natureza humana; por outro lado, implica que derivam da eminência e excelência do ser humano e, portanto, residem na ordem do dever-ser da pessoa humana. São manifestações das marcas de debi-

---

46. Cf. MÁXIMO EL CONFESSOR, *Opúsculo 3*, em PG 91, 45-46.

tude e exigibilidade características do ser humano como pessoa. A dignidade humana implica que o homem *deve* e *exige* ser (permanecer na existência segundo a ordem de sua natureza) e desenvolver-se de acordo com seus fins naturais. Daí nascem os deveres naturais.

Os deveres naturais não podem ser entendidos, então, como limitações, encargos ou situações desfavoráveis; pelo contrário, são expressões da eminência e perfeição do ser humano, de sua grandeza de ser e da nobreza de sua realização pessoal, que a dignidade humana postula como dever-ser (virtude ou perfeição).

b) Os deveres naturais podem ser agrupados do seguinte modo: 1º) os deveres correlacionados aos direitos naturais, pois a todo direito de um titular corresponde o dever de satisfazê-lo por parte do devedor. Segundo a fórmula da justiça –"dar a cada um seu direito"–, torna-se óbvio que a cada direito natural corresponde o dever de *dá-lo*, satisfazê-lo por parte do sujeito do *debitum* da relação jurídica. Nos direitos naturais, o devedor ou titular do dever pode ser uma pessoa singular (ou todas, se forem direitos *erga omnes*), grupos sociais ou a comunidade política.

2º) Existem os deveres naturais derivados da socialidade humana, que cria entre os homens um vínculo de solidariedade. Isso origina uma série de deveres jurídicos de solidariedade quando correspondem a um bem que é direito da pessoa. Assim, por exemplo, o direito à vida faz surgir o dever de auxílio em caso de perigo de morte.

3º) Há também uma série de deveres naturais que cabem à justiça legal, isto é, os deveres naturais de contribuir para o bem comum da comunidade política e da comunidade humana em geral. Desse modo, aparecem deveres naturais, tais como contribuir com os bens materiais próprios para as necessidades da comunidade política (geralmente concretizado por forma histórica na obrigação de pagar os impostos justos), a obediência ao poder legítimo, a defesa perante os inimigos exteriores etc.

c) De onde surgem os deveres naturais? Sua fonte – ou melhor, sua origem e fundamento – é a mesma dos direitos: o ser do homem, por um lado, e, por outro, o desenvolvimento da personalidade através dos fins naturais do homem. Em último caso, o fundamento, o título e a medida dos deveres naturais é a natureza humana, não considerada de modo abstrato, mas existencialmente presente em cada pessoa humana e, portanto, observada na situação histórica e circunstancial da pessoa, que pode modalizar o exercício dos deveres (não os próprios deveres, que são permanentes e constantes).

Do que foi dito, conclui-se que há deveres naturais relacionados ao ser do homem: o dever de conservar a vida, o dever de recuperar e manter a saúde, o dever à correta nutrição, o dever de oferecer segurança às pessoas, o dever de respeito a sua liberdade e autonomia etc. Não falamos de deveres morais (os que cada homem tem em relação a seu ser), mas de verdadeiros deveres jurídicos de justiça comutativa, distributiva e também de justiça legal (dever do homem quanto a essas matérias em relação à sociedade).

Há também deveres de justiça – comutativa, distributiva e legal – relacionados aos fins do homem, os quais – segundo diferente medida – são verdadeiros deveres (alguns não são, limitando-se a ser liberdades), pois o desenvolvimento da personalidade – que se realiza pela obtenção dos fins naturais do homem, como já dissemos – não é só uma possibilidade oferecida ao homem, mas um núcleo de debitude e exigibilidade da dignidade humana, embora tenha certos aspectos de liberdade de escolha. E como os fins naturais do homem, em sua maior parte, não se obtêm pela ação solitária da pessoa, sendo alcançados em sociedade e comunidade, são gerados verdadeiros deveres jurídicos da pessoa de tender a eles, assim como o dever dos demais e da sociedade de que ninguém fique marginalizado no processo de tendência para esses fins.

d) Uma pergunta que pode ser feita em relação aos deveres naturais é a seguinte: os direitos naturais derivam dos deveres naturais? A pergunta vem ao caso porque há autores para os quais os direitos naturais derivariam dos deveres. Assim, por exemplo, visto que o homem tem o dever de conservar a saúde, teria o direito à saúde; como tem o dever de trabalhar, existiria o direito ao trabalho. Os exemplos poderiam se multiplicar. Em nossa opinião, essa postura decorre de uma confusão.

A confusão está, a nosso ver, em não perceber que tanto os direitos quanto os deveres naturais – como direitos e deveres concretos e determinados – decorrem de uma origem comum: o dever-ser próprio da dignidade humana. Na origem de ambos existe um dever-ser, a debitude e a exigibilidade próprias da pessoa humana. Esse dever-ser plasma-se em deveres morais, direitos naturais e deveres jurídicos, igualmente naturais. O ponto de vista a que estamos nos referindo, no nosso entender, confunde o dever-ser radical da dignidade humana com os deveres naturais.

Basta observar que – como foi mencionado – uma série de deveres naturais são o contraponto dos direitos naturais: o dever de respeitar, satisfazer e cumprir o direito. Em todos esse casos, trata-se do que é geral e próprio da realidade jurídica: o direito é uma coisa devida, por isso a todo direito corresponde uma dívida; aqui a primazia é do direito, não do dever, como já tivemos oportunidade de destacar ao falar do sistema jurídico como um sistema de deveres.

Direitos e deveres naturais têm todos a mesma origem: o dever-ser próprio da natureza humana (da dignidade da pessoa humana); porém, salvo no caso anterior (e então a primazia é do direito), nos demais casos os direitos e os deveres são expressões multiformes e complementares desse dever-ser radical, sem que se possa estabelecer uma relação de derivação necessária entre os dois.

e) Do mesmo modo que ocorre com os direitos, os deveres naturais não são abstratos, mas concretos. Como o que foi dito sobre os direitos é aplicável aos deveres, remetemo-nos ao que foi escrito para aqueles.

7. AS RELAÇÕES JURÍDICAS NATURAIS. *a)* Visto que existem direitos e deveres naturais, é óbvio que existem relações jurídicas também naturais. Por isso, se entendermos a ordem jurídica como um sistema de relações jurídicas, o núcleo natural de juridicidade será constituído por um núcleo de relações jurídicas naturais.

Esse fato é conseqüência natural de uma dimensão da pessoa humana: sua socialidade. Já dissemos que a socialidade não é *sociabilidade,* isto é, capacidade e potência para que o homem se organize em sociedades e comunidades, e sim que o homem é por natureza sócio dos demais. Portanto, por natureza existe uma série de relações sociais, das quais muitas – tantas quantos direitos e deveres naturais existirem – são relações jurídicas.

b) É preciso acrescentar a isso uma série de relações sociais que emanam da natureza e configuram sistemas ou instituições de direito natural, isto é, que não são produtos culturais – embora a cultura possa influenciar de certo modo em alguns aspectos acidentais –, mas sistemas ou instituições de direito natural. O que acarreta que tais sistemas ou instituições – com maior ou menor intensidade, conforme o caso – não estão totalmente regulados pelo direito positivo, e sim que sua estrutura fundamental é regulada pelo direito natural. Os principais desses sistemas ou instituições são: a) a comunidade política; b) o casamento; c) as relações paterno-filiais; e d) a comunidade universal de todos os homens e povos.

8. AS NORMAS NATURAIS. *a)* Ao tratar da dignidade da pessoa humana, destacou-se que a natureza humana – e, com ela, a dignidade da pessoa – é constituída como regra ou critério de conduta pessoal e social; contém, então, uma normatividade ou lei, é *norma de conduta,* que recebe comumente a denominação de lei natural. O aspecto de maior relevância dessa normatividade – por sua relação com a perfeição e desenvolvimento da pessoa, assim como por suas conseqüências – é o aspecto moral, tanto de ética pessoal quanto de ética social; por isso cabe principalmente à filosofia moral o estudo da lei natural (o que é, como se conhece, quais são os primeiros princípios etc.). Por conseguinte, e uma vez estabelecido com firmeza, em trecho oportuno, que a filosofia do direito não é filosofia moral, não entraremos aqui na temática própria da filosofia moral. Vamos nos limitar a estudar a normatividade natural do ponto de vista jurídico, isto é, enquanto se constitui parcialmente como norma jurídica natural, enquanto é *direito* natural e, por isso, compete ao ofício do jurista e faz parte do núcleo natural de juridicidade de todo sistema jurídico.

b) As normas jurídicas naturais são o conjunto de regras ou critérios de conduta que derivam da dignidade da pessoa humana – normas de conduta exigidas pela dignidade do homem – e que atuam na ordem social como estatuto ou regra de direito, isto é, do justo legal, distributivo ou comutativo. Constituem, então, o núcleo básico de normas jurídicas próprias do sistema de direito, cujo caráter de dever-ser e a regra que contêm são originadas na natureza humana. Não procedem, portanto, da vontade humana ou do consenso social, mas da estrutura fundamental do ser humano ou natureza, que é uma natureza *digna*.

c) Foi indicado reiteradamente que a eminência e intensidade ou *quantum* de ser do homem – que é o que chamamos dignidade da pessoa humana – contém uma ordem do dever-ser. O homem exige ser, desenvolver-se para sua perfeição e ser objeto de um tratamento adequado e proporcional a sua dignidade, que é o mesmo que dizer a sua natureza. Essa debitude e exigência, além de originar direitos e deveres naturais, ocasiona normas de conduta nas relações humanas intersubjetivas, na ordem jurídica, que são as normas jurídicas naturais ou lei jurídica natural. Em outras palavras, a dignidade da pessoa humana, longe de residir na anomia (cada pessoa ser subjetivamente sua própria lei), gera um dever-ser que, além de ser pessoal (e isso principalmente), origina normas de tratamento interpessoal ou social que é estatuto do justo: a norma jurídica natural. Em virtude de sua dignidade, a pessoa humana não pode ser tratada *ad libitum*, pois a debitude e a exigência contidas em sua natureza impedem isso. A dignidade do homem proporciona alguns critérios ou regras de conduta – o ajustado à natureza humana –, que são o *agir digno* da pessoa e dos demais em relação à pessoa. Nisso consiste a lei natural e, no que tem de jurídica, o conjunto de normas jurídicas naturais.

d) Em momento oportuno, dissemos que a norma jurídica é uma norma obrigatória ou vinculativa. Ao mesmo tempo, ressaltamos que a obrigação ou vinculação não está ligada ao fato de a norma ser produto do poder social (o pacto entre iguais, por exemplo, pode ser fonte de uma norma jurídica). Onde reside a obrigatoriedade da norma jurídica natural? O que a torna vinculativa e de cumprimento devido?
A resposta é dada por tudo o que já foi dito: a norma jurídica natural é obrigatória e vinculativa porque pertence à ordem do dever-ser inerente à natureza humana, à dignidade do homem. É esse dever-ser inerente à dignidade humana o que torna devida ou obrigatória a norma jurídica natural. Em outras palavras, é a obrigação ou vinculação inerente à natureza humana em virtude da índole exigente do ser pessoal.
Essa vinculação ou obrigatoriedade é mais radical e profunda que a imperatividade da norma positiva. Essa última procede, decididamente e conforme vimos, da função de governo e é extrínseca à pessoa; isso significa que é fruto de uma escolha racional do governante, por isso não tem por si só uma intrínseca razão de imperatividade: só se mantém na função regente do poder. E, em relação às pessoas, o poder não é domínio incondicional, e sim serviço. O dever-ser da norma positiva apóia-se no final das contas na necessidade do poder na sociedade, enquanto essa necessita de uma função organizadora e regedora. Em contrapartida, a obrigatoriedade ou força vinculativa da norma jurídica natural é intrínseca à própria

pessoa e deriva de sua dignidade ou natureza digna, de sua intrínseca ordem do dever-ser constitutivo da pessoa. Na norma jurídica natural está em jogo a dignidade inerente à pessoa humana, o tratamento digno e naturalmente justo ou o tratamento indigno e, por isso, degradante e injusto. O dever-ser natural é muito mais radical e profundo que o dever-ser que procede da norma positiva, porque procede do constituinte essencial da pessoa.

e) De onde provém o *conteúdo* das normas jurídicas naturais? Dado que a norma jurídica é uma *ratio* ou estrutura, o conteúdo das normas naturais procede – pois têm sua origem na dignidade humana – da estrutura fundamental do ser humano (natureza), isto é, de seu ser e de suas *inclinationes* naturais, expressões essas dos fins naturais (desenvolvimento de sua personalidade). Portanto, por um lado, há uma série de normas jurídicas naturais que se referem à conservação do ser do homem (vida, saúde etc.), a sua integridade física e moral, a sua liberdade e a sua segurança. Outras concernem ao desenvolvimento de sua personalidade (casamento, educação, trabalho etc.). Outras, enfim, relacionam-se à índole social do homem: paz entre os homens e os povos, associacionismo, comércio etc.

f) As normas jurídicas naturais constituem o núcleo normativo e regulador de condutas, que é a base e fundamento do sistema jurídico, que dá à sociedade humana uma ordem fundamental – a ordem da dignidade humana –, um núcleo de ordem social justa de acordo com a natureza humana e, portanto, com a dignidade do homem.

As linhas básicas dessa ordem social justa são: 1.º o desenvolvimento da personalidade da pessoa ou cumprimento de seus fins naturais; 2.º a solidariedade ou laços de ajuda mútua entre os homens – o que supõe a paz – e os povos; 3.º a organização do casamento e da família; 4.º o respeito aos direitos naturais; 5.º o cumprimento dos deveres naturais; 6.º a obediência ao poder legítimo e a suas normas racionais; 7.º a organização política da sociedade em conformidade com o bem comum e de acordo com a condição de membro ativo próprio do cidadão (princípio de participação).

g) De modo semelhante ao que ocorre com os direitos e deveres naturais, as normas jurídicas naturais, ao terem sua origem na pessoa humana, não formam uma espécie de legislação ou código extrínseco ao homem de caráter unitário. Por um lado, são normas intrínsecas à pessoa humana, conforme foi visto; e, por outro, estão em cada uma das pessoas humanas e em todas elas. São dever-ser que está na pessoa humana. Porém, é igualmente verdade que essas normas naturais também são *normas da sociedade como tal*, isto é, não são só normas individuais, mas normas que regem a sociedade dos homens e, por isso, são normas comuns e gerais da comunidade humana enquanto tal, como lei; por essa razão, recebem propriamente o nome de lei natural.

Para entender esse fato, é preciso lembrar a marca de socialidade própria da pessoa humana. O homem não é um ser isolado, formando, sim, sociedade com os demais homens, em virtude de sua inerente comunicabilidade. Portanto, as normas naturais das quais estamos falando são aquelas normas de lei natural que regulam a socialidade humana enquanto essa se plasma na sociedade ou comunidade humanas. São as regras da sociedade exigidas pelo ser do homem relacionado com os demais e constituído em sociedade e comunidade. As normas jurídicas naturais são as normas naturais da sociedade humana, enquanto entrelaçamento de pessoas, dotadas de dignidade, conforme o que – como indicamos reiteradamente – contém em si a dignidade: uma estrutura fundamental do ser humano, orientada para alguns fins naturais, com uma eminência ou *quantum* de ser que inclui uma ordem do dever-ser. Visto que os homens estão constituídos em sociedade, a norma natural que regula a sociedade torna-se lei da sociedade, perante a qual há o dever de cumpri-la.

Portanto, as normas jurídicas naturais são verdadeiramente jurídicas porque sua obrigação, ao serem normas da sociedade, é de justiça legal. Seu cumprimento é um dever de justiça legal, além do que possam incluir de deveres de justiça comutativa e justiça distributiva.

9. O DIREITO NATURAL COMO DIREITO COMUM OU UNIVERSAL. *a*) Como vimos, o direito natural – considerando de novo essa expressão em sentido geral – emana da pessoa humana, de sua dignidade e, por conseguinte, não do singular ou peculiar de cada pessoa, mas do comum ou universal, isto é, da natureza humana. Portanto, o núcleo natural de juridicidade da pessoa humana manifesta-se em todas as pessoas humanas na igualdade de direitos e na mesma e idêntica normatividade, supondo as mesmas situações e circunstâncias. Decorre assim um direito comum e universal da humanidade, capaz de ser reduzido a enunciados racionais universais, que, embora não sejam por si sós o direito natural, constituem sua forma de expressão de acordo com a capacidade abstrativa do intelecto humano.

Com razão, os juristas romanos chamaram o direito natural de *ius commune* ou direito comum a todos os povos. Todos os homens e todos os povos são regidos pelo mesmo direito natural, porque ali onde se encontram duas ou mais pessoas, atua o núcleo natural de juridicidade, é gerada uma relação jurídica ou um complexo delas, cujo conteúdo são os direitos naturais; e ali as condutas interpessoais ou sociais são reguladas pelas normas que emanam do dever-ser inerente à dignidade do homem.

b) Os direitos naturais ou *iura naturalia* têm por fundamento e por título a pessoa humana em sua natureza; em outros termos, distinguindo conceitualmente natureza de pessoa, a natureza constitui o fundamento e o título dos direitos e a pessoa é seu sujeito. Por consolidar-se na natureza, todo homem, em virtude de sua condição de pessoa, tem todos os direitos naturais – embora possa haver diferenças na modalidade de algum direito, e mesmo que sua eficácia e seu exercício estejam submetidos à dimensão de historicidade, até certo ponto; por conseqüência, os direitos naturais são iguais em todos. No âmbito dos direitos naturais existe a mais plena e verdadeira igualdade de direitos. Pode-se, então, falar de alguns direitos universais e comuns a todos os homens.

c) Sendo a natureza igual em todos os homens, como estrutura fundamental de seu ser, comum a todos eles, o dever-ser inerente à dignidade da pessoa humana manifesta-se em toda relação social nas mesmas normas de condutas intersubjetivas; a igual natureza, igual dignidade e, por conseqüência, iguais normas de dever-ser nas condutas interpessoais. Há, então, um conjunto de normas jurídicas universais e comuns a toda a sociedade humana, que se resume na expressão clássica *lei natural*.

d) Como se pode perceber, por tudo o que foi dito, o direito natural é um direito universal e comum em duplo sentido: 1.º por ser igual em todos os homens; 2.º por ser um núcleo de ordem jurídica que se estende a todos os homens e todos os povos, isto é, a toda a humanidade.

Nesse segundo sentido, é preciso evitar um erro de perspectiva: o direito natural não é um direito universal e comum enquanto sistema jurídico universal com um centro ou fonte únicos, que, como estrutura jurídica extrínseca, de fora da pessoa, regule a comunidade humana. O direito natural, tanto os direitos naturais quanto a lei natural, está em cada pessoa humana, é inerente a ela; torna-se universal e comum – é direito de toda a humanidade – em virtude da socialidade humana, que une todos os homens em um entrelaçamento de relações jurídicas; o direito natural tem tantos centros ou fontes quantas pessoas existirem. No entanto, pela unidade do entrelaçamento de relações jurídicas, pode-se falar da *comunidade humana universal* (a socialidade da pessoa humana tem dimensões universais), que constitui uma comunidade jurídica ou ordem jurídica universal, embora atualmente incompleta em diversos aspectos de sua universalidade (falta de um eficaz e completo sistema internacional de garantias, p. ex.).

10. RAZÃO NATURAL E DIREITO NATURAL. *a*) É uma afirmação comum da doutrina clássica que o direito natural procede da *naturalis ratio*, da razão natural, de modo que o direito natural foi chamado de *ratio naturalis* ou *aequitas naturalis*, como tivemos oportunidade de ver. Com o apelo à razão, está sendo ressaltado que o direito natural não procede da vontade humana – isso é o direito positivo –, sendo, sim, algo *dado*, objetivo, que a razão descobre e conhece como o adequado – o justo – ao homem, não de acordo com as construções culturais ou a estruturação jurídica e social humanas, mas segundo a natureza. O direito natural procede da razão porque não é construído, e sim descoberto como um fator jurídico existente naturalmente na realidade humana. Portanto, se o direito natural não é construído,

mas descoberto ou desvelado, o que o homem faz em relação a ele é captá-lo, conhecê-lo, o que é próprio da razão.

b) Por que se fala de razão *natural*? O que quer dizer natural aplicado à razão? O adjetivo natural aplicado nesse caso à razão significa três coisas: 1.ª Em primeiro lugar, razão natural significa que não se trata da razão na qualidade de construtiva ou inventiva, nem enquanto raciocina e atua de acordo com esquemas culturais; a expressão razão natural quer dizer que a razão limita-se a descobrir e desvelar direta e imediatamente a realidade humana, sem a mediação de esquemas filosóficos, científicos, culturais etc. É pura razão descobridora. Isso não significa que não considere dados filosóficos ou científicos, mas em tais casos o filosófico ou o científico é puro dado, que a razão leva em conta para penetrar mais na realidade humana e conhecê-la melhor; o direito natural não é, em contrapartida, a dedução de um sistema filosófico nem de um sistema científico ou cultural. A razão é natural porque observa e desvela direta e imediatamente o direito natural a partir da realidade humana. Em outras palavras, para descobrir o direito natural o método correto é a observação da pessoa humana, de sua dignidade, de tudo o que está contido na natureza humana.

O fato de a razão utilizar os dados das diversas ciências sobre o homem é questão de dados que favorecem e podem dar segurança à razão em sua função de descobrir e desvelar, mas em nenhum caso a razão deduz o direito natural de um sistema filosófico ou científico. Por isso, o direito natural não é uma ideologia, nem se relaciona com nenhum pensamento político ou cultural. É independente de qualquer sistema cultural ou ideológico – razão construtiva – e, por si só, é comum a todos os homens de qualquer ideologia, convicção filosófica etc. (razão natural). Aí reside uma das falhas principais da Escola moderna do Direito Natural, que, na realidade, "deduziu" como direito natural as derivações práticas das ideologias filosóficas e políticas que seus autores defendiam (ideais da burguesia de seu tempo, racionalismo, absolutismo e, mais freqüentemente, o constitucionalismo, liberalismo etc.); isso, no entanto, não os impediu, junto com notáveis e mesmo aberrantes erros, de descobrir certos elementos de autêntico direito natural, como o princípio de igualdade.

c) 2.ª Em segundo lugar, afirma-se que a razão é natural para ressaltar que descobre o direito natural de acordo com seu saber natural e não por derivação de pressupostos religiosos. O direito natural, considerado em si mesmo, não é um direito divino revelado – embora possa ser objeto de revelação e de fato tenha sido, seguindo as teses católicas –, que deriva de um sistema religioso, de seus dogmas, crenças e convicções; não procede da razão *teológica*. O direito natural enquanto tal é descoberto e desvelado pela razão segundo seu saber natural pela observação e pelo conhecimento da natureza humana. Por isso, é comum a todos os homens, independentemente de suas convicções religiosas; atribuir o direito natural a uma ou algumas crenças religiosas – como se fosse produto de uma fé religiosa – constitui um desconhecimento do direito natural e sua radical desnaturalização.

d) 3.ª Por último, o fato de a razão ser natural quer dizer que seu objeto – o direito natural – é algo objetivo natural, um objeto de conhecimento naturalmente dado, que depende apenas do puro dado natural; é conhecimento da natureza, do ser humano, independentemente de seu estado ou condição social, política etc. Como já dizíamos, a razão natural descobre e desvela o dever-ser da pessoa humana considerada em si mesma, não em seu estado social, produto da história e das construções culturais, nem em sua condição pessoal ou social, derivada de circunstâncias originadas pelo homem e pelos eventos sociais e políticos etc. A razão é natural porque separa no homem o que há de agregado histórico-social, político, econômico, cultural etc., e descobre e desvela o que é próprio da condição de pessoa, conforme está naturalmente dada.

e) Quanto à intervenção da razão no conhecimento e explicitação do direito natural, deve-se advertir que o direito natural não é uma *criação* da razão, mas uma descoberta ou revelação racional. Em outras palavras, o direito natural não é um conhecimento, e sim o objeto do conhecimento da razão. O direito natural – direitos, deveres, relações, normas – *está contido* na natureza humana. O objeto de inteligibilidade da razão para obter o conhecimento do direito natural é a natureza humana. Conhecendo-a, é desvelado o núcleo natural de juridicidade.

f) Em momento oportuno, evidenciou-se que o conhecimento do direito não é próprio da razão especulativa, mas da razão prática. O direito natural não é exceção. Pensar que o direito natural é conhecido pela razão especulativa mediante deduções teoréticas a partir de alguns princípios foi o erro capital do jusnaturalismo moderno. O conhecimento do direito natural é próprio da razão prática. Isso significa que o direito natural não é um conjunto de proposições racionais de natureza teoreticamente universal e necessária (que é o próprio da razão especulativa), sendo seus verdadeiros enunciados por si sós *práticos*, isto é, segundo o que se deduz da natureza humana e a conseqüente dignidade na ordem da vida e da ação. Decerto, ao ser a natureza humana universal e a mesma em todos os homens, é produzido – dissemos isso antes – um direito universal e comum, porém essa universalidade deve ser entendida no sentido de que em determinados campos da ação humana o dever-ser inerente à dignidade do homem revela-se da mesma maneira.

g) Enquanto o direito natural é um objeto conhecido pela razão por meio do conhecimento da natureza humana, não está isento da lei da progressividade do conhecimento racional. O direito natural não é um conjunto de conhecimentos e juízos inatos, mas deduções práticas da razão natural ao captar o dever-ser próprio da natureza humana. Portanto, dado que a natureza humana e a dignidade do homem são conhecidas em seus traços mais básicos por todos os homens – produto da autoconsciência e do conhecimento conatural –, há um núcleo básico de direito natural conhecido por todos. Porém, o conhecimento mais profundo da natureza humana – e com isso o saber mais perfeito do direito natural – é produto do progresso cognoscitivo. Daí que o conhecimento cada vez mais perfeito do direito natural – em suma, das exigências da dignidade humana – esteja sujeito à lei da progressividade e exija estudo e reflexão, assim como o avanço dos saberes e da civilização.

h) Justamente porque o direito natural não é conhecido de modo inato, mas pelo processo de conhecimento racional prático, está sujeito às transformações do conhecimento racional.

Cabem, então, erros, insuficiências, degradações etc., como em qualquer outro conhecimento. No entanto, esse tipo de eventos é, no caso do direito natural, limitado, de modo que só cabem erros, insuficiências ou degradações parciais que não afetam o núcleo básico e fundamental. Isso se deve ao fato de o conhecimento da natureza humana, em seus traços fundamentais, ser um conhecimento conatural (conhecimento imediato, sem dedução), que é infalível. Disso decorre – como dizíamos – que o núcleo mais fundamental e básico do direito natural é conhecido infalivelmente por todos.

11. CONCLUSÃO. Uma exposição completa do direito natural exigiria o tratamento de outros temas muito importantes, mas que, em nossa opinião, não cabem à filosofia do direito, tal como configurada nas primeiras lições. Por um lado, cabe à filosofia moral estudar matérias tão relevantes como o conhecimento do direito natural, isto é, o acesso da razão aos primeiros princípios do agir e aos preceitos de lei natural. Para isso, remetemo-nos aos tratados correspondentes, sem entrar no que não cabe de modo direto a nossa disciplina. Por outro lado, a *parte geral da ciência do direito natural* é a disciplina adequada, a nosso ver, para tratar de temas como a relação entre direito natural e direito positivo, a influência da historicidade no direito natural, a positivação e a formalização desse direito, a influência do direito natural na interpretação do direito etc. Para esses temas de parte geral, no que se refere a nosso pensamento, tomamos a liberdade de indicar o livro *Introducción crítica al Derecho Natural*.

Bibliografia

D. COMPOSTA, *Natura e ragione. Studio sulle inclinazioni naturali in rapporto al diritto naturale*, Zurich, 1971; A. FERNÁNDEZ-GALIANO, *Derecho Natural. Introducción filosófica al Derecho*, 5.ª ed., Madrid, 1986; J. FINNIS, *Natural Law and Natural Right*, Oxford, 1980; id., ed., *Natural Law*, 2 v., Hampshire, 1991; J. HERVADA, *Historia de la Ciencia del Derecho Natural*, 2.ª ed., Pamplona, 1991; id., *Introducción crítica al Derecho Natural*, 6.ª ed., Pamplona, 1990; J. A. MÁRQUEZ, *Los enfoques actuales del Derecho Natural*, México, 1985; R. M. PIZZORNI, *Il diritto naturale dalle origine a San Tommaso d'Aquino*, Roma, 1978; E. ROMMEN, *Derecho Natural. Historia. Doctrina*, ed. castelhana, México, 1950; L. STRAUSS, *Natural Right and History*, Chicago, 1953; M.VILLEY, *Compendio de Filosofía del Derecho*, ed. castelhana, II, Pamplona, 1981; E. WOLF, *El problema del derecho natural*, ed. castelhana, Barcelona, 1960.

Lição XI
Imanência e transcendência no direito

SUMÁRIO: 1. Introdução. 2. O pensamento mítico. 3. O pensamento filosófico antigo. 4. O ensinamento bíblico. 5. Santo Agostinho. 6. Os juristas medievais e a Escolástica. 7. Tomás de Aquino. *a) Explicação prévia. b) Existência da lei eterna. c) Natureza. d) Universalidade da lei eterna. e) A lei eterna e as leis humanas.* 8. O objetivismo extremado. 9. A Escola espanhola do Direto Natural. 10. O imanentismo de Hugo Grócio. 11. O imanentismo na Escola moderna de Direito Natural. 12. O imanentismo contemporâneo. 13. O fundamento último do direito. *a) Premissas. b) A lei natural. c) Os direitos naturais. d) A lei positiva.*

1. INTRODUÇÃO. *a)* A questão filosófica sobre o direito precisa chegar, enquanto for possível à razão humana, às últimas causas e à íntima essência da realidade jurídica. Por isso, no plano filosófico chega-se necessariamente à pergunta sobre o fundamento supremo do direito e, com ele, à interpelação última – e, por ser última, mais íntima – sobre o direito. O direito é uma realidade imanente ao homem ou transcende o humano para encontrar no divino seu fundamento radical e último?[1]

Proposta essa pergunta, cabe fazer outra: o que significam, em síntese, a imanência e a transcendência no direito? Tudo se resume no valor último do *debitum* do direito ou da imperatividade da lei. O caráter de dívida do direito e o *imperium* próprio da lei, em suma o *dever* inerente ao fenômeno jurídico, tem seu último fundamento no homem ou em Deus? Por que o homem deve, em última instância, dar a cada um o seu e obedecer às leis? Entendendo bem que dar a cada um o seu e obedecer às leis resume-se em dar a cada um o seu, pois com a obediência à lei –

---

1. Falamos de fundamento e causa *últimos* porque nos situamos na perspectiva da experiência, como primeira realidade que se apresenta a nosso conhecer. A verdade é que, se nos situássemos na perspectiva da genética do direito, teríamos de dizer fundamento *primeiro* e *primeira* causa.

Uma segunda observação. A questão proposta resume-se na que podemos chamar questão crucial ou questão-chave – por ser mais decisiva – da filosofia jurídica: o direito é uma obra cultural do homem ou é uma realidade natural? Em outras palavras, o problema da transcendência do direito é questão ligada à do direito natural. Se existe um núcleo natural de direito ou, o que dá na mesma, se existe um núcleo de direito natural, o direito em sua origem é uma realidade natural e, por isso, criada, o que equivale a dizer com transcendência divina.

como foi dito ao tratar da justiça legal – é dado à sociedade o que cabe a ela em sua relação com o cidadão.

Porém, antes de entrar no assunto, devemos livrar o caminho de uma possível confusão, distinguindo dois momentos da obrigatoriedade do direito. Um é o dever moral ou obrigação com consciência de dar a cada um o seu e, portanto, de cumprir as leis; e outro é o dever jurídico ou dever social – perante os demais e perante a sociedade – de ser justo, que nisso – em ser justo – resume-se dar a cada um o seu. A questão que nos ocupa refere-se ao segundo momento, não ao primeiro, por mais que com freqüência sejam confundidos. Uma coisa é a obrigação moral e outra a obrigação jurídica. A primeira refere-se à realização pessoal do homem, a sua perfeição pessoal, àquelas exigências do ser pessoal do homem no que concerne a sua realização nas virtudes. Já a segunda refere-se às exigências da sociedade humana, àquela ordem ou harmonia das relações sociais requerida pela realização com retidão da condição social do homem. A obrigação moral, em suma, visa ao homem; a obrigação jurídica, à sociedade. Uma refere-se à harmonia da pessoa; outra, à harmonia da sociedade. A questão que nos ocupa relaciona-se ao segundo ponto; naturalmente que também concerne ao primeiro, mas não nos compete tratar disso nesta ocasião, apesar de os dois momentos estarem tão envolvidos.

Portanto, o tema de nossa reflexão é o da imanência ou transcendência da ordem social justa, da ordem justa ou harmonia da sociedade, que aparece quando é dado a cada um o seu, o que implica que a vida social se desenvolva de acordo com as leis. É esse *debitum* social, gerado pela relação social, o objeto de nosso estudo. Em suma, não vamos tratar do homem justo, mas da sociedade justa.

E, dado que a transcendência do direito teve respostas variadas ao longo da história do pensamento jurídico, vamos nos deter em alguns marcos particularmente significativos.

2. O PENSAMENTO MÍTICO. A título de exemplificação, vamos lembrar que, no início da história, quando a humanidade apresenta-se para nós imersa no pensamento mítico, a justiça e o direito foram com freqüência personificados em algumas divindades, e, em todo caso, considerava-se que eram amparados pelo poder divino, ao qual se atribuía sua origem[2]. Assim, Homero relaciona a sentença injusta com a ira de Zeus: "Como no outono desaba uma tempestade sobre a negra terra, quando Zeus envia violenta chuva, irritado contra os homens que no foro proferem sentenças injustas e arruínam a justiça, não temendo a vingança dos deuses..."[3] Ou apresenta-nos aos deuses interessados na prepotência ou na justiça dos homens: "Não procedeste bem ferindo o infeliz vagabundo. Insensato! E se

---

2. Ver A. TRUYOL, *Historia de la Filosofía del Derecho y del Estado*, I, *De los orígenes a la baja Edad Media*, 7ª ed., Madrid, 1982, pp. 17 ss.
3. *Ilíada*, XVI, 384 ss.

por acaso fosse alguma deidade celestial? Pois os deuses, tornando-se semelhantes a visitantes de outros países e adotando todo tipo de aparência, percorrem as cidades para conhecer a insolência ou a justiça dos homens"[4]. Por sua vez, é vigoroso o quadro que Hesíodo nos fornece mostrando a deusa Diké, que denuncia perante seu pai Zeus as injustiças dos homens[5]. Nesse tema é citação obrigatória a tão famosa *Antígona*, de Sófocles, que contrapõe aos preceitos humanos "as leis não-escritas e inquebrantáveis dos deuses"[6]. Em todos os casos, observa-se uma constante: o cerne divino do direito e da justiça, cuja primeira origem é a vontade divina[7].

3. O PENSAMENTO FILOSÓFICO ANTIGO. *a*) Quando se passou do pensamento mítico, na Grécia, para o pensamento filosófico, encontramos nos pré-socráticos a ligação entre as leis humanas e a lei divina. É o caso de Heráclito, em um conhecido fragmento de difícil interpretação, que podemos traduzir assim: "Porque todas as leis humanas alimentam-se da única lei divina, que manda tanto quanto quer, e basta para tudo e é superior a tudo."[8] Também cabe citar o pitagórico Arquitas de Tarento, que fala de leis não-escritas ou leis dos deuses, que são o fundamento das leis escritas dadas pelos homens[9]. Então, no próprio início da filosofia evidencia-se para nós a transcendência divina da justiça e do direito.

b) O estoicismo representou um marco importante, embora sobre ele, por seu cerne panteísta, seja preciso falar mais de imanência do divino no humano do que de transcendência. Com sua teoria do *lógos spermatikós* – ordem racional do universo, elemento divino e imanente ao mundo –, os estóicos estabeleceram a conexão entre a razão humana com retidão e o *lógos* divino que organiza e governa o mundo. É a idéia do governo do mundo pela razão divina, como princípio último de toda ordem e de todo governo. Portanto, também como princípio primeiro da ordem social e das leis humanas[10]. Um dos testemunhos mais sugestivos dessa visão estóica é, como disse Truyol, o magnífico hino de Cleantes ao "maior e mais alto rei" do universo, Zeus, que harmoniza a multiplicidade com a unidade, as coisas nobres com as inferiores, "de tal modo que um sentido único e eterno seja comum a todas"[11].

c) Entre os autores da Antiguidade pagã, Cícero destacou-se como o autor que apresentou algumas linhas de filosofia das leis mais completas, dentro do que era

---

4. *Ilíada*, XVI, 384 ss.
5. *Los trabajos y los días*, 201-85.
6. Vv. 446-60.
7. Ver H. BLASS, *Gott und die Gesetze*, Bonn, 1958.
8. Fragm. 114, Diels-Kranz, 22 B, 176.
9. Cf. J. HERVADA, *Historia de la Ciencia del Derecho Natural*, cit., p. 43.
10. Ver J. HERVADA, *Historia de la Ciencia del Derecho Natural*, cit., pp. 62 ss.
11. A. TRUYOL, *El Derecho y el Estado en San Agustín*, Madrid, 1944, pp. 75 s.

próprio de sua época. Cícero nos diz expressamente – no que não deixou de influenciar o estoicismo – que o direito não tem sua origem na lei positiva, mas que essa origem é encontrada na filosofia essencial ou íntima filosofia[12]. Essa *intima philosophia* é a lei ínsita na razão natural[13]. E tal lei, quinta-essência da natureza humana, critério racional do homem prudente e regra do justo e do injusto[14], não é originária da razão humana; é comunhão com a razão divina: "Como não há nada melhor que a razão – escreve –, e essa razão é comum a deus e ao homem, a comunhão superior entre deus e o homem é a da razão. No entanto, os participantes em uma razão comum também são na razão com retidão; logo, nós, os homens, também devemos nos considerar sócios da divindade quanto à lei."[15]

Deparamos, então, com a razão divina como fonte ou origem da lei natural; essa é a comunhão ou participação da lei sempiterna, a sabedoria divina ou mente de Deus: "A opinião comum dos mais sábios – escreve sobre esse assunto – parece-me ser a de que a lei não é uma invenção da inteligência dos homens, nem uma decisão dos povos, e sim algo eterno que rege o mundo inteiro com uma sabedoria que impera e proíbe. Por isso diziam que a primeira e definitiva lei é a mente divina, que tudo manda ou proíbe com a razão. Da qual procede aquela que bem recebe o nome de lei, dada pelos deuses ao gênero humano, pois é a razão espiritual do sábio, idônea para ordenar o bem e repudiar o mal."[16] Sabedoria divina que impera e proíbe, regra do justo e do injusto, razão de um "deus que cuida e rege o céu e a terra"[17]. É a idéia do governo e da providência divinos como fundamento supremo do direito: "Pois havia uma razão extraída da natureza das coisas – escreve –, que impelia a agir com retidão e afastava do crime, uma razão que não começa a ser lei quando é apresentada por escrito, mas quando nasce e nasceu no próprio espírito de deus. Por isso, a lei verdadeira e primária, apta para mandar e proibir, é a razão com retidão de Júpiter supremo."[18]

d) Plotino, reunindo idéias platônicas que apontavam para uma lei superior e divina do universo, também chegou a conceber o mundo como um organismo vivente, um todo ordenado, regido por uma lei universal e eterna. Plotino destaca a diferença com que essa lei governa os seres irracionais e o ser racional que é

---

12. "Não se deve considerar como origem da ciência jurídica nem o Édito do pretor, como quase todos fazem hoje, nem as Doze Tábuas, como os antepassados, mas propriamente a filosofia essencial." *De legibus*, I, 5, ed. G. de Plinval, "Les Belles Lettres", Paris, 1959.
13. "Muitos doutos homens estimam que é preciso tomar como ponto de partida a lei; e certamente com razão, sempre que se entenda que, como eles a definem, a lei é a razão suma ou primeira, ínsita na natureza, que ordena o que se deve fazer e proíbe o contrário. Essa razão, uma vez que se concretiza e se afirma na mente humana, é lei." *De leg.*, I, 6.
14. *De leg.*, I, 6.
15. *De leg.*, I, 7.
16. *De leg.*, II, 4.
17. *De leg.*, II, 4.
18. *De leg.*, II, 4.

o homem; os primeiros agem por um impulso exterior, os homens por um impulso interior[19].

e) Em todas as sentenças dos filósofos pagãos que vimos pulsa uma idéia de fundo: o mundo está organizado e seu movimento está dirigido por uma Inteligência de natureza divina; dessa ordem cósmica fazem parte a ordem interior do homem e a ordem da sociedade humana. Essa ordem cósmica é produto de um impulso ou mandato da divindade, que imprime uma ordem dinâmica nos seres: trata-se de uma lei, pois a lei não é outra coisa que uma ordenação imperativa. A multiplicidade de leis naturais e de leis da sociedade humana tem seu suporte em uma lei divina que harmoniza todo o universo em uma unidade, uma lei que está em Deus e é o fundamento de todas as demais. Essa idéia é vislumbrada em Heráclito, como foi visto, em Demócrito – que fala de uma legalidade universal (*pánton nomikón*)[20] –, e desenvolveu-se na tese da *lei eterna* ou sempiterna dos estóicos reunida por Cícero e algum neoplatônico, como Plotino.

Em todos esses filósofos, a lei divina ou sempiterna foi concebida, em maior ou menor parte, com uma mentalidade panteísta, sem uma nítida separação entre a lei que está na divindade e as leis naturais.

4. O ENSINAMENTO BÍBLICO. *a*) O antigo pensamento filosófico, particularmente o estóico, é sem dúvida uma amostra da afirmação da ligação do direito com Deus; porém, como já sugerimos, seus resquícios panteístas impedem que se possa falar de uma transcendência em sentido estrito. Para falar propriamente de transcendência, é preciso chegar a captar a distinção real entre Deus e o mundo. Um Deus que não está no mundo, que é realmente diferente dele e, ao mesmo tempo, que o rege e governa. Nesse sentido, cabe ao pensamento judaico-cristão ter estabelecido a transcendência divina do modo mais exato e completo. A idéia da criação *ex nihilo* – peça-chave da concepção bíblica do mundo – implica duas coisas: por um lado, a distinção real entre Deus e o mundo; esse não procede da substância divina, tendo sua própria substância criada. Por outro lado, o universo criado não tem em si o princípio último de subsistência, do que se conclui que toda realidade criada tem em Deus seu primeiro princípio de subsistência. De onde decorre que a lei, o poder e o direito têm seu primeiro fundamento em Deus. O *debitum* próprio do direito tem assim seu fundamento último na razão e na vontade de Deus, no império divino.

b) O Antigo Testamento mostra-nos reiteradamente que o homem foi criado por Deus e deixado a seu livre-arbítrio, o que tem como conseqüência a existência

---

19. *Enéadas*, II, 3, 13 e IV, 3, 13. Ver A. TRUYOL, *El Derecho y el Estado en San Agustín*, cit., pp. 77 ss.; C. SORIA, *Introducción a la cuestión 91*, na ed. bilíngüe, BAC, da *Suma Teológica*, de Santo Tomás de Aquino, VI, Madrid, 1956, p. 45.

20. Fragm. 135, Diels-Kranz, 31 B, 366, 21.

de um âmbito de autonomia; porém, ao mesmo tempo, Deus deu-lhe seus mandamentos e preceitos, que estão substancialmente reunidos no Decálogo, o qual é um compêndio da lei natural. Ao longo dos diversos livros do Antigo Testamento, Deus aparece como o autor e o garantidor da lei natural. Assim, por exemplo, em Deus assenta-se o poder de governo; a balança falsa é abominável perante Ele; Deus é o autor do casamento e em cada casamento Ele é a testemunha do homem e da mulher; quem ofende o necessitado ofende seu Criador; Deus pedirá satisfação do sangue humano derramado; a testemunha falsa perecerá; diante de Deus são malditos os que não honram seus pais; Deus defende a causa dos pobres, manda que os salários sejam pagos pontualmente e proíbe a opressão etc. A ligação entre o direito humano e Deus é estabelecida pelo quarto mandamento do Decálogo, que contém o dever de obediência aos governantes. Em outros termos, o Antigo Testamento ensina que o mundo é governado pela Sabedoria divina, da qual é reflexo a ordem encontrada nas coisas. Essa Sabedoria divina, que é eterna, um sopro do poder divino, é o arquiteto e artífice da criação, que se estende poderosa de um a outro confim e o governa todo com suavidade[21].

c) No Novo Testamento estão algumas passagens-chave para a questão da qual nos ocupamos, visto que indicam explicitamente que todo poderio humano tem seu fundamento em Deus. Isso supõe que a existência e a imperatividade das leis humanas baseiam-se no governo divino de tudo o que foi criado. São três os textos neotestamentários mais significativos, que serão mencionados a seguir.

O Evangelho de São João 19,11 inclui uma resposta de Jesus a Pilatos: "Não terias poder algum sobre mim, se ele não tivesse sido dado a ti do alto", o que equivale a dizer que o império humano procede do império divino. Essa idéia da procedência divina do poder humano está expressa na conhecida frase de São Paulo "non est potestas nisi a Deo", que faz parte de um texto da Epístola aos Romanos, segundo a qual as autoridades civis foram constituídas por Deus, de modo que quem desobedece à autoridade opõe-se à ordem divina; a autoridade é ministro ou servidor de Deus, e é preciso obedecê-la *propter conscientiam*, por dever de consciência[22]. A mesma idéia da transcendência divina do poder humano está presente na Primeira Epístola de São Pedro: "Estai sujeitos, pelo Senhor, a toda instituição

---

21. Ver J. HERVADA, op. cit., pp. 83 ss.
22. "Que toda pessoa submeta-se às autoridades superiores, porque não há autoridade que não venha de Deus; as que existem foram constituídas por Deus. Então, quem se rebela contra a autoridade opõe-se à ordem divina, e os próprios rebeldes ganham a condenação de si mesmos. Pois os governantes não serão temidos pelos que agem bem, mas pelos que agem mal. Queres não ter medo da autoridade? Faze o bem, e receberás seu louvor; porque na autoridade tens um servidor de Deus para o bem. Porém, se realizas o mal, teme, porque não é em vão que leva a espada; pois é um servidor de Deus para fazer justiça e castigar o que faz o mal. Portanto, é necessário submeter-se não só por temor ao castigo, como também por causa da consciência. Por essa razão, pagais a eles também os tributos; porque são ministros de Deus, dedicados precisamente a essa função. Dai a cada um o devido: a quem se deve tributo, dai tributo; a quem se devem impostos, dai impostos; a quem se deve respeito, dai respeito; a quem se deve honra, dai honra." Rm 13,1-7.

humana: tanto ao rei, como soberano, quanto aos governadores, como enviados por ele para castigar os malfeitores e honrar os que fazem o bem."[23]

d) A interpretação dos textos neotestamentários não deixa dúvida quanto à idéia central que expressam: o governo humano – e com ele as leis – não é em sua origem um fato cultural, produzido direta e imediatamente pelo homem, mas algo dado ao homem por vontade divina, ao criar Deus o homem do modo como fez. Em outras palavras, a autoridade humana – com seus mandatos e leis – procede do estatuto de criação do homem, assim como a sociedade humana (o que também se deduz desses textos, pois a autoridade só tem existência em uma sociedade). Tudo isso implica a idéia de um Deus que governa continuamente o mundo e tem providência permanente sobre ele, pois cada lei humana e cada mandato legítimo são uma forma peculiar do contínuo governo divino sobre os seres livres, dotados por Deus de autonomia, isto é, da faculdade de regular e outorgar leis a si mesmos. A autonomia não é ausência de governo divino, mas a forma do governo divino sobre o homem enquanto ser livre. Por isso, a obediência à autoridade e a suas leis é coisa de consciência, de obediência à lei divina.

5. SANTO AGOSTINHO. *a*) Os ensinamentos da Bíblia, relacionados com as idéias neoplatônicas de Plotino, e mais remotamente com o *lógos* estóico, levaram Agostinho de Hipona a desenvolver o que seria uma peça fundamental da filosofia cristã do direito: a teoria da lei eterna[24].

Em substância, a teoria agostiniana da lei eterna defende que em Deus existe uma lei universal, imutável e fundamento das demais leis, pela qual Deus governa o universo criado como um todo organizado – harmônico –, direcionado a seu fim. É uma lei que está em Deus, diferente das leis naturais, que estão nos seres; porém, essas leis naturais são o reflexo da lei eterna, por isso essa é a lei última e suprema que organiza e direciona o mundo.

b) Ponto central do pensamento agostiniano no tema da lei eterna é a clara distinção entre lei eterna e ordem natural (a qual supõe as leis naturais que regem os seres), como conseqüência da transcendência de Deus, ressaltada pela Bíblia. O universo não é uma emanação da divindade – como aparecia na mentalidade panteísta –, mas uma *criação*, o mundo foi tirado por Deus do nada; é, então, algo inteiramente diferente da substância divina. Isso tem como conseqüência que as leis que regem os seres criados, aquelas que por estatuto de criação estão neles, são

---

23. 1Pd 2,13-14.
24. Ver A. TRUYOL, obs. cits.; R. GÓMEZ PÉREZ, *La ley eterna en la historia. Sociedad y Derecho según San Agustín*, Pamplona, 1972; A. SCHUBERT, *Augustinus Lex-Aeterna-Lehere nach Inhalt und Quellen*, Münster, 1924; V. GIORGIANNI, *Il concetto del diritto e dello Stato in S. Agostino*, Padova, 1951; J. MAUSBACH, *Die Ethik des heiligen Augustinus*, 2.ª ed., Freiburg i. Brisg., 1929.

naturais, leis criadas constitutivas de seu ser natural. A lei eterna e a lei natural – mesmo sendo a segunda reflexo da primeira – não se confundem. A lei eterna está em Deus, as leis naturais estão nos seres criados. A lei eterna é uma realidade intradivina.

O que é, então, para Santo Agostinho a lei eterna? Com palavras que se tornaram célebres, o Águia de Hipona definiu a lei eterna como a "ratio divina vel voluntas Dei ordinem naturalem conservari iubens, perturbari vetans"[25]; a lei eterna é a razão ou vontade de Deus, que manda conservar a ordem natural e proíbe perturbá-la.

c) A primeira coisa que se destaca dessa definição é que a lei eterna não é algo impessoal, força imanente à divindade e ao mundo, e sim razão e vontade de um Deus pessoal, sabedoria e decisão voluntária de Deus, que organiza e dirige o universo. Santo Agostinho entende a lei eterna como conhecimento que Deus possui da maneira segundo a qual as coisas têm de ser organizadas e destinadas a seu fim; e, ao mesmo tempo, como decisão divina de vincular de modo duradouro as coisas à ordem por Ele eleita em sua livre vontade criadora[26].

Pode-se observar que a lei eterna não é definida por Agostinho de Hipona como o produto da razão e da vontade divinas, mas como essa própria razão e vontade, isto é, como Deus mesmo. De fato, a lei eterna, como lei que está em Deus, identifica-se com a inteligência e a vontade divinas enquanto elas são princípio e exemplar de tudo o que foi criado. A inteligência divina é a suprema regra e medida de todo ser e de toda ordem; e a vontade de Deus é impulso e motor – império –, princípio e primeira causa de todo movimento, que sustenta o universo em seu ser e em seu dinamismo.

d) Não parece, apesar das discussões que aconteceram nesse sentido, que Santo Agostinho, quando definiu a lei eterna como razão ou vontade divinas, conferisse à conjunção *vel* (ou) um valor disjuntivo, como se não se pronunciasse sobre a lei eterna ser razão ou ser vontade. Em primeiro lugar, no pensamento agostiniano Deus é o Ser absoluto, dotado de uma perfeita simplicidade que exclui toda possibilidade de uma composição e, portanto, de uma distinção real entre seus diferentes atributos. Em Deus, o saber, o querer e o agir são uma mesma coisa[27]. Em segundo lugar, para Santo Agostinho, a lei eterna é ao mesmo tempo razão e vontade, como mostra o fato de às vezes apresentá-la como sabedoria divina ou razão suprema e outras como vontade de Deus[28].

---

25. *Contra Faustum*, XXII, 27, PL, XLII, 418. Como se pode ver, a lei eterna pertence ao ser de Deus e está claramente distinguida da ordem natural dos seres criados.
26. Cf. A. TRUYOL, *El Derecho y el Estado según San Agustín*, cit., pp. 81 e 83.
27. Cf. É. GILSON, *Introduction à l'étude de Saint Augustin*, Paris, 1929, p. 296; A. TRUYOL, op. cit., p. 82.
28. Cf. A. TRUYOL, op. cit., p. 81.

e) A lei eterna, ao ser identificada com a razão e vontade de Deus, tem duas características fundamentais. Por um lado, é *imutável*, pois é a representação eterna da ordem universal na mente divina, representação que precedeu o ato de criação e deve subsistir independentemente do cosmo[29]. Porém, é imutável sobretudo porque se identifica com a razão e vontade divinas, que, sendo atributos do ser de Deus, são imutáveis como esse.

Por outro lado, a lei eterna é *universal*. Todo o universo criado está submetido à lei eterna; essa lei se estende a todos os seres, animados e inanimados, racionais e irracionais. Em outras palavras, a sabedoria divina governa todo o universo, e sua vontade o rege de acordo com a natureza de cada ser. Por isso, o mal também não escapa ao império da lei eterna: o mal fica reduzido à ordem, ao ser permitido apenas em função de um bem superior.

f) Como acabamos de ver, segundo o pensamento agostiniano, a lei eterna governa todo o universo criado de acordo com a natureza de cada ser. Portanto, o império da lei eterna é exercido de modo diferente nos seres, conforme estejam dotados ou não de liberdade. Em uma passagem do livro *Contra Fausto*, Santo Agostinho afirma que os seres não livres são *súditos* da lei eterna, à qual estão sujeitos de modo necessário. Em contrapartida, os seres livres são *partícipes* dela e sujeitam-se a ela mediante a obediência voluntária. Então, a lei eterna está presente nos seres irracionais como necessidade e nos seres livres como dever – mandato e proibição – que é preciso cumprir[30]; por isso, o pecado consiste em "todo feito, dito ou desejo contrário à lei eterna"[31]; isto é, na desobediência à lei eterna.

g) A lei eterna rege a ordem universal; porém, está em Deus, não nos seres criados. De que modo, então, a lei eterna está no universo criado? O que há no universo criado são algumas leis naturais, que são cópia ou transcrição da lei eterna. Desse modo, a lei eterna manifesta-se nos seres irracionais mediante as leis físicas e biológicas que são imanentes a seu ser. Então, a sabedoria divina rege o universo não-racional mediante as leis naturais, consideradas tanto em si mesmas como em sua inter-relação.

Quanto à conduta humana livre, a lei eterna rege o homem mediante a lei natural, que Agostinho chama algumas vezes *lex intima, lex scripta* ou *conscripta in cordibus hominum,* ou também *lex gentium*. O homem torna-se partícipe da lei eterna pela lei natural. A lei natural é, então, lei divina, uma cópia ou transcrição da lei eterna, inscrita na alma racional[32].

---

29. Cf. A. TRUYOL, op. cit., p. 84.
30. *Contra Faustum*, XXII, 28, PL, XLII, 419.
31. *Contra Faustum*, XXII, 27, PL, XLII, 418.
32. É a explicação da lei natural a partir de Rm 2,14-16, segundo a interpretação comum. Sobre a singular interpretação que faz do texto paulino em *De spiritu et littera*, no contexto da disputa antipelagiana, ver R. GÓMEZ PÉREZ, op. cit., pp. 130 ss.

h) Sobre a lei humana (*lex temporalis* ou também *lex scripta in litteris*), Santo Agostinho estabeleceu duas proposições complementares. *Primeira*: as leis injustas e os direitos iníquos, contrários à lei natural e, portanto, à lei eterna, não são verdadeira lei nem verdadeiro direito, pois só é verdadeiro direito o que brota da fonte da justiça[33]. A justiça não é outra coisa que a conformidade com a lei eterna, por isso se deduz que a lei humana legítima é a que se fundamenta na lei eterna. *Segunda*: não há nada de justo e legítimo na lei humana que não derive da lei eterna[34], o que implica que essa lei é o fundamento da lei humana, que daquela recebe sua legitimidade e justiça e, por conseguinte, sua imperatividade.

i) Isso não significa que Santo Agostinho pense que é função da lei humana implantar na sociedade tudo quanto a lei eterna contém: mandar tudo o que ela manda e proibir tudo o que proíbe. A lei humana é limitada e tem por finalidade a paz social; por isso, o que deve mandar e proibir é o necessário para obter tal fim. Quanto ultrapassa isso, fica a juízo de Deus[35].

6. OS JURISTAS MEDIEVAIS E A ESCOLÁSTICA. *a*) A teoria da lei eterna passou em sua época a constituir uma peça-chave da filosofia jurídica da Escolástica; porém, no longo período que vai de Santo Agostinho à Escolástica, a lei eterna não aparece explicitamente mencionada. Não faltaram, no entanto, as referências à transcendência divina do direito. Assim, nas *Instituições* de Justiniano, os direitos naturais são entendidos como constituídos pela providência divina[36]. E Santo Isidoro de Sevilha dá às leis naturais o estatuto de leis divinas[37].

b) A origem divina do direito natural constituiu um lugar-comum na obra dos iniciadores da ciência jurídica européia, que nasceu com a Recepção. Irnerio[38], Graciano[39] e os glosadores – legistas e canonistas – falaram reiteradamente do *ius naturae* como direito divino[40]. Exemplo notório, nesse sentido, é a conhecida glosa "natura, idest Deus" à definição que Ulpiano deu do direito natural como aquele que a natureza ensinou a todos os animais. Os glosadores, ao esclarecerem que por natureza deve-se entender Deus, faziam de Deus autor do direito natural. Essa glosa é encontrada, entre outros, em Placentino[41], Azo[42] e Acursio[43]. Outro exemplo po-

---

33. Ver, p. ex., *De Civitate Dei*, XIX, 21, 1, CSEL, XL/2, pp. 408 s.; e *De libero arbitrio*, I, V, II, PL, XXXII, 1227.
34. Ver *De libero arbitrio*, I, VI, 15, PL, XXXII, 1229.
35. Ver *De libero arbitrio*, I, V, 13 e I, XV, 32, PL, XXXII, 1228 e 1238.
36. Inst., I, 11.
37. *Etym.*, V, 11.
38. Glosa *natura* a Inst. 1, 1, 1, 3 e a Inst. 1, 2 pr. Cf. R. WEIGAND, *Die Naturrechtslehre der Legisten und Dekretisten von Irnerius bis Accursius und von Gratian bis Iohannes Teutonicus*, München, 1967, pp. 18 e 19.
39. *Dictum ante*, c. 1, D. 1.
40. Pode-se ver em R. WEIGAND, op. cit., passim, e J. HERVADA, op. cit., pp. 123 ss.
41. *Summa Institutionum*, 1, 2, WEIGAND, 43.
42. *Summa Institutionum*, 1, 2, 1, WEIGAND, 52.
43. Glosa *natura* a D. 1, 1, 1, 3, HERVADA, 124.

dem ser as palavras do autor anônimo da *Summa Institutionum Vindobonensis*: "Ius naturale est conditio rebus creatis ab ipsa divina dispositione imposita"[44]; o direito natural é a condição ou estatuto imposto às coisas criadas por disposição divina.

c) Com o auge da Escolástica, voltou a ter impulso a teoria da lei eterna, estudada com certa abrangência no tratado de autor desconhecido – talvez Juan de Rupela[45] – intitulado *De legibus et praeceptis*, que passou à *Suma Teológica* de Alejandro de Hales. No teólogo franciscano, a lei eterna é a *summa ratio* divina que rege as criaturas[46], da qual derivam todas as leis, a natural e as positivas. As leis humanas – escreve Alejandro – derivam da lei eterna enquanto são legítimas e justas, pois tudo o que há de bom nas criaturas, a bondade primeira, tanto deriva da primeira verdade quanto há de verdadeiro nelas[47].

Em Alejandro de Hales já encontramos um tratamento científico e sistemático da lei eterna, como cabe ao método escolástico. Um aspecto destacável é a visão intelectualista da lei eterna; essa encontra-se na razão divina como princípio de toda ordem, pois é na razão que reside a norma ou arte dos artífices racionais, sendo a lei eterna a suprema norma ordenadora que está em Deus. Mais precisamente, a lei eterna é a própria razão divina como medida de todas as coisas.

Alejandro de Hales adotou a mesma idéia agostiniana das leis naturais como cópia ou transcrição da lei eterna. Sobre isso, o teólogo franciscano ressalta que as leis naturais ou leis da natureza são de uma índole tripla: leis físicas (lei do insensível e irracional), leis instintivas (leis do irracional sensível) e lei da criatura racional. Os dois primeiros tipos de leis estabelecem uma ordem necessária e inexorável; a terceira lei deve ser cumprida por meio da liberdade. Portanto, os seres irracionais cumprem a lei eterna *sine iudicio*, e os seres racionais a cumprem *cum iudicio*[48].

A lei natural própria do homem é uma regra inata do agir humano e não consiste em outra coisa que na lei eterna enquanto está naturalmente impressa em nós, como a marca que o sinete imprime na cera; por isso, a lei eterna e a lei natural são dois modos de ser da mesma lei. Essa lei, enquanto está em Deus como exemplar incriado, é a lei eterna; enquanto está em nós, é a lei natural.

7. TOMÁS DE AQUINO. a) *Explicação prévia. a'*) Se as idéias fundamentais sobre a lei eterna como peça básica da transcendência divina da ordem jurídica são devidas a Santo Agostinho, é de Tomás de Aquino o mérito de apresentar essas idéias aperfeiçoadas e delineadas em um sistema científico magistral. O que no Águia de Hipona são poderosas idéias intuitivas dispersas em suas múltiplas e va-

---

44. III, 1, WEIGAND, 27.
45. Ver F. M. HENIQUET, *Ist der Traktat De legibus et praeceptis in der Summa Alexanders von Hales von Johannes von Rupella*, em "Franziskanische Studien" XXVI, 1939, pp. 1 ss. e 234 ss.
46. *Summa Theologica*, lib. III, pars. II, inquis. I, quaest. un., caps. I-V.
47. Lib. III, pars. II, inquis. I, quaest. un., cap. VII.
48. Lib. III, pars. II, inquis. I, quaest. un., cap. VII.

riadas obras, no Aquinate é um sistema unitário, racionalmente estruturado, que em poucas páginas dá uma completa e profunda visão do tema da transcendência da ordem jurídica. Em seguida, exporemos seu pensamento. Porém, antes parece conveniente fazer algumas reflexões prévias, para explicar o sentido da teoria da lei eterna.

b') Uma constante observada na idéia fundamental dos autores – tanto pagãos quanto cristãos – sobre a transcendência divina, que origina a teoria da lei eterna, é que a temática referente à ordem jurídica não tem autonomia própria; é um aspecto do grande tema da ordem universal. A ordem jurídica é – como todo o conjunto da ordem moral – uma parte da ordem harmoniosa do cosmo. A idéia vem de tempos remotos. Basta lembrar que os primeiros filósofos gregos estenderam a justiça a todo o cosmo; representava a harmonia cósmica, da qual a justiça humana ou ordem justa da *pólis* era uma parte. Essa idéia permaneceu como uma constante na história do pensamento filosófico, embora nos últimos duzentos anos tenha se mantido principalmente na filosofia realista e esteja obscurecida e inclusive negada na filosofia de raízes idealistas e nas diversas formas de materialismo.

São muitos os aspectos da tradição filosófica sobre o direito – e dentro dela do realismo jurídico clássico – que só são compreendidos a partir dessa idéia. As leis humanas e o direito positivo têm seu lugar na existência humana como parte da ordem harmônica do cosmo, segmento da ordem que o homem produz mediante sua razão e sua inventividade quando age corretamente. A isso está destinada a capacidade do homem de determinar leis na sociedade. Por isso, é um tema perene e recorrente na filosofia do direito e, o que é mais importante, na vida dos homens e dos povos, o da justiça da lei humana e dos direitos positivos. A justiça é a base da ordem e da harmonia da sociedade, e as leis estão destinadas a ser justas, o que equivale a dizer ordenadas, harmônicas. Por isso, propõe-se a eterna pergunta: a lei injusta é verdadeira lei? Se as leis humanas são essencialmente parte da harmonia do cosmo, da ordem cósmica, como pode ser lei o que é injusto, desordenado, desarmônico?

c') Falar de ordem e de harmonia quando essas palavras são aplicadas ao dinamismo dos seres, a sua atividade, é falar de seu sentido, que é o mesmo que a finalidade. Um movimento, uma ação – como um ser – sem finalidade é um absurdo. As coisas têm sentido quando se orientam para um fim. Isso é o que separa o caos e o absurdo da ordem e do que tem sentido. Toda ordem dinâmica está relacionada a uma finalidade. No entanto, a finalidade não é produto do acaso, do destino; é essencialmente própria de um ser inteligente. Trata-se de algo evidente se for compreendido em que consiste a finalidade. Agir com um sentido, com um fim, supõe uma previsão, uma consideração e apreensão do objetivo de um dinamismo, prévias a sua realização; é uma atividade que escapa da dimensão espaço-temporal da matéria, porque é uma previsão de futuro, e toda verdadeira previsão de futuro supõe que o conhecimento ultrapassa o tempo presente para um tempo que ainda não é. E isso é impossível para a matéria. Apenas a inteligência – potência espiritual de conhecimento – é capaz de finalidade. Acaso e finalidade – ou ordem – são termos contraditórios. O acaso pode originar uma série de causas e efeitos, mas sem verdadeiro sentido nem ordem; nunca pode produzir um movimento ou um ser com finalidade. Toda finalidade e, portanto, todo ser ou movimento que não seja absurdo, que tenha uma finalidade – isto é, uma ordem –, procede de uma inteligência. Daí os dois axiomas fundamentais da finalidade: "toda finalidade é fruto de uma inteligência" e "todo ser inteligente age por um fim". Daí também que, em presença de uma ordem, compreendemos que atrás dela há uma inteligência.

d') É um fato evidente que o universo tem finalidades: a semente leva à árvore, a erva alimenta os animais, os olhos são feitos para ver, as asas servem para voar, a chuva fecunda a terra etc. etc. Não se trata, entretanto, de finalidades isoladas, pois o cosmo não é um conjunto de seres sem relação entre si; tudo nele está inter-relacionado, é uma unidade. As finalidades de cada ser são uma parte da finalidade do cosmo, que forma um sistema. Assim como o ecossistema é uma unidade de seres inter-relacionados, cada um com sua função ou finalidade próprias quanto ao equilíbrio de cada sistema ecológico, todos os seres também formam o sistema cósmico, com uma finalidade orientada para o equilíbrio – para a harmonia – do conjunto.

Dado que o universo tem uma finalidade e dado que, exceto o homem – e esse só parcialmente, pois também em seu ser há leis físicas e instintivas –, todos os demais seres são irracionais, tal finalidade supõe um ser inteligente ordenador, que rege o cosmo. O homem também supõe isso enquanto tem um ser marcado pela finalidade, que é concedido a ele e não é dado a si mesmo. Da ordem cósmica e da finalidade presente no universo chega-se a Deus, como princípio inteligente criador e supremamente ordenador. Na harmonia cósmica reflete-se a glória do Criador, que aparece, assim, como a finalidade última da Criação.

No entanto, é evidente – porque entra na própria noção de inteligência – que todo agente inteligente, antes de agir e fazer, tem na inteligência a idéia do que vai realizar ou fazer. Assim, a fabricação de um carro pressupõe a idéia do engenheiro que o projetou, plasmada nos planos desse carro. Por isso, é preciso admitir que em Deus existem as idéias exemplares dos seres criados. E como Deus não só cria os seres, mas é o primeiro motor de todo movimento, deve existir em Deus a idéia exemplar das leis que regem os seres criados. Porém, como Deus é o primeiro motor, princípio real de todo movimento, a idéia exemplar das leis não é simples idéia, e sim princípio imperante. É império e, por isso, é lei. Isso é o que se expressa com a lei eterna.

e') Então, a lei eterna está em Deus. E como Deus é eterno, essa lei se chama lei eterna. Esse é um ponto que se deve compreender bem, se não se quer cair em sutilezas pouco úteis, como ocorreu com alguns escolásticos que discutiram se a lei eterna é verdadeira lei, pois, como a promulgação vem a ser elemento essencial de toda lei, perguntaram-se como podia estar eternamente promulgada a lei eterna, sendo que o universo teve um começo. Essa questão – que não deixa de ser fictícia – provém de não entender bem a eternidade e concebê-la como um tempo infinito. A eternidade não é um tempo infinito, e sim ato de ser em absoluta ausência de tempo: ausência de passado e de futuro, um presente puro; em outras palavras, o ato puro. A decisão criadora de Deus, embora para o criado suponha um começo no tempo, em Deus é produzida sem tempo, segundo sua natureza de ato puro, isto é, *ab aeterno*. Nesse sentido, o Novo Testamento fala repetidamente de vocação ou escolha divina de homens concretos antes da existência do mundo ou antes do tempo, isto é, *ab aeterno*, na eternidade. O tempo está nas criaturas, não em Deus. Por isso, a lei eterna é verdadeira lei e é eterna, promulgada *ab aeterno*, fora do tempo e antes do tempo, aplicando-se sem tempo às criaturas, embora as criaturas estejam no tempo.

f') Isso nos põe em contato com um tema importante para compreender a teoria da lei eterna, do ponto de vista da transcendência divina, tão intensamente ressaltada pela verdade da criação *ex nihilo*, do nada. Deus é o absolutamente outro em relação ao mundo criado. O mundo não provém da substância divina, recebendo, sim, um ser inteiramente outro da Divindade. Recebe, portanto, um ser real e verdadeiro, de modo que, se é verdade que o ser é tido pelos entes criados em Deus, também é verdade que em Deus realmente o têm. Deus é *transcendente* ao mundo criado; é o inteiramente outro. E Deus não move, como primeiro motor, os seres criados como o marionetista movimenta as marionetes, dotando-os, sim, de leis criadas, inerentes ao ser, ou seja, por meio de leis naturais. Essas leis naturais dependem da lei eterna; porém, essa é, ao mesmo tempo que impulso imperante divino, totalmente transcendente, inteiramente outra das leis naturais, as quais têm consistência própria. Se um objeto cai no chão não é porque naquele momento recebe um impulso divino, mas pela lei da gravidade, lei natural, ao mesmo tempo que a lei da gravidade é criação divina e recebe da lei eterna, a partir da transcendência divina, sua existência contínua e sua consistência criadas. De igual maneira, um preceito de lei natural do homem não é uma locução divina para a pessoa, é verdadeiramente um ditame imperativo da razão natural e tem seu fundamento real e verdadeiro na natureza humana (ou, em outras palavras, na dignidade intrínseca da pessoa humana), ao mesmo tempo que, a partir da transcendência de Deus, recebe seu fundamento último da lei eterna. O ser criado tem, concluindo, consistência e subsistência próprias, porém são uma consistência e uma subsistência recebidas de Deus, continuamente segundo a dimensão tempo do ser criado, sem dimensão tempo, *sub specie aeternitatis*, segundo a transcendência e eternidade de Deus.

g') Outra peça necessária para entender a teoria da lei eterna é a teoria da *participação*. Vamos expô-la brevemente. Criar do nada significa que não há possibilidade de ser fora de Deus, isto é, que o ser é Deus; o restante antes da criação é o nada, não há esse "o restante". Não existe fora de Deus alguma outra possibilidade de ser – outro ser, p. ex., uma matéria-prima coeterna –, da qual proviriam os seres criados. Toda a potência de ser esgota-se em Deus, o qual é todo o ser. Portanto, todo ser criado não pode ser outra coisa que uma participação criada do Ser Subsistente, isto é, reflexo de Deus. Isso tem uma conseqüência imediata: Deus e os seres criados não são ser do mesmo modo; porém, como ao mesmo tempo os seres criados são verdadeiros seres, torna-se evidente que são seres em sentido análogo. A diferença radical – na qual se fundamenta a *analogia entis*, a analogia do ser – consiste em que Deus é o Ser, o que é por Si mesmo, enquanto os demais seres sustentam-se no ser de Deus; têm um ser *recebido* e *sustentado*. Portanto, tudo o que de ser têm os entes criados é *participação* do Ser divino. Uma participação *criada*, isto é, uma participação no ser, que é verdadeiro ser, mas diferente do ser divino, o qual é – como dissemos – transcendente ao mundo criado.

Sendo o mundo criado uma participação do ser de Deus, tudo o que de ser – não de ausência de ser – têm os entes criados, Deus tem por eminência. E sendo a criação uma ação livre de Deus, em Deus hão de estar as idéias exemplares e o princípio de movimento do ser criado. Portanto, as leis naturais não são outra coisa que uma participação criada da lei reguladora dos seres criados, que está na inteligência e na vontade divinas. Essa lei que está em Deus – portanto transcendente ao criado –, da qual as leis naturais são participação, é justamente a lei eterna.

h') Para que se possa falar de lei em sentido próprio, é preciso que se trate de uma regra ou ordenação *constante* e *geral* do movimento ou da conduta. Assim, um mandato singular dado a um indivíduo para uma ação particular não é uma lei: é uma ordem ou preceito. No plano físico, o impacto que faz uma esfera girar não é uma lei natural, embora isso seja feito aproveitando as leis naturais. As leis são determinadas para o conjunto – para o bem comum do todo – e estão dotadas de generalidade, quer dizer, referem-se a todos os seres em geral. Por isso, os seres da mesma espécie têm as mesmas leis. As leis não se referem a um caso concreto, mas ao conjunto de casos semelhantes. Por exemplo, o Código de Trânsito é uma lei, pois refere-se ao conjunto dos motoristas; se estabelece que em um cruzamento têm preferência os carros que trafegam pelas vias da direita do condutor, isso é aplicado a todos em geral. Em contrapartida, se em determinada circunstância, por exemplo por algumas obras, um trecho de estrada é controlado por alguns agentes de trânsito, as ordens que eles vão dando aos motoristas não são leis, mas preceitos ou normas singulares.

Nesse sentido, o que os autores chamam lei eterna é algo diferente da *providência* de Deus (plano de Deus sobre o desenvolvimento da história que abrange desde os grandes acontecimentos até os menores detalhes) e do *governo* divino do singular e particular. A lei eterna é *lei*, isto é, norma imperativa divina sobre o movimento ou comportamento geral e constante dos seres criados. É o exemplar normativo das leis naturais. Por isso, quanto à conduta livre do homem, a lei eterna participa no ser do homem mediante a lei natural ou ditame da razão com retidão, segundo a natureza do homem e a natureza das coisas; uma norma de conduta dotada de universalidade (generalidade) e imutabilidade (constância).

i') A existência de leis naturais, isto é, de impulsos e regras de movimento que são gerais e constantes (*leis*) e que são intrínsecos, inerentes ao ser dos entes criados (*naturais*), evidencia a mesma coisa que a observação de tais entes a partir de outras perspectivas manifesta: segundo a espécie de cada um, os seres têm um núcleo de entidade igual em todos, que é princípio de seu movimento e de sua ordem para seus fins. Só assim é possível existirem leis naturais, que são gerais e constantes. Esse núcleo de entidade comum aos seres segundo sua espécie é o que chamamos *natureza*, que em termos filosóficos é definida como "a essência enquanto princípio de operação".

Ao chegar a esse ponto, propõe-se a questão do voluntarismo e do intelectualismo, que aqui tem este significado: a natureza dos seres é arbitrária ou racional? Em relação a Deus, essa pergunta não significa que uma das duas hipóteses – a natureza tem uma estrutura racional objetiva – implique que Deus necessariamente teve de criar os seres tal qual os criou, pois a criação é um ato livre do Criador. O que implica a tese da estrutura racional objetiva da natureza é que o ser não é arbitrário e, portanto, que o Ser Subsistente tem uma entidade racional objetiva, de modo que o ser criado, como reflexo e participação do Ser Subsistente, também possui uma estrutura racional objetiva.

A pergunta feita tem importância porque defender a tese da lei eterna só é possível se a natureza tem uma estrutura racional objetiva. De fato, se se partisse da tese da arbitrariedade, a existência de leis naturais seria produto de uma decisão arbitrária de Deus, cuja continuidade não dependeria de nenhuma dimensão objetiva nem da Divindade, nem do ser criado: a idéia ou exemplar divino dessa decisão arbitrária – e como tal mutável *ad libitum* – não teria o caráter de *lei*, por carecer da índole de ato divino constante e permanente. Não existiria a lei eterna.

Se a natureza tem uma estrutura racional objetiva, isso é devido a que todo ser possível tem uma estrutura racional objetiva como reflexo da estrutura racional objetiva do ser e, portanto, do Ser Subsistente. Isso não é uma limitação, mas uma perfeição, porque significa uma plenitude de ser, ou porque se é o próprio ser – caso de Deus, o Ser Subsistente – ou porque se está orientado para alguns fins que o aperfeiçoam. Assim, por exemplo, se o olho está real e objetivamente orientado para ver, isso é uma perfeição; se ver ou não ver fosse simplesmente uma decisão arbitrária de Deus, isso suporia uma evidente imperfeição do olho em seu modo de ser, pois significaria que não teria em si a objetiva capacidade natural de ver. Essa estrutura objetiva implica que, embora Deus seja livre para criar alguns entes possíveis e outros não, a cada ser possível, cria-o segundo tal estrutura, o que – é preciso repetir – não é uma limitação em Deus, mas uma perfeição, pois representa dar aos entes criados a posse real de seu ser e de sua finalidade, ou seja, uma melhor criação.

Suposta essa estrutura racional objetiva, é possível a existência de verdadeiras leis naturais, ordenações gerais e constantes. Nesse caso, o exemplar divino imperante, fonte das leis naturais, é um ato divino com as características da lei: a lei eterna.

Depois dessas explicações prévias, vamos passar a expor o pensamento de Tomás de Aquino.

b) Existência da lei eterna. a') Para mostrar a existência da lei eterna, o Aquinate parte de três idéias que se complementam: 1.ª A lei é a norma do governante que rege uma comunidade ou sociedade perfeita (*communitas perfecta*), guiando-a para o fim próprio da comunidade como tal. 2.ª O mundo forma um todo ou conjunto: a *communitas universi*. 3.ª O universo é regido por Deus. A conclusão é que em Deus existe uma lei que rege a comunidade do universo. Entretanto, para Tomás de Aquino a lei é um ato de razão; portanto, essa lei é um ditame da razão divina. E como a razão divina não concebe nada no tempo – lembrando o que foi dito antes sobre isso –, sendo sua concepção eterna, *ab aeterno*, a lei indicada recebe o nome de lei eterna[49].

b') A propósito da existência da lei eterna, o Aquinate faz incidentalmente duas especificações interessantes para compreender o que seja a referida lei. Uma delas é que a lei eterna é lei para o universo criado, não é lei a que Deus esteja sujeito, porque não ordena nem rege a atividade divina, mas o movimento dos seres criados. A outra especificação consiste em esclarecer que a lei eterna não é algo diferente de Deus: é Deus mesmo enquanto regente do universo[50], pois, dada a simplicidade de Deus, os atributos, qualidades ou operações que concebemos em Deus, segundo nosso modo de entender e de falar, não são outra coisa que a essência divina.

c') Desde o princípio, Tomás de Aquino deixa claro o que se deve entender por lei eterna. Não é um princípio extrínseco a Deus, como a lei que o governante humano determina, que é uma obra desse, com existência separada tanto do legisla-

---

49."Respondo dizendo que, como já dissemos antes, a lei é apenas o ditame da razão prática no soberano que governa uma comunidade perfeita. Porém, é evidente, supondo que o mundo é regido pela providência divina, como ficou demonstrado na Primeira Parte (q. 22, art. 1.2), que toda a comunidade do universo está submetida ao governo da razão divina. Por conseguinte, essa razão do governo de todas as coisas, existente em Deus como supremo regente do universo, tem caráter de lei. E como a razão divina não concebe nada no tempo, sendo sua concepção eterna, necessariamente a lei de que tratamos deve ser chamada eterna." *Summa Theologica*, I-II, q. 91, a. 1.

50. *Summa Theologica*, I-II, q. 91, a. 1 ad 3.

dor quanto dos destinatários da lei; a lei eterna é Deus mesmo enquanto sua essência é medida e regra, origem e sustentação do ser criado. Por isso, embora a lei eterna seja transcendente ao ser criado, como Deus é transcendente, ao mesmo tempo não é uma lei extrínseca ao ente criado, porque Deus, sendo transcendente, está simultaneamente no mais íntimo do ser criado, como Primeira Causa e Primeiro Motor.

c) Natureza. a') Tomás de Aquino define a lei eterna como "o plano da sabedoria divina enquanto guia todos os atos e movimentos"[51].

A primeira coisa que se percebe nessa definição é que a lei eterna é atribuída à sabedoria divina, isto é, à razão divina. A lei eterna é governo divino, a lei intradivina pela qual Deus rege o universo. Não é atribuída, então, à vontade divina, mas à inteligência divina. Com isso, o Aquinate não faz senão aplicar à lei eterna seu pensamento geral sobre a lei e sobre o governo. Governar é dirigir a comunidade para o fim comum dela, o que implica estabelecer uma ordem, orientar algumas condutas. A lei, como ato de governo, também é uma ordenação da comunidade e das condutas humanas. Porém, ordenar, estabelecer uma ordem é próprio da sabedoria e, portanto, da razão. *Sapientis est ordinare*; ordenar, estabelecer uma ordem é uma arte ou ciência, um saber ou conhecimento prático e, por conseqüência, é próprio do que sabe. A lei eterna é o plano da sabedoria divina, que governa o mundo.

b') A lei eterna é classificada por Tomás de Aquino como *ratio*, que, pelo contexto, pode ser traduzida por modelo ou plano – também por idéia exemplar –, pois toda lei é modelo das condutas que rege; desse modo, a sociedade, ao cumprir as leis, configura-se segundo o modelo ou plano traçado pelo legislador. E assim o conjunto das leis, se essas forem coerentes, implanta o modelo de sociedade desejado pelo legislador. A lei eterna é, então, a idéia exemplar divina da ordem dinâmica do universo.

A lei é idéia ou modelo, plano, porém é igualmente império, é uma idéia ou modelo operativo, que se impõe. Portanto, a lei eterna não é simples idéia, mas também força motriz, impulso, império. Logo, embora a lei eterna pertença por si só à inteligência divina, pressupõe a vontade de Deus; é lei desejada por Deus. Como a vontade divina intervém na lei eterna? Para responder a essa pergunta, é preciso lembrar o pensamento tomista sobre a lei em geral. A lei é um ato de império e, para o Aquinate, o ato de império é um ato de razão pressupondo um ato de vontade. Não há ato de império se não há uma vontade que queira o fim que se pretende, considerando que a lei é orientação para um fim; porém, pressuposta essa vontade, imperar, que é ordenar os atos e os movimentos para o fim desejado,

---

51."Et secundum hoc, lex aeterna nihil aliud est quam ratio divinae sapientiae, secundum quod est directiva omnium actuum et motionum." *Summa Theologica*, I-II, q. 93, a. 1.

é próprio da razão: por isso governar é uma arte ou ciência prática, algo próprio da razão. Por conseqüência, a lei eterna fundamenta-se na vontade divina, que quer o mundo criado – tal qual foi feito – e sua finalidade; mas é expressão da sabedoria de Deus. Naturalmente essas distinções devem ser entendidas segundo nosso modo de conhecer e de falar, pois em Deus, dada sua perfeita simplicidade, a razão e a vontade identificam-se com a essência divina.

c') Como já foi visto, o universo criado é entendido por Tomás de Aquino como uma unidade – a *communitas universi* –, com uma finalidade comum, na qual se integram as finalidades particulares de cada ente; essa finalidade comum é o bem comum do universo, que é o bem para o qual a lei eterna orienta todo o cosmo. Portanto, a lei eterna é uma só e única lei, não uma multiplicidade de leis[52].

Isso implica que cada lei natural particular está subordinada à harmonia total do universo e de sua história, e que cada acontecimento, tanto no que se refere aos seres irracionais quanto no que concerne à vida dos seres racionais, é regido e supra-ordenado por um princípio superior de harmonia e bondade, de modo que o que, visto em sua singularidade e particularidade, pode ser um mal ou falha particular é reduzido a uma razão de bem pelo governo divino[53].

d') A propósito da noção de lei eterna, o Aquinate faz indiretamente uma especificação importante. É evidente, por tudo o que foi visto, que a lei eterna é a suprema e radical verdade prática de todos os seres criados. O dinamismo e a conduta *verdadeiros* – aqueles que respondem ao mais íntimo ser dos entes criados – são os adequados à lei eterna e conformes com ela. Entretanto, não seria correto entender a lei eterna como o critério de verdade do governo divino, como se a lei eterna fosse critério de verdade para Deus; pensar tal coisa significaria que o ser dos entes criados é medida da verdade para o entendimento divino e que a lei eterna é verdadeira por adaptar-se ao ser dos entes criados. O entendimento humano é verdadeiro quando seus conceitos correspondem à realidade das coisas; portanto, deve-se dizer que não tem em si a medida da verdade, mas é medido pela realidade das coisas. Não ocorre assim em Deus, que por ser o Ser Subsistente é *ipsa veritas*; como criador de todas as coisas segundo as idéias exemplares existentes em sua inteligência, a verdade das coisas consiste em sua adequação ao entendimento divino, o qual mede as coisas, e não ao contrário. Portanto, o intelecto divino é verdadeiro em si mesmo, e sua idéia ou plano é a própria verdade[54]. Disso se deduz

---

52. *Summa Theologica*, I-II, q. 93, a. 1 ad 1.
53. "A falhas que ocorrem nas coisas naturais estão fora do alcance das causas particulares, mas não fora das causas universais e, em especial, da causa primeira, que é Deus, a cuja providência nada pode escapar. E, como a lei eterna é o plano dessa providência divina, conclui-se que as falhas das coisas naturais estão submetidas à lei eterna." *Summa Theologica*, I-II, q. 93, a. 5 ad 3.
54. *Summa Theologica*, I-II, q. 93, a. 1 ad 3.

que a lei eterna é o critério originário da verdade prática, que é a própria essência divina. O governo divino não está submetido à lei eterna, sendo ela, sim, o plano do governo divino e, por conseqüência, o supremo e mais íntimo critério de verdade prática dos entes criados.

d) Universalidade da lei eterna. Característica fundamental da lei eterna é sua universalidade.Visto que a lei eterna é a lei de Deus enquanto Deus governa o universo criado, nada do universo criado escapa da lei eterna: todos os seres, tanto racionais como irracionais, tanto os necessários como os contingentes, são regidos pela lei eterna. Em relação a esse ponto, Tomás de Aquino estabelece a seguinte proposição geral: a lei eterna é o plano do governo divino; por conseguinte, tudo o que está submetido ao governo divino, também está à lei eterna. Em contrapartida, as coisas que não estão submetidas ao governo divino, também não estão à lei eterna[55].

Quanto a esse último ponto, cabe perguntar se há algo que não esteja submetido ao governo divino e, portanto, se há algo que não esteja submetido à lei eterna. A resposta que encontramos no Aquinate não pode ser mais lógica e coerente: as leis referem-se à operação, ao agir; portanto, referem-se ao agir de Deus sobre o universo criado, não ao próprio ser de Deus, à natureza ou essência divina, que é, ela própria, a lei eterna, conforme se viu antes[56]. Por isso mesmo, a vontade de Deus, que Nele é uma mesma coisa com sua essência – e, portanto, com sua razão e sua sabedoria –, não está submetida à lei eterna, pelo contrário, a lei eterna é a vontade divina[57].

Fora, então, de Deus mesmo, todo o universo criado é regido pela lei eterna. Dela dependem: 1º) As coisas *necessárias*, isto é, as que por sua natureza não podem ser de outro modo do que como são; assim, por exemplo, a imortalidade das substâncias espirituais (p. ex., a alma humana), as quais por serem simples não admitem corrupção e, portanto, a morte. Essa necessidade, visto que é uma dimensão criada, é obra da lei eterna, como lei própria das coisas necessárias[58]. 2º) As coisas *naturais contingentes* (aquelas que se corrompem, se transformam, morrem etc.), mediante a impressão de um princípio ativo intrínseco (leis naturais), que as movimenta e modifica segundo a ordem de sua finalidade[59]. 3º) O homem, por meio das inclinações naturais, de modo racional e livre[60]; isto é, por meio da lei natural.

Como a lei eterna atua sobre as criaturas? Mediante as leis naturais, que são uma participação – sinal ou reflexo – da referida lei nelas. No que concerne à con-

---

55. *Summa Theologica*, I-II, q. 93, a. 4.
56. Op. e loc. cits.
57. *Summa Theologica*, I-II, q. 93, a. 4 ad 1.
58. *Summa Theologica*, I-II, q. 93, a. 4 ad 4.
59. *Summa Theologica*, I-II, q. 93, a. 5.
60. *Summa Theologica*, I-II, q. 93, a. 6.

duta livre do homem, a lei eterna reflete-se nos preceitos da lei natural, que é, por isso, definida pelo Aquinate como uma participação da lei eterna na criatura racional que é o homem[61].

e) A lei eterna e as leis humanas. a') Chegamos aqui ao tema da transcendência do direito positivo e, concretamente, das leis humanas. As leis humanas derivam da lei eterna? É clara, seja qual for, a razão que assegura a resposta afirmativa: sendo universal o governo divino das coisas criadas, é universal a lei eterna, e, por conseqüência, como as leis humanas são fatores de governo devem derivar da lei eterna. Porém, aparentemente não é menos forte a razão que pode fazer duvidar que isso seja assim: as leis humanas são regras que dependem da opção do legislador, isto é, não são deduzidas de modo necessário dos preceitos divinos representados pela lei natural; constituem uma livre escolha do legislador entre diferentes normas possíveis. Por conseguinte, como dizer que derivam da lei eterna? A resposta do Aquinate surpreende por sua simplicidade e, ao mesmo tempo, por sua perspicácia: a lei humana deriva da lei eterna enquanto participa da razão com retidão[62]. De fato, a razão com retidão é uma participação da razão divina e, portanto, é uma participação da lei eterna, enquanto a razão com retidão é a potência governativa humana, dada por Deus ao homem para o governo nos amplos setores da conduta humana deixados à autonomia e à inventividade do homem, as quais fazem parte do estatuto de criação da pessoa humana como ser livre.

Se a razão humana é participação da inteligência divina, sua retidão é participação da lei eterna, e, por conseqüência, a norma procedente da razão com retidão deriva da referida lei eterna. É a versão cristã da *recta ratio* ou *órthos lógos* como participação do *lógos* divino.

b') Uma conseqüência evidente decorre desses postulados: a lei humana tem razão de lei apenas enquanto se adapta à razão com retidão, pois só então deriva da lei eterna e, portanto, só então participa do caráter de lei, pois a lei fundamental e fundamentadora, cuja participação dá a uma norma a índole de lei, é a lei eterna. O motivo é claro: sendo Deus o supremo regente e governante do universo, nenhuma realidade humana poderá ter a índole de regente e de governo se não for por uma participação do governo divino; por conseqüência, nenhuma norma humana terá caráter de lei se não for uma derivação da lei eterna. Em outras palavras, só tem império a razão com retidão como participação da razão divina, a qual, por ser divina e por isso perfeita, é reta; ela é a própria retidão, *ipsa veritas* prática. Do que se deduz que uma lei será injusta e iníqua se estiver afastada da razão com retidão, em cujo caso não terá caráter de lei, mas de violência[63].

---

61. *Summa Theologica*, I-II, q. 91, a.
62. *Summa Theologica*, I-II, q. 93, a. 3.
63. *Summa Theologica*, I-II, q. 93, a. 3 ad 2.

c') No fim de seu tratado da lei eterna, Tomás de Aquino refere-se ao problema das leis humanas que, de uma forma ou de outra, permitem condutas moralmente desordenadas, condutas que também podem ser injustas. Esse tipo de lei deriva da lei eterna. Sendo assim, as condutas permitidas são más? O Aquinate distingue entre leis tolerantes e leis permissivas, sem usar essa terminologia, que é moderna. Lei tolerante é a que por sua omissão – p. ex., não impondo penas – ou pelo modo de regular algumas situações sociais permite um mal menor, sem aprová-lo, para evitar um mal maior. São casos em que, por diversas circunstâncias, o poder social não tem força suficiente para evitar todo o mal; essa impotência provém da limitação própria do poder humano, que não tem a plenitude do poder divino. Porém, essa limitação do poder humano provém da lei eterna, e por isso o próprio fato de a lei humana tolerar as coisas que não pode regular procede de uma ordenação da lei eterna.

Diferente é o caso da lei permissiva. Entende-se como tal a lei que dá estatuto de correta e, por conseguinte, aprova uma conduta ou situação moralmente incorreta; não é que permita um mal, mas que positivamente estabelece como regra ou norma boa o que é moralmente mau. Esse tipo de lei não provém da razão com retidão, portanto não procede da lei eterna, sendo, sim, contrária a ela; por isso são leis corruptas, mais violência que lei[64].

8. O OBJETIVISMO EXTREMADO. Nos séculos XIV e XV encontramos um primeiro vestígio de enfraquecimento da idéia da transcendência, embora se trate de algo meramente incidental. Esse enfraquecimento veio pela mão do objetivismo extremado de Gregório de Rímini. Embora esse autor não duvidasse em dar caráter normativo e vinculativo à lei eterna, situou esse caráter na razão divina não por ser divina, mas por ser reta, de modo que, se por algo impossível Deus não existisse ou sua razão não fosse reta, a regra normativa seria a razão com retidão humana ou angelical; e, se nem mesmo essas existissem, continuaria sendo normativo o que uma razão com retidão determinaria em caso de existir[65]. A hipótese apresenta-se como impossível, pois por essência a razão divina é reta. Porém, o aspecto que o texto de Gregório de Rímini apresenta é significativo: não é na divindade e sim na retidão que reside a normatividade. Trata-se, sem dúvida, de um aspecto inaceitável, pois em Deus não se pode distinguir, nem sequer com distinção de razão, divindade de retidão. Deus é a própria retidão, precisamente enquanto Deus. Esse é o verdadeiro sentido da transcendência: Deus é regra enquanto Deus, sem que nem sequer em hipótese – que em sua aparente inocuidade é na realidade absurda – possa situar-se a normatividade em algo que não seja Deus mesmo. A afirmação de Gregório de Rímini supunha uma fundamentação da ética e da lei natural

---

64. *Summa Theologica*, I-II, q. 93, a. 3 ad 3.
65. *In II Setentiarum*, dist. XXXIV, q. 1, a. 2.

na razão enquanto razão com retidão, não em Deus, embora por fim decorresse que o fundamento é Deus por ser razão com retidão. Há uma radical fundamentação na razão e não em Deus.

9. A ESCOLA ESPANHOLA DO DIREITO NATURAL. *a*) A tese de Gregório de Rímini, seguida por Gabriel Biel[66] e por outros teólogos nominalistas, foi bem conhecida pelos teólogos-juristas da Escola espanhola do Direito Natural, que reagiram contra ela em termos que denotam um problema que estava implícito na tese de Gregório. A imperatividade é algo que emana de alguma estrutura inerente ao ser ou é um ato de império do governante? Ao situar a imperatividade da regra moral dos atos na razão enquanto reta, Gregório de Rímini colocou a retidão – estrutura inerente ao ser – como fonte radical da imperatividade. Os teólogos espanhóis do Século de Ouro reagiram a isso com argumentos muito semelhantes, que em suma podem ser resumidos assim: a obrigação exige um preceito e o preceito, pede um superior que o determine; portanto, o fundamento último do direito é Deus legislador. Na hipótese – para eles impossível – "se Deus não existisse ou não mandasse nada", a violação da lei natural produziria uma desarmonia, mas não geraria culpa moral, isto é, não seria transgressão de uma lei, porque a lei natural como lei não existiria. Nesse sentido, com aspectos diferentes e complementares, pronunciaram-se Vitoria[67], Soto[68], Molina[69] e Suárez[70].

b) O objetivismo extremado foi seguido no Século de Ouro espanhol por Gabriel Vázquez, que situou a regra das ações na própria natureza racional, não implicando em si contradição, com anterioridade a todo império, a toda vontade e inclusive a todo juízo. Desse modo, o fundamento último da lei natural – e, por conseguinte, da lei positiva – não se situava em Deus legislador, mas na natureza de Deus como origem eterna e primeira[71].

Welzel escreveu[72] que Vázquez separou o direito natural de sua base divina de tal modo que não era necessário nenhum passo mais para sua completa secularização, ou seja – cabe acrescentar –, para cair no imanentismo.

---

66. *Epitome et collectorium ex Occamo circa quattuor sententiarum libros*, Tubingen 1501, reprod. Frankfurt am Main, 1965, lib. II, dist. XXXV, q. un., a. 1.
67. *Relección de aquello a que está obligado el hombre cuando llega al uso de razón*, II, n. 9, em "Obras de Francisco de Vitoria. Relecciones teológicas", ed. BAC, Madrid, 1960, p. 1353.
68. *De la Justicia y del Derecho en diez libros*, liv. I, q. IV, a. 2, ed. Instituto de Estudios Políticos, I, Madrid, 1967, pp. 30 e 32.
69. *Los seis libros de la Justicia y el Derecho*, liv. V, disp. XLVI, n. 14, ed. Madrid, 1941-44, t. VI/2, pp. 262 s. e 264 s.
70. *Tratado de las Leyes y de Dios Legislador*, liv. II, cap. V, n. 3, ed. cit., pp. 58 s.
71. *Commentariorum ac disputationum in Primam Secundae Sancti Thomae tomus*, Alcalá, 1607, disp. 97, cap. 1, n. 3 e disp. 150, cap. 3, n. 23.
72. *Introducción a la Filosofía del Derecho. Derecho natural y justicia*, ed. castellana, 2.ª ed., reimpr., Madrid, 1974, p. 98.

Essa conclusão de Welzel é exagerada. Em toda a Escolástica, incluídos os seguidores do objetivismo extremado, há uma idéia central que impede cair no imanentismo e que se evidencia no fato de classificar a hipótese "se Deus não existisse" de impossível. A impossibilidade da hipótese não se apresenta como uma forma um tanto redundante de manifestar a crença na existência de Deus, mas como uma conclusão filosófica, derivada da observação da realidade criada. Os seres criados não têm em si o princípio último de sua subsistência, por isso não são inteligíveis a não ser em relação a Deus. Os seres criados têm em Deus sua explicação última, porque Nele têm sua causa primeira. Dada a radical insuficiência entitativa dos seres criados, só podem ser entendidos como participação do Ser Subsistente por si mesmo. Por isso a hipótese "se Deus não existisse" era considerada rigorosamente impossível e só tinha um valor meramente metodológico e didático[73].

c) Além do que acabamos de indicar, cabe salientar que os autores citados da Escola espanhola do Direito Natural aceitaram a teoria da lei eterna. Quase todos fizeram isso seguindo Tomás de Aquino, do qual afastou-se Suárez quanto à natureza da referida lei, como conseqüência de sua noção de lei. Segundo Suárez, a lei é um ato de vontade do legislador, guiado e iluminado pela razão, em contraste com o Aquinate, para quem, como se disse, a lei é um ato de razão pressupondo um ato de vontade. Para Suárez, que se inclui no voluntarismo moderado, a lei é um ato da vontade, embora se trate de uma vontade reta – não-arbitrária – e por isso pressupõe receber a luz – a compreensão do que é correto – da razão com retidão. De acordo com essa idéia, Suárez entendeu a lei eterna não como razão divina, e sim como vontade de Deus, dentro naturalmente da perfeita simplicidade divina. A lei eterna é, para o Doutor Exímio, o decreto eterno da vontade de Deus, que rege o mundo criado e se manifesta nas criaturas por meio das leis naturais que as regem[74].

10. O IMANENTISMO DE HUGO GRÓCIO. *a*) A primeira introdução do imanentismo no que se refere ao direito foi obra de Hugo Grócio, que defendeu uma concepção imanentista do direito natural. Segundo Grócio, o direito natural flui de princípios intrínsecos ao homem[75], por isso permaneceria intacto na hipótese – que ele considera falsa e até blasfematória – de que Deus não existisse ou não se ocupasse dos assuntos humanos: "Etiamsi daremus... non esse Deum, aut non curari ab eo negotia humana."[76] Nessa hipótese, o direito natural existiria igualmente e com a mesma força. Estabelece, então, uma desvinculação objetiva entre o direito natural e Deus.

No entanto, visto que Deus existe e o homem deve a existência a um ato livre de ·Deus, Grócio entendeu que o direito natural tem uma origem dupla: a própria

---

73. Cf. a respeito J. HERVADA, op. cit., pp. 234 ss.
74. *Tratado de las Leyes y de Dios Legislador*, liv. II, cap. III, n. 5 ed. cit., pp. 33 ss.
75. *De Iure Belli ac Pacis libri tres*, proleg. n. 12, ed. P. C. Molhuysen, Lugduni Batavorum, 1919, p. 7.
76. Op. cit., proleg. n. 11, ed. cit., p. 7.

natureza humana e o ato livre de Deus; ao querer a natureza humana, Deus quer o direito natural inerente a ela. Grócio entende a ação de Deus em relação ao direito natural em termos voluntaristas (o voluntarismo é seguido pelo jurista holandês em várias obras), o que é incongruente com o imanentismo defendido por ele, que se baseia no objetivismo extremado.

Apesar de sua teoria da dupla origem, em Grócio é patente o imanentismo do direito natural: esse é subsistente por si mesmo, e a natureza humana é a origem de tal direito independentemente do fundamento divino. A obrigatoriedade do direito natural não se sustenta em Deus de modo intrínseco. Como lógica conseqüência, que se tira de suas afirmações sobre o direito natural, o direito positivo não teria um fundamento divino, sendo imanente ao homem.

b) Uma coisa facilmente perceptível é que Grócio – de modo diferente da Escolástica – não classifica a hipótese mencionada – semelhante à utilizada anteriormente pelos escolásticos – de impossível, mas de blasfematória e de falsa. Simples disparidade de terminologia? Nada disso, a diferença é muito profunda, tanto que nela se sustenta o imanentismo grociano. Na Escolástica a hipótese era tachada de impossível, porque nela estava presente a teoria da participação em virtude da qual o ser criado é rigorosamente ininteligível sem Deus. A novidade de Grócio é a ausência da teoria da participação, substituída por uma imanente estrutura ontológica dos seres, cuja passagem para a existência dependeria somente de um ato livre de Deus. Isto é, o ser não encontraria em Deus o exemplar de sua estrutura ontológica, mas o acharia em si mesmo. No caso do direito natural, a força desse e sua imperatividade não estariam em Deus, e sim nele mesmo, embora a passagem para a existência fosse devida ao ato livre de Deus pelo qual quer que o homem exista. A conseqüência de tudo isso é que, segundo Grócio, o direito natural possui em si o fundamento último de sua imanente obrigatoriedade e, portanto, de sua inteligibilidade. A hipótese "se Deus não existisse" já não se apresenta como impossível, mas como falsa[77].

11. O IMANENTISMO NA ESCOLA MODERNA DE DIREITO NATURAL. Embora os primeiros mestres do jusnaturalismo moderno não tenham seguido Grócio, que é expressamente criticado por Pufendorf[78], a concepção imanentista do direito foi lentamente tomando corpo, por causa da idéia que os autores genericamente englobados na Escola moderna de Direito Natural defenderam sobre o direito em geral e o direito natural em particular.

---

77. Um estudo mais detalhado de Grócio pode ser visto em J. HERVADA, op. cit., pp. 264 ss. e id., *Lo nuevo y lo viejo en la hipótesis "etiamsi daremus" de Grocio*, em *Escritos de Derecho Natural*, Pamplona, 1986, pp. 401 ss.

78. *De Jure Naturae et Gentium libri octo*, liv. II, cap. III, ed. G. Mascovius, Francofurti et Lipsiae, 1759, reprod. Frankfurt a. M. 1967, p. 210.

a) Antes de mais nada, cabe indicar o que constitui o primeiro passo para o imanentismo: a negação da lei eterna. Pufendorf não duvidou em rejeitar a existência da lei eterna, seguindo uma concepção claramente voluntarista da lei, ao mesmo tempo que não compreendendo o genuíno significado da teoria da lei eterna. Pufendorf fala, de fato, da lei eterna, entendendo-a como uma regra eterna, princípio coeterno extrínseco diferente de Deus, que esse precisaria seguir ao atribuir às coisas suas formas próprias. Ou seja, seria uma lei para Deus. Diante disso, Pufendorf afirma que Deus criou o homem com libérrima vontade e atribuiu a ele a natureza que lhe agradou, sem que por parte dessa houvesse alguma necessidade absoluta intrínseca[79]. É claro que esse autor não conhecia bem a precedente teoria da lei eterna, que interpretou com graves erros, pois a lei eterna, como se viu, não foi concebida pela Escolástica como lei para Deus – mas lei de Deus –, nem como princípio coeterno diferente de Deus – é a própria essência divina –, tampouco como extrínseco, nem em relação a Deus, nem em relação às criaturas (a lei eterna, assim como Deus mesmo, é perfeitamente transcendente às criaturas, porém é um princípio íntimo de seu ser).

A teoria da lei eterna não foi mais bem compreendida por Thomasio, para o qual Deus não agiria segundo uma lei (o que significa que entendeu a lei eterna como uma lei que obrigaria Deus), por isso a lei eterna seria uma ficção dos autores escolásticos: *figmentum Scholasticorum*. Nessa linha de entender mal a teoria da lei eterna, escreve que essa doutrina dos escolásticos é semelhante à teoria física dos pagãos, que revelaram a existência de uma matéria-prima coeterna com Deus, e à doutrina, também pagã, do destino no que se refere às ações humanas[80]. Basta lembrar tudo o que foi dito antes para perceber que a teoria da lei eterna é coisa bem diferente de como foi entendida – ou melhor, de como não foi entendida – por Thomasio.

Esse autor, além disso, estabeleceu o imanentismo epistemológico (não é acessível à razão o fundamento divino do direito natural), ao afirmar que a filosofia ignora se o direito natural obedece um mandato divino – coisa que pertenceria à teologia[81]; por isso o filósofo deve prescindir do fundamento divino do direito natural, com o que privou a própria ciência do direito natural (que para ele é filosofia moral) de toda concepção transcendente do direito. Aplicando o mesmo princípio, defendeu que o filósofo – e, portanto, o jurista – ignora a publicação – subentende-se por Deus –[82] do direito natural, reafirmando assim o imanentismo epistemológico. Tudo isso está ligado a sua tese de que a lei natural pertence mais aos conselhos

---

79. Op. cit., liv. I, cap. II, VI, ed. cit., p. 28.
80. *Institutionum Iurisprudentiae Divinae libri três*, Halae Magdeburgicae 1720, reprod. Aalen 1963, dissert. proem., p. 25 e liv. I, cap. I, 31, p. 7.
81. *Fundamenta Iuris Naturae et Gentium*, 4.ª ed., Halae et Lipsiae, 1718, reprod. Aalen, 1979, liv. I, cap. V, § XXXII, p. 152.
82. Op. cit., liv. I, cap. V, § XL, p. 153.

que ao império⁸³; por isso Deus deve ser entendido mais como mestre ou doutor do direito natural do que como legislador⁸⁴, com o que incorre em um imanentismo de fundo (o verdadeiro direito – isto é, o direito positivo – só procede do homem). Há um claro imanentismo de fundo, além do imanentismo epistemológico (não cognoscitivismo).

b) Um imanentismo que lembra o de Grócio é encontrado em Wolff, para o qual a obrigação típica do direito natural tem sua razão suficiente na própria essência e natureza do homem e das coisas, por isso a lei natural é imutável e necessária. No entanto, como a essência e natureza do homem e das coisas tem por autor Deus, ao mesmo tempo que, estabelecida a essência e a natureza, aparece a lei natural, deve-se dizer que Deus é o autor da lei natural e de sua obrigação, de modo que a referida lei é lei divina⁸⁵. O mais significativo de Wolff é a tese de que o direito natural tem na natureza humana sua razão suficiente, de forma que a ação divina consiste em criar o homem, de cuja natureza fluem intrinsecamente o direito natural e sua obrigação. De acordo com essa tese, só impropriamente se pode chamar Deus de legislador.

c) Quanto ao direito positivo, a Escola moderna do Direito Natural estabeleceu as bases para sua consideração imanentista por meio da teoria contratualista da sociedade e do poder. Como se sabe, o jusnaturalismo moderno concebeu a sociedade política e o poder como resultado do contrato social ou pacto de sociedade. Tanto a sociedade política como o correspondente poder teriam sua origem não na natureza (lei natural), mas no consenso humano, por meio do *pactum unionis* – o pacto de união, que originaria a sociedade política – e do *pactum subiectionis* ou pacto de sujeição, que daria nascimento ao poder⁸⁶; não têm, então, uma origem divina transcendente, e sim uma origem imanente humana. Por conseqüência, o direito positivo – as leis da comunidade política e demais mandatos do poder – seria um produto meramente humano, que não derivaria do direito natural, por isso não teria um fundamento divino. A sociedade, o poder e o direito positivo não procederiam originariamente de Deus, mas dos homens.

d) Como foi possível ver, o imanentismo dos jusnaturalistas modernos não é absoluto; não é ainda o total esquecimento de Deus como fonte e garante do direito, pois, pelo menos no que se refere ao direito natural, estabeleceram alguma ligação com Deus, embora fosse de modo certamente fraco, insuficiente e cientifica-

---

83. Op. cit., liv. I, cap. V, § XXXIV, p. 152.
84. Op. cit., liv. I, cap. V, § XL, p. 153.
85. *Institutiones Iuris Naturae et Gentium*, Halae Magdeburgicae, 1750, reprod. Hildesheim, 1969, pars. I, cap. II, §§ 38-41, pp. 20 s.
86. Um resumo pode ser visto em J. HERVADA, op. cit., pp. 260 ss.

mente insustentável. Por isso não é de estranhar que a Declaração de Independência dos Estados Unidos, em 1776, falasse de que os homens são dotados por seu Criador de certos direitos inalienáveis; ou que a Declaração francesa dos Direitos do Homem e do Cidadão, de 1789, se remetesse ao Ser Supremo, em cuja presença e sob cujos auspícios a Assembléia Nacional declarou-se reunida.

12. O IMANENTISMO CONTEMPORÂNEO. *a*) Com o século XIX, foi produzida a rápida expansão do imanentismo de fundo, que invadiu a filosofia moderna e um bom número de ideologias. Tudo isso influiu na concepção imanentista do direito, em especial por meio das várias formas de positivismo jurídico. O imanentismo foi um fenômeno tão generalizado na cultura ocidental que se chegou a falar de "a morte de Deus". Por isso, é improcedente aqui deter-se em uns ou outros autores, e é suficiente fazer constar o fenômeno geral, que abrange a maioria das correntes filosóficas e das ideologias políticas e sociais (liberalismo, socialismo, capitalismo etc.). Por outro lado, é muito comum entre os autores nem sequer propor o tema de Deus, mas omiti-lo.

O imanentismo filosófico e ideológico é um fator comum a uma série de correntes de pensamento teórico e prático, que, sendo diferentes entre si, coincidem na concepção imanentista do homem, da sociedade e do direito. Essas correntes podem ser agrupadas nas seguintes linhas: o racionalismo ateu, o materialismo, o agnosticismo e o positivismo.

b) A origem de todos esses movimentos deve ser encontrada no abandono da metafísica. Rejeitada a metafísica, torna-se uma conseqüência direta e imediata o total repúdio de qualquer concepção transcendente do homem, da sociedade e do direito, pois só a metafísica tem acesso às causas últimas e à íntima essência da realidade.

A inacessibilidade de nossa razão à realidade última das coisas é uma postura cuja origem moderna é Kant, com sua distinção entre o número e o fenômeno, e sua tese de que só o fenômeno é acessível à razão. Isso o levou a estabelecer uma radical cisão entre o plano da fé e o plano da razão e a situar o tema de Deus – próprio do número – na fé, entendendo-o como inacessível à razão. Com isso, o sistema filosófico e o de pensamento racional aparecem fechados a toda consideração divina transcendente, e voltados para um imanentismo pelo menos epistemológico. Em particular, a filosofia do direito, que como disciplina autônoma deve sua origem ao pensamento kantiano, conforme se viu, desenvolveu-se em termos imanentistas: o direito é considerado um fenômeno puramente humano, sem referência ao possível fundamento divino. Também nesse caso o mais comum é omitir o tema de Deus.

c) A maior influência na filosofia jurídica foi a do positivismo jurídico, em suas múltiplas variantes (o objetivismo jurídico também), que, nascido de filosofias imanentistas – atéias, materialistas ou agnósticas –, nega a transcendência divina do direito – a qual tem como ponto-chave a existência do direito natural, como fundamento divino do direito – e o considera um produto totalmente cultural, obra originária do homem.

Rejeitada pelo positivismo a idéia de direito natural, o fundamento do direito foi situado no poder, um poder imanente ao homem, ao Estado, sem nenhuma vinculação transcendente. Como conseqüência, o poder foi entendido como potencialmente ilimitado, embora se tenha procurado moderá-lo mediante diversas técnicas, entre elas a divisão de poderes e o freio da constituição como suprema lei. Porém, essas técnicas de equilíbrio e moderação do poder não cercearam a idéia básica do poder ilimitado. Princípio fundamental do positivismo foi e continua sendo que o direito positivo é válido enquanto são cumpridos os requisitos formais para a elaboração e a promulgação da norma, seja qual for seu conteúdo. Essa falta de limite potencial de conteúdo é uma base fundamental do positivismo, cuja realização mais aguçada foi o totalitarismo.

d) Ponto de interesse especial, por seus efeitos tanto teóricos quanto práticos, é o constituído pela concepção imanentista dos direitos humanos. Entendido o direito como produto cultural, os direitos humanos são concebidos também como produtos culturais e, portanto, como variáveis e alterantes. Com isso, ficam fundamentados nas estimativas subjetivas e relativas da sociedade e no consenso comum, privados de toda base objetiva e submetidos às mudanças de opinião. Perdem, por conseqüência, seu genuíno sentido de base objetiva vinculativa da configuração da sociedade e de limites à prepotência, defesa e garantia do respeito à dignidade da pessoa humana.

13. O FUNDAMENTO ÚLTIMO DO DIREITO. *a*) *Premissas*. *a'*) Ao nos perguntarmos pelo fundamento último do direito, colocamo-nos sem dúvida alguma em uma posição metafísica. De fato, só o conhecimento metafísico nos proporciona a última inteligibilidade das coisas. Por isso, renunciar ao acesso metafísico ao ser equivale – como se destacou na primeira lição – a adotar uma atitude de cegueira voluntária, que deixa sem explicação última os seres. No que se refere ao direito, sem metafísica é impossível compreender a íntima natureza do direito, da lei e do poder. Isto é, a renúncia à metafísica deixa sem explicação última os conceitos fundamentais da teoria do direito.

b') A consideração sapiencial ou metafísica da realidade jurídica – como de qualquer realidade – leva ao tema da relação entre o direito e Deus, porque o Ser Subsistente é acessível à razão, embora não em si mesmo, mas em seus reflexos ou manifestações nas criaturas. Trata-se de um acesso racional e por isso filosófico, diferente – porém complementar e como preâmbulo – do conhecimento teológico pela fé. Desse conhecimento racional ou filosófico tratam as linhas seguintes.

c') O *quid* da questão reside em que, se toda realidade provém de Deus, é preciso compreender em que sentido a realidade jurídica tem um fundamento último divino e até que ponto pode-se dizer que o direito natural e o direito positivo derivam de Deus.

É óbvio que pelas posições atéias e agnósticas o tema que estamos tratando nem sequer é exposto – omite-se; propor a questão e tentar resolvê-la supõe admitir a existência de Deus como verdade fundamental. Nestas páginas, parte-se desse pressuposto básico – cuja demonstração não pertence à filosofia do direito, e sim ao ramo da metafísica denominado teodicéia.

b) A lei natural. a') A questão da transcendência divina da lei natural – questão comum a toda a realidade jurídica e ainda a toda realidade natural – deve ser resolvida atentando para duas verdades complementares: por um lado, a lei natural é verdadeiramente natural; por outro lado, nada existe nela que não provenha de Deus. Pelo primeiro aspecto, não se pode admitir o voluntarismo extremado (p. ex., Ockham), para o qual não há nada objetivo no homem que seja *exigente*, imperativo, pois a lei natural é apenas símbolo de uma vontade divina que pode mudar arbitrariamente. Pelo segundo ponto, é inadmissível o objetivismo extremado, que entende que a lei natural é imanente à natureza humana, limitando-se a ação de Deus a criar o homem.

b') Dado que a lei natural é *natural*, essa não pode ser entendida como um mandato divino extrínseco captado pela razão com retidão, sendo sim preciso afirmar que é manifestação de uma dimensão do dever-ser – exigível, imperativa – inerente à natureza humana. É verdadeiramente exigência natural objetiva. Isso quer dizer que a ordem (finalidade) – origem do dever-ser – é algo inerente ao ser; não cabe a idéia de ser sem ordem, porque a ordem é constitutiva do ser. É impensável o ser sem a ordem, já que a ordem está incluída no transcendental bondade.

Porém, por outro lado, deve-se também partir de outro postulado: não há nada na criatura que não provenha de Deus. Se Deus criou as criaturas, tirou-as do nada, o que implica que não há nada nelas que não seja de procedência divina (daí o princípio de que a criatura, por si mesma, é apenas o nada). Constitui um esquecimento dessa verdade fundamental pensar em uma lei que flua da natureza humana, sem que Deus tenha posto nela a exigência ou imperatividade; isso suporia que um ser criado possui no que é próprio da entidade algo que não procede de Deus, o que é contrário à criação do nada (do nada, nada surge). Por conseqüência, deve-se afirmar que se a natureza humana tem uma dimensão de dever-ser, uma lei natural, isso é devido à vontade divina, que quis e criou a natureza do homem com uma dimensão natural exigível ou de dever-ser e, portanto, quer o desenvolvimento da pessoa e da sociedade humanas de acordo com essa lei. Trata-se, em suma, de uma ordem estabelecida pela sabedoria divina e desejada pela vontade de Deus. A lei natural é lei divina. Logo, não se trata de uma lei extrínseca, mas de uma dimensão intrínseca, natural, de dever-ser.

c') Sendo isso assim, é óbvio que em Deus existe o modelo da lei natural como razão e vontade divinas, do mesmo modo que a lei existe no legislador. Logo, em Deus existe o exemplar imperativo da lei natural; é o que a tradição chamou de a lei eterna. E, como tudo o que tem a criatura é participação criada do ser divino, a lei natural não é outra coisa que uma participação criada – por natureza – da lei eterna no homem, como tão exatamente escreveu Tomás de Aquino; referimos-nos a seus ensinamentos sobre a lei eterna.

d') Sem dúvida, a lei natural tem uma dimensão moral pessoal; porém, já dizíamos no começo da lição que não era essa a dimensão que nos interessava. Para a filosofia do direito, a lei natural tem interesse como norma jurídica, lei para a sociedade. Há, então, um núcleo fundamental da ordem e da harmonia na sociedade humana que, sendo natural, procede de Deus; é plano divino para a sociedade, sabedoria e vontade divinas que indicam a ordem fundamental – a harmonia humana primária – da vida social e jurídica da comunidade humana. Não se pode, por conseguinte, negar a Deus o título de legislador primeiro da sociedade dos homens.

c) Os direitos naturais. a') Aplicando os dois princípios antes enunciados, é preciso ratificar, em primeiro lugar, o caráter natural desses direitos. São coisas verdadeiramente atribuídas ao homem e a ele devidas em virtude da própria natureza, conseqüência do inerente domínio do homem sobre seu próprio ser e sobre o mundo circundante; são, então, direitos naturalmente possuídos em virtude de uma dimensão dominadora e exigente da natureza humana.

Ao mesmo tempo, por causa do segundo princípio (o nada radical da criatura), é preciso estabelecer a procedência divina da atribuição e do domínio – portanto da dívida – naturais; a natureza humana é dominadora e exigente, porque Deus quis assim a natureza humana, manifestando desse modo a ordem e a harmonia naturais coerentes com a dignidade do homem. Os direitos naturais correspondem, então, à sabedoria e à vontade de Deus e fazem parte do plano divino sobre a ordem e harmonia fundamentais da sociedade humana.

b') No caso dos direitos naturais, o fundamento divino encontra-se no domínio inerente à natureza divina, da qual é imagem criada a natureza humana, cujo domínio é reflexo do domínio de Deus. Portanto, os direitos naturais são uma participação no homem, possuída por natureza, do domínio divino.

c') Na medida em que os direitos humanos são direitos naturais, deve-se afirmar que tais direitos, reflexos da sabedoria e da vontade divinas na natureza humana, são plano de Deus para a sociedade humana, como fatores fundamentais da correta e justa organização da vida social e jurídica. Não são, então, o resultado de estimativas subjetivas ou do consenso social, mas verdadeira ordenação divina, manifestada por meio da natureza humana. Portanto, estabelecer o respeito e a garantia dos direitos humanos – desde que sejam direitos naturais – não constitui simplesmente uma ação política benéfica, mas também o estabelecimento do plano divino para a sociedade humana. Analogamente, a lesão desses direitos fundamentais do homem implica a violação da ordem social divina.

d) A lei positiva. a') Enquanto a lei natural representa o conjunto de preceitos divinos para a vida social, a lei positiva pertence ao âmbito de autonomia do homem, isto é, àquele vastíssimo segmento da vida social que Deus deixou à livre opção dos homens, a sua inventividade e a seu arbítrio. Essa esfera de autonomia não é anômica; necessita de normas reguladoras ou leis que completem a ordem natural, para que a sociedade humana se desenvolva em completa harmonia, corretamente destinada para seus fins. A lei positiva procede, então, do homem. No entanto, o poder de legislar, se for real e genuíno poder de determinar leis verdadeiras, é uma faculdade que a comunidade humana e, dentro dela, os órgãos legislativos possuem por natureza. De acordo com o princípio estabelecido antes, não há nada na criatura que não proceda de Deus; portanto, o genuíno poder de determinar leis verdadeiras é uma faculdade inerente à natureza social do homem, que necessariamente tem por causa Deus. Esse poder legislativo é *natural*, contido na natureza social do homem; porém, como já foi dito repetidamente, o natural é causado por Deus, por isso em último caso a lei positiva tem uma base divina.

b') Como tudo o que o ser criado possui é reflexo e participação de Deus, o poder humano de determinar leis positivas é participação do poder divino. Trata-se de uma participação *criada*, natural, porém verdadeira participação no governo divino. No entanto, isso não significa nem que o poder humano esteja investido de poderes divinos nem que seja vicário do poder de Deus. O poder humano é natural, plenamente humano, como os olhos são órgãos naturais; e a lei humana é império humano, como a visão é uma operação natural dos olhos. Mas, assim como os olhos e a visão procedem do poder criador de Deus, a existência do poder humano e das leis positivas também obedece, em último caso, à sabedoria e à vontade divinas enquanto se manifestam na criação do homem dotado de natureza social.

Isso significa que o poder humano e a lei positiva aparecem no âmbito de autonomia ou autogoverno que o homem, por ser livre, dotado de inteligência e inventividade, recebeu de Deus. Por conseguinte, a lei humana representa a condição de protagonista do homem na tarefa de completar a ordem e a harmonia do cosmo e de governá-lo, assim como mediante seu trabalho completa a tarefa de criação do universo. Disso deduz-se a compreensão de uma dimensão necessária e essencial da lei positiva: essa deve ser ordenada e harmônica, deve estabelecer uma ordem humana concorde com a dignidade da pessoa humana, com a natureza do homem e a natureza das coisas. Uma lei desarmônica, injusta, que atente contra a dignidade humana, contra a lei natural e os direitos naturais, é um abuso e exorbitância do poder recebido de Deus, e, portanto, enquanto não tem um fundamento divino, não pertence ao verdadeiro e genuíno poder humano – é violência, prepotência –, por isso não tem a consistência de verdadeira lei.

c') A lei positiva é uma opção humana; como pertencente ao âmbito de autonomia, seu conteúdo não deriva da lei natural como conseqüência necessária, mas sim como escolha entre diferentes possibilidades legítimas. Portanto, recebe sua força vinculativa da capacidade de império do poder humano. Como, então, falar de uma derivação da lei humana em relação à lei eterna, em relação à sabedoria e à vontade divinas? Em primeiro lugar, pela legitimidade do poder. Em segundo lugar, no que concerne a seu conteúdo, pela racionalidade da regra imperada. O que pertence ao âmbito de autonomia não é a prepotência ou a irracionalidade, mas a razão com retidão. De fato, visto que o poder humano é um reflexo ou participação do poder divino, só a razão com retidão é exercício legítimo do poder humano, pois apenas ela participa da razão divina que é reta por essência.

d') Uma conseqüência que decorre do fundamento divino do poder humano e da lei positiva é sua inerente limitação. O poder humano não é ilimitado, pois restringe-se a uma esfera determinada indicada pela legitimidade de exercício, isto é, pela razão com retidão. Isso constitui a garantia mais básica da justiça com o homem e de sua liberdade. A lei humana, o poder do homem não podem ser considerados ilimitados, pois estão de modo constitutivo circunscritos por alguns limites, que são a legitimidade e a racionalidade, o que é o mesmo que dizer os direitos fundamentais da pessoa humana, os quais só encontram adequada garantia mediante uma concepção transcendente do direito.

Bibliografia

A. DE ASÍS GARROTE, *Manual de Derecho Natural*, I, Granada, 1963; M. BERLJAK, *Il diritto naturale e il suo rapporto con la divinità in Ugo Grozio*, Roma, 1978; E. BURKHART, *La grandeza del orden divino*, Pamplona, 1977; O. N. DERISI, *Los fundamentos metafísicos del orden moral*, 4.ª ed., Buenos Aires, 1980; R. GÓMEZ PÉREZ, *La ley eterna en la historia. Sociedad y Derecho en San Agustín*, Pamplona, 1972; J. HERVADA, *Historia de la Ciencia del Derecho Natural*, Pamplona, 1987; id., *Lo nuevo y lo viejo en la hipótesis "etiamsi daremus" de Grocio*, em *Escritos de Derecho Natural*, Pamplona, 1986, pp. 399 ss.; id., *Inmanencia y trascendencia en el derecho*, em "Persona y Derecho", XXI, 1989, pp. 185 ss.; E. LUÑO PEÑA, *Derecho Natural*, Barcelona, 1947; C. I. MASSINI, *Inmanencia, trascendencia y derechos humanos*, em "Persona y Derecho", XXI, 1989, pp. 173 ss.; F. PUY, *Lecciones de Derecho Natural*, I, 2.ª ed., Santiago de Compostela, 1970; A. TRUYOL, *El Derecho y el Estado en San Agustín*, Madrid, 1944; TOMÁS DE AQUINO, *Summa Theologica*, I-II, q. 93; A. F. UTZ, *Ética Social*, II, *Filosofía del Derecho*, ed. castellana, Barcelona, 1965.

Lição XII
O conhecimento jurídico

SUMÁRIO: 1. Preliminares. 2. A realidade jurídica e seu conhecimento. 3. O aspecto formal do conhecimento jurídico. 4. Os níveis do conhecimento jurídico. 5. A autonomia e a conexão dos níveis do conhecimento jurídico. 6. A ciência jurídica. *a) Em geral. b) Características*. 7. O nível prudencial.

1. PRELIMINARES. A ordenação jurídica ou sistema de direito é uma estrutura organizadora da realidade social. É *ratio* ou medida da vida social, presidida pelo direito e pela justiça. Em parte é uma ordem dada (direito natural), em parte é criação do homem (direito positivo). E sempre exige um momento realizador: viver de acordo com o direito, que é viver de acordo com a justiça.

A ordem jurídica para ser vivida, o direito para ser satisfeito necessita ser conhecido. Para isso, é preciso estar em posse de alguns *critérios*, de um *método* de trabalho, de alguns *conhecimentos*. Ocorre a mesma coisa nas demais facetas da vida humana: para obter algo, para realizar bem uma ação, não basta querer, é necessário saber.

Ser jurista – ou, em geral, viver de acordo com o direito – precisa de um *saber*; pressupõe um hábito intelectual (dianoético) específico, consistente em saber realizar a ordem social justa dentro da sociedade. Por isso mesmo, ser jurista é estar em posse do hábito intelectual destinado a estabelecer, dentro da comunidade humana, a ordem social justa; consiste, em suma, em ser o técnico da justiça, como dimensão necessária da sociedade dos homens.

2. A REALIDADE JURÍDICA E SEU CONHECIMENTO. Sistema jurídico e ciência não se confundem, nem podem ser confundidos. A ordem jurídica é uma realidade de comunicação pessoal objetivada, não interiorizada na mente; é uma ordem objetiva exteriorizada própria de seres inteligentes, que não se esgota em uma simples idéia. Porém, o fato de ser uma ordem de seres inteligentes destaca a necessária intervenção do entendimento para que possa existir. Qual é essa intervenção da inteligência? É um conhecer puro ou é também uma operação que *produz* ou, mais exatamente, *constrói* a ordem social justa?

A ordem jurídica é ao mesmo tempo uma realidade dada, objeto de conhecimento, e uma realidade operável, construível, objeto de ação. De fato, do ponto de vista de sua aplicação e cumprimento, o sistema jurídico, para ser vivido, precisa ser conhecido. Há, então, uma indubitável dimensão cognoscitiva desse ângulo de visão. Porém, o fato de a ordem jurídica ser vivida implica sua *realização*. O que devemos entender por realização? Os juristas também costumam dizer *cumprir* ou, com mais freqüência, *aplicar*. Uma norma, um dever existem desde o momento em que formalmente têm vigência. São, no entanto, categorias que pertencem ao dever-ser, isto é, que devem ser realizadas (feitas vida real), mediante sua transformação na realidade social. Esse processo de aplicação é precisamente um aspecto da construção da ordem social justa – a realidade organizada justamente –, tal como é entendido pela doutrina do realismo jurídico. Por conseqüência, viver a ordem jurídica é ao mesmo tempo um processo de construção da realidade jurídica, produto desse *saber* que mencionamos antes.

Conhecer é próprio da *ciência*; operar ou construir exige uma *arte* (segundo a denominação mais clássica e antiga), uma *técnica* (conforme a terminologia moderna). De acordo com isso, caberia distinguir a ciência do direito, em sentido geral, da técnica ou arte do direito.

Em princípio e em linhas gerais, na linguagem moderna os conceitos de ciência e técnica ou arte aparecem como diferentes. Por exemplo, fala-se de uma ciência ou conhecimento da Pintura. O conhecedor da Pintura *sabe* dos artistas, dos quadros, das distintas escolas pictóricas; e pode mesmo exercer uma função crítica ou avaliadora. Junto com essa ciência, existe a arte ou técnica da Pintura em seus diversos graus, cujos possuidores são chamados artistas, peritos etc., segundo o grau e tipo de arte ou técnica que possuam. São os que têm a *habilidade* de pintar um quadro, reproduzi-lo ou restaurá-lo. Essa habilidade não é denominada ciência, mas arte ou técnica. Essa linguagem obedece ao esquecimento da *ciência prática*, ou saber fazer ou operar: é a arte ou técnica.

Por isso ciência e técnica do direito não são coisas diferentes. Isso é assim porque a ciência jurídica não é uma ciência especulativa, mas uma ciência prática.

Uma *ciência especulativa* destina-se simplesmente a conhecer um objeto e termina sua operação no conhecimento obtido. É indiferente que o objeto seja em si mesmo algo dado ou seja também realizável, pois em qualquer caso a ciência especulativa só tende a conhecê-lo.

Em contrapartida, a *ciência prática* tem por objeto algo realizável, considerando-o de modo formal como tal, isto é, precisamente como objeto de operação, pois é um conhecimento destinado de maneira intencional a realizar o objeto. Daí conclui-se que em uma ciência prática a idéia de realização concreta rege seu método e seu modo próprio de pesquisa.

Porém, aplicar uma norma, cumprir um dever ou satisfazer um direito – realizar a ordem jurídica – não é só um puro conhecer, nem ter uma habilidade. Exige uma *decisão* em que a vontade tem importante papel. Essa decisão é produto da prudência jurídica ou *jurisprudência* (a *prudentia iuris* ou *iuris prudentia* de quem realiza a ordem jurídica). A ciência do direito destina-se a essa decisão, enriquecendo a dimensão cognoscitiva da decisão (não basta querer, é preciso saber, dizíamos), e também, em último caso, contribuem para potencializá-la os fatores técnicos mencionados. Existe, então, entre ciência e prudência jurídicas uma conexão, que as integra em uma unidade intencional (ciência prática ou arte do direito).

Analisado panoramicamente o tema, a seguir será exposta uma visão de conjunto do conhecimento jurídico e, com mais detalhe, as noções de ciência – em sentido estrito – e prudência jurídicas.

3. O ASPECTO FORMAL DO CONHECIMENTO JURÍDICO. A sociedade tem uma dimensão jurídica. Nela existe uma ordem jurídica, que pode e deve ser conhecida, sem que essa ordem jurídica seja o único aspecto da comunidade humana. Com isso já podemos estabelecer uma primeira delimitação do caráter específico da ciência jurídica em sentido geral. O saber jurídico tem por objeto *o aspecto jurídico* da sociedade humana; esse é seu objeto de estudo e de conhecimento. De fato, porém, isso é apenas uma primeira e negativa forma de delimitar seus contornos. Mostra-nos que a ciência jurídica não estuda, como objetos próprios, os demais aspectos da sociedade; mas não nos mostra mais nada. Esse critério só seria válido se nenhuma outra ciência tivesse por objeto esse aspecto jurídico; se essa circunstância não ocorrer, será preciso recorrer a outros critérios.

Quanto a isso, não se deve esquecer um dado. Visto que as ciências são especificadas por sua forma típica de conceitualizar (o *modus definiendi et ennunciandi*), ou perspectivas formais de conceitualização, só é possível que o aspecto jurídico da sociedade seja objeto exclusivo da ciência jurídica se for cognoscível ou captável de acordo com uma única forma de conceitualizar, isto é, a partir de um único nível de abstração e de um único aspecto. Mas isso é verdade?

Parece indiscutível que o aspecto jurídico de uma sociedade em geral não é objeto de uma única ciência. O direito é objeto de estudo e de conhecimento por parte da filosofia; cabe estudar o direito do ponto de vista sociológico; pode ser estudado do ângulo de enfoque da ciência política, como forma de ordem e instrumento de governo etc. No entanto, nenhum desses modos de estudar e conhecer o direito constitui o específico saber jurídico. Quando dizemos que o jurista é o homem do direito ou que é o técnico da ordem social justa, estamos nos referindo ao estudo da ordenação jurídica de uma perspectiva peculiar: a *capacidade operativa típica* ou modo típico que tem o jurídico de operar na vida social; isto é, estamos diante da consideração da dimensão jurídica como algo que, segundo seu próprio modo de ser, opera efetivamente organizando a vida social de uma comunidade humana. Capacidade operativa típica que quer dizer ação estruturante e organizadora da vida social mediante algumas específicas vinculações, relações, direitos, deveres, exigências e mandatos.

Dizemos *específicas* porque há muitas vinculações, exigências e mandatos que não são objeto da ciência do direito, por não serem jurídicos. O aspecto jurídico é delimitado pelo *ius* ou direito – e a correspondente dívida –, ou seja, por relações com a marca de justiça estrita, de igualdade e de intersubjetividade. Intersubjetividade – ou alteridade, como vimos – quer dizer relação de homens com homens, presidida pela marca de *dívida* e *exigibilidade*, de força vinculativa. E uma dívida ou exigibilidade que nasce imediatamente da posição de cada homem em relação ao outro, como algo inerente às respectivas posições no contexto social ou entre si.

Com o que foi dito fica delimitado o *aspecto formal* do saber jurídico: a socialidade humana vista *sub specie iuris*, ou, se for preferível, *sub specie iustitiae*. Em outras palavras, quando a relação social apresenta-se com um conteúdo de direito, dívida ou exigência das pessoas no que se refere às outras, seja por sua condição pessoal, seja por sua condição social.

Dizer que delimitamos o aspecto formal do conhecimento jurídico – *sub ratione iuris* – é o mesmo que afirmar que ainda falta indicar o último elemento especificador: as perspectivas formais de conceitualização. De fato, mas como esse elemento especificador apresenta-se dentro dos diversos níveis de abstração, quer dizer que o conhecimento jurídico em geral tem diversos graus ou níveis com as características comuns até aqui enunciadas.

4. OS NÍVEIS DO CONHECIMENTO JURÍDICO. Os níveis do conhecimento da realidade jurídica que, de acordo com a doutrina filosófico-jurídica mais recente, podemos assinalar são quatro: o nível *fundamental*, o *científico* ou ciência jurídica em sentido estrito, o *casuístico* e o *prudencial*. Desses quatro níveis, apenas os dois primeiros são ciência em sentido próprio (conhecimento por causas com validade geral). A diferença entre o nível fundamental e o científico consiste em que o primeiro desenrola-se no plano da abstração *ontológica*, enquanto o segundo opera dentro de um nível de abstração *fenomênica*[1].

a) A natureza epistemológica do nível fundamental é determinada por apresentar-se no plano de abstração próprio do conhecimento *ontológico* ou *metaempírico* – o íntimo do ser e o que é inerente a ele –, tendo por objeto as realidades sociais tanto naturais quanto históricas. Também podemos chamá-lo *nível fundamental*. Considera a realidade jurídica como inerente ao homem e à sociedade em virtude de sua natureza e seus caracteres naturais, sempre conforme o objeto formal do saber jurídico. Constitui-se formalmente em um grau típico do saber jurídico, diferente dos demais, porque se desenrola em um plano de abstração mais alto (metaempírico) e, por conseguinte, conceitualiza, define e enuncia de modo próprio e distinto. Isso

---

[1]. Ver sobre esse ponto J. MARITAIN, *Les degrés du savoir*, 4.ª ed., Paris, 1946; J. M. MARTÍNEZ DORAL, *La estructura del conocimiento jurídico*, cit.; J. FERRER ARELLANO, *La gnoseología del Derecho...*, cit.; id., *Filosofía de las relaciones jurídicas*, cit.

leva-o à criação de alguns conceitos, à adoção de um léxico nocional – de juízos e proposições – e a seguir um método típico. Daí que, embora os termos usados nesse nível fundamental sejam idênticos algumas vezes aos utilizados nos outros níveis, o conteúdo conceitual, a idéia que expressam, é parcialmente diferente. Esse nível é o próprio da ciência do direito natural – não confundível com a filosofia do direito – e da fundamentação das instituições jurídicas positivas.

Cabe perguntar se esse nível fundamental é necessário para o conhecimento completo da realidade jurídica quanto a sua realização. A resposta só pode ser afirmativa. A dimensão social do homem, por sua própria configuração natural, tem instaurados alguns princípios de ordem, algumas exigências e alguns valores inerentes, e desse modo existe o direito natural. Não é possível, então, que se implante uma verdadeira ordem social justa se não for conhecido e respeitado esse núcleo de ordem instaurado; uma ordem que é verdadeiramente social e justa. Porém, conhecer essa ordem instaurada é próprio do nível que acabamos de delinear, por definir um conhecimento metaempírico da íntima essência, natureza, valores e ordem natural da realidade. E isso só é possível no nível de abstração do nível ontológico. Esse nível tem por tema não só a ordem jurídica natural, como também o direito positivo, porém, como é óbvio, a partir de sua perspectiva típica. Por isso não estuda tecnicamente o direito positivo, mas *ontologicamente*, por causa de suas causas íntimas, isto é, sua essência, sua função, sua justificação e sua avaliação mais radicais. Tende, então, a captar a realidade jurídica do homem e da sociedade em seu nível mais alto e profundo de conhecimento jurídico.

b) O segundo nível do conhecimento jurídico é o *científico*. Estamos diante da *ciência do direito* em sentido estrito e mais apropriado.

A ciência jurídica caracteriza-se por ser um conhecimento *fenomênico*. Por se tratar de uma ciência, questiona as causas, porém não se destina à captação das causas íntimas, que explicam em sua integridade a realidade jurídica (essas causas íntimas são objeto do primeiro nível exposto), mas apenas às causas próximas e aparentes (aparente quer dizer causa captável empiricamente, p. ex., a lei promulgada ou o costume, a decisão judicial, o contrato etc.). Distingue-se pelo modo particular de analisar que emprega na determinação conceitual da realidade jurídica; isto é, pela perspectiva formal de conceitualização. Mais adiante seus caracteres serão expostos com maior cuidado.

c) Um terceiro nível, que não é propriamente ciência ou é de modo ínfimo, é o representado pelo *casuísmo jurídico*.

Dizer que não é ciência ou que é em grau ínfimo não tem nenhum sentido pejorativo. Pretende-se mencionar com isso o escasso nível teórico e abstrativo em que se desenrola; em contrapartida, por seu grande nível de praticidade, pode ser um instrumento muito útil no mundo do direito. Dizer, como fez algum autor, que a casuística é o túmulo da verdadeira ciência constitui um evidente exagero.

O casuísmo não se propõe analisar teoricamente a realidade jurídica, mas *sintetizar* conclusões derivadas dos níveis anteriores para resolver possíveis casos (já ocorridos ou que possam ocorrer) com todas as circunstâncias que os configuram como singulares. Tem certo grau de abstração, visto que não resolve uma situação real (como faz o juiz que profere uma sentença), mas um caso *típico*, uma situação passada ou possível. O casuísmo é, então, um conhecimento típico (estuda sobretudo casos reduzidos a tipos) e como exemplar, não imediatamente prático e existencial.

d) Com esses três graus ou níveis, esgota-se o conhecimento jurídico que, tendo uma dimensão prática, restringe-se ao puro conhecer. Porém, como já dissemos, existe outro nível que, embora implique um conhecimento, também consiste em uma decisão. É a realização da ordem jurídica na vida real, nas situações singulares e realmente existentes. É a resolução de um juiz, o cumprimento de um dever, o exercício de um direito ou a atuação conforme a justiça e o direito. Essa *decisão*, que não é a conclusão de um silogismo lógico, tampouco um ato arbitrário da vontade, é produto de uma virtude (o direito pertence ao âmbito do factível): a prudência jurídica.

O nível prudencial não tem nada de abstrato ou genérico. É um conhecimento realizador, imediatamente prático, que introduz na existência uma justa decisão organizadora da sociedade. Decisão que se produz em um momento absolutamente único, impermutável e insubstituível. Suas características são: *a imediata praticidade* e *ser um conhecimento sintético*, pois aplica um saber teórico à situação existencial, com todas as circunstâncias que a definem como singular.

5. A AUTONOMIA E A CONEXÃO DOS NÍVEIS DO CONHECIMENTO JURÍDICO. Cada um dos níveis do conhecimento jurídico estudados caracteriza-se por sua peculiar perspectiva formal de conceitualização. É preciso excetuar o nível prudencial, no qual não se pode falar a rigor de conceitualizar, por não existir nenhum grau de abstração; porém, nisso consiste sua diferença específica.

Uma conseqüência importante desse fato diferencial é a autonomia de cada um desses níveis. Por autonomia científica entende-se que cada ciência particular (cada nível) tem um método próprio e um mecanismo conceitual específico, correspondentes a uma perspectiva formal ou modo de sintonizar intelectualmente com a realidade jurídica. Cada ciência tem em si o instrumental necessário para atingir a verdade a partir de sua perspectiva. Nesse sentido, o nível ontológico e o nível científico têm entre si uma determinada autonomia específica, assim como a decisão prudencial também a tem, como veremos em momento oportuno.

Porém, por outro lado, nenhum desses níveis de conhecimento pode ter pretensões de exclusividade, porque todos são radicalmente insuficientes para conhecer e realizar a ordem jurídica em sua totalidade. Cada um deles nos dá uma perspectiva, uma visão – ou mais exatamente uma versão, dado que o entendimento não é puramente passivo; daí a diferente conceitualização – da verdade do objeto, que nenhum deles esgota.

A radical insuficiência de cada um dos níveis do conhecimento jurídico mostra a necessidade de uma conexão entre eles. Essa conexão já aparece em sua orientação para a realização da ordem social justa, na marca de praticidade que, mediata ou imediatamente, é própria de todos os níveis expostos. Há entre todos eles uma continuidade de tendência e direção para a práxis. Mas, sobretudo, o fato de existirem diversos níveis indica que a realidade jurídica é inalcançável por apenas um deles e que a realização da ordem social justa exige, para ser obtida de modo integral, o conhecimento da realidade jurídica em todos os níveis, integrados por uma mesma conexão e na unidade existencial do que é cognoscitivo.

Caberia pensar que a conexão consiste em que se trata de níveis de um mesmo saber, e não de diferentes saberes. Essa proposição não consideraria que cada nível caracteriza-se por um método típico de conceitualizar, por sua perspectiva formal de conceitualização, e isso é precisamente o que, especificando-os, distingue-os formalmente entre si.

Distinção e autonomia – que são dadas pela incapacidade da mente humana para conhecer inteiramente a realidade jurídica, se não for por meio de diversas perspectivas, de diferentes modos de conceitualizar e de métodos – e conexão necessária, por ser o conhecido um mesmo objeto, são dois traços que não podem ser esquecidos, como não se pode subestimar um deles em favor do outro, sem incorrer em uma atitude gnosiologicamente incorreta.

Como atuam, então, os resultados de cada nível em relação ao outro? Como *dados*, verdades das quais se deve partir, mas que não se integram em um nível diferente dos que foram obtidos, se não for por sua conceitualização e seu tratamento segundo a perspectiva e o método próprios de cada saber.

De acordo com isso, é preciso evitar duas falhas. Primeiramente, a confusão metodológica e o uso indiscriminado por uma ciência dos conceitos e resultados elaborados por outra; em segundo lugar, transformar a autonomia dos diferentes níveis em auto-suficiência, propugnando ou seguindo uma pureza metódica total. Em contrapartida, o rigor científico e as necessidades do conhecimento exigem uma *pureza metódica formal*, que não consiste em prescindir dos dados de outras ciências, mas em não utilizar seus métodos, em não fazer objeto de estudo aquilo cuja investigação não lhes pertence, e em não transpor indiscriminadamente seus resultados à própria ciência.

6. A CIÊNCIA JURÍDICA. *a) Em geral*. O nome de ciência é dado ao conhecimento de uma coisa por suas causas (*cognitio certa per causas*). Dado esse sentido da palavra ciência, poucos saberes merecem melhor esse nome do que a filosofia e, dentro dela, a metafísica. Porém, nos últimos tempos, sobretudo a partir do século XIX, denomina-se ciência por excelência – como já foi dito – um tipo específico de saber, que alcançou seu verdadeiro desenvolvimento nos últimos cento e cinqüen-

ta anos: o saber fenomênico, isto é, aquele conhecimento que tende a apreender o objeto por suas causas próximas e por seus condicionamentos aparentes. É um saber cujas características epistemológicas diferem substancialmente do conhecimento ontológico (aquele que é próprio da filosofia ou do nível ontológico), por isso é freqüente estabelecer a contraposição filosofia-ciência como dois saberes especificamente diversos. Ao distinguir em item anterior entre nível fundamental e nível científico, já mostrávamos que o primeiro desses dois níveis tende ao conhecimento ontológico, enquanto o segundo é um saber fenomênico. Isso supõe admitir um saber científico (*cognitio certa per causas*) diferente do ontológico. E implica ao mesmo tempo que chamemos ciência jurídica, nível científico etc. ao referido nível cognoscitivo, usando esses termos no sentido restrito moderno já indicado.

Para que um conjunto de conhecimentos seja considerado uma ciência já formada, é preciso que, além de autonomia, tenha algumas características epistemológicas, que de modo geral resume-se na definição que incluímos antes: *cognitio certa per causas*. Porém, também é necessário que seja um conjunto *sistemático*. Com isso entende-se a ordenação lógica da matéria (sistemática externa), e de modo principal – como conseqüência de sua natureza epistemológica – que se trate de alguns conhecimentos obtidos de acordo com alguns princípios e um procedimento conclusivo (argumentação) próprios, o que origina alguns conhecimentos concatenados, que se traduzem em um sistema científico ou conjunto harmonioso de conhecimentos (sistemática interna ou sistema em sentido mais apropriado). Nesse caso é que a multiplicidade de conhecimentos constitui-se na unidade de um único saber: uma ciência.

O nascimento da ciência jurídica como conhecimento autônomo diferente do filosófico (já entramos na distinção ciência-filosofia) aconteceu quando surgiu um sistema de conhecimentos obtidos não no nível filosófico, mas no fenomênico, com a legítima pretensão de autonomia por ser diverso o nível epistemológico em que se atinge esse conhecimento e ser distinta a perspectiva formal de conceitualização (o *modus ennunciandi et definiendi*). Foi a origem de uma ciência jurídica que de nenhum modo é uma parte da filosofia moral (se for o caso, uma ciência canônica que sob nenhum aspecto é uma parte da teologia moral).

A ciência jurídica – a *nova ciência* do direito, obtida no nível fenomenológico – supõe: a) um saber e não só uma técnica; b) um saber geral, válido sem estar ligado à contingência do singular; c) alguns princípios próprios, a concatenação interna de conhecimentos e sua redução à unidade (sistema jurídico); d) limitação do conhecimento da realidade jurídica aos fenômenos observados e observáveis; isto é, em sua *positividade*, enquanto captáveis fenomenologicamente, sem recorrer ao nível filosófico para conhecê-los. Isso implica algumas regras de *explicação* e *interpretação* próprias, típicas desse nível; isto é, um método jurídico próprio, livre de contaminações ou divagações filosóficas. Pois bem, construir uma ciência jurídica dessas características foi obra da nova ciência jurídica iniciada com a Escola Histórica e com a introdução do método científico ou sistemático moderno.

No entanto, e paralelamente ao ocorrido nas ciências da natureza, esse processo não esteve livre de exageros, nem desse "erro trágico" de que fala Maritain. Se a ciência tradicional não soube – ou não pôde, dado que a natureza humana está sujeita à lei do progresso – descobrir a autonomia do nível científico e o reduziu a uma parte da filosofia ou da teologia, a nova ciência confundiu a autonomia com a independência, a positividade com a negação de todo fundamento filosófico (que algumas correntes de pensamento quiseram substituir pela *Allgemeine Rechtslehre* ou Teoria Geral do Direito) e com o desconhecimento do direito natural. Isso levou ao conceptualismo, ao positivismo, ao formalismo, ao logicismo (substituição da razão prática pela razão especulativa) e ao conseqüente esquecimento da prudência jurídica – falhas muito graves, que explicam o clima de receio por ela, surgido em certos setores no final da última grande guerra, mas que não podem nos levar a desconfiar da validade radical da ciência jurídica entendida como saber fenomênico, uma vez que se evitem tais falhas.

b) Características. Podemos determinar do seguinte modo as características epistemológicas da ciência jurídica:

1.ª *O tema ou objeto material* que considera é, ou pode ser, toda a realidade jurídica enquanto empiricamente observável. Dizer toda a realidade jurídica implica afirmar que a ciência jurídica tem por tema o *direito positivado*, tanto o direito natural como o direito positivo.

2.ª *A perspectiva mental de consideração da ciência jurídica*, que condiciona toda sua maneira típica de conceitualizar, afirmar ou definir, depende do aspecto da realidade jurídica que o nível científico tenta revelar; a saber, aquele conjunto de dados que aparecem diante de uma observação fenomênica. Deve, então, considerar o sistema jurídico em suas peculiaridades para descrevê-lo analítica e exegeticamente; porém, não se limita a descrever, tendendo a *elaborar alguns conceitos jurídicos*, obtidos por uma generalização abstrativa cada vez mais ampla dos conteúdos observados, em sua efetiva vigência na vida social. Para isso, o jurista deve tender a conhecer e destacar, como princípio de interpretação, os fins imanentes à ordenação jurídica, pois apenas neles adquirem sentido as normas analisadas.

Aqui também são oportunas várias observações. Em primeiro lugar, os fins que acabamos de mencionar não são os fins últimos ou transcendentes da ordem social (que chamamos em outras ocasiões fins últimos). Esses fins são considerados como *dados*; porém seu conhecimento e averiguação escapam a esse nível por serem próprios do nível ontológico antes descrito. Em contrapartida, os fins imanentes – isto é, aquela concreta direção organizadora da vida social, à maneira de bem ou valor para os quais tende a ordenação jurídica como fins próprios dela, chamados também fins imediatos, parcelas da ordem social justa – não só são fins jurídicos, como também cognoscíveis e captáveis diretamente pela ciência jurídica. Renard dizia, com razão, que no direito os fins fazem parte da própria ciência. Isso é verdade, mas os fins começam a fazer parte das ciências segundo a própria natureza epistemológica de cada uma delas. E na ciência jurídica, conforme seu grau de abstração fenomenológica. Além disso, embora o conceptualismo e o formalismo tenham cometido a falha de fazer abstração dos fins, também é verdade que Ihering defendeu que o direito acontece em razão do fim, e os modernos métodos teleológicos ou finalistas deram-lhe razão.

A segunda observação refere-se aos conceitos. Trata-se de noções obtidas no nível fenomênico e, portanto, típicas desse nível; por conseguinte, não se confundem, nem podem ser confundidas, com as obtidas no nível ontológico. Apenas apresentam a realidade jurídica em um grau determinado de cognoscibilidade.

A terceira observação é, sem dúvida, a mais importante e a mais difícil de esclarecer. Refere-se à marca de *positividade* que a ordem jurídica deve ter para poder ser cientificamente estudada. Não parece possível negar, em boa gnosiologia, que a ciência jurídica só estuda o direito enquanto positivado. Todo estudo no nível científico, seja do direito, seja das ciências físicas ou naturais, é fenomênico, porque por definição restringe-se ao empiricamente observável, àquilo que é denominado *fenômeno* (o dado enquanto experimentável). Não se trata, então, de questionar a existência do direito natural, por exemplo; o que se propõe é um problema estritamente epistemológico. Desse ponto de vista, a resposta não apresenta dúvidas; apenas o direito positivado pode ser objeto da ciência, em virtude de suas características epistemológicas, porque só esse direito é empiricamente observável.

Isso significa que a ciência jurídica não estuda o direito natural? Não, como já dissemos; só quer dizer que o estuda uma vez que tenha se *manifestado* na ordem jurídica e, por conseqüência, passe a ser conhecido como tal pela comunidade humana (*positivação* do direito natural). Essa conscientização se realiza historicamente, de modo progressivo, à medida que a humanidade, conhecendo-se, vai revelando cada vez mais profundamente sua natureza e dignidade. Pois bem, enquanto um elemento de direito natural não é manifestado, não se torna consciente, é óbvio que a ciência jurídica não pode torná-lo objeto de estudo. E também não é missão dela manifestá-lo, pois isso é próprio do nível ontológico.

Essa limitação gnosiológica não impede em nada que a ciência jurídica seja suficiente para seu objeto: o estudo do direito vigente. Um fator de direito natural, até que não se manifeste na consciência jurídica da comunidade humana, não é, propriamente falando, *direito vigente*. Não faz parte dessa ordem social que, em um dado momento histórico, rege eficazmente a sociedade. Pode-se dizer de fato, se é que as palavras significam algo, que uma norma de direito natural, hoje totalmente desconhecida e que talvez seja conhecida dentro de duzentos anos, já é parte hoje do direito vigente? Afirmar isso seria esquecer um dos traços essenciais do direito: sua historicidade. O direito não é nenhum ideal, nem nenhum protótipo. É uma ordem *histórica prática*, isto é, aplicável *hic et nunc*. E a ciência jurídica é uma ciência *prática*, como dissemos; seu objeto é algo operável; e um fator desconhecido não pode ser considerado seriamente como tal. Não há, então, direito vigente, quanto à ciência jurídica, que é prática, onde não há operabilidade, ou seja, aplicabilidade.

Chamamos *positivação* ao processo em cuja virtude uma ordem jurídica passa à sua *existência histórica*. Porém, isso não significa que o direito natural deva ser aceito como parte do direito positivo para ser considerado positivado. Qualquer meio entre os existentes para que ocorra a progressiva conscientização do direito natural é meio de positivação, cada um segundo seu próprio modo. A partir desse momento, pode ser objeto da ciência jurídica.

3.ª *O fim* que a ciência jurídica se propõe é elaborar um sistema harmonioso de conhecimentos logicamente estruturados – toda ciência é sistema –, que torne possível apreender e ordenar melhor a realidade jurídica tratada, facilitando assim sua compreensão, interpretação e aplicação. Para isso recorre aos conceitos antes indicados como princípios reguladores. Essa finalidade técnica e prática condiciona e dá sentido a todas as análises teóricas próprias desse nível de conhecimento.

7. O NÍVEL PRUDENCIAL. *a*) A efetiva realização da ordem social justa, dizíamos, exige uma decisão. Por isso, o momento realizador da ordem social justa não se limita ao nível ontológico nem à ciência jurídica. Pelo contrário, ambos destinam-se por tendência à referida decisão realizadora. Essa decisão, como ação humana, é efeito da participação da vontade e do entendimento: o querer e o saber. O primeiro é orientado pela justiça como bem para o qual se tende; o segundo é regido pela prudência, como norma ou virtude do agir com retidão.

Ao falar do nível ontológico e do nível científico, já fizemos referência ao saber. Esses níveis não são por acaso suficientes? Os fatores cognoscitivos da decisão não serão as conclusões da ciência jurídica? A resposta a ambas as perguntas deve ser não. O momento normativo não é uma simples aplicação do direito natural nem dessa ordem instaurada na realidade social, que já mencionamos. É uma *opção histórica* em que o legislador tem uma função dirigente e criadora. Perante o autor da norma – seja esse o que governa, seja a comunidade que introduz um costume, seja quem tem um *ius statuendi* –, é oferecida em princípio uma gama de possibilidades como conseqüência da autonomia que é própria do homem na modelação de seu destino. Por isso, o ato de determinar uma norma importa uma escolha. Essa escolha está, é claro, condicionada por uma série de fatores, dos quais os principais são o direito natural e a natureza das coisas. Não pode ser, então, uma decisão voluntarista como pretende a doutrina do voluntarismo jurídico. Pelo contrário, implica, junto com a vontade de justiça, o conhecimento da realidade e dos fatores condicionantes. Por que o conhecimento da realidade? Porque os fins para os quais se tende e os princípios que devem ser aplicados referem-se imediatamente à situação real. É essa que precisa ser social e justamente organizada, e, por conseqüência, deve ser segundo sua própria natureza e situação histórica. De acordo com isso, o momento legislativo implica uma escolha e uma adaptação dos meios e das normas à realidade. Tudo isso é um processo que não é próprio da lógica – razão especulativa –, mas um ato da razão prática; isto é, um processo *prudencial* (pois o hábito com retidão do bem agir da razão prática recebe o nome de prudência). É uma parte da prudência política.

Cabe dizer a mesma coisa da realização da ordem jurídica. A decisão judicial ou qualquer conduta de acordo com o direito não são também o resultado de um processo lógico da razão especulativa. De fato, toda norma determinada pelo legislador – inclusive o preceito ou a norma singular – tem um caráter geral e abstrato, mais ou menos intenso, conforme o caso. Em primeiro lugar, e isto afeta sobretudo as leis, o legislador considera e regula casos gerais no que têm de comum entre si. Em contrapartida, o caso ou situação real não é um caso geral nem uma abstração; é um fato singular e único, que, se coincide com os traços gerais considerados na norma, também tem outros, e pode não coincidir em tudo com esses traços gerais. Em segundo lugar, o legislador, ou o que determina o preceito, não planeja milimetricamente a ação do sujeito. Em geral, trata-se de normas incompletas que devem ser completadas pela prudência do destinatário da norma. Em presença dessa norma relativamente incompleta, cada destinatário deverá julgar qual conduta deve adotar para cumpri-la. Esse julgamento será, em suma, o complemento da norma legislativa.

A prudência jurídica do legislador não exclui a dos destinatários da norma; pelo contrário, ela a supõe. Toda norma, por ser abstrata e geral, exige uma *adaptação* mais ou menos ampla ao caso concreto. Essa adaptação, no entanto, não é arbitrária, mas prudencial, isto é, precisa ser realizada em função da situação real. Implica, portanto, a aplicação do direito estabelecido; porém, aplica-o conforme as condições reais da vida social.

b) Os atos que constituem o processo da decisão jurídica prudencial são: a *deliberação*, o *julgamento* e o *império*. Os dois primeiros competem a ela enquanto é cognoscitiva; o terceiro, enquanto é preceptiva. Pela deliberação, o legislador indaga as possíveis normas, pelo julgamento determina a mais adequada, e pelo império a impõe. Por sua vez, pela deliberação, o destinatário inquire a norma aplicável e as diversas possibilidades de adaptação; pelo julgamento, escolhe entre essas a mais conveniente para as circunstâncias concretas; pelo império, atua de acordo com o direito.

c) Embora a decisão prudencial tenha um elemento voluntário, é fundamentalmente um saber, uma captação cognoscitiva da realidade e da norma aplicável. Indicamos, anteriormente, as características epistemológicas do nível prudencial: a imediata praticidade e ser um conhecimento sintético. Nesse caráter sintético consiste, em boa parte, sua conexão com o nível fundamental e o científico. As exigências abstratas captadas pelo entendimento no nível ontológico e as verdades também abstratas e gerais obtidas no nível científico são sintetizadas e realizadas na concreta e singular situação por meio do julgamento prudencial. As conclusões abstratas – e, portanto, despojadas de toda condição material de existência singular –, obtidas no nível ontológico ou no nível científico, têm um caráter de generalidade que as torna inaplicáveis à situação concreta sem a intervenção da síntese prudencial. Não se trata, então, de uma conclusão lógica, como um silogismo, mas da passagem dos princípios abstratos para a decisão concreta, em uma síntese dos elementos universais e gerais normativos com os próprios da existência real e singular do caso. Nesse sentido, a construção científica aperfeiçoa e garante a decisão prudencial, porém não a substitui.

d) A prudência jurídica deve ter, entre outros de menor importância, os seguintes requisitos: a experiência, a intuição, o conselho, o bom julgamento e a oportunidade. Como também, a eqüidade ou virtude da resolução dos casos além das normas comuns.

Bibliografia

N. BOBBIO, *Teoria della scienza giuridica*, Torino, 1950; J. A. DORAL, *Problemas actuales de la fundamentación del Derecho*, Piura, 1987; J. FERRER ARELLANO, *Filosofía de las relaciones jurídicas*, Madrid, 1963; L. LOMBARDI VALLAURI, *Saggio sul diritto giurisprudenziale*, Milano, 1967; id., *Corso di filosofia del diritto*, Padova, 1981; J. M. MANS, *Hacia una Ciencia general y unitaria del Derecho*, 2.ª ed., Barcelona, 1962; J. MARITAIN, *Les degrés du savoir*, 4.ª ed., Paris, 1946; J. M. MARTÍNEZ DORAL, *La estructura del conocimiento jurídico*, Pamplona, 1963; A. MONTORO, *Análisis estructural y conocimiento jurídico*, Murcia, 1982; L. E. PALACIOS, *La prudencia política*, 2.ª ed., Madrid, 1946; J. PIEPER, *Las virtudes fundamentales*, Madrid, 1976, *Prudencia*; M. RODRÍGUEZ MOLINERO, *Introducción a la Ciencia del Derecho*, Salamanca, 1991; TOMÁS DE AQUINO, *Summa Theologica*, II-II, qq. 47 a 56; F. VIOLA-M. URSO, *Scienza giuridica e diritto codificato*, Torino, 1989.

Lição XIII
Linhas gerais do método da ciência jurídica

SUMÁRIO: 1. Proposição. 2. Exegese e construção do sistema. 3. O pensamento científico. 4. A abstração na técnica legislativa e na ciência jurídica. 5. Os conceitos jurídicos. 6. Hipóteses e teorias. 7. Os tipos jurídicos. 8. A redução simplificadora. 9. Equiparações formais e ficções jurídicas. 10. Formalismo e divulgação. 11. A linguagem jurídica. 12. Princípios básicos para a interpretação da norma.

1. PROPOSIÇÃO. *a*) Se as ciências são especificadas em última instância pelo modo de enunciar e definir, é óbvio que o método, procedimento e instrumental do conhecimento são de suma importância em toda ciência e, concretamente, na ciência jurídica. Pode-se dizer que é jurista quem está em posse do método próprio dessa ciência; e não é quem o desconhece, pois, embora possua uma infinidade de conhecimentos jurídicos, não passará de um erudito. Ser jurista é, sobretudo, possuir um hábito mental, um critério, um método.

b) O método jurídico distingue-se pela forma típica de elaborar os conceitos próprios e pelo modo de obter a ordem social justa. Nesse sentido, o jurista conceitualiza, raciocina, julga e procede de acordo com algumas regras – de acordo com um método – diferentes das próprias de outras ciências. Esse método é determinado pela verdade prática que a ciência do direito tende a apreender e pelo bem (ordem social justa) que tenta conseguir.

O método jurídico não é nenhuma invenção engenhosa, mas uma estrita necessidade. É imposto por tudo o que dizíamos antes sobre o modo de o entendimento humano atuar. O aspecto jurídico da realidade humana só é correta e plenamente captável se o entendimento sintoniza de modo adequado com a realidade, ao mesmo tempo que segue as regras cujo viés a verdade jurídica pode apreender e contribui para construir a ordem social justa.

Esse caráter necessário do método jurídico deve levar o jurista a um escrupuloso rigor metódico; adotar métodos, modos de conceitualizar, enunciar ou proceder próprios de outras ciências (p. ex., a sociologia ou a semiótica) só conduz a erros e imprecisões.

c) A primeira coisa que o método jurídico exige, como condição e pressuposto, é o *critério jurídico* ou *visão própria do jurista*. Em que consiste essa visão de jurista? Simplesmente em considerar a realidade do ponto de vista da ordenação justa da sociedade (ordem social justa). Por conseguinte, observa a realidade e suas leis na medida em que produzem e conseguem a ordem; porém não qualquer ordem, e sim precisamente aquela que se baseia em critérios de justiça e, portanto, na satisfação do direito de cada um; por fim, não considera a atividade do ponto de vista individual, mas em sua vertente social.

O segundo pressuposto é a *pureza metódica formal*. A ciência jurídica é uma ciência *autônoma*, ao mesmo tempo que depende dos dados de outras ciências. A ciência jurídica estuda a realidade social de uma perspectiva própria – relações sociais com as marcas de intersubjetividade e justiça –, que se distingue de outras perspectivas; é, então, uma ciência diferente e autônoma. O que quer dizer autônoma? Simplesmente que tem um modo próprio de conceitualizar e um método peculiar, que não adquire de outra ciência; não é uma ciência subalterna (uma parte, mesmo que específica, de outra ciência, como por exemplo a filosofia ou a sociologia). Em outros termos, tem um instrumental suficiente para conhecer o objeto material em função de seu objeto formal.

Porém, essa autonomia não quer dizer auto-suficiência, nem se opõe à denominada subordinação das ciências. Pelo contrário, a ciência jurídica, como dizíamos, necessita dos dados de outros níveis e de outras ciências, em virtude de sua *insuficiência* para captar a realidade total.

Toda ação humana encontra seu último e mais íntimo módulo de ordem no ser e seus fins últimos, de tal forma que seu conhecimento no plano científico requer às vezes conhecer os princípios que regem o ser e seus fins últimos. Dessa maneira, a filosofia e de modo especial o nível ontológico deverão proporcionar à ciência jurídica uma bagagem necessária de saberes prévios. E deverão proporcionar isso a ela, porque a ciência jurídica – para ser coerente com sua caracterização epistemológica feita em seções anteriores – funciona em um nível abstrativo e utiliza um instrumental (fenomênico) aos quais escapa o estudo do ser e de seus fins últimos.

No entanto, esses *dados* fornecidos à ciência jurídica são elaborados mediante um instrumental diferente do próprio da referida ciência. Além disso, são obtidos em várias oportunidades em um nível de abstração superior, o que supõe que foram despojados de marcas que o jurista deve considerar e que combinam as conclusões na hora de sua aplicação à vida real. Por isso, esses *dados* deverão ser conceitualizados e considerados segundo a perspectiva própria do jurista para obter deles uma conclusão científico-jurídica. É, em suma, a aplicação do processo normal de conhecimento da ciência do direito ao dado filosófico, sociológico ou de nível fundamental.

O jurista, portanto, necessita dos dados fornecidos pelo filósofo ou pelo sociólogo, mas esses dados não devem nem podem – em boa gnosiologia – ser aplicados ao direito sem examiná-los cuidadosamente pelos critérios jurídicos, por uma simples razão: são dados obtidos por meio de alguns modos típicos de conceitualização que dão uma visão sociológica ou filosófica, diferente da jurídica, visto que é distinta da perspectiva de consideração.

Em tudo isso, não se deve esquecer que uma coisa é a realidade e outra os graus ou níveis de conhecimentos, e que, por conseguinte, nenhum nível ou grau de saber é *exclusivo*, e sim parcial. Outra coisa diferente é que um mesmo sujeito possa ter um conhecimento total da realidade por meio das diversas ciências e níveis cognoscitivos.

d) Para ser coerente com a gnosiologia da qual partimos, é preciso chegar à conclusão de que cada ciência funciona em um nível abstrativo diferente e em diversas perspectivas de consideração, o que implica não só a possibilidade, como a necessidade de uma pureza metódica. Porém, essa pureza metódica não é total, e sim formal. Em outras palavras, o jurista não pode considerar apenas os dados estritamente jurídicos (normas, sentenças, direitos etc.), tendo muitas vezes de recorrer a realidades metajurídicas e aos dados fornecidos por outras ciências. Entretanto, essas realidades e esses dados serão estudados com visão de jurista, da perspectiva típica da ciência jurídica. Desse modo, fará uso só dos dados que tenham *relevância jurídica*, que combinem ou condicionem a ordem ou o agir jurídicos, e os estudará – já dentro da ciência jurídica – com um método jurídico, único modo de o resultado ser igualmente jurídico. Se os dados forem estudados com um método não-jurídico, essa falta de rigor metódico invalidará ou deturpará seus resultados.

2. EXEGESE E CONSTRUÇÃO DO SISTEMA. *a*) O processo de elaboração científica do direito compreende dois estágios consecutivos: a *exegese* e a construção sistemática ou *sistema*.

A exegese estuda analiticamente os fatores jurídicos para descobrir sua interpretação. A construção sistemática ou científica elabora princípios, relaciona e organiza os conhecimentos obtidos e os reduz à unidade.

Com o sistema, a ciência do direito atinge sua mais alta categoria científica. Como se sabe, os métodos de construção e sistematização tendem a facilitar a organização do saber em *sistemas* ou *teorias*, de tal modo que o encadeamento das idéias reproduza o das coisas. Se considerarmos que a ciência é um conjunto de verdades logicamente encadeadas entre si, *de modo que formem um sistema coerente*, se entenderá com facilidade que o método sistemático ou científico (a construção sistemática) dá à ciência jurídica seu caráter mais propriamente científico. O objetivo do método sistemático moderno não é apenas a organização lógica da matéria a ser tratada (método sistemático antigo), mas sobretudo a redução à unidade e a explicação coerente – mediante a elaboração de conceitos e teorias – de uma ordem jurídica, de maneira que sejam estabelecidos os princípios, os caracteres gerais e as constantes que justificam sua configuração. Por isso, o método científico baseia-se na abstração.

b) Exegese e sistema não são incompatíveis entre si: pelo contrário, são complementares. A exegese sem o sistema representa um estágio científico rudimentar e incompleto; o sistema sem a exegese é impossível.

O esforço por conhecer com precisão o alcance dos termos com os quais a norma se expressa e qual é seu propósito (exegese) é imprescindível e tarefa prévia ao sistema. Nesse sentido, o trabalho realizado pelos exegetas é de notável fecundidade, e o cientista que pretende colaborar na tarefa da construção sistemática, longe de desprezá-lo, deve respeitá-lo muito.

c) A tarefa da construção do sistema é a mais alta ocupação do cientista. O conjunto de conhecimentos deve tornar-se sistema, explicando os nexos que ligam alguns fatores jurídicos (em especial as normas) com outros, mediante a elaboração de conceitos gerais que expliquem o sentido das regras e dos demais fatores e nos dêem a solução da justa decisão dos casos.

O sistema tem fundamentalmente um valor instrumental destinado a aperfeiçoar a realização do direito, porém sem substituir o nível prudencial. Reagindo contra os excessos do pandectismo, que pretendeu suprir com um brilhante aparato conceitual o vazio ocasionado por ter sido relegada ao esquecimento a concepção prudencial do direito, De Castro situou em seus exatos limites a função sistemática, escrevendo[1]: "O sistema não é imprescindível para o Direito, mas é de grande utilidade pela clareza que produz para seu conhecimento. Em contrapartida, tirá-lo de sua função instrumental e querer basear na perfeição ou na elegância do sistema a autoridade do Direito ou pretender atribuir a ele uma mística força jurídica produtora são atentados inadmissíveis contra a dignidade e a natureza do Direito." E acrescenta: "Diante da tendência para a abstração e as definições e classificações *dogmáticas*, deve-se observar que só estão justificadas as que servem para a melhor realização do Direito. Esses jogos intelectuais, aos quais a escola dos pandectistas foi tão dada, são inúteis e muitas vezes prejudiciais."

3. O PENSAMENTO CIENTÍFICO. *a)* Por ser uma ciência fenomênica, a ciência do direito exige de seu cultor o *espírito científico* e o *espírito positivo*.

O espírito científico requer as seguintes qualidades: a) *Objetividade*: é preciso que o cientista submeta-se com escrúpulos ao objeto de seu estudo, esforçando-se em observá-lo com a maior exatidão possível. Portanto, deve eliminar todo preconceito (não são preconceitos os dados fornecidos por outros saberes) e utilizar todos os meios de informação e observação a seu alcance. A objetividade reflete-se na probidade intelectual e no espírito de observação. b) *Rigor*: o cientista deve esmerar-se em não afirmar nenhuma coisa que não esteja rigorosamente demonstrada segundo todas as exigências do objeto. Ao mesmo tempo, deve considerar que algo

---

1. *Derecho Civil de España. Parte General*, I, 3.ª ed., Madrid, 1955, pp. 494 s.

não demonstrado pelo método científico pode ser aceito como verdadeiro se foi revelado como tal por um saber superior (saberes ontológicos); porém, nesse caso, o rigor metódico exige que não seja dada como conclusão científica a que é de outra natureza. c) *Espírito crítico*: é um espírito de liberdade intelectual, pelo qual o cientista aceita rever as conclusões já obtidas, admite discussões e reservas, confronta os resultados de suas pesquisas e está sempre disposto a modificar suas próprias conclusões. Uma das condições da ciência é saber duvidar, pois a paixão de questionar cresce com o saber. Isso não é mais que uma forma de amor à verdade, do sentimento da complexidade da realidade e dos limites da inteligência humana.

b) O caráter fenomênico da ciência jurídica também exige o espírito positivo, que é determinado por: a) *Submissão ao dado*: o cientista do direito deve submeter-se ao dado, no sentido de que a objetividade que orienta e organiza seus estudos é primordialmente o fenômeno jurídico, quer dizer, a realidade jurídica enquanto dada e observável de modo fenomênico. b) *Redução ao factível*: as verdades alcançadas devem ser traduzidas em fórmulas jurídicas que as tornam realizáveis. c) *Idéia de inteligibilidade funcional*: idéia que todo conceito jurídico ou toda teoria são inteligíveis e válidos à medida que são funcionais, ou seja, à medida que explicam e facilitam a capacidade operativa do direito. d) *Idéia de suficiência científica*: idéia de que todo fenômeno jurídico pode ser explicado de forma adequada (embora não em suas últimas causas) por outro fenômeno jurídico. Supõe evitar o recurso ao metapositivo como explicação do fenômeno, pois a explicação própria da ciência jurídica deve ser fenomênica. Porém, como já dissemos, isso não se opõe à abertura aos dados dos saberes ontológicos. Pelo contrário, esses saberes são *fundamento*, *guia* e *contraste* da tarefa científica. O que queremos dizer é que não pode ser dada como explicação científica o que é explicação filosófica ou sociológica etc. A redução científica à unidade sistemática do saber jurídico exige que a *explicação* dos princípios, da concatenação das conseqüências e das constantes seja obtida no nível fenomênico, ainda que baseados em saberes superiores. Só assim haverá um sistema científico; de outro modo, seria de outra índole ou não seria um sistema, e sim um agregado de diversos saberes[2].

c) Estabelecidos os princípios básicos sobre o método nesses dois itens, as páginas seguintes tentam dar uma visão sucinta e de conjunto do instrumental utilizado no método jurídico. Como os recursos instrumentais são muitos, vamos nos limitar a uma seleção significativa.

4. A ABSTRAÇÃO NA TÉCNICA LEGISLATIVA E NA CIÊNCIA JURÍDICA.

a) A técnica legislativa está baseada na abstração. Sem ela seria impensável a tare-

---

2. Cf. R. JOLIVET, *Tratado de Filosofía*, I, cit., pp. 161 s.

fa de legislador, que deveria ser substituída por um impossível regulamento caso a caso. As leis são possíveis porque o entendimento humano é capaz – e nisto consiste a abstração – de captar os traços comuns a determinados grupos de seres, fatos ou ações singulares, reduzi-los a uma representação e formular um julgamento sobre eles, aplicável a todo o conjunto. De todos e de cada um dos casamentos, por exemplo, nasce o conceito de "casamento"; dos valores inerentes a todas e a cada uma das pessoas humanas, infere-se a "dignidade da pessoa humana".

Esse processo é o que torna possível a lei. O legislador reúne os traços comuns de grupos de ações, estruturas sociais ou coisas, e os regula, mediante um julgamento sobre eles, em uma lei. Por isso, toda lei é sempre norma geral e abstrata, que exige uma aplicação prudencial.

Do mesmo modo, a ciência do direito, por ser ciência – conhecimento de validade geral –, age por abstração. Estuda o contrato, o casamento, a compra e venda, ou este ou aquele tipo de associação.

b) Quais são os traços dessa abstração? Em primeiro lugar, aqueles que são comuns a toda abstração (referimo-nos à predicamental). A abstração é um processo mais ou menos intenso, conforme o grau, de separação das condições materiais de existência singular do objeto. Conhecido um conjunto de objetos, a mente separa as marcas que definem cada um deles como singular, para ficar apenas com aquelas que são declaráveis de todos. De um conjunto de ações contrárias à justiça com alguns traços comuns, por exemplo, aparece a noção de delito. Nesse sentido, cada noção abstrata "empobrece" o objeto, ao afastar dele tudo o que o define como concreto. Daí surge o conceito, integrado pelo conjunto de marcas que o entendimento reúne em uma unidade, depois de ter separado as que não interessam. Em que se baseia o interesse dessas marcas e, portanto, o tipo de conceito? No que nos importa agora, podemos salientar que se fundamenta no aspecto formal a partir do qual é realizado e na perspectiva que ilumina o objeto. Assim, por exemplo, o homem aparece como vivente, como animal, como homem (composto de alma e corpo), como cidadão, como amigo, como paciente etc. Cada um desses conceitos é aplicável ao homem, porém todos eles reúnem apenas algumas marcas características do homem. Quanto maior for o grau de intensidade da abstração, mais "pobre" é o conceito, isto é, menos marcas reúne do objeto abstraído, mas, ao mesmo tempo, é declarável de maior número de objetos. Assim, o homem é declarado de todo indivíduo humano; porém, cidadão francês, conceito mais rico, pois abrange o conceito homem acrescentando seu pertencimento a um Estado concreto, é declarado de menor número de homens. Esse processo de abstração é aplicável à ciência jurídica. Ela também atua por meio de abstrações, que determinam algumas marcas específicas da realidade.

c) Em segundo lugar, o grau de abstração da ciência jurídica, tal como dissemos, não é o *intensivo-filosófico* (ontológico ou substancial), mas a abstração empiriológica ou acidental própria da ciência (o nível científico ao qual nos referimos antes), que, valendo-se de um procedimento comparativo entre os aspectos fenomenicamente observados, procura elaborar os conceitos ou esquemas unitários necessários para obter o fim técnico que se almeja: a melhor ordem, compreensão e aplicação do direito. No entanto, dentro desse nível existe também uma gradação da abstração, de maneira que, como dissemos, cabem conceitos mais ou menos amplos.

d) Por último, os conceitos, juízos e enunciados obtidos pela ciência jurídica são peculiares; isto é, o jurista abstrai da realidade as marcas que refletem o modo da realidade que compete à ordem do direito, ao contrário de outros setores do real. Surge, assim, o conceito, o juízo ou o enunciado jurídicos que refletem um *aspecto* da verdade, precisamente aquele cujo conhecimento é necessário para implantar a ordem social justa. E assim, se o jurista ou o legislador emitem um juízo – "tal ação é lícita", p. ex. –, essa licitude refere-se à conduta avaliável em termos jurídicos, não precisamente a uma avaliação moral, que pode ser diferente. Quem fala de avaliação moral fala também de avaliação técnica de outro tipo.

5. OS CONCEITOS JURÍDICOS. *a*) Em virtude da abstração pela qual atua, a ciência do direito normalmente emprega conceitos (representação intelectual de uma coisa). Muitos desses conceitos são adotados de outras ciências ou do pensar comum (p. ex., homem). Em tais casos, o conteúdo e o valor desses conceitos são os mesmos que em suas fontes originais.

Porém, em outras ocasiões, a ciência jurídica elabora seus próprios conceitos, surgindo então os *conceitos jurídicos*. Como são formados esses conceitos?

Alguns simplesmente provêm de uma delimitação e fixação, por necessidades técnico-jurídicas, de conceitos adquiridos de outras fontes. Vamos pensar, por exemplo, no domicílio. Em princípio essa noção significa o lugar onde uma pessoa habita com certa estabilidade. Porém, trata-se de um conceito sem perfis fixos, cuja utilização indiscriminada originaria consideráveis dificuldades na aplicação das leis que se referissem a ele ou o considerassem. Diante disso, a técnica jurídica delimita esse conceito dando-lhe algumas marcas fixas.

Outros conceitos, embora também não sejam originários da ciência jurídica, são objeto da conceitualização típica do direito, despojando-os das marcas ou traços sem relevância jurídica, e mesmo acrescentando-lhe outras. Por exemplo, a boa-fé.

Todos os conceitos até agora enumerados conservam, ao passar para a ciência jurídica, os traços originais – exceto, é claro, aqueles dos quais foram despojados ao serem conceitualizados pela ciência jurídica –, seja qual for o grau de abstração em que foram obtidos. Portanto, os conceitos que contêm um valor que se traduz em algumas exigências conservam o conteúdo normativo e podem ser base de decisões, como afirma Coing[3].

---

3. *Fundamentos de Filosofía del Derecho*, cit., p. 277.

Por último, há uma série de conceitos de índole jurídica, originários do pensamento e do saber jurídicos, embora tenham passado para outras ciências ou para a linguagem vulgar: contrato, sujeito de direito, declaração de vontade, ato administrativo etc. A construção científica fundamenta-se principalmente nesses últimos, que podem ser chamados os *conceitos-base* da ciência jurídica. E esses conceitos são aqueles que se constroem plenamente de acordo com o nível de abstração em que se manifesta a ciência do direito, e, portanto, podem ser considerados os conceitos jurídicos puros; os demais são conceitos adquiridos.

b) Todo esse conjunto de conceitos jurídicos, puros ou adquiridos, podem ser classificados, seguindo Coing, em:
1º Conceitos essenciais fundamentados em valores éticos: p. ex., a boa-fé.
2º Conceitos essenciais baseados em fenômenos sociais imbuídos de valor: como a pessoa ou a comunhão matrimonial de vida.
3º Conceitos gerais empíricos de coisas ou fatos que têm importância na vida social: bem imóvel, p. ex.
4º Conceitos, também empíricos (lembrar o nível em que se manifesta a ciência jurídica), de índole técnico-jurídica, como, por exemplo, objeto de direito ou ato administrativo[4].

Como já dissemos, os conceitos de valor têm um conteúdo normativo; os demais – gerais empíricos e jurídicos puros – só possuem um valor de delimitação.

c) Do ponto de vista das marcas contidas, os conceitos jurídicos, como todos os conceitos, podem ser classificados em *superiores* e *inferiores*. Os inferiores estão contidos nos superiores. Assim, sujeito de direito é um conceito superior que contém tanto a pessoa física quanto a pessoa moral; negócio jurídico compreende os contratos, o testamento etc. Os conceitos superiores têm menos marcas que os inferiores e, por conseqüência, maior abrangência.

Em boa lógica, todas as marcas contidas no conceito superior são declaráveis dos inferiores. No entanto, nem sempre ocorre assim na ciência jurídica. Isso é devido à própria natureza epistemológica desses conceitos, obtidos mais por generalização que por universalização. De fato, em muitas ocasiões determinada marca expressa a característica geral de um grupo de fatos ou ações, que pode ter às vezes pressupostos excepcionais. Contudo, em muitos casos, a exceção revela uma falha de sistematização. Falha corrigível nos trabalhos científicos, mas não nas leis vigentes, enquanto não forem modificadas; daí que o intérprete deva considerar essa anomalia, porque um excesso de conceitualização poderia levar a resultados insatisfatórios, por serem contrários ao espírito das leis.

---

4. Op. e loc. cits.

d) Um traço comum aos conceitos jurídicos é sua natureza técnica e instrumental. Nos conceitos adquiridos, esse traço limita-se aos aspectos objeto de conceitualização jurídica; nos conceitos jurídicos puros, abrange a totalidade de suas marcas.

Esse traço é uma conseqüência própria da natureza e da finalidade da ciência jurídica. Essa ciência não tende a nos dizer o que são as coisas em sentido ontológico, mas sim o que supõem ou que função têm na ordem jurídica. Assim, não tenta conhecer o que é a pessoa humana, por exemplo, ou o que é um edifício; tudo isso é próprio da filosofia ou da arquitetura. A ciência jurídica pretende conhecer o que representam ou que função têm no mundo do direito vigente essas realidades. Quando elabora um conceito, por exemplo, direito subjetivo ou pessoal moral, não está fazendo referência à ontologia última e radical de algumas realidades (isso é função da filosofia ou do nível fundamental), e sim a uma organização social vigente, a alguns instrumentos técnicos ou modos de ordenação – baseados, é claro, em critérios de verdade e de justiça –, que supõem uma opção histórica e um fator de criação da mente humana. Isso é válido em especial para os conceitos que não são próprios da legislação ou utilizáveis por ela, mas apenas pela ciência, que tende, por meio deles, a organizar e explicar determinada ordem jurídica. Nem devem ser construídos conceitos que não sejam úteis a esse fim técnico, nem manter os que perderam sua utilidade.

Os conceitos jurídicos puros são – devem ser – verdadeiros, porém a verdade que manifestam é, sobretudo, uma verdade técnica. Daí seu caráter instrumental e relativo. São relativos porque revelam não a íntima essência das coisas, mas o que são e o que representam essas em determinada ordem jurídica, de acordo com os critérios técnicos de organização próprios dessa ordenação.

Isso significa que não há um conhecimento jurídico válido de modo permanente? Não; quer dizer que o saber jurídico *absoluto* – não-relativo – é próprio do nível fundamental; e que o nível científico, pelo grau de abstração utilizado e por seu fim, elabora conceitos que, junto com marcas que podem ser absolutas e permanentes, contêm outras que são próprias de determinada legislação e, portanto, são variáveis, embora de fato não variem. Nesse sentido, é preciso lembrar que, mudada uma marca, muda o conceito, embora apenas no que se refira a essa marca. Significa também que o nível científico é ciência sobretudo porque desenvolveu métodos que obtêm um conhecimento racionalmente comprovável (é ciência sobretudo por seu método), como é defendido na atualidade por muitos autores (Larenz, De Castro etc.). E que o saber jurídico completo exige vários níveis de conhecimento.

6. HIPÓTESES E TEORIAS. Se a ciência jurídica implica uma redução à unidade, não pode se limitar a estudar alguns dados; nem, portanto, a conceitualizá-los; deve encontrar a explicação e os nexos entre os diferentes dados. Nessa tarefa de explicação e construção da unidade, aparecem as *hipóteses* e as *teorias*.

A hipótese é uma explicação *provisória* dos fenômenos observados, cuja função consiste em coordenar dados conhecidos (função sistemática) e orientar o trabalho do cientista (função heurística). Suas fontes são: a intuição, a dissociação e a associação de grupos de dados e a dedução. Para ser válida, a hipótese deve ser simples e sugerida e verificável pelos dados.

Por *teoria* em sentido estrito, entendem-se as explicações que unificam outras explicações parciais, sob cuja luz é construída sistematicamente toda uma ordem jurídica ou grandes parcelas dela. Como, por exemplo, a teoria pura do direito de Kelsen; ou a teoria da ordenação jurídica, em cujo viés uma série de constitucionalistas italianos construiu sua ciência. É freqüente que as teorias baseiem-se em um conceito ou em uma hipótese. As teorias coordenam e unificam o saber e são instrumentos de investigação.

Tanto as hipóteses quanto as teorias da ciência jurídica são instrumentais e relativas. Não expressam nem explicam a realidade última do direito, explicando apenas o fenômeno jurídico. Por isso, não são transferíveis nem aplicáveis diretamente à explicação ontológica (filosofia, nível fundamental). E por essa razão não tem sentido criticá-las a partir dessas perspectivas pelo fato de não servirem adequadamente a essas ciências.

7. OS TIPOS JURÍDICOS. *a*) Outro dos recursos técnicos que a ciência jurídica emprega é a utilização e delimitação de *tipos*[5]. O tipo apresenta-se na técnica jurídica: a) como meio para designar as suposições de fato consideradas pelas normas; b) como forma de apreensão e exposição de relações jurídicas.

Na ordem geral do pensamento é conhecido esse procedimento – a ciência jurídica o adota dele –, que provém ou de uma generalização de traços em virtude da freqüência com que são produzidos (p. ex., o tipo de francês, de espanhol etc.), ou como expressão de um ideal normativo (a figura ou tipo ideal do cidadão, do servidor público etc.), ou como expressão de um representante médio (o zelo típico de um bom pai de família) etc.

b) Para designar suposições de fato, a técnica jurídica utiliza: a) *Tipos empíricos de freqüência*, que devem ser interpretados como tais (e não conforme o sentido da expressão nas várias ciências ou técnicas). b) *Tipos médios normativos*, como é o caso da determinação da negligência do titular de um ofício; em tais suposições, parte-se não do ideal de diligência de um servidor público, por exemplo, mas do tipo médio, cujo comportamento é considerado ponto de contraste para efeito de interpretação da lei. c) *Tipos ideais normativos*. Os tipos ideais normativos, os exemplares ou arquétipos representam, como diz Larenz, uma *imagem-meta*, sendo um dever tender para eles, embora nunca possam ser realizados com plena pureza. Com isso, transformam-se em *critérios de avaliação* para todas as realizações e condutas. Como

---

5. Sobre os tipos jurídicos, ver K. LARENZ, *Metodología de la Ciencia del Derecho*, cit., pp. 344 ss.

tipos ideais são metajurídicos, embora sua descrição seja reunida em uma lei (de categoria superior e especial solenidade, pois em outro caso não teria sentido); porém, podem ser considerados critério de legitimidade do conteúdo das leis e critério de avaliação e de aplicação dessas.

c) Os tipos de maior interesse, tanto na técnica legislativa quanto na construção científica, são os que se referem à estrutura e à configuração de atos, instituições e relações jurídicas. Em que consiste essa técnica? Da grande variedade de atos, instituições ou relações que a realidade apresenta, escolhem-se, em virtude de alguma das formas de "tipificação" que mencionamos, aqueles considerados típicos em determinado momento histórico; e a estruturação jurídica (momento legislativo) dos referidos atos, relações ou instituições, ou, se for o caso, a exposição e construção sistemática (elaboração científica), realiza-se em função deles. Isto é, a legislação delineia as marcas principais dos tipos e regula, de acordo com essas, as realidades de que se trata. Por esse procedimento cria-se e configura-se um "tipo legal", que serve de via jurídica – de reconhecimento e regulamento – de todo o conjunto de realidades que correspondem ao tipo.

O "tipo legal" tipifica e configura a estrutura de alguns atos, instituições ou relações, por isso pertence à classe de tipos que Larenz chama *estruturais*, distinguindo-se claramente dos já citados tipos empíricos de freqüência e tipos médios normativos. Cumpre uma função técnica instrumental – via de reconhecimento e regulamento – e, por isso mesmo, não tem caráter absoluto, isto é, serve para regular as realidades que correspondam ao tipo, sem excluir as demais.

d) É característica do tipo sua natureza epistemológica, que não deve ser confundida com a dos conceitos jurídicos. O tipo legal, mais que um conceito jurídico, é um *esquema empírico*, a reprodução esquemática da estrutura de uma realidade considerada "típica". Em outras palavras, para formar o tipo a mente não conceitualiza, esquematiza (é uma abstração pré-científica). Por isso, seu grau de abstração é muito pequeno e conserva uma imediata e próxima referência à realidade. Isso tem uma importante conseqüência. Como diz Larenz, a elaboração dos tipos, e portanto sua interpretação, deve ser feita de acordo com os elementos substanciais da realidade (a natureza e conteúdo real do segmento ou forma da vida social regulada) que o tipo esquematiza.

Esse traço epistemológico dos tipos explica seu uso na técnica jurídica. Quando um ato, relação ou instituição corresponde plenamente aos traços do tipo, seu reconhecimento e seu regulamento são feitos com base nesse, simplesmente. Quando isso não ocorre, por não coincidirem alguns de seus traços, também é reconhecido e regulado conforme o tipo, porém recorre-se ao mesmo tempo ao direito peculiar ou a outros recursos técnicos, para respeitar as diferenças.

e) As relações jurídicas, atos ou instituições que não podem ser enquadrados nos tipos configurados pela lei ou pela ciência são denominados *atípicos*, distinguindo-se, então, as formas típicas ou tipo normal e as formas atípicas. Essas formas atípicas não ficam fora da ordem jurídica; são reguladas pelas normas gerais, se é que existem, por leis especiais ou simplesmente por normas peculiares.

f) Os tipos legais podem ser *abertos* e *fechados*. Entendem-se por tipos abertos aqueles que só reúnem alguns traços parciais; por tipos fechados, os que delimitam de modo completo a figura em todos os seus traços característicos.

g) A delimitação de um tipo legal fundamenta-se, como dissemos, na esquematização de algumas realidades que, por diversos critérios, são consideradas típicas em um momento histórico. Pois bem, além da evolução própria de toda ordenação jurídica, cabe uma especial no caso dos tipos. Podem passar de abertos para fechados, ou ser delimitados de acordo com realidades que passam a ser consideradas típicas em outro determinado momento; isto é, pode ser produzida uma mudança substancial ou uma modificação parcial no tipo. O que ocorre, então, com as realidades que, sobrevivendo, são reconhecidas e reguladas conforme um tipo determinado? A técnica normal consiste em dar uma opção à mudança de figura segundo a qual são reguladas. Quando isso não é possível, consideram-se os princípios dos direitos adquiridos e da irretroatividade das leis. Tudo isso no que se refere à técnica dos tipos; ocorre outra coisa quando uma mudança ou modificação obedece a outros critérios, por exemplo quando o que se pretende é modificar a realidade substancial. Porém, essa pretensão só é possível, como é óbvio, se a autoridade tem competência para isso, a qual não existe, por exemplo, se estão em jogo os direitos fundamentais da pessoa. Para terminar, vamos esclarecer que uma coisa é mudar ou modificar o tipo e outra é mudar ou modificar as normas que regulam o desenvolvimento das realidades neles amparadas.

8. A REDUÇÃO SIMPLIFICADORA. Consiste na substituição do qualitativo pelo quantitativo.

Às vezes, a realidade social apresenta contornos oscilantes, sem obedecer a regras fixas, porém representando qualidades que devem ser consideradas pela ordenação jurídica; é preciso, então, adotar alguns critérios fixos, que sejam ao mesmo tempo justos – adequados à realidade – e seguros. Nesses casos, um dos recursos usados pela técnica jurídica é reduzir uma qualidade a uma quantidade.

Isso ocorre, por exemplo, com a aposentadoria por diminuição de capacidade para o trabalho. Não se ocultam de ninguém as dificuldades que a norma apresentaria e a fonte de controvérsias que originaria em cada caso se ela dissesse que a pessoa se aposentará "se pela idade avançada se tornar menos apta para o cumprimento de seu ofício". Com que critérios seria medida a menor aptidão de cada pessoa? Como seria calculada a idade avançada? Sendo uma norma justa e prudente, seria praticamente inaplicável. Em casos como esse, entra em jogo a redução simplificadora: a idade avançada e a menor aptidão (qualidade) transformam-se em uma quantidade – tal idade –, evitando inteiramente as questões que poderiam se apresentar. A maioridade, a prescrição etc. são outros tantos exemplos.

9. EQUIPARAÇÕES FORMAIS E FICÇÕES JURÍDICAS. As *equiparações formais* – também chamadas remissões – são fundamentalmente um recurso de técnica legislativa. Para evitar repetições inúteis, a lei equipara para *efeitos jurídicos* uma suposição de fato a outra diferente. Substancialmente, consistem em remeter às normas que regulam as suposições de fato, às quais se equiparam as consideradas na norma equiparadora.

Um tipo especial de equiparações formais – especial mais por seu uso histórico e pela linguagem utilizada às vezes que por sua natureza – é constituído pela *ficção jurídica*.

Teve sua origem no direito romano, por necessidades do tráfego jurídico. Perante o primitivo direito dos quirites que era considerado intangível, recorreu-se ao procedimento de *fingir* que um fato diferente do contemplado pela lei era igual a esse, equiparando-o desse modo para efeitos jurídicos. Depois da recepção medieval do direito romano, os juristas definiram durante séculos a ficção, de acordo com a técnica romana, como "legis adversus veritatem, in re possibile ac ex iusta causa dispositio" (Alciato). Atualmente, embora ainda existam autores que continuam definindo-a desse modo, numerosos juristas (Reiding, Demelius, Ihering, Stammler, Esser, Legaz etc.) já não admitem essa configuração, ou afirmam que se trata de uma remissão ou equiparação encoberta (Larenz). Do ponto de vista do direito canônico, também foi submetida à revisão a definição tradicional (Llano Cifuentes).

Na realidade, a técnica da ficção jurídica não finge nada, nem contém nenhuma disposição contra a verdade. Trata-se de um recurso legislativo em cuja virtude – como em toda equiparação – são concedidos os efeitos jurídicos de um fato a outro diferente. Podemos dizer que a *fictio iuris* é um instrumento de técnica jurídica pelo qual, equiparando formalmente em uma norma duas suposições de fato realmente diferentes, consegue-se uma equivalência em seu tratamento jurídico, ao conceder a uma de tais suposições os efeitos jurídicos que uma norma jurídica diferente adjudica à outra.

10. FORMALISMO E DIVULGAÇÃO. *a*) Formalismo e divulgação são dois meios que a técnica do direito emprega para proteger a segurança na ordem jurídica. Em princípio, por ser a ordem jurídica uma ordem social, entre pessoas, tudo o que se desenvolve no mundo do direito deve ser externo; isto é, deve manifestar-se externamente. O meramente interno, o que não se manifesta, não é captável pelos demais e, portanto, não pode ser objeto de relações jurídicas. Daí a importância do símbolo no direito, como meio necessário para que, por meio dele, aquilo que não pode ser exteriorizado em si mesmo possa manifestar-se e ser objeto de relação e organização sociais. Nesse sentido, a *forma*, ou figura externa com que algo se apresenta e é apreensível pelos demais, constitui um fator primordial na ordem jurídica.

Essas formas são muito variadas. Um ato de vontade pode manifestar-se por palavras, pelo silêncio, por comportamentos ou por omissões; pode ser feito por escrito ou verbalmente, utilizando uma fórmula ou outras etc.

Nem todas essas formas ou símbolos são igualmente aptos para expressar o conteúdo ou a intenção da qual são manifestações. Esse fato é um elemento de insegurança, que pode levar a distintas e errôneas interpretações do ato ou do comportamento. Surge desse modo a necessidade de impor aquela ou aquelas formas e fórmulas determinadas, que em cada caso são julgadas mais aptas para expressar seu conteúdo, eliminando as que são consideradas insuficientes. Algumas vezes, essas fórmulas e formas são impostas na prática usual, outras, pela legislação. A escolha de uma única forma pode ser feita com base em sua prescrição com caráter obrigatório, porém sem excluir os efeitos jurídicos das demais manifestações admitidas (forma *ad liceitatem*); ou também considerando-a a única válida, quando se estima que a segurança e a certeza jurídicas (*forma ad validitatem*) assim exigem.

b) Não é, no entanto, a segurança o único princípio que justifica o formalismo no direito. Há um fator mais profundo que já mencionamos. As relações, os fatos ou os atos sociais exigem uma manifestação. E mais: o único meio que o homem tem para se comunicar com os demais é a captação do símbolo e da manifestação; isto é, a figura exterior com que se revelam as intenções, os pensamentos e as vontades alheias. Daí que o direito esteja dominado pelo princípio da forma. Sem manifestação, não há existência no mundo do direito. E mais: se for entendido corretamente, é preciso falar de um certo predomínio da forma, no sentido de que um ato ou comportamento é e vale enquanto for compreensível por seu símbolo ou manifestação. Por isso, toda forma ou símbolo admitidos são, em princípio, válidos, isto é, desencadeiam uma eficácia. Em outras palavras, toda manifestação reconhecida produz, pelo menos, uma presunção de conteúdo. Dizemos "pelo menos" porque há ocasiões em que a segurança e a justiça pedem a validade absoluta do símbolo.

c) A forma aparece no Direito como símbolo ou manifestação; portanto, com uma inerente referência ao conteúdo. O símbolo vale enquanto o que nele se expressa vale. Por isso, o predomínio da forma do qual acabamos de falar não significa normalmente mais que uma presunção de conteúdo. Daí, por exemplo, a relevância da simulação, o erro etc. nos atos jurídicos.

O princípio da forma abrange toda a ordem jurídica e também os atos da autoridade. Estes se expressam em formas e fórmulas, em função daquelas. Talvez em nenhum outro campo esse princípio possa oferecer maiores garantias de defesa aos direitos da pessoa.

Se o formalismo, bem entendido, é um recurso que favorece a segurança do tráfego jurídico e, nesse ponto, é um instrumento de defesa dos direitos da pessoa, seu excesso implica uma desnaturalização desse recurso. O direito cai, então, em uma rigidez que sufoca o impulso vital da realidade social. Um formalismo excessivo é símbolo de um direito primitivo ou decadente.

d) No que concerne ao princípio de divulgação, basta dizer que é aplicável tudo o que dissemos sobre o formalismo. Também obedece a uma razão profunda e ao princípio de segurança em seus reflexos mais típicos.

Todo ato jurídico, enquanto deve ser externo, tem de algum modo a marca de divulgação. Porém, quando em direito fala-se do princípio de divulgação é feita referência sobretudo à existência de alguns meios pelos quais um ato ou uma relação ou algumas situações jurídicas podem ser conhecidas por todos os interessados. Os meios de divulgação são muito variados: desde a intervenção de funcionários públicos até a inserção de seu anúncio nos diversos meios de comunicação social. A divulgação ou publicação, conforme o caso, pode ser um requisito *ad liceitatem* ou, mesmo, *ad validitatem*. Esse princípio também é especialmente aplicável às normas, aos atos administrativos e às decisões judiciais.

11. A LINGUAGEM JURÍDICA. *a*) A linguagem em toda ciência tem uma imprescindível razão de ser. É o veículo de comunicação e de transmissão dos conhecimentos obtidos, com garantia de serem captados em seu exato sentido, dentro do que é possível considerando as limitações inerentes à linguagem.

Por isso, a ciência jurídica emprega uma linguagem própria, um léxico que em cada caso expressa – deve expressar – com *precisão*, *clareza* e *simplicidade* o conceito, o juízo ou as conseqüências jurídicas. Por meio desse léxico são transmitidos os imperativos normativos, são expressas as decisões judiciais ou manifestados os conteúdos das relações jurídicas.

Cada conceito requer um termo, que é sua expressão. E, como a ciência jurídica elabora conceitos típicos e próprios, é necessário um léxico nocional também típico e próprio, porque só esse léxico é capaz de expressar, sem incertezas nem confusões, o conceito jurídico.

Não é razoável pretender que as leis ou as decisões judiciais empreguem uma linguagem trivial – clara e simples, sim –, prescindindo de tecnicismos. Algo assim como uma linguagem acessível a todo o mundo. E não é razoável porque a linguagem jurídica, ao perder precisão, ficaria praticamente impossibilitada para expressar seu conteúdo, do contrário seria necessário que as leis contivessem longos circunlóquios que prejudicariam gravemente sua eficácia. Como disse Ihering, uma única expressão técnica poupa cem palavras; e poupa, podemos acrescentar, cem litígios.

b) O léxico jurídico é um instrumento de técnica jurídica. Por isso e antes de mais nada, deve ser extremamente *preciso*. Pois o direito, cujo objetivo é estabelecer uma ordem firme capaz de assegurar todos os interesses e exigências do bem comum, deve apreender com eficácia as realidades sociais e contê-las em estruturas ordenadoras, evitando as incertezas e as ambigüidades.

Utilizar uma linguagem trivial, constantemente submetida a modificações e a significados elásticos, suporia a decadência imediata do direito e de sua força ordenadora. Daí que as metáforas, os simbolismos ou o *sui generis* devem ser cuidadosamente evitados na linguagem jurídica, embora nem sempre seja viável fazer isso. E não é precisamente nos casos em que a realidade não foi captada em termos ou conceitos cientificamente bem elaborados.

Também deve ser *claro*; quer dizer, deve oferecer a possibilidade de captação de seu sentido, embora nem sempre seja fácil. A obscuridade não representa para a vida social mais que a pluralidade de interpretações, que é sinônimo de ineficácia das leis. E no plano da ciência impede a comunicação de resultados e esteriliza a tarefa realizada.

Por último, deve ser *simples*, isento de complicações desnecessárias. O empolamento ou a complicação não têm nada a ver com o direito, eminentemente funcional; nem com a ciência, que busca a verdade. Tudo o que ultrapassa a sobriedade própria da ciência ou do instrumental técnico é palavreado inútil. Como diz o jurista norte-americano Llewellyn, a beleza da linguagem jurídica é uma beleza funcional e eficiente.

12. PRINCÍPIOS BÁSICOS PARA A INTERPRETAÇÃO DA NORMA. *a*) O núcleo mais importante do método jurídico é formado, sem dúvida, pelo conjunto de regras e critérios para interpretar as normas. As leis, os negócios jurídicos e os atos administrativos, para serem aplicados, precisam ser interpretados. Por isso, o método jurídico, junto com as regras e recursos técnicos para organizar a vida social, é composto daqueles critérios que servem para a interpretação das normas. Do ponto de vista científico, essa é a parte do método de maior interesse, por seu caráter básico, porque sem interpretação não há conhecimento científico, nem construção do sistema, nem aplicação à realidade.

Não só as leis precisam ser interpretadas; o costume, os negócios jurídicos, os atos administrativos e toda estrutura jurídica (direitos, deveres etc.) também precisam da interpretação, sendo, em cada caso, peculiares as regras dessa. Por isso, parece preferível agora limitar-se a expor os princípios básicos da interpretação jurídica, deixando a exposição das regras peculiares para as partes gerais dos diferentes ramos da ciência jurídica (direito civil, direito administrativo, direito processual etc.). Por outro lado, na atual organização do Plano de Estudos das Faculdades de Direito espanholas, a interpretação das normas não é objeto da disciplina "Filosofia do Direito" – para a qual este livro pretende servir de manual –, mas da disciplina chamada "Teoria do Direito". Reduzimos, então, estas linhas a algumas considerações testemunhais.

O que quer dizer interpretar? É comum definir a interpretação da lei como a declaração de seu sentido genuíno. E o mesmo pode ser dito da interpretação do costume, do ato administrativo ou do negócio jurídico. Em princípio, essa é uma definição válida, contanto que se compreenda a interpretação em seus genuínos limites.

Interpretar é, sobretudo, uma operação intelectual de compreensão. Consiste em apreender – seja declarado ou não – o *conteúdo normativo* da regra de direito.

b) O primeiro princípio básico da interpretação é o da relação entre estrutura jurídica e realidade social. A estrutura jurídica não é um conjunto de conclusões lógicas obtidas por silogismos de alguns princípios apriorísticos. É uma ordem da e para a realidade social. É um produto da prudência jurídica, que, como tal, deve ser referido constantemente às situações de fato que pretende regular. A estrutura jurídica existe *em função* da realidade social. Sua razão de ser e de existência fundamenta-se nestas duas coordenadas: uma realidade social, que precisa ser regulada, e as exigências de ordem e de justiça às quais a norma (em geral a estrutura jurídica) pretende servir. Quando não há realidade social, não há norma propriamente dita. Ou é vestígio histórico, ou puro jogo intelectual. Que outra coisa seria, por exemplo, uma lei que atualmente pretendesse regular os feudos? E, se não há exigências de ordem e de justiça, o ato de regular escapa da natureza e função da ordem jurídica.

Porém, toda realidade social, embora apresente uma gama de possibilidades de ordenação na qual se baseia a opção legislativa, tem um núcleo fundamental de ordem instaurado; apresenta um núcleo de normatividade, porque toda realidade tem naturalmente um sentido e uma direção. O conteúdo normativo de toda estrutura jurídica deve ser compreendido em função da e em relação à realidade social e seu núcleo fundamental ou de normatividade; isto é, segundo as necessidades e exigências de ordem e de justiça. Dessa forma, não é correto interpretar as normas só por seus enunciados, se não se considera ao mesmo tempo a realidade social.

c) O segundo princípio geral, diretamente ligado ao anterior, é o da historicidade da ordenação jurídica. A essencial e inerente dimensão prática (ordem viva e eficaz) que a ordem jurídica tem implica que as estruturas jurídicas sejam interpretadas – não falamos agora de adaptação – de acordo com o momento histórico. A interpretação da norma tem geralmente um âmago de idéias, que a influenciam – muitas vezes de modo decisivo. Uma mesma lei, por exemplo, pode ser compreendida – interpretada – com aspectos diferentes conforme seja considerada com uma mentalidade ou outra. A mesma realidade social – imersa na história – também adquire novos aspectos e novos sentidos com o devir histórico. Pois bem, a norma sempre deve ser interpretada em função dessa dimensão histórica, e portanto com atualidade.

d) Por último, critério básico e muito fundamental é o *sentido – finalidade – do direito*. Uma determinada estrutura jurídica, uma norma, um direito, um dever etc. não se esgotam na finalidade imediata que aparece em seu enunciado. São aspectos, fatores ou partes de uma ordem mais ampla e completa, em função da qual devem ser interpretados. De acordo com isso, toda norma ou todo elemento de uma estrutura jurídica tem um *sentido* mais pleno que o que resulta de sua consideração isolada. Pois bem, esse *sentido* é um fator de primeira ordem para interpretá-los, isto é, para compreendê-los em sua natureza, delimitar sua extensão e intensidade e entendê-los em sua finalidade.

Concluindo, a interpretação da norma deve ser feita com realismo, senso da historicidade e critério teleológico.

Bibliografia

ARISTÓTELES, *Primeros Analíticos* e *Tópicos*; VV.AA., *Metodologia della scienza giuridica*, a cura di A. Carrino, Napoli, 1989; VV.AA., *Le raisonnement juridique et la logique deontique*, Bruxelles, 1971; N. BOBBIO, *Derecho y lógica*, ed. castelhana, México, 1965, com um apêndice bibliográfico; I. M. BOCHENSKI, *Los métodos actuales del pensamiento*, 6.ª ed. castelhana, Madrid, 1969; F. CARNELUTTI, *Metodología del Derecho*, ed. castelhana, México, 1940; B. CARRIÓ, *Notas sobre Derecho y lenguaje*, Buenos Aires, 1973; F. DE CASTRO, *Derecho Civil de España. Parte General*, I., 3.ª ed., Madrid, 1955; J. DABIN, *Teoría general del Derecho*, ed. castelhana, Madrid, 1955; K. ENGISCH, *La idea de concreción en el derecho y en la ciencia jurídica actuales*, ed. castelhana, Pamplona, 1968; J. ESSER, *Principio y norma en la elaboración jurisprudencial del derecho privado*, ed. castelhana, Barcelona, 1961; V. FROSINI, *Cibernética, derecho y sociedad*, Madrid, 1982; J. A. GARCÍA AMADO, *Teorías de la tópica jurídica*, Madrid, 1988; E. GARCÍA MAYNEZ, *Introducción a la Lógica jurídica*, México, 1951; id., *Lógica del juicio jurídico*, México, 1955; id., *Lógica del razonamiento jurídico*, México, 1964; F. GÉNY, *Science et technique en droit privé positif*, I, reprod. fotomecânica, Paris, s.d.; A. HERNÁNDEZ GIL, *Metodología de la Ciencia del Derecho*, em *Obras Completas*, V, Madrid, 1988; R. JOLIVET, *Tratado de Filosofía*, I, *Lógica y Cosmología*, ed. castelhana, Buenos Aires, 1960; G. KALINOWSKI, *Introducción a la lógica jurídica*, ed. castelhana, Buenos Aires, 1973; id., *Études de logique deontique*, Paris, 1972; id., *Lógica de las normas y lógica deóntica*, Carabobo, 1978; A. KAUFMANN, *Analogía y naturaleza de la cosa*, ed. castelhana, Santiago de Chile, 1976; U. KLUG, *Juristische Logik*, 3.ª ed., Berlin-Heidelberg, 1966; K. LARENZ, *Metodología de la Ciencia del Derecho*, ed. castelhana, Barcelona, 1966; L. J. LOEVINGER, *Una introducción a la lógica jurídica*, ed. castelhana, Barcelona, 1954; M. G. LOSANO, *Introducción a la informática jurídica*, Palma de Mallorca, 1982; R. LLANO CIFUENTES, *Naturaleza jurídica de la "fictio iuris"*, Madrid, 1963; A. MONTORO, *Aproximación al estudio de la lógica jurídica*, Murcia, 1986; id., *Notas sobre el razonamiento jurídico y la posibilidad, significación y límites de la lógica jurídica*, em "Persona y Derecho", XII, 1985, pp. 67 ss.; A. OLLERO, *Interpretación del Derecho y positivismo legalista*, Madrid, 1982; CH. PERELMAN, *Logique juridique*, Bruxelles, 1976 [trad. bras. *Lógica jurídica*, São Paulo, Martins Fontes, 2004]; id., *La lógica jurídica y la nueva retórica*, ed. castelhana, reimpr., Madrid, 1988; A. E. PÉREZ LUÑO, *Cibernética, informática y Derecho (Un análisis metodológico)*, Bologna, 1976; F. PUY, *Tópica jurídica*, Santiago de Compostela, 1984; L. RECASENS SICHES, *Nueva filosofía de la interpretación jurídica*, México, 1973; J. L. SOURIOUX-P. LERAT, *Le langage du droit*, Paris, 1975; L. REISINGER, *Rechtsinformatik*, Berlin, 1977; A. ROSS, *Lógica de las normas*, ed. castelhana,

Madrid, 1971; J. VALLET DE GOYTISOLO, *Metodología jurídica*, Madrid, 1988; TH. VIEH-WEG, *Tópica y jurisprudencia*, ed. castelhana, Madrid, 1986; M. VILLEY, *Compendio de Filosofía del Derecho*, ed. castelhana, II, Pamplona, 1981; O. WEINBERGER, *Rechtslogik*, Wien-New York, 1970; id., *Logische Analyse in der Jurisprudenz*, Berlin, 1979; G. WINKLER, *Rechtstheorie und Rechtsinformatik*, Wien-New York, 1975; G. H. VON WRIGHT, *Lógica deóntica*, ed. castelhana, Valencia, 1979.

ÍNDICE DE AUTORES*

Abelardo: 345
Achenwall: 25
Acursio: 125, 384
Adomeit, K.: 20
Aftalión, E. R.: 112
Agostinho (Santo): 3, 75, 381-5
Ahrens, H.: 17, 27
Aichner, S.: 128
Albaladejo, M.: 131
Alciato: 75, 125, 435
Alcuíno, F. A.: 75
Alejandro de Hales: 385
Althusio: 125, 320
Álvares, U.: 62
Alvira, R.: 261, 323
Amato, S.: 323
Ambrosino, R.: 294
Ambrósio (Santo): 75
Amselek, P.: 212
Anaximandro: 67
Andrônico de Rodes: 73
Anscombe, G. E. M.: 213
Araujo, M.: 71
Arias, J.: 275
Aristóteles: 2, 4, 20, 22-3, 49, 55, 57, 67, 71-4, 76-7, 87, 91, 97-8, 110-2, 136-7, 144, 151, 228-9, 336-8, 342, 344, 346, 440
Arquitas de Tarento: 4, 377
Artigas, M.: 7, 11
Ascoli, M.: 112
Atanásio (Santo): 295
Audisio, G.: 29

Aulo Gélio: 292
Azo: 125, 384

Bacci, A.: 157
Bailly, A.: 66-7, 72-3, 211
Baldo: 125
Ballesteros, J.: 14, 49, 350
Báñez, D.: 78
Bartolomei: 17
Battaglia, F.: 14
Baumbach, C. J. A.: 28
Beduschi, F.: 119
Belda, P.: 30
Beltrán, F.: 323
Benavid, L.: 27
Bender, L.: 16, 21
Bensa, A. M.: 29, 130
Bergbohm, K.: 28
Berljak, M.: 407
Binder, J.: 28
Biondi, B.: 62, 112, 119-20
Blaise, A.: 157, 232, 294
Blass, H.: 377
Bobbio, N.: 13-4, 112, 421, 440
Bochenski, I. M.: 440
Bodenheimer, E.: 112
Boécio: 161, 296-8, 300, 323
Bosco, N.: 112
Boulanger, J. (ver Ripert, G.-Boulanger, J.)
Bouterweck, Fr.: 27
Bréal, M.: 119
Bridoli, A.: 297

_____
* Realizado por Marta Dalfó.

Brinkmann, K.: 14
Brückner, J. A.: 27
Brufau, J.: 172
Brugger, W.: 11, 117
Brunner, E.: 112
Buda, C.: 293
Budé: 125
Buenaventura (Santo): 235
Buridán, J.: 77, 132
Burkhart, E.: 407
Burlamaqui, J. J.: 130

Caiazzo, D.: 112
Cairns, H.: 37
Calcídio: 345
Canals, F.: 49
Capitant, H. (ver Colin, A.-Capitant, H.)
Carcaterra, G.: 49
Cardona, C.: 8, 297
Carnelutti, F.: 20, 440
Carpintero, F.: 15, 22, 24, 26, 38, 85, 135, 212
Carrió, B.: 440
Casares, T. D.: 99, 112
Castán, J.: 112, 131
Castberg, V.: 14
Cathrein, V.: 14, 71, 130
Cayetano: 99
Ceci, L.: 119
Celso: 53, 75, 120
Cesarini Sforza, W.: 17, 118, 122
Chantraine, P.: 66-7
Chassan, M.: 122
Chirat, H.: 294
Chopius, F. J.: 15, 22
Chorão, M. B.: 290
Chroust, A.-H.: 3
Cícero: 3, 22, 72-4, 210-1, 221, 228-9, 252, 290, 377-9
Cirilo de Alexandria (Santo): 295
Cleantes: 377
Coing, H.: 14, 38, 49, 172, 290, 429-30
Colin, A.-Capitant, H.: 131
Composta, D.: 373
Comte, A.: 7, 9
Copleston, F.: 8-9, 236
Corominas, J.: 123

Corts Grau, J.: 14, 29
Costa-Rossetti, J.: 130
Cotta, S.: 14, 38, 49, 284, 290, 323
Creusen, I.: 129
Cruz, S.: 53, 118-23
Cujacio: 58, 125, 128

Dabin, J.: 20, 130, 163, 172, 440
D'Agostino, F.: 14, 172, 203, 290
D'Antonio, F.: 112
Dante: 64, 72, 77
De Asís Garrote, A.: 14, 29, 407
De Bonald, J.: 8
De Castro, F.: 320, 323, 426, 431, 440
De Finance, J.: 49, 323
De Francisci, P.: 119
De Meester, A.: 128
De Miguel, R.: 121
De Ruggiero, R.-Maroi, F.: 131
De Vitoria, F.: 78, 166, 397
Dedekind, G. C. W.: 27
Dekkers, R.: 131
Del Giudice, V.: 210
Del Vecchio, G.: 14, 16, 21, 32, 38, 70, 73, 79, 112, 130, 172
Demelius: 435
Demócrito: 379
Denzinger, H.: 295
Derisi, O. N.: 49, 323, 407
Descartes, R.: 8, 296-7
Devoto, G.: 123
Díaz, E.: 14, 22, 33, 290
Dídimo: 73
Díez-Picazo, L.-Gullón, A.: 211
Difernan, B.: 112
Dilthey, W.: 11
Diógenes Laércio: 2-3
Domingo de Soto: 78, 118-9, 126, 166, 210, 290, 397
Doral, J. A.: 323, 421
D'Ors, A.: 62, 119-2, 164, 221, 340
Drago, G.: 73
Driedo de Turnhout, J.: 126, 166
Droste-Hülshoff, C. A.: 28
Du Cange, C.: 232
Du Pasquier, C.: 20, 130-1

ÍNDICE DE AUTORES 445

Duguit, L.: 164
Duns Escoto, J.: 235
Dusi, B.: 131
Dworkin, R.: 33, 87-8, 172, 284, 290

Engisch, K.: 440
Ernout, A.-Meillet, A.: 293
Errázuriz, C. J.: 216
Espeusipo: 73
Espinosa, B.: 5, 24, 46
Ésquilo: 68, 72
Esser, J.: 435, 440

Fassò, G.: 21, 70, 73, 351
Fechner, E.: 14
Fedro: 116
Fernández, E.: 268
Fernández-Galiano, A.: 14, 30, 68, 119, 124, 131, 290, 373
Ferraris, L.: 128
Ferrater, J.: 1, 11, 91
Ferrer Arellano, J.: 35, 172, 412, 421
Filomusi Guelfi, F.: 17
Finch, J.: 20, 54, 172
Finnis, J.: 49, 373
Fireman, P.: 70
Florentino: 342
Folgado, A.: 164, 172
Forcellini, Ae.: 74, 210-1, 232, 294
Fraile, G.: 236
Francisco de Toledo: 118
Frege, G.: 213
Friedmann, W.: 14
Friedrich, C. J.: 37
Fries, J.: 27
Frosini, V.: 440

Gabriel Biel: 397
Gadamer, H. G.: 8
Galán, E.: 14, 30, 38, 290
Gaos, J.: 11
García Amado, J. A.: 440
García Cotarelo, R.: 268
García-Gallo, A.: 118, 120-2
García López, J.: 44, 323
García Maynez, E.: 14, 172, 290, 440

Garin, E.: 112
Gayo: 294, 339-42
Geach, P. T.: 213
Gebhard: 22
Gény, F.: 440
Gerson, J.: 166
Gerstäcker, E. F. W.: 27, 32
Ghestin, J.: 131
Gierke, O.: 131
Gilson, É.: 8, 11, 261, 382
Giner de los Ríos, F.: 17
Giorgianni, V.: 381
Glafey, A. F.: 25
Glück, F.: 131
Godefrido Admontense: 68
Goedeckemeyer, A.: 73
Golding, M. P.: 14
Goldschmidt, W.: 93, 112
Gómez Pérez, R.: 381, 383, 407
Gómez-Robledo, A.: 112
Gonella, G.: 323
González, A. L.: 44
González Álvarez, A.: 11, 49
González Pérez, J.: 323
González Téllez, M.: 128
González Vicén, F.: 15, 22, 27-8, 38, 80
Graciano: 262, 270, 336, 344, 384
Granéris. G.: 156
Gregório de Rímini: 396-7
Gregório López: 118
Gros, K. H.: 16, 27
Guastini, R.: 13
Guilherme de Ockham: 164-7, 236, 404
Gullón, A. (ver Díez-Picazo, L.-Gullón, A.)

Habermas, J.: 8
Haesaert, J.: 20
Hamburger, M.: 73
Hardie, W. F. R.: 73
Hart, H. L. A.: 172, 284, 290
Hartmann, N.: 48-9
Hegel, G. W. F.: 5, 16, 27, 32
Heidegger, M.: 11
Heidsieck, F.: 112
Heineccio, J. G.: 24, 320
Hemming, N.: 21

Heniquet, F. M.: 385
Henkel, H.: 14, 84, 90-2, 216, 290
Heráclides do Ponto: 2-3
Heráclito: 67, 377, 379
Hering, P.: 164
Hermogeniano: 294, 342
Hernández Gil, A.: 20, 62, 440
Hernández Marín, R.: 290
Hervada, J.: 21, 24-5, 30, 54, 61-2, 65, 95, 97, 112, 178, 187, 191, 197, 216, 218, 236, 242, 261, 267, 290, 310, 317, 320, 323, 401, 345, 350, 352, 374, 377, 380, 398, 399, 407 (ver Sancho Izquierdo, M.-Hervada, J.)
Hervada J.-Muñoz, J. A.: 54, 62, 218
Hesíodo: 377
Heydenreich, K. H.: 16, 27
Hípias: 68-9
Hirzel, R.: 67
Hobbes, Th.: 24-6, 46, 166, 236
Hofbauer, L. Chr.: 27
Holmes, O. W.: 54
Homero: 376
Hoyos, I. M.: 293, 308, 323
Hugo: 23, 26
Hugo de São Vítor: 75
Hugo Grócio: 24, 132, 375, 398
Hurtado, M.: 18, 38
Husserl, E.: 5, 8, 11

Ibán I. C.-Prieto Sanchís, L.: 174
Iglesias, J.: 118
Ihering, R.: 119, 164, 418, 435, 437
Inciarte, F.: 8
Irnerio: 384
Isidoro de Sevilha (Santo): 74-5, 118, 138, 211, 343-4, 384

Jaeger, W.: 2, 67
Jakob, L. H.: 27
Jâmblico: 3
Jaspers, K.: 11
Jellinek, G.: 164
Jolivet, R.: 5, 7-8, 10-1, 49, 211, 427, 440
Jouffroy, Th.: 29
Juan de Rupela: 385
Justiniano: 37, 343, 384

Kalinowski, G.: 211, 440
Kant, I.: 8, 15-6, 22-3, 25-7, 32, 77, 79, 80-1, 86, 89-90, 103, 116, 133, 328, 350-3, 402
Kaufmann, A.: 38, 440
Kelsen, H.: 6, 54, 81-4, 86-7, 102, 113, 130-1, 164, 172, 174, 216, 223, 290, 432
Klein, E. F.: 23, 27
Klug, U.: 440
Knapp, L.: 28
Kohler, J.: 13
Krause, K. Chr.: 27
Kriele, M.: 113
Kroll, A. (ver Wissowa, G.-Kroll, A.)
Krug, W. T.: 27
Kubes, V.: 14, 28
Kuhn: 119
Kuttner, St.: 345

Lachance, L.: 72-3, 117
Lalande, A.: 11, 211, 226
Lammenais, F. de: 8
Larenz, K.: 20, 431-3, 435, 440
Lasson, A.: 28, 70
Leclercq, J.: 29, 130
Legaz, L.: 14, 22, 39, 93, 130, 172, 221, 236, 290, 435
Leibniz, G. W.: 15, 23
Leonte: 3
Lerat, P. (ver Sourioux, J. L.-Lerat, P.)
Lersch, Ph.: 323
Levy-Ullmann, H.: 172
Lewis, Ch. T.-Short, Ch.: 74, 210-1, 232, 294
Liddell, H. G.-Scott, R.: 66-7, 72-3
Lira, O.: 211, 290
Litré: 119
Llano, A.: 9, 46, 49, 350
Llano Cifuentes, R.: 435, 440
Llewellynm K. N.: 438
Locke J.: 24, 87, 297
Loevinger, L. J.: 440
Lois, J.: 84-5, 128
Lombardi, G.: 339
Lombardi Vallauri, L.: 14, 290, 421
Lombardía, P.: 210, 216
Long, H. S.: 2
López Calera, N.: 14

ÍNDICE DE AUTORES

López de Oñate, F.: 18
Lorca Navarrete, J. F.: 14
Losano, M. G.: 440
Lucas, J. R.: 113
Lumia, G.: 89
Luño Peña, E.: 130, 407
Lyons, D.: 284

MacIntyre, A.: 48-9
Maine, H. S.: 340
Malem, J.: 268
Mans, J. M.: 421
Marciano: 124
Marcic, R.: 14
Marcus, H.: 113
Marías, J.: 11, 71
Maritain, J.: 6, 8, 11, 300, 323, 412, 417, 421
Maroi, F.: 293 (Ver De Ruggiero, R.-Maroi, F.)
Maroto, Ph.: 129
Márquez, J. A.: 350, 374
Marshall, P. K.: 392
Martínez Doral, J. M.: 18-9, 35, 39, 412, 421
Marx, K.: 5
Massini, C. I.: 49, 172, 211
Mathieu, V.: 203
Mausbach, J.: 381
Máximo, o Confessor: 363
Mayer, M. E.: 13, 15-6, 21
Mayr, J.: 166
Mazeaud, H. L. J.: 131
Mehmel, G. E. A.: 27
Meillet, A. (ver Ernout, A.-Meillet, A.)
Mendizábal, L.: 18, 29
Merguet, H.: 22
Messineo, F.: 131
Messner, J.: 29
Meyer, Th.: 29, 130
Michelet, C. L.: 28, 32
Michiels, G.: 210, 275, 290
Mill, J. S.: 87
Millán Puelles, A.: 11, 49, 211, 323
Miller, D.: 113
Modestino: 259
Moix, M.: 67, 70, 73, 78, 85, 112-3
Molina, Luis de: 78, 126, 129, 166, 397
Mommsen, Th.: 340

Mondin, B.: 297
Montoro, A.: 421, 440
Muñoz, J. A. (ver Hercada, J.-Muñoz, J. A.)
Muñoz Alonso, A.: 323
Munzel, R.: 113

Natan, N. M. L.: 113
Navarre, O.: 293
Nawiasky, H.: 20
Naz, R.: 129
Nédoncelle, M.: 293
Newton: 8
Niermeyer, J. F.: 232
Nino, C. S.: 8, 172, 209, 213, 224, 290

Ojetti, B.: 128
Oldendorp, J.: 21, 132
Ollero, A.: 39, 440
Opocher, E.: 15, 39, 113
Orecchia, R.: 38
Orti Lara, J. M.: 29, 130

Pabón, J. M.: 68
Palacios, L. E.: 246, 421
Papiniano: 265
Pariente, A.: 120
Parmênides: 67
Pattaro, E.: 14, 20
Paulo: 124, 342
Peces-Barba, G.: 14, 174, 216, 221, 290
Pereira, J. S.: 5, 8
Perelman, Ch.: 113, 224, 440
Pérez Luño, A. E.: 440
Perticone, G.: 113
Picard: 122
Pictet: 119
Pieper, J.: 11, 103, 108, 113, 246, 421
Pierre de la Belleperche: 125
Píndaro: 68
Piovani, P.: 14, 39
Pirhing, H.: 127
Pitágoras: 2-3
Pizzorni, R. M.: 14, 284, 374
Placentino: 125, 384
Planiol, M.: 131

Platão: 4, 20, 67-70, 72, 76, 121, 210-1, 228, 331, 345
Plauto, T. M.: 125
Plotino: 378-9, 381
Polo, L.: 9, 49
Polo Lucano: 67
Pott, A. F.: 119
Pound, R.: 14
Preciado Hernández, R.: 14, 92, 212, 290
Prieto Sanchís, L. (ver Ibán, I. C.-Prieto Sanchís, L.)
Prisco, J.: 29
Pufendorf, S.: 21, 25, 320, 399-400
Puig Peña, F.: 131
Puy, F.: 30, 407, 440

Rabbi-Baldi, R.: 217
Radbruch, G.: 14, 89-91, 130, 172
Ramirez, S.: 4, 11, 342
Rawls, J.: 87-8, 100, 113, 187
Raz, R.: 284
Reale, M.: 14, 172, 290
Recasens Siches, L.: 14, 130, 350, 440
Reiding: 435
Reiffenstuel, A.: 127
Reiner, G. L.: 27
Reinoso, F.: 62
Reisinger, L.: 440
Renard, G.: 417
Ripert, G.-Boulanger, J.: 131
Robleda, O.: 134
Robles, G.: 8, 20, 290
Rodrigo, L.: 210
Rodríguez-Arias, L.: 14
Rodríguez Molinero, M.: 172, 290, 421
Rodríguez Paniagua, J. M.: 30, 49, 70, 73
Rodríguez Rosado, J. J.: 32
Rommens, E.: 350, 374
Ross, A.: 33, 71, 73, 83, 88, 97, 174, 290, 440
Rothe, T.: 29, 130
Roubier, P.: 20, 88
Rousseau, J.-J.: 236
Ruiz Giménez, J.: 18, 30
Ryffel, H.: 14

Salomon, M.: 73
Sánchez Román, F.: 131
Sancho Izquierdo, M.: 18, 39, 210
Sancho Izquierdo, M.-Hervada, J.: 54, 117
Sanguineti, J. J.: 7
Santi Romano: 282
Sartre, J. P.: 108
Sauer, W.: 14
Scheler, M.: 11, 48-9
Schilter: 22
Schleiermarcher, F. E. D.: 8
Schmalz, Th. A. H.: 27-8
Schmalzgrueber, F.: 118, 127
Schnabel, G. N.: 27
Schopenhauer, A.: 8, 80-1, 85, 180
Schouppe, J. P.: 72, 164, 167, 172
Schramm, Th.: 14
Schubert, A.: 381
Schuppe, W.: 164, 172
Scott, R. (ver Liddell, H. G.-Scott, R.)
Selden, J.: 21
Selvagio, J. L.: 124, 127
Senn, F.: 53, 62, 73, 113, 120
Shaumann, Ch. G.: 27
Short, Ch. (ver Lewis, Ch. T.-Short, Ch.)
Sigwart, H. E.: 27
Simônides: 2, 67-8, 82
Singer, P.: 268
Sipos, St.-Gálos, L.: 128
Sócrates: 68, 229, 234
Sófocles: 72, 377
Soria, C.: 379
Soriano, R.: 20
Sosa, B. E.: 126, 164
Sourioux, J. L.-Lerat, P.: 440
Spaemann, R.: 307, 323
Spennati, G.: 320
Stahl, Fr. J.: 27
Stammler, R.: 17, 32, 79, 86, 435
Stefanini, L.: 323.
Stein, L.: 85
Stephani: 23, 27
Stephano, H.: 66-7
Sternberg, Th.: 130, 212
Stöckhardt, H. R.: 27
Stolfi, N.: 131
Strauss, L.: 374
Suárez, F.: 119, 126, 135, 166, 210, 212, 225, 230, 235-6, 284, 397-8

Suetônio: 294
Summenhart de Calw, C.: 126, 166
Swarzlienermann von Wahlendorf, H. A.: 172

Taparelli, L.: 29
Tertuliano: 295
Theages: 67
Thibaut, A. F. J.: 23, 26
Thomas, A.: 27
Thomasio, Chr.: 25-6, 130, 226, 236, 284, 289, 400
Thon, A.: 163
Tomás de Aquino (Santo): 3, 20-3, 31, 57, 63, 73-8, 84, 91, 97-9, 101, 108, 111-3, 125-6, 128, 144, 172, 210-1, 217, 230, 232-4, 249, 252, 290, 309, 323, 333, 336-7, 345-9, 353, 375, 379, 385, 391-4, 396, 398, 405, 407, 421
Tovar, A.: 71
Trigeaud, J. M.: 323
Trude, P.: 73
Truyol, A.: 21, 67, 70, 73, 351, 376-7, 379, 381-3, 407

Ulpiano: 53, 55-6, 74, 77, 84-5, 118, 120, 173, 264, 338, 342, 384
Ulrich, I. A. H.: 26
Urso, M. (ver. Viola, F.-Urso, M.)
Utz, A. F.: 32

Valensin, A.: 29
Vallet de Goytisolo, J.: 20, 441
Van Hoecke, M.: 20
Van Hove, A.: 119, 129, 210-1, 275, 290
Vanni: 17
Vázquez, G.: 397
Vázquez de Menchaca, F.: 21, 24
Verdross, A.: 350
Vermeersch, A.: 129
Verneaux, R.: 5, 8, 11

Vernengo, R. J.: 20
Vidal, P. (ver Wernz, F. X.-Vidal, P.)
Viehweg, Th.: 441
Villey, M.: 13-4, 39, 54, 62, 72-3, 110, 112, 164, 209, 217, 222, 337, 346-7, 374, 441
Viola, F.-Urso, M.: 421
Voigt, M.: 339
Von Cramer: 27
Von Danckelmann: 27
Von Kaltenborn. C.: 132
Von Rotteck, C.: 27
Von Wright, G. H.: 212, 290, 441

Walden, A.: 119
Warnkönig, L. A.: 28
Wehrlé, R.: 275
Weigand, R.: 384-5
Weinberger, O.: 441
Weise, Fr. Chr.: 27
Weiss, Chr.: 27
Weiss, E.: 210
Welzel, H.: 397-8
Wendt, A.: 27
Werdenhagen: 320
Wernz, F. X.: 128
Wernz, F. X.-Vidal, P.: 128
Windelband, W.: 212
Windscheid: 164
Winkler, G.: 374
Wissowa, G.-Kroll, A.: 119
Wolf, E.: 374
Wolff, Chr.: 24-6, 129, 401

Xenofonte: 68

Zamboni, G.: 323
Zimmermann: 123
Zippelius, R.: 14, 216
Zubiri, X.: 5

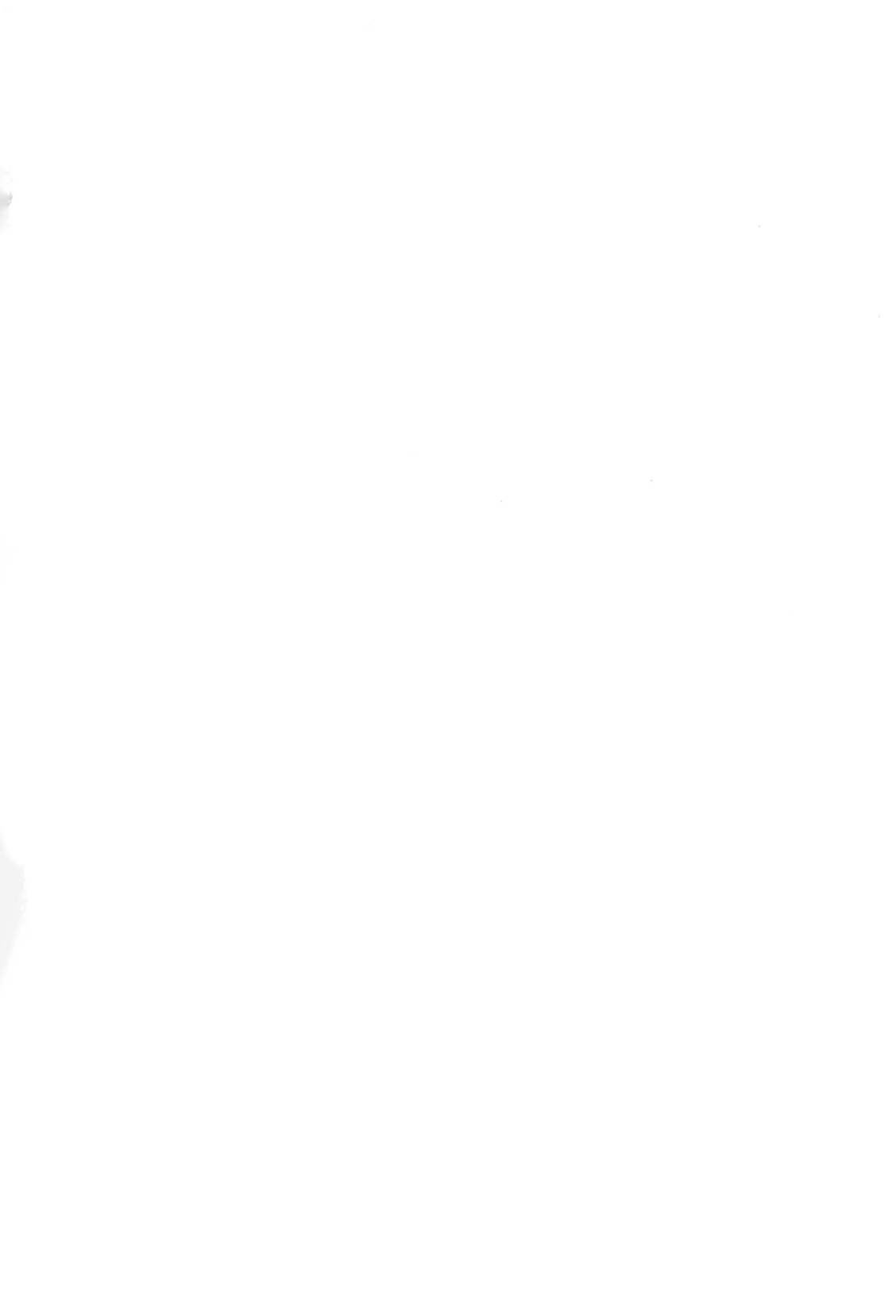

Cromosete
Gráfica e editora Ltda.

Impressão e acabamento
Rua Uhland, 307 - Vila Ema
03283-000 - São Paulo - SP
Tel/Fax: (011) 6104-1176
Email: adm@cromosete.com.br